제1차 세계대전과 게임이론

Scott Wolford 지음
이용주 옮김

박영사

게임이론 및 국제안보 강의

세계대전은 거대하고, 혼돈스럽고, 압도적인 역사적 갈등으로, 게임이론과 국제안보 과목을 가르치기에 이상적인 사례이다.

이 책은 전쟁의 발발과 안정적이었던 소모전에서부터 무제한 잠수함 작전과 미국의 참전까지 열세 개의 역사적 퍼즐을 통하여, 학생들에게 엄밀하면서도 이해할 수 있는 방식으로 게임이론을 공부할 기회를 제공한다. 각 장은 사례 문제를 통해 어떻게 게임이론 모형이 개별 정치지도자들의 역할, 연합 파트너들 간의 협력, 국제법의 유효성, 갈등의 종식 그리고 평화협상의 난제들을 부각시키면서 난해한 전략적 퍼즐을 설명하는지 보여준다. 제1차 세계대전에 대한 분석적인 역사를 통해 국제관계와 전쟁의 원인에 관한 최신의 정치과학적 연구에 대해서도 개관할 수 있다.

전쟁에 대한 전문성으로 널리 알려진 선도적 게임이론가에 의해 저술되었기에, 이 교과서는 학생들의 공부와 이해에 도움이 되도록 각 장마다 핵심 용어를 제공하고, 당시의 지도, 사건들의 시간대, 주요 인물들의 명단을 수록하고, 일부 장에는 말미에 게임이론 연습문제도 수록하고 있다.

이 책의 저자 스캇 월포드(Scott Wolford)는 텍사스대학 오스틴 캠퍼스의 정부학과 교수이다. 그는 2015년에 첫 번째 책인 군사 연합의 정치학(*The Politics of Military Coalitions*)을 출간했으며, 주요 정치학 저널(*American Journal of Political Science, the Journal of Politics, International Organizations, the Journal of Conflict Resolution*과 *International Studies Quarterly* 등)에 다수의 논문을 출판하였다. 그는 미 정부 프랭크 어윈(Franck C. Irwin) 위원회의 특별회원(2011~2018)을 역임했고, 중서부 정치과학학회로부터 국제관계에 관한 최고 논문상(2019)을 수상했으며, 국제관계저널(*International Studies Quarterly*)의 부편집장직을 역임했다.

간략 목차

목 차

03 무장한 대륙: 영–독 해군경쟁

04 암흑 속으로 도약: 유럽 전쟁에 휘말리다

05 전쟁이론 II: 정보의 문제

06 휴짓조각: 벨기에, 프랑스 그리고 영국의 참전

14 시작의 끝: 승리, 패배 그리고 평화

15 결론: 역사 그리고 현재

그림 목차

지도 목차

서 문

내가 나 자신의 연구를 수행하는 것처럼 게임이론 모형을 세우고 분석하는 방식으로 학부에서 국제안보 과목을 가르칠 수 있는 선택지가 없다는 것에 대해 오랫동안 괴로워했다. 학생들이 게임이론 과목을 들을 수도 있고, 국제안보에 관한 많은 과목을 수강할 수도 있었다. 그러나 국제안보 분야의 이론적 발전에 게임이론적 기여가 탁월함에도 불구하고, 어느 과목도 이 두 분야를 통합적으로 가르치지 않았다. 예를 들어, 나의 안보 과목 수강생들은 사회과학적 탐구의 이유와 방법에 대해 전형적이지 않은 시각을 가지고 있었다. 이것은 특히 그들이 대학원에 진학하여 학부에서 배운 것들이 근본적으로 생소한 방법론에 의해 만들어졌음을 깨닫게 될 학생들에게는 문제가 된다. 그래서 나는 제1차 세계대전 100주년을 계기로 이 역사적 사건을 이용하여 국제안보와 게임이론을 한꺼번에 가르치는 새로운 시도를 해보기로 결심했다. 이를 위해, 전쟁에서 실제 발생한 사건들을 순서대로 월, 주 또는 일별로 최대한 근접하게 쫓아, 게임이론 도구를 이용하여 역사상 가장 중대한 갈등을 이해해 보는 과목을 계획했다. 그리고 전쟁에서 제기된 퍼즐들을 확인하고 이를 해결하는 방식으로 강의의 구조를 잡았다. 예를 들어, 강의는 "소모전 전략이 그렇게 허황된 것이었다면 어떻게 그렇게 안정적일 수 있었는가?" 같은 질문으로 시작하여 그 껍질들을 하나씩 분석적으로 벗겨 나갔다. 그리고 나서 단순화된 이론적 모형을 통해 최초의 진정한 글로벌 대전의 발발, 전개 그리고 종전의 전모에 대한 통찰력을 얻을 수 있도록 했다. 나는 학생들로 하여금 단일의 갈등 상황에 집중하여 역사적이고 실증적인 기록을 대면하고, 거기서 퍼즐을 발견하고, 교실에서 그러한 퍼즐들을 어떻게 풀어가는지 배우도록 했다. 이런 과정을 통해 학생들이 정치학을 게임이론적으로 분석하는 법을 배우기를 바랐다. 제1차 세계대전이라는 끝없이 펼쳐지는 흥미진진한 렌즈를 관통하여 게임이론적 분석과 국제안보에 관한 최신 연구들을 배우기를 바랐다. 역사를 정치과학 과목에 접목하는 일은, 정치과학 과목에서 게임이론을 가르치는 것만큼이나 간단치 않다. 그러나 이러한 두 목표를 결합하면 각각의 작업은 더 쉬워진다. (바라건대) 왕겨에서 밀알을 분리한 후 그러한 강의들을 모아 이 책을 펴냈는데, 제1차 세계대전, 국제관계에 관한 현대 이론 그리고 정치를 분석하는 게임이론 모형의 사용과 발전에 관한 유례없는 과목이 될 것으로 믿는다.

"실시간" 접근법

이 책의 가장 두드러진 특징은 "실시간(real time)으로" 정치적 현상을 분석하는 것에 초점을 둔다는 데 있다. 실시간으로 사고한다는 것은 우리 이야기 속의 등장인물이 행동을 할 당시 이용 가능했던 옵션들과 정보를 진지하게 받아들인다는 것을 의미한다: 그들이 상상하고, 두려워하고, 만들고 싶어 했던 가능성 있는 미래를 받아들이는 것인데, 이는 수십 년간 축적된 사후적 깨달음을 배제한 상태에서 제1차 세계대전의 발발, 과정, 실행 그리고 종식을 바라봐야 한다는 뜻이다. 분석가로서 우리 이야기 속의 인물들에게 있어 불확실하고 공포스러운 미래가 무엇이었는지를 살피면서 그들이 보던 것을 보려고 하면, 지나고 나서야 불가피해 보이는 결정들도 실시간으로 공부하고 설명하면 매우 다르게 보인다는 것을 깨달을 수 있다. 실시간 접근법은 특히 제1차 세계대전을 공부하며 일목요연하게 체계화하는 장치로 효과적이다. 이 책은 시간적 서사를 따르되, 국제정치 분야의 중요 아이디어나 게임이론적 분석의 개념들을 잘 설명해 주는 (전쟁 전, 중, 후의) 사건들에 관한 퍼즐들을 확인하고 해결한다. 이것이 이 책의 접근법의 두 번째 주요 특징이다. 각 장은 21세기 초라는 유리한 입장에서 질문들을 던지지만, 20세기 초를 현재 시점으로 하여 모형을 세우고 분석하여 이에 대해 답한다.

이 책이 단일 사건이지만 불규칙하게 확산되고 대중적으로 익숙하지 않은 제1차 세계대전을 다루는 덕분에, 학생들은 대중적 (또는 당파적) 기억과는 거리가 멀지만 공유된 역사적 맥락을 이용할 수 있다. 이 점에서 두 가지 이득이 있다. 첫 번째, 대전은 우리가 국제안보 과목을 가르칠 때 포함시키고 싶은 거의 모든 부분을 건드린다. (핵무기처럼) 당시에는 없었던 현대 사회의 장치들도 여기서 소개된 것과 동일한 이론적 틀로 분석할 수 있다. 두 번째, 책 전반을 통하여 동일한 등장인물, 동태적 과정, 이슈들로 구성된 단일의 역사적 사건에 집중함으로써 정치과학 연구에 불가피한 도구인 게임이론을 가르치기가 수월해졌다. 게임이론적 모형은 우리의 정치 이론에 나오는 등장인물들에 대한 가정, 그들의 목적, 그들이 이용 가능한 행동 그리고 그러한 행동들이 합해져 어떤 결과를 내는지에 대해 명확하기 진술할 것을 요구하기 때문에 실시간 접근법과 아주 잘 들어맞는다. 게임이론적 작업은 종종 사전적 교육과 연습 없이는 접근이 불가능한데, 이 책은 단순히 직접 연습을 시켜서 이 딜레마를 해결한다. 제1차 세계대전의 정치를 설명하는 목적과 설명의 명시적 목적을 게임이론적 모형으로 구축하고, 분석하고, 해석하는 강의를 결합하였다.

각 장은, 게임이론적 도구를 소개하는 데 집중한 장부터 구체적인 역사적 사건들에 할애된 장까지, 다음과 같은 퍼즐을 던진다:

- 왜 국가들은 의견 충돌을 해결하기 위해 덜 파괴적인 옵션들이 있음에도 불구하고 전쟁을 이용하는가?
- 왜 오스만 제국은 보기에 쉬워 보이는 중립을 버리고 결과적으로 제국을 망하게 한 전쟁에 참전했는가?
- 왜 연합국은 그토록 오랫동안 완전한 승리가 필요하다고 말한 후에 독일과 휴전했는가?

퍼즐을 제기하고 적절한 역사적 배경을 설명한 후, 나는 이 퍼즐을 풀기 위해 새로운 게임이론 균형 개념을 소개하고 구체적인 전략적 문제를 개발하는 등 필요한 게임이론적 도구를 발전시킨다. 그리고 우리 이야기 속의 등장인물들이 현재형으로 생각하고 말하고 행동하게 하면서, 독자들로 하여금 "실시간"으로 어떤 설명이 만들어져 가는지 그 과정을 총체적으로 추적하게 한다. 그리고 이것을 각 퍼즐과 이론적 모형을 대응시켜 광범위한 정치과학적 문맥에서 해결하기 전에 다른 대안들과 비교한다. 이 과정을 통해 제1차 세계대전이 얼마나 국제정치의 좀 더 일반적인 추세 속에 있는 구체적 사례들을 대표하는지 보여주고자 한다. 책이 끝날 때까지, 학생들은 세계사적으로 중요한 사건들의 디테일, 국제정치에 대한 사회과학적 이해 속에서 그 사건들의 위치 그리고 정치를 설명하는 이론들의 전개 과정에 지속적으로 노출될 것이다.

범위와 구성

이 책의 역사적 범위는, 1904–1905년의 러–일 전쟁, 1906–1912년의 영–독 해군경쟁 그리고 전쟁으로 확대되기 직전에 물러서는 모습을 보였던 모로코부터 발칸반도까지의 몇몇의 위기들을 포함하여, 거대 세력들 사이의 전쟁 전 긴장과 갈등으로부터 시작된다. 그리고 나서, 전쟁의 발발과 확대, 군사전략의 정치와 전시 외교 그리고 1920년대 초까지, 사실상은 아니지만, 법률적으로 전쟁을 끝낸 평화조약의 네트워크로 이어진다. 그 과정에서, 나는 중국의 국공내전, 한국전쟁, 1990년대와 2000년대 미국 주도의 대 이라크 전쟁, 1999년의 코소보 전쟁, 태평양에서의 제2차 세계대전 발발 그리고 UN과 미국 동맹 네트워크에 의해 지지되고 있는 현대의 힘의 밸런스에서 사례들을 찾아 설명에 이용한다. 주어진 무대에서 등장인물들의 배역은 전혀 다양하지 않다. 주요 결정들은 종종 부유하고 일반적으로 유럽인 또는 아시아인 남성들에 의해 그들 국가의 여성과 소수자들 그리고 제국 영토 내의 피지배민족의 이름으로 그리고 그들을 희생하며 내려진다. 그들 상당수는 끝내 전쟁 자원으로 끌려나갔다. 나 자신 가능한 한 이러한 역사적 경험들을 부각시키고 싶지만, 그들이 이야기에서 빠진다는 그 자체가 교육적으로 20세기 초반의 정치가 어떻게 작동했으며, 지금은 얼마나 많이 변했으며 또는 변하지 않았는지를 잘 설명해준다.

두 개의 다른 강의가 역사적 서사를 따라 전개된다: 하나는 게임이론 강의이고 다른 하나는 국제안보 강의이다. 먼저, 게임이론 강의는 전략형(strategic form) 게임의 구조와 분석으로 시작하여 순수전략 및 혼합전략 내쉬(Nash)균형을 특별히 강조한다. 물론 불완전정보하의 전략형 게임의 경우에는 베이지언(Bayesian) 내쉬균형에 초점을 둔다. 연이은 장들은 반복되는 전략형 게임뿐만 아니라 전개형(extensive form) 게임을 소개하고, 그것들의 해 개념인 부분게임 완전균형(Subgame Perfect Equilibrium)과 완전베이지언균형(Perfect Bayesian Equilibrium)을 설명한다. 게임이론적 도구의 취급은 정교하지만 접근 가능하며, 결코 기초 대수학 수준 이상으로 올라가지 않는다. 균형의 존재와 특성에 관한 명제들은 정리(Proposition)에 공식화하였고, 본문에서 관련 수학을 충분히 설명하며 증명한다. 정리와 그것들의 증명은 잘 설계된 트레이닝의 기능을 하지만, 베이즈 규칙(Bayes' rule), 혼합전략, 부분게임 완전균형 그리고 완전베이지언균형을 소개하며 더 높은 수준의 도구적 완성도를 요구하는 장들은 중요 정치과학 질문에 기초한 추가적인 연습문제를 수록했다. 학생들은 게임이론의 기초 지식과 그 이용가치를 배울 것이다: 이것이 실질적이고 설명적인 응용에 초점을 맞추는 체험적 연구방법론이다.

두 번째로, 국제안보 강의는 대전의 유례없는 범위와 규모를 활용하여 국제안보의 현대적 연구에 핵심적인 다양한 주제들에 대해 대답한다. 정치과학의 최신 문헌을 참고하여 협상과 전쟁, 군비경쟁, 전쟁의 확산, 신호 결심과 억제, 국제법과 제도, 경제적 상호 의존성, 내전과 국가 간 전쟁의 차이, 군사동맹에서 협조의 구축과 유지, 재보장(reassurance), 군사전략, 제한전과 총력전, 전쟁 지속과 종전, 억제(deterrence), 국내정치와 전쟁 그리고 평화를 만들고 유지시키는 정치, 심지어 핵무기와 UN에 관한 내용도 모두 내용에 들어간다. 이러한 주제들로 구성된 것은 이례적이지만, 제1차 세계대전이라는 단일의 통합된 서사에서 나오므로 모두 시사적인 동시에 문제 중심적이다. 그래서 학생들은 각 장의 동기를 부여하는 퍼즐들을 해결해 가면서, 맥락적 실마리가 없는 단순 인용 목록이 아니라, 공부 대상을 이해하는 중요 배경지식으로 정치과학 문헌과 대면하게 될 것이다. 이러한 이례적인 구성 계획은 잘 작동한다. 심지어 내가 나 자신의 탐구 분야를 바라보고 기여하는 방법조차 바꾸었다.

특징

이 책은 다른 어떤 국제안보 교과서도 하지 않는 세 가지를 통합한다:

- 단일한 (그리고 매우 중요한) 역사적 사건에 대한 깊숙한 개입.
- 완전히 실현된 기초적 게임이론 강의.
- 국제안보 문헌에 관한 광범위한 조사.

다른 교과서들은 게임이론, 국제안보에 초점을 맞추고 가끔 둘 다 강조하지만, 단일의 역사적 사건에 대한 통합적인 주제의식이 결여되어 있다. 이 책은 제1차 세계대전에 포커스를 두어 학생들로 하여금 강의 내내 공유된 실증적 어휘를 사용하게 한다. 제1차 세계대전에 초점을 두기 때문에 강의 주제에 대한 사전적 지식의 불평등도 실제로 줄어든다. 책을 어렵게 만드는 많은 내용들이 있지만, 이 책의 독창적 설계에 의해 가능해지게 된 분석적 깊이가 이 책의 특징이다.

강사들이 학부 고학년이나 초급 대학원 과정에서 국제안보와 (전쟁 등) 갈등 과정에 관한 과목을 강의할 때 이 책이 정말 유용하다는 것을 알게 될 것이다. 대수학과의 친숙함이 가장 중요한 선결과제이지만, 수학적 복잡성과 난이도는 서서히 증가하므로 학생들이 잠시 잊고 있었던 수학적 도구들과 다시 가까워질 수 있는 시간을 줄 것이다. (퍼즐의 인지부터 설명까지) 각 장을 이끌어가는 탐구의 논리적 구조를 밀착 관찰해보면 학생들은 사회과학자처럼 사고하는 법을 배우게 될 것이다. (그리고 대학원에 진학하고자 하는 학생들이 막상 대학원에 진학하면 대면하게 될 것들을 준비하게 해 줄 것이다.) 정치과학자들은 종종 그들의 연구가 주목받는 퍼즐이 되기를 원한다고 말하곤 하는데, 이 책은 그러한 훌륭한 연구 주제를 예제로 많이 포함하고 있다. 학생들은 이 책을 통해 퍼즐을 제기하고 명확하고 논리적으로 견실한 방식으로 답하는 과정을 보게 될 것이다. 이를 통해, 단순 시행착오, 학습된 추측에 더하여 정치적 세계에 대한 설명을 만들고 평가하는 창조성까지 축적하게 될 것이다.

이 강의는 가능한 한 시간순으로 전개되는 전쟁의 서사를 따른다. 전쟁에서 연속적으로 발생하는 사건들을 이용하여 표준적인 게임이론 과목과 같은 순서로 게임이론적 개념들을 소개한다. 본문에서 주요 퍼즐들을 해결하기 위해 게임을 구성하고 분석할 때 이 책은, 실시간으로 사고하면서 동시에 시대를 정의하는 중대 결정을 내리고 비상사태에 대처하는 가치를 강조하기 위해, 완전히 현재형으로 진술한다. 앞 장들에서 학생들에게 완전정보하의 전략형 게임을 푸는 균형 추론과 그 방법론을 연습하는 기회를 주기 위해 새로운 방법론적 도구를 천천히 소개한다. 예를 들어, 이 책은 5장에 이르러서야 불완전정보 개념을 도입한다. 또한, 새로운 게임 형식이나 해(solution) 개념을 소개하는 그다음의 장들(5, 8, 11, 12장)에서 추가적인 연습문제를 포함하여 학생들에게 문제를 푸는 정형화된 요령을 가르치고 본문에서 사용된 도구를 더 깊이 다루어 보는 기회를 준다. 예를 들어, 12장 본문에서 전쟁의 종료에 관한 퍼즐을 이해하기 위해서는 분리균형(separating equilibrium)의 개념이 필요하기 때문에, 연습문제에서 완전베이지언균형에 대한 소개를 마무리하는 차원에서 통합균형(pooling equilibrium)과 균형－밖－경로에서의 신념(beliefs) 문제를 탐구한다. 그러나 만약 강사가 게임이론 부분을 약식으로 가르치고 싶다면, 정리와 연습문제에 대한 증명은 건너뛸 수 있다.

역자 서문

경제학을 공부하는 사람으로서 전공과 관련하여 나는 개인적으로 시카고대학의 게임이론가이자 노벨경제학상 수상자인 로저 마이어슨(Roger Myerson) 교수님을 가장 존경한다. 시간이 날 때마다 그의 홈페이지에 들어가 시간을 보내면서 그의 논문과 기타의 저술들을 읽기도 하는데, 매번 그의 독보적인 창의성과 성실성에 감탄하곤 한다. 어느 날 그의 최근 논문 "Game Theory and the First World War"(Journal of Economic Literature, 2023)를 읽게 되었고, 그 논문을 통해 이 책의 존재에 대해 처음 알게 되었다. 천만 명의 군인이 목숨을 잃고 헛된 희생이 많았던 세계사적 대재앙이지만, 나는 한편으로 세계사를 통틀어 가장 의미가 있는 사건들 중 하나가 제1차 세계대전이라는 입장이다. 그리고 다른 맥락에서 의미를 부여하고 해석할 수도 있겠지만, 경제학을 가르치는 입장에서 학생들이 수업 시간에 따분해 하면 "제국주의－제1차 세계대전－미국의 부상과 독일의 하이퍼 인플레이션－세계 대공황－제2차 세계대전"으로 이어지는 근현대 세계사와 중대한 역사의 장 한 가운데 등장하는 위대한 경제학자 존 메이너드 케인즈(John M. Keynes)를 주제로 썰을 풀 때가 종종 있었다. 그래서 제1차 세계대전과 게임이론을 한꺼번에 가르치고 배울 수 있다는 생각을 한다는 그 자체가 나의 상상을 초월할 정도로 놀라웠고, 바로 책을 읽어 보았다. 책이 보여주는 두 분야에 대한 이해의 깊이와 넓이가 상상 이상이었으며, 무엇보다 너무 재미있었다. 세계대전이라는 단일의 거대 사건을 게임이론이라는 일관된 분석 도구로 체계적으로 이해할 수 있다는 것은 새로운 경험이었으며, 나의 교양과 지식 수준이 업그레이드되는 만족감이 있었다. 그리고 독창적인 연구성과를 내야 하는 연구자의 입장에서 남의 책을 번역하는 것이 다소 자존심 상하는 일이기도 하지만, 이 훌륭하고 재미있는 책을 많은 사람들이 읽었으면 하는 바람에서 책을 번역하여 소개하기로 마음먹었다. 아무런 암시 없이 순수하게, 이 책을 소개해준 마이어슨 교수님과 이 책을 지은 월포드 교수님께 진심으로 감사드린다. 이 책의 한국어판 제목은 두 분의 저작의 제목을 적절하게 혼합하였다.

전공이 달라서인지(정치학 vs. 경제학) 번역 과정이 까다로웠으나, 그 과정에서 많이 배웠으며 경제학자로서 나 자신의 사고의 지평을 넓힌 의미 있는 작업으로 개인적으로 평가한다. 관련 학과에서 공부를 하고 있는 대학생, 대학원생뿐만 아니라, 국제정치, 외교, 전쟁 및 안보, 세계사 및 세계경제 그리고 사회과학적 방법론으로서 게임이론의 응용에 관심이 있는 모든 사람들에게 재미있는 지성을 선사할 것으로 믿는다. 번역 과정을 처음부터 끝까지 옆에서 지켜본 아내 은지와 중학생인 아들 서준이가 언젠가 이 책을 읽고 정말 재미있다고 말하는 그 날을 간절히 기대해 본다.

이 책의 의미에 대해 본문의 문장을 약간 수정해서 표현해 보자면, 정치 또는 정치적 행위들을 이해하고 설명하기 위해 일차적으로 우리에게 필요한 것은 더 나은 지성적 도구이지 세상이 어떠했으면 좋겠다는 때늦은 후회나 어설픈 바람이 되어서는 안 된다는 사실을 실감시켜준다는 데 있을 것이다.

마지막으로, 출판 과정에서 혼신의 노고를 다하여 누추한 워드 파일을 격이 다른 작품으로 탈바꿈시켜 준 박영사 임직원분들께 진심으로 감사의 말씀을 올린다.

제1차 세계대전이 끝난지 100년 이상이 지났지만 여전히 혼란스럽기만 한 세상에서

여전히 혼란스러운 **역자** 씀

감사의 말

이 책을 쓰면서 충분히 즐거웠다. 그리고 이 작업이 가능했던 데에 아주 많은 훌륭한 분들과 장소에 빚을 졌다. 실시간 제1차 세계대전이라는 주제의 강의는 오스틴의 유서 깊은 'Dog & Dug Pub'에서 패트 맥도날드(Pat McDonald)와 레이첼 웰하우젠(Rachel Wellhausen)과 가진 즐거운 대화에서 시작되었다. 내가 이야기 속의 등장인물들이 운명적 결정을 내릴 때 알았었고 믿었던 것들을 밀착 관찰하면서 실시간으로 제1차 세계대전의 사건들을 추적하는 과목에 대한 아이디어를 불쑥 말했다. 이게 잘 될지 확신이 없었으나 헤어날 수가 없었다. 그리고 예상치 못하게 유명해진 과목이 막상 생기게 되자, 앨리슨 카네기(Allison Carnegie), 조 그리코(Joe Grieco), 잭 레비(Jack Levy), 에이미 리우(Amy Liu) 그리고 마이크 워드(Mike Ward)로부터 책으로 출판하라는 제의가 들어왔고 할 수 있을 것 같았다. 캠브리지대학 출판사에서 로버트 드리센(Robert Dreesen)이 이 프로젝트를 시작하라고 재촉했고, 브리앤다 레이즈(Brianda Reyes), 리사 핀토(Lisa Pinto) 그리고 멜리사 쉬버(Melissa Shiver)가 편집장으로서 저자가 이 책을 마무리할 수 있도록 도왔다. 그 과정에서 수많은 사람들이 초안을 읽고 나의 과도한 열정을 격려해 주었다. 그분들은 필 아레나(Phil Arena), 제프 카터(Jeff Carter), 테리 챕만(Terry Chapman), 마이크 핀들리(Mike Findley), 헤인 고맨스(Hein Goemans), 마크 헛친슨(Marc Hutchison), 네이트 젠센(Nate Jensen), 팻 맥도날드(Pat McDonald), 댄 모리(Dan Morey), 빌 리드(Bill Reed), 토비 라이더(Toby Rider), 에밀리 리터(Emily Ritter), 브라이언 로버츠(Brian Roberts), 엘리자베스 샌더스(Elizabeth Saunders), 제시카 윅스(Jessica Weeks), 토린 라이트(Thorin Wright), 에이미 유엔(Amy Yuen)이다. 그리고 대학원생 케빈 갈람보스(Kevin Galambos), 죠쉬 랜드리(Josh Landry), 한스－잉에 랭고(Hans－Inge Lango), 댄 맥코맥(Dan McCormack), 쥴리 필립(Julie Phillips), 앤디 로타스(Andy Rottas) 그리고 케이시 우(Cathy Wu)가 오랫동안 고생했다. 몇 년 전으로 거슬러가면, 나는 에모리대학교에서 클리프 카루바(Cliff Carrubba) 교수님으로부터 게임이론을 배웠다. 내가 그의 과목들을 수강했을 때 감사하게도 교수님은 나를 교육 조교로 임명해 주셨는데, 그 과목들이 없었다면 이 책은 나오지 못했을 것이다. 나의 아내 에이미(Amy)는 내가 이 프로젝트에 빠져있는 동안 그 이성적인 누구보다도 더한 열렬한 지지자였다. 그녀에게 많은 빚을 졌다. 아들 죠지(George)가 태어나기 전에 1−9장을 썼다. 죠지 이후의 장들에는 어느 정도인지는 몰라도 분명히 그 애의 흔적이 묻어 있을 것이다.

마지막으로, 나는 사무실 안보다 밖에서 더 나은 작가인데, 다음의 시설들이 쾌적하고 영감을 주는 작업 환경을 만들어 주었다: 벨그라드의 'Black Turtle Pub'과 'Milaro'; 포즈난의 'Drukarnia'와 'Ministerstwo Browaru'; 부쿠레슈티의 'La 100 de Beri'와 'James Joyce Pub'; 사우스벤드의 'O'Rourke's Public House'; 타이중의 'orgAsmo'와 'Zhang Men Brewing'; 산티아고의 'Jose Ramon 227'; 시애틀의 'Old Stove Brewing'과 'Elysian Brewing'; 솔트 레이크 시티의 'Beer Hive Pub', 'Squatters Pub', 'Copper Canyon'; 오스틴에 있는 'Workhorse Bar', 'Gabriel's Café', 'Hole in the Wall', 'Home Slice Pizza', 'Crown & Anchor Pub', 'Dog & Duck Pub', 'Flying Saucer Draft Emporium', 'Pinthouse Pizza', 'Thunderbird Café and Tap Room', 'Spider House Café', 'Taco Flats', 'Fara Café', 'Ray Benson's Road House', 'Schoolhouse Pub', 'Growler USA' 그리고 'Draft Pick'.

주요 사건의 연대표

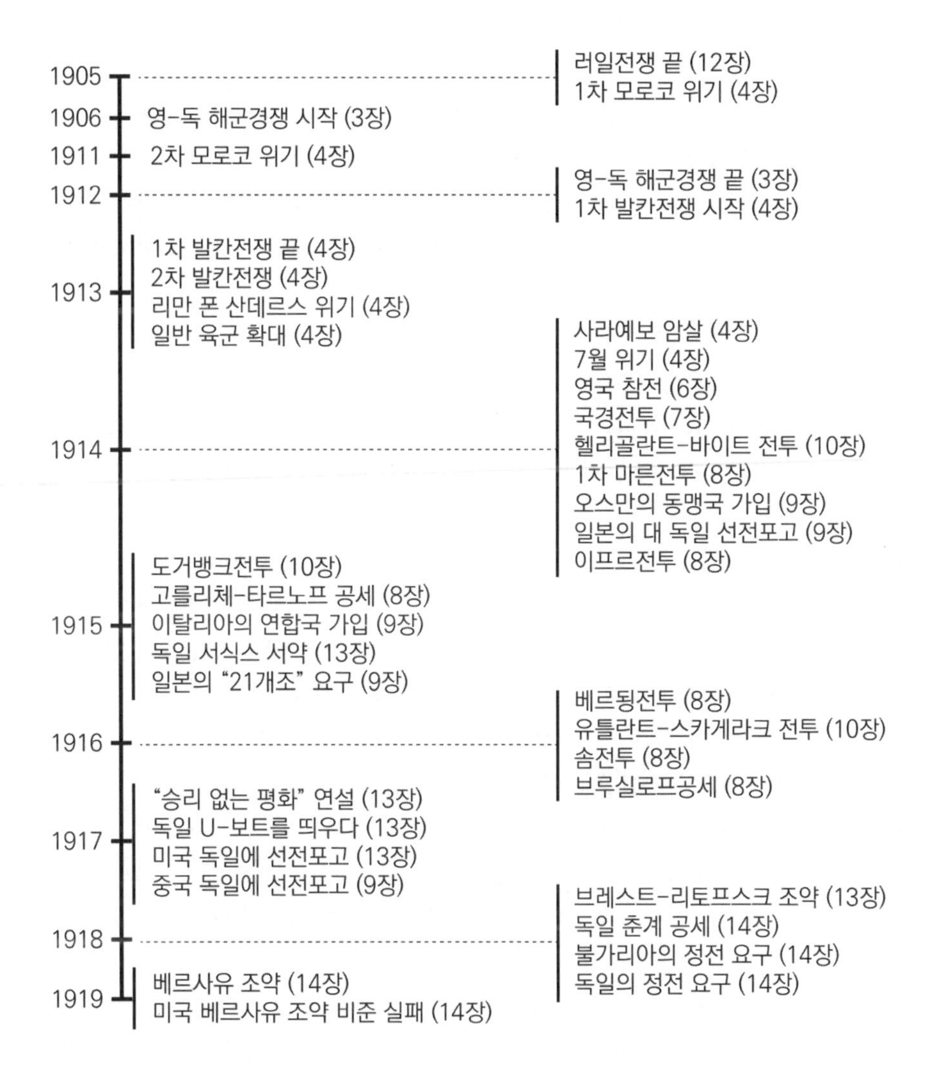
1905
러일전쟁 끝 (12장)
1차 모로코 위기 (4장)
1906
영-독 해군경쟁 시작 (3장)
1911
2차 모로코 위기 (4장)
1912
영-독 해군경쟁 끝 (3장)
1차 발칸전쟁 시작 (4장)
1913
1차 발칸전쟁 끝 (4장)
2차 발칸전쟁 (4장)
리만 폰 산데르스 위기 (4장)
일반 육군 확대 (4장)
1914
사라예보 암살 (4장)
7월 위기 (4장)
영국 참전 (6장)
국경전투 (7장)
헬리골란트-바이트 전투 (10장)
1차 마른전투 (8장)
오스만의 동맹국 가입 (9장)
일본의 대 독일 선전포고 (9장)
이프르전투 (8장)
1915
도거뱅크전투 (10장)
고를리체-타르노프 공세 (8장)
이탈리아의 연합국 가입 (9장)
독일 서식스 서약 (13장)
일본의 “21개조” 요구 (9장)
1916
베르됭전투 (8장)
유틀란트-스카게라크 전투 (10장)
솜전투 (8장)
브루실로프공세 (8장)
1917
“승리 없는 평화” 연설 (13장)
독일 U-보트를 띄우다 (13장)
미국 독일에 선전포고 (13장)
중국 독일에 선전포고 (9장)
1918
브레스트-리토프스크 조약 (13장)
독일 춘계 공세 (14장)
불가리아의 정전 요구 (14장)
독일의 정전 요구 (14장)
1919
베르사유 조약 (14장)
미국 베르사유 조약 비준 실패 (14장)

등장인물

(성의 영어 알파벳 순서)

- **알베르 1세**(Albert Ⅰ). 벨기에 국왕, 1909–1934. 1914년 8월 독일의 최후통첩을 거부한 것으로 유명하다. 안트베르펜과 이세르강 너머로 퇴각할 때 벨기에 육군을 통솔했다.
- **허버트 애스퀴스**(Asquith, Herbert Henry). 영국 수상, 1908–1916. 아일랜드 자치운동(Irish Home Rule), 특히 1914년 7월 위기가 터졌을 때 그것이 내전으로 이어질 것인지의 문제로 시달렸다.
- **막시밀리안 폰 바덴**(von Baden, Maximilian). "Max", 독일 수상, 1918 10–11. 그의 조국을 민주주의와 정전협상으로 인도하는 임무를 맡았다.
- **루이 바르타스**(Barthas, Louis). 프랑스 상병, 1914–1918. 전쟁 발발로 동원되어, 전쟁이 끝나자 배럴 제작자와 사회주의 활동가로 돌아왔다. 사후인 1978년에 그의 일기와 편지를 엮어 출판되었다.
- **데이비드 비티**(Beatty, David). 영국 해군 제독, 후에 제1 해군경, 1919–1927. 헬리골란트–바이트, 도거뱅크 그리고 유틀란트–스카게라크 전투에서 제1 전투순양함대를 지휘했다. 1919년 제1 해군경에 임명되어 1922년 워싱턴 해군군축조약 협상을 도왔다.
- **테오발트 폰 베트만–홀베크**(von Bethmann–Hollweg, Theobald). 독일 수상, 1909–1917. 전시동원명령의 적법성 준수에 예민했으며, 팽창 전쟁 목적의 '9월 계획'선언을 발표했다. 후에 무제한 잠수함 작전에 반대하여 축출당했다.
- **오토 폰 비스마르크**(von Bismarck, Otto). 프로이센의 수상, 1862–1890(1973년 잠시 휴직) 그리고 독일 수상, 1871–1890. 독일 통일과 열강으로의 성장을 주도했으나, 비스마르크의 보수적인 대외정책을 거부하고 제국 팽창을 추구한 카이저 빌헬름 2세에 의해 쫓겨났다.
- **알렉세이 브루실로프**(Brusilov, Aleksei). 러시아 제국 장군, 1902–1917, 나중에 총사령관, 1917. 그의 이름을 딴 1916년 공세로 유명한 기병장교. 러시아에 대한 애국적 의무로 제정 러시아 군인들로 하여금 (소련의) 붉은 군대에 합류하도록 호소했다.

- **조피 초테크**(Chotek, Sophie). 호헨베르크 여공작, 그녀의 남편 프란츠 페르디난트 대공과 함께 1914년 6월 28일 암살당했다. 귀족이지만 왕족 출신이 아닌 관계로 황후의 지위에서 거부되었고, 그녀의 자녀들은 법적으로 그들의 아버지가 물려받게 되어있던 제위계승권에서 배제되었다.
- **윈스턴 처칠**(Churchill, Winston). 영국 해군장관, 1911－1915, 서부전선 장교, 1915－1916, 그 후 군수장관, 1917－1919. 1915년 터키 해협을 공격하는 갈리폴리 전투 참패 후에 정치적 입지를 상실했다.
- **폰 클라우제비츠**(von Clausewitz, Carl). 프로이센 (그리고 짧게 러시아) 장군, 1782－1831. 나폴레옹 전쟁에서 프로이센의 패배와 그 뒤 나폴레옹의 최후 패배를 목격했다. 미처 완성하지 못한 채 사망했지만, 그의 대표작 《전쟁론(On War)》은 전쟁이론의 기초 교과서로 남아있다.
- **프란츠 콘라트 폰 회첸도르프**(Conrad von Hötzendorf, Franz). 오스트리아－헝가리 제국 참모총장, 1906－1917. 세르비아에 대한 예방 전쟁을 열렬하게 지지했으며, 세르비아와 러시아에 대항한 군대를 나누겠다는 그의 결정이 독립적인 군사력이었던 합스부르크 제국의 급격한 붕괴에 기여했다.
- **에어 크로우**(Crowe, Eyre). 전쟁 전 독일의 의도를 불신하고, 전쟁 중에는 봉쇄 관련 부처를 만드는 데 리더십을 발휘한 것으로 알려진 영국 외교관. 외교관의 아들로 독일에서 태어나, 성인이 되어서도 독일 악센트로 비난받았다.
- **에리히 폰 팔켄하인**(von Falkenhayn, Erich). 프로이센의 전쟁장관, 1913－1914, 후에 독일 참모총장, 1914－1916. 마른전투 이후 소 몰트케(Moltke the Younger)를 대신하여 임명되었으나, 후에 베르됭전투의 실패로 강등되었다. 1916년 루마니아 정복을 이끈다.
- **페르디낭 포슈**(Foch, Ferdinand). 프랑스 장군, 육군 원수, 1914－1923, 후에 연합군 총사령관, 1918. 제1차 마른전투에서 프랑스 제9군을 지휘했으며, 후에 서부전선에서 연합군과 관련국 전체를 조정하는 임무를 맡았다.
- **프란츠 요제프 1세**(Franz Josef Ⅰ). 오스트리아－헝가리 제국의 합스부르크 황제, 1848－1916. 1866년 프로이센에 패배한 후 그의 왕국은 독일 내에서의 주도권을 상실하였고, 7월 위기 동안에 세르비아에 대한 예방적 전쟁계획을 승인하였다.
- **존 프렌치**(French, John). 영국 해외파견군의 총사령관, 1914－1916, 후에 본국군 총사령관, 1916－1918. 그가 뱃멀미를 한다는 사실을 알고 영국 해군에서의 경력을 끝내고, 원정군 사령관에 오르기 전에 수단, 인도 그리고 보어전쟁에 복무했다.
- **에드워드 고쉔**(Goschen, Edward). 독일 주재 영국 대사, 1908－1914. 1914년 전쟁 발발

로 그의 지위는 정지되었다. 이전 임지는 워싱턴 DC, 페테스부르크, 베오그라드, 코펜하겐, 비엔나 등이다.

- **에드워드 그레이**(Grey, Edward). 영국 외무장관, 1905–1916. 1914년 프랑스에 대한 영국의 맹약의 내용에 대해 깐깐했던 것으로 유명하며, 영국의 참전을 감독했다. 임기 마지막 해에 중동에 위치한 오스만의 옛 영토를 분할하는 영국과 프랑스 사이의 사이크스–피코(Sykes–Picot) 협정에 서명했다.
- **빌헬름 그뢰네**(Groener, Wilhelm). 독일 장군, 1915–1919. 병참업무에 탁월했으며, 전쟁 기간 내내 루덴도르프와 대립했으나, 바이마르 공화국에서 국방부장관으로 그의 경력을 마쳤다.
- **더글러스 헤이그**(Haig, Douglas). 영국 해외파견군 원수, 1914–1918. 존 프렌치 후임으로 막대한 비용을 지불한 솜전투와 성공적이었던 "100일 공세"를 지휘했다. 자신의 치통을 치료해줬던 파리의 치과의사에 감동하여 전후에 영국 육군 치과 군단을 창설했다.
- **프란츠 페르디난트**(von Hapsburg–Lorraine, Franz Ferdinand). 오스트리아–헝가리 제국의 왕위 계승권자로, 1914년 6월 28일 그의 암살이 7월 위기를 촉발시켰다. 빈(vienna)과 자객들이 싫어했지만, 그는 전쟁 전에 발칸지역에서의 평화를 옹호한 몇 안 되는 사람 중 하나였다.
- **파울 폰 힌덴부르크**(von Hindenburg, Paul). 독일 장군, 야전 원수 그리고 참모총장, 1916–1919. 전역했다가 1914년 복귀하여, 탄넨베르크에서 승리한 후 1916년 몰트케 뒤를 이어 참모총장이 되었다. 전쟁에서 패색이 짙어질 때 사실상 군사독재를 하고 1933년 아돌프 히틀러를 수상에 임명했다.
- **헤닝 폰 홀첸도르프**(von Holtzendorff, Henning). 독일 제독과 해군 참모총장, 1915–1918. 힌덴부르크처럼 전쟁 때문에 전역 후 다시 불려 나왔으나, 육군과의 충돌로 1918년 8월 두 번째로 전역했다.
- **에드워드 하우스**(House, Edward). "대령", 우드로 윌슨 대통령의 참모, 절친 그리고 특별한 경우의 특사. 1912년 윌슨의 선거 운동을 도운 텍사스 출신 막후 실력자. 비공식 고문과 외교 특사가 되기 위해 내각 임명을 거부했다.
- **존 젤리코**(Jellico, John). 영국 제독, 1914–1919, 후에 제1 해군경, 1917–1919. 대함대를 지휘했으며 유틀란트–스카게라크 전투에서 독일 전함들을 추격하지 않는 치명적인 결정을 내렸다. 그리고 1917년 제1 해군경으로서 호송시스템의 실행을 (회의적으로) 감독했다.
- **조제프 조프르**(Joffre, Joseph). "Papa", 프랑스 육군 총사령관, 1914–1916. 벨기에를 통

하는 독일의 오른쪽 공격 시도에 직면해 연합군을 재정비하는 퇴각명령을 내려 마른전투에서 승리했다. 1915년을 통해 전쟁이 교착상태에 빠지자 그의 별이 바래 졌다.

- **에른스트 융거**(Jünger, Ernst). 전쟁을 미화하는 자서전 《강철 폭풍 속에서(In Storms of Steel)》로 유명한 독일 군인. 그의 전쟁 영웅으로서의 지위를 이용하려는 나치로 진출하기를 거부하고 후에 인정받는 사상가가 되었다.
- **임마누엘 칸트**(Kant, Immanuel). 18세기 독일 철학자. 그는 정치학자들에게 민주평화론의 선구자로 알려져 있다.
- **가토 다카아키**(Kato Takaaki). 일본 외무대신, 1914–1915. 그는 일본의 제1차 세계대전 참전을 이끌었으며, 유명한 "21개조 요구"를 중국에 제출했다.
- **존 메이너드 케인즈**(Keynes, John Maynard). 영국 경제학자. 베르사유 평화협정에 영국 대표단으로 참여한 후, 조약과 독일에 부과된 가혹한 배상금에 대한 유명한 비평, 《평화의 경제적 결과(The Economic Consequences of the Peace)》를 썼다.
- **허레이쇼 허버트 키치너**(Kitchener, Horatio Herbert). 영국 전쟁장관, 1914–1916. 장기전을 예상한 그는 영국 의용군 창설이 중요하다고 생각하고 이를 감독했다. 그가 만든 유명한 모병 포스터가 엉클 샘이 나오는 미국의 모병 "I Want You" 포스터에 영감을 주었다. 1916년 동맹 협상을 위해 러시아로 가던 중 그가 탄 배가 독일 기뢰 공격을 받아 사망했다.
- **로버트 랜싱**(Lansing, Robert). 미국 국무장관, 1915–1920. 루시타니아호 침몰 직후 중립론자 윌리엄 제닝스 브라이언의 뒤를 이어 입각하여, 서식스 서약을 확보한 윌슨의 전쟁 위협을 뒷받침했다.
- **블라디미르 레닌**(Lenin, Vladimir Ilyich). 러시아 공산혁명가. 스위스 망명 중에 전쟁을 시작하여, 1917년 독일의 지원을 받고 러시아로 향하여 10월 혁명에서 볼셰비키 정권 수립을 이끌었다. 1918년 3월 독일과 굴복하는 조약을 체결한다.
- **오토 리만 폰 산데르스**(Liman von Sanders, Otto). 독일 및 오스만 장군, 1913–1918. 1913년 위기를 촉발시킨 오스만 제국 주둔군 대장, 1915년 갈리폴리 반도 방어를 수행했으며, 그 후 전쟁 중에 시나이와 팔레스타인에서 오스만군을 이끌었다.
- **데이비드 로이드 조지**(Lloyd George, David). 영국 재무장관, 1908–1915, 군수장관, 1915–1916, 전쟁장관, 1916 그리고 수상, 1916–1922. 많은 내각 요직을 거쳤으며, 선거유세와 빌헬름 독일의 위협에 대한 신랄한 레토릭으로 유명하다.
- **에리히 루덴도르프**(Ludendorff, Erich). 독일 장군, 1914–1918, 병참 참모장, 1916–1918. 전쟁 발발 때 벨기에의 리에주 요새 공격을 이끌었으며, 그 후 힌덴부르크의 참모

장으로서 두 사람에게 명성을 안긴 탄넨베르크에서의 승리를 지휘했다. 1920년대 나치당원으로서 선거에 출마했다.

- **메흐메트 5세**(Mehmet V). 오스만 술탄, 1909–1918. 발칸전쟁에서 유럽의 영토를 잃은 뒤, 1913년 청년 튀르크당 쿠데타 이후 대부분의 권력을 상실했다.
- **헬무트 폰 (대) 몰트케**(von Moltke (the Elder), Helmut). 독일 참모총장, 1871–1888. 오스트리아–프로이센 전쟁과 프랑스–프로이센 전쟁에서 프로이센 육군을 지휘했다. 제1차 세계대전이 발발 때 동일한 역량을 발휘한 소 몰트케의 숙부이다.
- **헬무트 폰 (소) 몰트케**(von Moltke (the Younger), Helmut). 독일 참모총장, 1906–1914. 자주 비교되는 대 몰트케의 조카로서 슐리펜을 이어 그의 전쟁계획을 수정하여 이행하였다.
- **니콜라이 2세**(Nicholas Ⅱ). 러시아 로마노프 왕조의 마지막 차르, 1894–1917. 7월 위기 중 우유부단함으로 주도권을 놓쳤다. 1917년 2월 혁명으로 퇴위했으며, 그와 그의 가족은 10월 혁명 이후 볼셰비키에 의해 처형당했다.
- **존 퍼싱**(Pershing, John J.). 미국 장군, 미국 파견군 사령관, 1917–1918. 1916–1917년에 판초 비야를 추격하기 위해 멕시코 내전에 개입하였고, 그리고 나서 미국 파견군을 지휘했다. 서부전선에서 프랑스군 및 영국군과의 결합에 대해 경계했다.
- **오스카르 포티오레크**(Potiorek, Oskar). 오스트리아–헝가리 제국의 장군 및 보스니아–헤르체고비나 총독, 1911–1914. 프란츠 페르디난트와 조피 초테크가 죽은 공격에서 살아남았으며, 발칸에서 오스트리아–헝가리군을 지휘했다. 세르비아 공격에 실패한 후, 1914년 12월 물러났다.
- **가브릴로 프린치프**(Princip, Gavrilo). 보스니아의 세르비아계 민족주의자. 세르비아 정보국으로부터 도움을 받아 보스니아에 침투한 작은 그룹의 일원이었다. 총을 발사해 프란츠 페르디난트와 조피 초테크를 암살했다.
- **쿠르트 리츨러**(Riezler, Kurt). 독일 외교관 겸 베트만–홀베크의 개인 비서. 수상을 위해 '9월 계획'을 작성하였고, 베를린에서 레닌의 대표와 레닌에 대한 지원에 대해 협상했다.
- **테오도르 루즈벨트**(Roosevelt, Theodore). 미국의 전직 대통령, 1901–1909. 연합국 측 개입을 적극 옹호했다. 전쟁 초기 윌슨의 중립정책을 비판했다.
- **안토니오 살란드라**(Salandra, Antonio). 이탈리아 총리, 1914–1916. 전쟁 발발 당시 중립을 맹약했으나, 나중에 삼국동맹을 거부하는 대가로 영토적 이익을 주는 연합국의 제의를 받아들이는 주장을 옹호했다.
- **세르게이 사조노프**(Sazonov, Sergei). 러시아 외무장관, 1910–1916. 베테랑 외교관으로

서 7월 위기 중 차르로 하여금 부분동원령을 총동원령으로 바꾸도록 압력을 가한 인물들 중 한 명이다.

- **라인하르트 셰어**(Scheer, Reinhard). 독일 제독, 1916-1918, 해군 참모총장, 1918. 유틀란트-스카게라크 전투에서 대양함대를 지휘하고, 1918년 10월 전세 악화로 해군의 반란을 초래한 최후의 출격을 명령했다.
- **알프레트 폰 슐리펜**(von Schlieffen, Alfred). 독일 장군, 육군 참모총장, 1891-1906. 소 몰트케의 선임으로, 러시아와 맞서 싸우기 전에 프랑스에 대한 신속 승리를 요구하는 전쟁계획을 초안했다. 그의 계획은 1905년 그가 초안을 만들었을 때와 1914년 몰트케가 그것을 실행했을 때 독일이 가진 것보다 훨씬 더 많은 병력을 요구했다.
- **칼 폰 쉬튀르크**(von Stürgkh, Kahl). 오스트리아 수상, 1911-1916. 1914년 봄부터 의회 소집을 거부하여, 전쟁 발발 이후 명령과 엄격한 검열에 의한 지배를 가능하게 했다. 이로 인해 1916년 암살당했다.
- **알프레트 폰 티르피츠**(von Tirpitz, Alfred). 독일 제독, 제국 해군청 장관, 1897-1916. 독일을 해군 강국으로 변모시킬 것을 줄기차게 주장했다. 북해에서 영국 해군과 경쟁하는 "위험 함대"를 만들겠다는 그의 계획에 대한 빌헬름 2세의 동의를 얻었다.
- **이슈트반 티사**(Tisza, István). 헝가리 수상, 1913-1917. 처음에는 세르비아와의 전쟁에 반대했으나, 이것이 오스트리아-헝가리 제국에서 헝가리의 인종적 힘을 약화시켰다. 헝가리에서 힘을 확대하겠다는 빈의 위협에 굴복했다.
- **프란시스코 비야**(Villa, Francisco). "판초", 멕시코 혁명 지도자. 콜롬비아, 뉴멕시코에 대한 급습을 감행하여, 이로 인해 미국이 개입했다. 9개월 후, 비야가 도주 중인 상황에서 유럽에 집중하기 위해 미국 육군이 철수했다.
- **빌헬름 2세**(Wilhelm Ⅱ). 독일제국의 황제이자 프로이센의 왕, 1888-1918. 허풍과 불일치로 유명하며, 비스마르크의 정교한 동맹체제를 해제하고, 프랑스 및 영국 등 강대국과 경쟁하는 식민지 확장 정책의 길로 들어서게 했다.
- **헨리 윌슨**(Wilson, Henry). 영국 장군, 1900-1918, 영국 파견군의 참모장, 1914-1915, 제국 해군 참모총장, 1918. 전쟁 초기 존 프렌치의 핵심 참모, 다른 장군들과의 돈독한 관계로 인해 프렌치뿐만 아니라 최고전쟁위원회(Supreme War Council)와의 연락책으로의 임무를 수행했다.
- **우드로 윌슨**(Wilson, Woodrow). 미국 대통령, 1913-1921. 전쟁이 발발하자 중립을 지킬 것이라 맹약했으나, 1917년 독일의 무제한 잠수함 작전 실행 이후 참전을 선택했다. 민족자결주의라는 그의 수사적 입장으로 세계적 유명세를 구가했다.

- 아르투어 침머만(Zimmermann, Arthur). 독일 외무장관, 1916–1917. 그의 이름이 적힌 외교적 전보에서 독일, 멕시코 그리고 일본의 동맹을 제안했다. 영국에 의해 감청되어 미국에 전해져 국민적 관심을 일으켰다. 그러나 최근의 증거에 의하면 이 노트가 미국의 개입에 대한 생각을 거의 바꾸지 못한 것으로 본다.

THE POLITICS
OF THE FIRST
WORLD WAR

01

서론: 대전

1.1 역사, 전쟁 그리고 정치과학
1.2 이론과 단순성
1.3 전쟁(과 그 용도)
1.4 국제 시스템
1.5 책의 개요

서론: 대전

그것은 국가가 한 방에 다음 세대로 도약하거나 과거 세대로 추락하는, 지진같이 격심한 변동 중 하나이다.

데이비드 로이드 조지, 영국 군수장관
1915년 12월 25일

속편, 즉 제2차 세계대전이 대중의 기억 속에서 본편을 가리기 전까지 제1차 세계대전은 그냥 "대전(the Great War)"이었고 그렇게 통했었다. 아마 여전히 그래야만 할 것 같다. 1914년 여름 발칸에서 신생 세르비아와 시들어가는 오스트리아-헝가리 제국 사이의 국지적 갈등에서 시작되어 1918년까지 모든 열강들이 참전하는 대규모 전쟁으로 비화되며, 그 몇 년 전까지는 상상도 못하던 사망자를 낸, 그야말로 전 세계를 격랑 속으로 몰고 간 전쟁이었다. 대전에서 프랑스, 영국, (일시적으로) 러시아 그리고 (전쟁 말기에) 미국이 주축인 연합국(the Entente, 이 책에서는 "협상국" 대신 "연합국"으로 명명)이 독일, 오스트리아-헝가리 그리고 오스만 제국의 동맹국(the Central Powers)을 상대로 승리를 선언했다. 그러나 그것은 독일이 1917년 러시아를 전쟁에서 패퇴시키고 1918년 서부전선에서 승리의 냄새를 맡은 직후의 일이었다. 4년 동안의 유례

없는 파괴, 대혼란, 고통으로 인해 세상은 지치고 상처받고 환멸을 느꼈으며, 평화 속에서 산 사람들이 상상할 수 있는 세상이 아니었다.[1] 패배는 독일, 러시아, 오스트리아 그리고 오스만 제국을 산산조각냈으며, 승리는 일본 제국을 키웠으나, 영국과 프랑스 제국에는 죽음의 전조처럼 보였고 인도와 중국의 민족주의를 그들의 현대적 모습에 가깝게 만들었다. 세계는 산업 전쟁(industrial war)의 새로운 시대로 진입했고, 국가와 제국들은 전 국민을 전쟁에 동원하려 시도했다. 국가는 군대가 지구의 물리적, 사회적 그리고 정치적 외관을 파괴하는 데 사용할 수 있도록 국민들로 하여금 참호에 인원을 채워 넣고 무기를 생산하게 만들었으므로 거의 성공한 셈이다. 전쟁은 전쟁터에서만 1790년 이래 모든 주요 전쟁에서 죽은 숫자보다 두 배 이상 많은[2] 천만 명을 죽였으며,[3] 모든 참전국에서 정치와 계층 질서가 망가지고 국가와 사회의 결속이 파괴되었으며, 러시아, 독일 그리고 오스만 제국 같은 데서는 혁명과 피비린내 나는 시민 폭력에 굴복해야만 했다.[4]

대전은 또한 연합국의 배후에서 경제적, 군사적 지원을 한 미국이 열강의 반열에 오르도록 재촉했다. 그러나 미국은 연합국 파트너들이 피를 흘리며 지키려 했던 19세기의 세계질서에 대해 공개적으로 회의적인 시각을 보였었다. 미국의 전시 대통령 우드로 윌슨은, 심지어 전후 유럽 안보정치에서 발을 빼면서도, 경제적 힘에만 의존해서 구속력 있는 집단 안보 시스템을 중심으로 글로벌 정치를 재편하려 하였다. 미국만이 유일한 신생의 혁명적 파워는 아니었다. 황실의 퇴위, 참담한 군사적 패배, 굴욕적인 브레스트-리토프스크(Brest-Litovsk) 조약, 볼셰비키 쿠데타 그리고 연이은 내전으로 러시아에서 탄생한 소비에트 정권은 러시아 제국의 전통적 야심을 추구하면서도 전통적인 힘의 정치와 수사적 단절을 이루어 냈다. 대전이 끝났을 때는 약해졌지만, 강력한 스탈린주의 회복정책으로 소비에트의 유럽에서의 군사적 존재감과

1 주요 참전국들은 1918년에 싸움을 멈추었으나, 러시아가 지독한 내전에 빠지고 오스만 제국이 1920년대 초까지 싸움을 계속했기 때문에, 동부에서의 전쟁은 수년간 이어졌다. 독일이 동맹국의 핵심이었으므로, 전쟁의 끝을 1918년으로 표기하는 것이 무리한 것은 아니지만 약간 오해의 소지가 있다. 패전국에서 계속된 전쟁에 관해서는 Gerwarth(2016) 참조.

2 Kershaw(2015, 3장).

3 Prost(2014).

4 Payne(2011)과 Gerwarth(2016).

정치적 비중은 두 대전 사이의 기간 동안 커져만 갔다. 베르사유 조약의 가혹한 평화 조항 아래서 엄청난 산고를 겪었지만, 처음으로 다른 강대국들로부터 인정받은 정당한 통일체로서 명목상 민주주의 독일이 전쟁으로부터 출현했다. 패배는 쓰고, 승리는 그 자체의 문제를 안고 있었다. 이전 오스만 영토를 둘러싼 연합국 내부의 경쟁은 중동에 미래의 분쟁의 씨앗을 뿌렸다. 중동의 현재 단층선들은 1918년 독일의 항복 직후에 국경과 통치 구조에 대해 성급하게 내려진 결정의 문제점을 많은 부분 되풀이하고 있다. 지구 반대편에서는 일본이 독일의 태평양 지역 옛 영토들을 퍼 담았으나, 그곳들은 불길하게도 미국의 제국주의 영토인 하와이와 필리핀을 잇는 미국의 병참선에 걸터앉아 있었다. 평화회담에서, 영국과 미국 대표단이 반대하여 무산된 단순한 인종적 평등 인정 요구를 포함하여, 일본의 야심이 좌절되고 거기서 오는 환멸이 군국주의 파벌을 강화시켰고, 그것이 독일과 함께, 거의 한 세대 후에 제2차 세계대전을 일으키는 데 역할을 했다.

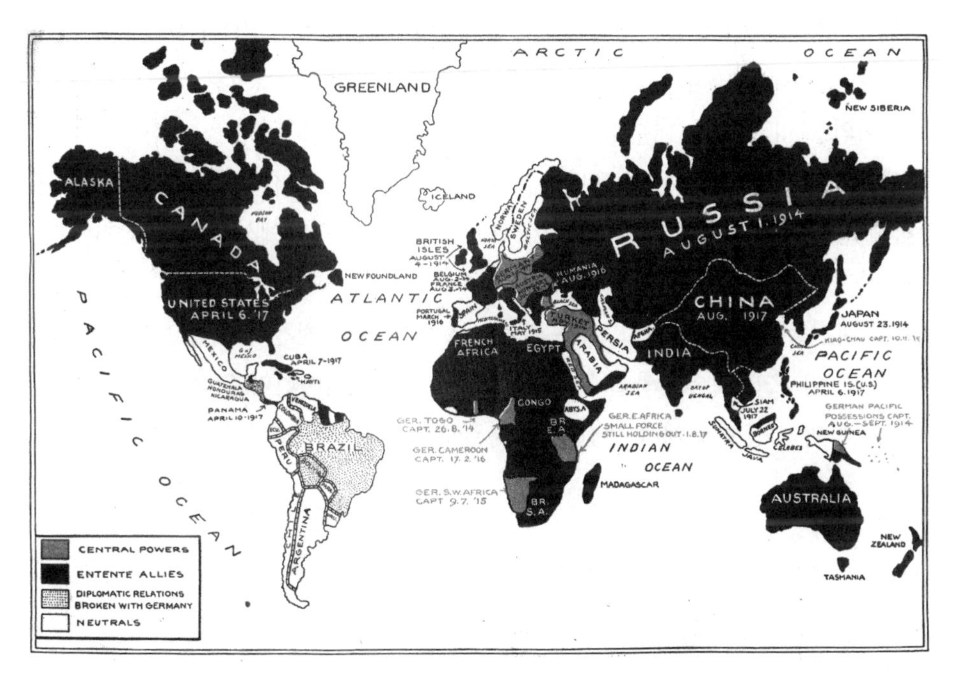

[지도 1.1] 대전의 지구적 범위. Reynolds, Churchill, and Miller(1916)에서

지도 1.1은, 전쟁 초기 남동유럽에서 시작하여 열강들과 (인도, 캐나다, 호주 그리고 뉴질랜드 같은) 그들의 식민지 국가들이 도미노처럼 걸려들고, 끝내는 미국과 중국 같은 미래 열강들이 참전하게 되는 전쟁의 범위를 보여준다.[5] 한 세기에 걸쳐 되돌아볼 정도로 전 지구적 범위에 걸친 대전의 정치적 발자취를 살펴보면 쉽게 알 수 있듯이, 대전의 참전국들은 세상이 다시 예전과 같을 것이라는 환상이 없었다. 후에 영국 수상이 되는 데이비드 로이드 조지는 1915년 12월 군수장관으로서 대중연설을 통해 다음과 같이 말했다:

> 그것은 사회와 산업구조에 들어보지 못한 변화를 가져온 대홍수이고 자연의 격동이다. 그것은 현대 사회의 관상용 식물을 뿌리째 뽑아버린 사이클론이다. 그것은 국가가 한 방에 다음 세대로 도약하거나 과거 세대로 추락하는, 지진 같은 격심한 변동 중 하나이다.[6]

휴전 협정(1918년 11월 11일) 3년 전에 내려진 이 평가는 이후 100년 동안 크게 변하지 않았다. 현대의 역사가들은 제1차 세계대전을 "현대를 탄생시킨 사건",[7] 즉 국가들 사이의 그리고 국가 내부의 권력관계를 뒤엎기 위해 모든 것을 소진한 "글로벌 혁명"이라고 부른다.[8] 심지어 표면상 이해 대립이 낮고, 서서히 진행되다 나중에 질주하게 된 7월 위기조차 "근대에서 아니면 현재까지의 역사에서 가장 복잡한 사건"으로 불린다.[9] 제1차 세계대전은 이러한 역사기록학적 과장이 전혀 어색하지 않은 희귀한 사건들 중 하나였다. 그것은 과거라는 비호 아래 천천히 그리고 음산하게 잉태되었고, 이윽고 그 이전의 모든 것을 소멸시키고 변화시키기 위해 폭력적으로 분출됐다. 파괴와 전복 속에서 대전은 이후 글로벌 정치에서 벌어지게 될 모든 사건에 영향을 주었다.

---

5 이 지도는 여전히 오해의 소지가 있다: 미국에 대항해 동맹을 결성하자는 독일의 제안이 있었다는 점을 감안하면, 중립을 유지한 멕시코도 전쟁을 피할 수는 없었다(13장 참조).

6 Tooze(2004, p. 3)에서 인용.

7 Fromkin(2004, p. 8).

8 Sondhaus(2011, pp. 1–2).

9 Clark(2012, p. xxix).

전쟁은 그 결과 하나만으로도 주목할 만한 가치가 있지만 그 영향 이상을 부각시킨다. 전쟁의 순전한 규모와 복잡성은 그것이 현재 국제관계를 공부하는 학생들의 관심을 끄는, 전쟁과 평화의 정치학의 거의 모든 측면을 건드린다는 데 있다. 내란과 국가 간의 정치적 분쟁으로 복잡해졌지만, 열강 간의 경쟁에서 그 기원을 찾는 것은 이상할 정도로 현대적이다.[10] 대전을 보면 볼수록 한 세기가 지났음에도 낯설어 보이지 않고, 그것을 단순히 역사적 호기심, 터무니없는 특이점(outlier) 또는 곧 뒤따를 더 끔찍한 세계대전의 희미한 그림자로 치부하여 멀리할수록 불편함이 느껴진다.[11] 그러한 친밀감이 현재를 반영하고 있다면, 그것은 해답이 아니라 더 많은 질문, 해결이 필요한 퍼즐을 던진다. 왜 국가들은, 협상이 피를 부르거나 자원을 낭비하지도 않고 똑같은 일을 할 수 있음(실제로 하기도 함)에도 불구하고, 단순히 새로운 국경선을 긋기 위해 또는 새로운 외국 정부를 세우기 위해 전쟁을 벌이는가? 어떻게 약소국들 사이의 작은 다툼이, 특히 평화시의 방대한 무역량과 투자의 상실을 감내해야만 하는 상황에서, 하나도 아닌 모든 열강들을 한꺼번에 전쟁의 소용돌이로 끌어들일 수 있는가? 언제 국제법은 국가들의 행위를 통제할 수 있고, 어떤 경우에 휴짓조각처럼 버려지는가? 왜 어떤 군사적 연합은 효과적으로 서로 협조하는 반면에, 다른 연합은 그들의 생존이 힘의 밸런스에 달려있음에도 힘을 합치는 데 실패하는가? 왜 어떤 국가들은 군사적 승리라는 덧없는 도박에 심지어 그들의 생존을 포함한 모든 것을 걸려 하는가? 어떻게 검소하고 계산적인 지도자가 명백히 쓸데없고 힘겨운 소모전에서 훈련되지 않고 변변찮은 시민군 뒤로 막대한 돈을 쏟아부을 수 있는가? 왜 육상에서의 전쟁과 달리 바다에서의 전쟁은 제한적으로 운용하는가? 수년간의 긴장, 분노, 적대감을 뒤로 하고, 특히 양측이 여전히 대치 중이고 원칙적으로 싸움을 계속할 수 있음에도, 언제 어떻게 했을 때 전쟁이 끝나는가? 마지막으로, 어떻게 전쟁 후에 평화를 만들고, 무엇이 그것을 지속되게 하며, 왜 다시 무너지는가?

이 퍼즐들은 다음 장들에서 우리가 따라갈 대전의 서사에 차례로 등장한다. 이 책

---

10 Clark(2012, p. xxvii).

11 제2차 세계대전을 부각하기는 쉽다. David Frum(2015)이 언급했듯이, "더 큰 폭발들"이 있었고 "좀 더 나은 악당들"이 있었을 뿐이다. 제2차 세계대전은 블록버스터이고, 제1차 세계대전은 도발적인 독립영화이다.

은 이러한 퍼즐과 그 외의 지속적인 질문들에 대해 답함으로써–많은 부분이 오래된 내용이고, 상당 부분 수정했으며, 약간은 이 책에서 처음 소개된다–학생들에게 국제관계에 관한 현대 이론을 소개한다. 우리는 게임이론을 이용해 퍼즐 시리즈에 대한 해법을 개발할 것인데, 게임이론은 수학적 툴(tool)로서 단순하고 우아하게 정치학 및 전략적 선택에 대한 모형을 세우는 데 도움을 줄 것이다. 그리고 이러한 모형들은 그렇지 않았다면 당황스럽고 복잡한 현상이었을 퍼즐들에 대해 간결하면서 유용한 통찰을 안겨줄 것이다. 학생들은 (1) 국제 전쟁과 평화, (2) 국제정치를 단순한 게임이론 모형으로 세우고 분석하는 방법과 그 과정 그리고 (3) 우리가 살고 있는 세상의 형태를 만든 (그리고 계속 만들어가고 있는) 사건의 역사적 및 현대적 중요성 인식과 같은 실용적 지식을 발전시킬 것이다. 제1차 세계대전은 무섭고, 매혹적이며, 도전적이며, 매우 현재적이다. 그것은 단순히 국제관계를 연구하는 학자들이 제1차 세계대전에 대해 말하기를 멈추지 않기 때문이 아니다. 대전 100주년을 지나면서, 한반도에서의 핵무기 문제부터 러시아의 동유럽 재탈환 시도, 중국의 남동 중국해에서의 야망, 동맹 네트워크의 가치에 대해 의문을 제기하는 미국 대통령에 이르기까지 국제질서의 모든 민감한 문제를 1914년 전쟁 직전 단계의 사건들과 비교해 보는 것은 매우 의미 있는 일이다. 따라서 세계대전을 출발점으로 삼아 급속하게 변화하는 국제정치세계의 새로운 도전들을 이해해 보고자 한다. 오래된 모든 것이 다시 새것이 되는 것이 사실이라면, 대중들의 기억에서 대전이 많이 멀어졌기 때문에, 대전의 교훈을 다시 배우는 것은 참으로 시의 적절한 일일 것이다.

1장 핵심 용어

- 전쟁
- 전략
- 국제 시스템
- 영토국가
- 무정부상태
- 자기구속적
- 계층제
- 열강

1.1 역사, 전쟁 그리고 정치과학

이 책이 과거에 초점을 맞추고 있지만, 이 책은 역사에 관한 책이 아니라 정치과학에 관한 책이다. 우리의 관심은 정치과학에서 축적된 통찰과 방법론적 틀을 이용해 왜 그러한 방식으로 전쟁이 발발하고, 확대되고, 지속되고, 끝나게 되었는지에 대해 대답을 하는 데 있다. 물론, 유사 사건들에서 수집한 집합적 지식도 최대한 활용한다. 우리는 모형－이 경우, 행위자, 그들의 목적, 그들의 선택 그리고 그 선택들이 모여 어떤 결과로 이어지는지를 보여주는 심플한 수학적 구조물－을 이용해 설명할 것이며, 이러한 모형은 전쟁의 구성 요소들을 보다 일반적인 정치 현상의 구체적인 예로서 사고하게 해 줄 것이다. 전쟁, 외교, 열강, 군비경쟁, 제국, 동맹, 민주주의, 독재, 국제법, 군사전략, 전쟁 금융 그리고 평화 정착 등의 개념들은 대전 전에도 세계 모든 지역에서 존재했었고, 계속해서 국제정치의 성쇠를 정의하고 구체화할 것이다. 이렇게 하면, 우리는 현대 정치과학의 통찰을 빌려 제1차 세계대전에 대해서 배우고, 대전의 퍼즐들을 부각시키는 방식으로 틀을 짜고, 언뜻 보기에는 너무 크고, 중대하고, 특이해서 설명이 불가능해 보이는 전쟁을 더 잘 이해하게 될 것이다.

이러한 접근의 핵심은 군인, 정치인, 시민, 혁명가 그리고 노동자의 행동들을 최대한 *실시간*(*real time*)으로 설명하려는 노력이다. 우리는 사건－예를 들어, 전쟁 발발 그 자체－을 행위자들이 관련 선택을 할 당시의 목표, 대안 그리고 그들이 이용 가능했던 정보의 관점에서 설명할 뿐만 아니라, 어떻게 여러 개의 선택들이 상호작용하여 우리가 설명하고자 하는 결과를 낳는지에 대해서도 설명할 것이다. 우리는 대전이 끝난 후 뒤늦게 깨달은 지혜에 의존하지 않으려 최선의 노력을 다할 것이다. 그것으로 퍼즐을 만들 수는 있으나 퍼즐을 풀 수는 없다. 예를 들어, 영국과 독일의 군함 건조 경쟁 후에 두 국가는 더 가난해졌고 두 국가 사이의 해군력의 상대적 비율은 변하지도 않았는데, 그럼에도 두 국가는 왜 6년이라는 긴 시간 동안 수백만 파운드와 마르크를 허비하며 군함 건조 경쟁을 벌였는지 이해하기 힘들 것이다. 만약 우리가 해군경쟁이라는 낭비 행위를 목격한다면, 아마 주요 결정을 내린 리더들을 비난하고 싶을 것이다. 부패한 정치인, "나쁜" 정부 시스템 또는 통찰과 지식이 없는 개인들과 같이 만족스럽게 보이는 대답을 찾을 수도 있을 것이다. 그러나 이 같은 대답은 자화자찬만큼이나 설득력이 떨어진다: "물론 나와 다른 독재자/자본가/제국주의자/공산주의자/바보/악마들은 헛된 군비경쟁에 편승한다"라는 식으로 이해할 수 있지만 자기면죄부를 발행하려는 왜곡된 시도일 뿐이다. 그것은 논쟁이지 분석이 아니다. 그러나 전쟁에 대해 이런 식으로 생각하고, 말하고, (가끔은) 투표하는 우리 자신들을 쉽게 발견하게 된다. 퍼즐들에 대한 이런 해법은 유혹적이고 쉽지만,[12] 사실은, 어떻게 사람들이 기괴하고 피비린내 나는 무기 경쟁으로 치닫게 되었는지 설명하기 위해서 그들이 부패하고, 무식하고, 배신을 하고, 악하다는 가정을 할 필요가 없다. 제1차 세계대전처럼 재앙을 초래하는 사건에 대해서도 마찬가지다.

독일 카이저 빌헬름 2세부터 프랑스 육군 원수 페르디낭 포슈, 미국 대통령 우드로 윌슨까지, 누군가의 결정에 대해 설명하고 싶어한다면 우리가 그들의 머릿속으로 들어가 보는 것이 좋다. 그렇게 하면 현명하고, 검소하며, 계산적인 개인들이 지나고 나서 보니 명백하게 어리석어 보이는 선택을 하게 되었는지 이해할 수 있도록 도와준다. 우리는 전쟁을 이념적, 미신적 또는 도덕적인 용어로 설명하지 않는다. 도덕으로부터 분리는 안타깝지만 필요하다. 우리는 전쟁과 그 특성, 전쟁의 과정과 끝을 *정치적* 목적을 가진 *정치적 행동*, 즉 *정치적인 용어*로 설명할 것이다. 우리는 누가 "책임을 져야" 하는지에 대해 침묵할 것이다. 사실, 우리들이 그들과 똑같은 선택 상황에 직면한다면 놀랍게도 상당수가 카이저와 그의 장군들, 차르와 그의 군인들 또는 수상과 그의 내각과 유사한 방식으로 행동했을 수도 있음을 보게 될 것이다. 제1차 세계대전의 정치적 이야기를 실시간으로 마주함에 있어, 우리들의 의무는 참가자들을 공허하게 칭찬하거나 안전하게 비난할 수 있는 과거에 깊게 묻힌 인물로 보는 것이 아니라 이해해야 할 사람으로 보는 것이다. 물론, 양해하거나 용서하는 것이 아니라, 인도적이고 합리적으로 본다는 의미이다.[13] 그래야만, 다소의 절박감

12 당신이 무슨 생각을 하는지 안다, 그리고 당신이 옳다. "매혹적이고 쉽다"는 것은 기본적으로 포스(Force)의 어두운 면에 대한 요다(Yoda)의 묘사이다. 독자 여러분, 긴장하시오.

13 여기서, "합리적으로"라는 말은 어떤 부정적인 의미도 내포하고 있지 않다. 그 사람의 결정 뒤에 있는 논리, 이성적 사고를 이해한다는 의미한다.

을 가진 러시아가 어떻게 작은 세르비아를 방어하기 위해 잠재적으로 파멸을 불러올 수 있는 독일과의 전쟁을 벌일 수 있었는지, 어떻게 영국 제국이 벨기에의 중립을 보장하는 소위 휴짓조각에 의거해 과거의 라이벌 러시아를 지지하며 유럽의 전쟁에 참전하게 되었는지, 어떻게 독일이 1917년 마지막으로 남아있던 열강을 전쟁으로 끌어들일 게 뻔한 무제한 잠수함 작전이라는 모험을 걸었는지 그리고 미국이 왜 전쟁에 무관심하다는 수사적 약속에도 불구하고, 마침내 글로벌 힘의 밸런스를 재편하기 위해 전쟁에 참전하게 되었는지를 이해할 수 있다. 유명하지만 나쁜 설명들의 농간을 벗겨내고 나서야, 1914년 전 세계에 불어닥친 그 비극이 한 세기 후에 보더라도 전혀 어색하거나 멀어 보이거나 신비롭거나 특이하지 않음을 알게 될 것이다.

만약 우리가 1919년 평화를 정착시키기 위해 모여 앉았던 승전국들처럼 단순히 비난을 퍼붓기 위해 과거를 보게 된다면, 단지 제국주의자, 자본주의자, 전제 군주, 군국주의자뿐만 아니라, 많은 사람들이 1914년에 세상을 불길에 휩싸이게 한 비슷한 결정을 할 수 있었다는 사실을 못보게 되는 위험이 있다. "비극"은 단순히 문학적 개념이 아니다. 기본적이지만 쉽게 간과되는 전쟁의 비극 중 하나가 바로 1914년의 의식적이고 개방적인 의사결정이다. 우리 이야기 속의 등장인물들이 자신들이 무슨 행동을 하고 있는지 알고 있었다는 아이디어에 반감을 가질 수 있지만, 일련의 탐구의 결론을 좋아하지 않는다고 해서 그것을 거부하기에는 충분한 근거가 되지 않는다. 정치를 설명하기 위해 우리에게 필요한 것은 더 나은 지성적 도구이지, 세상이 어땠으면 좋겠다는 어설픈 바람이 아니다. 그래서 게임이론의 도구들을 빌려, 관련 행위자, 그들의 목적 그리고 그들의 선택이 다른 행위자들의 선택과 상호작용하는 방식을 밝혀냄으로써 정치적 사건들을 설명할 것이다. 예를 들어, 1914년 7월 러시아와 독일이 가장 원했던 것이 무엇인지, 무엇을 가졌으면 행복해했을지, 충돌을 회피하기 위해 무엇을 해야 했는지 그리고 그들의 선택이 서로의 목적 추구에 어떻게 악영향을 미쳤는지를 열심히 생각함으로써, 역사의 무게에 가려있던 유력자들을 진지하게 받아들여, 그 결과 전쟁의 원인을 더 명확하게 파악할 것이다. 또한, 대전이 (1) 국제정치의 광범위한 패턴과 어느 정도 들어맞는지 그리고 (2) 전쟁, 외교 그리고 현대의 국제정치에 대해 어떤 교훈을 주는지에 대해 살필 수 있을 것이다. 우리가 제1차 세계대전을 하나의 정치적 사건으로 이해할 때, 전쟁을 공부하는 학생뿐만 아니라 전쟁, 평화 그리고 국제질서 이슈에서 어느 편에 설 것인지를 결정해야 하는 시민들에게 유용한 관점에서 전쟁의 공포를 설명할 수 있다.

복잡한 사건들을 설명하기는 어렵고, 더욱이 그런 사건들이 공포, 파괴 그리고 세계대전이라는 결과를 수반하고 있을 때는 더욱 그렇다. 특히 제1차 세계대전에 잘 적용되는데, 엄청난 복잡성, 대격변 그리고 명백한 비인간성으로 인해 마음으로는 "나 아닌 누군가가 반드시 책임을 져야 한다" 이외의 어떤 설명도 실질적으로 거부하게 된다. 반대로, 이 책의 설명들은 우리 이야기 속의 인물들을 진지하게 다룬다. 그들은 악하다, 부패했다, 순진하다, 무능하다, 허영심이 강하다, 인지적 제한이 있다 등의 가정을 할 필요가 없다. 가끔은 이러한 유혹을 피하기가 어렵고 때로는 불편할 수 있다. 우리는 조지 오웰(George Orwell)이 "불편한 진실을 대면하는 힘"이라 부른 그것을 연습할 필요가 있다.[14] 게임이론의 단순하고 논리적인 틀이 주는 명료함으로 인해, 그러지 않았다면 지저분하고 비논리적이며 심지어 비합리적이었을 세상에 대해 통찰력을 가지고 말할 수 있게 되었다. 해리슨 와그너(Harrison Wagner)가 말했듯이,

> 가끔 사람들이 정치는 그냥 "논리적이지 않다"고 말한다. *그러나 논리는 세상의 특성이 아니라, 세상에 대해 우리가 말하는 것의 특성이다.* 세상은 지저분하고 혼란스러운 장소이다. 세상에 대해 지저분하고 혼란스러운 것을 말한다고 해서 세상에 대한 이해를 고양시킬 수는 없다.[15]

이러한 분석의 표준에 제1차 세계대전의 유례없는 공포와 정상화된 광기 이외에 크게 문제될 것이 거의 없다. 분석과정에서 우리는 정치과학, 법학, 외교 그리고 전쟁 연구에 풍부한 모형을 제공하는 정치과학의 기본 구조를 빌린다. 대전을 이해하

14 이와 관련하여, 오웰의 감동적 에세이, 1946년 《Gangrel》의 네 번째 호에 최초 출판되고 1953년의 에세이집 《Such, Such Were the Joys》에 수록된, "Why I Write"를 보라.

15 Wagner(2001, p. 4).

기 위해 정치과학이론 다수를 끌어오고, 이를 대전이 발생하고 변화해간 국제 시스템이라는 문맥에서 이야기하고, 전쟁, 평화 그리고 오늘날의 국제질서에 관해 어떤 교훈을 제공하는지 살펴볼 것이다.

1.2 이론과 단순성

우리가 이후의 각 장에서 발전시킬 이론들은 가끔 믿기 힘들 정도로 단순할 것이고, 제1차 세계대전 같은 전대미문의 대사건을 작은 조각들로 해체하는 것이 처음에는 이상하게 느껴질 수 있다. 그러나 단순화, 정제 그리고 추상화야말로 좋은 이론, 좋은 설명의 주성분이다. 복잡성, 미묘한 차이 그리고 화려한 묘사는 일반적으로 그렇지 않다.[16] 유용한 이론이란 유용한 지도 같은 것이다. 더 많을 필요가 없이, 그 목적을 달성하기에 꼭 필요한 만큼의 디테일만 있으면 된다. 구성은 간결하게, 논리는 명쾌하게, 그 함의는 통찰력이 있어야 한다. 그것은 궁극적 설명 대상인 거대하고, 요란하고, 불가해한 세상과 정반대이다. 이론은 예리하고 조심스럽게 선택된 계몽적인 비유처럼 세상을 단순화한다. 전체에서 재미있는 부분들을 분리하고 부각시켜, 우리가 관찰하는 세계를 이해하는 데 도움을 준다. 그렇다고 해서, 세상을 묘사함에 있어 디테일에 극도로 인색할 필요가 없고, 그렇게 해서도 안 된다.[17]

이 책을 통해 알게 되겠지만, 좋은 이론을 발견하기란 참으로 어렵다–무에서 유를 창조하기는 훨씬 더 어렵다. 너무 높은 묘사적 정확도처럼, 그래서는 안 되지만, 이론으로부터 많은 것을 요구하게 된다. 그러나 모형은 본질상 많은 것을 배제*하기로 되어 있다*; 그렇지 않으면 모형이 되지 않는다. 예를 들어, 표준적인 원자 모형은 주기율표에 있는 원소들을 구성함에 있어 양성자, 중성자 그리고 전자의 역할에 대

16 만약 여러분이 이 책에서 하나를 버려야 한다면, 이론은 뭔가를 과도하게 단순화한 것이라고 비판하는 누군가의 건전한 회의론이어야 한다. 종종 그러한 비판은, 거의 유용성이 없는, "미묘한 차이"를 요구하는 공허한 것이다(Healy, 2017).

17 좋은 이론은 비유이지 의성어가 아니다.

해 어떻게 생각해야 하는지를 잘 알려준다. 우리가 원하는 것이 산소 원자 하나가 수소 원자 두 개와 결합하면 어떤 물질을 얻게 되는지를 이해하는 것이라면, 그 이상의 묘사는 (예를 들어, 양자 수준) 불필요한 복잡성만 더할 뿐이다. 이론의 유용성은 매우 자주 그 복잡성 혹은 우리가 추적해야 하는 "변수(움직이는 부분)"의 수와 역의 관계에 있다. 우리의 목적은 다른 것들은 벗겨내고 우리가 관심을 가진 핵심적 과정을 분리해서 설명을 개발하는 것, 왕겨에서 밀을 고르는 것, 전략적 문제에서 그 핵심만 뽑아 정제하는 것이다. 더군다나, 전략적 문제의 핵심은 상황의 어떤 특정 디테일이 아니라 우리가 배우고자 하는 것이 무엇인지, 모형에서 무엇을 물을 것인지에 달려있다. 따라서, 모형은 우리가 이해하려고 하는 복잡하고 미친 세상에 대한 특정 수준의 충실도가 아니라, 우리가 그것을 디자인한 목적에 비추어 보아야 잘 판단된다.[18]

이론은 우리에게 통찰과 설명을 제공해야지, 단순히 사건에 대해 묘사만 해서는 안 된다. 사건－예를 들어, 제1차 세계대전－은 이미 전체적으로 혼란스럽기 때문에, 좋은 이론은 어떤 사건을 완벽하게 규정하기 위해 애쓰지 않는다. 만약 사건이 혼란스럽지 않다면, 그것을 설명하기 위한 이론이 필요조차 없다. 본질에 초점을 맞추기 위해 이론이 잡음과 복잡성을 벗겨낼 필요가 있다. 실제 비율대로 모든 디테일을 담은 텍사스 오스틴의 지도를 상상해 보라. 만약 우리가 알고 싶은 것이 텍사스 대학교에서 노스 루프 인근에 있는 워크호스 바(Workhorse Bar)로 가는 방법이었다면, 그런 지도는 도시를 완전히 덮어서 그다지 유용하지 않을 것이다. 따라서 우리에게는 교통 지도가 필요할 뿐, 과잉 정보로 우리의 시간만 허비하게 하는 거대하고 디테일한 지도는 필요 없다. 그 교통 지도가 노선, 정류장 위치 그리고 버스 시간을 알려주는 한, 비율에 맞게 그릴 필요조차 없다. 그럼에도 그 단순한 모형은 소기의 목적을 효과적으로 그리고 효율적으로 수행하고 있다.[19] 그러한 목표에 부합되도록, 이 책에서 이론들은 정치적 세계에서 일어나는 난해한 사건들에 대해 설명을 제공한다. 이 책에서 이론들은 우리를 이해시키기 위해 이미 혼란스러운 사건들을 혼란스러운 디테일로 재생산하지 않는다. 이론화하는 것은 단순화하는 것이고, 많은 것을 빼는

18 Clarke and Primo(2012) 참조.

19 확장된 모형－지도 비유는 Clarke and Primo(2012) 참조. 그리고 동일 아이디어에 대한 간결한 설명은 Wagner(2014) 참조.

것이고, 비본질적인 것을 잘라내는 것이고, 이해할 수 없는 것을 설명할 수 있게 하는 것이다. 더 작고 단순한 것이 이론, 지도 또는 비유를 필요하게 만들었던 그 무엇으로부터 우리를 더 멀리 데려다준다.[20] 이것이 게임이론의 수학적 구조가, 그것이 아니었다면 갈피를 못 잡을 정도로 혼란스러웠을, 국제 전쟁과 평화에 대한 역사적 기록을 이해할 수 있도록 도와줄 수 있는 부분이다.

1.3 전쟁(과 그 용도)

제1차 세계대전에 관해 엄밀한 분석을 수행해야 하고 그것을 이용해 전쟁과 국제 안보 일반에 대해 배워야 한다면, 우선 전쟁(war)의 정의를 명확히 해야 한다. 우리는 전쟁을 보면 전쟁을 안다고 생각하기 쉬우나, 사실 우리의 직관은 크게 도움이 되지 않는다. 왜냐하면 전쟁의 개념 자체가 정치색을 띠고 있기 때문이다. 또한 그것은 일상 대화에서의 어떤 공통의 의미를 넘어서 확장되어 있다: 우리는 전쟁이라는 용어를 은유적으로 스포츠, 빈곤과 마약을 퇴치하고자 하는 정책, 직장 내 정치, 심지어는 캠페인과 선거에까지 사용한다.[21] 그러나 만약 우리가 전쟁에 대해 명확한 정의를 내릴 수 있다면, 만약 그 용어를 사용할 때 의미한 것에 대해 우리가 동의할 수 있다면, 그것을 볼 때 약간 더 확신을 가지고 알 수 있고, 그것을 설명할 때 무엇이 중요하고 중요하지 않은지에 대해 더 나은 느낌을 발전시킬 수 있다. 나쁜 정의는 불완전하거나, 오도하거나, 부정확한 설명으로 이끄는 반면, 좋은 정의는 유용하고, 통찰력 있고, 명쾌하고 엄밀하며 재생산이 가능한 설명으로 이끈다. 공유된 정의에 기반한 공통의 어휘(자주 특수용어(jargon)로 치부된다)는 서로 엇나감 없이 이야기할 수 있도록 도와준다. 이것이 과학자들이 일반적으로 정의의 내용이 완벽한지 여부보다

20 만약 누군가가 당신의 이론을 "너무 단순하다"거나 "과잉 단순"이라고 비난하지 않는다면, 그것은 아마 충분히 단순하지 않기 때문일 것이다.

21 달리 말하면, 그 용어는 John Rambo가 메콩강 델타 어디 흔들흔들하는 배에서 "전쟁에서 살아남기 위해, 당신이 전쟁이 되어야 한다"라고 선언하기도 전에 많은 의미를 상실했다.

정의에 대한 합의에 신경을 쓰는 이유이다.[22] 좋은 정의는 충분히 구체적이어서 우리가 공부하고자 하는 대상(예를 들어, 제1차 세계대전)을 커버할 수 있어야 하지만, 충분히 일반적이어서 우리가 공부하는 대상이 다른 유사한 것(일반적인 "전쟁")과 어떤 공통점이 있는지 포착할 수 있어야 한다. 우리는 이러한 유사한 것들을 이용해 우리가 공부한 것을 부각시킬 수 있다. 달리 표현하면, 어떤 일반적인 현상에서 제1차 세계대전이 구체적 사례인지 물어야만 한다는 것이다. 그럼, 전쟁이란 무엇인가?

우리는 최소한 전쟁이 *폭력적*이고, 조직적이고, 경쟁적이라고 말할 수 있다. 전쟁이 폭력적이라는 것은 직관적인 것처럼 보인다. 우리가 평소에 쓰는 말로 그것을 생각해 보면, 전쟁은 언제나 살인과 파괴를 수반한다. 그러나 모든 폭력이 전쟁은 아니다. 폭동과 약탈, 폭행 및 구타 또는 드물지만 경찰의 가혹행위가 폭력적이지만, 이러한 행위들이 *조직적*이지는 않다.[23] 전쟁은 물리력을 이용할 목적으로 조직화된 그룹, 즉 군대에 의해 폭력이 행사될 것을 요구한다. 우리의 목적상, "군대"가 아주 체계적이고, 제복을 입고, 현대 국가에서 보는 것처럼 병과가 나누어진 완전히 전문화된 조직일 필요는 없다. 군대가 국가와 제국을 위해 복무할 수도 있지만, 반군 지도자, 종교적 인물, 군주, 심지어 기업체를 위해 싸울 수도 있다. 엄격한 계급제일 수도 있고 혼란스럽게 수평적일 수도 있고, 매우 전문화되어 있을 수도 있고 미숙하게 훈련받았을 수도 있다. 우리의 정의는 단지 군대가 폭력을 행사할 목적으로 조직화 되었음을 요구할 뿐이다. 한 군대를 다른 군대에 대항하여 지휘하지 않는다면, 그들의 폭력은 *경쟁적*이지 않다. 발포하여 시위 군중을 해산시키는 정부나 어떤 부류의 주민을 체포하는 대신 조직적으로 사살하는 경찰 조직처럼, 그것은 그렇게 조직화되지 않은 다른 그룹의 구성원을 죽이거나 위해를 가하는 단지 하나의 조직일 뿐이다. 아무리 야만적이고, 아무리 피비린내 나고, 아무리 비난 받아 마땅할지라도, 그처럼 일방적으로 조직화된 폭력은 전쟁이 아니다. 전쟁은 적어도 폭력을 위해 조직화된 그

---

22 또한 이것이 정치가들이나 당파주의자들이 어떤 용어를 쓸 때 그 의미가 특정되지 않기를 원하는 이유이기도 하다. 만약 당신이 실험실 쥐에게 실험실 쥐인 것이 좋은지 물어보면, 장담컨대 지각 있는 쥐는 예라고 대답하지 않을 것이다(동료 Bryan Jones가 이 예를 알려주었다).

23 물론, 모든 경찰 가혹행위가 드물지는 않고, 종종 조직적이고 체계적이다. 후자는 잔인하고 부정한 것이지만, 여전히 "전쟁"이 아님을 알게 될 것이다.

룹들이 서로를 상대로 전투를 벌이고, "상대를 죽이고 부상입히거나 그들이 귀중하게 여기는 것을 파괴하는 경쟁"에 참여할 것을 요구한다.[24] 이로써 마지막 질문에 도달한다: 도대체 무슨 용도로 조직화되고 경쟁적인 폭력이 투입될 수 있으며, 그러한 용도들은 정치와 어떤 관계가 있는가?

전쟁의 경쟁적 요소는 그 목적, 경쟁의 승자가 잠정적인 패배자는 얻지 못하는 그 무엇을 얻게 되는, 어떤 마지막 상태를 내포하고 있다. 극단적인 예를 들자면, 만약 한 그룹이 다른 그룹을 제거하거나 무장을 해제하면, 그 패배자로부터 원하는 것을 취할 수 있다. 프로이센의 유명한 군사 이론가 칼 폰 클라우제비츠가 설명했듯이, 전쟁은 "적을 우리의 의지대로 강제하기 위한 힘의 작용"이다.[25] 전쟁은 그래서 *정치적인* 도구, 거부할 경우 고통이 따르게 함으로써 어떤 그룹이 그들의 의지를 다른 그룹에 강요할 수 있는 수단이다. 전쟁은 강요의 수단, 힘의 도구이다. 여기서 힘(power)은 다른 사람으로 하여금 하지 않았을 뭔가를 하도록 만드는 능력으로 이해된다.[26] 따라서 우리는 전쟁을 *수단적*인 것, 목표 그 자체가 아니라 목표를 위한 수단으로 정의한다. 여기서 이러한 목표는 정치적이다. 만약 정치가 "가치(values)의 권위 있는 배분",[27] 즉 부, 안전, 권리와 특권, 땅, 권위 그리고 명성 같은 희소한 재화를 나눌 수 있는 어떤 수단이라면, 잔인한 표현이지만 전쟁 그 자체가 정치이다. 쉽게 동의할 수 있는 것으로, 선거는 정치이고, 경쟁적인 투표에 의해 재화를 배분한다. 반면, 전쟁은 경쟁적인 싸움으로 동일한 재화를 배분할 뿐이다. 만약 이 비유가 이상하다면, 전쟁이 종종 선거를 대체한다는 점을 주목할 필요가 있다: 정파들이 누가 그들의 나라를 지배할 것인지 정하기 위해 상대적으로 평화로운 (그리고 확실히 덜 낭비적인) 투표 과정 대신 내전을 선택하기도 한다. 그 결과(새로운 정부)는 같지만, 그것이 달성되는 수단(투표 대 폭력)은 사상자의 수와 파괴된 것들의 관점에서 완전히 다르다. 따라서 이 책에서 우리가 관심을 가진 전쟁은 폭력적이고, 조직적이고, 경쟁적이고, *정치적*이다.

---

24 Wagner(2007, p. 105).

25 Clausewitz(1976, p. 75).

26 이것은 Bertrand Russel(1996)의 힘의 정의, "의도된 효과의 생산(p. 22)"보다 더 엄격한 버전이다.

27 Easton(1985, p. 134).

정의 1.1 **전쟁**이란 적대하는 그룹들이 상대방을 희생시켜 정치적 목표를 추구하려는 폭력적 경쟁이다.

전쟁을 정치적인 행위로 생각하면, 그것을 어떻게 잘 설명할 수 있을까에 대한 동력을 얻을 수 있다. 그러기 위해서는, 무엇이 불변의 상수인지, 여러 형태로 표출되는 것들 가운데 본질이 무엇인지 볼 필요가 있고, 그런 다음 설명을 구성할 때 그러한 본질에 초점을 맞추어야 한다. 전쟁에 관한 많은 일상적 설명들은 불완전하거나 존재하지 않는 정의로 작동하기 때문에 그다지 유용하지 않다. 예를 들어, 우리가 만든 전쟁의 정의는 어떤 특정한 역사적 시대나 문화적 문맥에 묶여있지 않다. 사람들의 그룹들이 군대를 보유하고 있고 어떤 사안에 대해 서로 동의하지 않는 한 우리가 만든 전쟁의 정의를 충족시키는 뭔가가 일어날 수 있지만, 우리는 가끔 언급되지 않은 역사적 가정을 내포한 정의를 이용한다. 전쟁은 민족주의나 제국주의에 선행하기 때문에, 전쟁의 기원에 관해 설명할 때 두 전문적 용어를 사용할 필요가 있는지 의문이 생긴다. 종교적인 차이도 마찬가지다. 다른 종교를 가진 그룹들이 싸우는 만큼 동일한 종교를 가진 그룹들도 많이 싸운다. 그리고 전쟁은 현대 종교인의 대부분을 지배하는 종교들보다 선행한다. 마찬가지로 정치적 또는 이데올로기적 차이도－민주주의와 독재부터 공산주의와 파시즘까지－전쟁보다 시기적으로 늦거나 비슷하며, 전쟁에 의해 생겨났거나 가끔 전쟁에 의해 극복된다. 탐욕, 배반, 무서운 성격, 인지적 결함 또는 단순 무식과 같은 인간의 본성 또는 약점도 전쟁을 설명하는 데 많이 이용된다.[28] 그러나 인간의 본성은 정의상 불변이고 인간적 약점은 도처에 있지만, 전쟁은 불변도 아니고 어디에나 있는 것도 아니다. 전쟁은 사실, 일반적으로 제시되는 원인인 탐욕, 악, 배반, 성격적 결함, 무능 그리고 무지에 비추어 상대적으로 아주 희귀하다. 언제나 전쟁은 일어날 수 있었던 것보다 실제 적게 일어났고, 그것이 설명을 찾는 데 도움이 된다. 다른 무엇인가가 언제는 인간의 성향이 전쟁을 일으키고 언제는 그렇지 않는지를 결정해야 한다.

전쟁에 관하여 *불변인 것* 하나는, 언제 그리고 무슨 이유로 전쟁이 발생했는지에

---

28 사례를 보려면 Stoessinger(1993)를 참조.

상관없이, 그 비용이다. 살상과 파괴가 정치의 한 방법인 전쟁을 낭비적으로 만든다. 전쟁은, 선거나 외교처럼 의견불일치를 해결하는 다른 방법들과 달리, (땅, 도시 또는 인구 같은) 사물을 파괴하고 (피, 보물 그리고 상실된 소비 같은) 자원을 소모한다. 이것이 우리가 2, 5, 11, 12장에서 보게 될 전쟁의 특징적인 퍼즐이다. 협상이 종종 그렇지만, 전쟁과 동일한 결과를 가져다줄 수 있음에도 불구하고 왜 굳이 서로 싸우는가? 이전에 제시될 수 있었던 것과 똑같은 내용의 평화협정에 이를 것을 알면서 왜 굳이 싸우는가? 거의 모든 전쟁이, 제2차 세계대전 같이 전멸이라고 생각하는 것조차, 어떤 종류의 협상에 의한 합의로 끝난다. 1945년 독일에 강요된 무조건적인 항복을 나타내는 문서이거나,[29] 18~19세기 유럽의 많은 전쟁에서처럼 한 나라가 다른 나라로 영토를 할양하는 조약이거나,[30] 1988년 이란-이라크 전쟁을 끝낸 합의처럼 전쟁 전의 상태를 재확인하는 것이다.[31] 여러 조약들의 묶음으로 끝난 베르사유 조약이 가장 두드러지지만, 제1차 세계대전이 여기에 꼭 들어맞는다. 그것은 무엇보다도 20세기 초 열강들 사이에 권리와 특권의 재분배(또는 재설정)를 목적으로 한 정치적인 경쟁이었다. 그러나 결국 합의에 서명되었다는 사실이 전쟁의 막대한 비용을 더 이해하기 힘들게 만들었다. 왜냐하면, 원칙적으로 어떤 것도 사전에 전쟁없이 동일한 또는 모든 상태를 온전하게 보전하는 합의에 이르는 것을 막지 않았기 때문이다. 뒤 장들에서 이 퍼즐에 대해 설명하겠지만, 1914년에 버려진 수많은 합의들이 돌이켜 보니 제1차 세계대전의 결과보다 훨씬 더 나아 보였다고 말하는 것으로 충분하다. 전쟁에 대해 이와 같은 정의를 장착하고, 우리는 전쟁의 발발, 확대, 지속 그리고 끝을 새롭게 규명할 일련의 모형들을 개발할 것이다.

---

29 Plokhy(2010) 참조.

30 Evans(2016) 참조.

31 Razoux(2015) 참조.

1.4 국제 시스템

다음으로, *어디에서* 전쟁의 정치와 외교가 벌어지는지 물어볼 필요가 있다. 우리의 서사는 제1차 세계대전의 과정을 추적하면서 생기는 일련의 퍼즐들에 초점을 맞추고 있다. 그러나 그 서사가 조명하는, 국제 시스템 안에서 벌어지는 정치는 전쟁 자체를 초월하고 있다. 국제 시스템(international system)의 기본 특성은 현대에까지 대부분 변하지 않고 내려오고 있다. 그러나 가장 중요한 배우들이 변했다. 독일은 더 이상 1914년에 그랬던 것 같은 군사 강국이 아니다. 영국과 프랑스는 제국의 지위를 잃었지만, 여전히 지구의 여러 지역에서 힘을 투사할 수 있음에도 미국과 동등할 수는 없다. 러시아는 수천의 핵무기를 보유하고 있지만, 중간 정도의 화석 연료 의존적인 경제이다. 그리고 중국은 수 세기의 공백 후 열강의 지위로 복귀했으나 군사적 영향력은 그 국경을 크게 벗어나지 못하고 있다. 이 책의 한 주제는 오늘날의 열강 배우들이 예전과 같은 무대에서 연기하며 1914년의 열강들이 사용하던 것과 유사한 대본을 읽는다는 것이다. 이 절에서 우리는 핵심 요소를 찾아내어 국제 시스템을 규정하고, 통찰력을 주는 국제정치모형을 만드는 과정에서 이를 적용해 볼 것이다. 결과로서 생길 이론이 이 책을 통틀어 배경에서 작동하고, 그 이론이 제1차 세계대전에 선행하거나 뒤따르는 국제 시스템의 광범위한 특징들을 참고하여 제1차 세계대전의 결정적인 부분들을 설명할 것이다.

우리가 "시스템"이라고 말할 때, 그 의미는 서로 연결된 단위들의 집합이다.[32] 시스템은 하나의 사회에서 사람들을, 신체에서 기관들을, 컴퓨터에서 소프트웨어들을, 한 경제에서 기업들을 또는 현대의 세계정치에서 영토국가들을 그 단위로 수반할 수 있다. 서로 연결된 단위들이 변하거나 그것들이 서로 새로운 방식으로 상호작용하면, 그것들은 시스템의 다른 부분들 또한 변화시킬 것이다: 이 변화는 다른 단위들의 특성과 그들끼리의 상호작용 방식과 결과를 포함한다. 고속도로 시스템을 생각해 보자. 하나의 도로를 공사하게 되면 교통은 다른 도로들로 향하게 되고, 두 고속도로

---

32 Jervis(1997)와 Braumoeller(2012) 참조.

가 연결되어 있을 때 교통은 또 다른 새로운 도로를 찾아 다른 도로를 떠날 수도 있다. “상호 연계성(interconnectedness)” 또한, 만약 우리가 시스템을 부분들의 합으로만 취급한다면, 시스템 전체를 이해하기 힘들 수도 있음을 의미한다. 만약 우리가 하나의 도로가 다른 도로들과 어떻게 연결되어 있는지(그리고 그러한 도로에서 교통이 어떻게 통제되는지), 그 도로들이 또 다른 도로들과 어떻게 연결되어 있는지 등에 대한 이해없이 단순히 각각의 개별 도로를 본다면, 고속도로 시스템 전체를 통하여, 혼잡이 발생하는 위치와 그 정도 같은, 교통 흐름을 이해한다는 것이 불가능하다. 시스템의 한 편에서 발생한 것이 – 예를 들어, 잘못된 교통 신호 – 다른 편에 극적인 영향을 줄 수 있고, 어떻게 그러한지를 이해하기 위해서는 우리가 시스템의 단위들이 어떻게 상호작용하는가를 이해해야 한다.[33] 부분들 사이의 상호작용에서 나오는 교통 패턴 같은 것을 설명하려면, 개별적 단위의 특성들을 적은 항목으로는 (한 시스템의 부분들의 합에 불과하므로) 충분하지 않다.

이러한 관점에서, 국제 시스템은 도로의 복잡한 네트워크 시스템과 유사하다. 그러나 우리는 교통 패턴이나 밀도보다는 상황과 그들의 상호작용에 관심이 있다: 전쟁, 평화, 상업 그리고 외교. 그리고 고속도로 시스템처럼 세상의 한 편에서 발생한 것이 멀리 도달하여 종종, 시스템의 고립된 부분들보다는 상호 연결에 대해 생각해야만 설명할 수 있는, 예상치 못한 결과를 낼 수 있다. 1860년대에 가장 큰 시장 두 곳에서 – 미국과 중국 왕조 – 동시에 발생한 내전은 모두 영국의 개입을 유혹했지만, 영국은 하나만 선택할 수 있었다. 그리고 캐나다와 전쟁을 일으키겠다는 미국의 위협은 중국으로 하여금 영국이 (미국에 개입하는 것이 아니라) 태평천국의 난에 개입하는 것을 목도하게 하였다.[34] 1929년의 주식시장 붕괴가 글로벌 대공황을 몰고 온 후, 미국과 다른 대국들은 수입 상품에 대해 관세를 부과함으로써 버둥거리는 국내 기업들을 대외 경쟁으로부터 보호하려 했다. 그러나 1930년대에 *많은* 나라들이 관세를 올렸기 때문에, 무역이 멈추기에 이르렀고 어느 한 국가도 보호주의로부터 이득을

33 다른 예는 의식(지각)이다. 어떤 학자들은 의식을 오로지 뉴런과 감각적 유입의 관점에서만 이야기하지 않고, 그들 사이의 관계의 관점에서 이야기한다. 국제정치가 분리시켜 이해할 수 없는 단위들의 상호작용에서 생겨나는 것처럼, 의식도 그러하다. Dennett(1991) 참조.

34 Platt(2012) 참조.

얻을 수 없었다. 각국의 개별적인 의사결정이 아무리 정치적으로 현명할 수 있어도 (순수한 경제적 의미는 전혀 없었지만), 다수 국가가 높은 관세를 부과함으로써 전 세계에 대공황을 심화시키는 *집합적인* 비극을 초래했다. 우리는 2, 3장에서 게임이론의 도구들을 소개하여, 의도치 않게 비극적이고 종종 놀라운 집합적 결과를 내는, 다수 개인들의 의사결정의 총합을 어떻게 이해할 것인지 배운다. 그리고 4장에서, 1914년 제1차 세계대전의 발발의 뿌리를 찾아 추적하면 러시아의 결정에 도달하게 된다. 러시아는 1905년 만주에서 8천 마일 떨어진 일본에 군사적으로 패배한 후 육군을 근대화하고 확대시키는 결정을 내렸다. 그리고 마침내 강성해지고 있는 러시아의 힘을 우려한 전쟁이, 세르비아계 보스니아 십대가 6월 사라예보를 방문한 합스부르크 왕가의 황위 계승권자를 암살하면서, 1914년 시작되었다. 사라예보는 오스트리아가 오스만 제국을 희생으로 삼아 병합시킨 지 얼마 안 된 상황이었고, 오스만 제국 또한 전지구적 재앙 속으로 곧 끌려 나오게 된다.

그럼에도, 국제 시스템을 고속도로 시스템에 비유하는 것이 완벽하지는 않다. 도로는 국제적이지 않기 때문이다. 고속도로와 신호등은 의사결정을 하지 않지만, 지도자들—군주, 대통령, 수상, 총서기, 총리—은 한다. 이러한 대리인의 선택이라는 요소가 "상호 연계성"의 정의에 독특한 복잡성을 더한다. 국제 시스템 내에 있는 단위들이 다른 단위들의 가능성 있는 선택에 근거하여 자신들의 선택을 하고, 계획 또는 전략을 수립하고, 우리가 관찰하는 결과도 이러한 전략의 상호작용에 의존하기 때문에, 국제 시스템은 *전략적으로* 서로 연결되어 있다. 국가들은 그들의 목적을 달성할 수 있는 능력을 구체화하고, 다른 국가의 목적 추구에 간섭하며, 그 자신들의 특성(예를 들어, 군대, 통치 제도 또는 동맹)에 관한 선택을 하고, 다른 국가들과의 상호작용(예를 들어, 협상을 할 것인지, 전쟁을 할 것인지 또는 있는 그대로를 받아들일 것인지)에 관한 선택을 한다. 국제적 상호작용은 우리가 관찰하는 결과—예를 들어, 세계대전의 발발 또는 모면—가 상호의존적인 선택들의 산물이기 때문에 전략적이다.

국가가 무장하고 무역 장벽을 낮추거나 다른 국가에 영토를 요구할 때, 상대 국가의 가능성 있는 반응을 고려하여 그러한 행동을 취한다. 예를 들어, 전쟁은 두 국가의 선택의 산물이다: 공격하려는 선택과 저항하려는 선택. 한쪽만의 전쟁은 이치에 맞지 않다. 풍차를 찌르며 공격하는 것과 크게 다를 바 없다. 국가는 파트너 혹은 적대국 없이 조약에 사인할 수 없고, 경계를 맞대고 있는 국가들로부터 어떤 형식의 동의 없이는 국경을 확대할 수도 없다. 사실, 국제정치에서 다수 국가들의 집합적인 선택에 의존하지 않으면서 재미있는 것은 거의 없다. 이러한 의존성과 상대방의 선택에 대한 예측이 어떤 주어진 결정을 전략적으로 만든다. 왜냐하면, 국가는 자신의 목적을 달성할 수 있는 능력이 다른 국가들이 그 과정에서 방해하느냐, 방관하느냐 또는 지지하느냐에 달려있음을 알고 있기 때문이다. 그러므로, **전략**(strategy)이란 다른 국가들이 무엇을 할 것인가(할 계획인가)에 대응하여 자신이 무엇을 할 것인가를 규정하는 행동 계획이다.

정의 1.2 **전략**은 상대방의 행동들에 대응하여 무슨 행동을 취할 것인가를 구체화하는 계획이다.

더 많은 국가들이 시스템에 추가될수록 관련 전략들은 더 복잡해지고, 부분들의 합인 시스템을 규정하기가 더 어려워진다. 도로 시스템의 교통 혼잡처럼 시스템의 어느 부분에서 무슨 일이 일어났는지 설명해야 한다면, 시스템의 부분들 사이의 상호 연계성을 이해하는 것이 더욱 중요하다. 국제 시스템의 전략적 상호 연계성이 그 정치를 정의하고 대전이 발생한 이 세계를 이해하는 출발점으로서 역할을 한다. 우리는 약간의 단순한 정의들을 가지고 **국제 시스템**(international system)을 설명하기 시작할 것이다. 그리고 나서 국제 시스템의 주요 특성들을 이해하기 위해 그것들을 어떻게 이용하는지 보게 될 것이다.

정의 1.3 **국제 시스템**은 전략적으로 상호 연결된 영토국가들의 집합이다.

국제 시스템을 많은 특성들로 설명할 수 있지만, 세 가지에 초점을 맞출 것이다: (1) 그것을 구성하는 정치적 *단위*, (2) *지배 원리*, (3) 단위와 지배 원리에서 *변화의 수단*.[35]

---

35 비슷한 노력으로, Waltz(1979) 참조.

대부분의 경우 우리가 관심을 가진 단위는 그들의 국경 안에서 무슨 일이 일어나는지를 배타적으로 통제하는 정상적인 권리(즉, 주권)를 가진 **영토국가**(territorial states)이다.

정의 1.4 **영토국가**는 정의된 영토에 대해 배타적 통제권을 가진 정치적 단위이다.

그러나 국가가 어떤 모습인지에 대해서는 전형적인 민족국가부터 본국 영토 외에 외국 인구와 자원까지 통제하는 제국주의 국가까지 현저한 차이가 있다. 예를 들어, 세르비아는 불만족스럽지만 이미 커지고 있는 자국의 영토를 확장시키기 위한 복안을 가진 민족국가로 우리 이야기에 나온다. 다른 극단에서 1914년 대영 제국은 유럽의 북서 끝자락에 위태롭게 자리잡은 작은 섬나라에서부터 아프리카, 인도 대륙, 북아메리카, 동남아시아 그리고 오세아니아를 지배하는 거대한 해상 제국이었다. 그 사이 어디인가에 러시아와 중국 같이 오래된 대륙의 제국들이 위치한다. 이들 국가는 1914년에는 주요 식민지가 없었는데, 아마도 그들의 고대 제국이 보존하고 있던 땅들이 이미 그들의 인정 영토로 (평화적으로 아니면 법적으로) 병합되었기 때문일 것이다. 아무리 조직화되어 있더라도, 우리 이야기의 주연 배우들－국제 시스템을 구성하는 단위－은 영토국가들이다. 그중 일부는 제국을 보유하고(영국, 프랑스, 독일, 일본, 미국), 일부는 제국이고(러시아, 중국, 터키), 영토국가의 대다수는 전통적 의미의 민족국가의 개념에 들어맞는다(세르비아, 그리스, 루마니아).[36]

다음으로, 국제 시스템은 명백히 모순적으로 보이는 두 개의 *지배 원리*가 있다. 법적인 *정당한 무정부상태*(de jure anarchy)가 비공식적인 *사실상의 계층제*(de facto hierarchy)와 함께 존재한다. 모든 국가는 유사한 법적 존재와 관련 권리와 특권의 집합을 가진다. 예를 들어, 모든 국가는 자기방어의 권리를 가진다. 법적으로 모든 국가

36 근대의 "베스트팔렌" 국가 시스템은 전 세계로 확산되기 전에 유럽에서 시작된 것으로 알려져 있으나, 그러한 주장은 너무 유럽 중심적이다. 영토국가들이 전근대적 동아시아를 포함하여 다른 지역들 그리고 다른 시간대에서도 존재했었다(Kang, 2010). 제2차 세계대전 이후 시대에서 주목할 만한 것은, 20세기 전반부에서는 꼭 그렇지 않지만, 사실상 모든 정치적인 단위들이 영토국가였거나 그렇게 되기 위해 노력했다는 것이다. 1945년 이전, 지구의 상당 부분은 특별히 강한 소수 영토국가들의 제국적 지배지로 구성되어 있었다.

는 평등하다. 그러나 부, 힘 그리고 영향력의 계층 구조가 국가가 힘(의 위협)을 행사할 때 스스로의 의지대로 행동할 수 있는 정도에 있어서 상당한 차이를 만든다. 다음 장으로 넘어가기 전에, 이 책을 통해 자주 만날 개념들이기 때문에, 이러한 용어들에 대해 먼저 정의하는 게 좋겠다. 첫째, 우리가 국제적 "무정부상태"라고 말할 때, 그것은 질서의 결여를 의미하지 않는다. 일상 대화에서 흔히 그러는 것처럼 무정부상태를 혼돈(chaos)과 동일시하지 않는다. 무정부상태는 고대 그리스어 어원 그대로 단순히 *공동의 권위가 결여*된 것을 말한다. 국가들은 공식적으로 법적으로 평등하고 원칙상 제한없이, 원하면 전쟁에 의지할 수 있다: 리더가 전쟁터로 나가라고 군대에 명령할 수 있으면, 국익을 방어하거나 추구하기 위해 전쟁 위협을 가할 수 있다. 무정부상태는 질서의 특별한 종류로서 중심이 되는 권위가 없이 이루어지는 질서이다. 공식적으로 평등한 행위자들이 스스로를 지배하는 것이다. 또한 그것이 국가 주권에 대한 공통의 아이디어를 지탱한다. 즉, 각 정부는 그 위에 더 높은 법적 권위가 없기 때문에, 자신의 국경 내에서 그들이 원하는 바를 자유롭게 할 수 있다.

정의 1.5 **무정부상태**는 공동의 권위가 없는 상태이다.

무정부상태의 주된 함의는, 무역협정부터 국경의 설정 및 군비의 제한까지, 국가들이 만들고 그 자신들을 강제하는 룰을 따른다는 것이다. 룰을 어긴 국가를 벌주고 피해를 입은 국가를 위해 보상을 담보하는 세계 정부는 없다. 합의(agreement)는 합의 안에 있을 때 합의 밖에 있을 때보다 당사자들 모두가 더 행복할 때에만 유효하다. 그리고 합의의 내용을 바꾸기 위해 전쟁 위협을 가할 수 있는 자유는 거래가 성립되고 지속되기 어렵게 만든다. 따라서, 정당한 무정부상태는 국제 협약이 국가들의 준수를 획득하기 위해서 **자기구속적**(self-enforcing)이어야 함을 요구한다.[37] 국가 간의 국경이 명쾌한 예이다. 만약 국가들이 영토를 차지하고 보존하기 위해 전쟁을 도구로 사용할 수 있다면, 분쟁의 대상이 된 국경은 어느 쪽도 상대방의 땅을 차지해서 이득이 된다고 생각하지 않을 때에만 기존 지위를 유지할 수 있을 것이다. 그러나 만약

37 이 개념을 배우기 바란다. 모든 곳에서 나올 것이다.

양측 모두에게 피비린내 나고 소모적인 전쟁으로 얻을 것으로 기대되는 무엇이 있다면, 국경은 더 이상 그것을 강제할 더 높은 권위가 필요 없다. 즉, 양측이 모두 전쟁을 하더라도 그 후에 국경이 그다지 움직이지 않을 것이라는 데 동의해야만, 그때의 국경은 자기구속적이다. 뒤에 보게 되겠지만, 자기구속적인 합의는 복수의 당사자들의 동의, 즉 전략적 상호작용에 의존하기 때문에 도달하기도 그리고 지속시키기도 어렵다.

정의 1.6 합의는 어느 쪽도 다시 협상하려는 노력에서 이득을 기대할 수 없을 때 **자기구속적**이다.

법적인, 정당한 무정부상태는 국가들이 평등하다는 것을 의미한다. 어떤 국가의 권위가 다른 국가들 위에 있지 않으며, 엄격한 의미에서 국제 시스템에 적용된다. 그러나 실제로 국가는 다양한 차원에서 자신과 다른 국가들의 순위를 매기며, 자신을 사실상의 계층제(hierarchy)에 분류해 넣는다.

정의 1.7 **계층제**는 어떤 주어진 차원에 따른 단위들의 서열(ranking)이다.

모든 국가는 자기방어의 권리가 있다. 그러나 약간만이 그 권리를 효과적으로 행사할 수 있는 금융적, 물질적 힘을 보유하고 있다. 예를 들어, 1914년에 프랑스는 독일의 공격에 대항해 자국 영토를 방어하는 데 있어 이웃의 작은 나라 벨기에보다 더 숙련되어 있음을 증명했다. 이것이 이후 우리 논의의 많은 것을 알려주는 하나의 특별한 계층제를 만든다: 군사력의 계층제. 이 계층제의 꼭대기에 **열강들**(great powers)이 있다. 그러한 국가들은 부유하고 군사적으로 강해서, 자국 국경을 넘어서까지 힘을 투사할 수 있다.[38]

38 Fordham(2011) 참조.

정의 1.8 **열강**은 그 부와 군사적 강함이 자국의 국경 넘어서까지 힘을 투사할 수 있도록 허락하며 그리고 그 지위가 다른 열강들에 의해서 인정받는 국가이다.

그들의 어마어마한 부와 능력 덕분에, 열강들은 계층제에서 자신들 밑에 있고 안보를 강력한 후원자의 지원에 의존하는 중견국들과 소국들의 외교정책 결정에 영향력을 미친다.[39] 열강들은 또한 서로를 열강으로 인정한다. 그리고 서로에게 다른 국가들에게는 부여하지 않는 어떤 권리와 특권을 부여하면서 열강들의 클럽 회원권의 가치를 극대화한다.[40] 국가적 위신이나 도덕적 권위 같은 다른 계층제도 존재한다. 누가 무엇을 얻는가를 궁극적으로 결정하는 중재자가 전쟁인 시스템에서 부, 군사력 그리고 국가의 품격 같은 요소는 같이 가기 마련이다.[41] 우리는 우리의 이야기를 통해 글로벌 계층제에서의 위치가 아주 중요해졌고 그것을 놓고 싸운다는 것을 보게 될 것이다.

마지막으로, 국제 시스템은 정적(static)이지 않다. 지리학적 무대는 그대로이지만, 대본은 가끔씩 개정되고, 배우들은 아주 빈번하게 교체된다. 그냥 오늘날의 세계와 1939년의 세계를 비교해 보라. 오늘날 미국은 군사적 능력, 경제력, 문화적 영향력의 측면에서 가까운 경쟁자들과 비교 불가한 초강대국인 반면, 1939년 미국의 힘은 경제적으로는 상당했으나 군사력 측면에서의 주도권은 단지 잠재적이었다. 영국, 프랑스, 독일, 소련 그리고 일본 모두는 군사적 능력에서 경쟁적인 수준을 행사했었다. 1914년의 세계는 더 달랐는데, 지금은 없어진 유럽의 식민지 제국들이 지배했었다. 그렇다면, 무엇이 시스템의 단위들과 그들을 지배하는 원리들에 변화를 유발하는가? 해답은 간단하다: 전쟁(그리고 가끔은 단순히 전쟁의 위협). 정치적 힘은 총부리에서 자란다고 말했을 때 마오쩌둥은 틀리지 않았다. 무엇보다 국제관계에서 이것이 가장 명

39 Lake(2009) 참조.

40 열강의 인정이 또한 어떤 분리주의자 그룹이 자신들의 인정받는 국가를 세우고 세울 수 없는가를 결정하는 핵심 동력이다(Coggins, 2011).

41 20세기 이전 중국이 좋은 예이다. 그 압도적인 부와 군사력 덕분에 한국, 일본, 베트남 같은 주권국가들이 공물을 바쳤고, 심지어 베트남은 중국이 자신들의 국명을 "남베트"에서 "베트남"으로 바꾸도록 허락했다. Kang(2010) 참조.

확하다. 권리, 특권, 국경, 지배 엘리트들의 자치 그리고 국가의 존재야말로 그것들을 결정하기 위해 행해진 (또는 행해질 수 있는) 전쟁에서 나올법한 결과를 반영하는 협상의 산물이다. (*'행해질 수 있는'*이 중요 수식어이다. 전쟁의 결과가 어떨 것이라고 상대를 확신시킬 수 있다면 실제로 싸울 필요가 없다.) 전쟁은 국가를, 계층제를, 국경을, 엘리트를, 협력을 그리고 제도를 파괴하고 창조한다. 전쟁은 주기적으로 주요 전쟁의 승자들이 정의한 새로운 도면에 따라 국제 시스템을 재창조한다.[42] 우리 이야기는 하나의 구체적인 예를 통하여 이 파괴와 재창조의 과정을 추적할 것이다: 세계대전이라는 글로벌 대참사.

우리는 단위, 지배 원리 그리고 변화 요인이라는 기본 구조를 이용해 어떤 국가들이 의견이 맞지 않고 가끔은 싸우는가에 관한 결론을 이끌어낼 수 있다. 무정부상태의 (자기구속적인) 법적 환경에서 영토국가들 주위로 형성된 시스템은 특정 종류의 의견불일치에 이르기 쉽고, 그중 일부는 군대에 의존해 해결될 것이다.[43] 국가들은 국경 설정과 특정 영토를 누가 지배할 것인가에 대해 분쟁하는 경향이 있고, 국가를 통치한다는 것이 본질적으로 가치 있는 일이므로, 누가 지배할 것인가의 문제는 국가들 안에서 내전을 촉발시키기도 할 것이다. 국가들은 또한 계층제에서 자신들의 위치를 재정리하기 위해, 다른 국가들의 행위에 대한 통제권을 얻기 위해 또는 다른 국가가 열강의 지위로 올라서는 것을 막고 지연시키고 되돌리기 위해 싸운다. 마지막으로, 전략적으로 상호 연결된 시스템에서, 오스트리아-헝가리 황위 계승자 암살에 관한 국지적 분쟁이 단지 몇 주 만에 확장하여 유럽의 전체 열강들이 서로를 향해 전쟁으로 나가는 지경에 이르도록 할 수 있다. 2장에서 보겠지만, 전쟁이란 이해충돌 또는 변화의 요구에 대한 불가피한 귀결이 결코 아니다. 아주 빈번하게, 국가들은 그들의 문제에서 전쟁을 할 필요도 없이 먼저 외교적 해법을 찾기도 한다. 왜 가끔 전쟁이 조약보다 선행하는가 그리고 왜 가끔 국가들이 (전쟁없이) 조약으로 직행하는가를 알아내는 것이 이 책 내내 우리를 따라다니는 과제가 될 것이다.

---

42 McDonald(2015).

43 이 논의는 Wagner(2007)와 McDonald(2015) 참조.

1.5 책의 개요

이 책 또는 이 교과서는 제1차 세계대전의 발발, 수행 과정 그리고 그 끝을 추적한다. 역사적 내용과 분석 방법론을 위한 이론을 담은 장들을 통해 게임이론의 기본 원리를 소개하고 이를 정치에 응용하는 연습을 한다. 현대의 전쟁이론에 초점을 둔 장들(2, 5, 11, 12장)처럼, 어떤 장들은 아예 분석 도구에 초점을 맞추어 대전 특유의 퍼즐들에 대한 언급도 없다. 그러나 (8장처럼) 다른 장들은 역사적 문맥 안에서 새로운 도구들을 소개한다. 11장처럼 어떤 장은 보충적으로, 중요한 본질적인 질문들에 초점을 맞추어, 게임이론 연습 문제를 포함하는데, 11장의 경우 전쟁의 발발에서 경제적 상호 의존성의 역할에 관한 것이다. 분석 도구를 담든 역사적 내용을 담든, 각 장은 퍼즐을 확인하면서 시작한다. 퍼즐은 사건 또는 의사결정 또는 패턴을 포함하는데 우리의 정상적인 기대나 일반 상식에 반하는 것을 말한다.[44] 예를 들어, 2장에서는 전쟁이 평화조약으로 끝난다는 것을 볼 것이다. 이것은 해결을 위해 전쟁이 필요 없는, 대부분의 의견불일치가 해결되는 방식과 같다. 여기서 우리는 질문을 한다: 왜 어떤 의견불일치는 평화적으로 해결되고 다른 것은 폭력적으로 해결되는가? 그 다음 우리는 전략적인 문제들을 탐험하는 방법으로 게임이론의 기초를 소개하고, 이론의 전개와 정치과학에서의 설명을 배운다. 마지막으로, 각 장은 대전의 분석에 요구되는 개념들을 소개하고, 더 광범위한 정치과학 문헌에서 어떻게 사용되는지 그 쓰임새에 대해 논의한다. 2장의 예로 돌아가면, 책에서 만나게 될 전쟁에 관한 여러 설명들 중 하나를 뽑아 발전시킨 뒤, 상대적 쇠퇴(relative decline), 신뢰할 수 있는 맹약(commitment) 그리고 예방 전쟁(preventive war)처럼 똑같은 전략적 서사를 가진 다른 역사적 응용 사례를 탐구한다.

각 장은 좁게 시작해서 넓게 끝난다. 어떤 장들(2, 5, 11, 12장)은 유사한 퍼즐들에 대해 말하고, 설명 논리의 핵심 개념, 발견의 과정 또는 정치과학 최신 이론을 설명하는 데 도움이 된다면 어떤 장에서는 복수의 퍼즐들에 대해 설명한다. 그러나 순서

---

44 퍼즐을 확인하는 것에 대해서는 Zinnes(1980) 참조.

대로 제시되는 기본 퍼즐들은 전쟁 자체의 시간대를 따라 여러 개의 다른 사건들을 분리해서 설명한다.

- **2장.** 왜 국가들은 전쟁이 많은 희생이 따르고 낭비적임을 알면서도 그 전에 평화적으로 해결하는 데 실패하는가?
- **3장.** 왜 영국과 독일은, 상대적 힘의 변화에 아무 영향을 못 미쳤던, 값비싼 해군 군비경쟁을 피할 수 없었는가?
- **4장.** 왜 오스트리아와 세르비아 사이의 국지적 분쟁이 열강들 사이의 값비싼 대전으로 비화되었는가?
- **5장.** 왜 국가들은 전쟁이 많은 희생이 따르고 낭비적임을 알면서도 그 전에 평화적으로 해결하는 데 실패하는가?[45]
- **6장.** 왜 영국은 독일의 프랑스에 대한 위협에는 꿈적도 않다가 벨기에에 대한 위협 때문에 유럽의 전쟁에 개입하게 되었는가?
- **7장.** 왜 동부전선에서 동맹국 사이의 협조는 파괴된 반면, 서부전선에서 연합국들은 서로 협조할 수 있었는가?
- **8장.** 무엇이 모든 교전국들로 하여금 고의적으로 소모전 전략을 채택하도록 이끌었는가?
- **9장.** 왜 오스만 제국은 동맹국을 위해 중립을 폐기하고, 이탈리아는 연합국을 위해 중립을 폐기했는가?
- **10장.** 왜 영국과 독일이 육지에서는 총력전으로 임한 반면, 바다에서는 제한전으로 임했는가?
- **11장.** 왜 대부분의 전쟁이 완승이 아니라 평화협정으로 끝나는가?
- **12장.** 왜 대부분의 전쟁이 완승이 아니라 평화협정으로 끝나는가?[46]
- **13장.** 왜 미국은 수년 간의 중립 후 1917년에 대전에 참전하였는가?
- **14장.** 왜 독일은 1918년 정전을 요구했고, 그 적대국들은 이를 승인하였는가?

---

45 그렇다, 2장의 퍼즐과 같은 내용이다.

46 그렇다, 11장의 퍼즐과 같은 내용이다.

결론인 15장은, 특정한 퍼즐 없이, 우리가 살고 있는 이 시대에 대전의 국제정치와 관련된 교훈을 제공한다. 이것은 한 가지를 아주 명확히 한다: 전쟁에 대한 서사는 필연적으로 불완전하다. 이 책은, 군비경쟁부터 연합의 결성 및 종전까지 보다 일반적인 정치적 문제를 설명할 수 있는 몇 개의 결정적 사건을 선택하고, 그것들에 내재된 전략적인 논리를 따라간다. 그리고는 각 장의 이론을 국제관계 공부에서 생기는 광범위한 질문들과 연관시킨다. 그러나 이 책이 전쟁의 역사 전체를 상세히 설명하지는 않는다: 불가피하게 주요 사건, 주요 경험, 주요 인물들과 민족들이 소홀히 대접되었거나 언급에서 완전히 빠졌다. 간략히 예를 들자면, 노동력으로 편입된 국내 여성들부터 전방으로 보내지거나 노동 부대로 징집된 식민지 백성(나름의 이유로 징집된 중국 시민들도 포함), 러시아 혁명과 연이은 내전, 아프리카와 중동 전역을 격노하게 했던 전투들까지 전쟁의 많은 부분이 15장이라는 분량이 비추는 좁은 조명 밖에 머물렀다. 그러나 각 장에서 우리가 전개하는 사회과학적 도구들은 전쟁의 다른 정치적인 현장들에서도 동등하게 적용가능하다.

마지막으로, 다음 13개 장들은 모두 수학적 지식을 필요로 한다. 약간은 깊이가 있지만 어느 것도 기초 대수학 이상의 요구는 없다. 거의 지난 30년 동안 게임이론적 모형이 국제관계 연구에서 이론적 혁신의 선두에 있었다. 게임이론은 복잡한 사회현상을 논리적으로 일관성 있는 방법으로 표현할 수 있게 하고, 음성 언어가 지닌 오작동 가능성을 수학이 지닌 논리적 정교함과 명료성으로 대체한다. 물론 우리는 여전히 문장을 사용한다. 그렇지만 그것은 음성언어적인 문장이 아니다. 음성 문장에서 '이다'는 등호가 되고, '많다', '적다', '선호된다'는 부등호가 된다. 그리고 문장들을 이런 식으로 바꾸는 것은 전혀 새로운 것이 아니다: 우리는 단지 문장들을 이용해 논거를 만들어갈 뿐이다. 중요한 것은 우리의 직관을 방정식과 부등식으로 바꾸는 것이 우리의 논리가 강건하고, 우리의 주장이 근거가 유효하며, 우리가 국제정치와 전략적 상호작용의 'how'와 'why'에 관해 모순없이 이야기함을 담보한다는 것이다. 전쟁 자체가 범위와 규모에 있어 확대되어 가기 때문에, 모형과 그것과 연관된 수학은 단순하게 시작하여 책의 진도에 따라 복잡성이 증대된다. 그러나 우리는 각각의 게임이론적 틀을 단순하고 분명한 용어로 소개하고 수학적 문제도 조심스럽게 차근차근 풀어나갈 것이다. 모든 장들은 잘 유도된 연습 문제가 정리(proposition) 또는 수학적 증명의 형식으로 포함되어 있다. 또 어떤 장들은 본문에서 사용되지 않았지만 중요한 툴에 대해 연습하고 깊게 파보는 기회를 제공하기 위해 보충문제를 포함하고 있다. 게임이론적 분석 툴을 능숙하게 처리하는 능력을 키울 수 있도록, 매 순간 수학은 조심스럽게 직관적으로 처리될 것이다. 이를 잘 활용하면, 여러분이 국제정치 또는 국내정치의 'how'와 'why'에 대해 뭔가를 배우고 싶을 때 큰 도움이 될 것이다.

THE POLITICS
OF THE FIRST
WORLD WAR

02

전쟁이론 Ⅰ: 맹약의 문제

전쟁이론 Ⅰ: 맹약의 문제

세상은 지저분하고 혼란스러운 곳이다. 그러한 세상에 관해 지저분하고 혼란스러운 것들을 말함으로써 세상에 대한 이해를 고양시킬 수 없다.

R. 해리슨 와그너,
"누가 합리적 선택이론을 두려워하는가?"

이 장에서는 제1차 세계대전의 정치를 분석할 때 사용하는 주된 분석 도구인 게임이론(game theory)을 소개한다. 기초적 지식과 기교를 어느 정도 발전시키고, 그리고 나서 그것들을 이용해 대답하기 어려운 질문에 대해 생각해 볼 것이다:

> 갈등은 일반적으로 평화협정으로 끝난다. 그렇다면, 왜 국가들은 낭비적인 전쟁을 벌이기 전에 그러한 합의에 종종 실패하는가?

달리 표현하면, 대부분의 평화협정은 피비린내 나고 파괴적인 싸움 없이 체결되는데, 왜 어떤 평화협정은 전쟁이 선행하는가? 전쟁은 목숨, 보물을 파괴하고 분할하는 반면, 협상은 그렇지 않다. 그러면 왜 더 값싼 옵션이 가능함에도 불구하고 낭비적인 방법으로 분할하는가? 이 물음에 대한 답이 간단하지 않지만, 게임이론의 툴을 이용하면 혼란을 줄이고, 문제의 본질을 쉽게 파악하고, 그리고 왜 국가가 어떨 때는 싸우고 어떨 때는 싸움을 생략하고 조약 체결에 직행하는지에 대한 약간의 통찰을 얻을 수 있다. 이 장은, '신뢰할 수 있는 약속하기'라는 매우 흔한 정치적 문제에 근거하여, 이 전쟁의 퍼즐에 대한 두 가지 대답 중 첫 번째를 제시한다. 정당한 무정부상태(de jure anarchy) 덕분에, 국가는 나중에 자국에 이익이 되지 않을 일련의 조치를 취하겠다고 미리 약속을 할 수 없다. 이 장의 핵심 사례에서, 미래에 더 강력해질 것으로 예측되는 국가는 다른 국가들에게 기회가 오더라도 새롭게 얻은 힘에 따라 행동하지 않을 것이라고 약속할 수 없을 수 있다. 그렇게 되면, 다른 국가들에게 현상태가 오랫동안 자기구속적이지 못할 것이라는 두려움을 주게 되고, 그래서 결국 오늘 전쟁을 부추기게 된다. 게임이론은 수학이라는 언어를 사용하여, 두 국가가 분쟁 중인 국경을 어떻게 획정할 것인가에 대해 협상(bargaining)하는 것처럼, 전략적 상호작용을 간결하고 논리적인 설정 속에서 분석한다. 게임이론 모형은 네 가지 기본적 요소로 세상을 표현한다: 행위자 혹은 경기자(actors, players), 선호(preferences), 전략(strategies) 그리고 결과(outcomes). 우리는 먼저 게임을 정의한 뒤에 그것을 어떻게 푸는지–대통령, 시민 그리고 장군 같은 목적지향적인 의사결정자들이 어떻게 게임을 플레이할 것인지–설명할 것이다. 그리고 나서, 내쉬균형(Nash Equilibrium)의 개념을 도입하여 실현될 가능성이 높은 결과에 대해 예측해 볼 것이다. 따라서 이 장에서 우리는:

- 게임이론적 모형의 구성 요소를 소개한다.
- 게임에서 어떻게 내쉬균형을 찾는지 설명한다.
- (정치의 퍼즐을 풀 수 있는) 게임을 어떻게 표현하는지 보여준다.
- 단순한 게임을 이용해 전쟁의 퍼즐에 대해 하나의 해법을 제공한다.

우리는 게임이론의 기술을 연습하며 이 장을 끝낼 것이다. 이 기술들은 이어진 장들에서 게임을 표현하고 푸는 데 사용될 것이다. 앞으로 보게 되겠지만, 게임을 올바르게 묘사하여 표현하는 것이 항상 간단명료하지는 않다. 그리고 우리 모형에서 구성 요소를 적당하게 고르는 데에는 일종의 기교가 필요하다. 그러나 우리에게 새로운 뭔가를 가르쳐준다는 점에서 그리고 유용하고 통찰력 있는 모형을 설정하는 것이 얼마나 도전적인지 보여준다는 점에서 상당한 보상이 있을 것이다.

2장 핵심 용어

- 전략적 상호작용
- 위기협상
- 선호
- 완전정보
- 전략
- 전략 조합
- 내쉬균형
- 공통 추측
- 이익이 되는 이탈
- 보수함수
- 유일한 균형
- 맹약의 문제
- 예방 전쟁

2.1 게임이론 개론

게임이론은 수학의 한 분야로, 개개의 행위자들이 원하는 바를 얻는 것이 다른 행위자들의 선택에 달려있는 경우에 최적 선택을 분석하는 방법론으로 개발되었다. 상호의존적인 선택이 **전략적 상호작용**(strategic interaction)의 본질이고, 그 자체가 정치(그리고 일반적으로 사회)의 기본원리 중 하나이다. 시민들은 그들의 친구, 가족, 같은 당파 그리고 정적들의 반응을 예측하고, 이에 기초하여 입후보자로 지원하여 목소리를 내기도 하고 또는 그를 위해 투표를 한다. 후보자는 누구와 경쟁하게 될 것인지, 경쟁자를 이길 가능성이 얼마인지, 기부금을 얼마가 걷을 수 있고 예상 득표에 성공할 수 있을 것인지 등을 예측하고, 이를 기초로 국회의원 선거에 뛰어들지 여부를 선택한다. 국가들은 빼앗고 싶은 영토를 가진 다른 국가뿐만 아니라 그 표적 국가의 우방들과 동맹들의 반응을 고려하여 그 영토를 점령할지 여부를 선택한다. 또한, 국가들은 진행 중인 전쟁에 참전할지 여부를 결정할 때에도, 잠재적인 협력 국가가 무엇을 제공할 것인지 그리고 패전국 팀에 속하게 될 경우 승전국들로부터 받게 될 벌칙을 예상하고 이에 기초하여 결정하게 된다.

> **정의 2.1** **전략적 상호작용**의 결과(outcomes)는 다수 행위자들의 총체적이며 상호 의존적인 선택에 의존한다.

전략적 상호작용에 대한 고려없이 정치를 생각하기란 어렵다. 사회과학 전반에서 어떻게 다수의 행위자들에 의해 선택된 조건부계획(contingency plan) 또는 전략(strategy)이 모여 전혀 예상하지 못하거나 가끔은 비극적인 사회적, 정치적 결과에 이르게 되었는가에 관한 통찰을 얻기 위해 게임이론이 응용되었다.[1]

게임(game)은 전략적 상황의 본질과 사람들이 그 안에서 어떻게 행동하는지를 표현하기 위해 고안된 단순한 모형이다. 1장에서 설명했듯이, 게임은 비유(또는 은유)이다. 우연히 아름다운 연역적 구조로 구성되었다. 우리는 모형을 이용해 이해하기 힘든 사건이나 현상이 가진 (유일이 아닌) 차원을 포착하고, 그것을 소수의 핵심 변수로 뽑아내고, 그러한 변수들이 어떻게 상호작용하는지 관찰하고, 그러한 변수들이 모인 조합이 실제 세계와 충분히 유사한 모습을 보여주는지 그리고 그것을 통해 우리에게 세상에 관한 가르침을 주는지 여부를 살핀다. 게임은 그 추상성(또는 단순함)과 논리적 엄격함으로 인해 매력이 있다. 우리가 펼치는 주장의 논리에 대해 믿을 만한 검증이 없거나 우리의 정직성을 담보하는 설명 메커니즘이 없다면, 우리는 그럴듯해 보이지만 허술하고 따라서 통찰력도 없고 오도하는 사고에 빠질 수 있다. 국제정치에 관한 일반상식을 포함하여 우리가 가진 많은 직관들이 매력적으로 보이지만 궁극적으로 불완전하고 불만족스러운 주장에 근거하고 있음을 많이 보게 될 것이다. *가정*(*assumption*)이 아니라 우리의 *직관*(*intuition*)이 위험한 단어임을 확인하게 될 것이다.[2] 폴 크루그만(Paul Krugman)이 특히 경제적 또는 정치적 요소를 포함하는 복잡한 전략

---

1 관심있는 독자들이 이용할 수 있는 많은 게임이론 참고 서적이 있다. 나는 Kreps(1990), Fudenberg and Tirole(1991) 그리고 Morrow(1994)를 통해 게임이론에 눈을 떴다. 그러나 이것들은 선택 가능한 옵션들의 최소한이다.

2 오비완 케노비가 젊은 루크 스카이워크에게 바르게 말했다. "너의 직관은 너를 속일 수 있다. 그것을 믿지 마라." 솔직히, 눈은 그것과 아무 관련이 없다.

적 상황을 설명하면서, "말(words)만으로는 논리적 일관성에 착각을 불러일으킬 수 있지만, 수학을 하려고 하면 그것이 일소되는 종류의 상황"이라고 말했다.[3] 우리의 목표는 우리의 설명이 명확하며, 솔직하며, 논리적으로 일관적이고, 논쟁할 수 있는 것임을 보증하는 것이다. 게임이론이 우연히도 이러한 목표를 충족시키는 데 필요한 "수학을 하는" 훌륭한 도구가 되었을 뿐이다.

2.1.1 게임

게임(game)은 어떤 상황 또는 설정(setting)인데, 그 속에서 적어도 두 명 이상의 행위자 혹은 경기자가 어떤 목적을 달성하기 위해 행동을 선택하고, 각 경기자의 선택은 다른 경기자들이 그들의 목적을 달성하는 능력에 영향을 미친다. 게임은 실내 게임이나 카지노 게임, 포켓 당구 또는 체스, 축구 또는 야구, 투표 경쟁, 대통령의 거부권과 대법원 판결이 개입될 수 있는 상황에서의 법안 통과 또는 교전국들이 상대방으로 하여금 그들의 요구에 항복하도록 폭력을 동원하는 전쟁을 모두 포함할 수 있다. 게임은 네 가지 요소가 있다:

1. 어떤 목적을 추구하기 위해 선택을 하는 **경기자들**(players)의 집합.
2. 각 경기자가 사용할 수 있는 **행동**(actions)의 집합.
3. 각 경기자가 선택한 행동의 조합에 의해 나오는 **결과**(outcomes)의 집합.
4. 게임의 가능한 결과들에 대해 순위를 매기는 각 경기자의 **선호**(preferences)의 집합.

게임은 누가 관련되어 있고(경기자), 그들이 어떤 행동을 하며(전략), 그들의 선택이 낳는 결과(결과) 그리고 경기자들이 그들의 목적에 비추어 그러한 결과들에 대해서 어떻게 순위를 매기는지(선호)를 정의함으로써 전략적 상호작용을 규정한다. 경기자는 전략적 상황에서 선택을 하는 개인, 개인들의 그룹, 관료 조직, 투표자, 대통령, 황제, 군인, 선원, 장군을 포함하여 어떤 실체도 (개인적으로 또는 집단적으로) 가능하다.

---

3 www.nybooks.com/articles/2016/07/14/money-brave-new-uncertainty-mervyn-king/ 참조.

전략(strategies)은 경기자가 선택을 할 때 사용할 수 있는 행동들이다: 후보자 A 또는 B에게 투표하는 것, C국을 공격하거나 수용하는 것, 만약 제의가 있는 경우 D국과의 동맹을 수용하거나 거부하는 것, 당신 나라에 대해 관세를 올리면 E국에 대해서도 관세를 올리는 것 등. 결과(outcomes)는 경기자들의 선택들의 조합으로 정의되는 상호작용의 종착점(endpoints)이다: 후보 A 또는 B가 이기는 것, C국과의 전쟁 또는 평화, D국와의 동맹에 사인하거나 그렇게 하지 않는 것 등. 결과(outcomes)는 경기자들의 전략들의 상호작용, 즉 우리가 전략프로필(strategy profile)이라고 부르는 특정한 전략들의 조합에 의존한다(이 용어에 대해서는 뒤에 더 자세히 다룬다).

		B	
		절반	전부
A	절반	분할	분할
	전부	전쟁	A 차지

[그림 2.1] 경기자, 행동 그리고 결과

그림 2.1은 경기자, 행동 그리고 결과를 어떻게 전략형(strategic form) 게임으로 나타내는지를 보여준다. 전략형 게임은 전략들의 행렬로 나타내는데, 전략들이 결합하여 전략프로필을 형성하고 결과를 산출한다.[4] 경기자 A(행 경기자)가 현재 경기자 B(열 경기자)가 지배하고 있는 어느 땅을 원한다고 하자. 이러한 국제분쟁에 관한 단순한 표현에서 양측은 협상에서의 입장으로 볼 수 있는 전략을 선택하여, 얼마나 많이 요구할 것인지 또는 전쟁 대신 얼마나 포기할 것인지를 정한다. 경기자들의 입장이 상호작용하여 전략프로필을 구성하고, 땅이 평화롭게 이전될 것인지 아니면 경기자들이 그 땅을 두고 전쟁을 하게 될 것인지 결정한다. 해결에 막대한 비용이 드는 *전쟁의 그림자 안에서* (*즉, 전쟁의 가능성을 염두에 두고*) 국가들이 입장의 불일치를 해소하려 시도하는 이런 상황을 **위기협상**(crisis bargaining)이라 한다.[5] 그리고 이것이 정치과

---

4 *전략형*의 동의어로 *정규형*(*normal form*)이라고 사용된 사례를 볼 것이다. 그러나 나는 명료성을 위해 전략형을 선호한다.

5 (역자 주) "a의 그림자 안에서"라는 뜻은 'a가 개입하는 상황을 고려하여'라는 뜻이다. 예를 들어, "in the

학자가 전쟁의 발발과 지속을 연구하는 표준적인 이론적 환경이 되었다.[6]

정의 2.2 **위기협상**은 국가들이, 전쟁의 그림자 안에서, 가치를 부여하는 것에 대해 협상할 때 발생한다.

전략형에서는 전략이 행동과 일치하기 때문에, 그림 2.1에서 전략은 간단하다. A는 분쟁 중인 땅의 절반을 요구할 것인지 전부를 요구할 것인지 선택하고, B는 그 땅의 절반을 양보할지 또는 전부를 양보할 것인지 선택한다. 두 경기자가 모두 두 가지의 선택지를 가지므로 4개의 전략프로필에 해당하는 4개의 가능한 결과가 나온다. 전략프로필은, 행 경기자 A의 전략을 먼저 쓰면, (절반; 절반), (절반; 전부), (전부; 절반), (전부; 전부)이다. 그러면 전략프로필을 간단하게 결과(outcome)로 해석할 수 있다: 만약 A가 B가 양보하고자 하는 것 이하로 요구하면 A의 요구가 충족되고, B가 양보하고자 하는 것보다 더 많이 요구하면 두 경기자는 전쟁을 한다. 그래서, 만약 A가 절반을 요구하고 B가 절반을 양보하고자 하면, 즉 (절반; 절반)이면, 양국은 그 땅을 분할한다. 만약 A가 절반을 요구하고 B가 전부를 양보하고자 하면, 즉 (절반; 전부)이면, A가 전부를 요구하지 않은 것을 후회하며 절반을 차지한다. 만약 A가 전부를 요구했으나 B가 절반만 양보하고자 하면, 즉 (전부; 절반)이면, 양국은 전쟁을 한다. 마지막으로, 만약 A가 전부를 요구하고 B가 전부를 양보하고자 하면, 즉 (전부; 전부)이면, A가 그 땅 모두를 차지한다. 그러나 경기자들이 이런 가능한 결과들을 어떻게 평가하고 순위를 매길 것인가에 대한 관념이 없으면—즉, 그들의 **선호**(preferences)에 대한 개념이 없으면—그 게임이 어떻게 진행될 것인가에 대해 예측하기 어렵다.

shadow of *war*," "in the shadow of *law*."

6 특히, Fearon(1995)과 Powell(2006) 참조.

정의 2.3 경기자의 **선호**는 게임의 가능한 결과들에 대해 순위를 매긴다.

최소한, 경기자의 선호는 경기자가 가장 원하는 것이 무엇인지, 타협해야 한다면 무엇을 얻어야 하는지 그리고 절대적으로 피해야만 하는 것이 무엇인지를 정의한다. 예를 들어, 그림 2.1에서 A는 B의 희생으로 모든 땅을 차지하기를 가장 원하지만, A도 어떻게 해서라도 전쟁을 피하고 싶으므로, 꼭 얻어야만 한다면 절반을 택할 것이다. 다른 상황에서는 전쟁이 더 매력적일 수도 있지만, 지금은 A가 전쟁을 최하위로 둔다고 가정하는 것이 선호가 어떻게 작동하는지 설명하는 데 도움이 된다. 우리는 선호를 표현하기 위해 숫자를 사용하는데, 큰 숫자가 더 바람직한 결과라는 뜻이다. 명심해야 할 것은, 우리가 사용하는 숫자－게임이론에서는 "보수(payoffs)" 또는 "효용(utilities)"이라 부른다－가 단지 서수적(ordinal) 정보만 전달한다는 점이다.[7] 2는 1보다 크지만, 2의 보수를 주는 결과가 1의 보수를 주는 결과보다 꼭 2배 좋은 것은 아니다. 현재 우리가 관심을 갖는 것은 순위를 정하는 것이다. 그래서 A의 선호를 표현할 때 "A 승리"에 4, "분할"에 2 그리고 "전쟁"에 1로 둔다. (그렇지 않고, "A 승리"에 10, "분할"에 2 그리고 "전쟁"에 －7로 둘 수 있으나, 정확하게 똑같은 서수적 선호를 나타낸다.) 다음으로, B의 선호를 상정할 수 있는데, B는 A가 절반을 요구할 때 절반으로 양보를 제한하는 것을 가장 선호한다(보수 4). 그러나 B는 모든 땅을 양보하는 것(보수 1)보다는 차라리 전쟁을 선호한다(보수 3). 숫자로 표현된 게임 버전이 그림 2.2이다. 여기서 행 경기자의 보수가 먼저 표기된다. 이것이 전략적 상황을 완전하게 표현한 것이다: A는 요구해서 모든 땅을 얻기를 가장 원하지만 B는 전부를 양보하느니 차라리 전쟁

		B 절반	B 전부
A	절반	2, 4	2, 4
A	전부	1, 3	4, 1

[그림 2.2] 경기자, 행동, 결과 그리고 보수

7 5장부터 서수성의 가정을 완화한다.

을 택하고자 한다.

이 장과 다음 두 장에서 우리는 모든 경기자들이 그들이 경기하는 게임의 네 가지 핵심 요소에 대해 알고 있다고 가정한다: 경기자, 행동, 결과 그리고 선호의 집합. 그들은 서로에게 이용 가능한 선택들, 그 선택들이 상호작용하여 어떤 결과를 내고, 다른 경기자들이 게임의 가능한 결과들에 대해 어떻게 순위를 매기는지를 안다. 그림 2.2의 예제에서, A는 B가 분쟁 중인 땅 전부를 양보하는 것보다 전쟁을 선호한다는 것을 안다. 또한, 전쟁은 B가 양보하려는 것보다 A가 더 많이 요구할 때 발생한다는 것도 안다. 마찬가지로, B도 A가 땅 전부를 얻기를 가장 원하지만 전쟁을 가장 나쁜 결과로 순위 매긴다는 것도 안다. 경기자들이 게임의 각 요소에 대해 알고 있을 때, 우리는 그들이 **완전정보**(complete information)를 가졌다고 말한다.

정의 2.4 **완전정보**게임에서 모든 경기자들은 게임의 모든 요소에 대해 알고 있다: 경기자, 행동, 결과 그리고 선호의 집합.

이것이 다소 과장된 가정처럼 보일 수도 있다. 매우 흔하게 경기자들−특히, 국가들과 그 리더들−은 다른 경기자들의 선호를 모른다. 예를 들어, 그들은 상대가 전쟁을 피하기 위해 얼마만큼 양보할지 확신할 수 없다. 우리는 5장에서 경기자가 상대의 선호를 알고 있다는 가정을 완화하지만, 지금은 완전정보로 시작하여 불필요한 이론적 장치없이 제1차 세계대전의 핵심적인 특성들에 대해 얼마나 많은 설명을 얻을 수 있는지 볼 것이다. 만약 이론이 그렇지 않으면 이해하기 힘들었을 결과를 이질적인 이론적 장치에 의존하지 않고 설명할 수 있다면, 그 이론은 신뢰할 만하다. 무엇을 이야기 밖에 두어야 하는지 아는 것이 무엇을 이야기 안에 두어야 하는지 아는 것만큼 중요하다.

계속하기 전에, 선호에 관해 주의해야 할 두 가지를 설명한다. 첫 번째, 어떤 학자들은 땅, 부(wealth) 같은 요소에서 오는 물질적 가치와 명성, 감정적 또는 현시적 만족 같은 비물질적 가치를 구분한다. 그리고 게임이론적 구조도 쉽게 두 버전의 가치와 양립가능하다. 물질적 가치와 비물질적 가치 모두 일관성 있게 선호의 순서로 이해될 수 있는 한－그리고 선호의 순서로 나타내지 못할 가치는 없다－이 구분에 대해 걱정할 필요가 없다: 두 종류의 가치 모두 우리의 일반적 방법론과 조화된다.

두 번째, 우리가 수학적 언어를 사용하지만, 시민, 지도자 또는 군인 등 우리의 경기자들이 특정 결과들에 대해 숫자를 부여하거나 수량화한다고 주장하는 것은 아니다. 우리가 분석하는 입장에서 경기자들의 선호를 표현하기 위해 수학을 이용하지만, 수학은 단지 표현법(representation)이다. 세상에 대한 통찰을 얻기 위해 사용하는 비유(metaphor). 선호가 보수에서 나오는 것이 아니다. 경기자들의 선호를 나타내기 위해 보수를 적는다는 점에서 정확히 정반대이다. 우리는 경기자들의 선호를 잘 반영하도록 보수를 부과하는데, 보수가 너무 복잡하지 않다면, 보수의 부과가 현실과 가까울수록 국제정치의 "왜"와 "어떻게"에 관한 깊은 통찰을 얻을 수 있다. 이론이 복잡하고 혼란스러운 현실을 단순화하고 이해하는 데 도움을 주는 현실에 대한 지도, 비유, 유용한 추상임을 명심하자. 그렇다고 해서 구성 요소나 변수들이 경기자들의 머릿속에서 작용하는 실제 보이지 않는 과정보다 반드시 더 조잡하거나 단순한 것은 아니다. 우리의 목적은 경기자들의 결과에 대한 평가를 반영할 수 있도록 경기자들의 선호를 적는 것이다－즉, 정치 세계의 중요 부분들과 충분히 유사해서 우리가 분석하는 모형에서 뭔가를 배울 수 있도록 하는 것이다.[8]

2.1.2 내쉬균형

게임을 구체화했기 때문에, 다음 단계는 경기자 A, B가 어떻게 그 게임을 플레이하는지 알아보는 것이다. 특정한 전략적 문제에 직면하여 목표지향적인 경기자는 무엇을 할 것인가? 전략형 게임에서는 경기자들이 동시에 선택한다고 가정한다. 이것은 (1) 상대방이 무엇을 선택하는지에 대해 불확실성(uncertainty)을 가지고 선택하거나 (2) 사전에 어떤 경로의 행동을 맹약(commitment)하는 것과 같다. 국가는 전략을 마련함으로써 협상에서의 입장, 전쟁 수행 계획 그리고 동맹 참여 여부를 결정한다.

8 보수, 효용 그리고 선호의 합리성에 관한 더 자세한 내용은 Morrow(1994, 2장)를 참조하라. 이해될 때까지 읽고 생각하기 바란다.

전략(strategies)이란 상대방이 어떤 행동을 취하는 상황에서 자신은 무엇을 할 것인가를 구체화하는 행동 계획(plan of actions)이다. 1장에서 했던 것보다 더 자세하게 전략에 대해 정의해보면, 전략은 전략적 상호작용에서 모든 가능한 상황을 고려하고 각각의 상황에 대하여 무슨 선택을 할 것인지를 명시한다.

정의 2.5 **전략**은 상대 경기자가 어떤 행동을 선택할 것이라는 믿음(beliefs)에 근거하여 경기자가 무슨 행동을 선택할 것인지 명시하는 행동 계획이다.

그림 2.2의 게임에서, 경기자 A의 전략은 "전부를 요구"하거나 "절반을 요구"하는 것이다. 둘 다 나쁜 전략으로 끝날 수도 있으나, 핵심은 (이 경우는 간단하지만) 완전한 행동 계획을 실행한다는 것이다. 제1차 세계대전에서 주요 참전국 각각은 더 복잡하지만 이런 종류의 정치적 그리고 군사적 전략을 실행했다. 예를 들어, 오스트리아-헝가리는 세르비아, 러시아 그리고 전시에는 두 국가 모두에 대항하여, 적군의 배치와 독일군의 지원 여부에 따라, 다른 방식의 군대 배치와 군사력의 배분을 수반하는 비상계획을 실행했다. 우리가 전략에 대해 말할 때, 이것이 정확하게 우리가 의미하는 바이다. 그 계획은 "동맹들(allies)이 그 나라를 버렸을 때에만 D국을 공격하라"처럼 간단할 수도 있고, 오랜 시간에 걸쳐 복수의 상호작용과 복수의 상대 경기자를 대상으로 하는 엄청나게 복잡할 수도 있다. 전략을 정의하는 핵심은 "모든 상황에 대비한(complete contingent)" 행동 계획을 명시하는 것이다.[9] 우리는 전략을 가능한 한 단순하게 유지하여, 전략으로 구성되고 결과를 산출하는 전략프로필을 쉽게 추적할 수 있도록 할 것이다. 예를 들어, 그림 2.2에서 (절반; 절반)과 (절반; 전부)는 땅을 50 대 50으로 분할하는 결과를 낳는 **전략프로필**(strategy profile)이다.

9 Watson(2013, p. 22) 참조.

정의 2.6 **전략프로필**은 각 경기자에게서 하나씩의 전략을 뽑아 조합한 것으로 게임의 결과(outcome)를 결정한다.

다음으로, 우리는 경기자들이 어떤 전략을 선택하는 것이 이치에 합당한지 묻는다. 이 질문에 답하기 위해서 우리는 프린스턴의 수학자 존 내쉬(John Nash)의 이름을 딴 **내쉬균형**(Nash equilibrium)인 전략프로필을 찾는다.[10] 우리가 어떤 전략이 균형의 일부라고 말할 때, 그 의미는 게임 속의 각 경기자가 상대 경기자의 선택에 비추어 최적을 보장하는 전략을 선택한다는 의미이다. 그 이상도 그 이하도 아니다. 서로 전쟁 중인 두 국가 D와 E를 상정해 보자. 여기서 각국은 군대를 전장에서 철수시킴으로써 싸움을 포기하는 옵션을 가지고 있다고 하자. 상대방은 계속 싸우는데 한 쪽이 싸움을 포기하면 패배로 이어지고, 두 국가 모두 포기하면 어느 국가도 그들이 싸운 목적을 달성하지 못한다. 만약 두 국가 모두 싸움을 계속하면, *균형에서* 전쟁이 지속된다. 두 국가는 이런 식으로 추론한다:

- D국: "E국이 싸움을 계속한다. E국의 군대가 전장에 머무르는 상황에서 내가 군대를 철수시킨다면 나는 군사적으로 패배할 것이므로, 나도 싸우는 것이 최선이다."
- E국: "D국이 싸움을 계속한다. D국의 군대가 전장에 머무르는 상황에서 내가 군대를 철수시킨다면 나는 군사적으로 패배할 것이므로, 나도 싸우는 것이 최선이다."

좀 더 기술적인 용어로, 전략들이 서로 *최적대응*(best response 또는 best reply)일 때 우리는 전략들이 균형을 이룬다고 말한다. 또한 균형인 전략의 조합을 나타내기 위해 *상호최적대응*(mutual best response 또는 mutual best reply)이라는 용어도 사용한다. 정

10 내쉬는 그의 학위논문에서 많은 아이디어들을 작업했고, Nash(1950)와 Nash(1951) 논문들에 잘 나온다. 2001년도 영화 'A Beautiful Mind'는 내쉬균형의 개념을 잘못 설명하고 있다. 고맙게도, 내쉬균형이 세상에 대해서 우리에게 뭔가를 가르치는지 아닌지 여부는 세상 사람들이 그것을 알거나 어떻게 계산하는지를 아는지 여부에 의존하지 않는다.

의상, 내쉬균형에서는 어느 누구도 다른 전략을 선택함으로써 (또는 다른 전략으로 이탈하여) 이득이나 이윤을 얻을 수 없다.

정의 2.7 **내쉬균형**에서 각 경기자는, 모든 다른 경기자들의 선택이 주어진 상황에서, 그가 할 수 있는 최선을 다한다.

그래서 내쉬균형은 자기구속적(self-enforcing)이다(정의 1.6). 다른 경기자들이 하고 있는 것을 고려하면 다르게 행동할 유인이 없기 때문에, 경기자들이, 국경을 존중하거나 국제적 제도를 존중하는 것처럼, 명기된 전략들을 준수한다.

평소에 쓰는 말로 "균형(equilibrium)"을 생각해보면, 반대되는 두 힘이 서로 대등하여 밸런스(balance)를 이룬 상태로 생각하는 경향이 있다. 사실, 균형은 평화스러운 뭔가를 생각하게 한다. 매력적이지만 오도하는 개념이다. 균형은 한 종류의 밸런스를 내포하고 있는데, 그것은 오로지 경쟁하는 유인(incentive)의 관점에서－즉, 결과의 관점이 *아니라* 전략의 관점에서－그렇다. 예를 들어, 어떤 내쉬균형이 한쪽이 무너져 패배할 때까지 두 경기자가 오랫동안 피비린내 나는 전쟁을 하는 상황을 묘사할 수도 있다. 이 경우의 균형은 어느 쪽도 평화를 요청해서 나아질 것이라고 믿지 않는다는 것을 의미한다. 이것이 균형의 본질이지만, 이 예는 균형의 정의에 대한 핵심을 알려준다. *전략*이 균형에서 밸런스를 이루지만, 그 *결과(outcome)* 또한 일상 용어처럼 평화롭고 밸런스를 이루는 특성을 보인다는 것을 의미하지는 않는다. 전쟁의 혼돈, 무질서 그리고 파괴가 균형인 전략들로부터 나올 수 있다. 전략들이 균형에 속할 때, 그 의미는 단순히 계획들이, 그 계획들이 산출하는 *결과*가 아니라, 안정적인 밸런스를 이룬다는 말이다.[11] 한 경기자의 계획이 다른 경기자의 계획과 어떻게 상호작용하고 있는 상황에서, 어느 쪽도 그 *계획*으로부터 이탈할 유인이 없다. 그러나 이것이 세계대전 같은 균형 전략들의 결과가 "균형"의 일상적 정의에 부합하는지 여부에 대해서는 *아무 말도* 하지 않는다.

11 포스의 밝은 면과 어두운 면의 조화라는 아이디어를 이용하여, 결과로서의 균형과 해(solution) 개념으로서의 균형의 차이에 관해 쓰인 논문이 있다. 작자는 미상이다.

다음으로, 만약 전략들이 균형에 속하기 위해서 또는 상호최적대응(mutual best re-sponse)이기 위해서는, 경기자들이 각자의 선택의 결과를 고려하기 위해 다른 경기자들의 전략에 대한 합리적인 추측 또한 가져야만 한다. 따라서 내쉬균형은 **공통 추측**(common conjecture)의 존재에 의존한다. 공통 추측은 다른 상황들에서 다른 경기자들이 무엇을 할 것인지 또는 다른 경기자의 선택들에 대응하여 그들의 전략들은 무엇을 하라고 말하는지에 대한 공유된 믿음(beliefs)의 집합이다.

정의 2.8 **공통 추측**은 게임의 특성과 다른 경기자들의 전략에 대한 경기자들의 공유된 지식을 담고 있다.

공통 추측은 국제정치에 널리 퍼져 공유되는 생각의 집합으로, 전쟁과 평화의 정의, 어떻게 협상하는지, 외교에서 어떤 용어가 전쟁을 의미하고 어떤 것이 평화를 의미하는지, 어느 국가가 열강이고 아닌지, 어떻게 적과 아군을 구분하는지 그리고 국제관계를 해석하는 경험 법칙과 발견적 방법을 포함한다. 이 공통 추측이 사회적 세계의 요체인데, 세계가 어떻게 작동하는가에 대해 간주관적으로(intersubjectively) 형성된 아이디어로서 사회적 상호작용을 수월하게 하고 그리고 해석할 수 있게 도와준다.[12]

> 공통 추측이 수용가능한 행위에 대한 기준을 세우고, 적절하고 부적절한 대응을 규정하며, 다른 사람들의 행위에 대해 예측을 형성하며, 행위자로 하여금 다른 사람의 행동을 이해하도록 하며 그리고 행위자의 능력(우리의 문맥상, 힘)에 차이가 없을 때에도 그들의 사회적 역할에 차이가 나게 할 수 있게 한다.[13]

다른 경기자들이 서로의 선택에 대해 어떻게 보고, 해석하고, 그리고 반응하는지에 대한 상당한 지식이 없다면, 경기자들은 그들 자신의 전략을 선택할 수 없다. 그

---

12 Watson(2013)의 공통 추측과 그것의 내쉬균형과의 관계에 대한 논의는 간단하고 우아하며 설득력이 있다.

13 Morrow(2014, p. 24).

들은 심지어 그들이 어떤 게임을 하는지도 모를 수 있다. 공통 추측은 국제정치라는 게임에서 모은 규칙을 의미한다. 이러한 생각과 규칙들은 그 자체가 정치의 산물인 공유된 경험, 역사 읽기, 전통의 무게 그리고 심지어 국제법의 내용에서 올 수 있다. 모든 게임에는 규칙이 있으나, 정치에서 경기자들은 그것을 정의하기 위해 경쟁한다. 우리는 뒤에—특히 6장에서 이것이 중요할 것이다—공통 추측의 원천에 대해 이야기하겠지만, 현재로서는 상대방의 전략에 대한 *공유 지식*(shared knowledge)이 내쉬균형에 요구된다는 점을 주목할 필요가 있다. 이 공유 지식이 우리의 행동과 상대방의 행동을 묘사하고 이해하는 데 이용되는 아이디어와 문화의 사회적 세상을 구성한다. 전략적 상호작용은 본질적으로 사회적이고, 우리가 사회적 세계를 이해하기 위해 게임을 적고 분석할 때 이 사회적 세계의 형체를 준 인식의 세계를 진지하게 받아들일 때에만 의미가 있다.

마지막으로, 우리가 내쉬균형을 볼 때 어떻게 그것을 인식하는가? 대답은 아주 간단하다. (그리고 복잡할 수도 있는 사건에 대해 통찰을 얻기 위해서는 균형이 간단할 필요가 있다.) 그림 2.2의 게임으로 돌아가자. 여기서 A는 전쟁으로 가지 않고 B의 영토를 최대한 많이 빼앗고 싶다. 반면, B는 최대한 적게 양보하고 싶고 땅 전부를 내줄 바에야 차라리 전쟁을 더 선호한다. 내쉬균형을 찾기 위해, 먼저 전략의 조합(즉, 전략프로필)을 균형의 후보로 제안한다: 예를 들어, A의 두 번째 전략과 B의 첫 번째 전략의 쌍인 (전부; 절반). 그리고 나서, 각 경기자에게 제시된 전략프로필로부터 **이익이 되는 이탈**(profitable deviation)이 있는지 묻는다. 만약 그 대답이 '없다'면, 내쉬균형을 찾은 것이다.

정의 2.9 다른 경기자들의 전략 선택을 고정한 상태에서, 제시된 전략보다 더 높은 보수를 주는 다른 전략이 있을 때 이 경기자에게 **이익이 되는 이탈**이 있다.

달리 표현하면, 각 경기자가 다른 경기자의 행동에 대응하여 자신의 다른 행동을 선택함으로써 제시된 행동보다 더 나은 결과를 얻을 수 있는지 여부를 묻는다. 균형의 후보로 제시된 전략의 쌍이 있을 때, A의 전략을 고정시킨 상태에서 B가 제시된 전략보다 더 나은 전략을 가졌는지 보고, 이번에는 B의 전략을 고정시킨 상태에서 A가 제시된 전략보다 더 나은 전략을 가졌는지 본다. 만약 *어느* 한 경기자라도 이익이 되는 이탈을 가졌으면, 그 제시된 전략프로필은 내쉬균형이 될 수 없다. 한 경기자가 결과에 만족하더라도, 상대 경기자가 더 나은 옵션을 가지고 있다면, 제시된 후보 전략 조합은 균형이 아니다. 그러나 어느 경기자도 더 나은 옵션이 없다면, 즉 어느 경기자도 각자의 전략에서 이탈할 유인이 없다면, 그 전략 조합이 내쉬균형이다. 그리고 우리가 내쉬균형을 통해 이 게임이 어떻게 전개될 것인가에 대한 느낌을 얻을 수 있다.

		B	
		절반	전부
A	절반	2, 4	2, 4
	전부	1, 3	4, 1

[그림 2.3] 내쉬균형의 예

균형의 후보로 제안된 전략 조합 (전부; 절반)에서 경기자들은 전쟁으로 치닫기 때문에 보수는 (1, 3)이다: A는 파이 전부를 요구하고 B는 절반만 양보하고자 하므로 무력으로 그들 사이의 불일치가 해결된다. 경기자 A 또는 B가 상대 전략에 대한 대응으로 다른 전략을 선택함으로써 (전부; 절반)보다 더 나은 보수를 얻을 수 있는가? 그림 2.3을 살펴보면, B는 전부를 양보하는 것보다 차라리 싸우는 것이 더 낫다. 전부를 양보하는 전략으로 바꾸면 최악의 보수 1을 얻게 된다. 반면, A는 B가 절반만 양보하겠다는 상황에서, 전략을 바꿈으로써 전부를 요구하는 것보다 더 높은 보수를 얻을 수 있다. 제안된 (전부; 절반)에서 A는 1을 얻지만, 절반으로 전략을 바꾸면 2를 얻을 수 있다. 즉, A는 이익이 되는 이탈을 가진다. 그래서 (전부; 절반)은 내쉬균형이 아니다. B가 홀로 최적대응을 하고 있다는 것은 중요하지 않다. 어느 한 경기자라도, 다른 경기자의 전략에 대응해, 제시된 전략이 아닌 다른 전략을 선택할 유인을 가진다는 것을 보이면 내쉬균형에서 제외시킬 수 있다. 우리는 다음의 정리

(proposition)에서 이 같은 주장을 공식화한다. 그리고 이러한 주장을 입증하기 위해 "수학적으로" 증명할 수 있다.

정리 2.1은 우리가 이 책을 통해 계속 사용할 증명의 형식을 규정하고 있다. 여기에는 전략들이 균형의 일부가 되기 위해서 만족되어야 할 부등식들이 적혀 있는데, 각 경기자가 균형으로 제안된 전략에서 얻을 수 있는 보수가 다른 전략으로 일방적으로 이탈하면서 얻을 수 있는 보수보다 크거나 같아야 한다는 뜻이다. 부등식은 제시된 균형 그리고 그 전략프로필로부터의 이탈에서 오는 각 경기자의 **보수함수**(또는 *효용함수*)를 포함한다: u_A 그리고 u_B. 효용함수는 게임의 결과(outcome)를 투입으로 그리고 보수(payoff)를 산출로 삼는다.

정의 2.10 **보수함수(payoff function)**는 게임의 결과를 (경기자의 선호를 나타내는) 순위가 있는 보수로 전환한다.

따라서 u_A(*전부*; 절반) $\geq u_A$(*절반*; 절반)은 (전부; 절반)과 (절반; 절반)에서 얻는 A의 보수를 비교하는 것으로, B가 절반을 선택하고 있는 상황에서 전략을 전부에서 절반으로 바꾸는 것을 다룬 것이다. 그리고 u_B(전부; *절반*) $\geq u_B$(전부; *전부*)는 (전부; 절반)과 (전부; 전부)에서 얻는 B의 보수를 비교하는 것으로, A가 전부를 선택할 때 절반에서 전부로 바꾸는 것을 다룬 것이다.

정리 2.1 전략프로필 (전부; 절반)은 내쉬균형이 아니다.

증명 전략 조합 (전부; 절반)이 내쉬균형이 되기 위해서는, 다음을 만족시켜야 한다:

u_A(*전부*; 절반) $\geq u_A$(*절반*; 절반)

그리고 u_B(전부; *절반*) $\geq u_B$(전부; *전부*).

u_A(*전부*; 절반) $\geq u_A$(*절반*; 절반)은 $1 \geq 2$를 요구하지만, 이는 불가하다. 적어도 한 경기자가 이익이 되는 이탈을 가지므로, (전부; 절반)은 내쉬균형이 아니다. □

정리 2.1에서 주장－주어진 전략프로필은 내쉬균형이 아니다－을 내세우고, 그 주장을 지지하는 논리를 증명했다. 전부를 얻기 위해 낭비적이고 위험한 전쟁을 하는 것보다 절반을 차지하는 것을 좋아하는 A의 선호하에서, B가 절반을 양보하려 할 때 전부를 요구하는 것은 비생산적이다. 그리고 한 경기자라도 이익이 되는 이탈을 가지면, 우리는 제안된 그 균형을 거부할 수 있다. 이것이 게임이 어떻게 진행될 것이다는 추측을 기각하는 데 도움을 준다. 그리고 우리가 이런 추측을 기각하는 논리는 1장에서 전개했던 국제정치의 이해와 궤를 같이한다: 일반적으로 국가들은 전쟁과 평화 사이에서 자유롭게 선택하고, 어느 쪽도 전쟁이 현재 가진 것보다 더 나은 것을 줄 것이라고 생각하지 않을 때 평화가 달성된다. (예제의 경우, A가 전쟁으로 치닫도록 B의 전부를 요구할 인센티브가 없다.) 정리 2.1과 앞으로 우리가 만들어 갈 주장들에 대한 증명은 독자들로 하여금 우리가 말하는 내용을 믿게 하는 논리를 제공할 것이다. 산문의 애매함, 실수 가능성 그리고 농간 없이, 우리의 주장들을 더 투명하고, 더 이해하기 쉽고, 더 논리적으로 다툴 수 있게 될 것이다.[14]

위에서 설명한 논리로, 이제 전략프로필 (절반; 절반)을 살펴보자. A가 분쟁 중인 영토 절반을 요구하고 B가 절반을 양보하는 조합으로 경기자들에게 (2, 4)의 보수를 준다. 이 조합은 내쉬균형이 되는가? 이러한 가능성을 체크하기 위해, 우리는 다시 A, B가 상대방의 행동이 주어진 상황에서 제안된 행동보다 더 잘할 수 있는지 봐야 한다. 이 경우에는 내쉬균형이 맞다. 오로지 한 경기자만이 최상의 결과를 얻지만, 어느 누구도 제안된 전략프로필에서 이탈할 유인이 없다.

정리 2.2 전략프로필 (절반; 절반)은 내쉬균형이다.

증명 전략 조합 (절반; 절반)이 내쉬균형이 되기 위해서는, 다음을 만족시켜야 한다:

$$u_A(\textit{절반};\ \text{절반}) \geq u_A(\textit{전부};\ \text{절반})$$
$$\text{그리고}\ u_B(\text{절반};\ \textit{절반}) \geq u_B(\text{절반};\ \textit{전부}).$$

14 많은 경우 산문의 이러한 특성들은 가치가 있다. 그러나 우리가 주장을 만들어 갈 때는 그렇지 않다. 명확성과 투명성이 여기서 우리의 모토이다.

2≥1이므로 첫 번째 부등식은 만족되고, 4≥4이므로 두 번째 부등식도 만족된다. 어떤 경기자도 이익이 되는 이탈을 가지지 않으므로, (절반; 절반)은 내쉬균형이다. □

이 균형을 지지하는 추론을 따라가 보도록 하자. B가 절반을 양보할 용의가 있음을 A가 알 때, A가 절반에서 전부를 요구하는 쪽으로 바꿈으로써 더 높은 보수를 얻을 수 있는가? 아니다. B가 절반만을 양보할 용의가 있을 때, A가 전부를 요구한다면 이러한 양립 불가능한 협상 태도는 전쟁을 부르고, 이때 A는 1의 보수를 얻게 된다. 그래서 A의 전략(절반)은 B의 전략(절반)에 대해 최적대응이다. 분쟁지역의 절반을 양보하느냐 전부를 양보하느냐 선택해야 하는 B는 어떠한가? B는 이 전략프로필로부터 4의 보수를 얻는다. B가 협상 전략을 바꾸어 전부를 양보하고자 해도, A가 절반을 요구하므로, B는 여전히 절반만 잃는다. B는 어떻게 하든 4의 보수를 얻으므로 절반을 양보하는 것과 전부를 양보하는 것에 대해 무차별하다. 그리고 내쉬균형의 룰에 따라, B는 이익이 되는 이탈이 없다. 어느 누구도 제안된 전략프로필로부터 이탈함으로써 더 나아지지 않으므로, (절반; 절반)은 내쉬균형이다. 균형 추론을 따라가면, 우리는 다음을 알 수 있다:

- **경기자 A**: "경기자 B가 절반을 양보할 용의가 있다. 그래서 나도 전부를 요구하여 값비싼 전쟁을 치르는 것보다 절반만 요구하는 것이 더 낫다."
- **경기자 B**: "경기자 A가 절반을 요구한다. 나도 딱 그만큼만 양보하는 것보다 더 나은 선택이 없다."

A의 입장에서는 다소 실망스러울 수 있는 결과이나, B의 전략에 대응하여 우리가 제시한 전략보다 더 나은 보수를 얻을 수 없다. B에게도 마찬가지다.[15] 이 시점에서 우리는 (절반; 절반) 균형이 존재하며, 그 균형에서 어느 쪽도 자기에게 최상인 옵션

15 이것이 바로 오토 폰 비스마르크가 정치를 "가능성의 예술"이라고 부를 때 의미한 것이다. 전략적 상황에서, 한 경기자의 목적 추구가 다른 경기자의 목적 추구를 방해할 수 있기 때문에, 모든 경기자가 동시에 만족하기는 쉽지 않다.

을 얻을 수 없음을 안다. 그러나 행태적 예측을 견고하게 하기 위해서, 이 균형이 **유일한**(unique) 균형인지 여부에 대해서도 알고 싶다. 즉, 그것이 내쉬균형의 정의를 만족시키는 유일한 전략프로필인지 확인해야 한다. 10장에서 우리는 복수의 균형을 찾으려 할 것이나, 여기서는 유일한 균형을 찾는 것이 목표이다.

정의 2.11 주어진 선호의 집합에 대하여 존재하는 오직 하나뿐인 균형이면, 내쉬균형은 **유일하다**.

유일성을 확인하기 위해 다른 가능한 전략 조합이 내쉬균형으로 존재할 수 있는지 확인해야 한다. 여기서는 비공식적으로 논리를 따라가지만, 여러분 자신의 정리를 적고 증명함으로써 이러한 주장을 검증할 수 있다. 현시점에서 그렇게 하는 것이 좋은 연습이다. A가 전부를 요구하고 B가 전부를 양보할 용의가 있는 (전부; 전부)를 고려해 보자. 협상이 평화롭게 마무리되고 A가 모든 땅을 차지한다. 보수는 (4, 1)로 A는 가장 선호하는 결과를 얻었고, B는 (피할 수 있다면 반드시 피해야만 하는) 최악의 결과를 얻었다. 여기에 이익이 되는 이탈이 있는가? 그렇다. A가 땅의 전부를 요구하면, B는 절반만 양보하는 것이 더 낫다. 모든 분쟁 영토를 포기하는 것보다 차라리 전쟁을 하여 3의 보수를 얻는 것이 더 낫다. 따라서 (전부; 전부)는 내쉬균형이 아니다. 또한 B가 전부를 양보할 용의가 있을 때 A가 절반만 요구하는 (절반; 전부)도 제외시킬 수 있다. 제안된 전략프로필에서 A가 2를 얻지만, B가 모든 것을 포기할 용의가 있을 때, A가 전부를 요구하여 4의 보수를 확보하지 않을 이유가 없다. 따라서 (절반; 전부)도 내쉬균형이 아니다. 이런 과정 끝에, 우리는 유일한 내쉬균형을 갖게 된다: A가 "절반"을 플레이하고, B가 "절반"을 플레이한다. A는 B의 양보할 용의보다 더 많이 요구하여 전쟁을 하는 결과를 피하고, B도 A에게 최소한을 양보하여 행복하다. 따라서 그림 2.3의 게임은 오직 하나의 전략 조합만이 상호최적대응(mutual best response)이므로, *유일한* 내쉬균형을 가진다.

아무리 전략이 복잡하더라도 그리고 상호작용의 이해관계가 무엇이더라도, 이런 단순한 방법을 이용하여 어떤 게임에서라도 내쉬균형을 찾을 수 있다. 우리의 첫 번째 예제는 간단하지만 많은 정보를 준다. 만약 두 국가가 국경의 설정에 대해 의견이 불일치할 때, 두 국가 모두 전쟁의 참화는 피하고 싶지만, 어느 일방이 양보를 강요하기 위해 전쟁이라는 상대방의 두려움을 전략으로 사용할 수 있다. (절반; 절반)의 내쉬균형에서 이러한 영토의 재분배가 B에게는 불행일 수 있지만, 이 또한 전쟁보다는 흔한 결과이다: 심지어 외관상 앙심이 깊은 원수들끼리도, 대부분의 분쟁은 평화롭게 해결된다. (미국과 소련이 얼마나 오랫동안 제3차 세계대전을 피해왔는지 생각해보라.) 우리의 예에서 A가 전쟁을 촉발시키지 않고 얼마나 B를 밀어붙일 수 있는지 안다. 그리고 A는 정확하게 그렇게 했고, 전쟁에 이르지 않으면서 최대한 많은 땅을 획득했다. 그러나 국가들은 영토, 정책, 누가 영토를 지배할 것인가 또는 글로벌 계층제에서의 권리와 특권을 위해 가끔 전쟁을 한다. 우리의 모형이 아직 전쟁에 대해 설명하지 않지만, 우리의 모형은 단순히 무정부상태로 인해 생긴 전쟁의 가능성만으로 전쟁에 이르기에는 충분하지 않음을 말하고 있다. 무정부상태(anarchy) 그 자체로 전쟁의 원인은 아니다. 우리 위기협상모형의 명쾌한 논리적 구조 덕분에, 우리는 다음 절에서 기본 모형에 어떤 특성을 추가하여 이론을 발전시킬 수 있고, 이로 인해 전쟁의 발발과 협조의 붕괴－1914년 8월 열강들이 왜 전쟁을 벌이게 되었는지를 설명하는 데 아주 중요한 주제－에 대한 통찰을 얻을 수 있을 것이다.

2.2 맹약의 문제와 전쟁

국가들은 왜 전쟁을 하는가? 적에게 최대한의 고통을 안기기 위해 군대를 전장으로, 노동자들을 군수 공장으로, 폭격기를 공중으로 그리고 전함을 바다로 내보내는 것만이 의견불일치를 해결하는 길이 아니다. 또한 그것은 가장 낭비적인 방법 중 하나이다. 전쟁의 끝에, 일반적으로 양측이 모두 끔찍하고 파괴적인 싸움을 끝내는 협상을 하고 그리고 묻게 된다. “왜 모든 죽음과 파괴가 발생하기 전에 우리가 방금 전에 서명했던 것과 똑같은 합의를 이뤄내지 못했을까?” 이것은 단지 수사학적 질문이 아니다. 그리고 이전에 협상을 위한 펜과 종이가 확실히 있었기 때문에 하는 질문도 아니다. 지난 200년 동안 발생했던 대다수 전쟁이 대치 중인 상태로 끝이 났고 원칙적으로 싸움을 계속할 수 있었다. 1945년 독일과 일본이 겪었던 가장 처참한 완패조차 지도부가 항복 조건에 동의한다는 조약에 서명함으로써 끝이 났다. 이로써 이 장의 질문이 바로 뒤따른다. 국가들이 결국에는 전쟁을 계속할 것인지 끝낼 것인지 평화조약에 서명할 것이라면, 왜 그전에 귀찮게 전쟁을 벌일까? 왜 그냥 (전쟁없이) 비슷한 내용의 조약을 체결하지 않는가?

퍼즐 2.1 왜 종종 국가들은 비용이 들고 낭비임을 아는 전쟁을 하기 전에 평화로운 합의에 실패하는가?

우리 이야기에서 중요한 것은 각 국가와 그 지도자들은 일반적으로 아주 계산적이고 검소하다는 점이다. 그들은 최소한의 생존부터 제국의 건설까지의 범위에서 목표를 추구하고, 그 길을 따라 낭비를 극소화하는 방법을 선택한다. 그런데 왜, 협상을 통해 적으로부터 똑같은 양보를 이끌어낼 수 있음에도, 결국은 전쟁을 일으켜 군대의 군사력을 모두 허비하고, 경제를 왜곡시키고, 시민들의 목숨을 위태롭게 하는가? 이것이 제임스 페어론(James Fearon)이 말한 "전쟁의 합리주의 퍼즐(rationalist puzzle of war)"이다: 국가들이 전쟁 전과 후에 정확하게 똑같은 합의를 이룰 수 있음에도 불구하고, 왜 그들은 그 합의에 서명하기 전에 싸워야만 하는가?[16] 달리 표현하면, 국가들은 전쟁이 협상보다 더 낭비적이라는 것을 알면서도, 특히 협상을 통해 원칙상 똑같은 내용의 조약을 체결할 수 있음에도 왜 전쟁을 하게 되는가? (우리가 전쟁이 비용이 들고 값비싸다고 말할 때, 전쟁의 편익이 결코 비용을 초과할 수 없다는 의미로, 전쟁이 결코 이익이 될 수 없다는 뜻이 아님을 명심하라. 우리는 단순히 전쟁이 비효율적임을 의미한 것이다. 똑같은 목적을 달성하는 다른 수단들보다 더 많은 자원과 노력을 필요로 한다는 의미이다.) 한국전쟁과 이란-이라크 전쟁처럼 양측이 전쟁을 시작했던 원점으로 돌아가며 끝나는 전쟁들이

---

16 지난 수십 년 동안 쓰인 정치과학 논문들 중 가장 영향력 있고 (그러나 이상하게 오해받는) 것 중의 하나인 Fearon(1995) 참조.

이 퍼즐을 아주 극명하게 만든다.

이 절에서는 이 퍼즐에 대한 우리의 두 가지 대답 중 첫 번째 것을 발전시킨다. 이 대답은 하나의 특수한 정치적 문제에 초점을 맞춘다: 부상하는(rising) 국가가 미래에 갖게 될 힘을 사용하지 않겠다는 약속을 할 수 없는 것. 우리는 협조를 가로막는 이 특수한 장애물을 줄여서, 협상 마찰(bargaining friction)이라고도 부르지만, **맹약의 문제**(commitment problem)라고 부른다.

정의 2.12 한 경기자가 기회가 주어지더라도 특정 행동을 취하지 않겠다는 약속을 신뢰성 있게 하지 못할 때 **맹약의 문제**가 존재한다.

우리는 맹약의 문제에 대해 아주 추상적인 용어로 논의를 시작하는데, 정치에 관한 문제에 답하기 위해 게임을 사용하고 내쉬균형을 찾는 과정에 집중할 수 있도록 도와준다. 나중에 우리의 서사에서 맹약의 문제가 나올 때, 그 응용은 아주 구체적일 것이다. 그러나 당장의 목표는 게임이론의 툴이 왜 계산적이고 검소한 두 국가가, 자신들이 값비싸고 파괴적이고 낭비적이라고 알고 있는, 전쟁에 이르게 하는 전략을 선택하게 되는지에 대한 설명에 실마리를 던지는지 보여주는 데 있다. 우리 자신이 의사결정자의 머릿속으로 들어가 그들의 선택을 "실시간으로" 대면하는 것이 제1차 세계대전을 이해하고자 하는 우리의 전략의 근본이다. 이제 그러한 기술들을 직접 이용해 작업해보도록 하자.

전쟁을 설명하는 우리의 접근법은 전쟁을 어떻게 정의하느냐(정의 1.1)에 대한 우리의 논의에서 나오는 두 전제에 기초해 있다. 첫 번째, 전쟁은 정치적이다. 그것은 목적을 위한 수단이고, 영토 분쟁과 지배력 등 1장에서 갈등의 원인으로 지목한 모든 것을 해결하는 방법이지만, 국가가 자신을 위하여 피하려 하는 것이기도 하다.[17] 전쟁은 수단적이며, 국가 지도자들이 선택할 수 있는 많은 정책 옵션들 중 하나이다. 우리의 두 번째 전제는 전쟁이 낭비적이라는 것이다. 피와 보물을 희생해야 하고,

---

17 *모든* 전쟁이 수단적이라고 말하는 것이 아니라 우리가 설명하려 하는 전쟁들이 그렇다는 것이다–적어도 궁극적인 결정을 하는 사람들한테는. 이러한 정의는 일단 정책이 결정되면, 전쟁을 하려는 사람들의 동기에 대해서는 거의 말을 하지 않는다.

국가가 싸워서 얻고자 했던 그 무엇을 파괴하고, 땅을 말라 죽게 하고, 민중을 죽이고, 교전국들이 지배하려고 했던 도시를 파괴시킨다. 불일치를 해결하는 다른 수단들에 비해 전쟁의 낭비는 중대하다. 이에 비해 직접 협상은 비교적 덜 낭비적이다. 국가의 외교관이나 지도자가 대화로 협상에 임한다면, 그 과정에서 서로를 향해 총을 쏠 필요도, 상대 도시에 폭탄을 떨어뜨릴 필요도, 그들의 경제를 소진시킬 필요도 없다.

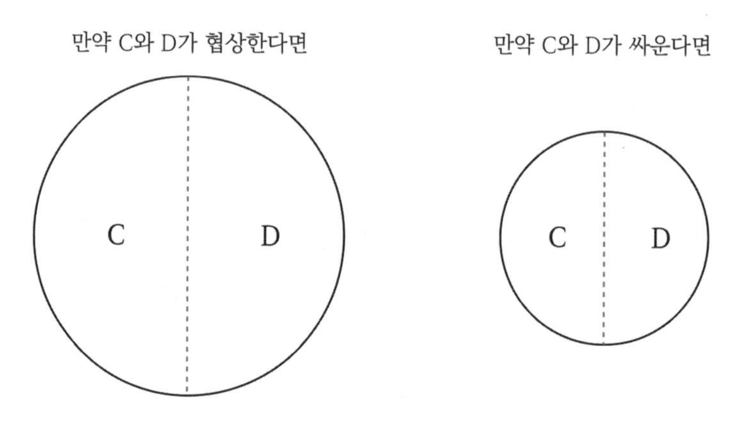

[그림 2.4] 전쟁의 비효율성

그림 2.4는 전쟁의 낭비를 그림으로 보여주고 있다. 두 국가 C와 D가 한 구획의 땅을 절반으로 가른다고 가정하자. 만약 두 국가가 그것을 평화롭게 나누면, 땅은 여전히 비옥할 것이며, 시민들은 생산적이며, 인프라도 온전할 것이다. 은유적으로, 나누어질 파이가 크다. 반면, 땅을 절반으로 나누기 전에 그 땅을 두고 전쟁을 벌인다면, 전쟁으로 인한 파괴는 땅의 가치를 낮추고, 그로 인해 파이가 줄어든다. 따라서 만약 협상처럼 더 싸고 덜 파괴적인 수단을 통해 비슷한 결과를 얻을 수 있다면, 계산적이고 검소한 지도자들은 전쟁을 피하고자 하는 강한 유인이 있을 것이다.[18] 이것이 우리가 이 장의 나머지 부분에서 구체화하는 게임이론적 모형에서 국가들의 선호에 대해 어떻게 생각해야 하는지 솔직하게 이야기해 준다: 한 국가가 최선의,

18 심지어 아돌프 히틀러조차 1938년 오스트리아, 주데텐란트 그리고 체코슬로바키아의 나머지 땅을 싸움 없이 병합하여 기뻐했다. 그 기간 동안의 최신 역사에 대해, Tooze(2006)와 Kershaw(2015) 참조.

가장 원하는 결과가 전쟁일 리 없다. 오히려 그림 2.1~2.3의 A와 B처럼 그 과정에서 피를 흘리거나 보물을 희생하지 않고 그들의 주요 목적을 달성하고자 할 것이다. 한 국가가 전쟁에 이르지 않고 자신의 목표를 *달성할 수 있느냐*는 그 국가가 무슨 게임을 하고 싸움없이 타결에 이르는 데 혹시 맹약의 문제가 방해하지 않는지에 달려 있다.

1장에서 국제 시스템의 정당한 무정부상태가 국가들이 국경이나 무역협정 또는 군축협정 같은 협조적 협약에서 탈퇴하여 자유롭게 전쟁을 할 수 있다는 것을 의미함을 보였다. 이는 또한 국제적 협약이 잘 작동하려면 그것이 자기구속적이어야(정의 1.6) 함을 의미한다. 어느 누구도 전쟁을 이용하여 재협상하려 하지 않아야 협상이 지켜지는 반면, 국가들은 군사적으로 부상하고 쇠퇴할 수 있기 때문에 현재의 협정 조항을 영원히 준수할 것이라고 약속하기가 어려울 수도 있다. 만약 어느 한쪽이 강해지면, 미래에 새로 얻게 될 힘을, 예를 들어 자신의 영향력을 넓히고 국경을 재설정하는 데 사용하고 싶은 충동을 억제하기 어려울 것이다. 이를 두려워하여, 다른 국가의 부상을 지켜보고 있는 국가는 그 비용에도 불구하고 오늘 전쟁을 결심할 수도 있다. 현재의 군사적 지위와 편익이 축소되는 평화보다 전쟁이 낫다고 판단할 것이다. 이 국가는 현재 싸움의 비용이 부상하는 국가가 지불하게 만들 미래의 쇠퇴의 비용보다 낮다고 판단하기 때문에 낭비적인 전쟁을 한 것이다.[19] 잭 레비(Jack Levy)는 미래 쇠퇴 비용에 대해 다음과 같이 언급했다:

> 미래 쇠퇴 비용은 협상 영향력 감소, 점점 더 강력해지는 상대방의 요구 증가, 향후 열악한 상황하에서의 전쟁 위험 그리고 미래 전쟁을 피하기 위해 받아들여야만 하는 평화에 대한 두려움을 포함한다.[20]

이것이 맹약의 문제의 본질이다: 부상하는 측이 쇠퇴하는 측의 미래의 위치를 위협하는 방향으로 힘을 사용하지 않겠다고 사전에 맹약을 할 수 없다.

---

19 이것이 맹약의 문제를 다루는 많은 게임이론 모형들 이면에 있는 기초적인 이야기이다(Fearon 1995; Powell 2004b, 2006; Wolford, Reiter, and Carrubba 2011).

20 Levy(2014, p. 139).

게임에서 이것이 어떻게 작동하는지 살펴보기 위해, 두 국가 A와 B가 누가 일정 지역을 지배할 것인가에 대해 의견이 불일치하지만, 그들은 지금 한 번의 상호작용이 아니라 미래를 멀리 내다보는 전략을 선택해야 한다고 가정하자. 그 지역은 현재 A의 지배하에 있으며, 그 땅을 방어할 군사력도 보유하고 있다고 가정하자. 그리고 A가 그 지역의 지배권을 평화롭게 유지할 수 있다면, 기꺼이 그렇게 할 것이다. 반면, (예를 들어, B를 분할한다거나 그 정부를 교체함으로써) A가 B의 부상을 방해하지 않는다면, B는 미래에 강성해질 것이다. 그래서 B를 부상하는(rising) 쪽 그리고 A를 쇠퇴하는(declining) 쪽으로 부를 것이다. 만약 B가 강해진다면, B는 미래에 그 힘을 이용해 오늘의 국경협정을 "거부"하고 A의 땅 일부를 빼앗을 것인지 아니면 A의 상대적 방어력이 감소했음에도 현재의 국경협정을 "존중"할 것인지 선택해야 한다. (달리 표현하면, B는 미래의 미사용 전력을 협상 테이블 위에 올릴 것인지 말 것인지를 선택해야 한다.) A로서는 오늘 (B의 부상을 막기 위해 전쟁에 돌입하는) "공격"할 것인지 아니면 B가 미래에 힘을 얻더라도 오늘의 협정을 존중하길 바라며 오늘의 기회를 "포기"할 것인지 선택해야 한다.

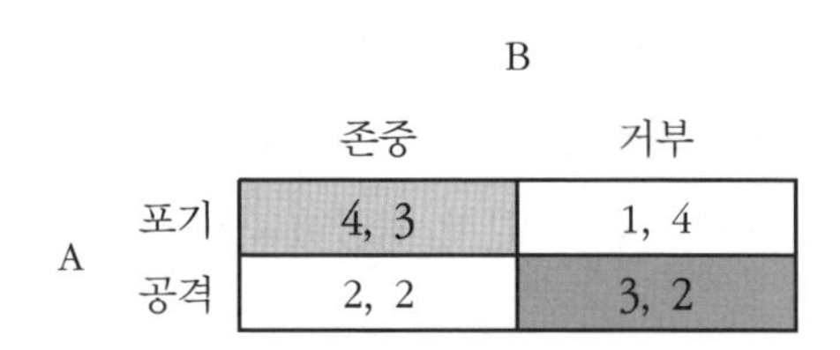

A \ B	존중	거부
포기	4, 3	1, 4
공격	2, 2	3, 2

[그림 2.5] 맹약의 문제와 전쟁

그림 2.5가 이러한 상호작용을 전략형 게임으로 나타낸 것이다. 그림에서 양측의 장기적 전략이 두 개의 단순한 선택으로 축약되었다. 쇠퇴하는 경기자 A는 "포기", 즉 B가 강해지도록 내버려 두고 그 결과를 전면적으로 다루는 것과 "공격", 즉 B가 강해지는 것을 제한하기 위해 (극단적으로는, B를 제거하기 위해) 오늘 공격하는 것 사이에서 선택한다. 부상하는 경기자 B는 "존중", 즉 자신의 강해진 힘에도 불구하고 오늘의 국경을 미래의 국경으로 준수하는 것과 "거부", 즉 오늘은 협정을 존중하지만

미래에 기회를 갖게 된다면 국경에 대해 재협상하도록 미래의 힘을 사용하는 것 사이에서 선택한다. 재협상은 공격이 될 수도 있고, 공격의 고통을 염두에 둔 단순한 강압적 요구일 수도 있다. 그러나 어떤 경우이든 B가 성장하여 미래에 군사적으로 A보다 더 강성해진 *이후에* 일어날 수 있다. 우리의 질문은 자신의 전략을 마련할 때 A가 이런 일이 일어나도록 허락할 것인가 여부이다.

게임은 네 개의 결과(outcome)가 있다. 만약 A가 포기를 선택하면 B의 군사력이 강해지고, 이는 두 가지의 가능성을 낳는다. 먼저, 만약 B가 현재의 국경을 존중하면, 미래에 영토를 방어하는 능력이 감소했음에도 불구하고 그 영토에 대한 지배권을 유지할 수 있으므로 A는 최선의 보수 4를 얻는다. 그러나 A가 포기를 선택하고 B가 거부를 선택하면, A가 자신에게서 B로 권력이 이동하는 것을 묵인했고 결과적으로 B는 전쟁 위협을 무기로 A로 하여금 소중한 영토를 내놓도록 강요할 수 있기 때문에 A는 최악의 보수 1을 얻는다. 만약 A가 공격을 선택하면, A는 힘이 쇠퇴하기 이전이므로 현재 힘이 강한 입장에서 싸울 수 있다. 그러나 A가 이기더라도 여전히 전쟁의 막대한 비용을 지불해야 하므로 이것은 차선의 결과로 2 또는 3의 보수를 준다. B의 선호는 많이 다르다. 가장 바람직한 결과는 A가 포기를 선택하여 B가 평화롭게 부상할 기회를 얻고 나중에 강성한 지위를 이용해 국경을 재협상하는 것이다. 이로부터 4의 보수를 얻을 수 있다. B의 두 번째로 좋은 결과는 현재 전쟁을 피하고 미래에 힘을 기른 뒤에도 협정을 존중하는 것이다. 이렇게 되면 전쟁의 비용을 아낄 수 있고, 미래까지 현재의 국경으로 살 수 있으므로 3의 보수를 얻는다. (이것이 B에게 차선의 결과이나 A에게는 최선의 결과이다.) 마지막으로, B의 최악의 결과는 A가 공격을 선택하는 것이다. A가 오늘 공격하면, B가 미래에 국경을 존중하거나 거부할 수 있는 기회 자체가 사라진다. 즉, B입장에서는 힘을 성장시킬 수 있는 기회를 상실하고 전쟁의 비용도 지불해야 한다.

계산적이고 검소한 지도자들은 이 게임을 어떻게 플레이할까? 얼핏 보면, 우리의 눈은 왼쪽 상단의 전략프로필 (포기; 존중) 쪽으로 끌린다. 전쟁을 피할 수 있고 효용의 총합이 극대화되기 때문이다. A는 가장 바람직한 결과를 얻고 B는 차선의 결과를 얻는다. 자비로운 사회 계획자(social planner)의 관점에서 보면, 이것이 나쁜 것은 아니다. 확실히 전쟁의 모든 파괴와 손실을 막아냈다. 군인과 시민들도 살려냈고, 땅도 사용할 수 있도록 지켜냈다. 그러나 국제 시스템에 사회 계획자는 존재하지 않는다. 평화로운 결과 (포기; 존중)이 내쉬균형이 될 수 있는가? 먼저, A는 이익이 되는 이탈이 없음을 확인할 수 있다. B가 미래에 국경을 존중할 때 A가 오늘 공격하는 것은 비생산적이다(보수 2). 그러나 한 경기자의 행복으로 균형을 보장하기에는 충분하지 않다. (포기; 존중) 조합으로부터 이익이 되는 이탈을 계속 체크해보면, B는 미래에 협정을 존중하겠다는 약속을 신뢰성 있게 할 수 없음이 분명해진다: 만약 A가 포기를 선택하여 B로 하여금 힘을 기를 수 있도록 묵인한 것을 B가 안다면, 미래에 강한 힘을 가진 입장에서 양보를 이끌어낼 수 있으므로, B는 "존중(보수 3)"에서 이탈하여 "거부(보수 4)"를 선택할 모든 유인을 가지게 된다.

> **정리 2.3** 전략프로필 (포기; 존중)은 내쉬균형이 아니다.

증명 전략 조합 (포기; 존중)이 내쉬균형이 되기 위해서는, 다음을 만족시켜야 한다:

$$u_A(\textit{포기};\ \text{존중}) \geq u_A(\textit{공격};\ \text{존중})$$

$$\text{그리고}\ u_B(\text{포기};\ \textit{존중}) \geq u_B(\text{포기};\ \textit{거부}).$$

그러나 $u_B(\text{포기};\ \textit{존중}) \geq u_B(\text{포기};\ \textit{거부})$는 $3 \geq 4$를 요구하며, 이는 불가하다. 적어도 한 경기자가 이익이 되는 이탈을 가지므로, (포기; 존중)은 내쉬균형이 아니다. □

정리 2.3이 B가 직면한 맹약의 문제의 본질을 잘 나타낸다: B는 기회가 오더라도 새로 얻게 된 힘에 따라 행동하지 않을 것이라고 사전에 신뢰성있게 약속할 수 없다. 이것이 미래에도 현재의 협정을 준수하겠다는 균형에 대한 맹약을 손상시킨다. 정리 2.4에서 보듯이, 이것이 과연 A가 현재의 군사적 우위를 이용해 공격하지 않고 포기할 것인지에 대한 함의를 내포하고 있다.

정리 2.4 전략프로필 (공격; 거부)는 내쉬균형이다.

증명 전략 조합 (공격; 거부)가 내쉬균형이 되기 위해서는, 다음을 만족시켜야 한다:

$$u_A(\text{공격; 거부}) \geq u_A(\text{포기; 거부})$$

$$\text{그리고 } u_B(\text{공격; 거부}) \geq u_B(\text{공격; 존중}).$$

첫 번째 부등식은 $3 \geq 1$이므로 만족되고, 두 번째 부등식은 $2 \geq 2$이므로 만족된다. 어느 누구도 이익이 되는 이탈이 없으므로, (공격; 거부)는 내쉬균형이다. □

비극적이지만, 이 게임의 유일한 내쉬균형은 (공격; 거부)이다. B는 미래에 힘의 우위에서 재협상할 수 있을 때까지 기다리는 전략을 플레이할 것이다. 그렇지만 A는 그러한 사태가 일어지 못하도록 현재에 공격을 할 것이다. 게임의 결과는 그림 2.5의 우측 하단의 (3, 2)로 두 경기자 모두 (포기; 존중)의 (4, 3)보다 낮은 보수를 얻는다. 전쟁의 손실, 파괴 그리고 혼란으로 인해, 전쟁의 비용을 피한 (포기; 존중) 조합에서 얻을 수 있는 파이보다 작게 되었다. 그러나 이 게임의 유일한 내쉬균형이 (공격; 거부)라는 것을 어느 누구도 이익이 되는 이탈이 없음을 보임으로써 증명할 수 있다. 먼저, B가 미래에 기회를 갖게 되면 협정을 거부할 것임을 아는 상황에서, A가 공격에서 포기로 전략을 바꾸면 3에서 1로 자신의 보수만 낮아질 뿐이다. 또한, A가 공격한다면, B의 선택은 무의미하다. A가 공격하여 힘의 이동과 자신의 성장을 막으면, 거부에서 존중으로 전략을 바꾸더라도 보수는 동일하다. 어느 경기자도 제안된 전략 조합에서 이탈하여 더 나아질 수 없으므로, (공격; 거부)가 내쉬균형인 것이다. 이 균형은 또한 유일하다. (공격; 존중)과 (포기; 거부)에 대해서도 동일한 방법으로 어느 한 경기자라도 주어진 전략으로부터 이탈할 유인이 있는지를 확인함으로써 유일성을 증명할 수 있다.

(공격; 거부) 균형은 또한 비효율적이다. 전쟁을 피하는 (포기; 존중)으로 이동하면 두 경기자 모두에게 보수의 증가를 가져오기 때문이다. 두 경기자가 후회하면서 다른 가능한 결과들을 바라볼 수 있지만, 그러한 결과에 균형으로 도달할 수는 없다.

문제는 부상하는 쪽인 B가 미래에 협정을 뒤집을 수 있을 만큼 강해진 뒤에도 그 협정을 존중할 것이라고 신뢰성 있게 약속을 할 수 없다는 데 있다. 이것이 예상된다면, A는 현재 군사적 우위의 입장에서 공격을 하고, 상대가 미래에 새로 얻은 힘을 이용해 협상을 거부하는 사태를 미연에 방지하게 된다. 쇠퇴하는 측은 부상하는 상대에게 막대한 비용을 들여 오늘의 협정을 존중할 것을 힘으로 강제할 수 있지만, 당연히 두 경기자 모두 피 흘리지 않고 오늘의 협정을 지키는 것이 전쟁하는 것보다 낫다. 국제 시스템의 정당한 무정부상태로 인해, 아무도 B가 새로 얻은 힘을 이용해 자기에게 유리한 방향으로 재협상을 요구하는 것을 막을 수 없다. 이것이 평화로운 결과인 (포기; 존중) 조합의 안정성을 손상시킨다. (B의 미래 힘이 아니라) A의 현재 힘을 반영하여 오늘의 협정을 평화롭게 유지시키고자 하는 계획은 단순히 자기구속적이지 않다. 평화의 보장은 B가 군사 대국의 반열에 들어가더라도 *그 힘에 따라 행동하지 않을 것*을 요구한다. A는 B가 이러한 약속을 할 수 없음을 안다. 미래 쇠퇴의 비용은 A로 하여금 현재에 전쟁을 촉발시키도록 만든다. 싸움을 포기하는 것은 부상하는 국가인 B에게로 군사적 우위가 넘어가도록 허락하는 것이기 때문에, A는 비효율적임을 알지만 전쟁이라는 비용으로 현재의 협정을 강제하려는 것이다.

이것이 전쟁의 비효율성 퍼즐에 대한 (유일한 답이 아니라) 우리의 첫 번째 대답이다: 쇠퇴하는 국가는, 상대가 강국으로 부상하는 것을 막거나 되돌리거나 극단적으로 파멸시키기 위해, 군사적 우위가 사라지기 전에 그것을 이용해 값비싸고 낭비적인 **예방 전쟁**(preventive war)을 일으킬 수 있다.

정의 2.13 **예방 전쟁**은, 현 상태(status quo)에 대한 맹약을 유지하기 위해, 부상하는 상대의 성장을 저지하고 또는 되돌리는 것을 목적으로 한다.

오늘의 현 상태를 유지하기 위한 전쟁이 전통적 의미의 "승리(victory)"를 의미할 필요는 없다: 단지 패배를 막으면 그뿐이다.[21] (이것이 냉혹하게 *들린다면* 당신이 틀린 것이다. 이것은 냉혹하다. 그리고 우리는 4장과 11장에서 이것이 열강들 사이에서 어떻게 진행되는지에 대해

21 <시스의 복수>에서 패배에 대한 두려움으로 아나킨 스카이워크는 다크 사이드로 기운다. 이런 측면에서 본다면 덜 진부해 보인다.

더 냉혹한 세부 내용을 살펴볼 것이다.) 사회적으로 최적인 (포기; 존중) 조합을 보면 알겠지만, 예방 전쟁 균형은 비효율적이다. 전쟁 이후 땅, 시민, 군인 그리고 경제가 손상되거나 파괴되었기 때문에 파이의 크기가 작아졌다. 그래서 계산적이고 검소한 경기자들은 전쟁의 비용과 낭비를 피하고자 한다. 문제는 부상하는 국가가 기회가 주어지더라도 그 힘을 이용하지 않겠다는 약속을 못하는 것이다. 그러한 전략적인 환경에서 쇠퇴하는 국가는 자신이 승리할 가능성이 너무 낮아지기 전에 싸울 인센티브가 있다.

복습하는 차원에서 그림 2.5 게임의 예방 전쟁 균형과 그림 2.3의 평화로운 균형을 비교해보면, 맹약의 문제가 어떻게 두 경기자 모두가 전쟁보다 선호하는 효율적이고 평화로운 해결을 방해하는지 정확하게 알 수 있다. 그림 2.3에서 A는 전쟁을 피하는 옵션을 선택할 수 있다. 이는 B가 미래에 강성해져 협상 결과를 뒤엎지 않을 것이기 때문에, B가 양보를 하고 그 맹약을 지킬 것이라고 확신할 수 있기 때문이다. 따라서 경기자들은 전쟁의 비용을 아끼는 합의에 이를 수 있었다: 이것이 B에게 가능한 최선의 협상은 아니지만, 전쟁의 개연성을 반영하는 의미에서 효율적인 협상이다. 반면, 그림 2.5의 게임에서, 오늘의 평화는 A에게 위험한 일이다. 싸우기를 포기한다는 것은 B가 힘을 길러 강성해지는 것을 용인하는 것이고, B는 새로 얻은 힘을 바탕으로 국경에 대해 재협상을 요구할 것이기 때문이다.

힘의 이동(power shifting)이 전쟁을 부를 수 있다는 아이디어는 정치과학에서 게임이론을 광범위하게 이용하기 전에 이미 알려져 있었고, 그 학자들의 뿌리를 찾아가면 펠로폰네소스 전쟁의 기원을 "아테네 힘의 부상과 이에 대한 스파르타의 두려움"으로 설명한 고대 그리스의 투키디데스(Thucydides)까지도 올라간다. 이 아이디어를 응용한 초기 정치과학은 힘의 이동에 따른 전쟁이 주로 세력 전환기에 일어나거나, 한 열강의 부 또는 군사력이 부상하는 도전자의 모험심과 대등한 상황에서 발생한다고 주장했다. 왜 싸움의 가능성을 예측하지 못한 양측이 결국 전쟁을 벌이는가?[22]

22 이 분야 연구에 대한 광범위한 요약은 Tammen et al.(2000)과 독창적인 통계학적 증거에 대해서는 Organski and Kugler(1980)를 보라. 세력전이이론(power transition theory)은 "왜 비동등상태에서 싸우는가?" 그리고 대체이론은 종종 "왜 비동등상태에서 싸우지 않는가?"라는 질문에 의존한다. 그러나 어느 것도 갈등의 전략적 차원을 고려하지 않는다.

그 논리는 직관적이고 강력해 보였고 반향을 불러일으켰다. 그러나 맹약의 문제에 관한 게임이론적 작업은, 연구자로 하여금 가정과 주장의 논리에 대해 명시적일 것을 요구했고, 곧 힘의 이동과 전쟁에 관한 균등성(parity)에 관해 특별히 위험할 것이 없음을 보였다. 힘이 충분히 멀리 그리고 빨리 이동하는 한, 힘의 균등(equal) 또는 불균등(unequal) 분포상태에서, 국가들은 예방 전쟁을 할 수 있다: 예방 전쟁을 매력적인 것으로 만드는 것은 미래 쇠퇴의 비용이 현재 전쟁 비용을 넘어서는 것이다.[23] 4장에서 보겠지만, 합리적인 비관주의가 쇠퇴하는 국가의 비용편익계산을 압도하면, 이미 힘의 분포가 그들에게 불리하게 주어져 있어도, 예방 전쟁을 일으킬 수 있다. 그리고 경기자, 행동, 결과, 선호 그리고 이것들을 한데 묶는 전략적 긴장에 관한 조심스러운 고려가 없었다면, 이러한 통찰에 이르기 힘들었을 것이고 그 지지 논리를 증명하기는 더 힘들었을 것이다.

2.3 결론

우리는 왜 두 국가가 전쟁의 비용을 막고자 하지만, 낭비적이고 파괴적인 전쟁으로 치닫게 되는가라는 질문으로 이 장을 시작했다. 게임이론의 기초적인 틀을 소개한 뒤에 얻게 된 답은 국제정치의 핵심적인 사실을 인식할 것을 요구했다: 국가들의 군사력이 성장하고 쇠퇴하며, 강해지고 있는 국가는 미래에 얻게 될 새로운 힘을 사용하지 않을 것이라고 다른 국가들을 확신시키기가 어렵다. 이 맹약의 문제(commitment problem)가 다른 국가의 부상을 두려워하는 국가로 하여금, 성공 가능성이 현재의 (낮지만) 정점에서 미래에 감소할 것이 확실시 될 때, 오늘 예방 전쟁을 일으키게 한다. 독일 수상 오토 폰 비스마르크가 의회에서 예방 전쟁을 "죽음이 두려워서 한 자살"이라고 조소한 것으로 잘 알려져 있지만, 그의 경고는 별도로 하고, 예방 전쟁은 드물지 않다. 일본은 1904년 만주에서 러시아의 군사력이 공고해지기

23 특히 Powell(1999, 2006) 참조.

전에 러시아를 공격했고,[24] 1931년 중국 내전에서 민족주의자들의 승리가 유력해지고 만주에서의 간접적 지배력이 흔들리자 만주를 점령하기 위해 움직였고, 미국이 해군 재무장을 대규모로 시작함에 따라 일본 해군의 우위가 쇠퇴하자 1941년 해군의 우위를 지키기 위한 시도로 진주만을 공격했다.[25] 더 최근에는, 미국이 핵, 화학 그리고 생물학적 무기 개발 프로그램을 중지시키기 위해 이라크를 침공하고 그 정부를 쓰러뜨렸다.[26] 그러한 예방 전쟁 후에, 급부상하는 국가가 미래에 새롭게 얻은 힘을 사용하지 않겠다고 사전에 맹약했더라면 전쟁을 피할 수 있었다는 사실을 알고, 두 당사자 모두 후회할 수 있다. 정당한 국제적 무정부상태는 그러한 재보장(reassurance)을 불가능하게 하지는 않지만 어렵게 한다.

게임이론은 우리가 국가와 지도자들의 선호 그리고 어떻게 그들의 선택이 상호작용하여 비효율적인 결과에 이르게 하는지에 대해 초점을 맞추어 퍼즐을 해결할 수 있도록 도움을 주었다. 우리는 1장에서 제시되었던 정당한 무정부상태, 자기구속적인 협상 그리고 국제분쟁을 해결하는 데 전쟁의 기능 등의 기본 전제들을 이용하여 군사력의 이동을 내포하고 있는 단순한 협상 모형을 만들었다. 그 후, 상호최적대응인 균형의 관점에서 설명을 생각하여, 게임의 특정한 결과를 지지하는 논리적 추론을 밟아 이해하기 힘들었던 것에 대해 논리적으로 명쾌한 설명에 도달했다. 국가들은 항상 전쟁의 비용을 후회한다. 왜냐하면 그들은 똑같은 방법으로 파이를 나누지만 낭비적이고 파괴적인 싸움을 수반하지 않는 조약을 상상할 수 있기 때문이다. 이런 지식에도 불구하고 그들이 왜 전쟁을 하는지를 설명하는 것은 우리에게 왜 그들이 사전에 합의에 이르지 못했는가에 대한 설명을 요구한다. 우리의 단순하고 추상적인 힘의 이동과 예방 전쟁에 대한 모형은 이 퍼즐에 대한 하나의 대답을 제공한다. 이후의 장들에서 우리는 동일한 목적으로 게임을 이용할 것이다. 즉, 우리 이야기 속 행위자들의 눈으로 살피면서 처음에는 퍼즐 같이 보이는 사건들을 설명할 것이다. 그러나 불규칙하게 뻗어 나가고, 결과가 중대하고, 끔찍하기가 말할 수 없을 정도인 제1차 세계대전의 문맥에서 그렇게 할 것이다.

---

24 Connaughton(2003) 참조.

25 Paine(2012, 2장, 7장) 참조.

26 Keegan(2005)과 Ricks(2006) 참조.

THE POLITICS
OF THE FIRST
WORLD WAR

03

무장한 대륙: 영-독 해군경쟁

무장한 대륙: 영–독 해군경쟁

우리는 독일이 무엇을 목표로 해군을 재건하는지에 대해 결론을 내릴 자격이 있고, 또한 그것에 따라 시의적절하게 행동할 모든 권리를 가진다.

에어 크로우, 영국 외무부
1908년 2월 11일

우리는 이 장에서 비로소 대전의 역사와 교전을 시작한다. 그 시작점은 1914년이 아니라 영국과 독일이 해군 군비경쟁을 촉발시킨 1906년이다. 이를 통해 우리의 첫 번째 퍼즐을 제시한다:

> 왜 영국과 독일은, 사후적으로 두 나라 해군력의 상대적 비율에 아무런 변화도 없었음에도 불구하고, 6년이라는 시간과 막대한 부를 낭비해가며 전함 건조 경쟁을 벌였는가?

20세기 초 여러 제국들 사이에서 "양지바른 곳(place in the sun, 제국의 대외정책과 식민지를 비유적으로 표현)"을 확보하고자 하는 시도의 일환으로, 독일은 전시에 영국 해군을 묶어놓을 정도로 신뢰할 만한 위협을 줄 근대식 함대 건설을 희망했다. 그러나 영국은 독일이 따라잡으려 시도하는 것보다 더 많은 전함을 건조하는 계획으로 대응했다.[1] 결과는 쉽게 예측 가능한데, 왜 굳이 이 경쟁이 필요했을까? 좀 더 명확한 용어로, 그렇게 낭비적임에도 왜 군비경쟁이 일어나는 것일까? 어느 쪽도 누가 더 강한지에 대한 판도를 바꿀 정도로 상대보다 월등하게 더 많이 건조할 수 없다면 그리고 양쪽이 모두 *이를 알고 있다*면, 그것이 무슨 의미가 있는가? 영－독 해군경쟁(the Anglo－German naval race)은 제1차 세계대전으로 가는 핵심 단계이고, 이 퍼즐을 풀면 우리가 전쟁 그 자체에 대해 논의할 때 유용한 몇 가지를 설명할 수 있을 것이다:

- 실증적인 퍼즐을 풀기 위해서 어떻게 게임을 구체화하는가.
- 비효율성(또는 비극)과 헛됨(쓸데없음)의 차이.
- 어떻게 개인적으로 현명한 결정들이 모여 비극적 결과를 초래하는가.
- 국제정치에서 군비경쟁의 기원과 그 역할.

우리는 영－독 해군경쟁이, 일반적인 군비경쟁의 예로서, 죄수의 딜레마(prisoner's dilemma)라고 불리는 전략적 문제의 한 종류라는 것을 보일 것이다. 각 경기자는 돈만 낭비하고 하는 것이 없는 군비경쟁을 피하는 것이 더 유리하지만, 어느 쪽도 무기(여기서는 전함)를 만들지 않겠다고 신빙성 있는 약속을 할 수 없다. 상대방이 무기를 만들지 않는다면, 한쪽이 일방적으로 이탈(배신)하여 이득을 볼 수 있기 때문이다. 결과적으로, 양쪽 모두 무기에 돈을 들여 상대방의 잠재적인 우위의 기회를 봉쇄한다. 이것은 그 어느 쪽에도 최선이 아니다. 즉, 영국이나 독일 중 어느 누구도 군비경쟁을 원했다고 말할 수 없다. 그럼에도 불구하고, 낭비적인 군비경쟁이 열강들의 대립이 만연한 상황에서 각자가 할 수 있는 최선이었다고 믿는 결과이다. 우리의 첫 퍼즐의 관점에서 이야기하면, 어느 쪽도 정면대결에서 상대방을 효과적으로 제압할 수 없었기 때문에 영－독 해군경쟁이 일어났다. 이 군비경쟁이 비극적이고 낭비일 수 있지만, 각자가 상대방이 일방적인 우위를 점하는 것을 막아냈다는 점에서 완전히 쓸데없었다고 말할 수는 없다. 앞으로도 "비극"과 "쓸데없음" 두 단어를 계속 염두

1 Kennedy(1980, 20장) 참조.

에 두도록 하자: 놀랄 것도 없이, 제1차 세계대전의 대혼란에 사로잡힌 사람들은 이 단어들을 정말 많이 사용하지만, 우리의 사건 분석에 비추어 다소 다른 의미로 사용한다. 영–독 해군경쟁의 퍼즐을 푼 후에, 정치과학이 국제관계에서 군비경쟁과 군비통제에 대해 가르치는 것을 재음미한 후 이 장을 마친다.

3장 핵심 용어

- 군비경쟁

3.1 영국, 독일 그리고 드레드노트

1906년부터 1912년까지 거의 6년 동안 영국과 독일은 최신의, 최대의 그리고 가장 치명적인 전함 생산 경쟁을 벌였다. 1905년 영국 해군에 의해 진수된 동급 최초의 전함 이름을 딴 드레드노트(dreadnought)는 전 세계에서 활동 중이던 모든 전함을 능가하며 해전의 신기원을 이룩했다. 더 크고 더 긴 사정거리의 함포와 강력하고 효율적인 증기 터빈 엔진을 뽐내며, 드레드노트는 글로벌 해군력의 새로운 주력이 되었다. 유럽의 해양 식민지 제국들에 의해 지배되던 세계에서, 해군력의 진보는 그 뒤 수십 년 동안 있었던 장거리포, 정밀유도병기 또는 스텔스 항공기의 발전만큼이나 엄청났었다.[2] 그러한 전함들로 구성된 함대를 대양에 전개할 수 있었던 국가들은 무역선과 통신선을 방어할 수 있었고, 그들의 식민지 해안부터 적국의 항구까지 전 세계로 군사력을 투사할 수 있었다. 뒤떨어진 경쟁자들은 해군력에서, 해군 및 재정 두 방면의 능력에서 이미 압도적인 영국에 이어, 2등급(또는 더 나쁘게)으로 내려 앉았다.

영국이 20세기 초반 전함 건조의 최첨단에 있었다는 것은 놀라운 일이 아니다. 영국 해군은, 팽창하는 글로벌 석탄 공급지 네트워크의 지원을 받아, 해가 지지 않을

2 드레드노트는 비쌌으나, 달러당 치사율은 아마 20세기 가장 혁명적인 신무기인 핵무기보다 낮았다.

정도로 멀리 떨어진 제국의 부속국 사이에 상업과 통신을 보장하며 200년 이상이나 전 세계 바다를 지배하고 있었다. 영국이 가진 기존의 우월성에 비추어 정말 놀라운 것은 영국의 HMS 드레드노트 진수에 대응하여 자체로 강도 높은 드레드노트급 건조 프로그램에 착수한 독일의 결정이었다. 이것이 영국의 대응을 자극했고, 값비싸고 선명한 해군 **군비경쟁**(arms race)을 촉발시켰다.[3]

정의 3.1 **군비경쟁**은 참가자들이 서로에 대한 잠재적 사용을 위해 군사적 우위를 확보하고자 벌이는 경쟁이다.

전통적으로는 육상 전력에 관한 이야기였지만, 독일은 엄청난 부, 군사력을 투사할 수 있는 우월한 인프라 그리고 (독일처럼) 육상 상비군에 크게 의존하지 않는 일련의 군사 제도를 바탕으로 한 영국의 "2 열강 기준(Two Power Standard)", 즉 다음 두 거대 해군의 전함을 합한 것보다 더 많은 수의 전함을 보유하려는 정책을 손상시키려 시도했다. 독일은 전시에 압도적인 해상봉쇄로부터 독일 해안과 선박을 안전하게 지킬 수 있도록 티르피츠 제독이 명명한 "위험 함대(risk fleet)"를 건설하려 했고, 이는 전시 북해에서의 영국의 지배력에 대한 충분한 도전이 되었다.[4]

그러나 영국이 국방 예산과 경제 전반에 더 적은 부담을 주면서 더 많은 전함을 건조할 수 있었던 것은 시작부터 명확했다. 부는 말할 것도 없고, 영국은 식민지에서 고유의 민족주의적 취향을 발전시켜 감에 따라 점점 더 불안해져 가고 또한 점점 더 러시아와의 제국 경쟁에서 타겟이 되어가는 글로벌 대영 제국에 대한 통제권을 유지하는 등 다른 우선적인 목적도 있었다. 독일로서는 최근 프랑스와 러시아라는 두 적대 세력의 공고한 동맹에 직면했다. 프랑스는 1871년 보불전쟁(Franco–Prussian War)에서 잃은 알자스와 로렌의 영토를 갈망하고, 러시아는 1905년 일본에 패배한 후 동유럽에서의 외교정책에 초점을 맞추고 있었다. 또한 4장에서 논의하겠지만, 러시아는 패배에 대해 반성하며 재무장과 군대 근대화라는 야심 찬 계획("Grand Programme")

3 군비경쟁에 대한 최근 조사는 Gibler, Rider, and Hutchison(2005) 참조.

4 봉쇄에 대한 더 자세한 내용은 10장 참조.

으로 대응하고 있었다. 1871년 프로이센이 수많은 소국들을 독일제국으로 통일한 이후 독일의 힘이 엄청난 속도로 불어나자, 프랑스는 알자스와 로렌과는 별도로 독일의 성장 자체를 억누르고자 했다. 러시아는 과거 오스만 제국에 지배받던 남동 유럽 땅에서 자국의 지위를 향상시키기를 원했고, 그것은 독일과 그 동맹 오스트리아-헝가리의 그 지역에서의 야망을 위협했다. 프랑스와 러시아는, 유럽 대부분의 민주국가와 전제국가 동맹들과 달리, 혁신적이고 숙련된 장교 계급과 잘 훈련된 보병 군단을 자랑하는 독일 육군에 비해 병력에서 월등한 수적 우세를 보유하고 있어서, 독일은 자신의 미래 성장을 억누르고자 하는 두 거대 강적들 사이에서 난처한 전략적 지위에 처해 있었다. 두 전선에서 서서히 다가오는 육상전의 그림자에도 불구하고, 독일은 세계 최강 해군에 대항하여 엄청난 자원을 5년 이상 해군경쟁에 투입했다.

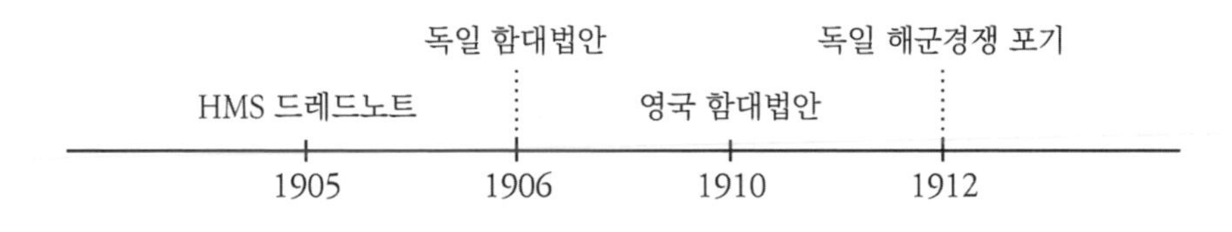

[그림 3.1] 드레드노트부터 해군경쟁까지, 1905-1912

독일이 확대된 지상 병력에 대한 지원을 대폭 증가시키기 위해 해군경쟁을 포기했을 때(그림 3.1의 사건 시간대 참조), 영국과의 해군력 분포는 실제 아무 변화가 없었다. 영국이 여전히 압도적인 해군력을 유지하고 있었고, 독일이 영국 해군과 대결했을 때 승리할 것이라는 희망은 희미했다. 수년간의 고강도 노력에도 불구하고, 1914년 전쟁이 발발했을 때 영국의 29척에 비해 독일은 겨우 17척의 드레드노트를 전개할 수 있었다. 그리고 이 정도의 상대적 해군력의 보유만으로도 독일 경제에는 엄청난 비용으로 다가왔다. 영국 또한 독일의 계획에 대응하기 위해 드레드노트 건조에 돈을 쏟아부었고, 지나고 나서 보니 그 결과는 비극적일 것으로 예견된 일이었다: 양측 모두 6년 동안 더 생산적인 일에 투입되었을 수도 있었던 막대한 돈을 써버린 것이다. 그리고 1912년 발견한 것은 해군력의 평형추는 여전히 영국의 압도적 우세로 바뀐 게 거의 없었다. 그 어떤 기준에서도 이 해군경쟁은, 해전에서 상대방을 쳐부수기 위해 엄청난 액수의 자금이 투입되었으나, 아무 효과가 없는 낭비였다(장기적 효과로 독일의 신용등급이 훼손되었다. 이에 대해서는 4장에서 언급). 1906년 영국 해군은 독일 해군에 대해 탁월한 승률을 기대할 수 있었고, 1912년까지 이야기는 대충 그대로였다. 만약 독일 함대가 북해에서 벗어나려고 했더라면, 엄청난 비용과 불투명한 전망을 가지고 그럴 수 있었을 뿐이다. 1912년의 해군은 1906년의 해군보다 더 큰 규모일 수 있으나, 해군의 밸런스에는 의미 있는 변화가 없었다.

이 장의 질문은: 왜 독일과 영국 두 열강은 자금을 투입할 우선 순위가 많이 있었음에도, 결국은 어느 쪽도 상대방을 그 이전보다 극복하지 못한, 값비싼 해군 군비경쟁을 촉발시켰는가? 양국 모두 예전의 지출로 축소했더라면, 영국이 더 적은 수의 전함으로 우세를 유지할 수 있었을 수 있고, 독일은 육군－열강으로서 생존 보장을 위한 필수조건－에 더 많은 돈을 지출할 수도 있었다. 해군경쟁을 피하는 것이, 1914년 전쟁이 불가피한지 여부에 관계없이 사후적으로 보면 양쪽에 현명한 결정처럼 보인다. 그렇게 했더라면 양국 모두 국내의 반대를 달래기 위해 국내 소비지출에 대한 여력을 남기는 것은 말할 필요도 없이, 해군력의 상대적 크기는 실질적으로 아무 변화도 없으면서 대규모 전함 건조 프로그램에서 오는 경제적 그리고 정치적 긴장을 완화했을 것이다. 군비경쟁을 피했다면, 1914년까지 영국과 독일 사이에 존재했던 반목과 불신의 수준이 그렇게 심하지 않았을 수도 있었다.[5] 그러면 막대한 부, 지능적 자본 그리고 심지어 전략적 능력까지 갖춘 두 열강이 왜, 양자 사이의 해군 밸런스보다 훨씬 큰 문제를 가진, 명백히 낭비적인 해군 군비경쟁을 시작했는가?

---

5 Kennedy(1980) 참조.

3.2 군비경쟁에 대한 설명

장기적이고, 낭비적이고, 명백히 쓸데없는 영–독 해군경쟁을 어떻게 설명할 수 있을까? 왜 독일은 북해에서의 영국의 패권에 도전했는가? 왜 영국은 해군의 우위를 유지하는 데 필요한 것보다 더 많은 드레드노트를 건조했는가? 양국 모두 국내에서 개인적 또는 제도적 이유로 전함 건조 프로그램 확대에 찬성하는 매파나 영향력 있는 정치 집단을 찾는 것이 쉬울 수도 있다. 또한 제국으로서 확고한 지위를 가진 영국과 대륙에 갇혀 있으나 해외 식민지 건설을 꿈꾸는 신흥 강국 독일 사이에 떠오르는 긴장을 이용해, 왜 각국이 상대방을 희생시켜 자신의 힘을 키우고자 했는지 설명할 수도 있을 것이다. 이 두 설명이 매우 그럴듯해 보인다. 임의로 주어진 정책에 대해서도 이를 지지하는 정치 집단을 찾는 것이 아마 가능할 것이다. 그러나 그것이 왜 특정 정책이 채택되고 또는 *양국의* 의사결정자가 그 정책을 채택했는지를 설명하는 데 충분하지 않다. 또한 이러한 설명은 퍼즐의 핵심 요소를 설명하는 데도 충분하지 않다: 만약 해군경쟁이 해군력의 전략적 밸런스를 변화시키는 데 아무 역할도 못하고, 단지 경제를 위축시키고 군수 자원 배분을 왜곡시키기만 할 뿐이라면, 왜 영국과 독일은 군비경쟁을 피하는 데 쉽게 동의하지 못했을까? 그리고 그 돈과 노력을 덜 낭비적인 목적으로 사용하지 않았을까?

퍼즐 3.1 왜 영국과 독일은 그들의 상대적 힘에 아무 변화도 주지 못한 값비싼 해군 군비경쟁을 피하지 못했는가?

2장에서 제시된 방법론을 따라, 우리는 먼저 적절한 경기자, 목표, 전략 그리고 퍼즐을 던진 상호작용에서 가능한 결과에 대해 알아본다. 그 다음, 이러한 요소들을 이용해 단순화하여 전략적 문제의 모형을 세우고, 어떻게 각 경기자들의 선택이 상대방의 선택과 상호작용하여 특정한 결과를 산출하는지 살펴볼 것이다. 가끔, 전략적 인센티브들이 모여–군비경쟁 같이–계산적이고 검소한 경기자들로부터 나올 것이라고 예상하지 못한 결과를 산출하기도 한다. 이 장의 목적에 맞는 적절한 경기자는 영국과 독일이다. 우리가 보통 열강에 기대하듯이, 그들의 목적은 불필요한 지출은 줄이면서도 최대한의 해군력을 획득하는 것이다. 원칙적으로, 양국은 거대 해군을 원하지만 예산이 제한되어 있고, 드레드노트에 쓰인 모든 파운드와 마르크는 다른 지출 우선 순위로 가지 못한 돈이다. 그들은 드레드노트를 자신들 일방만이 건조하면서 확보된 해군력의 압도적 우위를 가장 원하지만, 그들이 합리적 가격에 성취할 수 있는 것에 안착할 것이다. 각 경기자는 상대방과 해전에서 싸워 버틸 수 있도록 하는 것과 자원을 절약하여 육군, 사회 정책 또는 개인적 부의 축적을 위해 사용하는 것 사이에서 수지를 맞추려 할 것이다.

		독일	
		¬건조	건조
영국	¬건조	3, 3	1, 4
	건조	4, 1	2, 2

[그림 3.2] 영-독 해군경쟁

각 경기자의 행동(또는 전략)은 많은 수의 드레드노트를 건조하는 것 또는 많은 수의 드레드노트를 건조하지 않는 것("¬건조"로 표기)이다. 전함 건조가 매우 비싸지만, 상대방에 대해 쓸 수 있는 해군의 화력을 증가시킬 수 있다. 영국 또는 독일 한 국가의 입장에서, 만약 여력이 된다면 더 많은 드레드노트를 건조하는 것이 의미 있다: 더 많은 군사력이 일반적으로 적은 것보다 낫다. 그러나 이러한 행동들을 전략형 게임으로 바꾸어 보면, 단순한 선택의 집합이 다양한 유형의 가능한 결과들을 낳을 수 있음을 볼 수 있다. 그림 3.2는 각 경기자의 대형 전함 건조 프로그램을 착수 여부에 따라 군비경쟁이 없는 결과부터 한 국가만이 건조하는 경우 그리고 양국 모두 건조하는 군비경쟁까지 네 가지의 가능한 결과를 보여준다:

- 아무도 건조하지 않는다(군비경쟁 회피)
- 독일은 건조하고, 영국은 건조하지 않는다(독일 해군 우세)
- 영국은 건조하고, 독일은 건조하지 않는다(영국 해군 우세)
- 양국 모두 건조한다(군비경쟁)

각 경기자가 자유롭게 드레드노트를 건조할 수 있으나, 일방적인 전함 건조로 해군력의 우세를 누릴 수 있는지 여부는 상대방의 전함 건조 여부에 달려 있다. 이 선택의 상호작용이 1906년 영국과 독일 두 라이벌이 직면했던 전략적 문제를 정의한다.

그림 3.2가 게임을 공식적으로 묘사한다. 만약 한쪽이 드레드노트를 건조하면(또는 건조하지 않으면), 그 목표의 성취 여부는 상대의 드레드노트 건조 여부에 달려 있다. 경기자의 보수는 가능한 결과들에 대한 선호, 즉 랭킹을 나타냄을 상기하자. 만약 영국과 독일 모두 최소의 비용으로 해군의 상대적 힘을 증가시키고자 한다면, 한 국가의 최선의 결과는 그 국가는 드레드노트를 건조하고 상대 국가는 건조하지 않는 것이다(보수 4). 반면 최악의 결과는 그 국가는 드레드노트를 건조하지 않기로 결정했는데, 상대 국가는 건조하여 상대 국가가 계속 힘의 밸런스를 유지하든지 또는 깨뜨리는 것이다(보수 1). 만약 어느 국가도 드레드노트를 건조하지 않으면, 해군의 밸런스는 그대로 유지된다. 이것은 상대방에 대해 일방적인 우위를 누르는 것보다 덜 매력적이지만, 자원과 노력을 절약했기 때문에 양쪽 모두 이것을 차선의 결과로 여긴다(보수 3). 마지막으로 양쪽 모두 드레드노트를 건조하면, 아무도 상대방에 대해 일방적인 힘의 우위를 누리지 못하고 양쪽 모두 자원을 효과적으로 낭비하며 지출한다. 그럼에도 상대방의 우위를 무디게 한 것이 상대방으로 하여금 일방적인 우위를 지켜준 것보다는 나으므로 이를 세 번째 결과로 순위를 매긴다(보수 2). 각국은 상대에 대해 일방적인 우위를 얻고 싶어 하지만, 이것은 상대방도 자신의 우위를 얻고자 하는 시도로 인해 좌절될 수 있다.

3.2.1 퍼즐 풀기

그들의 보완적인 제국주의와 대륙 경쟁의 구도하에서, 그림 3.2에 표현된 게임은 1906년 영–독 양국의 전략적 인센티브를 잘 묘사하고 있다. 각국이 낭비적인 군사적 지출을 피하여 이득을 볼 수 있지만, 상대가 일방적인 군사적 우위를 갖는 것을 용납할 수 없고 가능하다면 상대에 대해 자신이 군사적 우위를 갖고 싶어 한다. 이러한 전제들이 1914년 독일과 영국의 선호와 대충 일치한다고 받아들인다면, 우리의 다음 질문은 경기자들이 어떻게 게임을 플레이할 것인가이다. 이 질문에 답하기 위해, 다시 내쉬균형(정의 2.7)의 개념을 끌어 쓴다. 내쉬균형에서 각 경기자는 상대방의 전략에 대한 자신의 지식에 기초하여 할 수 있는 최선의 전략으로 대응한다. 특히, 이는 잠재적인 군비경쟁 상황에 적절한 개념인데, 한 경기자가 자신도 드레드노트 건조 프로그램을 가동하여 상대 경기자가 일방적으로 드레드노트를 건조하여 구속받지 않는 편익을 누리는 것을 막을 수 있다.

		독일	
		¬건조	건조
영국	¬건조	3, 3	1, 4
	건조	4, 1	2, 2

[그림 3.3] 영-독 해군경쟁의 균형

그림 3.3에서 양국이 드레드노트 건조를 선택하는 (건조; 건조) 조합에서 오는 결과(군비경쟁)는 명백히 낭비적이다. 해군력의 분포는 어느 쪽도 드레드노트를 건조하지 않는 경우와 같지만, 각국이 헛되 보이는 목표를 추구하느라 막대한 자원을 허비했다. 그리고 보수를 얼핏 보면 어느 누구도 전함을 건조하지 않는 것이 매력적으로 보인다: 만약 영국과 독일 양국이 전함을 건조하고자 하는 유혹을 이길 수 있다면, 그들은 서로 군비경쟁을 피함으로써(즉, (¬건조; ¬건조)) 각국에 3의 보수를 주는 차선의 결과를 확보할 수 있다. 우리는 이러한 결과를 사회적으로 최적(optimum)이라 부

른다. 이는 양국이 모두 군비경쟁이라는 상호 최악에서 얻는 보수(각국에 보수 2)나, 상대만 일방적으로 드레드노트를 건조하는 최악의 상황에서 얻는 보수(보수 1)보다 크기 때문이다. 결과적으로, 두 경기자의 보수의 합이 극대화되기 때문이다. 이 게임에서 서로가 드레드노트를 건조하지 않을 것이 "명백해" 보인다: 만약 상대가 전함을 건조하지 않는다면 자신도 전함을 건조하지 않겠다고 각 경기자가 약속할 수 있다면, 해군 군비경쟁은 피할 수 있다. 그러나 전략적 문제를 생각할 때 흔히 그런 것처럼, 우리의 직관을 믿어서는 안 된다.[6] 여기서 핵심은 "만약 ~한다면"에 있다. 특히 군비 제한에 관련되는 국제 협약은 자기구속적(self-enforcing)이어야 한다(정의 1.6). 국가들은 언제나 그것을 폐기할 수 있기 때문에 "만약 ~한다면" 표현은 경쟁국 사이에 큰 문제가 된다.

내쉬균형은 군비경쟁을 피하기 위해서 1906년의 영국과 독일처럼 서로 믿을 수 없는 경쟁자를 상대로 무엇이 필요한지에 대해 심각하게 생각할 것을 요구한다. 각 경기자가 드레드노트를 건조하지 않겠다고 약속했다고 하자. 만약 이러한 약속에 기초한 협약이 자기구속적이라면, 각 경기자는 사회적 최적인 결과에서 3의 보수를 얻는다. 그러나 정리 3.1이 이러한 추론에 명백한 문제가 있음을 보여준다: 각 경기자가 드레드노트를 건조하지 않는다는 상대의 결정에 비추어 이익이 되는 이탈이 있기 때문에, 그러한 협약은 자기구속적이지 않다.

정리 3.1 전략프로필 (¬건조; ¬건조)는 내쉬균형이 아니다.

증명 전략 조합 (¬건조; ¬건조)가 내쉬균형이 되기 위해서는, 각 경기자에 대하여 다음이 만족되어야 한다:

$$u(\neg \textit{건조};\ \neg 건조) \geq u(\textit{건조};\ \neg 건조).$$

그러나 이 부등식은 $3 \geq 4$를 요구하며, 이는 불가하다. 적어도 한 경기자가 이익이 되는 이탈을 가지므로, (¬건조; ¬건조)는 내쉬균형이 될 수 없다. □

6 아주 예외적으로 그럴 수 있다. 직관은 종종 매우 오도한다.

상대방이 전함을 건조하지 않을 때 전함을 건조하고 싶은 유혹이 너무 강하여 거부하기 힘들다. 독일이나 영국 중 한 국가가 상대는 드레드노트를 건조하지 않을 것임을 안다고 가정하자. 만약 그 국가 또한 전함을 건조하지 않겠다는 가설적인 약속을 준수한다면, 3의 보수를 얻게 된다. 그러나 이 약속에도 불구하고 드레드노트를 건조하면, 해군력에서 상대에 대해 일방적인 우위를 차지하며 4의 보수를 얻을 수 있다. 군비경쟁을 피하려는 이러한 가설적인 합의는 양국 모두에게 해군력을 증가시켜 상대방을 지배하려는 일방적인 인센티브를 무시해야 할 것을 요구한다. 적어도 어느 한쪽이라도 다르게 선택할 인센티브가 있다면, 제안된 전략의 집합(¬건조; ¬건조)은 균형이 될 수 없다. 서로에게 값비싸고 쓸데없는 해군경쟁을 피하는 것조차 균형이 될 수 없는 것이다.

그러면, 게임이 어떻게 진행될 것으로 예측해야 하는가? 한쪽이 드레드노트를 건조하고 다른 쪽이 그러지 않기로 했다고 결정했다고, 즉 (¬건조; 건조) 또는 (건조; ¬건조)를 가정하자. 이것들은 균형이 될 수 있는가? 드레드노트를 일방적으로 건조하는 쪽은 상대를 희생시켜 해군력을 증강시키게 되어 아주 행복할 것이고, 4의 보수를 얻게 된다. 드레드노트는 거의 도전받지 않고 바다를 돌아다닐 수 있으며, 영국의 경우 해군력의 우위를 확대할 수 있게 하고, 독일의 경우 대양에서 영국의 우위에 도전할 수 있도록 (또는 최소한 해상봉쇄를 더 어렵게) 할 것이다. 상대방의 해군력 증강에 대해 어느 쪽이 묵인해야만 하는 그러한 전략 조합은 균형이 될 수 없다. 드레드노트를 건조하지 않겠다고 약속한 쪽이 드레드노트를 건조하여 상대방의 상대적 우위를 만회하기 위해 그 계획에서 이탈할 모든 인센티브를 가지기 때문이다. 상대가 신빙성 있게 약속할 수 없다면 어느 누구도 드레드노트를 건조하지 않겠다고 약속할 수 없는 단순한 사실이, 왜 영국이나 독일 정부처럼 계산적이고 검소한 정부가 서로에게 값비싸고 낭비처럼 보이는 해군경쟁을 벌이게 되었는가를 이해하는 핵심이다.[7]

우리는 지금까지 군비경쟁의 상호 회피가 이 게임의 균형이 될 수 없음을 보였다. 상대방이 드레드노트를 건조하지 않을 것이라고 안다면 각국은 드레드노트를 건조하고자 하기 때문이다. 또한 어느 한쪽만이 드레드노트를 건조하는 것도 지속불가능

7 2장에서 설명한 맹약의 문제(commitment problem)를 명심해야 한다.

함을 보였다. 상대방이 지키고자 하는 군사력의 일방적 우위를 무디게 할 수 있는 모든 수단을 강구할 것이기 때문이다. 그럼 무엇이 남았는가? 그림 3.3 우측 하단의 해군 군비경쟁이 균형일 수 있는지 따져봐야 한다.[8] 이 전략 조합에서 두 경기자 모두 드레드노트 건조를 선택하지만, 그로부터 어떠한 상대적인 군사적 이득을 얻지 못하고 있다. (건조; 건조)가 균형이라고 가정하자. 각 경기자는 명백히 나쁜 결과인 2의 보수를 얻고 있고, 전함 건조, 자원 지출 그리고 노력 투입에 서로 보조를 맞추고 있어 군사적 밸런스가 그대로 유지되고 있다. 이제 한 경기자가, 상대방은 여전히 드레드노트를 건조함을 알면서도, 일방적으로 드레드노트를 건조하지 않기로 선택했다면 무슨 일이 일어나는지 살펴보자. 드레드노트를 건조하면 상대방의 일방적 해군력 우위를 저지할 수 있으므로 2의 보수를 확보할 수 있으나, 이제 자의로 최악의 보수 1을 감내해야만 하는 상황이 된 것이다.

정리 3.2 전략프로필 (건조; 건조)는 내쉬균형이다.

증명 전략 조합 (건조; 건조)가 내쉬균형이 되기 위해서는, 각 경기자에 대하여 다음이 만족되어야 한다:

$$u(\textit{건조};\ \text{건조}) \geq u(\neg\textit{건조};\ \text{건조}).$$

$2 \geq 1$이므로 부등식이 만족된다. 어느 누구도 이익이 되는 이탈을 가지지 아니하므로, (건조; 건조)는 내쉬균형이다. □

정리 3.2의 논리가 우리 게임의 검소하고 계산적인 경기자들이 왜 값비싸고 헛된 해군 군비경쟁으로 치닫게 되었는가를 잘 설명해 준다. 만약 영국이나 독일 중 어느 한쪽이 상대방이 드레드노트를 건조할 것으로 예상하면서 이에 대해 적절히 대응하지 못한다면 상대방의 압도적인 해군력 증강이라는 큰 재앙을 불러올 것이다. 군비경쟁 균형에서 각자 2의 보수를 받지만, 만약 이 균형에서 이탈한다면 – 만약 건조하지 않기로 결정한다면 – 해군력 증강에 전력을 다하는 상대에 의해 지배당하게 되어

8 이것이 유일하게 남아있는 전략 조합이므로, 이 시점에서 그다지 많은 긴장감이 느껴지지 않을 것이다. 그러나 잘 참아주기 바란다. 또한 이 게임의 균형이 유일함을 보일 것이다.

최악의 보수인 1을 얻게 될 것이다. 2장에서 언급했듯이, 이러한 상호최적대응(mutual best response)을 만족시키는 전략의 집합이 내쉬균형을 정의하는 것이다: 상대의 선택이 주어진 상황에서, 어느 쪽도 선택된 전략보다 나은 다른 선택이 없다. 이 내쉬균형에서 각 경기자는, 군비경쟁이 본질적으로 바람직해서가 아니라 어느 쪽도 기회가 오더라도 드레드노트를 건조하지 않겠다고 일방적으로 신빙성 있게 맹약할 수 없기 때문에, 값비싼 해군력 증강을 고집한다. 그들의 선택지와 선호가 주어진 상황에서, 각 경기자는 우세를 얻기 위해서가 아니라 상대방이 우세를 얻는 것을 방지하기 위하여 더 많은 드레드노트를 건조하는 것이다. 상대방이 드레드노트를 건조하면 어느 쪽도 건조하지 않을 수 없고, 상대방이 드레드노트를 건조하지 않더라도 어느 쪽도 더 많은 드레드노트를 건조하지 않을 수 없다.

3.2.2 해군력 경쟁이 쓸데없는 일이었는가?

국가들이 상대방을 착취하지 않겠다고 약속할 수 없기 때문에 사회적 최적을 달성하지 못하는 이 단순한 전략적 문제는 죄수의 딜레마(Prisoner's Dilemma)로 알려져 있다. 전형적인 예로, 두 강도 용의자가 분리된 취조실에서 심문을 받고 있는데, 각자는 자신의 형량을 최소화하는 데에만 관심이 있다. 수사관은 자백을 유도하기 위해 거래를 제안하고, 각 용의자는 공범도 자신과 유사한 거래를 제안받았음을 알고 있다: 더 낮은 형량을 받기 위해서는 상대방을 고자질해야 한다. 최악의 결과는 다른 공범이 고자질하는데 자신은 침묵하는 것이고, 상대방이 더 낮은 형량을 받기 위해 자기를 밀고할 것임을 안다면, 이 게임은 두 용의자가 서로를 고자질하고 각자가 두 용의자가 동시에 침묵했을 때보다 더 많은 형량을 받는 것으로 끝나게 된다. 각 경기자는 상대방이 낮은 형량을 받기 위해 유혹을 뿌리치기 힘들 것임을 안다. 즉, 경기자들이 서로 고자질하지 않거나 드레드노트를 건조하지 않기로 사전에 맹약할 수 있는 메커니즘이 없는 상태에서, 그들은 서로 배신하거나 비극적이고, 값비싸고, 보기에 쓸데없는 군비경쟁으로 끝나게 된다.[9]

---

9 이것이 왜 범죄조직에서 밀고자를 좋게 보지 않는지를 선명하게 보여준다. 만약 당신의 공범이 잡힌다면,

그러나 강조하고 싶은 것은, 세계대전의 분석을 통틀어 두루 적용되는 것이, 해군경쟁이 단지 사후적인 관점으로 *쓸데없어 보인다*는 것이다. 그렇다. 우리가 그림 3.2의 게임을 되돌아 볼 수 있고 더 나은 결과(군비경쟁의 회피)가 적어도 논리적으로 가능했음을 알 수 있다. 사후적으로(ex post), 놓친 기회처럼 보이고 그것에 대해 경쟁 참가자들이 후회스럽게 되돌아 볼 수도 있고, 후대의 관찰자들이 당혹스럽게 바라볼 수도 있다. 그러나 논리적 가능성은 흔히 *전략적* 가능성과는 아주 다르다. 우리가 이해하려고 노력해야 하는 것은–물론 20세기 초반의 영국과 독일이 대표적이겠지만–우리 게임의 경기자들이 그들의 선택지를 평가하고 결정을 내릴 당시에 *실시간*으로 어떻게 추론하고 있었느냐는 것이다. 지도자들은 자신들이 무엇을 추구하고 있다고 생각했을까? 그들이 하고자 했던 것이 무엇이며, 상대가 있는 상황에서 어떻게 그것을 달성하려 했을까? 군비경쟁에 소요된 낭비가 얼마나 무시무시하든, 군비경쟁에 대한 적절한 대답은 이상의 질문들을 해결하려고 노력해야 한다.

우리의 전쟁 이야기를 통하여 자주 등장하겠지만, 균형 추론의 핵심 특성 중 하나가, 경기자들이 상대가 무슨 행동을 할 계획인지에 대한 그들의 지식(knowledge)에 최적대응하는 방법으로 그들의 행동을 선택한다는 것이다. 이 공통 추측(정의 2.8)은 서로의 동기와 기회에 대한 이해로부터 나오며, 20세기 초반에 있었던 열강들 사이의 해군경쟁에 관한 한 이것은 대단한 미스터리가 아니었다. 영국과 독일 양국은 상대방의 선호가 어떻게 구성되어 있는지에 대해 합리적인 추측을 가지고 있었다: 각국은 가능하기만 하다면 일방적으로 자국의 해군력을 증강시키고자 했으며, 만약 상대방이 드레드노트를 건조하고자 하면 대응 차원에서 더 많은 드레드노트를 건조하지 않을 수 없었다. 만약 독일이 해군력을 증강시키지 않았다면, 더 많은 드레드노트가 전선으로 나올수록 영국의 전시 독일 해상 봉쇄 능력이 증가되었을 것이다. 영국도 독일이 해상 봉쇄를 벗어나고 영국의 항구를 공격할 수 있을 정도로 충분한 해군력을 보유하는 것을 견딜 수 없었다. 이것이 바로 티르피츠의 "위험 함대" 전략의 본질이었다. 어느 쪽도 군비경쟁을 군비경쟁이 없는 상태의 대안으로 여기지 않았

누군가 딜을 제시했을 때 당신의 이름을 대지 않기 위해서 그에게는 살인 협박 같은 더 많은 유인이 필요하다.

다. 오히려, 그들이 회피한 대안은 중대 이해관계가 걸린 열강 정치의 게임에서 상대방으로 하여금 일방적으로 군사적 우위를 누리게 하는 것이었다.

이런 식으로 바라보면, 영-독 해군경쟁은 확실히 *비극적*이었다: 어느 쪽도 그들이 선택한 행동과 달리 선택할 여지가 없었다. 그러나 만약 우리가 여기서 멈추면, 우리 게임의 내쉬균형이 분명히 하는 단순한 사실을 놓치게 된다. 영국과 독일은 전함이 없는 것보다 있는 것이 더 나아서 군비경쟁을 선택한 것이 아니다. 군사적 지위를 유지하려는 *그들의 개별적인 시도들이 모여 군비경쟁이 된* 것이다. 드레드노트를 건조하려는 각국의 개별적인 의사결정이, 상대방으로 하여금 해군력을 혁명적으로 개선하는 드레드노트를 건조하게 하고 해전에 배치하게 하여 일방적인 우위를 누리게 하는 것보다, 더 선호되는 옵션이었기 때문이다. 각국의 행동을 설명하는 적절한 비교는 군비경쟁 이전의 세계가 아니라, 군사력에서 상대방과 보조를 맞추는 선택을 하지 않았을 경우 직면해야 했던 세계이다. 그런 의미에서, 각국은 미래의 상대적인 해군력 열위를 *회피하기 위해* 군비경쟁을 선택했던 것이다. 각국을 분리하여 바라보았을 때, 즉 국제 시스템(정의 1.3)에서 선택의 전략적 상호연관성을 무시했을 때, 군비경쟁이 쓸데없어 *보이는* 것이다. 10장에서 보겠지만, 만약 영국이 드레드노트 건조에서 독일에 앞서지 않았다면, 영국이 감행하고 서서히 강화된 해상봉쇄를 뚫고자 하는 독일의 도전을 저지하기에 충분한 수의 주력 전함을 전개하지 못했을 수도 있다.[10] 해군경쟁은 확실히 낭비적이었으나, 바람직한 목표를 달성하는 데 실패했다는 의미로 쓸데없는 것은 아니었다. 그 목표라는 것이 상대에 대해 막대한 해군력 우위를 확보하겠다는 의미가 아니었고, 심지어 절대적 기준으로 t기에서 t+1기까지 그 지위를 향상시키겠다는 의미조차 아니었다. 오히려 각국은 막대한 비용이 들더라도, 단순히 대양에서의 해군력의 분포가 불리한 방향으로 급격히 기우는 것을 막고자 했을 뿐이다. 2장에서 전쟁에 관한 우리의 논의를 회상해 보면, 군비경쟁은 확실히 낭비적이었고 그 비용에 대해 사후적 후회가 따르지만, 초유의 상황에서 경쟁 국가들이 군비경쟁에 참여하지 않을 것이라고 맹약할 수 있는 방법을 찾지 못했던 것이다.

---

10 Sondhaaus(2014, p. 351).

3.3 균형, 전략 그리고 비극

우리가 죄수의 딜레마를 영－독 해군경쟁에 적용하면서 전쟁의 핵심 요소를 이해하는 데 중요한 두 가지 아이디어를 얻을 수 있었다. 첫 번째, 균형에서(in equilibrium) 일어나는 사건을 설명하는 데 있어 "균형 밖에서(out of equilibrium)" 일어나는 사건의 중요성을 부각시켜 주었다. 두 번째로, 게임의 결과가 비효율적이고, 후회할 만하고, 비극적일지라도, 그것이 구체적으로 주어진 전략적 환경하에서 가끔 우리의 경기자들이 얻을 수 있는 최선의 결과일 수 있는 알기 쉬운 예제를 제공해 주었다. 이것이 정치의 기본적인 진실이다: 선택들이 전략적으로 상호의존적일 때, 국가들 또는 그 지도자들은 종종 전적으로 "나쁜" 옵션들의 메뉴에서 선택한다.[11]

논의를 부연하여 자세히 설명하면, 첫 번째로, 흑색 선전, 무역 전쟁, 실제 전쟁과 같은 값비싸고 헛되 보이는 정치 현상처럼 군비경쟁을 설명하는 것은, 첫눈에 우리의 관심의 대상인 의사결정권자가 궁극적으로 피하려고 한 것이 무엇인지 불명확하기 때문에, 상당히 도전적인 작업이다. 우리가 제시한 군비경쟁게임의 균형은 이 점에서 적절한 사례이다. 군비경쟁이 왜 일어났는가를 설명하기 위해 영국과 독일 리더들이 군비경쟁이 공통의 이익에 부합한다고 믿었다고 주장할 필요가 없다.[12] 사실, 양측 모두 군비경쟁에 의해 촉발된 낭비와 계속적으로 남아있는 적대감에 대해 통탄했다. 불신, 무지 그리고 악의적인 담합 때문에 군비경쟁이 일어났다는 인식으로 추론하는 것은 분석적이기보다는 피상적이고 가끔은 다소 이념적이다. 더 간단하고 더 그럴듯한 이야기는－그리고 경기자들의 선호, 인센티브, 선택 가능한 행동들을 진지하게 다루는 우리의 이야기는－어느 쪽도 혁명적인 무기 체계를 개발하여 일방적인 군사력 우위를 추구하지 않겠다는 상대방을 믿을 수 없었다는 것이다.

영－독 해군경쟁은 양측이 군비경쟁이 없는 세상보다 군비경쟁이 있는 세상을 더

11 여러 방면에서, 정치과학은 비극적이고 비효율적인 결과를 설명하는 분야이다. 만약 각자의 인센티브가 모든 경우에 사회적으로 최적인 결과를 조장한다면, 설명할 무언가가 없는 것이다.

12 만약 여러분이 음모이론에 기울어져 있다면, 이것이 정확하게 여러분이 주장할 것 같은 내용이다.

선호해서 나타난 결과가 아니다. 그것은 1906년 이후로 계속해서 어느 쪽도 제 맘대로 해군력 밸런스를 뒤흔들지 않겠다고 신뢰성 있게 약속할 수 없어 발생한 것이다. 그러나 군비경쟁의 원인이 된 것은—어느 한쪽이 일방적인 우위를 얻는 것은—결코 관찰되지 않았다. 양측이 모두 이를 피하려고 노력했기 때문이다. 보행 규칙(미국에서는 "우측 통행", 영국에서는 "좌측 통행")이 잘 작동하는 이유 중 하나는 잘못되었을 경우의 결과 때문이다: 정면충돌. 규칙이 잘 작동하기 때문에, 정면충돌(효과성에 대한 핵심 설명 요소)이 관찰되지 않는다.[13] 군비경쟁도 마찬가지다. 경쟁국들이 어떤 결과를 피하기 위해 열심히 노력했기 때문에 일어난 것이므로, 만약 양국이 성공적으로 피했다면, 한 국가가 일방적으로 군사력을 막강하게 증강시키고 다른 국가는 이해할 수 없게 따라잡는 노력을 하지 않는 진기한 기록을 볼 수 없을 것이다. 영—독 해군 밸런스에 큰 변화가 일어나지 않았다는 사실만으로 해군경쟁의 원인으로서 잠재적인 군사력 밸런스의 변화를 기각하기에는 충분하지 않다.

우리의 설명은 문제의 정치적 특성과 가능한 결과의 정치적 특성을 강조한다. 그리고 이것은 경쟁자들이 사전에 상대방의 이익을 희생시켜가면서 무력을 증강시키지 않겠다고 신뢰성 있게 약속할 수 있는, 어떤 메커니즘을 요구한다. 이 맹약의 문제(commitment problem)가, 기회가 주어지면 일방적으로 군사적 우위를 추구할 인센티브가 있음을 증명하며, 죄수의 딜레마를 정의한다. 영—독 해군경쟁(또는 군비경쟁)을 리더들의 무지, 심리적 결함 또는 타락에 종속시키는 대안적 설명은 군비경쟁을 과다 전망하고, 문제에 대한 믿을 만한 해답을 제시하지 못한다. 반면, 죄수의 딜레마 설명은 어떻게 검소하고 계산적인 두 국가가, 자신들을 위해 할 수 있는 최선을 추구하면서, 서로에게 값비싼 군비경쟁으로 치닫게 되었는지를 설명한다. 더 중요한 것은, 이 설명은 의사결정자가 어떻게 군비경쟁에 참여하지 않겠다는 약속을 신빙성 있게 만들어 주는 효과적인 해법을 고안할 수 있는지 가르쳐 준다. 그것은 제3자 보증이거나, 아래에서 더 논의하겠지만, 다수의 다른 국가들에 의한 공동 대응을 유발하는 것이다.

---

13 Wagner(2007)에서 지적했듯이, 유일한 다른 조건은 무엇이 룰인가에 대한 합의이다. 10장에서 이 문제에 대해 다시 논의한다.

두 번째, 우리는 영-독 해군경쟁을 비극적이라고 했는데, 해군경쟁의 결과가 당사자들의 즉각적인 통제를 벗어난 힘에 의해 설명될 수밖에 없어, 후회할 만하고 낭비적인 결과를 초래했다는 의미에서 이 말은 사실이다. 해군경쟁은 값비싸고, 고통스러우며, 원칙적으로 피할 수 있었으나, 20세기 초반 유럽 열강의 패권 경쟁이라는 전략적 문제가, 대륙뿐만 아니라 해외에서도 제국을 추구하겠다는 독일의 결정에 의해 새로운 방향으로 전개되어, 경쟁적인 해군 증강을 피하고자 제안된 모든 계획이 수포로 돌아가게 만들었다. 우리 게임의 경기자들은 그들의 전략적 곤경 때문에 군비경쟁을 피하는 데 실패한다. 심지어 상대방이 같은 전략을 선택한다 하더라도 본인이 다르게 선택하는 것이 바람직하지 않으므로, 양자가 유혹을 이겨내면서 사회적 최적에 도달하는 것이 실질적으로 불가능하다. 각 경기자는 가능한 최악의 결과보다 한 단계 높은 순위를 받아들인다. 각 경기자는 상대방이 잠재적인 군사적 우위를 얻는 것을 허용하지 않기 때문에, 두 경기자의 선택이 결합하여 군비경쟁을 피하는 사회적 최적을 달성하는 데 실패하게 된다. 두 경기자 모두 사후적으로 후회를 경험한다. 그들이 상호 합의하여 군비 증강을 포기했다면 모두에게 이득이 되었을 것임을 사후에 알 수 있다. 그러나 그들의 인센티브는 사후에 낭비로 보이는 특정 행동을 취하도록 그들을 가둬놓고 있었다. 우리의 이야기에서 낭비적인 결과가 발생하는 것을 전략적으로 피할 수 없을 때 우리는 "비극"이라는 말을 사용할 것이다.

3.4 군비경쟁과 국제정치

영-독 해군경쟁은 역사에서 가장 중대한 전쟁에 선행해서 일어났고, 그 이유로 양적으로 엄청난 학문적 관심을 받았다. 그러나 그것은, 오스트리아와 이탈리아가 입증하듯이 1914년 이전에 일어난 유일한 해군경쟁이 아니었고, 규모와 질적인 측면에서 대륙의 육군의 증강과 병행해서 발생하였다. 육군과 해군 사이에 경쟁적인 징집이 있었는지, 전통적 무기의 양과 질에 차이가 있었는지 또는 핵무기 보유 정도에 차이가 있는지 여부에 상관없이, 군비경쟁은 종종 국제정치의 무시무시한 일부로 간주된다. 전쟁의 가능성을 예측하지 못한 국가들은 전쟁에 관여하지 않기 때문에, 군비경쟁은 흔히 전쟁에 선행하지만 그것이 어떻게 전쟁을 일으키고 심지어 막아내는지는 미해결의 문제이다.[14] 군비경쟁은 어느 한쪽으로 하여금 뒤쳐진 다른 쪽을 공격하도록 유혹할 수 있고, 군비경쟁을 지속할 수 없는 국가로 하여금 계속해서 손해를 보기 전에 경쟁을 포기해 버리게 할 수도 있다.[15] 좋은 예로서, 영-독 해군경쟁은 독일이 프랑스와 러시아에 대응하여 육상 병력을 강화하는 것이 안보에 더 효과적인 방법이라고 판단함에 따라, 제1차 세계대전이 시작되기 2년 전에 끝났다. 이 장의 제목인 군비경쟁이 제1차 세계대전의 직접적인 원인에서는 좀 멀리 떨어져 있을 수 있지만, 군비경쟁이론은 국제관계에 대해 많은 것을 가르쳐 줄 수 있다.

1장에서 설명한 것처럼, 전쟁은 그것이 실현되든 위협으로 그치든, 국제정치에서 누가 무엇을 가질 것인지를 최종적으로 결정한다. 그리고 군비경쟁은 잠재적으로 가능한 미래 전쟁의 결과에 영향을 주려는 경쟁적인 시도 그 자체이다. 만약 국가들이 잠재적인 전쟁에서 영토의 분할이나 영향력 확보를 위해 협상을 한다면, 설사 국가들이 준비했던 그 전쟁이 일어나지 않더라도, 군비경쟁은 누가 무슨 영토, 영향력 또는 권리와 특권을 가질 것인지를 결정하는 중요 결정요인이다. 예를 들어, 미국과 소련의 군비경쟁의 경우, 동·서 블록 간의 경제적 격차가 너무 커지면서 소련이 냉전 경쟁에서 낙오되며 끝났다. 그리고 소련의 군사력이 붕괴되자마자 이전에 소련의 지배를 받던 동유럽 전반에 NATO와 EU회원국들의 선두 주자들에 의해 서방의 영향권이 확대되었다. 군비경쟁은 전쟁의 대체재 역할을 할 수 있다. 냉전의 경우 군비경쟁이 제3차 세계대전을 대체했을 수도 있다. 만약 군비경쟁이 전쟁의 잠재적 승자를 분명히 한다면, 평화의 중대 장애물-전쟁의 결과에 대한 의견불일치-이 제거되고 당사국들이 전쟁을 피하도록 도울 수 있다. 그러나 4장에서 보겠지만, 군비경쟁은 맹약의 문제 같은 평화의 다른 장애물을 더 크게 보이게 할 수 있다. 언제 군비경쟁이 패배자로 하여금 승복하게 하는지 또는 더 뒤처지기 전에 공격하게 하는지에

---

14 Morrow(1989), Kydd(2000), Rider, Findley, and Diehl(2001) 그리고 Slantchev(2005) 참조.
15 Powell(1999, 2장) 참조.

대해서는 아직 국제관계 연구의 주요한 목표로 남아있고, 다음 장에서 바로 이 문제에 대해 생각해 볼 것이다.

또한 군비경쟁의 퍼즐은 우리가 2장에서 확인했던 국제정치의 일반적인 특성 중 하나를 부각시킨다: 정당한 무정부상태하에서 국가들이 서로에 대해 일방적인 우위를 추구할 인센티브가 있을 때 발생하는 협조에 대한 도전들. 만약 두 라이벌 국가가 서로에게 단순히 "만약 당신네가 무장 프로그램을 가동하지 않는다면 우리도 그러지 않겠다"고 말한다면, 아무도 상대방을 믿지 않을 것이다. 많은 국가들이 클러스터 폭탄이나 지뢰같이 값싸고 효과적인 대량 살상 무기 사용 제한을 약속했으나 실효성이 없는 것에서 알 수 있듯이, 그 맹약이 신뢰할 만하지 않다. 최상의 시나리오는 당신이 일방적으로 무력을 증강시키는 반면, 당신의 적은 그러지 않는다는 것을 보장하는 것이기 때문에, 그러한 균형은 자기구속적이지 않다. (죄수의 딜레마에서 당신의 최선은 당신의 왕년의 동업자가 무엇을 선택하든지 상관없이 밀고하는 것임을 명심하라.) 어느 국가도 일방적으로 무장하지 않겠다고 신뢰성 있게 약속할 수 없기 때문에 군비경쟁이 발생한다면, 이 장의 분석은 우리에게 군비경쟁 금지를 제안하는 제도가 성공적이기 위해서 무엇을 해야 하는지에 대해 뭔가를 말해 준다: 무장을 증강시키지 않겠다는 상호 간의 약속을 신빙성 있게 만들어야만 한다. 정당한 무정부상태는 국제 협약이라는 것이 국가들이 그것을 따를 개별적인 인센티브가 있을 때에만 또는 협약이 자기구속적일 때에만 작동함을 의미한다. 그리고 죄수의 딜레마는 효과적인 군축협약을 만드는 것이 얼마나 어려운지를 보여준다.

군비경쟁을 끝내는 것이 아주 어렵지만, 군비경쟁이 흔하지도 않다. 대부분의 라이벌 국가 조합들이 대부분, 심지어 서로가 적국일 때조차도, 서로에 대해 경쟁적으로 군사력을 증강시키지 않는다. 더군다나, 군비를 제한하려는 시도들이 가끔은 주목할 만한 성공을 거두기도 했었다: 워싱턴해군조약(WNT)은 제1차 세계대전 후 열강들에 의한 전함 건조 문제를 해결했고, 핵확산금지조약(NPT)하에서 상당한 기간 동안 핵무기를 제조할 수 있는 국가보다 훨씬 적은 수의 국가들이 실제 핵무기를 추구하고 제조했다.[16] 무엇이 일방적인 무력 증강과 뒤이은 군비경쟁을 좌절시켜 몇몇

16 핵무기는 결국 침략에 대응한 궁극의 보증이다. 막다른 골목에 몰리지 않으면, 핵무기는 실제로 소용없

군축협약을 효과적으로 만들었을까? 하나의 가능성은, 아마 WNT와 NPT가 잘 실증하듯이, 다른 이해당사자들을 게임 속으로 끌어들인 것이다. 이 조약은 가입국들로 하여금 다른 국가들을 상대로 일방적인 군사적 우위를 추구한 국가에 대해 외교적, 경제적 그리고 어쩌면 군사적으로 협력하여 처벌할 수 있도록 도와준다. 그리하여 어떠한 종류의 일방적인 군사적 우위 추구가 불이익이 되도록 하는 것이다. NPT에 위반하여 핵무기를 제조하는 것 또는 WNT(더 이상 유효하지 않음)에서 허용한 한계를 넘어 함대를 전개하는 것이 2국가 상황이라면 상당히 유혹적이지만, 조약에 참여한 다수 국가들이 이를 확인하고 위반에 대해 집단적으로 처벌할 수 있다면 일방적인 우위의 추구는 상대국들의 반발에 의해 무효화되거나 분쇄될 수 있다. 심지어 제삼자들이 군비경쟁을 지지한다 하더라도, 그들은 적어도 그 국가가 일방적으로 군사력을 증강시키려는 인센티브를 좌절시킬 수 있고, 그것으로 군비경쟁이 발생하는 것을 막기에 충분하다. 군비경쟁을 하지 않겠다는 맹약을 신빙성 있게 만드는 장치로 제삼자들을 끌어올 수 있지만, 물론 그들이 자발적으로 그러한 조약에 참여할 수도 있다. 군축조약이 배심원으로서 의무가 아니다. 이것이 왜 군비경쟁 억제에 성공한 사례가 드문지도 설명해 준다. 우리는 7장에서 왜, 협약을 위반한 국가를 처벌하는 문제나 심지어 공통의 적과 싸우는 문제에 대해서도, 다자간 협력이 어려운지에 대해 살펴볼 것이다.

열강들끼리의 마지막 군비경쟁은 미국과 소련 사이에서 일어났다. 그 경쟁은 평화적으로 끝났지만, 잠재적인 군비경쟁의 망령이 오늘날까지 계속해서 열강 정치에 영향을 미치고 있다. 예를 들어, 독일 그리고 일본과의 미국 주도 동맹은 큰 부분에서 잠재적 적국－러시아와 중국－에 대항해 이 두 잠재적 열강(독일 및 일본)이 군사력을 갖출 필요가 없도록 설계되었다. 중국이 수백 년 동안의 제국의 쇠퇴, 외세의 착취 그리고 1949년 국공내전 이후 스스로 초래한 계획경제의 상처에서 회복을 계속하고, 남동 중국해에서 영토적 야심을 고조시키고 있기 때문에, 새로운 군비경쟁은 동아시아에서 발생할 가능성이 높다. 더군다나, 그루지야(2008)와 우크라이나(2014) 침

다. 그리고 이것이 왜 국가들이 핵무기 보유국들을 막다른 골목으로 몰지 않는지를 설명한다. 그러나 최근 연구들은 어떻게 NPT가 아주 효과적일 수가 있었는지 설명한다(Coe and Vaynman, 2015; Fuhrmann and Lupu, 2016).

략은 말할 것도 없이, 2000년대 화석연료 붐을 따라 러시아가 재무장하자, 각국이 있을지도 모를 군사적 갈등에서 선두에 서기 위해 서로 경쟁함에 따라, 중부 및 동유럽의 군사비 지출이 증가하게 되었다. 이 장에서 논의된 영–독 해군경쟁은 평화롭게 끝날 수도 있었다. 그러나 4장에서 보겠지만, 모든 군비경쟁이 한쪽이 모든 것을 잃고 다른 곳에 눈을 돌리면서 끝나지는 않는다. 가끔 군비경쟁의 잠재적 패배자가 굴복 대신 전쟁을 택하기도 한다.

3.5 결론

우리는 이 장을 검소하고 계산적인 의사결정자가 통치하는 두 국가가 왜, 사후적으로 그 비용과 낭비에 대해 후회만 하게 만드는, 군비경쟁으로 치닫게 되는가라는 퍼즐로 시작했다. 우리의 대답은, 서서히 끓기 시작하던 영–독 경쟁 상황이 죄수의 딜레마를 만들었고, 어느 쪽도 기회가 오더라도 일방적으로 군사력을 증강시키지 않겠다고 신빙성 있게 약속할 수 없었기 때문이라는 것이었다. 영국 외교관 에어 크로우가 이 장 서두의 인용구에서 지적했듯이, 경쟁자들끼리는 상대방의 군비증강이 어느 정도 일방적인 군사적 우위를 노리지 않는다고 믿기가 힘들다. 결과적으로, 영국과 독일 모두 드레드노트를 건조했다. 그것을 회피하는 것보다 군비경쟁을 더 선호하기 때문이 아니라, 이 혁명적인 전함을 건조하는 것이 상대로 하여금 일방적으로 드레드노트 함대를 가지게 하는 것보다 더 낫기 때문이었다. 달리 표현하면, 우리는 이 장에서 국가들이 그것이 낭비적이고 사후적으로 후회할 것임을 알고도 합리적 의사결정에 의해 군비경쟁에 뛰어들 수 있음을 보인 것이다. 양쪽이 군비경쟁을 피함으로써 더 나아질 수 있었다는 것은 사실이지만, 설명의 관점에서 그것은 막다른 끝이다: 죄수의 딜레마에서 인센티브가 우월할 때, 상호 자제(mutual restraint)는 균형이 아니다. 어느 쪽도 군사적 무장이 없는 세계를 믿지 않았고, 각국은 우리가 관찰할 수 없었지만, 군비경쟁에서 낙오되면서 맞게 되는 미래의 결과를 막기 위해 행동했고, 그 결과가 군비경쟁이었다. 영-독 해군경쟁의 경우, 해군력 경쟁에서 뒤처진 쪽은 짖지 않는 개이고, 우리 게임에서 경기자들은 그들이 짖을 일이 없기를 원했다. 국가는 미래의 큰 고통을 피하고자 하는 희망으로 오늘 약간의 비용을 지불하고자 하기 때문에, 군사력의 거대 이동 같은 미래 결과에 대한 두려움이 현재의 값비싸고 비극적인 결과를 설명할 수 있다. 다음 장에서, 열강들 사이의 수십 년의 평화가 가고 유럽이 전쟁에 휘말리면서, 우리는 이런 비극이 명백해지는 것을 확인할 것이다.

영-독 해군경쟁이 제1차 세계대전을 촉발시키지 않았을 수도 있지만, 거대한 유럽 열강 정치 시스템에 군비경쟁과 그 역할을 생성한 양국의 대립이 오스트리아-헝가리와 세르비아의 지역적 대결을 글로벌 대재앙으로 확장하는 전조가 되었다. 해군경쟁 6년 후, 러시아가 러-일 전쟁에서 빠르게 회복하고 독일의 서쪽 적(프랑스)과 차르(tsar)동맹을 강화하자, 독일은 1912년 이후 거의 모든 자금을 육군으로 전환시켰다. 또한 해군경쟁은 1905년과 1911년 두 차례 발생한 프랑스의 모로코 지배에 대한 독일의 불복, 1908년 오스트리아-헝가리의 보스니아와 헤르체고비나 병합 그리고 남동 유럽의 많은 국가들이 오스만 제국으로부터 독립한 1912년과 1913년 두 차례의 발칸전쟁을 포함하여, 열강들 사이의 여러 위기를 배경으로 발생했다.[17] 대륙에서 긴장이 확 타오르자, 독일은 눈을 돌려 일시적으로 동면 중인 러시아의 위협과 1914년까지 유일하게 믿을 만한 동맹인 오스트리아-헝가리를 바라보게 되었다. 독일이 (프랑스의 재정적 지원으로) 일어나고 있는 러시아와 발칸지역 이전 오스만 영토에서 (또한 프랑스의 재정적 지원으로) 증가하고 있는 힘을 걱정하는 동맹을 향하여 동쪽을 바라보기 시작하면서, 북해에서 영국과의 경쟁으로부터 이쪽으로 신속히 전환해야 한다는 계산이 나온 것이다. 그러나 해군경쟁에서 노출된 대립은 독일 제국이 추측했던 것보다 훨씬 더 지속되게 된다.

17 이러한 위기와 제1차 세계대전과의 관계에 대해서 Stevenson(1997) 참조.

THE POLITICS
OF THE FIRST
WORLD WAR

04

암흑 속으로 도약:
유럽 전쟁에 휘말리다

암흑 속으로 도약: 유럽 전쟁에 휘말리다

전 유럽에서 전등이 꺼질 것이다. 그리고 우리 인생에서 그것들이 다시 켜지는 것을 보지 못할 것이다.

에드워드 그레이, 영국 외무장관
1915년 8월 3일

이 장의 목표는 앞의 두 장에서 발전시킨 기술을 이용하여 더 까다로운 퍼즐의 해를 찾는 것이다:

> 어떻게 오스트리아-헝가리와 세르비아의 국지적 분쟁이 독일과 러시아까지 포함하는 대전으로 확장하게 되었는가?

달리 표현하면, 비틀거리고 있던 합스부르크 제국의 인기없는 왕위 계승권자의 암살로 촉발된 7월 위기(the July Crisis)가 어떻게 제1차 세계대전을 낳게 되었는가? 그 이전에 몇몇의 더 심각한 위기들도 있었다: 프랑스의 아프리카 간섭, 오스트리아의 발칸지역 확장, 제1, 2차 발칸전쟁 그리고 콘스탄티노플에서 독일의 공작. 그러나 매번 열강들은 유럽 대전의 문턱에서 물러났었다. 무엇이 1914년 7월을 다르게 만들었나? 이 퍼즐을 풀면서 우리는 몇 가지를 배우게 될 것이다:

- 경기자의 선호를 올바르게 아는 것의 중요성.
- 어떻게 전략적 상호 연관성이 전쟁의 확장에 영향을 미치는가.
- 전쟁을 설명하기 전에 먼저 평화에 대한 이해의 필요성.
- 어떻게 세계대전이 "의도하지 않은" 것도 아니고 어느 일방의 "잘못"도 아닐 수 있는가.

이 장에서 우리는 1914년 여름의 상황이 열강들에게 맹약의 문제 세 개가 서로 연동되어 있는 고르디우스의 매듭을 제공했음을 확인할 수 있을 것이다. 바로 이 맹약의 문제(commitment problem)가 오스트리아, 러시아, 독일을 거의 동시에 그리고 서로 분리할 수 없는 예방 전쟁(preventive war)으로 떠밀었다. 7월 위기를 유럽 대전에 이르게 할 수도 있었던 다른 위기들과 비교해보면, 무엇이 7월 위기를 세계를 활활 타오르게 할 정도로 특별하게 만들었는지 자신 있게 말할 수 있는 핵심적인 인과적 차이를 찾을 수 있을 것이다. 우리의 대답은 핵심 경기자들—특히 독일과 러시아—의 선호에 대해 우리가 무엇을 알고 있는가에 의존할 것이다. 이것이 곧 (1) 우리가 어떤 게임을 설정할 것인지 그리고 (2) 대전의 발발에 관한 근본적인 퍼즐을 풀 수 있도록 도와줄 것이다: 열강들 사이의 전쟁이 일촉즉발이었을 때, 왜 양쪽 모두 더 이상 위기를 고조시키지 않겠다고 상대방을 확신시킬 수 없었는가? 이 장의 대답도, 2, 3장의 단순한 문맥에서처럼, 우리가 경기자들의 선호, 그들의 선택 그리고 그것들 사이의 전략적 상호 의존성에 대해 무엇을 추측할 수 있느냐에 달려 있다.

4장 핵심 용어

- 최후통첩
- 우월 전략
- 억제(력)

4.1 7월 위기와 대전

1914년 6월 28일, 오스트리아–헝가리 제국의 왕위 계승권자 프란츠 페르디난트 대공과 그의 부인 조피 초테크가, 얼마 전 합스부르크가 획득한 보스니아–헤르체고비나의 수도, 사라예보에서 19세의 암살자 가브릴로 프린치프가 쏜 총탄에 쓰러졌다.[1] 대공은 제국의 발칸지역 영토에서 전쟁을 회피하려고 했기 때문에, 특히 고향 비엔나에서 특별히 환대받지 못했다–작은 아이러니는 아니다. 대공은 발칸에서의 전쟁이 제국을 무너뜨릴 수 있다고 생각했다. 그러나 7월 말 오스트리아–헝가리는 세르비아(암살 계획의 근원이자 보급기지)에 대해 전쟁을 선포했고, 8월 초 보복 전쟁을 위한 계획에 착수했다. 결과적으로 독일, 러시아 그리고 프랑스가, 가끔은 멈추기도 했지만 기계화된 중무장의 무기를 대규모로 동원하려는 열띤 경쟁을 거쳐, 마침내 충돌의 길로 들어서게 되었다. 오늘날의 관점에서 보면, 선진 유럽의 변방에 있는 신생 약소국 영토에서 기원한 다국적 "테러리스트" 사건이 수주 간의 위기를 초래했고, 20세기 초반의 열강들이 나락의 끝으로 걸어가서, 그것을 직접 확인하고, 마침내 집단적으로 뛰어내리기를 선택했다. 그러나 왜?

1914년 여름, 유럽이 곧 전쟁에 휘말리리라는 것이 분명하지 않았다. 대전이 있다면 빨리 끝나거나 값싸게 끝날 것이라고는 아무도 믿지 않았고, 최근 외교 기록을 보면 표면적으로는 전망이 괜찮았다. 열강들은 1905년과 1911년 프랑스의 모로코에 대한 야심에 대해서, 1908–1909년 오스트리아–헝가리의 보스니아–헤르체고비나 병합에 대해서, 1912–1913년 발칸전쟁의 발작에 대해서 그리고 가장 최근인 1913년 11월 독일 장군 오토 리만 폰 산데르스의 오스만 제국의 군사 고문 임명에 대해서도 전쟁을 회피했다(그림 4.1 참조).[2]

---

1 오스트리아–헝가리는 1878년 이래로 명목상 오스만의 영토이던 이 지역을 관리했다. 그러다가 1908년 공식적으로 병합했고, 이를 러시아가 불쾌해했다. 합스부르크–로마노프 갈등에 대해서는 뒤에 상술한다.

2 Stevenson(1997)과 Bobroff(2014) 참조.

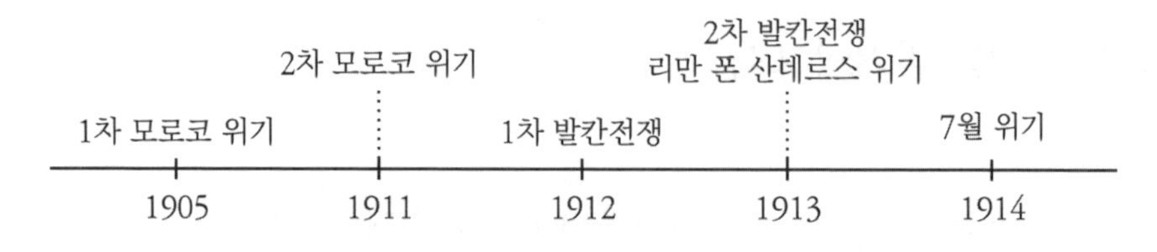

[그림 4.1] 전쟁으로 가는 과정, 1905-1914

[지도 4.1] 세르비아의 이득과 오스만의 손실, 1912-1913

발칸전쟁 동안, 오스만의 힘은 움츠러들었고 세르비아의 힘은 남동 유럽에서 커졌다(지도 4.1 참조). 러시아는 단지 부분적으로 동원하여 군대를 독일 국경이 아니라 오스트리아 국경에 주둔시킴으로써 이중 제국(Dual Monarchy)을 압박하여, 세르비아에 대해 아드리아 항구에 대한 야망을 포기하라고 한 오스트리아의 위협을 철회하게 만들었다.[3] 그러나 러시아가, 오스트리아의 공격에 대항해 세르비아의 독립을 유지시키고자, 1914년 7월 부분 동원령을 시도했을 때, 독일이 러시아에게 전쟁 준비를 멈출 것을 요구하는 **최후통첩**(ultimatum)을 보냈다.

정의 4.1 **최후통첩**은 거부 시 즉각적인 결과를 보일 것이라고 협박하는 요구이다.

러시아가 동원령 중지를 거부하자, 독일이 프랑스를 먼저 공격하여 연이은 러시아 공격을 위한 장애물을 없애는 전쟁계획을 실행했다.[4] 그러나 왜 러시아는 그 이전에 그리고 그것이 가능했을 때, 발칸전쟁뿐만 아니라 유럽에서 무너져가는 오스만의 힘이라는 더 높은 이권이 걸린 문제에 대해, 독일군이 발칸반도에 간섭하는 것을 억제하지 못했는가?

1914년까지 열강 정치는 대륙적 차원의 군비경쟁으로 정의된다(정의 3.1). (세르비아 같은) 그들의 피보호국 약간을 포함하여, 거의 모든 열강들이 군사적 팽창의 과정에 있었다.[5] 3장에서 봤듯이, 영국과 독일은 이제 막 어마어마한 해군력 증강을 완성했다. 드레드노트 경쟁에서 물러난 후, 독일은 1913년 사상 최대 규모의 육군 팽창을 제도화했고, 이는 프랑스 육군의 유사한 증강을 촉발시켰다. 그동안, 러시아는 1905년 러-일 전쟁 패배 이후 프랑스가 지원한 철도 근대화와 1917년 완성을 목표로 한 재무장 프로그램("Grand Programme")을 포함해 정치적, 경제적, 군사적 개혁에 집중하고 있었다. 러시아는 동아시아에서 막힌 이후 유럽으로 돌아가려는 야욕을 감추지 않았지만, 1914년 7월 기준 그 계획은 달성되지 못한 상태였다. 발칸전쟁에서의 승리로 새롭게 출발한 세르비아도 그 영토와 인구를 획기적으로 증가시키고, 역시

3 1913년의 런던 종전 조약에서 세르비아는 계속해서 항구를 사용하지 못하게 된다. 런던에서 조인되거나 런던의 이름을 딴 다른 선언과 조약들이 있으니 구별하기 바란다.

4 그렇다. 독일이 그 자체로 열강인 프랑스를 공격했다. 이는 연이은 러시아 공격을 위해 장애물을 없애기 위해서였다. 이것이, 원정군 참모총장 알프레드 폰 슐리펜이 비스마르크 이후 독일의 전략적 고립을 타파하기 위해 윤곽을 그린, 적어도 1905, 1906년 이후 독일 전쟁계획의 본질이었다.

5 Stevenson(1996)과 Leonhard(2018, 2장) 참조.

프랑스 신용으로 무기를 사들이기 시작했다.[6] 이중 제국은, 보스니아-헤르체고비나를 공식적으로 병합한 이후, 1914년까지 유럽에서 가장 높은 경제성장률을 달성했다. 실제 파워는 그렇지 않지만, 그 잠재력은 증가했다.[7] 마지막으로, 남동쪽의 오스만 제국도 독일 기업들과 베를린-바그다드 철도를 최종 목표로 그 부분들을 건설하기로 합의를 하고, 독일 장교를 육군과 해군의 고문으로 임명하고, 두 대의 드레드노트를 영국 조선소에 주문했다.[8]

7월 위기 이전 수년에 걸쳐 열강들이 무장함에 따라, 그들은 전쟁의 유혹에 저항하는 한편 그들 사이의 어떠한 일반적 갈등도 증강된 무력 때문에 엄청나게 값비싸고, 유럽 문명을 망하게 할 수도 있음을 확신하게 되었다-그래서 전쟁이 일어나지 않을 것만 같았다.[9] 독일은 크고, 부유하며, 대륙 최고의 육군을 보유하고 있었다. 그리고 독일의 안보는 명목상으로 오스트리아-헝가리, 이탈리아와의 삼국동맹(Triple Alliance)에 의해 보장받고 있었다. 독일 지도부 일각에게는, 단기적으로 어렵다면 장기적으로 런던이 중앙아시아에서 모스크바와 경쟁을 지속한다면, 심지어 영국과의 데탕트(긴장완화)도 가능하다는 명백한 낙관론도 있었다. (러시아령 중앙아시아와 영국령 인도가 서로 맞부딪쳤다.) 프랑스는 북서 아프리카로 제국을 확장하면서 1871년 독일에게 빼앗긴 영토를 회복하겠다는 열기가 1914년에는 그다지 강하지 않았다. 다만, 최근에 오랜 라이벌 영국과 해군양해협정을 체결했고, 러시아와의 동맹은, 1905년 일본이 러시아를 완벽하게 공개적인 모욕을 안긴 직후의 수년과는 정반대로, 마침내 믿을 수 있는 것으로 이해되었다. 그래서, 1914년에는 프랑스도 독일도 걱정할 것이 많지 않아 보였다.

더 동쪽에, 비엔나는 새로 얻은 보스니아-헤르체고비나 지역에 대한 통치를 공고히 하는 대신 안보에 있어서는 베를린에 의존할 수 있었다. 프란츠 페르디난트는 문제가 끊이지 않는 이 지역에 경제성장의 기초를 다져, 훗날 이 지역을 이중 제국에서 헝가리 권력에 대한 평형추로 이용하고자 했다. 러시아의 평화스러운 경로 또한

6 재무장 패턴에 대한 상세한 내용은 Levy(2014, pp. 150-151) 참조.
7 Clark(2012, 2장).
8 McMeekin(2015, 4장).
9 일련의 전쟁 전 위기 속에서의 평화에 대한 기록은 Stevenson(1997) 참조.

밝은 전망을 가지게 했다. 러시아는 중앙아시아에서 제국적 라이벌인 영국과 1907년 잠정 협정을 체결함과 동시에 개혁도 진행하고 있었다.[10] 러시아 지도부는 당분간 전쟁을 피하는 것을 최고의 목표로 여겼다.[11] 예를 들어, 1913년 발칸전쟁 위기 동안, 러시아 외무장관 세르게이 사조노프는 "*미래는 우리의 것이기 때문에*, 우리가 받을 것에 대해, 그것을 할부금으로 여기고 만족해야 한다."고 말했다.[12] 러시아가 재무장을 완성한 직후라서 일시적 차질을 빚을 수도 있는데, 1913년에 왜 싸우겠는가? 마지막으로, 다른 열강들이 썩은 고기를 찾는 새처럼 그 주위를 맴돌았던 오스만제국은 발칸전쟁에서 충분히 회복해서, 열강 갈등의 하나의 잠재적 불똥을 제거할 수 있을 정도가 되었다.[13] 유럽 열강들은 부, 군사력 그리고 동맹 네트워크 관계－러시아와 프랑스 그리고 독일과 오스트리아는 7월 위기 동안 그들의 이전 동맹관계보다 더 믿을 만했다－에 의해 안전을 보장받았다.[14] 어느 국가도 다른 국가의 손에 의한 급박한 정복의 위협이 없어 보였고－아무도 막다른 골목에 몰리지 않았다－, 1914년의 유래없이 아름다웠던 여름이 아무 방해도 없이 계속될 것처럼 보였다.[15]

심지어 사라예보의 암살 사건도 단지 작은 반향에 불과한 것처럼 보였다. 영국은 아일랜드 자치운동(Irish Home Rule)을 두고 내전 문제에 몰두해 있었다. 프랑스 대중들은 르 피가로(Le Figaro) 편집장의 추문 폭로, 재무장관의 간통 그리고 복수심에 사로잡혀 르 피가로 편집장을 살해한 장관의 두 번째 부인이 휘말린 스캔들에 갇혀 있었다.[16] 사라예보 암살 수일 후에, 독일 지도자들은 군인과 일반인 모두 여름 휴가를 위해 베를린을 떠났다. 다만 오스트리아는 재빨리, 대공을 죽이기 위해 몇몇 학생들에게 폭탄과 총을 들려 국경을 넘게 한 치밀한 음모에 대해, 세르비아를 비난했으나, 의미 있는 방식으로 반응하기에는 이미 늦어버린 상황이었다. 만족할 수 있는

---

10 Otte(2014).

11 Bobroff(2014, p. 240).

12 Fromkin(2004, p. 85)에서 인용.

13 McMeekin(2015) 참조.

14 이 문제에 관해, 특히 Clark(2012) 참조.

15 Fromkin(2004)의 시작을 보면, 마치 2001년 9월 11일 미국 동부의 아침처럼, 그 여름이 얼마나 아름다웠는지 잘 묘사되어 있다.

16 그런데 르 피가로의 편집장 가스통 칼멧(Gaston Calmette)의 사무실을 찾아가 살해한 것이 명백함에도 헨리에뜨 카이요(Henriette Caillaux)는 유죄판결을 피했다.

즉각적인 행동을 요구하지도 않았고, 세르비아의 국경을 넘어 즉각적인 보복 공격을 가하는 오랜 전통을 실천하지도 않았다. 암살 후 거의 한 달 후인 7월 24일이 되어서야 오스트리아는 최후통첩을 보냈다. 그 내용은, 암살 계획의 치밀성을 비난하고, 오스트리아 관리가 세르비아 땅에서 세르비아 시민들을 수사하고 판결을 내릴 수 있도록 48시간 이내에 세르비아 주권의 포기를 요구했다. 만약 세르비아가 독립을 유지하고자 했다면, 최후통첩은 받아들일 수 없었다. 세르비아를 욕보이기 위해 의도된 오스트리아의 최후통첩에 대한 무성한 소문이 사실로 판명되자, 다른 열강들이 이러한 세르비아의 현실을 고려하게 되었다. 거의 한 달 뒤에는, 슬픔에 못 이겨 강력한 응징을 주장하던 오스트리아의 어떤 주장도 신뢰할 수 없게 되었고, 최후통첩 조항을 온전히 받아들일 수는 없다는 세르비아의 거부가 일주일 만에 세르비아, 오스트리아, 러시아, 독일 그리고 프랑스를 잠재적으로 재앙 수준의 전쟁 위험으로 몰아넣었다.

그러나 여전히 오스트리아-세르비아 분쟁의 판돈이 작아 보였다. 세르비아계 보스니아 민족주의자들의 허술한 무리가 암살을 저질렀고, 그 성공이 유서 깊은 다국적 합스부르크 왕가에 위협이 될 리가 없었다. 만약 오스트리아가 강력 보복하고, 벨그라드를 점령하고, 약간의 양보를 받아내고, 처음 몇 주 만에 철수했더라면, 러시아조차 이 문제를 다른 방식으로 보고자 했을 것이다. 그런데 여름이 끝나갈 즈음, 오스트리아가 보복 응징이 아니라 전쟁을 준비하고 있다는 것이 명확해졌다. 오스트리아는 이제 유명해진 "백지수표"라는 형태로, 러시아에 대해 기꺼이 무력을 사용하겠다는 독일의 전적인 지원을 획득했다.[17] 마찬가지로, 러시아도 7월 24일 부분 동원령에서 7월 30일 전체 동원령으로 상향 발령했다. 이것은 오스트리아를 세르비아에서 몰아내겠다는 것이 아니라 차르의 수백만 병력의 군대를 이용해 독일 자체에 대항해 전쟁을 하겠다는 의미였다. 프랑스 역시 전시 동원을 시작했고, 그것이 독일에 대항해 공동의 전쟁을 벌인다는 조약에 대한 맹약을 러시아에게 확신시켰다. 전쟁은 수백만 명을 죽일 것이고, 그렇지 않으면 생산적이었을 경제를 왜곡하고, 심지어 승전국에서도 국내정치를 망가뜨릴 것이다. 패전국은 훨씬 더 심각한 피해를 입

17 백지수표를 발행했다는 논의에 대해서는, Mombauer(2013, 6장 Document 119, 120, 130) 참조.

을 것이다. 그런데 러시아와 독일 같은 핵심적인 의사결정자조차 전쟁이 처참하고 낭비적이며 잠재적으로 파멸을 가져올 수도 있음을 알았으면서, 왜 전쟁을 시작했을까? 난파되고 가난해지고 망하는 것보다는, 확실히 모두에게 더 나은 방향으로 협상을 할 수도 있었다. 다음 절에 보겠지만, 이 퍼즐을 풀기 위해서는, 1914년 여름 열강들이 어디에 *있었던가가* 아니라, 그들이 만약 전쟁을 하지 않았다면 1914년 여름 이후에 *어디에 있게 될 것으로 믿었던가를* 살펴봐야 한다.

4.2 전쟁의 발발과 확산에 대한 설명

극단적인 특이점처럼 보이는 사건을 설명한다는 것이 종종 필요이상으로 어렵듯이, 제1차 세계대전의 발발이라는 것도 사안의 복잡성으로 인해 예외가 아니다. 전쟁을 가능하게 만든 사건들의 합류가 희귀했지만 설명이 불가능한 것은 아니었다. 서부 그리고 중부 유럽이 전례 없는 수준의 부와 경제적 통합에 다다랐기 때문에, 열강들은—최소한 대륙에서는—수십 년 동안 평화로웠다.[18] 지역적으로 또는 시간적으로 암살이 좀처럼 없는 사건은 아니었지만,[19] 1914년 남동 유럽의 낙후지역에서 발생한 암살 사건으로 인한 국지적 위기가 수주 만에 대륙의 주요 열강들이 관련된 대치상황으로 발전했다. 장기간 지속된 잔혹한 소모전은 전 지구적으로 확대되고 참전한 제국을 멸망시키기도 했는데, 그것이 어떻게 7월 위기의 결과일 수 있는가? 군주제의 원리에 충실하고 최근 일본에 의한 패배로부터의 회복에 전념하고 있던 러시아는 왜 소수의 세르비아계 보스니아인 국왕시해범들의 운명 때문에 기꺼이 자국의 회복기를 단축시키려 했는가? 대륙에서 가장 강력한 육군을 보유하고 많은 경쟁자들보다 훨씬 부유한 독일은 왜 믿을 수 없는 동맹이자 러시아, 프랑스 그리고 (일이 잘못되면) 영국과 싸우려는 오스트리아를 지원하며 전쟁을 벌였는가?

18 경제적 상호의존과 전쟁에 대해서는 11장에서 더 상술된다.
19 Clark(2012, 1장) 참조.

퍼즐 4.1 오스트리아와 세르비아의 국지적 분쟁이 왜 다른 열강들 사이의 값비싼 전쟁으로 확대되었는가?

시간이 지난 후에 7월 위기를 살펴보고, 뒤따른 전쟁에 대해 거의 모든 당사자들을 "비난"하기는 쉽다. 전쟁 다음 세대의 정치인들과 학자들이 그렇게 했다. 독일 역사학자 프릿츠 피셔(Fritz Fischer)와 관련된 전통을 따라,[20] 어떤 사람들은 1912년 독일 지도자들이 전쟁만이 외교적 고립과 난처한 국내정치 문제를 종식시킬 수 있다고 믿었다며 전쟁의 책임을 전적으로 독일에 돌리기도 한다.[21] 다른 사람들은 초기 동원 계획을 비밀로 부친 것을 위기의 정점에서 독일의 동원령을 억제시키는 것을 꺼려한 것으로 해석하며 러시아에 손가락을 겨누었다.[22] 페르구손(Ferguson)은 예상대로 영국의 허둥댐을 비난했고,[23] 클라크(Clark)는 비록 독일이 백지수표 책략의 실패를 담담히 받아들이며 오스트리아-세르비아 전쟁을 지역적으로 한정시키기를 원했으나,[24] 프랑스가 러시아 동원령 발동을 조장하는 역할을 했다고 제시했다.[25] 투치만(Tuchman)은 교전국들이 가지고 있던 일련의 오해들을 밝혀냈는데, 그 중 하나가 단기의 민중전쟁(popular war)의 가능성이다.[26] 맥밀란(McMillan)은 평화를 저버린 결정들을 더 일반적으로 유럽 리더십의 단점과 결부시켰다.[27] 래슬러(Rasler)와 톰슨(Thompson)은 다수의 국가 간 경쟁의 복잡성이 글로벌 전쟁의 완벽한 매개(perfect storm)로 수렴했다고 강조했다.[28] 바스케즈(Vasquez)는 대전 전의 동맹 시스템이 각국을 의지에 반하여 나락으로 끌어들였다고 생각하는 대중적인 조류를 반영했다.[29]

각각의 설명은 이야기의 부분들을 포착하지만, 반드시 본질적인 부분이라고 말하

---

20 Fischer(1967).

21 Mombauer(2001), Fromkin(2004) 그리고 Copeland(2014) 참조. 그러나 Clark(2012)와 Levy(2014)는 독일이 1912년부터 1914년까지 예방 전쟁에 대한 일관된 정책이 없었다고 주장한다.

22 McMeekin(2013).

23 Ferguson(1999).

24 Hastings(2013)와 Buttar(2014) 참조.

25 Clark(2012).

26 Tuchman(1962).

27 McMillan(2014).

28 Rasler and Thompson(2014).

29 Vasquez(2014).

기는 어렵다. 독일은 확실히 7월 위기를 재부상하고 있는 러시아에 대한 예방 전쟁을 수행할 절호의 기회로 보았지만, 위기가 고조됨에 따라, 회복을 기다리는 옵션이 있음에도 불구하고, 러시아가 자국의 기회와 특권이 가까운 미래에 쇠퇴할 것이라 믿는 것처럼 보였다. 이러한 우려들은 양립 불가능해 보인다: 어떻게 양측이 동시에 상대적 쇠퇴를 두려워할 수 있는가? 정의상 한쪽이 쇠퇴하면 한쪽은 강해져야만 한다. 이러한 퍼즐을 대면하여, 인지적 한계 또는 편향 같은 심리적 요인들을 살펴보고 싶은 유혹이 생길 수 있지만,[30] 우리는 이 절에서 이것들이 불필요함을 보일 것이다. 우리는 인지적 과정에 대한 어떠한 참조도 없이 이 퍼즐을 풀 수 있다. 그 핵심은 오스트리아-세르비아 사이의 7월 위기에 걸린 특이한 이해관계에 있다. 독일, 러시아 그리고 프랑스 같은 중량급 국가들의 참전이 종종 전쟁을 공부하는 학생들로 하여금 7월 위기에 걸린 이해관계를 부차적인 것으로 무시하게 만든다.[31] 부차적이기는커녕, 그것이 대전 발발의 중심이었다. 7월 위기가 *누가* 제1차 세계대전에 참전할 것인지를 결정하지 않았을 수 있으나, 7월 위기가 *언제* 그리고 *어떻게* 대전이 일어날 것인지를 거의 결정했다. 독일은 러시아의 부활을 두려워한 반면, 러시아는 오스트리아가 세르비아에 승리하여 자국이 발칸에서 소외당하는 것을 두려워했고, 이 사실이 독일의 대러시아 예방 전쟁을 쉽게 만들었다. 이것이 왜 독일과 러시아가 1914년 서로를 상대로 예방 전쟁을 일으켰는지 설명해 준다. 이렇게 표면적으로 믿기 힘든 결과가 가능했던 것은 단지 오스트리아가 러시아의 발칸에서의 보루인 세르비아를 쳐부숴야 한다고 느꼈기 때문이다. 7월 위기와 그 해결 과정이 유럽에서 힘의 밸런스를 위협했고, 독일에는 기회이고 러시아에는 위협인 이 상황이 맹약의 문제로 얽힌 고르디우스 매듭을 만들었으며, 비엔나, 상트페테르부르크 그리고 베를린에서의 의식적 선택이 이 매듭을 싹둑 잘라내면서 유럽 대전이 시작되었다.

---

30 Snyder(2014) 참조.

31 Tuchiman(1962)의 전쟁의 원인에 대한 유명한 설명의 제목이 "7월의 총포"가 아니라 "*8월의 총포*"이다.

4.2.1 퍼즐 풀기

이 장의 퍼즐은 영-독 해군경쟁보다 더 까다롭지만 원리는 똑같다. 먼저, 우리는 경기자, 행동, 결과 그리고 선호로 전략적 상황을 묘사한다. 그리고 나서, 균형 전략을 확인하기 위해 이러한 요소들이 어떻게 상호작용하는지 구체화한다. 군비경쟁 퍼즐에서는 두 명의 경기자가 있었던 반면, 7월 위기가 고조되어 유럽대전으로 비화되면서 네 명의 경기자가 등장한다: 세르비아, 오스트리아-헝가리, 러시아 그리고 독일. 지금은, 동맹인 러시아가 전쟁에 나섬에 따라 프랑스의 오스트리아에 대항한 참전은 기정사실로 하고, 영국의 참전 문제(6장의 내용)는 아직 다루지 않는다. 영국의 참전 문제에 관해서 이 장에서 핵심 경기자인 독일 지도부는, 러시아에 대해서와 달리, 상반된 감정을 품었거나 무시했다.[32] 독일은 잠재적 적들이 어떤 모양으로 구성되든 이들을 물리칠 확률이 1914년이 가장 높다고 믿었고,[33] 이로 인해 우리는 당분간 프랑스와 영국의 참전을 계산에서 제외할 수 있다. 이 절에서 우리는 7월 위기의 전략적 복잡성을 세 개의 성분 게임(component games)으로 나누어 분석하는데, 각 게임은 자체의 내쉬균형을 가지며, 각 내쉬균형은 다른 게임의 균형들에 의존한다. 만약 이것이 복잡하게 들린다면, 그런 것이다. 그러나 분석을 따라가면, 전략적 상호연계성의 현실을 직면하게 될 것이고, 약간의 복잡성을 감수할 필요성을 체감할 것이다. 세 개의 연관된 게임을 분석함으로써, 구체적으로, 새로이 합스부르크 가문의 통치를 받게 된 보스니아에서의 암살 사건이 어떻게, 세르비아 민족주의와 오스트리아의 쇠퇴 사이에 원래의 충돌에는 무관심한 것처럼, 독일, 러시아 그리고 프랑스 육군의 진군으로 끝나는 사건의 연쇄반응을 촉발시킬 수 있었는지 알 수 있을 것이다.

간단히 요약하면, 우리의 첫 번째 모형은 7월 위기의 핵심에 있던 국가인 오스트리아-헝가리와 세르비아를 분리하여, 황태자에 대한 암살을 계기로 일어났던 오스트리아의 최후통첩 이후 상황을 분석한다. 세르비아는 오스트리아의 요구를 존중할

32 Lieber(2007, p. 187)와 Leonhard(2018, p. 43) 참조.

33 Hastings(2013, p. 78).

것인지 거부할 것인지 결정해야 한다. 반면, 오스트리아는 세르비아를 공격하여 발칸의 신생 소국을 박살내 버릴 것인지 아니면 징벌적 포격 또는 벨그라드 점령 정도로 종결지으며 전쟁을 보류할 것인지 결정해야 한다. 그런데 오스트리아의 전쟁 수행 여부가 결정적으로 독일의 "백지수표" 지원에 달려 있었다. 그 약속을 이행할 것인지에 대한 독일의 결정을 고려하기 전에, 우리는 러시아와 오스트리아의 상호작용을 분석한다. 러시아는 사태를 방관할 것인지 또는 세르비아를 방어하기 위해 오스트리아를 공격할 것인지 결정해야 하고, 반면 오스트리아는 러시아의 잠재적 개입을 고려하여 세르비아를 공격할 것인지 말 것인지 결정해야 한다. 우리의 세 번째 게임은 독일과 러시아의 선택의 문제를 분리하여, 서로에 대한 전시 동원에 대해 결정하거나(즉, 그들의 피보호국인 오스트리아와 세르비아를 지원하는 것) 확대된 전쟁에서 손을 떼거나 후퇴할지 여부를 결정해야 한다. 게임들을 분리하면 분석이 다소 용이해지기도 하지만, 또한 어떤 한 게임의 균형이 다른 게임의 균형에 어떻게 의존하는지를 볼 수 있다. 이것이 전략적 상호 연관성의 본질이다. 이를 통해, 정확하게 누구의 어떤 결정이 전쟁의 발발에 가장 중요한 역할을 했는지 밝힐 수 있다. 곧 살펴보겠지만, 세 개의 예방 전쟁이 7월 위기 위에 같이 합쳐졌고, 여러 열강들이 참전한 이례적으로 대규모의 잔혹한 전쟁으로 발전하게 되었다. 그러나 이 맹약의 문제들 중 하나만이라도 해결되었더라면 1914년의 대전을 막기에 충분했을 것이다.

그림 4.2는 오스트리아-헝가리와 세르비아의 문제에 초점을 맞춘 게임이다. 오스트리아의 최후통첩에 직면하여, 세르비아는 그것을 존중하느냐 거부하느냐를 결정해야 한다. 최후통첩에서 가장 극단적인 조항은 효과적인 주권의 포기를 포함하고 있어 아주 가혹한 조건이다. 오스트리아는 오랜 시간 추구해온 발칸의 골칫거리인 이웃의 해체를 위해 공격을 할 것인지 또는 세르비아가 순응할 것이라는 희망으로 보류할 것인지 결정해야 한다. 각 경기자의 선호 구조가 2장에서 분석한 예방 전쟁의 그것과 많이 닮았다. 발칸전쟁에서의 광범위한 이득으로 새롭게 출발한 세르비아는 민족통일운동을 계속할 자유를 원했고, 이것이 불가피하게 보스니아-헤르체고비나 지역의 세르비아계 국민들을 안정적으로 관리하고자 하는 오스트리아와의 충돌을 불러왔다. 한편, 이중 제국은 세르비아의 성장이 "민족주의 문제"에 대한 오스

트리아의 빈약한 장악력을 훼손할 것을 두려워한다. 세르비아가 힘과 명성을 얻어갈수록 민족주의 문제는 단지 더 힘든 상황으로 변모할 것이다. 오스트리아는 열강의 지위에도 불구하고 자국을 쇠퇴해가는 국가로 보고 있었으며, 합스부르크 제국을 지탱하는 민족-언어학적 밸런스에 더 큰 분란을 일으키기 전에 세르비아의 기세를 꺾을 기회가 소진되어 가고 있었다.[34]

		S 존중	S 거부
A	보류	4, 1	1, 4
A	공격	2, 2	3, 3

[그림 4.2] 오스트리아-세르비아 위기

이러한 양국의 상황과 목표를 어떻게 선호로 전환시킬 것인가? 오스트리아가 전쟁을 보류시키고자 하는데 세르비아가 오스트리아의 요구에 순응하면, 이것은 (러시아의 지원을 기대할 수도 있는데) 싸움을 해보지도 않고 세르비아 주권을 포기하는 것이므로, 세르비아에 최악의 결과가 된다(보수 1). 세르비아에게 최선의 결과는 자신이 오스트리아의 요구를 거부하고 오스트리아가 보류를 선택할 때이고(보수 4), 중간 결과들은 오스트리아의 요구를 존중해야만 한다면 존중하거나 러시아를 등에 업고 전쟁을 하는 것이다.[35] 만약 세르비아가 거부하여 전쟁이 일어나면, 약간의 생존 기회를 가지게 되고(보수 3), 공격에 직면하여 그렇게 저항하는 것이 순순히 인정하는 것보다(보수 2) 더 높은 보수를 준다. 러시아의 지원을 기대하는 것은, 전쟁을 더 매력적으로 만들지만, 러시아, 오스트리아 그리고 독일 사이의 게임들에 달려 있다. 당분간 이러한 게임의 균형은 주어진 것으로 가정하고, 그러한 기대들이 오스트리아-세르비아 위기에서 일어나는 예방 전쟁 균형을 지지하는지 살펴볼 것이다.

우리가 예상했듯이, 오스트리아의 최후통첩은 받아들여지기 불가능하도록 의도되

34 Clark(2012, pp. 182, 242, 282)와 Herwig(2014, pp. 11-20) 참조.

35 Levy(1990-1991) 참조.

었기 때문에,[36] 오스트리아는 결과들을 다르게 순위 매긴다. 오스트리아가 가장 선호하는 결과는 세르비아가 최후통첩의 조건들을 존중하고 효과적으로 주권을 이중제국에게 양도하고 자신은 이를 받아들여 전쟁을 일으키지 않는 것이다(보수 4). 그러나 이것은 세르비아가 지키지 못할 약속이다. 세르비아가 무엇을 말하더라도 그것은 프란츠 페르디난트를 죽인 시해 사건에 관해 말할 것이고, 한편으로는 쉽게 영토적, 경제적 성장의 길을, 다른 한편으로는 민족주의 운동 전략을 계속할 수 있다. 어떠한 묵인도 신뢰할 수 없다. 공격할 기회를 보류했는데 세르비아가 순응하기를 거부한다면, 이는 오스트리아에 최악의 결과이다(보수 1). 그러나 독일의 백지수표로 인해 전쟁은 독특한 기회를 제공한다. 순응하겠다는 세르비아를 공격하는 것은 오스트리아를 왕따처럼 보이게 하는 다소의 외교적 비용이 발생하지만, 세르비아의 민족통일주의를 끝낼 수 있다(보수 2). 한편, 저항하는 세르비아에 대한 공격은, 잘못이 있어 보이는 국가가 저항하여 공격하는 것처럼 보이므로, 오스트리아에 차선의 결과를 제공한다(보수 3). 세르비아가 동맹국(Central Powers)에 대항한 전쟁을 기꺼이 지지하는 것이 그랬던 것처럼, 세르비아를 공격하고 그 후원자인 러시아를 도발하려는 오스트리아의 의지 역시 전적으로 독일의 지원에 달려 있다.[37] 따라서 오스트리아–세르비아 게임의 어떤 폭력적인 균형도 독일과 러시아의 전략이 포함된 또 다른 게임의 균형에 의존한다.

정리 4.1 전략프로필 (공격; 거부)가 내쉬균형이다.

증명 전략 조합 (공격; 거부)가 내쉬균형이 되기 위해서는, 다음이 만족되어야 한다:

$$u_A(\textit{공격};\ \text{거부}) \geq u_A(\textit{보류};\ \text{거부}),$$
$$u_S(\text{공격};\ \textit{거부}) \geq u_S(\text{공격};\ \textit{존중}).$$

$3 \geq 1$이므로 첫 번째 부등식이 만족되고, $3 \geq 2$이므로 두 번째 부등식이 만족된다. 어느 누구도 이익이 되는 이탈을 가지지 아니하므로, (공격; 거부)가 내쉬균형이다. □

36 Herwig(2014, pp. 11–20) 참조.
37 Levy(1990–1991, p. 156).

우리는 역사적 기록에서 이 게임이 어떻게 플레이되었는지 이미 알고 있다. 그러나 게임과 그 균형 이면의 추론을 통해, 왜 그때 전쟁이 일어났는지에 대해 실마리를 찾을 수 있다. 실시간으로 생각해보면, 세르비아는 전부가 아닌 대부분의 요구 사항을 받아들였고, 오스트리아는 공격을 했고, (공격; 거부)의 균형을 만들었다. 이중 제국은, 제3자 중재를 통한 최후의 시도조차 세르비아의 운명을 피하기에는 너무 늦도록, 7월 27일 뜬금없이 사바강과 다뉴브강 건너 벨그라드에 포격을 쏟아부으며 전쟁을 선포했다. 그 후에 전시 동원이 거의 마무리됨에 따라, 오스트리아는 마침내 이웃의 신생국을 박살내기 위해 8월 침략을 감행했다. 균형에서 세르비아의 보수를 살펴보면, *오스트리아가 무엇을 선택하는지에 상관없이*, 최후통첩을 거부하는 것보다 좋은 것이 없다. 만약 오스트리아가 보류를 선택하며 물러선다면 세르비아는 요구에 따르지 않을 모든 인센티브가 있으며(4≥1), 오스트리아가 공격하더라도 세르비아는 순응하며 자멸하는 것보다 저항을 하는 것이 더 낫다(3≥2). 게임이론 용어로, 3장에서 영국과 독일이 드레드노트를 “건조”하는 것도 마찬가지이지만, “거부”를 세르비아의 **우월 전략**(dominant strategy)이라고 부른다.

정의 4.2 **우월 전략**은 상대방이 선택할 수 있는 모든 전략에 대해 최적인 대응이다.

오스트리아로서는 공격을 선택한다. 만약 오스트리아가 보류를 선택한다면 세르비아는 전쟁의 위협이 없는 최후통첩을 비웃을 것이다. 만약 세르비아가 오스트리아의 선택과 상관없이 거부한다면, 이중 제국은 무력에 의해 괜찮은 결과를 낼 수 있는 전쟁을 선호한다. 따라서 (공격; 거부)가 이 게임의 유일한 균형이다. 자체 성장이나 민족주의 운동을 계속하지 않겠다는 세르비아의 맹약을 믿을 수 없고, 이에 따라 오스트리아는 세르비아를 해체하고, 그 영토를 다른 국가들에 나눠주고, 민족문제 해결의 중대 외부위협을 제거하기 위해 예방 전쟁을 결정한다.

이웃한 소국에 대한 오스트리아의 예방 전쟁이 이야기의 끝일 수도 있었다. 그러나 전쟁의 위험을 감수하겠다는 세르비아의 의지와 전쟁을 추구하고자 하는 오스트리아의 의지 모두 그들의 후원자인 러시아와 독일의 행태에 의존한다. 만약 러시아가, 오스트리아를 상대로 한 자체의 게임의 균형에서, 오스트리아-세르비아 전쟁에서 오스트리아를 공격하지 않기로 선택한다면, 세르비아의 오스트리아 요구에 대한 거부는 선호되기 힘들 것이다. 동맹국(Central Powers)을 상대로 한 전쟁에서 생존 확률이 전적으로 러시아의 군사 지원에 달려 있다. 마찬가지로, 러시아의 공격에 직면해 독일의 군사적 지원 보장이 없다면, 오스트리아의 전쟁에 대한 의지도 심하게 훼손될 것이다. 독일의 지원 없는 세르비아 공격이 뒤이은 러시아의 침입을 의미한다면, 세르비아의 순응을 감내하는 것이 이중 제국에게 암살 사건에 따른 (완벽하진 않지만) 그럴듯한 결과가 되었을 것이다. 따라서 제1차 세계대전의 발발을 설명하기 위해서, 우리는 7월 위기의 단기적 특성과 더 넓은 차원의 러시아-독일 적대 관계를 연계시켜야 한다. 즉, 우리는 이 장에서 전쟁에 대한 개별 결정이 왜 그 자체의 게임에서 균형이 되는지 설명해야 한다. 만약 어느 게임에서라도 균형이 되지 않으면, 우리가 아는 전쟁은 1914년 7, 8월에 발생하지 않은 것이다.

그림 4.3은 7월 위기에서 러시아가 직면한 전략적 문제의 핵심을 보여준다: 만약 오스트리아가 세르비아를 박살내지 않겠다고 신빙성 있게 약속할 수 있다면, 러시아는 다른 열강들에 대해 군사적 우위를 확보할 수 있는 시간을 벌면서 평화를 유지하는 것이 가장 좋다. 1914년 이전 수년간 그 지도자들이 말했던 것처럼, 시간은 러시아 편이었다.[38] 러시아에 최선의 결과는 발칸에서의 영향력을 평화롭게 유지하고 확대하는 것이고, 이는 열강으로서 지위를 유지하는 것과 같다.[39] 그러나 러시아가 전쟁을 보류한 틈을 이용해 오스트리아가 세르비아를 해체하고 그 전리품을 불가리아 같은 세르비아의 라이벌에게 분배하며 발칸에서 합스부르크의 헤게모니를 주장한다면, 러시아는 남서 국경에서 귀중한 완충지대를 잃고 열강의 지위를 위협받는 상황을 맞게 될 것이다.[40] 러시아의 장기적 목표는 콘스탄티노플-상트페테르부르크에서는 과시적으로 "차르그라드(Tsargrad)"라 부름-과 터키 해협의 지배권을 획득하는 것이고,[41] 발칸에서 오스트리아의 강해진 존재감은 러시아의 궁극적 목표 달성에 장

38 이 문제에 대한 광범위한 논의에 대해서 Levy and Mulligan(2017) 참조.

39 Bobroff(2014, pp. 240, 246).

40 Levy and Mulligan(2017, p. 757).

41 Bobroff(2014, p. 238).

기적 장애물로 남을 것이다.[42] 참으로, 러시아는 콘스탄티노플을 위한 전투가 베를린과 비엔나에서 승리할 것이라고 믿고 있었다.[43] 오스트리아가 세르비아를 박살내지 않겠다고 신빙성 있게 약속할 수 있을 때에만 러시아가 세르비아 방어를 위해 전시 동원을 하지 않는 것에 대해 안정감을 느낄 수 있을 것이다. 1914년 7월, 세르비아는 힘이 커지면서 담대해지고, 합스부르크의 위신은 곤두박질치고, 독일은 백지수표가 현금화되기를 기다리면서, 이중 제국은 그러한 약속을 할 수가 없었다.

		A	
		보류	S 공격
R	보류	4, 1	1, 4
	공격	2, 2	3, 3

[그림 4.3] 러시아와 7월 위기

러시아가 방관하고자 하지 않으므로, 러시아-오스트리아 게임의 내쉬균형은 예측가능하다: 오스트리아-헝가리는 세르비아에 대한 공격에 착수하고, 이것이 러시아의 개입 여부와 상관없이 (독일의 지원 덕분에) 이치에 맞고, 러시아는 독일이 콘스탄티노플에 대한 유럽식 접근에 대해 영향력을 공고화할 때, 재무장 노력이 허사가 되지 않도록 3년이나 일찍 대형 "스팀롤러"를 가동시킬 준비를 한다. 그림 4.3이 이러한 의사결정 이면에 자리한 선호를 나타내고 있다. 러시아는 오스트리아가 보류하는 것을 가장 선호한다. 그러면 러시아 역시 보류하여 재무장 계획(Grand Programme)을 완성할 수 있다(보수 4). 만약 오스트리아가 세르비아를 공격하면, 러시아의 최선은 전쟁이다(보수 3). 러시아는 오스트리아가 세르비아를 공격하도록 내버려 두는 것보다(보수 1), 평화로운 오스트리아를 공격하는 것을 더 선호한다(보수 2). 오스트리아의 선호는 러시아의 개입 위협에 의존한다. 오스트리아에 최선의 결과는 피해를 당하지

42 일반적으로, 러시아는 오스만 제국의 해협 지배를 감내할 수 있었다. 오스만이 아닌, 유일하게 마음에 드는 다른 대안은 러시아 그 자체였다. 그러나 상트 페테르부르크는 콘스탄티노플의 획득이 대전의 발발을 가져올 것이라고 정확히 알고 있었다. McMeekin(2015) 참조.

43 Bobroff(2014, p. 239).

않고 세르비아를 공격하는 것이고(보수 4), 최악은 세르비아 문제를 해결하지 않은 채 평화를 유지하는 것이다(보수 1). 세르비아를 가만히 둔 채 러시아와 전쟁을 하게 되면 남쪽 측면이 세르비아의 공격에 노출되기 때문에(보수 2), 오스트리아는 오히려 세르비아를 공격하다 러시아와 전쟁하는 것을 감내하려 한다(보수 3). 전략과 선호를 이런 식으로 정렬하면, 균형은 우리가 예상한 대로 (공격; S 공격)이다.

정리 4.2 전략프로필 (공격; S 공격)이 내쉬균형이다.

증명 전략 조합 (공격; S 공격)이 내쉬균형이 되기 위해서는, 다음이 만족되어야 한다:

$$u_R(\textit{공격};\ \text{S 공격}) \geq u_R(\textit{보류};\ \text{공격}),$$
$$u_A(\text{공격};\ \text{S } \textit{공격}) \geq u_A(\text{공격};\ \textit{보류}).$$

$3 \geq 1$이므로 첫 번째 부등식이 만족되고, $3 \geq 2$이므로 두 번째 부등식이 만족된다. 어느 누구도 이익이 되는 이탈을 가지지 아니하므로, (공격; S 공격)이 내쉬균형이다. □

그림 4.3에서 러시아는 오스트리아의 공격 시도에 대해 세르비아가 망하도록 내버려두지 않는다. 그러나 오스트리아는 러시아가 옆으로 비켜서면 세르비아를 침공하지 않겠다고 신빙성 있게 약속할 수가 없다. 전쟁이라는 비용에도 불구하고, 각 경기자의 전략은 사후에 후회할 것이 뻔한 전쟁이라는 결과를 산출한다. 오스트리아가 세르비아를 공격하지 않겠다고 약속하고 러시아의 남진에 대해 대문을 닫을 수 있었다면, 전쟁을 피할 수 있었다. 그렇지만 그러한 약속은 신빙성이 없기 때문에, 세르비아의 붕괴 전망이 동맹국들을 상대로 한 전쟁에 러시아를 끌어들였다. 심지어 이중 제국조차 독일의 백지수표가 없었다면 그 남쪽 이웃을 무너뜨리려는 시도를 하지 않았을 것이다. 따라서 마지막 연결고리는 왜 독일이, 러시아(및 그 연합국)와의 큰 전쟁의 위험을 무릅 쓰고, 오스트리아－헝가리로 하여금 세르비아를 공격하도록 부추겼는지 설명하는 것이다. 그때 러시아는 불가피하게 오스트리아의 공격으로부터 세르비아를 방어하기 위해 움직일 수밖에 없었다.

만약 독일이 오스트리아를 대담하게 행동하도록 만들지 않았다면, 오스트리아-세르비아 게임과 러시아-오스트리아 게임의 균형은 엄청 달라졌을 것이다-즉, 평화스러운 균형. 독일의 지원이 없으면, 오스트리아는 세르비아와 러시아 연합과의 싸움을 예상할 것이고, 그랬다면 아예 처음부터 공격할 생각을 포기하거나 러시아가 초연할 수 있는 정도로, 벨그라드 점령 수준의 제한된 보복 전쟁에 만족할 것이다. 합스부르크의 손에서 복수가 끝나는 것은 독일이 백지수표 발행을 거부할 때에만 가능하다. 이 경우 오스트리아-헝가리의 제한된 목표에 대한 맹약은 신뢰할 만하고, 러시아는 이 문제에서 물러나 러시아 재무장의 길을 계속 갈 것이다. 그럼에도, 독일은 포괄적 지원을 제공하고-영국과의 긴장이 명확해질 때 잠시 주저함이 있었지만-, 7월 내내 전시 동원을 승인하고 실행하는 과정에서 보여준 오스트리아의 더딘 진전을 보면서도 포괄적 지원을 거듭 갱신해준다. 어떤 관찰자들은 이러한 무조건적인 지원을 전쟁에 대한 욕망으로 돌렸으나,[44] 독일 지도부는 계산적이고 검소하다-즉, 전쟁의 비용과 위험에 대해 신경을 쓴다.[45] 왜 재앙에 이를 수밖에 없는 수순을 밟아가는가?

그 대답은 1914년 7월 기준 독일의 힘의 위치에 있는 것이 아니라, 러시아의 재무장이 완성되고 독일이 연합국(Entente) 세력의 위협에 대처하면서 마침내 재정적 한계에 봉착하게 되는 1917년에 독일이 어떤 위치에 *있게 될 것인지*에 대한 믿음(belief)에 달려 있다. 영국과 해양 주도권 경쟁을 두고 벌인 수년의 낭비 이후, 1913년 역사적 규모의 투자로 육군을 확대시키면서 독일은 재정이 위기에 처했다. 독일에 대한 신용평가는 폭락했지만, 러시아의 신용도는 계속 오르고 있었고, 프랑스-러시아 연합의 단단한 결속은 계속 강해질 뿐이었다.[46] 독일 정치권은 이 딜레마에서 빠져나올 두 가지 방법을 보고 있었다. 하나는 독일 제국(Kaiserreich)이 지배력을 양보하는 정치적 자유화이고, 다른 하나는 상대적 쇠퇴를 방지하는 것이다. 엄청난 비용이 수반되는 예방 전쟁이 아니라 러시아가 힘을 급격히 증가시킬 수 있는 지역(남동 유럽의 예전 오스만 제국의 영토)에서 차르의 팽창을 억제할 수 있는 다른 수단. 그런

44 Fromkin(2004)이 이러한 주장에 대한 근래의 예이다.

45 Mulligan(2014).

46 Levy(2014, p. 155).

데 7월 위기가 독일에게 독특한 기회를 제공한다: 러시아가 발칸에서 차단되고, 갈등이 국지적으로 머문다면 오스트리아의 지위가 강화되고, 러시아가 개입한다면, 오스트리아-헝가리가 동부전선을 막고 있는 사이 독일이 서부에서 슐리펜 계획(Schlieffen Plan)을 실행할 기회가 생긴다. 오스트리아-헝가리를 지원하면, 독일은 7월 위기에서 최선의 결과를 실현할 수 있는 기회를 얻게 된다: 러시아를 발칸에서 몰아내고 러시아 재무장 성과의 상당량을 삭감하는 것. 독일에게 있어, "승리는 전쟁터에서 또는 협상 테이블에서 가능하지만",[47] 가능하다면 더 값싼 옵션을 선호한다. 러시아 또한 발칸에서 오스트리아의 성공은, 성공적인 재무장에도 불구하고, 수십 년 동안 러시아가 발칸에서 퇴출되는 것임을 잘 알고 있다.[48]

		R	
		방치	지원
G	방치	3, 1	1, 4
	지원	4, 1	2, 3

[그림 4.4] 7월 위기에서 독일과 러시아

그림 4.4는 독일과 러시아의 옵션들을 보여준다. 독일의 옵션은, 필요하다면 러시아를 상대로 하는 전쟁까지 맹약하며 이중 제국을 지원하거나, 러시아가 세르비아의 생존을 맹세하더라도 오스트리아가 홀로 싸우도록 방치하는 것이다. 반면, 러시아는 세르비아를 지원하거나 방치해야 한다. 러시아는 독일이 오스트리아를 방치하여 자신이 자유롭게 발칸의 피보호국을 방어할 수 있는 상황을 가장 선호한다. 그리고 세르비아를 방치하여 독일과 오스트리아 연합에 홀로 맞서게 하기보다는 독일과의 전쟁을 더 선호한다.[49] 독일이 가장 선호하는 것은 오스트리아가 해를 당하지 않고 세

47 Herwig(2014, p. 23).

48 Levy and Mulligan(2017, p. 741).

49 이는 Levy(1990-1991)의 1914년 독일과 러시아의 선호 규정을 반영한다. 독일은 전쟁의 지역적 한정을 선호하지만, 오스트리아가 홀로 세르비아와 러시아를 상대하게 하는 것보다 대전을 더 선호한다(pp. 160-161). 반면, 러시아는, 만약 오스트리아-세르비아 전쟁이 발발하면, 독일의 개입 없이 세르비아를 방어할 수 있는 것을 선호하지만, 세르비아가 무너지는 것을 보는 것보다 대전을 감수하려 한다(p. 157).

르비아를 박살내는 것이다. 그리하여 지역적 "외교 혁명"을 통해 러시아를 발칸에서 밀어내고, 가능하면 연합국(Entente)을 쪼개는 것이다.[50] 독일은 오스트리아-독일 동맹의 건강함을 유지하기 위해 오스트리아에 대한 지원을 천명한 상태에서 이러한 결과가 일어나기를 바란다. 만약 오스트리아가 독일 지원 아래 홀로 세르비아를 박살내면 4의 보수를 얻고, 독일의 지원 없이 그렇게 된다면 3의 보수를 얻는다. 만약 러시아가 방치된 오스트리아를 공격한다면, 독일에게 최악의 결과이고(보수 1), 반면 러시아의 공격에 맞서 오스트리아를 지원한다면 2의 보수를 얻게 된다. 이것이 상대적 쇠퇴기에 접어든 열강으로서 독일의 이미지와 일치한다: 러시아와의 전쟁을 거부하면, 러시아 재무장계획의 진전 또는 오스트리아 힘의 급감을 통해, 힘이 불리한 방향으로 계속 이동하게 될 것이다. 반면, 러시아가 가장 선호하는 결과는 독일이 오스트리아를 방치한 사이 세르비아를 지원하는 것이다(보수 4). 그 다음은 독일과 러시아 모두 그 피보호국을 지원하여 대륙에서 전쟁이 일어나는 것이고 (보수 3), 세르비아가 방치되어 망하게 되는 모든 상황이 가장 나쁜 결과이다(보수 1).

정리 4.3 전략프로필 (지원; 지원)이 내쉬균형이다.

증명 전략 조합 (지원; 지원)이 내쉬균형이 되기 위해서는, 각 경기자에게 다음이 만족되어야 한다:

$$u(\textit{지원};\ \text{지원}) \geq u(\textit{방치};\ \text{지원}).$$

독일의 경우 $2 \geq 1$이므로 부등식이 만족되고, 러시아도 $3 \geq 1$이므로 부등식이 만족된다. 어느 누구도 이익이 되는 이탈을 가지지 아니하므로, (지원; 지원)은 내쉬균형이다. □

러시아-독일 게임에서 (지원; 지원)이 유일한 균형인 것이 놀랍지 않을 수도 있다. 그러나 그림 4.2의 오스트리아-세르비아 게임 및 그림 4.3의 러시아-오스트리아 게임의 균형과의 연관성을 생각하면, 이 유일한 균형이 얼마나 중요한지 이해가 될 것이다. 각 경기자가 상대방의 물러서라는 마지막 요청을 거부하며, 각자의 피보

50 Levy(2015, p. 210) 참조.

호국을 지원한다. 만약 독일이 오스트리아 지원을 거둬들였다면, 러시아는 오스트리아를 수적으로 압도하여 세르비아를 구하고 합스부르크 제국에 재앙에 가까운 타격을 입혔을 것이다. 이것이 역설적으로 게임에서 오스트리아의 가치를 확인시켜 주었는데–이것이 독일이 러시아를 상대로 수행한 예방 전쟁의 일부이다–, 7월 위기 이전의 여러 위기들에서는 그러한 지원이 급박하지 않았다.[51] 마찬가지로, 만약 러시아가 물러섰다면, 독일과의 전쟁을 피했겠지만, 오스트리아가 세르비아를 박살내고 러시아를 효과적으로 발칸에서 몰아냈을 것이고, 1905년의 치욕 이후 러시아가 집중해왔던 유럽에서의 부활이 심각한 난관에 부딪혔을 것이다. 즉, 러시아와 독일 모두 물러서서 방관할 처지가 아니었다. 다른 방법으로 (지원; 지원)이 유일한 균형임을 증명할 수도 있다: 만약 상대 경기자가 그 동맹을 방치하면 각 경기자는 자신의 피보호국을 지원할 것이고, 상대 경기자가 그 피보호국을 지원하는 상황에서 어느 경기자도 물러서서 방관할 수 없을 것이다.

이것이 어떻게 오스트리아–세르비아 위기가 유럽 전체의 대재앙으로 변했는가라는 질문에 대한 우리의 대답이다. 그럼 이것이 우리에게 무엇을 가르쳐 주는가? 독일과 러시아는, 어느 쪽도 자신의 작은 파트너에 대한 지원을 철회하겠다고 신빙성 있게 약속할 수 없었기 때문에, 1914년 전쟁에 돌입했다. 결과적으로, 양측은 모두 예방 전쟁을 수행했다고 규정할 수 있다. 그러나 오스트리아–세르비아 전쟁이 러시아–독일 전쟁에 미친 함의를 파악하지 않는다면, 이러한 사실이 역설적으로 보일 것이다.[52] 동맹 시스템을 세계대전 발발을 설명하는 핵심 요소로 보는 것은 쉽다.[53] 그러나 그림 4.4의 균형과 그 균형을 뒷받침하는 오스트리아–세르비아 및 오스트리아–러시아 게임의 균형을 지지하는 논리는 다른 차원의 추론을 보여준다. 독일과 러시아는 오스트리아–세르비아 전쟁이 가지는 그들 자신들의 힘의 이동이라는 함의를 두고 전쟁에 돌입했다: 러시아의 부상을 저지하려는 독일과 그 기회를 지키려고 하는 러시아. 독일과 러시아 양국은 국제 시스템의 전략적 상호 연관성 때문

51 Stevenson(1997)과 Clark(2012) 참조.

52 이러한 역설에 대한 주장과 응답 그리고 역설의 해결을 위해 Snyder(2014), Levy(2015) 그리고 Levy and Mulligan(2017) 참조.

53 Christensen and Snyder(1990)와 좀 더 최근의 주장으로 Vasquez(2014) 참조.

에 예방 전쟁을 개시했다. 독일이 오스트리아와 공식적인 동맹에 의해 묶여 있었는지 또는 러시아가 슬라브족 국가의 안전에 대해 책임감을 느꼈는지 여부와 관계없이, 힘의 이동이라는 문제는 여전히 두 국가를 전쟁으로 내몰았을 것이다. 그리고 그 힘의 이동의 근원에 오스트리아-세르비아 전쟁이 자리하고 있었다.[54] 7월 위기는 독일에게 러시아를 상대로 값싸게-차르 제국에 대해 직접적인 공격을 퍼부을 필요가 없었기 때문에-예방 전쟁의 이득을 확보할 수 있는 기회를 제공했다. 러시아는, 아무런 해를 당하지 않고 그 힘을 키워나가는 것이 최선이었지만, 재무장 계획을 완성하고자 하는 욕망에서 독일을 상대로 예방 전쟁을 개시했다. 일반적으로 부상하는(rising) 권력은 복잡하지 않은 상황에서 그 부상(rise)을 완성시키기 위해 전쟁을 미루고자 한다.[55] 그러나 쇠퇴해가는 권력이 바라보고만 있을 수 없을 때, 부상하는 권력은 자기가 더 강해질 수 있는 현 상황을 지키기 위해 먼저 공격할 수 있다. 7월 위기가 확대되어 제1차 세계대전으로 비화한 것이 바로 그런 경우이다.

4.2.2 왜 1914년에?

왜 7월 위기가 세계대전으로 확대되었는가를 만족스럽게 설명하기 위해서는 왜 다른 위기들은-예를 들어, 1905년과 1911년의 모로코 위기 또는 1912-1913년의 발칸전쟁-그렇지 않았는지도 설명해야 한다. 만약 우리가 1914년에만 집중한다면, 1914년에 있었던 명확한 사건들 중에서 대전의 원인을 찾는 위험을 감수해야 한다. 그러나 그러한 것들은 그 이전에도 있었으나 대전을 일으키는 데는 실패했었다. 이것이 사회과학자들이 말하는 종속변수를 선택하는 위험이다(즉, 설명변수가 아니라 설명되는 변수를 선택하는 위험). 대신에, 전쟁이 왜 발생했는지 이해하고 싶다면, 전쟁 그 자체만을 따로 봐서는 안 된다. 전쟁에 의해 해결되는 대립(불일치)과 평화롭게 해결되는 대립을 비교해서 살펴야 한다. 제1차 세계대전에 관해서 우리가 질문해야 하는

54 러시아-프랑스 동맹의 존재가 독일이 왜 자국의 전쟁계획에서 프랑스를 먼저 공격했는지 설명할 수도 있다. 그러나 그러한 동맹이 없었다면, (프랑스가 알자스와 로렌 지방을 회복할 기회를 노리지 않을 것이라 믿을 수 있었다면) 독일은 훨씬 더 러시아를 상대로 예방 전쟁을 치르고 싶었을 것이다.

55 Powell(2006) 참조.

하나는 왜 전쟁이 1905년도, 1912년도, 1916년도 아닌 1914년에 발생했는가이다. 오스만 제국이 남동 유럽에서 무너져가고 있음에도, 프란츠 페르디난트가 죽기 전까지는 독일과 러시아가 왜 그리고 어떻게 자제할 수 있었던 것일까? 그의 암살 이후에는 오스만이 더 이상 무너지지 않고 버티고 있었는데, 양국은 왜 이전처럼 자제하지 못했을까? 독일의 예방 전쟁에 대한 욕망은 적어도 1894년 프랑스－러시아 동맹 형성까지 거슬러 올라간다. 그리고 독일 공직자들은 1912년 베트만－홀베크 수상이 명명한 "전쟁 평의회"에서 명시적으로 예방 전쟁 문제에 대해 토론했으나, 전쟁이 일어나지는 않았다.[56] 러시아 지도자들은, 우리가 잘 알듯이, 유럽에서 대전을 최대한 길게 미루려고 했었다. 대전이 길고, 잔혹하고, 종말의 전조가 될 것임을 아무도 의심하지 않았으며, 1914년 이전의 수년 동안 장군들, 외교관들, 장관들 그리고 군주들, 심지어 유명한 소설가들의 마음과 입술에 자리잡고 있었다. 만약 커져만 가는 러시아의 힘이 그렇게 큰 고민이었다면－확실히 그랬지만－왜 독일이 1914년 이전에 공격할 생각을 못했을까? 이 장의 게임이 해답을 제시하지만, 예방 전쟁에 대한 확신이 있었는지에 대해 7월 위기와 이전 기회들을 비교해봐야 한다.

7월 위기의 가장 중요한 특성은 오스트리아－세르비아 갈등의 결과가 지역적 힘의 분포뿐만 아니라 러시아와 독일 사이의 힘의 분포에도 영향을 미쳤다는 것이다. 오스트리아가 세르비아를 누르고 승리하면 러시아 부상(rise)의 효과를 약화시키고, 콘스탄티노플로의 접근을 차단하며, 새로 얻게 된 군사력의 사용을 더 어렵게 만들 것이다. 이러한 전망이 러시아로 하여금 유리한 환경 속에서 재무장을 완성시킬 기회를 보전하기 위해 전쟁을 하도록 부추겼다. 독일에 있어 오스트리아－헝가리는 1890년 카이저가 비스마르크가 러시아와 맺은 재보장 조약(Reinsurance Treaty)을 갱신하는 데 실패한 이후 거의 유일한 동맹이었으며, 그러한 동맹을 러시아가 제거하고자 하는데 방관하고 있을 수 없었다. 그럴 경우 독일의 상대적 쇠퇴를 가속화시킬 수 있었다. 오스트리아－세르비아 전쟁에 대한 전망이 독일의 예방 전쟁을 자극하지 않았다면, 전쟁이 1914년 일어나지 않았을 수도 있었다. 결국, 러시아의 부상과 독일

56 어떤 분석가들(예, Fromkin, 2004)은 "전쟁 평의회"에서 러시아에 대한 예방 전쟁 가능성을 이야기했다고 많은 사실들을 열거하는 반면, Leonhard(2018, p. 54)는 베트만이 이 이름을, 민간인 정치인이 초대받지 못했다는 의미에서, 냉소적으로 사용했다고 지적한다.

이 장기적으로 군비경쟁에 나설 수 없다는 사실이 1914년 이전에 광범위하게 알려져 있었다. 1908년 오스트리아가 보스니아-헤르체고비나를 병합했을 때, 1912-1913년 발칸전쟁에서 오스만을 누르고 세르비아의 힘이 부상하고 있을 때, 러시아가 1913년 후반 독일 장군 오토 리만 폰 산데르스의 오스만 육군 임명을 반대했을 때 이러한 문제들이 이미 있었다. 각각의 상황에서, 독일도 러시아도 광범위의 전쟁을 일으키려 하지 않았다. 발칸전쟁 동안에 러시아는 오스트리아-헝가리만 겨냥하여 "부분" 전시 동원을 발표했고, 위기는 해소되었다. 그러나 1914년의 부분 전시 동원은 러시아로 하여금 독일 제국과의 충돌의 길로 밀어 넣었다. 무엇이 변하여 똑같은 정책이 어느 해에는 평화를 유지시키고 그 다음 해에는 실질적으로 전쟁을 보장했을까?

그림 4.2가 그 해답을 제공한다. 이전의 위기에서는 독일의 지원 약속이 오스트리아로 하여금 세르비아와 마지막 셈을 치르도록 부추기지 못했다.[57] 그렇지만 1914년 많지 않은 평화 주창자들 중 한 명이 사라예보에서 암살당하고 오스트리아가 세르비아를 박살낼 수 있는 기회가 감소해 감에 따라 유혹을 거부하기 힘들어지자, 이중제국은 마침내 전쟁을 일으켰다.[58] 발칸전쟁에서 두 차례 연이어 승리한 후 세르비아의 위협이 정점에 달하고 오스트리아 자체의 재정적, 금융적 어려움으로 미래에 대한 비관적 시각이 퍼지게 되자, 이것이 비엔나에서 군국주의자들의 예방 전쟁 요구와 잘 맞아떨어졌다. 수년 동안 독일의 목표에 대해 썩 내키지 않는 지지를 보낸 후, 마침내 오스트리아가 러시아의 개입이 거의 확실함에도 불구하고 게임에서 싸우고자 하는 충분한 외피를 갖추게 되었다. 이로써 독일은 이중 제국에 의지하여 러시아에 대항한 동부전선을 버틸 수 있게 되었으며, 군부의 오랜 숙원인 예방 전쟁이 가능해졌다. 이러한 이해의 일치가 러시아에게 심각한 위협으로 다가왔고, 군사력이 회복되고 있는 와중에도, 차르는 힘이 완전히 유리하게 이동하기를 기다리는 전략을 포기하게 됐다. 러시아가 1914년에 기다려야 했었다는 유명한 아이디어가 있는데,[59] 국지전에서 세르비아를 제압한 오스트리아의 승리는 재무장 계획에 논란을 불러일

57 Stevenson(1997).

58 Clark(2012).

59 Snyder(2014)와 Renshon(2017, pp. 223-232).

으켰을 것이고, 그것도 독일의 의도에 따른 것이었을 것이다. 오스트리아가 세르비아를 분할하고 발칸에서 합스부르크의 지배를 공고화하는 동안 러시아가 아무것도 안 하고 기다렸다면, 러시아는 전략적으로 훨씬 불리한 위치에 처했을 것이다. 재무장의 완성에도 불구하고, 전망은 더 나빴을 것이다. 결론적으로, 1914년 7월 "군사적 행동에 대한 오스트리아의 욕망이 다른 이전의 위기들과 *본질적으로 달랐다*."[60]

1914년 7월 이전에 오스트리아는 독일에게 있어 기껏해야 망설이고 주저하는 동맹에 불과했으나, 암살 사건을 계기로 독일이 비로소 합스부르크가 전장에 군대를 보낼 의지가 있음을 확신할 수 있었다. 그러나 독일이 오스트리아를 이용하여 자신의 의도대로 전쟁을 시작했다고 말하는 것은 핵심을 비켜간 것이다. 만약 독일이 러시아가 전시 동원하는 것을 억제할 수 있었다면 그리고 만약 오스트리아가 세르비아를 박살내고 발칸에서 그리고 궁극적으로 오스만이 지배하던 유럽 땅에 대한 튜턴족(게르만족의 대표)의 지배를 보장할 수 있었다면, 독일은 총을 한 방도 쏘지 않고 러시아를 상대로 예방적 타격을 가할 수 있었다. 그림 4.4에서 보았듯이, 이것이 7월 위기에서 독일에게 최선의 결과이다. 오스트리아의 신빙성 있는 참여가 없었더라면, 재정적으로 덫에 걸린 독일이 예방 전쟁에 일으키는 데 심각한 어려움에 직면했을 것이다. 그리고 오스트리아의 최후통첩을 통해 확인된 이러한 신뢰성이 "백지수표"의 발행과 독일과의 전쟁이 불가피하다는 러시아의 믿음 형성에 결정적이었음이 밝혀졌다.

전후 백 년 동안, 제1차 세계대전의 막대한 비용을 사전에 인식했음에도 왜 독일과 러시아가 전쟁을 시작하지 못하도록 서로를 *억제하지 못했는지*에 대해 많은 저술들이 있었다.[61] 그러나 이것은 잘못된 질문이다. **억제**(deterrence)는 상대 국가의 싸움 의지를 확인했을 때 한 국가가 물러설 것이라는 가정 위에서 작동한다—그래서 국가는 싸움 의지를 분명히 하기 위해서 억제적 협박(deterrent threat)이 필요하다. 억제는 복수할 것이라는 위협 없이, 협박을 받은 측이 지시된 행동을 실행할 것을 가정한다. 즉, 경기자를 억제할 수 있는 것이다.

---

60 Williamson(2014, p. 45).

61 Zagare(2011, 5–6장).

정의 4.3 **억제**는 처벌(예, 전쟁) 협박을 이용해 상대 경기자가 특정 행동(예, 침입)을 취하지 못하도록 하는 것이다.

그러나 오스트리아-세르비아 위기에 관한 러시아와 독일의 선호는 이 조건을 만족시키지 못한다. 상대방의 의도를 충분히 알았음에도, 양측은 상대방으로 하여금 피보호국을 지원하도록 허락하는 대신 여전히 전쟁을 선택했다. 억제는 초점에서 비켜나 있고, "1914년 독일은 자신들이 어떤 연합국의 조합이라도 쳐부술 확률이 다시 없을 만큼 높다고 믿었기 때문에, 실패할 수밖에 없었다."[62] 러시아의 전체 동원령과 부분 동원령에 대한 질문 역시 오해의 소지가 있다. "궁극적으로 러시아의 부분 동원령이, 독일에 대한 직접적 위협이 아니라 오스트리아에 대한 위협 때문에, 독일의 동원령을 이끌어냈기 때문이다."[63] 맹약의 문제 때문에 예방 전쟁으로 치닫게 됐을 때, 국가들은 사후적으로 전쟁의 비용과 파괴를 뒤돌아보고 후회할 것이다. 그러나 그것이 상대방의 의도를 알았더라면 좋았을 것이라는 내용은 아닐 것이다. 경기자들의 균형 추론은 억제의 실패처럼 보이지 않는다. 만약 억제가 가능했더라면, 추론은 아마 "상대가 싸우리라는 것을 우리가 알았을 때에만, 우리는 다르게 행동했을 것이다"이다. 그러나 예방 전쟁에 따르는 추론은, "부상하는 국가가 그 힘을 사용하지 않을 것이라고 신뢰성 있게 약속할 수 있었더라면, 우리가 전쟁을 피할 수 있었다"이다. 이것이 억제 실패의 논리보다 그 당시 독일과 러시아의 의사결정과 더 부합된다. 이에 대해 13장에서 더 상세하게 살펴볼 것이다.

그러면 무엇이 1914년을 그 이전의 전쟁 가능성들과 차별화하는가? 그 해답은 7월 위기를 통해 합쳐진 독특한 이해관계의 집합이다: 오스트리아는 세르비아의 맹약의 문제를 해결하기 위해 기꺼이 무력을 사용하고자 하고, 이것이 다시 러시아와 독일 양국의 맹약의 문제를 활성화시켰다. 모로코에서 프랑스의 세력 확장, 유럽에서 옛 오스만 제국의 영토에 대한 분할 그리고 콘스탄티노플에서 독일의 영향력 확대 등 이전의 위기들에서 오스트리아는 싸움을 맹약하지 않았고, 이것이 독일로 하여금

62 Hastings(2013, p. 78).

63 Levy(1990-1991, p. 181).

예방 전쟁을 개시하기 어렵게 했고 동시에 러시아로 하여금 1905 이후로 평화 속에서 재무장을 계속할 수 있도록 허락했다. 그러나 사라예보 암살 후에는, 오스트리아가 기꺼이 독일의 백지수표를 현금화하려 했고, 이를 계기로 열강들 사이에 수주 내에 거의 전 유럽을 전쟁으로 몰아넣을 수 있는 쌍둥이 예방 전쟁이 활성화됐다. 국제시스템의 전략적 상호 연관성이 배경의 핵심 부분이다. 오스트리아-세르비아 전쟁의 결과가 열강 정치에 중대한 함의를 가질 수 있었고, 1815년 이래로 희미하나마 유지돼 오던 힘의 밸런스를 뒤엎을 정도로 위협적이었다. 전쟁의 발발에 대한 어떤 설명은 교전국들이 선제적 속공이 성공할 것이라는 믿음을 가졌다는 것에 초점을 맞춘다.[64] 그러나 그러한 속공에 대한 믿음은 7월 위기 이전에도 대륙 전반에 걸쳐 군사 교리로 존재했었고,[65] 심지어 전쟁이 일어나더라도 그것은 희망이거나 소원일 뿐이지 확신이나 신념이 아니었다. 심지어 프랑스를 신속하게 패배시키는 전쟁계획을 수립했던 독일 참모총장은 속공을 감행했는데, 그 이유가 러시아와의 전쟁이 장기의 비참한 전쟁이 될 것이라는 그의 확신 때문이었다. 우리는 소위 공격에 대한 숭배에 대해 5장과 8장에서 자세히 논의할 것이다. 마지막 설명으로, 러시아와 독일 양국이 힘의 밸런스의 미래에 영향을 미치기 위해 서로 싸웠다는 것이다. 오스트리아-세르비아 위기와 러시아-독일 관계 사이의 연결고리를 인식하지 못한다면 그리고 국제 시스템의 전략적 상호 연관성을 인식하지 못한다면, 전쟁에 관한 이 책의 설명을 이해하기 어려울 것이다.

4.3 누구의 잘못이었는가?

연합국이 1919년 베르사유에서 평화조약의 조건을 내걸 때, 조약의 기본 조항에 전쟁을 일으킨 잘못이 독일에 있음을 인정하고 명시할 것을 요구했다.[66] 징벌적 조

64 예를 들어, Tuchman(1962).
65 특히, Buttar(2014)와 Philpott(2014)은 교전국들 사이의 전쟁계획의 상호작용에 대해 잘 설명한다.

항들 중에서 무엇보다도 이 "전쟁 책임 조항"이 조약 그 자체에서 독일에 대한 가혹한 전쟁 배상금(reparation)과 무장 제한을 정당화했다. 그리고 이 조항이 독일 내의 대중적인 고통과 고뇌의 한 지점을 설명한다. 독일 대중들은, 독일이 전쟁에서 방어적이었거나 어찌되었든 간에 독일만의 잘못일 수는 없다고 믿으며, 전쟁을 시작했고 끝냈다.[67] 결국, 베르사유 조약이 두 대전 사이의 기간에 나치의 성장을 위한 연료가 되었다. 나치는 독일의 패배와 궁극적으로 제2차 세계대전의 발발을 설명하기 위해 가공의 "비열한 배신(stab in the back)"에 관한 군부의 전후 수사(rhetoric)를 꺼내 들었다. 전쟁 책임 조항은 그 당시에도 이론의 여지가 있었다－미 대통령 우드로 윌슨은 그의 국제연맹(League of Nations) 제안에 대한 지지를 얻기 위해 가혹한 전쟁 배상금 아이디어에 대해서만 인정했고, 존 메이너드 케인즈는 1919년 승전국들의 처사에 진저리치며 협상 팀을 떠난 이후 조약에 대한 중대 비판서(*The Economic Consequences of the Peace*, 1919)를 출판했다. 그리고 지금도, 특히 두 대전 사이 독일 정치에 끼친 조약의 해악에 비추어, 여전히 그렇다.

이 장에서 설명한 게임들은 대전을 촉발시킨 죄, 잘못 또는 비난에 대해 무엇을 말할 수 있는가? 조약에 구체화된 것처럼 "죄" 또는 "책임"이라는 표현은 독일이 갈등을 *원했고* 독일의 결정 하나만으로 전쟁 발발에 충분했음을 의미한다. 어떤 학자들은 이러한 암묵적 추론을 받아들이고, 심지어 전쟁의 원인을 분석하기 위해 살인 미스터리 은유로부터 작업을 하기도 한다.[68] 그러나 이 장의 분석에 비추어 볼 때, 죄는 성립하기 어려운 개념이다. 대전의 발발은 예방 전쟁에 대한 결정에 의존하는데, 그 결정은 베를린뿐만 아니라 비엔나와 모스코바에서도 내려졌다. 만약 오스트리아－세르비아 전쟁이 국지전에 머무는 데 성공했다면, 독일은 원칙적으로 발칸에서 러시아의 힘을 쉽게 훼손시킬 수 있었다. 그리고 7월 위기에서 독일의 행동들은, 특히 오스트리아가 신속히 공격하기를 바라는 독일의 강한 희망은, 오스트리아－세르비아 전쟁이 국지전에 머무를 수 없다면 베를린은 전쟁을 받아들이겠다는 생각과 일관성을 가진다. 그리고 오스트리아－세르비아 전쟁이 국지전에 머무르는 것이 독

66 베르사유 조약에 관한 간결하고 통찰력 있는 역사를 위해 Neiberg(2017) 참조.

67 Watson(2014).

68 Fromkin(2004) 참조.

일로서는 최선의 결과였다. 오스트리아가 세르비아에 대해 오랫동안 원해오던 예방 전쟁을 대담하게 개시할 수 있도록 독일이 자발적으로 백지수표를 발행했지만, 모든 열강을 다 빨아들이는 대재난을 불러일으키겠다는 의도에서 그런 것은 아니었다.

만약 독일이 전쟁을 원하지 않았거나 명시적으로 추구하지 않았다면, 죄의 문제는 핵심에서 벗어났고 오해의 소지가 있어 보인다. 러시아와 프랑스를 대비해 전시 동원한 독일의 결정은 비엔나와 상트페테르부르크에서 내려진 결정에 의존했고, 마찬가지로 비엔나와 상트페테르부르크에서의 결정은 베를린에서 취해진 행동들에 의존했다. 어떤 하나의 결정이 단독으로 7월 위기를 대전으로 발전시키기에는 충분하지 않았다. 오스트리아, 독일 그리고 러시아의 전쟁 결정이 균형의 각 부분을 이루고, 각 결정들은 서로 다른 결정들에 상호 의존한다. 전쟁을 위한 여러 개의 필요조건들이 서로 다른 수도에서 충족되었으므로, 비난 또는 죄의 문제는 그렇게 긴박하게 판단하고 단정할 문제가 아니다.[69] 더 중요한 것은, 전쟁 책임이 누구에게 있는지를 찾는 것은 단지 전쟁을 설명하는 데 실패하는 것뿐만 아니라 우리들이 1914년 전후 의사결정자들이 당면했던 실제의 전략적인 문제를 보지 못하게 만든다. 전쟁은 비극적이고 참혹하며 파괴적이었지만, 그것이 발생하기 위해 사악하고 끝없는 야심이 필요하지는 않았다. 이를 인식하지 못하거나 실시간으로 의사결정자의 입장에서 생각하지 못하면, 우리들의 현실적 문제, 즉 현대의 열강들이 처한 여러 전략적 문제를 보지 못하게 될 수도 있다.

4.4 “이길 수 없는” 전쟁에 관하여

독일이 1914년 예방 전쟁을 개시했을 때, 독일은 연합국 세력을 무찌를 수 있는 자국의 능력이 정점에 달했으며 곧 쇠퇴할 것이라고 예측했다. 예방 전쟁의 관점에서 보면 이 말이 맞는 말이지만, 중요한 점들을 간과하고 있다: 그 정점 역시 매우

69 Levy(2014, pp. 148–149) 참조.

낮았다. 독일의 우수한 전장 효과성에도 불구하고, 프랑스, 러시아 그리고 영국이 총 인구, 부, 안전한 해상 무역 그리고 신용도 등에서 동맹국 세력이 따라잡을 수 없는 월등한 수준에서 동원이 가능했다.[70] 독일과 오스트리아-헝가리의 전망이 개선되지 않을 것이었고, 이미 *매우 나쁜 상황이었다*. 어떤 추정치는 그때의 성공 가능성을 50퍼센트 이하로 추정하기도 한다. 독일이 장기전, 끝까지 싸우는 소모전으로 갔을 때 살아남을 수 있는 능력도 확실히 의문시됐었다. 그러나 베트만의 말처럼, 그럼에도 불구하고 그의 나라는 "암흑 속으로 도약(a leap into the dark)"했다. 독일에 불리한 가능성에도 불구하고, 왜 평화롭게 유지하지 못했을까?

퍼즐 4.2 왜 독일은 승리 가능성이 그렇게 낮은데도 전쟁을 받아들였는가?

8월 4일 독일군이 프랑스로 가는 길에서 벨기에와 충돌하고 있을 때, 프로이센 전쟁장관 에리히 폰 팔켄하인은 그의 카이저에게 "이 전쟁으로 우리가 망하더라도, 그것은 아름다웠다"고 말했다.[71] 전쟁을 가능하게 했던 사람들 중 한 명에게서 나온 말이지만 낙관적인 그림이라고 말할 수 없다. 이 장에서 우리가 독일 지도자들이 검소하고 계산적이라고 누차 강조하지 않았던가? 세계대전을 일으킨 그들의 의지를 계산 착오나 더 심하게 말해서, 힘의 밸런스의 현실 상황을 계획적으로 무시한 탓으로 돌려야 할까? 동맹 간의 맹약 준수 또는 위신 지키기에 대한 병적인 집착? 아니면 단순한 민족적 증오? 그렇게 말하고 싶은 유혹도 있지만, 정답은 아니다. 이러한 설명은 기껏해야 불필요하거나 자가당착이지만, 백 년 뒤에 살펴보니 오도하게끔 오염된 것이다.

왜 그런지 살피기 위해, 국가들을 예방 전쟁에 나서게 했던 인센티브에 대해 더 깊게 파보도록 하자. 한 국가가 부상하는 적국에 대한 자국의 상대적인 힘의 쇠퇴를 멈추고 되돌리기 위해 전쟁을 일으킬 때(정의 2.13), 주된 관심은 자국의 지위가 악화되는 것을 *막는 것*이다. 우월한 지위를 지키기 위해 싸우는 것이 직관적으로 말이

70 Ferguson(1999, 4, 5, 9장) 참조.

71 Hastings(2013, p. 118)에서 인용.

되는 것처럼 보이지만, 미래의 쇠퇴가 확실할 때 심지어 약세의 지위를 지키기 위해 싸우는 것도 매력적인 선택일 수 있다. 독일 지도부의 마음속에서, 러시아의 부활과 오스트리아의 쇠퇴는 거의 불가피하게 열강의 지위가 붕괴되는 것으로 읽혔다. 만약 평화를 유지하는 것이 거의 확실하게 궁극적 패망에 이르게 한다면, 쇠퇴를 멈추게 할 확률이 조금이라도 높은 대안－즉, 적어도 적국을 제압할 가능성을 어느 정도 약속하는 전쟁－에 도박을 걸 가치가 있어 보인다. 현 상태로부터의 확실한 쇠퇴는 국가들에게 전쟁이라는 철 주사위를 굴릴 용기를 제공한다. 독일이 1914년 연합국 세력을 물리칠 가능성에 대해 비관적이었을 수 있지만, 비록 "최선"이라는 것조차 암울해 보였지만 마지막 최선의 기회(a last best chance)는 여전히 마지막 최선의 기회였다. 쇠퇴하는 국가가 이길 가능성이 나빠져 갈수록, 그 국가는 더 절박해지고, 그 위치를 유지하기 위해 위험한 도박을 더 받아들이게 된다. 베를린에서, "전쟁은 종말론적인 두려움과 종말론적인 희망으로 비쳐졌다."[72] 우리는 대전의 과정을 통해 이러한 논리가 독일에 여러 번 작동했음을 볼 것이다.

참으로, 예방 전쟁에 관한 역사적 기록에서 가능성이 명확하게 높지 않았음에도 전쟁을 일으킨 것은 빌헬름 2세의 독일뿐만이 아니었다. 일본이 20세기에 자체 계산 결과 50 대 50의 승리 가능성을 가지고 두 번 전쟁을 일으켰다: 1904년 러시아를 상대로 성공했고, 1941년 미국을 상대로 대패했다.[73] 매번 일본은 미래의 쇠퇴를 되돌릴 수 있는 기회를 보존하려 애썼다. 러－일 전쟁에서는 러시아의 만주지역 잠식을 억제하려 했고, 제2차 세계대전 중에는 미국의 해군력이 정점에 달하기 전에 미국을 태평양에서 몰아내려 하였다. 마찬가지로, 사실 독일은 *미래의* 쇠퇴를 비관적으로 받아들인 나머지 행동에 돌입하게 되었다. 이를 통해 *현재의* 심한 불균형을 비교적 매력적인 수준으로 만들었다. 이에 독일은 연합국이 모든 자원을 동원하기 전에 속전으로 승리를 추구하는 대담한 전쟁계획을 실행하기에 이른다. 그리고 전쟁이 질질 끌어지고 재앙이 희미하게 다가오자, 생존을 목표로 점증적으로 일련의 군사적 그리고 전략적 모험을 감행하게 된다.

---

72 Herwig(2014, p.21).

73 러－일 전쟁에 관해서는 Connaughton(2003)과 Streich and Levy(2016), 태평양전쟁에 관해서는 Hotta(2014)와 Paine(2012) 참조.

4.5 결론

제1차 세계대전에 대한 유명한 수사 중 하나가 그것을 우발적 사고로 보는 것, 즉 어떤 국가도 원하지 않았는데 부지불식간에 전쟁으로 빠져들었다고 보는 것이다. 놀랄 것도 없이, 전쟁을 위한 초기 결정을 내린 정치인들이-특히 독일에서-이러한 관점의 지지자였다. 이러한 수사적 비유가 또 다른 유력한 설명, 즉 독일이 전쟁을 원했고 고의적으로 세계대전을 일으켰다는 주장과 불편하게 공존하고 있다. 그러나 우리는 이 장에서 그 어느 설명도 정확하지 않음을 보였다. 잭 레비(Jack Levy)가 7월 위기에 관한 그의 연구에서 다음과 같이 말했다:

> 제1차 세계대전을 우연으로 설명하거나 세계 제패를 노린 독일에 의해 의도된 결과로 보는 것은 모두 과장되었다. 독일은 국지전을 원했지만, 독일뿐만 아니라 어느 열강도 영국이 참전하는 유럽에서의 대전을 원하지 않았다.[74]

확실히, 독일이 7월 위기를 관리하면서 대전의 위험을 감수하고자 했으나, 독일이 가장 바라던 결과는 세르비아를 상대로 한 오스트리아의 국지전이었고, 이를 통해 합스부르크의 힘을 강화하고 발칸에서 러시아의 위협을 급감시키고자 하였다. 독일의 지도자들은 전쟁이 값비싸고, 낭비적이며, 파멸에 이를 수도 있다는 것을 알았지만-심지어 러시아를 상대로 한 전쟁은 장기전의 어려운 전쟁이 될 것이라는 것도 알고 있었다-, 그들은 급속히 부상하는 러시아와 악화되어 가는 독일의 재정 상황 속에서[75] 라이벌 열강들과 경쟁할 수 있는 그들의 능력에 관한 "합리적인 비관론(rational pessimism)"에 입각하여 행동했다.[76] 그러나 이러한 예방 전쟁은 오스트리아가 전쟁에 대해 맹약을 하고 러시아가 비켜서서 방관하다가 발칸에서 쫓겨날 수는 없다고 판단했을 때에만 가능했다. 세르비아를 지원함으로써 러시아

---

74 Levy(1990-1991, p. 154).

75 McDonald(2009, p. 232).

76 Harrison(2016).

는 오스트리아-세르비아 사이의 국지전이라는 독일에게 최선인 결과를 좌절시켰다. 그러나 독일로서는 연합국을 상대로 전쟁계획을 가동시킴으로써 최악의 결과-차르의 군대가 발칸에 쏟아져 들어와 합스부르크를 박살내는 것-는 막을 수 있었다.

이러한 방식으로 전쟁을 보면, 러시아와 독일 모두 7월 위기를 고조시키는 데 예방 전쟁 동기를 가졌고, (암살이 허다한 지역에서의 어떤 암살같이) 상당히 작은 사건이 어떻게 대륙의 주요 열강 세력을 끌어들였는지 등 보기에 양립이 불가한 주장들을 포함하여, 여러 가지 퍼즐들을 풀 수 있다. 그리고 왜 독일 지도자들이 아주 합리적으로, 시간이 갈수록 더 낮아지겠지만 이미 승리 가능성이 낮다는 것을 알면서도, 전쟁을 개시할 수 있었는지도 설명한다. 우리는 다음 장에서, 이러한 초기의 비관론이 위험하고 궁극적으로 비참한 군사적 도박에 대한 독일인의 극단적인 취향처럼 보이는 것을 설명하는 데 큰 도움이 된다는 것을 알게 될 것이다. 그런데 우리는 유럽에서 발생한 대전에서 단지 세르비아, 오스트리아, 독일 그리고 러시아의 싸움을 보았다. 아직 세계대전이 아니다. 프랑스의 참전 결정은 그렇게 퍼즐이 아니다. 독일이 러시아에 선전포고하기 전에 프랑스에 대해 선전포고했고, 프랑스는 동맹 조약에 묶여 러시아 편에서 싸우기로 되어 있었다. 결국, 초기의 갈등을 진정한 *세계대전*으로 만든 것은 *영국의* 결정이었다: 참전 결정, 독일 항구에 대해 오랫동안 계획된 해상봉쇄를 감행한 결정 그리고 서부전선에 원정군을 파견한 결정.

4.6 연습: 시스템 효과

이 장은 다른 장들보다 더 국제 시스템의 전략적 상호 연계성을 강조한다. 시스템의 한쪽 구석에서 일어난 사건이 다른 쪽의 사건에 영향을 주기 때문에, 그림 4.2의 오스트리아-세르비아 게임에서 무슨 일이 일어났는지에 대한 이해 없이 그림 4.4의 러시아-독일 게임에서 일어난 현상을 설명할 수 없다. 국제 시스템은 단순히 부분들의 합으로 이해할 수 없다.[77] 그리고 시스템 효과가 실제 어떻게 작동하는지 알아보기 위해서, 이 장의 각 게임을 선택해서 내쉬균형이 선호의 변화에 대해서 얼마나 안정적인지 살펴봐야 한다. 여기서 선호라는 것이, 전술한 바와 같이, 다른 게임의 균형에 의존한다. 만약 대전의 발발이 신뢰할 수 없는 맹약의 네트워크에 의존한다면, 반사실적으로 생각하여 각 맹약을 신뢰할 수 있는 것으로 만들어 다른 경기자들의 전략에 무슨 변화가 일어나는지 살피는 것이 유용한 접근법이다. 이런 방식으로 왜 1914년에 전쟁이 발발했는지 그리고 전쟁을 막거나 늦추기 위해 무엇을 했어야 했는지에 관해서 우리의 설명을 질적으로 향상시킬 수 있다.

먼저 7월 위기의 뿌리라고 볼 수 있는 전략적 문제, 그림 4.2에 주어진 오스트리아-세르비아 게임을 살펴보자. 역사적 기록에 의하면, 이 게임에서 예방 전쟁은 두 가지 이유에서 발생했다: (1) 세르비아가 오스트리아의 최후통첩을 준수할 것이라고 맹약할 수 없었던 문제, (2) 맹약의 문제를 풀기 위해 무력을 사용하고자 하는 오스트리아의 의지. 연습 4.1과 4.2는 우리들에게 7월 위기의 결과에 영향을 지대한 영향을 미친 두 요인, 부상하는 세르비아 세력과 독일 백지수표의 역할에 대해 각각 생각해보게 한다.

연습 4.1 (보류; 거부)를 내쉬균형으로 지지하는 오스트리아의 선호 체계를 밝히고, 그 균형의 존재를 증명하라.

연습 4.2 (보류; 존중)을 내쉬균형으로 지지하는 세르비아의 선호 체계를 밝히고, 그 균형의 존재를 증명하라.

이러한 연습을 통해, 암살로 인한 위기의 결과가 이 장의 다른 게임에서 예측된 결과와 어떤 관계가 있는가?

다음으로, 그림 4.3에 나타나 있는 러시아-오스트리아 게임을 살펴보자. 거기서 어느 쪽도 1914년에 세르비아를 지원하거나 공격하고자 하는 유혹을 뿌리칠 수 없었다.

---

77 Braumoeller(2012)와 Jervis(1997).

연습 4.3 (보류; 보류)를 내쉬균형으로 지지하는 선호 체계를 밝히고, 그 균형의 존재를 증명하라.

연습 4.4 (보류; S 공격)을 내쉬균형으로 지지하는 선호 체계를 밝히고, 그 균형의 존재를 증명하라.

이러한 게임을 묘사하고 설명하면서, 우리는 (1) 러시아나 오스트리아가 전쟁을 개시하거나 (2) 오스트리아가 세르비아를 공격함에도 러시아가 방관하기 위해 무엇이 필요한지에 대해 생각할 수 있다. 이러한 새로운 균형들 중에 무엇이 그림 4.2에 표시된 오스트리아-세르비아 게임의 균형을 바꾸는가?

마지막으로, 그림 4.4에 표시된 러시아와 독일의 상호작용을 생각해 보자. 여기서 각 경기자들은 자신이 수행하는 전쟁을 예방 전쟁이라고 믿으며 전쟁을 개시했다.

연습 4.5 (방치; 방치)를 내쉬균형으로 지지하는 선호 체계를 밝히고, 그 균형의 존재를 증명하라.

연습 4.6 (지원; 방치)를 내쉬균형으로 지지하는 선호 체계를 밝히고, 그 균형의 존재를 증명하라.

연습 4.7 (방치; 지원)을 내쉬균형으로 지지하는 선호 체계를 밝히고, 그 균형의 존재를 증명하라.

연습 4.5~4.7은 1914년 러시아와 독일 사이의 전쟁이 어떻게 회피될 수 있었는지에 대한 서로 다른 반사실적 이야기를 내포하고 있다. 각 대안적 균형이 어떻게 역사적 기록의 변화와 연결되는가? 구체적으로, 러시아-독일 게임에서 다른 내쉬균형이 생기기 위해서, 즉 7월 위기를 단순한 지역적 사건에서 전 세계의 질서를 붕괴시킨 발화점으로 변환시키기 위해, 오스트리아-세르비아 전쟁과 러시아-오스트리아 전쟁에서 무엇이 달라질 필요가 있는가?

05

전쟁이론 II: 정보의 문제

전쟁이론 II: 정보의 문제

개인들은 그들의 선택의 결과에 관하여 불확실성에 직면할 수도 있다. 그래서 그들의 선택은 그 결과에 대한 선호에 의해 바로 유추되지 않는다.

R. 해리슨 와그너,
"누가 합리적선택이론을 두려워하는가?"

이 장에서는 경기자들이 상대방의 선호(preferences)에 대해 불확실한 게임을 소개하며 우리의 분석 도구를 확장한다. 이를 위해 2장에서 설명한 퍼즐로 돌아간다:

> 갈등은 일반적으로 평화협정으로 끝난다. 그렇다면, 왜 국가들은 낭비적인 전쟁을 벌이기 전에 그러한 합의에 종종 실패하는가?

위의 퍼즐에 대한 우리의 첫 번째 해답은 국제 시스템의 합법적 무정부상태에 의존했으며, 이를 이용해 예방 전쟁에 관한 모형을 개발했었다. 이 장에서는 특히 한 국가가 자신의 선호에 대해 거짓말을 할 유인이 있을 때, 다른 국가들이 그 국가의 선호에 대해 알기 힘들다는 아이디어와 관련된 두 번째 해법을 개발하려 한다. 한 국가가 상대방이 전쟁 대신 무슨 거래를 받아들일 것인지에 대해 정확한 예측을 할 수 없을 때, 상대방이 전혀 받아들이려는 의지가 없는 양보를 요구하게 되고, 이것이 전쟁으로 연결될 수 있음을 보일 것이다. 한 국가가 어떤 사안에 대해 진정으로 싸울 의지가 있음에도 불구하고, 그러한 사실을 상대에게 확신시키기가 어려울 수 있다. 만약 싸우고자 하는 의지가 확고하지 않다면, 그 국가는 싸우고자 하는 의지가 있는 것처럼 허세(bluff)를 떨 수도 있다. 만약 이 허세가 통한다면, 상대방이 진정으로 싸우고자 하는 정직한 표명도 믿지 않게 될 것이다. 힘의 이동과 정당한 무정부상태에 더하여, 불확실성과 의사소통의 장애 역시 낭비적이고 비효율적인 정쟁의 발발을 설명할 수 있다.

전쟁에 대한 두 번째 설명을 개발하기 위해 우리는 베이지언 게임(Bayesian games)을 소개한다. 베이지언 게임에서 경기자들은 상대방의 보수에 대해 불확실할 수 있고, 그 결과로 그들 자신의 선택의 결과에 대해서도 정확히 알 수 없다. 불확실성(uncertainty)을 전략형 게임에 결합시키기 위해서는 사적 정보(private information), 베이즈 규칙(Bayes' rule) 등의 기초적 확률이론을 포함하여 약간의 새로운 개념적 장치를 도입해야 한다. 이를 통해, 상대방의 선호에 대한 불확실성을 고려하여 경기자들이 어떻게 전략을 마련할 것인지 알려 주는 *베이지언 내쉬균형*(*Bayesian Nash equilibrium*)이라는 새로운 균형 개념을 소개할 것이다. 이 장의 목표는 다음과 같다:

- 베이지언 내쉬균형을 어떻게 찾는지 설명한다.
- 베이즈 규칙을 사용하여 새로운 정보에 대한 믿음(beliefs)을 정제한다.
- 어떻게 한 국가의 선호에 대한 불확실성이 전쟁으로 이끄는지 설명한다.
- 국내정치에 관한 모형으로 주인－대리인 문제(principal－agent problem)를 소개한다.

이후 장들에서 사용할 목적으로 게임이론의 핵심적 응용 모형을 설정할 것인데, 이 응용에서 우리 이야기 속 주인공들은 다른 사람들의 목적과 의도에 대해 잘 알지 못하고 이러한 무지를 이용해 서로를 속이려는 인센티브를 가진다. 불확실성과 전쟁 사이의 연결고리를 설명하는 것에 더하여, 베이지언 게임의 한 응용으로, 정부의 선호에 대한 대중의 불확실성을 이용하여 8월의 총기가 화염을 뿜어야 할 시기에 프랑스와 독일에서 일어난 몇 가지 당혹스러운 말장난에 대해서도 설명할 것이다. 이 장 서두의 인용구처럼 해리슨 와그너가 지적했듯이, 불확실성하에서 내려진 선택은 종종 경기자들을 낭비적인 전쟁 같은 결과로 이끄는데, 만약 더 많은 정보를 가졌었다면 확실히 피할 수 있었을 결정들이었다. 전쟁을 정보의 문제로 설명하면서, 우리는 이 정보의 문제로 인해 사람들의 목표와 그들의 전략의 효과성에 관해 사후적으로 추론하는 것이 아주 어렵다는 것을 확인하게 될 것이다.

5장 핵심 용어

- 믿음
- 사적 정보
- 기대효용
- 베이지언 내쉬균형
- 정보의 문제
- 값싼 대화
- 분리균형
- 주인–대리인 문제
- 통합균형

5.1 불확실성과 베이지언 게임

3장의 군비경쟁부터 4장의 예방 전쟁까지 우리가 지금까지 봤던 전략적 문제들에서는 불확실성이 중요하지 않았다. 우리는 경기자들이 상대방의 선호를 알고 이를 통해 상대방이 선택할 가능성이 있는 전략을 가늠해볼 수 있는 완전정보게임(정의 2.4)을 공부했었다. 이러한 상호작용에 불확실성이 개입될 수 있었지만, 상호작용을 설명하는 데 불확실성이 반드시 필요한 것이 아니었다. 그래서 아직까지는 불확실성을 모형화하지 않았었다.[1] 그럼에도 정치라는 것이 많은 경우 정보가 빈곤한 환경이며, 전략적 상호작용의 결과를 설명하는 데 불확실성이 필요할 때도 가끔 있다. 선거

1 모형은 그 목적을 수행하기 위해 필요한 만큼의 변수와 세부항목을 포함시켜야 함을 상기하라.

에 출마한 후보자가 상대 후보자의 후원금 모집 능력 또는 투표 동원 능력에 대해 막연한 감각만 지닐 수 있고, 쿠데타 모의자들이 군대뿐만 아니라 안보기관 공무원이나 국민들이 지정된 시간에 그들을 지원할지 여부를 모를 수도 있고, 정부가 특정 상품에 부과한 관세가 그 상품을 생산하는 국가와의 무역전쟁을 촉발시키기에 충분한지 불확실할 수도 있고, 입법자들이 주요 법안 통과에 필요한 충분한 득표를 할 수 있을지에 대해 고민할 수도 있고, 국가나 그 지도자들이 상대 국가가 분쟁 지역에 대해 얼마나 가치를 두는지 또는 대중이 얼마나 오랫동안 전쟁 준비를 지지할 것인지에 대해 불확실할 수도 있다. 만약 어떤 내쉬균형이 다른 경기자들의 전략에 대한 지식에 의존한다면, 경기자들이 서로의 선호를 모를 때 균형에 대해 어떻게 말할 수 있을까?

2장에서 우리는 게임을 경기자, 행동, 결과 그리고 선호의 관점에서 정의했었다. 모든 경기자들이 다른 경기자들의 전략에 비추어 자신에게 최적인 전략을 선택할 때, 그 전략프로필이 내쉬균형을 구성한다(정의 2.7). 그러나 내쉬균형은 경기자들이, 상대방의 전략을 포함하여, 게임의 각 요소에 대해 알고 있다고 가정한다. 이러한 지식이 경기자들이 게임에서 어떻게 플레이할 것이다는 공통 추측(정의 2.8)의 한 부분이 된다. 이 공통 추측이 내쉬균형에서 필요한 부분이고, 사회적 세계의 요체이다: 아이디어, 정체성, 역할, 규범 그리고 문화적 관습.[2] 만약 경기자들이 상대방의 전략에 대해 알 수 없다면, 상대방의 전략에 대비한 최적의 대응을 개발할 수 없다. 전략에 대한 불확실성의 근원이 될 수 있는 것이 다른 경기자의 선호(preferences)이다(정의 2.3). 그림 5.1이 우리에게 익숙한 위기협상게임(정의 2.2)의 한 변형을 보여준다. 여기서 A는 얼마나 많은 영토를 요구할 것인가를 선택하고, B는 얼마나 많은 영토를 양보할 것인가를 선택한다.

만약 B가 양보하고자 하는 것보다 A가 더 많이 요구하면, 즉 (전부; 절반)이면, 영토 전쟁이 일어난다. 그러나 A가 B가 양보하고자 하는 것 이하를 요구하면, 협상에서 A는 요구한 만큼 얻게 된다. 만약 A가 절반을 요구하고 B가 절반을 양보할 용의가 있다면 그 땅을 양분한다. 그러나 A가 절반을 요구하고 B가 전부를 양보할 용

2 공통 추측의 내용과 중요성에 대해서 Watson(2013)과 Morrow(2014) 참조.

		B 절반	B 전부
A	절반	2, 4	2, 4
A	전부	3, ?	4, ?

[그림 5.1] 선호가 알려지지 않은 게임

의가 있다고 하더라도, A는 여전히 절반만 얻게 된다(그리고 전부를 요구하지 않은 것을 후회한다). 우리는 그림 2.3에서 유사한 게임의 내쉬균형을 찾았었다. 그림 2.3의 게임에서 A는 자신이 전부를 요구했을 때 B가 어떻게 대응할지 알고 있었다. 그러나 그림 5.1에서 A는 자신이 파이 전부를 요구했을 때 B가 절반을 양보하는 것(전쟁을 불러일으킴)과 전부를 양보하는 것을 어떻게 순위 매기는지 모른다. A가 B의 반응과 전부를 요구받았을 때의 보수를 모르기 때문에, A는 자신의 전략을 개발할 수 없는 것처럼 보인다.

이러한 환경에서 어떻게 내쉬균형을 찾을 수 있는가? 짧은 대답은 불가능하다이다. 최소한의 공유된 지식조차 없다면, 내쉬균형은 무너진다. 따라서 B의 선호에 대한 A의 불확실성을 우리 모형에 결합시킬 방법이 필요하다. 이를 위해, 우리는 세상의 참인 상태(true state of the world)에 대한 경기자의 불확실성을 확률로 나타내는 **믿음**(beliefs)이라는 개념을 소개한다.

정의 5.1 **믿음**은 세상의 어떤 상태가 참인 상태일 확률에 대한 경기자의 주관적 추정치이다.

세계에 두 가지의 가능한 상태가 있다고 가정하자: 오늘 오후 오스틴에 비가 오거나 오늘 오후 오스틴에 비가 오지 않을 것이다. 나는 세상의 참인 상태를 알고 싶지만, 이 두 상태 중에 어느 것이 참인지 모른다. 그리고 나는 (수십 년 간의 가뭄에 도움을 받아) 추측을 할 수 있다. 비가 오거나 오지 않을 두 상태에 대해 내가 부과한 주관적 확률이 내가 외출할 때 우산을 가져갈 것인지 가져가지 않을 것인지를 결정할 것이다.[3] 2장에 제시된 전쟁에 관한 퍼즐로 돌아가서, A는 B가 두 가지 가능한 선호의 집합 중 하나를 가진다고 믿는다고 가정하자. 두 가지 중 하나의 상태에서 B는 단호하고, 전부를 양보하는 것보다 전쟁을 선호한다(3>1). 다른 하나의 상태에서 B는 유약하다. 이 경우 B는, 만약 A가 전부를 요구하면, 전쟁 대신 전부 양보하기를 선택한다(1<3). 그리고 B는 자신의 선호를 알지만, A는 B의 선호를 모른다고 가정하자. 한 경기자는 자신의 선호를 알지만 다른 경기자는 모를 때, 우리는 해당 경기자가 **사적 정보**(private information)를 가지고 있다고 말한다.

정의 5.2 한 경기자가 자기 자신의 보수에 대해 알지만 다른 경기자는 이를 모를 때, 이 경기자는 자신의 선호에 대해 **사적 정보**를 가진다.

위의 예에서처럼, B가 사적 정보를 가지고 있을 때, B를 "정보를 가진" 경기자 그리고 A를 "정보를 가지지 못한" 경기자라고 한다.[4] A에게 있어 B는 서로 다른 두 경기자 중의 하나이거나, 두 개의 *타입*(*type*)을 가진 경기자이다: 단호하거나 유약한 타입. A는 자신이 어떤 타입의 B를 상대하고 있는지 알 수 없으나 각 타입의 선호에 대해서는 알고 있기 때문에, 각 타입의 B의 가능성 있는 전략에 대해 정확한 판단을 할 수 있다. 오스틴의 날씨 예제로 돌아가 생각해 보자: 내가 사무실에 가는 길에 비가 오는 경우도 있고 비가 오지 않은 경우도 있었음을 알기 때문에, 세계의 *가능한* 상태가 어떤지에 대해 알고 있다－다만 내가 모르는 것은, 내가 사무실로 갈 때 세상이 어떤 상태일 것인지, 즉 비가 올 것인지 오지 않을 것인지이다. 나와 날씨의 관계처럼, A도 B가 단호한 타입이거나 유약한 타입일 것임을 안다. 다만 둘 중에 무슨 타입인지 사전에 알 수 없을 뿐이다. 이것이, 세상의 참인 상태에 대한 불확실성에도 불구하고, 경기자들로 하여금 상대방의 전략에 대해 추론할 수 있게 한다. 경기자들은 단지 어떤 타입의 경기자를 상대하는지에 대해 추측이 필요하고, 우리는

---

3 사실대로 말하면, 결정한다는 말은 강한 표현이다. 내가 생각하기에 비가 올 것이 거의 확실해도 나는 거의 우산을 챙기지 못한다.

4 기술적인 의미에서, 우리는 비전략적인 경기자인 자연(Nature)이 B의 선호를 결정하고 B에게 이 정보를 알려줬으며 A에게는 이 정보를 알려주지 않았다고 가정한다.

확률 규칙을 이용하여 (정보를 가지지 못한) A가 어떻게 그러한 추측을 하는지 생각할 수 있다.

우리는 B의 선호에 대한 A의 불확실성을, B가 단호하거나 유약할 가능성에 대한 주관적 확률 추정치 또는 A의 최선의 추측으로 모형화한다. 확률에 대한 고려는 게임이론이 가진 논리적 정합성과 수학적 실체를 유지할 수 있게 한다. 단지 조금 더 많은 수학적 작업을 요구할 뿐이다: 지금까지 살펴본 고정된 상수와 달리, A의 불확실성의 정도를 나타내는 하나의 변수가 추가된다. B가 단호한 타입이라는 A의 초기 또는 *사전적*(*prior*) 믿음을 r이라 하면, r이 확률이므로 0과 1 사이의 값이다. 또한 Pr(단호)$=r$, 여기서 $0 \leq r \leq 1$로 표현할 수 있다. 극도로 단순화된 우리 모형에서 B에게 단 두 개의 가능한 타입이 있으므로, B가 유약할 것이라는 A의 사전적 믿음은 여사건 확률, Pr(유약)$=1-r$이다. 확률을 불확실성에 대한 비유로 사용하는 것은 상당히 유연한 접근이다. 그림 5.2에서 $r=1$이면 A는 B가 단호하다고 확신하고, $r=0$이면 A는 B가 유약하다고 확신한다. 만약 $r=1$ 또는 $r=0$이면, A가 B의 타입을 알면 보수행렬의 빈값을 채울 수 있기 때문에, 그림 5.1이 앞 장에서 봤던 완전정보게임으로 축소된다. 그러나 만약 r이 0과 1사이의 값이면, A가 B의 전략을 추측하고 자신의 최적대응을 개발할 때 B가 단호하거나 유약할 가능성을 잰다. $r=3/4$일 때, A는 75퍼센트의 가능성으로 B가 단호하고 나머지 25퍼센트의 가능성으로 B가 유약하다고 믿는다. 마지막으로 $r=1/2$일 때, A는 B의 타입에 대해 최고로 불확실하여, B가 단호하거나 유약할 가능성이 반반으로 동일하다.

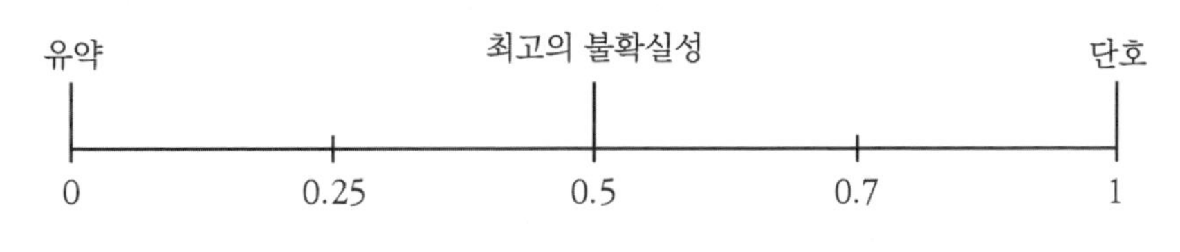

[그림 5.2] 불확실성과 주관적 확률

경기자의 다른 타입을 구별 가능한 보수와 전략의 관점에서 생각하고 어떤 타입의 B를 상대하고 있는가에 대한 A의 주관적 믿음을 고려하면, 그림 5.1의 게임을 보다 유용한 버전으로 고쳐 표현할 수 있다. 그림 5.3에 표현된 새로운 구성에서, A는 자신이 왼쪽 게임을 하는지(즉, 자신이 상대하는 B가 단호한 타입인지) 또는 오른쪽 게임을 하는지(즉, B가 유약한 타입인지) 불확실하다. 이제 A의 질문은 단순하다: 상대가 큰 양보를 하기보다는 전쟁에 나설 의향이 있는가? B의 타입을 정확히 모르더라도, A는 각 타입에 대한 자신의 주관적 믿음과 각 타입의 전략을 확인할 수 있는 능력을 결합하여 내쉬균형의 개념과 일맥상통하는 최적대응을 구성할 수 있다. 약간의 반복과 시행착오를 통해 이 개념을 잘 이해할 수 있을 것이다.

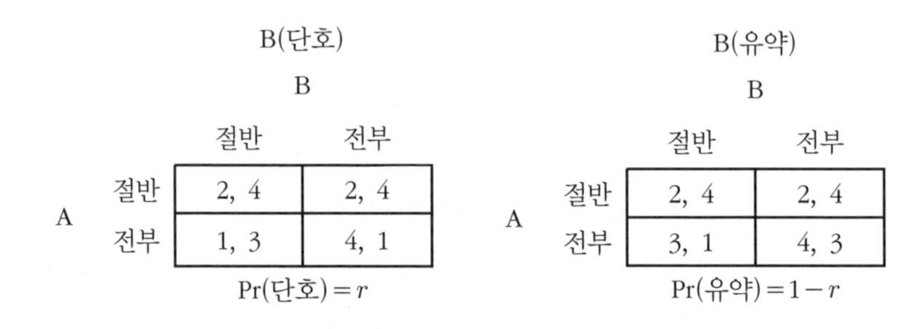

B(단호)

A \ B	절반	전부
절반	2, 4	2, 4
전부	1, 3	4, 1

Pr(단호) = r

B(유약)

A \ B	절반	전부
절반	2, 4	2, 4
전부	3, 1	4, 3

Pr(유약) = $1-r$

[그림 5.3] 베이지언 게임의 예

그림 5.3이 베이지언 게임의 예이다. 여기서 경기자 A는 정보를 가지지 못하여 정보를 가진 경기자 B의 타입에 대한 주관적 믿음을 가지고 게임에 임한다.[5] 이 게임은 A의 불확실성을 두 타입 중 어느 타입의 B와 게임을 하느냐에 대한 추측으로 표현하기 때문에, (실제로는 두 명밖에 없지만) 세 명의 경기자가 게임을 하는 것처럼 취급할 수 있다. 2장의 완전정보게임과 대조적으로, 베이지언 게임은 다섯 개의 요소로 이루어진다:

1. 다른 목적을 추구하며 선택하는 **경기자의 타입**(player-types)
2. 각 경기자들이 선택 가능한 **행동**(actions) 또는 행동의 과정
3. 각 경기자들이 선택한 행동들의 조합에 의해 산출된 **결과**(outcomes)

5 베이지언 게임에 대한 초기 문헌으로 Harsanyi(1967) 참조.

4. 각 경기자들이 게임의 결과에 대해 순위를 매기는 **선호**(preferences)
5. 경기자의 각 타입에 대해 확률을 부과하는 **믿음**(beliefs)

베이지언 게임은 누가 전략적 상호작용에 관련되어 있는가(경기자의 타입), 그들이 어떤 옵션들을 가졌는가(행동), 선택의 결과(결과), 목표에 비추어 결과들을 어떻게 순위 매기는가(선호) 그리고 각 경기자가 상대방의 선호에 대해 무엇을 아는가(믿음)를 정의한다. 우리가 이전에 사용했던 게임을 약간 더 일반화한 것이지만, 우리 이야기 속의 주인공들이 20세기 최초의 주요 전쟁에서 무질서하고 혼란스럽고 정보 수준이 낮은 환경을 맞닥뜨렸기 때문에, 우리의 분석에 더 많은 길을 열어준다. 베이지언 게임은 확률이론의 기본이 되는 저술 중 하나를 출판한 18세기 영국의 성직자 토마스 베이즈(Thomas Bayes)를 따라 이름이 붙여졌다.

경기자의 선호에 대한 불확실성은 또 하나의 어려움을 야기하는데, 우리가 보수를 적는 방식에 약간의 조정이 필요하기 때문이다. 우리는 이전 장들에서 경기자들이 그들의 선택이 어떤 결과로 이어지는지 정확하게 안다고 가정했다. 각 경기자들이 다른 경기자들의 선호를 알면, 주어진 전략에 대해 상대방이 어떻게 반응할지 추론할 수 있었다. 3장의 게임을 다시 생각해보자. 만약 두 경기자가 영－독 군비경쟁 게임에서 군함 건조를 선택한다면, 양측 모두 2의 보수를 기대한다. 그림 5.3의 게임은 그렇게 간단하지 않다. 만약 A가 영토 전부를 요구한다면 무슨 일이 생기는가? A는 B의 타입을 모르지만, B의 각 타입이 어떻게 반응할지는 바로 알 수 있다. 단호한 타입이면 절반만 양보하고, 유약한 타입이면 전부를 양보한다. 그러면 A의 보수가 B의 타입에 의존하게 되는데, 이런 경우 A는 어떻게 자신의 보수를 계산하는가?

이 질문에 답하기 위해, 베이즈보다 좀 더 최근의 수학자를 소환해야 한다. 게임이론에 관한 그들의 선구적인 작업에서, 존 폰 노이만(John von Neumann)과 오스카 모르겐스턴(Oscar Morgenstern)은, **기대효용**(Expected utility, u가 아닌 EU로 표현) 또는 "기대보수(expected payoff)"라 부르는, 불확실성하의 선택에 관한 간단한 방법론을 개발했다.[6] 폰 노이만과 모르겐스턴은, 만약 우리가 A의 믿음과 가능한 결과들을 어떻게 순위 매기는지에 대해 안다면, 어떤 주어진 선택의 *기대가치*를 단순한 가중 평균으로 나타낼 수 있음을 보였다.

정의 5.3 어떤 행동의 **기대효용**은 가능한 결과의 보수에 각 결과가 일어날 확률을 곱한 값들의 합이다.

실제 어떻게 계산하는지 살펴보자. 만약 A가 자신의 전부 요구에 대한 대응으로 단호한 타입의 B는 절반만 양보하고 유약한 타입의 B는 전부를 양보한다고 알고 있다면, A의 전부 요구에 대한 기대보수는

$$EU_A(\text{전부}) = \Pr(\text{단호}) \times 1 + \Pr(\text{유약}) \times 4$$

이다. 그리고 A의 사전적 믿음이 주어지면,

$$EU_A(\text{전부}) = r \times 1 + (1-r) \times 4$$

로 나타낼 수 있다. 따라서 경기자는 어떤 주어진 선택에서 얻는 기대보수를 모든 가능한 결과의 보수를 그 결과가 일어날 확률로 곱하여 합한 값으로 쓸 수 있다: 단순 가중평균. B의 가능한 타입과 그 타입에 대한 믿음을 안다면, A는 분쟁 대상 영토 전부를 요구하는 것이 확률 r로 전쟁에 이르게 하고(그리고 보수 1), 확률 $1-r$로 B가 영토 전부를 양보하게 될 것임을 알 수 있다. r의 값이 높으면, A는 B가 단호한 타입일 것임을 (그래서 기꺼이 전쟁을 치르고자 함을) 상대적으로 확신하게 되고, 이 같이 과감한 협상 자세의 기대치를 감소시킨다. 반면, r의 값이 낮으면, A는 B가 유약한 타입일 것임을 (그래서 전부를 양보할 것임을) 희망적으로 보게 되고, 과감하게 분쟁 지역 전부를 요구하는 협상 전략의 기대치를 증가시킨다. 이쯤에서 강조할 것이 있다. 완전정보에서의 보수와 달리, 기대효용에서는 기수성(cardinality)이 있다. 즉, 0.5의

---

6 2장에서 지적했듯이, 효용(utility)이라는 것이 선호를 규명하는 데 있어 약간 오해의 소지가 있다. 효용의 "양(amount)"이라 생각할 수 있는 보수(payoff)는 무엇이든 경기자가 실제로 가치를 두는 것의 은유로 볼 수 있다.

기대효용은 0.25의 기대효용보다 두 배 매력적임을 나타낸다. 왜 그런지 살펴보기 위해, A가 모든 분쟁 지역을 지배하면서 4가 아닌 5의 보수를 얻게 된다고 가정하자. 결과에 대한 순위는 똑같지만 기대효용이 $r\times1+(1-r)\times5$로 증가했다—이는 다른 행동들의 상대적인 매력도를 변화시킬 수 있다. 따라서 우리가 불확실한 결과로부터의 보수를 다룰 때에는, 심지어 그것을 확실한 결과에서 오는 보수와 비교할 때에도, 단지 순서가 아니라 보수의 크기가 중요함을 명심해야 한다. A의 믿음(beliefs)과 불확실한 결과를 가진 선택에서 오는 그의 기대보수에 대해 알았다면, 이제 우리는 사적 정보를 가진 게임을 푸는 방법, 베이지언 내쉬균형을 찾는 방법을 설명할 수 있다. 그리고 이것이 전쟁이 퍼즐에 대한 우리의 두 번째 해법을 알려줄 것이다.

5.1.1 베이지언 내쉬균형

그림 5.3의 베이지언 게임을 풀기 전에, 2장과 이 장의 퍼즐로 돌아가 우리의 논의에 본질적 중요성을 재확인할 필요가 있다. 그러면 베이지언 내쉬균형이 균형의 개념으로서 그리고 불확실성하에서 전략적 상호작용에 관한 퍼즐을 푸는 방법으로서 어떻게 작동하는지 살펴보는 데 도움이 될 것이다. 왜 국가들은, 원칙적으로 싸우기 전에도 체결할 수 있었던 새로운 평화협정을 쓰기 위해, 가끔은 대재앙 수준으로 그러나 항상 엄청난 양의 피와 보물을 낭비해가며 전쟁을 하는가? 왜 국가들은 싸우기 전에는 서로 받아들일 수 있는 협상에 실패하고, 싸우고 나서야 모든 낭비를 후회하며 비로소 서로 받아들일 수 있는 새로운 협상에 도달하는가?

퍼즐 5.1 왜 가끔 국가들은, 전쟁이 값비싸고 낭비적임을 알면서, 전쟁을 하기 전에 평화로운 합의에 도달하는 데 실패하는가?

이례적으로 복잡하지만, 7월 위기의 고조를 서로 연동된 예방 전쟁의 특수한 예로 이해하는 데 맹약의 문제가 도움을 주었다(4장). 열강의 지위가 변동하는 가운데 나온 신뢰할 수 없는 약속만이 계산적이고 검소한 지도자들로 하여금, 사후적으로 후회할 것이 확실한, 전쟁으로 내모는 유일한 통로는 아니다. 이 말은 맹약을 신뢰할 수 있는 경우의 모형을 살펴볼 필요가 있다는 의미이다: 즉, 힘의 이동이 없어서, 내일 상대방의 힘이 강해지는 경우에만 오늘의 합의가 훼손되는 경우. 만약 우리가 맹약을 신뢰할 수 있는 모형에서 전쟁의 결과를 도출할 수 있다면, 전쟁에 대해 2장에서 살펴봤던 것과 다른 메커니즘, 다른 설명, 다른 경로를 가지게 된다. 우선 베이지언 게임에 고유하게 적합한 경우에 대해 먼저 살펴본다: 국가들이 전쟁을 피하기 위해 무엇을 양보할 의지가 있는지에 대해 모르고 서로 소통할 수 없는 경우에 무슨 일이 일어나는가?

선호는 관찰이 불가능하다. 선호는 가능한 결과들에 대해 경기자들이 마음속에 품고있는 *주관적인* 순위이고, 많은 경우 경기자들이 선호를 정직하게 표현하고자 할 경우에만 다른 경기자들에게 알려지게 된다. 이것이 전쟁의 발발에 의미하는 바가 무엇일까? 그림 5.4의 위기협상 베이지언 게임으로 돌아가 보자. A는 자신이 어떤 게임을 하는지에 대해 불확실하다: 왼쪽 게임의 경우 B는 단호한 타입이고, 오른쪽 게임의 경우 B는 유약한 타입이다. B가 단호한 타입인 경우, 게임은 그림 2.2의 게임과 같아 보인다. 평화는 A가 B가 양보하고자 하는 것보다 많이 요구하지 않아야만 가능하다. B가 더 많이 양보할 의지가 있더라도 원칙적으로 A는 자신이 요구한 것보다 더 많이 얻을 수 없다. 그러므로 A에게 최선의 결과는 전부를 획득하는 것이고(보수 4), 차선의 결과는 절반을 획득하는 것이다(보수 2). 반면, 단호한 B를 상대로 전쟁을 벌이는 것이 가장 나쁜 결과이다(보수 1). 마찬가지로, 단호한 타입의 B에게 최선의 결과는 절반만 양보하는 것이고(보수 4), 전체 영토를 내주는 것보다 차라리 싸우기를 선호한다(보수 3). 만약 B가 단호한 타입이면 모든 영토를 양보하는 것보다 싸우기를 더 선호하고, B가 유약한 타입이면 싸우기보다 영토를 양보하고자 한다. 유약한 타입의 B를 상대할 때에는 전쟁이 A에게 좋은 선택이 된다. 군사력은 상대적이다: 전쟁이 B에게 덜 매력적일수록 A에게는 더 매력적이다. 모든 분쟁지역을 손에 넣고자 하는 시도에 대해 유약한 타입은 양보를 선택하지만 단호한 타입은 기꺼이 싸우고자 하므로, 이것이 단호한 타입과 유약한 타입의 핵심적인 차이이다. 그리고 약간 복잡한 것은, 유약한 B를 상대로 전쟁하는 것도 좋지만 그것은 A에게 차선의 결과이다(보수 3). 그래서 A는 전쟁을 일으키지 않고 최대한 많은 영토를 얻고자 하는 반면, B는 최대한 많은 영토를 지키고자 한다. 그러나, A는 모든 영토를 요구하는 것이 최선의 결과인 전부 양보를 이끌 것인지(보수 4) 아니면 최악의 결과인 단호한 B를 상대로 한 전쟁으로 이끌 것인지(보수 1) 알 수 없다.

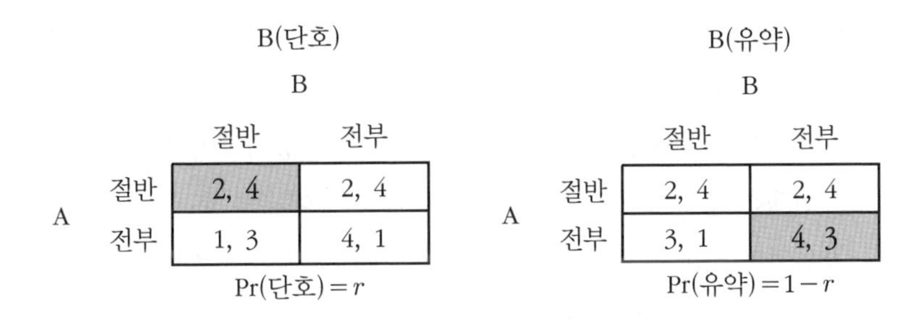

[그림 5.4] 정보 문제와 전쟁

우리는 이 게임을 어떻게 풀 것이며, 이 게임은 우리에게 전쟁에 대해 무엇을 가르쳐 줄 것인가? 우선, 완전정보하에서 이 게임이 어떻게 플레이되었을지 생각해 보자. 만약 A가 왼쪽의 게임 상황에 놓여 있다는 것을 안다면, 우리는 (절반, 절반)에서 유일한 내쉬균형을 찾을 수 있을 것이다. 전부를 요구하는 것이 단호한 B를 상대로 한 전쟁임을 알기에, A는 절반을 요구한다. B는 최소한의 땅만 양보한다는 전략에서 이탈할 유인이 없다. 반면, 만약 A가 유약한 B를 상대로 오른쪽의 게임을 한다는 것을 안다면, 유일한 내쉬균형이 (전부, 전부)이다. B가 신빙성 있게 전쟁 위협을 가할 수 없다는 것을 알기 때문에, A는 전부를 요구한다. B는 절반만 양보하여 전쟁으로 가는 것보다 전부 양보하기를 선호한다. 각각의 경우에 대하여, A는 전쟁을 일으키지 않고 얼마나 많이 요구할 수 있는지 정확히 알고 있고, 그렇게 함으로써 낭비적이고 위험한 무력충돌을 피하면서 할 수 있는 최대한의 영토를 차지한다. 그림 2.3의 내쉬균형의 예처럼, 국가들이 서로의 선호에 대해 알고 있고 힘의 분포가 변동하지 않을 때, 전쟁은 일어나지 않는다. 이 베이지언 게임에서 우리의 문제는 A가 전쟁을 야기하지 않고 파이 전체를 요구할 수 있는지 여부를 *모른다*는 점이다. 만약 A가 분쟁 지역 전부를 요구했는데 알고 보니 B가 단호한 타입이었다면, A는 고통스러운 전쟁에 직면할 것이다. B의 타입을 알고 절반만 요구했더라면 피할 수 있었던 전쟁이었다.

B의 사적 정보를 고려하면서 이 게임을 풀기 위해, 정보를 가지지 못한 경기자가 형성하는 상대방 타입에 대한 믿음을 포섭하는 새로운 균형의 개념이 필요하다. **베이지언 내쉬균형**(Bayesian Nash equilibrium 또는 BNE)에서 경기자들은 상대가 어떤 선택을 할 것이라는 *믿음*에 비추어 최적을 보장하는 전략을 선택한다. 균형의 추론 역시 내쉬균형의 그것과 유사하다. *정보를 가진* 경기자는, "상대방이 행동 Z를 선택하므로 옵션 Y를 선택하는 것이 Z에 대한 더 나은 대응이 아니기 때문에, 나는 X를 선택하는 것이 최선이다"라고 추론한다. 그러나 *정보를 가지지 못한* 경기자는 약간 다르게 추론한다: "각 타입의 상대방에 대한 평균적인 대응으로 행동 W를 선택했을 때보다 각 타입의 상대방에 대한 평균적인 대응으로 Z를 선택하는 것이 더 유리하므로, 나는 행동 Z를 선택할 것이다." 내쉬균형에서 그랬던 것처럼, 베이지언 내쉬균형에서 전략들은 *상호최적대응*(mutually best response)이다. 어느 경기자도 그 전략에서 이탈하여 이득을 볼 수 없으므로, 전략들은 상호 밸런스를 이루고 균형은 자기구속적(정의 1.6)이다. 유일한 차이는 한 경기자가 상대방의 전략에 대해 불확실한 가운데 선택한다는 점이다.

정의 5.4 **베이지언 내쉬균형**에서 각 타입의 경기자는, 각 타입의 다른 경기자들이 무슨 선택을 할 것이라는 믿음에 따라, 누릴 수 있는 최선의 효용을 누린다.

베이지언 내쉬균형을 계산하는 것은 원칙적으로 내쉬균형을 계산하는 것과 크게 다르지 않다. 비록 한 경기자가 확실한 보수가 아닌 기대보수의 관점에서 전략을 선택하지만, 우리는 여전히 후보가 될 만한 전략프로필을 찾고 경기자들이 그것으로부터 *이익이 되는 이탈*이 있는지 여부를 살핀다. 만약 어떤 경기자도 이익이 되는 이탈이 없으면, 그 전략의 조합은 균형이 된다. 그림 5.4에서 베이지언 내쉬균형을 찾는 작업의 시작점은 정보를 가진 경기자 B이다. A의 요구에 대한 B의 최적대응을 찾기 쉽기 때문이다. 만약 A가 절반을 요구하면, B는 얼마를 양보하고자 하든지 상관없이 자신에게 최선인 4의 결과를 얻는다. 즉, A가 절반을 요구하면 자신의 선택과 무관하게 절반을 양보하고 4의 보수를 얻는다. 그러나 A가 전부를 요구하면, B의 최적대응은 자신의 타입에 의존한다: 단호한 타입은 전부를 양보하는 대신 절반만 양보해 전쟁을 야기시키지만(3>1), 유약한 타입은 전쟁을 피하기 위해 전쟁을 부르는 절반 대신 전부를 양보한다(3>1). B가 단호한 타입이라고 믿으면 A가 절반만 요구한다는 사실을 알고, 단호한 타입의 B는 전쟁에 대한 의지를 사실대로 가감없이 드러낸다. 비록 B가 단호한 타입이 아니더라도 큰 양보를 거부하려는 의지를 쉽게 드러낼 수 있다는 사실이 A의 불확실성 문제가 여전히 해결되지 않았음을 보여준다. 우리는 나중에 사적 정보에 대해 허세를 부릴 인센티브와 그것이 상대방으로 하여금 불신하게 만드는 대응 인센티브에 대해 자세히 알아볼 것이다.

이것이 A의 최적 전략 계산에 대해 의미하는 바가 무엇인가? B의 타입에 대해 불확실성이 있음에도, A는 B의 각 타입의 최적대응(best response)을 예측할 수 있다. A는 우리가 말하는 소위 리스크-수익의 모순에 직면한다: A가 많이 요구할수록, 만약 B가 이 요구를 받아들인다면 더 나은 협상 결과를 얻을 수 있지만, 더 많은 요구는 또한 B가 쉽게 받아들이기 어렵다는 것을 의미한다.[7] 분쟁지역에 대한 전부 요구는 유약한 타입에게만 통할 뿐이지만, 절반 요구는 B의 타입에 상관없이 받아들여진다. 따라서 절반을 요구하는 것이 최악의 결과인 단호한 타입의 B를 상대로 한 전쟁의 리스크를 없애는 방법이다. 이러한 작은 요구, 덜 공격적인 협상 자세가 B의 타입에 상관없이 수용을 보장한다. 따라서 A는 절반을 요구하여 전쟁을 피하지만 작은 양보만 얻는 것과 전체 파이를 요구하여 리스크-만약 B가 단호한 타입으로 판명될 경우 양보를 거부하고 두 경기자 모두가 후회할 것이 확실한 전쟁으로 비화되는 것-를 감수하는 것 사이에서 선택해야 한다.

A가 언제 이처럼 리스크가 수반된 요구를 할 것인지 살펴보기 위해 간단하게 기

---

7 리스크-수익의 모순에 대해 Powell(1999, 3장) 참조.

대보수를 비교해 볼 수 있다. 만약 절반을 요구하면, B는 타입에 상관없이 정확하게 절반만큼 양보할 것이므로 A는 2의 보수를 얻는다. 그러나 A가 전부를 요구하면, 단호한 타입의 거부와 그에 따른 전쟁과 유약한 타입의 수용을 가중평균해야 한다. 따라서 A는 다음의 부등식이 만족되면 전부를 요구하고 전쟁의 위험을 감수할 것이다:

$$EU_A(\text{전부}) \geq u_A(\text{절반}) \Leftrightarrow r \times 1 + (1-r) \times 4 \geq 2$$

부등식의 왼쪽은 전부 요구에서 오는 기대보수이다: B가 (확률 r로) 단호한 타입으로 판명된다면 절반만 양보하고자 하므로 전쟁이 일어날 것이고, (확률 $1-r$로) 유약한 타입으로 판명된다면 A에게 최선의 결과로 B가 전부를 양보하고 평화도 유지된다. 부등식의 오른쪽은 절반만을 요구할 때, B의 타입에 상관없이 작지만 확실한 양보를 얻게 되면서 A가 얻게 되는 보수이다. 이를 계산하면 r의 값을 얻게 되는데, 전쟁의 리스크를 감수하기 위해 A가 가져야만 하는 B의 선호에 대한 믿음을 알려준다:

$$r \leq \frac{2}{3}$$

일 때 또는 B가 유약하다는 것에 대해 어느 정도 확신할 때($1-r \geq 1/3$), A는 전쟁의 위험을 감수할 것이다. 만약 A가 B의 전쟁 의지가 충분히 회의적이라고 생각하면, A는 전쟁 위험을 감수하고 영토 전부를 요구하지만, 만약 B가 실제로 단호한 타입이라면 이 계산된 도박은 실패하게 된다.

정리 5.1이 A의 전략, A의 믿음 r 그리고 각 타입의 B의 전략으로 구성된 베이지언 내쉬균형을 규정한다. 각 경기자들의 전략은 세미콜론(;)으로 구분하고, B의 타입별 전략은 쉼표(,)로 구분한다.

정리 5.1 전략프로필 (전부; 절반, 전부)와 믿음 $r \leq 2/3$이 베이지언 내쉬균형이다.

증명 전략 조합 (전부; 절반, 전부)가 베이지언 내쉬균형이 되기 위해서는 다음이 만족되어야 한다: 단호한 타입과 유약한 타입의 B에 대해서

$$u_B(\text{전부};\ \textit{절반},\ \text{전부}) \geq u_B(\text{전부};\ \textit{전부},\ \text{전부})\ \text{그리고}$$

$$u_B(\text{전부};\ \text{절반},\ \textit{전부}) \geq u_B(\text{전부};\ \text{절반},\ \textit{절반})$$

그리고 A에 대해

$$EU_A(\textit{전부};\ \text{절반},\ \text{전부}) \geq u_A(\text{절반};\ \text{절반},\ \text{전부}).$$

$3 \geq 1$이므로 첫 번째 부등식이 만족되고, $3 \geq 1$이므로 두 번째 부등식이 만족된다. 마지막 부등식은 $r \leq 2/3$일 때 만족된다. 따라서 $r \leq 2/3$일 때, 어느 누구도 이익이 되는 이탈을 가지지 아니하므로, (전부; 절반, 전부)가 베이지언 내쉬균형이다. □

$r \leq 2/3$일 때, 그림 5.4의 게임은 베이지언 내쉬균형 (전부; 절반, 전부)를 가진다. A는 전부를 요구하고, 단호한 타입의 B는 절반만 양보하며(그래서 전쟁으로 이어지고), 유약한 타입의 B는 모든 것을 양보한다. 또한, $r \geq 1/2$일 때 또는 B가 분쟁 지역 전체를 양보하는 것에 대해 A가 그렇게 낙관적이지 못한 경우, A가 전쟁의 위험을 무릅쓰려 하지 않으므로 우리는 전략프로필 (절반; 절반, 절반)과 믿음 $r \geq 1/2$의 평화로운 균형－즉, 전쟁의 위험이 없는 균형－을 갖게 된다. 세 번째로 좋은 결과인 2를 갖는 것이 높은 확률로 단호한 타입의 B를 만나 전쟁을 하여 최악의 결과를 갖는 것보다 더 유리하기 때문이다.

정리 5.2 전략프로필 (절반; 절반, 절반), 믿음 $r \geq 1/2$이 베이지언 내쉬균형이다.

증명 전략 조합 (절반; 절반, 절반)이 베이지언 내쉬균형이 되기 위해서는 다음이 만족되어야 한다: 단호한 타입과 유약한 타입의 B에 대해서

$$u_B(\text{절반};\ \textit{절반},\ \text{절반}) \geq u_B(\text{절반};\ \textit{전부},\ \text{절반})\ \text{그리고}$$

$$u_B(\text{절반};\ \text{절반},\ \textit{절반}) \geq u_B(\text{절반};\ \text{절반},\ \textit{전부})$$

그리고 A에 대해

$$u_A(\textit{절반};\ \text{절반},\ \text{절반}) \ge EU_A(\textit{전부};\ \text{절반},\ \text{절반}).$$

$4 \ge 4$이므로 첫 번째 부등식이 만족되고, $4 \ge 4$이므로 두 번째 부등식이 만족된다. 마지막 부등식은 $r \ge 1/2$일 때 만족된다. 따라서 $r \ge 1/2$일 때, 어느 누구도 이익이 되는 이탈을 가지지 아니하므로, (절반; 절반, 절반)이 베이지언 내쉬균형이다. □

2장에서 설명한 것처럼, 균형의 후보를 제안하고 그것에 대해 이익이 되는 이탈이 없음을 확인하는 과정을 통해 이것들만이 베이지언 내쉬균형임을 확인할 수 있다. (현시점에서 이를 연습 문제로 풀어보는 것이 도움이 될 것이다.) B가 싸움을 회피하고자 하는 의지에 대해 A가 긍정적으로 판단할 때, A가 협상보다는 전쟁을 무릅쓰려는 자세를 보이고, 잠재적으로 폭력적 균형이 생긴다. B의 싸움 회피 의지에 대해 A가 회의적으로 생각할 때, 단호한 B가 진실로 양보하고자 하는 만큼 요구하게 되고 평화로운 균형이 생기게 된다. 새로운 변수, 여기서는 B의 타입에 대한 A의 믿음 r을 추가함으로써 균형의 유일성(정의 2.11)에 대한 우리의 이해를 정제할 수 있다.

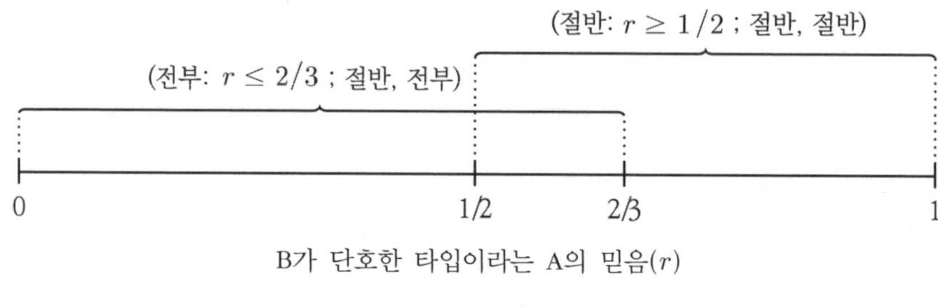

[그림 5.5] 유일한 균형과 중첩된 균형

그림 5.5에서 볼 수 있듯이, 어떤 값들의 r에서는 균형이 유일하여 그 베이지언 내쉬균형을 플레이하는 것이 그럴듯한 방법이다. 그러나 A가 너무 긍정적이지도 너무 회의적이지도 않은 경우 또는 $1/2 \le r \le 2/3$일 때에는 두 개의 균형이 존재한다. 따라서 A가 가질 수 있는 이 영역의 믿음에서는 균형이 유일하지 않다. 베이지언 내쉬균형은 두 개의 균형이 존재한다고 말하고 우리의 증명은 왜 그것들이 균형인지 설명한다. 그러나 두 개의 균형 중 어느 균형이 더 자주 플레이될 것인지에 대해서는

침묵한다. 중첩된 (또는 복수의) 균형의 문제에 대해 통찰을 얻기 위해서 6장에 약간의 힌트를 떨어뜨리고, 10장에서 좀 더 정교하게 이 문제를 다룰 것이다. 지금 이 시점에서 중요한 것은, B가 단호한 타입이라는 것에 대해 의심할 근거를 가질 때에만 공격적인 협상 자세를 유지하여, A가 리스크-수익의 모순에 반응한다는 것이다. 그리고 A의 계산된 도박이 실패하면-B가 실제로 단호한 타입일 경우-양측은 전쟁으로 치닫게 된다.

우리의 베이지언 내쉬균형에서 전쟁이 발생할 때, 그것은 2장의 예방 전쟁이 그러한 것처럼 명백히 비극적이고 낭비적이다. 양측이 모두 평화적인 해결에 도달하지 못한 것에 대해 후회하며 되돌아볼 수 있다: A와 단호한 타입의 B 모두 절반을 요구하고 절반을 양보하는 협상을 통해 더 나은 보수를 얻을 수 있었다. 그러나 이 장 서두의 인용구처럼, 경기자의 선호 순위 그 자체가 어떻게 A가 전쟁을 도발하게 되었는지에 대해 많은 것을 알려주지 않는다. 정보를 가지지 못한 경기자 A는 전쟁으로 최악의 보수 1을 얻는다. 반면, 정보를 가진, 단호한 타입의 B는 A의 공격적인 요구에 순응하는 대신 전쟁으로 더 높은 보수를 얻지만, B 역시 전쟁 후에 게임을 되돌아보며 싸우지 말았어야 했다고 후회하게 된다. A가 절반을 요구하고 단호한 타입의 B가 양보했더라면, 보수는 (2, 4)가 되었을 것이다. 그 경우 양측 모두 균형에서 일어난 전쟁으로 얻게 되는 보수 (1, 3)보다 더 높은 보수를 얻을 수 있었다. 전쟁을 벌이면, 전쟁은 그 국가들이 소중히 여기는 것들을 파괴한다. 그림 2.4에서처럼 전쟁이 분할할 파이의 전체 크기를 축소시킨다. 그러나 국가들이 상대방이 전쟁을 대신하여 어떤 조건을 받아들일지에 대해 불확실하면, 국가들은 평화로운 합의에 도달하지 못할 수 있다.[8]

5.1.2 정보의 문제와 전쟁

이제 우리는 전쟁의 비효율성에 대한 퍼즐에 대해 두 번째 해답을 가지고 있다: 정보의 문제. 어떤 국가가 상대방이 전쟁을 대신하여 어떤 협상안을 받아들일지에

---

8 훌륭한 측도로 Fearon(1995) 참조.

대해 불확실하면, 그 국가는 리스크-수익의 모순에 직면한다. 겸손한 요구는 평화적인 타결을 보장하지만, 수익 또한 빈약하다. 공격적인 요구는 그것이 받아들여지면 이익이 크지만, 전쟁으로 끝날 가능성 또한 더 높다. 한 국가가 양보하려는 것보다 더 많이 요구하면 전쟁이 일어난다. 전쟁은 정보를 가진 측이 자신의 의지-즉, 고통스럽게 양보하기보다는 차라리 싸우겠다는 의지-를 신빙성 있게 전달할 수 있었을 때만 피할 수 있었다. 싸운 뒤에야 B의 "내가 그랬잖아"라는 악담에 A가 진정으로 수긍하게 되겠지만, 이것을 깨닫기 위해서는 전쟁이 필요하다는 사실이 비극이다. 만약 양측이 전쟁보다 더 선호하는 합의에 도달하지 못하도록 가로막은 것이 정보의 부족이라면, 적절한 정보를 공유하는 것은 어떠한가?[9] 이 장의 게임에서 국가가 자신의 선호를 표출할 수 있는 한 평화가 가능하지만, 가끔은 선호를 표출하지 않는다. 왜 큰 양보보다 전쟁을 선호하는 단호한 타입의 국가가 상대방에게 그 사실을 알리고, 효율적인 합의에 도달하고, 계속 나아갈 수 없을까? 우리는 이 절에서, "전쟁의 원인이 단순히 정보의 부족 때문이 아니라 *정보의 공개를 막는 그 무엇*" 임을 보임으로써, 정보의 문제에 대한 논의를 완성시키고 이 퍼즐을 마무리 지을 것이다.[10]

퍼즐 5.2 만약 국가들이 전쟁에 대한 그들의 진실된 선호를 서로 교환함으로써 전쟁을 피할 수 있다면, 왜 그러지 않는가?

이 퍼즐을 좀 더 명확하게 하기 위해, 그림 5.4 게임의 베이지언 내쉬균형으로 돌아가자: A의 낙관적인 예측이 B에게 파이 전체를 요구하게 하고, B가 사실은 전쟁 없이 분쟁지역을 헌납하지 않으려는 단호한 타입으로 판명되면서 A의 희망은 사라지게 된다. 게임이 시작되기 전에 단순히 자신들의 선호를 표출함으로써 의사소통의 기회를 가진다고 가정해 보자. A의 선호는 알려져 있지만, B의 선호는 그렇지 않으므로 이 소통의 기회가 중요하다. B가 단호한 타입일 때, B는 자신의 진실된 선호를

9 만약 이전 절(section)을 읽다가 이러한 생각이 났다면 칭찬할 만한 일이다. 신뢰성 있는 의사전달 문제는 정치과학에서 아주 중요한 연구 주제이다.

10 Fearon(1995, pp. 390-391).

밝힐 모든 인센티브를 가지고 있다. 만약 B가 기꺼이 싸우고자 하고 둘이 싸우게 되면 손실이 심할 것이라는 것을 A가 알기 때문에, A는 분쟁지역의 절반만을 요구할 것이다. 그래서 만약 B가 단호한 타입일 때 "파이 전체를 양보하느니 차라리 싸우겠다"라고 말할 기회가 주어지면, B는 확실히 그렇게 말할 것이다. 지금까지는 괜찮다. A가 듣고 싶어했던 정보이고 단호한 타입의 B가 진실로 밝히고 싶었던 정보이다. 확실히 A의 요구를 제한하도록 하는 데 효과가 있어 보인다. 그러나 슬프게도 그렇지 않다. 단순히 자신이 단호한 타입이라고 주장하는 것이 A로 하여금 요구를 자제하도록 하는 확신을 준다면, B는 심지어 그가 유약한 타입인 경우에도, 즉 진실로 싸우고자 할 의지가 없더라도, 그렇게 말할 인센티브가 있다. 쉽게 그리고 간단하게 자신의 선호에 대해 거짓말을 할 수 있다면, 허세를 부려서 싸우지도 않고 더 많은 영토를 지킬 수 있다면, 왜 유약한 타입이 귀중한 영토에 대해서 전체를 양보할 수 있다고 진실을 말하겠는가?

이처럼 자신의 사적 정보에 대해 거짓말을 하거나 숨기고자 하는 인센티브가 상대방으로 하여금 믿지 못하게 하는 대응적 인센티브를 생기게 한다. 정보를 가진 경기자가 싸우고자 하는 의지가 없으면서도 싸움에 대한 의지를 *주장*(claim)한다면, 그가 어떤 일이나 상황에 대해 한계선을 그을 때 왜 그의 상대가 그를 믿어야 하는가? 어느 한쪽이 다른 경기자의 전략 선택에 영향을 줄 목적으로 자신의 선호에 대해 거짓을 말할 인센티브가 있을 때, 경기자들이 **정보의 문제**(information problem)에 직면해 있다고 한다.

> **정의 5.5** 사적 선호에 대해 거짓을 말할 한 경기자의 인센티브가 다른 경기자로 하여금 그것을 믿지 못하도록 만들 때 **정보의 문제**가 존재한다.

이 장에서 정보의 문제는 국가가 진실로 싸우기를 원하는지 여부와 상관없이 싸우고자 한다고 *주장*해야 하는 인센티브로부터 나온다. 만약 이것이 작동하면, 유약한 국가가 (단호한 타입을 흉내내어) 자신의 싸우고자 하는 의지에 대해 허세를 부릴 것이고, 이것이 상대방으로 하여금 그들의 발언을 할인해서 받아들이도록 만들 것이다. 거짓말을 하려는 인센티브는 그것을 믿지 못하게 하는 대응 인센티브를 만들어 낸다. A는 사전에 B로부터 "나는 영토 전체를 양보하느니 차라리 싸우겠다"는 메시지를 받을 수 있다. 그러나 A는 "이것은 정확하게 B가 허세를 부릴 때 하는 말이다. 이 말을 믿어야 할 이유가 없다."라고 자체적으로 추론하며 그 메시지를 할인할 것이다. 유약한 B에게는 자신의 선호를 진실되게 밝히는 것에 대해 너무 많은 위험을 무릅써야 한다. 그러나 만약 A가 B가 싸우고자 하는 의지에 대해 허세를 부린다는 것을 안다면, A는 그의 사전적 믿음에 의존해 B의 발언을 무시하는 수준까지 할인할 것이다.

실제 이것이 어떻게 작동하는지 살펴보기 위해, (그의 사후에 동료 학자들에 의해 엄청난 보완작업이 있었지만) 평범한 신부님을 유명하게 만든 방정식인 베이즈 규칙(Bayes' Rule)을 이용한다. 베이즈 규칙은 확률법칙을 이용해 새로운 정보에 의해 믿음－예를 들어, B가 단호한 타입일 가능성에 대한 A의 추정치－이 어떻게 업데이트되는지 보여준다.[11] *사전적*(*prior*) 믿음으로부터 시작하여 새로운 정보를 도입하면, 조건부 확률법칙을 이용해 사전적 믿음이 어떻게 *사후적*(*posterior*) 믿음에 이르게 되는지를 알 수 있다. 사건 S가 주어지고 R이 참일 때 (그리고 참이 아닐 때) S를 관찰할 수 있는 확률이 주어질 때, 베이즈 규칙은 사건 R이 참일 확률을 계산할 수 있게 한다. 만약 Pr(R|S) 또는 S가 발생한 상황에서 R의 확률을 알고 싶다면, 베이즈 규칙은 다음을 알려준다:

$$\Pr(R|S) = \frac{\Pr(R) \times \Pr(S|R)}{\Pr(R) \times \Pr(S|R) + \Pr(\neg R) \times \Pr(S|\neg R)}$$

여기서 ¬R은 R이 참이 아닐 사건을 나타낸다. S가 발생한 상황에서 R이 참일 확률은 단순히 우리가 R과 S를 동시에 볼 확률(분자)과 우리가 어떤 경우든, 즉 R이 참이든 참이 아니든, S를 볼 확률(분모)의 비율이다. 베이즈 규칙에 의하면, 만약 S가 R이 참일 때에만 발생하는 경향이 있다면, S를 보는 것이 R이 참이라는 확신을 *높여*

11 다양한 모형에 대해 동일한 학습 모드를 이용하면, 베이지언 게임을 공부할 때 우리가 찾은 균형이 믿음에 대한 어떤 기발한 인공물이 아니라 우리가 모형에서 정의하는 전략적 상황이 가진 중요 특성의 결과라는 것을 확인할 수 있다.

야 한다. 만약 S가 R이 참이 아닐 때에만 발생하는 경향이 있다면, S를 보는 것이 R이 참이라는 확신을 *낮춰야* 한다. 만약 S가 R이 참이든 아니든 동일하게 발생할 경향이 있다면, S를 보는 것이 우리의 믿음을 바꾸어서는 안 된다. 이 믿음 업데이트 과정의 핵심은 R이 참일 때와 거짓일 때 S가 다른 비율로 발생하는지 여부이다.[12]

이제 우리의 위기협상모형에서 게임 전 의사소통 문제로 돌아가자. 만약 B가 자신이 단호한 타입이 아니면서도 단호한 타입이라고 주장할 것이라는 것을 A가 안다면, A는 자신이 가진 B의 타입에 대한 사전적 믿음에 베이즈 규칙을 적용하여 B의 주장에 반응하여 자신의 믿음을 바꾸지 않을 것이다. R을 B가 단호한 타입인 사건, $\neg$R을 B가 유약한 타입인 사건 그리고 S를 "나는 전체 영토를 양보하느니 차라리 싸우겠다"는 외교적 메시지라고 하자. 우리가 알고 싶어하는 것은 Pr(R|S), 즉 단호한 타입이라는 외교적 메시지가 던져졌을 때, B가 진실로 단호한 타입일 확률이다. 베이즈 규칙과 B의 거짓말할 인센티브에 대한 약간의 지식만 있으면 이를 쉽게 구할 수 있다. B가 단호한 타입이라는 A의 사전적 믿음이 r이므로, $\Pr(R)=r$이고 $\Pr(\neg R)=1-r$이다. 그리고 또한 우리는 B가 자신의 진실된 타입과 상관없이 단호한 타입이라고 주장할 것임을 알고 있으므로, $\Pr(S|R)=1$ 그리고 $\Pr(S|\neg R)=1$이다. A의 믿음과 B의 인센티브에 관한 정보를 베이즈 규칙에 대입하면, 단호한 타입이라는 B의 주장을 듣고 난 이후에 A가 갖게 되는 B가 단호한 타입일 사후적 믿음은

$$\Pr(R|S)=\frac{r\times1}{r\times1+(1-r)\times1}=r$$

이다. A의 사전적 믿음이 변하지 않고 사후적 믿음이 되었다. A는 B가 단호한 타입일 확률이 r이라고 믿으며 게임 전 의사소통에 들어갔다. 그러나 B의 거짓말할 인센티브가 A로 하여금 똑같은 믿음을 가지고 게임 전 의사소통을 마치도록 만들었다.

---

12 이것이 어떻게 권위적인 정치가 언론의 자유를 가진 민주주의에 영향을 주는지를 생각하게 한다. 반대 세력을 약화시키려는 사람들은 자신들의 부패, 무지 또는 직무 부적합성에 대해 보도된 사실들에 대해 대응하지 않고, 그들의 추종자들로 하여금 모든 사람들이 거짓말을 하고 모든 사람들이 편향되어 있다고 믿게 하고 그래서 진실을 목도하고도 그것을 거부하도록, 그 정보원의 위신을 실추시키는 데 최선을 다한다. 팰퍼틴 의장이 그가 궁극적인 파워를 추구하고 있다는 의혹들에 대해 부인하던가? 그렇지 않다. 그는 단지 제다이들을 폄훼하기만 하였다.

그리고 B가 유약할 것이라고 믿을 만큼 A의 믿음이 충분히 낙관적이면($r \leq 2/3$), A는 전쟁의 위험을 무릅쓸 수 있는 협상 지위를 차지한다.

그런데 B는 왜 자신이 진실로 싸우고자 하는 의지가 있음에도 불구하고 자신의 단호한 의지를 전달할 수 없는가? 그것은 바로, B의 게임 전 (단호한 타입이라는) 의지의 표명이 **값싼 대화**(cheap talk)이고 정보가치가 없기 때문이다. 외교 전보부터 대사급 회담에 이르기까지 단순한 외교적 의사전달은 비용이 수반되지 않는다. 진실을 말하든 거짓을 말하든 메시지를 보내는 데 드는 용이성, 비용, 어려움 또는 고통을 변화시키지 않는다.

정의 5.6 **값싼 대화**(cheap talk)는 내용에 상관없이 비용이 들지 않는 의사전달이다.

결과적으로, 국가들이 전쟁의 가능성을 염두에 두고 협상을 할 때 거짓말에 대한 실질적 반인센티브(disincentive)가 없다. B에게 일어날 수 있는 최악은 A가 궁극적으로 전체 파이를 요구할 때 허세를 부리는 것이다. 그러면 거짓말을 하는 것이 어떤가? 외교적 의사전달이 값싼 대화라면, 라이벌 국가들은 기꺼이 싸우겠다고 말하더라도–심지어 사실을 말한다 하더라도–서로를 믿을 이유가 하나도 없다. 우리는 이번뿐만 아니라 대전에 대한 논의 전체를 통하여, 진정으로 싸우고자 하는 국가들조차 그들의 의지를 적국에 확신시키기 어렵다는 것을 보게 될 것이다.

B가 기꺼이 싸울 의지가 있다고 말할 때 A가 왜 B의 말을 믿을 수 없는가에 대해 설명하는 우리의 관점에서, 문제는 진실로 단호한 타입의 B가 자신을 유약한 타입으로부터 분리시킬(separating) 또는 차별화할 방법이 없다는 것이다. 단호한 타입의 B가 만약 자신이 유약한 타입이라면 절대로 취하지 못할 행동을 취할 필요가 있지만, 전쟁 의지를 담은 외교적 진술은 아무리 과격하다 하더라도 도움이 되지 않는다.[13] 그렇지만, 정리 5.1에 설명된 우리의 베이지언 내쉬균형이 경기자들이 거짓말을 할 인센티브가 있는 상황에서 어떻게 자신의 타입을 드러낼 수 있는지에 대해 힌트를

13 왜 다른 국가들이 북한의 위협을 거의 믿지 않는지 궁금하지 않은가? 바로 이것이다.

준다. 이 **분리균형**(separating equilibrium)에서 각 타입의 경기자들은 고유의 행동을 취하여 정보를 가지지 못한 경기자가 행동에 따라 타입을 구별할 수 있도록 한다 – 이 예제에서 전쟁을 회피하고자 하는 경기자는 슬프게도 그러한 행동이 취해진 뒤에야 구별할 수 있다.

정의 5.7 **분리균형**에서 각 타입의 경기자들은 자신을 다른 타입과 구별할 수 있는 고유한 행동을 취한다.

A가 단호한 타입의 B만이 거절하는 위험한 제안을 할 경우 뭔가 배울 것이 있다. 전부를 요구한다는 것은 B가 단호한 타입일 때에만 절반을 양보하고 서로 전쟁을 벌인다는 것을 의미한다. 이것이 각 타입으로 하여금 서로를 분리하도록 강제한다. B의 “절반” 선택을 사건 F라고 표시하면, $\Pr(F|R)=1$ 그리고 $\Pr(F|\neg R)=0$이므로 우리는 다른 형태의 베이즈 규칙 적용을 볼 수 있다. 따라서 B가 전쟁을 선택하는 것을 본 후에 B가 단호한 타입일 것이라고 믿는 A의 사후적 확률은

$$\Pr(R|F)=\frac{r\times\Pr(F|R)}{r\times\Pr(F|R)+(1-r)\times\Pr(F|\neg R)}=1$$

이다. B가 단호한 타입일 때에만 기꺼이 전쟁을 하고자 하므로, A는 자신의 영토 전부 요구에 대한 B의 반응으로 B의 타입을 완벽하게 추론할 수 있다. 마찬가지로 A가 파이 전체를 요구했을 때 B가 전부를 양보하고자 한다면, A는 B가 유약한 타입임을 추론할 수 있다. 그러나 이것은 다른 타입의 B가 다른 행동을 취하는 균형, 즉 (전부, $r\leq 2/3$; 절반, 전부)에서만 사실이다. (절반, $r\geq 1/2$; 절반, 절반) 균형에서 B는 타입에 상관없이 절반을 선택하므로 A는 아무것도 배울 수 없다. 단호한 타입을 흉내낸 결과가 유약한 타입이 무슨 수를 써서라도 피하고자 하는 값비싼 전쟁이므로, 유약한 타입이 허세를 부릴 인센티브가 없다. 오히려, 전쟁으로 끝날 것이라는 위협이 B를 정직하게 만든다. 행동에 비용이 없지 않다면, 행동은 정보를 전달할 수 있다.

이 예제에서 우리의 퍼즐의 동기가 되었던 가장 비극적인 결과–피할 수 있었던 전쟁–가 국가들이 처음부터 필요로 했던 정보를 알려준다. 이것은 또한 12장에 설명되는 전쟁의 지속 기간과 종전을 어떻게 설명할 것인가와 관련이 있으므로 전쟁의 정보적 가치를 명심해야 한다. 이것은 우리가 설명하려는 비극적인 결과들에 대한 단지 또 다른 길고 지루한 설명이 아니다. 사실은 폭력적 균형이 가지는 정보적 결과가 단호한 타입으로 하여금 그 타입을 드러낼 수 있도록 도와줘, 전쟁까지 가지 않게 하는 행동을 알려준다. 값싼 대화(cheap talk)와 미묘한 차이가 있는 *비용이 드는 신호*(costly signal)라고 불리는 이러한 행동들이 국가들로 하여금 싸우고자 하는 의지를 드러낼 수 있도록 그래서 유약한 타입과 분리 또는 차별화할 수 있도록 도와준다. 왜냐하면 그 국가들이 진정으로 전쟁의 비용을 감당할 의지가 없다면 그러한 행동들을 취하는 것을 견뎌낼 수 없기 때문이다.[14] 감당해야 할 비용이 전쟁에 의해 회복될 수 있고 그 비용이 전쟁 위협으로부터 물러서는 것을 고통스럽게 만드는 한, 많은 행동들이 단호함을 나타내는 비용이 드는 신호로 작용할 수 있다. 군사력 증강,[15] 군사 동원 및 전개,[16] 원거리 인계철선 주둔,[17] 신뢰성을 담보할 수 있는 동맹의 맹약,[18] 선거 결과를 무릅쓴 지도자들의 공식적인 협박[19]이, 유약한 국가들은 이러한 협박(행동)에 따르는 비용을 부담하려 하지 않기 때문에, 단호한 국가들을 진정으로 싸울 의지가 없는 국가들과 구별할 수 있도록 도와준다. 예를 들어, 1994년 미국 대통령 클린턴이 군사정부가 선거로 당선된 대통령인 장베르트랑 아리스티드(Jean–Bertrand Aristide)를 복직시키지 않으면 아이티를 침공할 것이라고 협박했을 때, 그는 그의 정치적 명성과 선거 결과를 걸고 필요하다면 협박한 대로 행동할 것임을 공식화했다. 군사정부의 비타협적 태도에 직면하여 물러선다면 정치적 타격이 클 것이므로, 아이티 군사정부는 그의 협박을 신빙성이 있다고 판단했고, 그래서 미국과 아이티는 전쟁을 피할 수 있었다. 침공 협박을 따르기를 꺼리는 대통령이었다면 그

14 이 주제에 관련된 기초연구로 Jervis(1970), Spence(1973) 그리고 Fearon(1994, 1997) 참조.

15 Fearon(1997).

16 Slantchev(2005).

17 Schelling(1966).

18 Morrow(2000).

19 Fearon(1994, 1997).

것을 공식화하지 않았을 것이기 때문이다. 국가나 지도자들이 유약한 타입이라면 결코 감내할 수 없을 방법으로 그들의 비장함을 전달할 수 있는 방법을 찾을 수 있을 때, 비로소 그들은 적들에게 낙관론과 전쟁을 감수하겠다는 의지를 바로잡아 줌으로써 전쟁을 피할 수 있다.

5.2 왜 프랑스와 독일은 망설였는가?

베이지언 게임은 7월 위기의 절정과 직접적으로 연결된 다른 하나의 퍼즐에 대해 실마리를 찾게 해주는데, 장군들이나 정치인들이 "공세에 대한 숭배"[20] 또는 "일정표에 따른 전쟁"[21]에 빠져있다는 만연했던 믿음에 비추어 두 가지 결정이 이해하기 어려워 보인다. 독일은 양면전쟁(two-front war)에 대해 만반의 준비를 하고 있었으나 베트만의 주장에 따라 러시아가 전시동원령을 내렸다는 것을 확인할 때까지 전시동원을 미루었다. 차르 제국의 서쪽 지역에서 동원 현수막이 보고되었을 때 비로소 독일은 대담한 전쟁계획을 완전히, 법적으로 그리고 불가역적으로 가동했다.[22] 최후통첩, 거부 그리고 중재를 위한 마지막 제안들이 유럽의 수도들을 연결하는 전신 케이블을 따라 달구어지고 있을 때, 독일의 양면전쟁에서 초기 목표가 될 것으로 예상되었던 서쪽의 프랑스는–철로도, 예비병도, 요새도, 징발된 말도 없이–육군을 독일 국경 10킬로미터 후방으로 배치할 것을 명령했다.[23] 두 국가는 전쟁이 불가피하다고 믿고 있었으나, 전쟁견을 풀어 놓지 않고 목줄을 쥐고 있었다. 왜 지연시켰을까? 영토의 일부를 임박한 적군의 진군에 효과적으로 양보하는 것은 말할 것도 없고, 불가피하다고 간주되는 전쟁에서 명백한 선제 공격의 이점을 포기하는 것이 과연 국가의 분할 또는 외세의 지배를 피하고 싶은 대중들에게 바람직한가?

20 Van Evera(1984).
21 Taylor(1969).
22 독일의 전쟁계획을 실행하는 결정에 관하여 Herwig(2014, 2장) 참조.
23 Stevenson(1996, pp. 389–392)과 Hamilton and Herwig(2004, p. 124).

퍼즐 5.3 왜 독일과 프랑스는 가능한 한 빨리 공격하는 것을 전제로 만든 전쟁계획의 실행을 지연시켰는가?

이 퍼즐을 풀기 위해 우리는 군사전략뿐만 아니라 전시에 국민의 협력을 유도하기 위한 국내정치도 생각할 필요가 있다. 왜냐하면 독일의 동원령 연기와 곧 침범당할 위기에 놓인 국경으로부터 프랑스군의 후퇴는 모두 대중들의 지지를 확보하기 위한 바람에서 유도된 것이기 때문이다. 4장에서 보았고(그리고 8장에서 다시 보겠지만), 프랑스를 포함한 많은 참전국들이 단기간에 승리를 쟁취할 것이라는 희망으로 대전에 참전했지만, 장기간 지속되는 소모전의 가능성을 계속 염두에 두어야 했다. 어떤 국가들은 그만큼 희망적이지도 않았다: 러시아와의 전쟁은 살인적으로 길고 어려울 것이라고 예상했기 때문에, 독일은 가능한 빨리 프랑스에 승리할 필요가 있었다.[24] 만약 전쟁이 질질 끌어지면, 국가 지도자들은 병력, 노동자, 채권 매수자 그리고 건장한 사람들을 제공하고 전쟁 지원을 유지시켜 줄 대중으로부터의 지지가 절대적으로 필요하다는 것을 알았다. 대중의 일부는 전쟁의 목적에 상관없이 지지하겠지만, 나머지는 그렇게 순종적이지 않을 수 있다. 만약 징집병이 소집에 응하지 않거나 도망가거나, 노동자들이 도구를 놓고 사보타주 하거나, 사회주의자나 사회민주주의 정당이 입법을 방해하거나 그리고 대내적 평화가 인기없는 갈등에 의해 악영향을 받는다면, 전쟁 지원이 치명적으로 손상받을 수 있다. 그 제도가 아무리 독재적이라 하더라도(그리고 독일의 프로이센 제도도 군사에 관해서는 아주 독재적이었다), 참전국 정부도 성공적인 전쟁 지원을 위해서는 노동자층의 지원 또는 최소한 순종이 필요하다는 것을 알았다. 어떤 참전국 정부는 다른 정부보다 더 정교하게 그리고 더 오랫동안 이를 관리했다. 그러나 이러한 지원을 받기 위해서 정부는 전쟁이 방어전이고 제국을 위한 공격적인 시도가 아니라는 인식을 대중의 핵심 계층에게 확신시켜야만 했다. 프랑스와 독일 지도부는 전쟁이 방어전이라고 채색하는 것만으로 다수의 대중을 전쟁의 대혼란으로 끌어들일 수 있다고 믿었다.

이상의 내용을 보다 일반적인 국내정치모형으로 변환시키려 할 때, 문제는 정부는

---

24 나폴레옹의 프랑스가 100년 전에 이미 이 같은 선례를 남겼다.

자신의 진정한 목적을 알고 있는 데 반해 대중은 이에 대해 모른다는 것이다. 더 심각한 것은, 정보의 문제(정의 5.5)가 전쟁 지원에 대한 올바른 의사결정을 방해하는 것이다: 만약 정부의 목적이 진정으로 방어적이라면 그렇게 말하겠지만, 설사 그 목적이 공격적이라 하더라도, 반민족주의자들과 명목상의 파시스트 사회주의자 그리고 노동당을 경계하여, 그렇지 않다고 부인할 것이다. 이것이 소위 **주인-대리인 문제**(principal-agent problem)의 특별한 케이스이다. 주인(대중)이 대리인(정부)에게 업무(국방)를 위임했으나, 주인은 대리인의 선호가 자신과 얼마나 다른지 정확히 알 수 없다.

정의 5.8 **주인-대리인 문제**는 주인이 선호에 있어 사적 정보를 가진 대리인에게 업무를 위임할 때 존재하게 된다.

이것이 위임(delegation)-이번의 경우 전쟁을 지원하는 것-을 위험하게 만든다. 대중들은 방어적 전쟁은 지지하고 공격적 전쟁에는 반대하고자 한다: 대중들이 전쟁을 지원하여 정부가 팽창주의 또는 제국주의적 목적을 추구하게 된다면, 그들은 그 지원을 후회하겠지만, 방어적 투쟁에 대해 지원하지 않는다면, 지원할 만한 가치가 있는 전쟁 지원을 하지 않게 되어 후회할 것이다. 대중들의 문제는 정직할 수도 있지만, 전쟁의 진정한 목적에 대해 거짓말을 할 인센티브를 가진 정부를 지지할 것인지 말 것인지를 선택하는 것이다. 그래서 정부는 정보적 우위를 가지고, 반대로 대중들은 이에 대응한 정보적 *열위*(informational disadvantage)에 처한다.

주인-대리인 문제에 관한 일반적 응용은 고용주와 근로자의 관계인데, 근로자가 고용주가 원하는 것보다 덜 일하는 것을 선호한다면 고용주는 근로자가 더 열심히 일하도록 인센티브를 고안해야 한다. 만약 얼마나 열심히 일할 것인가에 대해 근로자가 고용주와 똑같은 선호를 가지고 있음을 고용주가 안다면 또는 근로자가 열심히 일하는지 여부를 고용주가 계속 관찰할 수 있다면 걱정할 것이 없다. 그러나 고용주는 확신할 수 없으므로, 일종의 보상 체계(compensation scheme)-공개된 비상계획처럼 작동하는 계약(contract) 또는 전략(정의 2.5)-를 마련해야 한다. 운용하기에 다소

번거로울 수도 있지만, 이것이 잘 디자인된다면, 고용주가 보지 않는다고 해서 게으름을 피울 유인을 없애게 된다. 고용주는 시간 또는 생산에 따라 지불할 수도 있고, 기준을 세워 미달하는 경우 해고하겠다고 위협할 수도 있다. 희망하는 바는 훌륭한 계약이 나태한 근로자에게 잘 작동하여 게으름 피울 인센티브를 변화시켜 성실한 근로자처럼 행동하게 만들거나 자신의 선호를 드러내게 하여 그것에 상응하는 조치를 받게 하는 것이다. 다행스럽게, 우리 모형에서 대중의 문제가 고용주의 계약 문제와 크게 다르지 않다. 독일 제국(Kaiserreich)의 정부를 프랑스의 그것처럼 쉽게 교체할 수 없을 수도 있지만, 두 경우 모두 대중이 정부의 정책 선택을 길들일 희망으로 정부가 원하는 것—즉, 전쟁 지원—을 거부하겠다고 위협할 수 있다.

주인—대리인 문제는 사적 정보를 수반하기 때문에 베이지언 게임으로 모형화할 수 있다. 적절한 이름을 붙여 보면, 그림 5.6에서 정보가 없는 대중(P)과 정보를 가진 정부(G)가 있고, 정부는 확률 d로 방어적 목적을 가지며 확률 $1-d$로 팽창주의적 목적을 가진다. 전쟁이 불가피하여, 정부는 전시 동원을 위해 “지금” 움직일 것인지 아니면 적국이 먼저 움직이도록 “기다리기”를 선택해야 한다. 대중에게는 두 개의 선택 가능한 전략이 있다고 가정하자: 어느 쪽이든 무조건적으로 “지원”하는 전략과 둘 다 “반대”하는 전략.

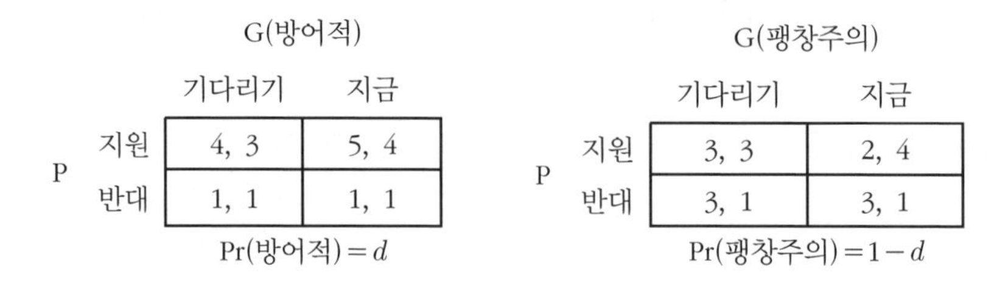

[그림 5.6] 군사전략에서 주인-대리인 문제

이 게임은 8개의 가능한 결과가 있다: 지원을 받으며 기다리기, 지원을 받으며 지금 움직이기, 지원 없이 어느 한 선택을 하는 것. 그런데 지원이 없다면 지금 움직이는 것과 기다리는 것의 차이가 없다. 정부의 입장에서 기다리기는 표면적으로 정복이라는 전쟁에서 주도권을 상실하는 것이고 부대 전개와 육군이 방어할 때 반격 속도를 늦출 수 있다. 무엇을 추구하든－징벌적 관세를 부과하거나 무역전쟁을 일으키는 것처럼 국민들에게는 소름 끼치는 것일지라도－정부는 지원 또는 최소한 대중적 반대가 없는 것을 선호한다. 그래서 정부는 타입에 상관없이 대중의 지원 속에서 지금 바로 계획을 실행하기를 가장 선호하고(보수 4), 대중의 지원을 확보하면서 기다리기가 다음이고(보수 3), 가장 싫어하는 결과가 대중의 지원 상실이다(보수 1). 마지막으로, 대중의 선호는 지원하거나 반대하는 정부의 타입에 의존한다. 대중은 지원을 거부함으로써 공격적인 전쟁을 제한하고자 하지만 방어적 전쟁을 방해할 것을 두려워한다. 대중에게 최선의 결과는 방어적 정부가 지금 움직이는 것을 지원하는 것이고(보수 5), 방어적 정부가 기다리는 것을 지원하는 것이 다음이다(보수 4). 그 다음이 팽창주의 정부가 기다리거나 반대에 직면하는 것이고(보수 3), 마지막이 방어적 전쟁을 목표로 한 정부를 반대하는 것이다(보수 1).

이러한 인센티브와 가능한 전략들을 직면하여, 정부와 대중은 어떻게 게임을 플레이할 것인가? 정리 5.3이 두 베이지언 내쉬균형을 규정하고 있다: 하나는 정부가 방어적이라는 대중의 믿음이 클 때 존재하는 것이고, 다른 하나는 정부가 팽창주의적이 아니라는 확신이 낮을 때 존재하는 것이다.[25] $d \geq 1/5$일 때, 대중들은 정부가 방어적 목표를 가졌음을 충분히 확신하고 (지원; 지금, 지금) 균형에서 대중은 포괄적 지지를 보낸다. 이것이 전쟁 노력을 구하지만, 정부가 팽창주의적임이 드러날 경우 대중으로 하여금 전쟁 지원에 편승한 위험을 감수하게 한다. 반면, $d \leq 1/5$일 때, 대중은 좀 더 의심스러워하고 전쟁 지원을 제공하기를 거부하므로 팽창주의적 정부를 제한하고 방어적 정부의 손을 묶게 된다. 주인－대리인 문제의 해법이 그러하듯, 둘 다 어느 정도 후회의 가능성을 내포하고 있어 어느 옵션도 훌륭하다고 말할 수는 없다: 팽창주의적 전쟁이 굴러가게 하거나 순수하게 방어적인 전쟁을 위태롭게 할 수 있다.

25 세 번째 베이지언 내쉬균형도 (반대: $d \leq 1/4$; 기다리기, 지금)에서 존재한다. 그러나 이것은 (반대; 지금, 지금) 균형과 충분히 유사하고 비슷한 조건에서 존재하므로, 우리는 어떠한 직관의 손실도 없이, 후자의 균형에 초점을 맞춘다. 10장에서 복수의 균형을 볼 것인데, 어떤 질문에는 유용하나 이번의 경우에는 그렇지 않다.

정리 5.3 전략프로필 (지원; 지금, 지금)과 믿음 $d \geq 1/5$이 베이지언 내쉬균형이고, (반대; 지금, 지금)과 믿음 $d \leq 1/5$이 베이지언 내쉬균형이다.

증명 전략 조합 (지원; 지금, 지금)이 베이지언 내쉬균형이 되기 위해서는 다음이 만족되어야 한다: 방어적 G에 대하여

$$u_G(\text{지원}; \textit{지금}, \text{지금}) \geq u_G(\text{지원}; \textit{기다리기}, \text{지금}),$$

팽창주의적 G에 대하여

$$u_G(\text{지원}; \text{지금}, \textit{지금}) \geq u_G(\text{지원}; \text{지금}, \textit{기다리기})$$

그리고 P에 대해

$$u_P(\textit{지원}; \text{지금}, \text{지금}) \geq u_P(\textit{반대}; \text{지금}, \text{지금}).$$

$4 \geq 3$이므로 첫 번째, 두 번째 부등식이 만족된다. 마지막 부등식은 $d \geq 1/5$일 때 만족된다. 따라서 $d \geq 1/5$일 때, 어느 누구도 이익이 되는 이탈을 가지지 아니하므로, (지원; 지금, 지금)이 베이지언 내쉬균형이다.

전략 조합 (반대; 지금, 지금)이 베이지언 내쉬균형이 되기 위해서는 다음이 만족되어야 한다: 방어적 G에 대하여

$$u_G(\text{반대}; \textit{지금}, \text{지금}) \geq u_G(\text{반대}; \textit{기다리기}, \text{지금}),$$

팽창주의적 G에 대하여

$$u_G(\text{반대}; \text{지금}, \textit{지금}) \geq u_G(\text{반대}; \text{지금}, \textit{기다리기})$$

그리고 P에 대해

$$u_P(\textit{반대}; \text{지금}, \text{지금}) \geq u_P(\textit{지원}; \text{지금}, \text{지금}).$$

$1 \geq 1$이므로 첫 번째, 두 번째 부등식이 만족된다. 마지막 부등식은 $d \leq 1/5$일 때 만족된다. 따라서 $d \leq 1/5$일 때, 어느 누구도 이익이 되는 이탈을 가지지 아니하므로, (반대; 지금, 지금)이 베이지언 내쉬균형이다. □

두 균형과 다른 내용의 균형을 찾을 필요가 있기 때문에, 이상의 분석이 우리의 퍼즐을 풀었다고 말하기에는 적합하지 않다. (퍼즐 5.3을 설명하는) 새로운 균형에서 정부는 기다리고, 대중은 지원하고, 정부는 기다리지 않고는 대중의 지원을 확보할 수 없다고 믿는다. 그림 5.6의 게임은 그러한 균형을 생산할 수 없다. 그리고 한 가지 빠진 부분이 이유이다: 프랑스와 독일 양국에서 대중의 전략은 조건부, 즉 정부가

기다리면 지원하고 정부가 바로 움직이면 거부하는 것이었다. 다른 말로 표현하면, 당시 프랑스와 독일 대중은 주인-대리인 문제에 대해 우리가 그림 5.6에서 주었던 것보다 더 나은 해법을 가졌던 것처럼 보인다. 그리고 이것이, 비록 공격적인 전쟁계획을 손상시켰지만, 대중의 지지를 확보하기 위해 기다려야 했던 우리 이야기 속의 대리인 측의 전략을 유도했다. 우리는 정부가 그 타입에 관계없이 똑같은 행동을 선택하는 **통합균형**(pooling equilibrium)을 찾아야 한다.

정의 5.9 **통합균형**에서 각 타입의 경기자들이 동일한 행동을 취하여 다른 타입과 구별할 수 없다.

이전 절에서 보았던 분리균형(separating equilibrium)과 달리, 대중은 정부의 타입에 대한 자신의 믿음을 업데이트하지 않는다. 고용 계약의 비유와 이 부분에서 약간 엇갈린다-개인적으로 그리고 비밀리에 게으른 타입이라 할지라도 일만 잘한다면 누가 상관하겠는가? 그러나 이러한 조건부 지지 전략이 유도한 효과는 성과가 낮은 근로자를 해고하겠다는 위협과 동일하다: 주인의 호의를 얻기 위해, 대리인은 주인이 원하는 바대로 행동하고 자신이 원하는 지지를 얻어낸다.[26]

그림 5.7은 대중의 세 번째 전략을 추가하여 이야기를 수정한다. "조건부지원"은

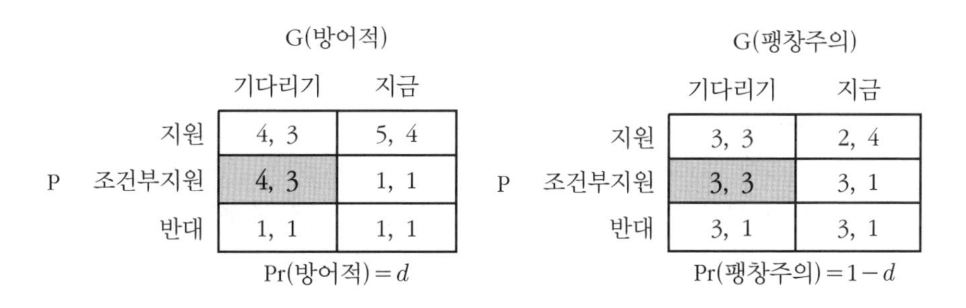

G(방어적)

P	기다리기	지금
지원	4, 3	5, 4
조건부지원	4, 3	1, 1
반대	1, 1	1, 1

Pr(방어적) = d

G(팽창주의)

P	기다리기	지금
지원	3, 3	2, 4
조건부지원	3, 3	3, 1
반대	3, 1	3, 1

Pr(팽창주의) = $1-d$

[그림 5.7] 군사전략에서 주인-대리인 문제 풀기

26 게임은 당분간 여기서 끝나지만, 14장에서 어떤 공격적인 정부는 대중을 영원히 속일 수 없음을 다시 살펴볼 것이다.

정부가 기다릴 때에만, 즉 G가 쉬운 선제 공격의 이점을 포기하고 선제 공격에 대한 비난을 적국으로 향하게 할 때 전쟁 지원을 지지하는 전략을 말한다.[27]

만약 정부가 "기다리기" 그리고 대중이 "조건부지원"을 선택하면 보수가 (지원; 기다리기) 조합의 결과와 동일하다. 그리고 대중이 조건부지원을 선택할 때 정부가 "지금"을 선택하면 보수가 (반대; 지금) 조합과 동일함을 알 수 있다. 이것이 경기자들에게 두 개의 옵션만을 제공한 앞에서의 게임과 다른 점이지만, 상호최적대응(mutual best response)의 법칙이 여전히 적용된다. 그림 5.7의 게임은 더 정교한 전략을 나타내는, 단순하지만 실질적인 변화이고, 1914년 프랑스와 독일 대중이 이용한 것처럼 보이는 (또는 최소한 대중이 그러한 전략을 이용한다고 정부가 믿었던) 경험법칙을 정확하게 포착한다. 정리 5.4에서 확인할 수 있듯이, 이 옵션은 결과를 본질적으로 변화시킨다.

정리 5.4 어떠한 사전적 믿음 d에 대해서도 전략프로필 (조건부지원; 기다리기, 기다리기)가 베이지언 내쉬균형이다.

증명 전략 조합 (조건부지원; 기다리기, 기다리기)가 베이지언 내쉬균형이 되기 위해서는 다음이 만족되어야 한다: 방어적 G에 대하여

u_G(조건부지원; *기다리기*, 기다리기) $\geq u_G$(조건부지원; *지금*, 기다리기),

팽창주의적 G에 대하여

u_G(조건부지원; 기다리기, *기다리기*) $\geq u_G$(조건부지원; 기다리기, *지금*)

그리고 P에 대해

u_P(*조건부지원*; 기다리기, 기다리기) $\geq u_P$(*지원*; 기다리기, 기다리기)

그리고

u_P(*조건부지원*; 기다리기, 기다리기) $\geq u_P$(*반대*; 기다리기, 기다리기).

$3 \geq 1$이므로 첫 번째, 두 번째 부등식이 만족된다. 세 번째 부등식은 $d(4)+(1-d)(3) \geq d(4)+(1-d)(3)$이므로 성립되고, 마지막 부등식은 $0<d<1$이므로 만족된다. 따라서 모든 값의 d에 대해, 어느 누구도 이익이 되는 이탈을 가지지 아니하므로, (조건부지원; 기다리기, 기다리기)가 베이지언 내쉬균형이다. □

27 그것에 관한 한 한 솔로는 선제 공격한다.

정리 5.4의 베이지언 내쉬균형에서 대중들은 그림 5.6에서 할 수 있었던 것보다 더 효율적으로 주인-대리인 문제를 푸는 데 성공한다. 대중의 지지를 원한다면 동원을 연기하거나 적군이 먼저 루비콘을 건너도록 뒤로 물러서서 기다리도록 정부를 강제하는 조건부 전략을 맞춤제작하였기 때문에 가능했다. 이 균형은 대중들로 하여금, 전쟁계획의 실행을 연기시키는 비용을 지불하게 하지만, 방어적 목적을 가진 정부를 지지하게 하고 최소한 팽창주의적 타입을 기다리도록 강제하여 공격적 전쟁 개시를 어렵게 제한한다. 이것조차 완벽한 해법은 아니다: 정치 문제는 희소가치에 대한 상쇄 교환(trade-off)이 수반되므로, 어떤 문제라도 이에 대한 해법이 완벽할 수는 없다. 그러나 이 전략은 (1) 지연을 강제하지 않고 팽창주의적 전쟁을 지지하거나 (2) 조잡하게 적용된 반대 전략으로 방어적 전쟁을 위태롭게 한 것에 대해 대중이 후회하지 않도록 해주고, 정부가 가진 정보적 우위를 제거함으로써 이를 가능하게 하였다. 더군다나, (조건부지원; 기다리기, 기다리기)가 어떤 값의 d에 대해서도, 즉 정부의 진실된 타입에 대해 대중이 얼마나 많이 아는지에 상관없이 균형이다. 팽창주의적 정부는 방어적 의도임을 주장하여 정부를 지지할 가치가 있다고 대중에게 확신시키고자 한다. 팽창주의적 정부는 확실히 거짓말을 할 인센티브가 있지만, 만약 대중들이 반대 위협을 이용하여 정부로 하여금 기다리도록 강제할 수 있다면, 최소한 지지하고 싶지 않은 공격적 전쟁계획의 영향을 무디게 하고 여전히 방어적 계획을 가진 정부를 지원할 수 있다. 이 모든 것이 정부의 타입에 대해 알 필요도 없이 가능하다: 적어도 단기적으로는.

동기를 부여했던 우리의 퍼즐로 돌아가면, 프랑스와 독일 모두 1914년에 "기다리기"를 플레이했다: 프랑스의 장군들은 군대를 독일 국경 훨씬 뒤에 배치했고, 독일의 민간인 지도자들은 선전포고하기 전에 러시아 동원령의 명확한 징후가 나올 때까지 기다림으로써 장군들을 배척하였다. 그러나 그들의 목적은 전혀 달랐다: 프랑스는 최소한 알자스-로렌 지방을 회복하기 위해, 독일은 북해 연안 저지대 국가들(Low Countries)을 복종시키고, 독일, 프랑스 그리고 영국 사이의 힘의 밸런스를 전복시키기 위해.[28] 프랑스의 전쟁 목적은 팽창주의라기보다는 보복주의(revanchism)였으므로,

---

28 여기서 말하는 힘의 밸런스가 무엇인지 6장에서 자세히 논의한다.

프랑스를 방어적 타입이라고 가정하자(그러나 프랑스를 공격적인 타입으로 분류한다 하더라도 논리에는 영향이 없다). 독일의 목적은 더 공격적이고 유럽의 질서를 전복시키는 것이 노동자 계층에게 인기가 없을 것을 정부가 알고 있었으므로 공격적 타입이라 부르자. 다른 두 타입이 동일한 전략을 구사하므로(즉, 통합(pooling)하므로), 대중들은 초기 동원 결정을 통해 정부의 목적 또는 타입을 알 수 없다. (심지어 방어적 의도를 가진 정부도 지원을 얻고 지금 바로 움직이기를 원하지만, 역시 정보 문제가 이를 방해한다.) 민족주의, 군주주의, 사회주의 그리고 자유주의 등 다양한 성향의 대중들이, 특히 초기의 광적인 열의와 단호한 결의만 없으면, 전쟁이 국가의 존망이 걸린 위협을 물리치는 방어전이라는 정부의 설명을 받아들이고 전쟁 지원을 지지한다.[29] 프랑스 대중의 핵심 계층에게는 독일이 명백하게 전쟁을 개시했고, 독일 사회의 핵심 계층에게는 러시아에 명백한 책임이 있었다.

주인-대리인 모형이 (1) 지도자의 선호가 정책을 실행하기 위해 지원을 요청해야 할 대상인 대중들의 그것과 얼마나 다른지, (2) 대중들이 실패한 정책에 대해 처벌함으로써 그 지도자를 얼마나 통제할 수 있는지에 대해 우리의 관심을 유도하기 때문에, 국내정치가 어떻게 국제정치에 영향을 주는지 생각하는 데에도 주인-대리인 모형이 유용하다는 것이 밝혀졌다. 지도자들은 결국 정치인들이다. 그들은 권력 또는 관직을 유지하고자 한다.[30] 이 장의 퍼즐은, 민주주의와 전제주의 모두 1914년에는 거대 육군에 의존하고 있었기 때문에, 주인이 대리인에 대해 레버리지를 행사하기 쉬운 케이스였다. 그러나 가끔 국가의 정치제도가 지도자들을 통제하기 어렵게 만들기도 한다. 민주주의에서는 투표가 자체 반란군을 조직하거나 쿠데타를 일으키는 것보다 훨씬 쉽기 때문에, 대중들이 지도자의 나쁜 행태에 대해 처벌하는 것이 아주 쉽다. 반면, 전제정치는 대중들의 손에 의한 처벌에서 지도자 자신들을 분리시키기 위해 억압 또는 엘리트 계층의 협력에 의존할 수 있다. 종종, 전제군주나 독재자를 통제할 수 있는 유일한 주인(principal)은 그들의 군사적 또는 정치적 엘리트

---

29 호전적 국가에서 전쟁에 대한 지지의 특성에 대해서 Philpott(2014, 1장, 4장) 그리고 초기 러시아의 침입에 대한 독일의 반응에 대해서 Watt(2014, 2-4장) 참조.

30 다른 가정들처럼, 이것도 항상 그리고 어디서나 참인 것은 아니다. 그러나 평균적으로, 이런 가정은 아주 안정적이다.

조력자들이다.[31] 민주주의 대중이 그 지도자를 처벌할 수 있는 것과 전제주의 대중이 그럴 수 없다는 것 사이의 차이가 왜 민주주의가 국제적 전쟁에서 그렇게 많이 승리했는가에 대한 설명으로 내세워졌었다: 관직을 잃을 수도 있다는 위협이 그들로 하여금 질 가능성이 높은 전쟁을 피하게 하고 피할 수 없다면 승리하기 위해 최선을 다하게 한다. 반면, 전제주의 지도자들은 제거하기 어렵고 선출된 지도자를 쓰러뜨릴 만한 군사적 패배에도 불구하고 관직을 유지할 수 있다.[32] 그럼에도 불구하고, 주인-대리인 문제는 지도자가 대중의 지지 또는 더 많은 정치적 파워를 확보하기 위해 위협을 과대포장하고 극단적으로 전쟁을 일으키는 민주정치를 잘 보여준다.[33] 우리는 14장에서 국내정치와 국제정치의 관련성에 대해 더 많이 이야기하겠지만, 당분간은 각 정부가 제1차 세계대전을 통틀어 대중의 지지를 얻기 위해 외교정책에 관한 정보 우위를 지렛대로 삼았다는 사실을 명심할 필요가 있다. 예를 들어, 독일 대중들은 전쟁 초기에 전황을 속이는 희소식을 꾸준히 받았고 이러한 마법의 주문이 깨지고 연합국을 상대로 이길 가능성이 희박하다는 사실이 본국에 알려지는 데 몇 년이 걸렸다.

5.3 결론

우리는 왜 계산적이고 검소한 리더들이 낭비적일 뿐만 아니라 결국은 싸우기 전

31 엘리트들이 독재자들을 처벌하는 편의성에 대해 Weeks(2008)를 참조하라. 이러한 추론에서는 선거가 항상 최선의 지도자를 배출한다거나 투표자가 항상 선출된 공무원들을 처벌할 수 있다고 말하지 않는다. 그러나 자유롭고 공정한 선거가 평균적으로 더 나은 경제성장과 인권 존중과 관련되어 있음을 말하고 있다(Bueno de Mesquita et al. 2003; Davenport 2007; Ritter 2014).

32 Bueno de Mesquita et al.(2003)과 Reiter and Stam(2002)을 참조하라. 이 차이가 클 것이라는 것이 명확하지 않다. 전제주의 리더들은 관직을 잃을 위험은 낮지만, 권력을 잃자 마자 망명, 감옥 또는 죽음의 위험이 높다. 이러한 결과들에 대한 전망이 갈등에 미친 영향에 대해 Chiozza and Goemans(2011) 참조.

33 Saunders and Wolford(n.d.), Downs and Rocke(1994), Smith(1996, 1998) 그리고 Arena(2015) 참조. 파워를 증강시키고 궁극적으로 공화국을 무너뜨리기 위한 팰퍼틴의 클론전쟁을 조작과 크게 다르지 않다.

에 거부한 것과 전혀 다를 것이 없는 평화협정으로 끝날 것을 알면서 전쟁을 벌이게 되었는가에 대한 물음으로 이 장을 시작했다. 퍼즐에 대한 이 장의 대답은 본질적으로 관찰이 불가능한 선호의 특성과 상대방이 더 나은 조건을 제시해야 한다고 확신시킬 희망으로 허세를 부릴 인센티브가 있음으로 인해 의사소통이 어렵다는 사실에 의존했다. 이러한 거짓말을 할 인센티브가 외교적 소통을 어렵게 만들고, 그들의 사적 정보에 대해 의사소통을 했더라면 피할 수도 있었던 전쟁을 하게 만든다. 예를 들어, 1991년 미국이 이끄는 거대 연합이 쿠웨이트에서 이라크 군을 신속히 그리고 쉽게 내쫓을 수 있는 능력이 있다는 것을 이라크에 확신시킬 수 없었다. 그리고 그 능력을 전쟁을 통해서만 증명할 수 있었다. 비극적으로, 이라크는 마치 제1차 세계대전의 서부전선을 지배했던 참호전처럼, 쿠웨이트 서부의 험지에서 연합군을 꼼짝 못 하게 할 수 있다고 믿으며 전쟁에 돌입했고, 이라크는 이란과의 최근의 전쟁에서 이를 이미 경험했었다.[34] 8년 후, 미국이 이끄는 또 다른 연합군이 폭격을 가하고 필요하면 침공하여 코소보 분리지역에서 인종청소를 자행한 것에 대해 항복을 받겠다는 의지를 천명했음에도 이를 의심한 세르비아 정부를 상대로 전쟁에 돌입했다. 그러나 연합군이 장기전도 준비할 각오가 되어있다고 아무리 말해도, 허세에 찌든 세르비아는 절대로 감당하지 못할 값비싼 행동(알바니아를 통한 침공 준비)으로 옮겨질 때까지 그러한 발표를 믿지 않았다. 각각의 경우에, 그 의지를 실행하고 비용을 감당하고자 하는 단호한 타입의 경기자가 문제의 행동(즉, 전쟁)을 실행함으로써만 상대방을 확신시킬 수 있었기 때문에 전쟁이 발생했다.

우리는 새로운 모형으로 베이지언 게임을 소개하여 이러한 퍼즐뿐만 아니라, 적대적 행위가 불가피해진 상태에서 전쟁계획의 실행을 연기시키는 의아스러운 결정에 대해서도 설명하였다. 상대방의 선호에 대한 경기자들의 불확실성을 심각하게 고려하면, 제한된 정보만으로 전쟁을 설명하기에 충분하지 않음을 보였다. 여기에 더하여, 국가들이 알려진다면 군사적 갈등을 피하게 할 수도 있는 정보를 공유할 의사가 없거나 공유할 수 없어야 했다. 우리는 베이즈 규칙에 내재된 확률법칙을 이용하여, 믿을 수 있는 의사소통의 핵심이 국가들이 그들의 단호함에 대해 허세부리는 것이

---

34 이란-이라크 전쟁에 관해 Razoux(2015) 참조.

아주 값비싸도록 만드는 것임을 보였다. 단순한 외교 또는 행동이 결여된 말은 종종 값싸고 쉽게 무시되지만, 값비싼 행동—군사 동원 또는 위기의 결과에 정치적 생명을 거는 공적 노력—을 수반한 말은 허세쟁이들로 하여금 그들의 전쟁 의지에 대해 거짓말을 하지 못하도록 만든다. 이어진 장들에서 우리는 국가가 전쟁에 대한 의지 또는 때로는 싸움의 유혹에 저항하고자 하는 의지에 대해 신빙성 있는 신호를 보낼 수 있는 여러 종류의 메커니즘을 만나게 된다. 이 장에서 핵심 문제는 단호한 타입의 국가가 정보를 가지지 못한 국가로 하여금 자신을 너무 심하게 밀어붙이지 못하도록 막는 것이었다. 이 문제는 유순한 타입의 국가가 단호한 타입을 모방하여 허세를 부릴 인센티브가 있었기 때문에 어려워졌었다. 그러나 2장과 4장의 맹약의 문제에 대한 논의는 정반대의 문제 또한 존재할 수 있음을 시사한다: 진정으로 제한된 목표를 가진 국가가 상대방에게 자신은 공격적이거나 팽창주의적인 목표를 가지고 있지 않다고 납득시키는 데 어려움이 있을 수 있다. 다음 장에서 우리는, 베이지언 내쉬균형에 관한 지식을 이용하여, 독일 군대가 벨기에를 통하여 진군하며 프랑스군과 충돌하면서, 독일 지도자들이 믿을 수 없을 정도로 큰 흥망의 문제에 직면하게 됨을 보게 될 것이다—자신들이 단호한 타입이 아니며 제한된 목적만을 가졌다는 것을 전달하는 문제였다.

5.4 연습: UN과 여론

베이즈 규칙은 다음 장에서도 유용하게 반복적으로 사용될 것이다. 그래서 이 절에서 약간의 연습을 하는데, 베이즈 규칙을 이용하여 전후의 UN 안전보장이사회(안보리) 같은 국제적 제도가 언제 그리고 어떻게 대중들의 전쟁 지원에 영향을 미칠 수 있는지 이해해 보고자 한다.[35] UN 안보리는 국제평화와 안전 문제에 관한 결의안을

35 내용상 일시적인 건너뛰기를 이해해 주기 바란다. 그러나 6장과 15장에서 UN에 관한 논의를 할 때 도움이 될 것이다.

논의하고 통과시킨다. 15개국의 회원이 있는데, 실질적인 힘은 상임이사국 5국－미국, 영국, 프랑스, 중국, 러시아 또는 P5－에 있는데, 위원회에 상정된 결의안에 대해 거부권을 행사할 수 있다. 원한다면 상대의 제안을 쉽게 막을 수 있기 때문에, 이것을 교착상태에 이르는 교본으로 생각할 수 있다. 그러나 예를 들어, 한 국가가 전쟁에 대한 승인을 요구할 때, 서로에 대해 공개적으로 반대하거나 지지할 수 있는 P5의 바로 이 능력이 제안된 전쟁에 대한 대중의 의사결정에 영향을 준다.[36]

당신의 정부가 안보리에 X국에 대해 무력을 사용하는 승인을 요청했다고 가정하자. 어느 상임이사국이 당신의 국가를 지원하는 경향이 있고 어느 이사국이 반대하는 경향이 있는지 알고 있다고 하자. 그러나 당신은 이 전쟁이 좋은 생각인지 아닌지 불확실하다. 이 전쟁이 1991년 걸프전처럼 현상을 복원하고 지탱할 수 있을까 아니면 2003년 이라크 전쟁처럼 잠재적으로 재앙에 가까운 결과를 초래할 것인가? 논리상 전자와 같은 제한전(limited war)의 성격을 선호하고 후자와 같은 전쟁을 반대한다고 가정하자. 만약 당신의 정부가 진정으로 제한된 목적을 가지고 있다면 그렇다고 말을 하겠지만, 실제 정부의 목적이 그렇지 않더라도, 당신의 지지를 얻기 위해 정부는 제한된 목적을 가졌다고 주장할 것이다. 당신의 정부가 명확한 정보 문제에 직면했지만(정의 5.5), 가끔 다른 상임이사국 멤버들의 반응이 이 문제를 푸는 데 도움을 주고, 베이즈 규칙이 어떻게 그럴 수 있는지 보여준다. 이 전쟁이 제한적(사건 l)일 것이라는 당신의 사전적 믿음을 $\Pr(\neg l)=0.5$라고 하자. 그리고 당신의 정부가 안보리에 안건을 상정했는데, Y국이 전쟁의 목적이 제한적이지 않다(사건 l)는 명목의 이유로 결의안에 대해 반대한다(사건 yv)고 하자. 이 반대 행동이 정책을 지지하는 것이 바람직한 것인가에 대한 당신의 믿음을 바꿀 수 있을까? 베이즈 규칙을 적어보면

$$\Pr(l \mid yv) = \frac{\Pr(l) \times \Pr(yv \mid l)}{\Pr(l) \times \Pr(yv \mid l) + \Pr(\neg l) \times \Pr(yv \mid \neg l)}$$

인데, 이는 Y가 진정으로 제한적인 전쟁을 반대하는 확률과 Y가 전쟁의 목적에 상관없이 당신의 정부를 반대하는 확률의 비(ratio)다. 다음으로, 두 변수 $g=\Pr(yv \mid l)$

---

36 이 논의는 주로 Chapman and Reiter(2004)와 Chapman(2011)에 의존했다.

와 $b = \Pr(yv \mid \neg l)$을 정의하면, Y가 제한전을 반대할 확률과 Y가 팽창전을 반대하는 확률이다. 약간의 대입 과정을 거치면,

$$\Pr(l \mid yv) = \frac{0.5 \times g}{0.5 \times g + 0.5 \times b}$$

인데, 분자와 분모에 2를 곱하면

$$\Pr(l \mid yv) = \frac{g}{g + b}$$

가 된다. 이제 무엇을 알 수 있는가? 전쟁을 받아들일 만큼 제한적일 것이라는 당신의 새로운 추정치는 Y국이 제한전과 팽창전에 대해 다르게 반응하는지에 달려 있는 새로운 비율이다. 만약 $g = b = 1$이면, 즉 지정학적 주요 라이벌이라는 등의 이유로 Y가 당신 정부의 어떠한 제안도 거절한다면, $\Pr(l \mid yv) = 0.5$이다. 당신의 믿음에 변화가 없다. 당신은 Y의 반대를 할인해야 할 분명한 이유가 생긴 것이고, 이는 미국에서 대중의 지지 패턴과 일치한다: 러시아와 중국 같은 예측된 원천에서 나오는 반대는 전쟁에 대한 대중의 지지에 그다지 영향이 없다.

그러나 Z국이 또한 당신 정부의 제안을 반대한다(사건 zv)고 가정하자. 이에 더해 Z가－현재 동맹국의 일원인 이유로－전통적인 우방이고 당신 정부와 대립하여 동맹에 균열을 가하는 것을 싫어한다고 가정하자. 만약 이 같은 나라가 반대한다면, 제안된 전쟁이 진정으로 나쁜 생각이라고 판단한 것이다. 그래서 Z에 대해 $g = 0.1$ 그리고 $b = 0.75$라 하면, 당신 정부의 제한전에 대해서는 거의 반대하지 않지만, 팽창전에 대해서는 거세게 반대한다. 그러면 우리의 새로운 식은

$$\Pr(l \mid zv) = \frac{g}{g + b} = \frac{0.1}{0.1 + 0.75} \approx 0.12$$

가 되고, 이는 전쟁을 지지할 만하다는 당신의 믿음이 0.5에서 0.12로 떨어진다는 의미이다. Z국이 제한전과 팽창전에 대해 다르게 반응하기 때문에－발상이 나쁜 모험을 제외하고는 당신의 정부를 지원하며 거의 동일 보조를 맞추기 때문에－Z의 반

대는 상당한 정보를 내포하고 있다. 따라서 안보리에서 라이벌이 반대하면, 전쟁의 목적과 상관없이 반대하므로 거의 성공할 수 없다. 그러나 안보리에서 우방이 반대하면, 그 제한된 전쟁이 진짜 나쁜 생각일 때에만 반대할 인센티브가 있으므로, 귀를 기울여야 한다. 참으로, 2003년 이라크 전쟁을 승인하는 "두 번째 결의안"에 대한 프랑스의 반대 위협은 미국의 대내·대외적 지지를 손상시켰으며 동력을 잃게 만들었었다.

이제 반대가 아닌 지지에 초점을 맞추어 연습을 해보도록 하자. 당신의 사전적 믿음은 여전히 $\Pr(l)=0.5$로 유지되지만, 이제 J국과 K국의 지지 성명(사건 js와 사건 ks)에 기초하여 정책을 판단해야 한다.

연습 5.1 $\Pr(js \mid l)=1$ 그리고 $\Pr(js \mid \neg l)=0.9$라고 하자. 전쟁의 목적에 대한 당신의 믿음이 어떻게 변하는가?

연습 5.2 $\Pr(ks \mid l)=0.75$ 그리고 $\Pr(ks \mid \neg l)=0.1$이라고 하자. 정책이 좋다라는 확률에 대한 당신의 추정치가 어떻게 변하는가?

이상의 계산을 다 하고 나면, 새로운 패턴을 하나 볼 수 있다: 친구로부터의 지지와 라이벌로부터의 반대에는 그다지 의미있는 정보가 없지만, 라이벌로부터의 지지 그리고 친구로부터의 반대는 종종 매우 귀중한 정보를 담고 있다는 것이다. 따라서 안보리의 결정은 주어진 힘의 사용을 지지하는 것이 바람직한가에 대한 국내 및 국제적 여론 형성에 중요한 정보를 준다. 안보리의 결의안 자체가 말을 해서가 아니고, 그것이 글로벌 여론을 대표하기 때문이 아니고, 그것이 심사숙고할 수 있는 효율적인 기구이기 때문이 아니라, 안보리가 열강들에게 대중의 눈에 보이는 공공의 행동을 취할 수 있도록 했고, 그것이 예측되지 못한 국가들에게서 나올 때 매우 많은 정보를 내포하기 때문이다. 뒤에 다시 논의하겠지만, 안보리는 현재 글로벌 힘의 밸런스 유지에 아주 중요한 역할을 하고 있다. 그리고 제1차 세계대전 당시에는 유사한 기능을 담당하는 기구가 없었다.

06

휴짓조각: 벨기에, 프랑스 그리고 영국의 참전

휴짓조각: 벨기에, 프랑스 그리고 영국의 참전

[베트만은] … "중립"이라는 말에 대해, 전시에는 너무나 자주 그냥 휴짓조각처럼 폐기되었다고 말했다. 영국은 동족 국가와 전쟁을 벌이려 하고 있었다.

에드워드 고쉔, 영국 대사
1914년 8월 6일

1914년 대륙의 열강들이 충돌의 과정을 밟아 가면서, 영국이 "화려한 고립(splendid isolation)"의 전통을 유지할 수 있을 것인가에 대한 의문이 퍼져나갔다. 심지어 궁극의 파트너인 프랑스와 러시아조차, 독일과 선전포고를 서로 교환하면서, 영국의 지원이 있을 것인지에 대해 고심했다.[1] 영국이 마침내 프랑스와 러시아를 지원하며 전쟁에 참전했지만, 영국의 개입이 일어났던 방식에 대해서는 여전히 의아스러운 점이 있다:

> 왜 영국을 유럽의 대전에 개입하도록 확신시킨 것이 프랑스의 위험이 아니라 벨기에의 위험이었는가?

1 Hastings(2013, p. 85)와 Levy and Mulligan(2017, p. 744) 참조.

달리 표현하면, 서유럽에서 독일의 야심에 대항해 오랫동안 평형추 역할을 한 프랑스에 대해 가시화되고 있는 위협조차 영국 대중과 정부로 하여금 참전을 결정하도록 하기에 충분하지 않았음에도, 왜 독일의 "용감하고 작은 벨기에" 침입에 직면하여 참전을 결정했는가? 만약 프랑스가 붕괴된다면 대륙에서 독일의 우세는 뻔한 것이고, 독일이라는 전쟁 기계 앞에서 벨기에의 몰락은 예정된 운명이었다. 그러나 영국을 참전하여 싸우도록 확신시킨 것은 독일이 유럽의 다른 열강을 물리칠 가능성이 *아니라*, 독일의 벨기에 침공이었다. 이 퍼즐에 대한 우리의 해답은 영국의 참전과 벨기에의 중립을 보장한 1839년 런던조약(Treaty of London)과 연결시키는데, 우리에게 다음 몇 가지를 가르쳐 줄 것이다:

- 현재 진행 중인 전쟁에서 국가는 어떻게 같은 편을 선택하는가.
- 힘의 밸런스가 무엇이고, 그것이 어떻게 국제법에 의존하는가.
- 어떻게 전쟁의 목적인 "희망 목록(wishlists)"이 국제정치에 실질적인 영향을 미치는가.
- 어떻게 국가가 자신의 의도에 대해 다른 국가들을 재보장하기 위해 노력하는가.

이 장에서 우리는, 국제법이 정당한 국제적 무정부상태에 직면하여 이빨이 없고 일반적으로 무기력하지만, 바로 이 국제법이 영국의 제1차 세계대전 참전에 결정적인 역할을 하였음을 보게 될 것이다. 그 공적인 특성으로 인해, 국제법이 열강들로 하여금 벨기에 침공은 유럽을 지배하려는 야욕과 직결되어 있고 대륙에서 평화를 유지하도록 설계된 힘의 밸런스를 무너뜨리기 위한 것이라는 일반적으로 공유되던 견해에 안착하도록 도와주었다. 영국의 보복이 뒤따를 것이 거의 확실했음에도 독일이 벨기에의 중립을 침해한 것이 영국으로 하여금 독일의 목적이 그들이 주장하는 것처럼 방어적이지 않다는 것을 확신하게 해주었다. (단순한 "희망 목록"일 뿐이라고 무시되기도 하지만) 전쟁이 시작된 지 몇 주 만에 발표된 베트만-홀베크 수상의 악명높은 9월 계획에서 제기된 것처럼 독일이 그 적들의 궁극적 "쇠퇴(enfeeblement)"를 추구하지 않을 것이라는 신뢰 대신, 영국은 유럽에서 힘의 밸런스를 유지하고 열강으로서 영국의 생존을 보장하기 위해 그 자신의 예방 전쟁을 시작했다. 이 장에서 우리는 경기자들이 서로의 선호에 대해 불확실한 베이지언 게임을 분석하면서 새로이 확장된 도구 박스를 활용할 것이다. 그리고 나서 획득한 통찰을 이용해 유럽식 힘의 밸런스가 어떻게 작동하는지에 대해 그리고 껄끄러운 재보장 문제에 대해 배우는 기회를 가질 것이다.

6장 핵심 용어

- 힘의 밸런스

6.1 벨기에 방어

뒤돌아보면 영국의 제1차 세계대전 참전은 불가피해 보인다. 1904년 영국과 프랑스의 화친협상(Entente Cordiale)은 미해결 상태의 식민지 문제들을 해결했고, 오랜 시간 라이벌과의 제휴를 강화했고, 구속력 있는 동맹 맹약은 부족했지만 뒤따른 군사회담의 발판을 대전을 몇 년 앞둔 시점에 마련했다는 점에서 의의가 있다. 더군다나, 외교적 고립을 전쟁으로 끝내려 하는 독일의 어떠한 시도에 대해서도 영국으로서는 근본적으로 참기 어려웠고, 열강으로서 영국의 생존도 어느 세력이 독자적으로 대륙을 좌지우지할 수 없는 힘의 밸런스와 그 영구화에 달려 있었다.[2] 만약, 전쟁 초기 몇 주 동안은 가능해 보였지만, 독일이 프랑스 공화국과 차르 체제의 러시아를 격파한다면, 영국의 미래의 안전은 위태로워질 것이다. 프랑스를 제압한 후 의기양양한 독일이 해협 연안(Channel Coast)을 지배하고, 영국의 대륙 출입을 막고, 영국 섬들을 고립시키고, 영국을 그 지배에서 열강의 지위가 나오는 식민지들로부터 분리시킬 수도 있었다. 그럼에도 왜 영국은 유럽의 헤게모니를 장악하려는 독일의 시도를 저지

2 전통적인 유럽식 힘의 균형에 대해 Gulick(1967) 참조.

하기 위해 참전하지 *않았는가?*

1914년 당시 그 질문에 대한 대답은 그렇게 간단하지 않았다. 크림전쟁(Crimean War)을 예외로 하면, 1815년 나폴레옹의 마지막 패배 이후 유럽이 전쟁 중일 때 영국의 중립은 법칙이었다.[3] 앞선 세기 대륙 통일의 대모험은 다른 열강들이 서로 전쟁을 할 때 개입할 엄두를 내지 못하게 만들었다. 더군다나, 유럽에서 가장 민주적인 국가 프랑스가 대륙에서 가장 민주적이지 않은 차르의 러시아와 1894년 이래 동맹관계를 유지하고 있었다. 이것이 영국 대중들로 하여금 프랑스의 대의를 따르지 못하게 했다. 그리고 러시아의 취약한 민주주의로 충분하지 않더라도, 러시아는 중앙아시아에서 제국 정치의 "그레이트 게임(Great Game)"에서 영국의 주요 경쟁자였다. 연합국(the Entente)을 통한 영국의 프랑스에 대한 맹약 역시 의도적으로 느슨한 것이었다.[4] 마지막 고려 사항으로, (외무장관 에드워드 그레이가 언론보도에서 습관적으로 지적했던 것처럼) 영국은 프랑스 방어에 법적으로 구속되어 있지 않았고, 영국을 지배하던 색스-코버그-고사(Saxe-Coburg-Gotha) 가문 자체가 게르만족이었고,[5] 대중과 내각 모두 처음에는 전쟁에 참여한다는 생각 자체에 적대적이었다. 특히 베를린에서 그랬지만, 최근의 해군 교류로 인해 최소한 영-독 국교 회복은 가능하다는 낙관론을 고조시켰다. 사실 베트만-홀베크 수상의 바람은 헛된 것이었지만, 평화가 저무는 시간에도 영-독의 양해(understanding)가 도출될 수도 있다는 희미한 희망을 견지하고 있었다. 마지막으로, 독일이 1871년 프랑스를 결정적으로 물리치고 알자스와 로렌을 떼어냈을 때에도 영국의 열강의 지위에는 영향이 없었다. 그렇다면 독일과 프랑스가 다시 한번 더 전쟁을 하는 것에 대해 왜 영국 제국이 신경을 써야 하는가?

영국에게도 1차 세계대전은 재앙에 가깝도록 값비쌌다. 지지부진한 전장에서 엄청난 목숨이 희생되었고, 국고에서 엄청난 파운드화가 전용되었고, 미국의 전쟁 금융가들에게 엄청난 빚을 졌다. 승리에 대한 희망(과 보상 약속)이 제국을 하나로 뭉치

---

3 Abbenhuis(2014) 참조.

4 프랑스어로 entente는 "이해" 또는 "의도"를 의미하는 것으로, 어느 국가로 하여금 법적으로 구속력이 있는 것으로 이해되는 비준된 조약에 따라 특정 행동을 취하도록 하는 동맹과는 크게 다르다(Morrow, 2000).

5 1917년에 독일과 거리를 두기 위해, 윈저(Windsor)가문으로 단지 명칭을 변경했다.

게 했지만 전쟁 중 피지배 민족에 부과된 요구는 독립과 자치에 대한 욕구만 강화시켰다.[6] 전쟁 초기 독일의 대규모 공세에 밀려 퇴각하는 프랑스-벨기에 전선의 빈 구멍을 메우기 위해 파견한 소규모 영국 원정군(BEF)은 결과적으로 새 발의 피에 불과했다. 더군다나, 다소 충격적이었지만 영향이 거의 없었던 제플린(Zeppelin) 공습을 제외하고 영국 본토는 대부분 아무 영향도 없었음에도, 약 70만 명의 영국 군인이 전쟁 과정에서 죽었다. 전쟁이 끝난 이후, 시민, 군인, 장군 그리고 정치인들이 많은 사람을 죽이고 더 많은 사람을 불구로 만든 전쟁에 대한 책임을 서로에게 미루면서 국내정치는 상호비방전으로 격하되었고, 끝내는 국제적 그리고 국내적 힘의 밸런스를 유지하는 것밖에 할 수 있는 것이 없게 되었다. 민주적 의식을 가진 사람들 입장에서도 전쟁은 영국의 전통적인 엘리트를 갈아치우는 데 실패했다. 이 모든 것이 1914년 8월 독일이 프랑스와의 또 다른 전쟁으로 가는 길에 하나의 소국을 침공해서 일어난 일인가?

전쟁을 독일의 헤게모니 장악 시도보다 작은 무엇, 즉 7월 위기의 소산으로 읽을 수도 있다. 지난 세기 동안 그렇게 설명하는 것이 유명한 수사가 되었고, 일견 장점이 없는 것도 아니다. 4장에서 논의했듯이, 독일에게 최선의 결과는 독일의 합스부르크 파트너가 피해를 보지 않으면서 세르비아를 무너뜨리는 것이었지만, 러시아가 7월 31일 전시 동원을 발동하면서 사태를 되돌리기가 어려워지면서 독일도 대전을 위한 자체 비상계획을 실행할 수밖에 없었다: 수정된 버전의 (지금은 악명높은) 슐리펜 계획(8장에서 상술). 러시아의 동원령이 늦을 것으로 예상하고, 독일은 동쪽에서 기동력이 느린 러시아의 막강 전력을 만나기 전에 먼저 기동력이 빠른 프랑스 육군을 무력화하려는 계획이었다-모든 것이 양면 전선(two-front war)의 전략적 열세를 극복하기 위함이었다. 전면적인 대전에 이르기 전에, 독일은 7월 31일 파리와 상트페테르부르크에 최후통첩을 보내 각각 동원령을 중지시키라고 요구하였다. 만족스러운 결과가 나올 것 같지 않자, 독일은 8월 1일 동원령을 발표하고 8월 3일 프랑스에 선전포고하였다. 이처럼 장기적으로는 러시아의 힘의 쇠퇴를 목표로 했지만, 러시아 동원령을 중지시키려는 압박의 실패가 그 시점에서는 진실된, 독일이 말하는 방어적

---

6 Manela(2009)와 Gerwarth and Manela(2015) 참조.

의도라는 주장의 수사였다. 런던에 있던 카이저의 대사도 "우리 국경에서는 러시아의 동원령을 한가롭게 바라볼 수 없다"고 주장하며, 영국의 마지막 중재노력을 무력화시킨 러시아의 동원령을 비난하였다.[7]

대륙 최대 규모의 육군이 프랑스 공격을 위해 대기하고 있고 동쪽에서 표면적으로 러시아 육군이 동원령을 이어가고 있었지만 지체되면서 약간의 숨 쉴 공간이 생겼지만, 영국 내각은 당황하고 허둥댔다. (젊은 윈스턴 처칠을 포함한) 단지 소수의 목소리만이 프랑스를 위해 개입해야 한다고 주장했다. 더 많은 다수는 프랑스 하나를 위해 싸운다는 아이디어에 반감을 가졌다. 외무장관 에드워드 그레이가 만약 프랑스가 무너진다면 어떤 기분일지 뒤에 수상이 될 데이비드 로이드 조지에게 물었다. 로이드 조지가 대답으로 그레이에게 차르의 러시아가 독일을 무찌른다면 어떤 기분일지 되물었다.[8] 독일이 대륙을 지배하게 될 경우 열강으로서의 영국의 장기적 지위를 우려하는 개입주의자와 화려한 고립의 전통을 이어가길 희망하는 "작은 영국인(Little Englander)" 당파와 대중으로 나누어져, 영국의 결정은 불안정하게 미해결 상태에 있었다.[9] 그림 6.1에서 볼 수 있듯이, 독일의 선전포고 하루 뒤 그리고 그러한 전쟁이 불가피하다고 판단한 며칠 후인, 8월 4일에서야 비로소 영국이 독일에 대해 선전포고를 했다.

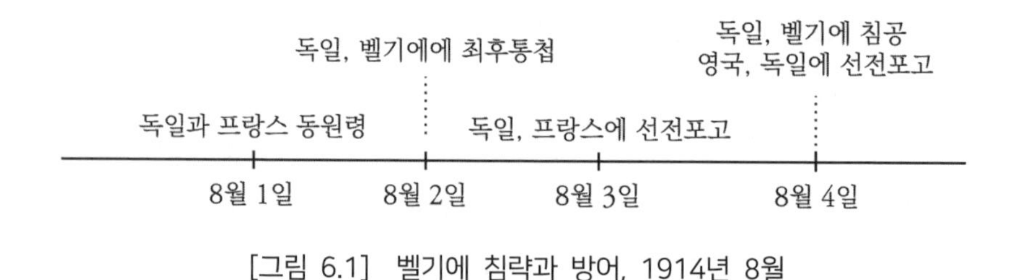

[그림 6.1] 벨기에 침략과 방어, 1914년 8월

7 Mombauer(2013, p. 501, Document 307)에서 인용.

8 McMeekin(2013, p. 360).

9 2016년 여름 브렉시트(Brexit) 국민투표에서 명확히 볼 수 있듯이, 놀랍게도 "작은 영국인"의 현대적 전형이 여전히 살아있다.

왜 지체되었을까? 프랑스가 독일과의 전쟁을 앞두고 전쟁의 전망에 대해 살펴보고 있을 때, 영국은 왜 8월 4일 마침내 싸움에 가담할 때까지－가끔은 모호하고 가끔은 냉담하게－무관심한 자세를 유지했을까? 그 해답은 8월 2일 독일이 작지만 법적으로 중립인 벨기에에 어떤 선택을 요구한 것에 있는 것 같다. 벨기에 영토는 프랑스 육군을 거대하게 포위할 수 있는 이상적인 진군 위치에 자리잡고 있었다. 최후통첩의 중요 내용은 다음과 같다:

1. 독일은 벨기에에 대해 어떠한 적대적 행위도 계획하고 있지 않다. 다가올 전쟁에서 독일을 향해 호의적인 중립의 자세를 유지한다면, 독일 정부는 왕국의 유지와 독립을 완전히 보장할 것이다.
2. 위에 명시된 조건하에서, 독일은 평화가 정착되는 즉시 벨기에 영토를 비워줄 것이다.
3. 벨기에가 친화적인 자세를 선택한다면, 독일은 독일군에 필요한 모든 필수품을 현금으로 구입할 준비가 되어 있고, … 그리고 독일 군대에 의해 발생한 모든 피해에 대해 변상할 준비가 되어 있다.
   만약 벨기에가 독일 군대를 막는다면, … 독일은 유감스럽게도 벨기에를 적으로 간주해야만 할 것이다.[10]

달리 표현하면, 벨기에의 알베르 국왕이 독일 군대가 프랑스와의 전쟁을 위해 진군하고 영토의 일부를 점령할 때 국왕의 군대로 하여금 물러서도록 명령해야만 했다. 평화가 보장되는 대로, 독일 군대는 명목상 떠났을 것이다. 그러나 만약 벨기에가 불가피한 것에 대해 저항하기로 선택한다면, "미래 양국 간의 관계에 대한 규정은 군사적 결정에 맡겨질 수밖에 없다."[11] 전 유럽이 숨을 죽이고 기다리고 있을 때, 알베르 국왕이 8월 3일 최후통첩을 거부할 것임을 밝힘으로써, 그의 왕국에 "용감한 작은 벨기에(gallant little Belgium)"라는 별칭을 안기고, 순식간에 영국 내각, 의회 그리고 대중 사이에 전쟁에 참전하는 방향으로 여론의 흐름을 바꾸었다.

---

10 Mombauer(2013, p. 533)에서 인용.
11 Mombauer(2013, p. 533).

힘보다는 옳음의 원칙을 긍정하며 대중들이 갑자기 강국에 위협받는 약소국을 지켜야 한다고 쏠리는 것이 드라마틱하지만, 영국의 여론의 흐름이 180도로 완전히 바뀐 것은 아니었다. 벨기에는 네덜란드처럼 열강들의 트라이앵글에 자리잡은 완충국가였다.[12] 영국, 독일 그리고 프랑스는 각각 벨기에의 항구와 평원을 다른 국가를 위협하는 수단으로 이용할 수 있었고, 이러한 상호 불신이 1839년 런던조약에서 벨기에의 영구적인 독립과 중립으로 이끌었다.[13] 베트만이 영국 대사 에드워드 고쉔과의 문서 교환에서, 네덜란드에 대해서는 중립을 보장하면서, 벨기에의 중립을 보장하지 않기로 결정했을 때, 즉 적어도 7월 31일 이후로는 의심할 만한 징후가 생겨나고 있었다. 태만의 죄에 관한 한, 이것이 역사상으로 중대해 보인다.[14] 그리고 나서 내각은 8월 1일 벨기에의 중립이 훼손될 경우 방관하지 않겠다는 마지막 경고를 승인했으나, 베를린의 민간인 지도자들 사이에 어떠한 긴장도 조성하지 못했다. 독일의 최후통첩이 작성되었고, 아무도 그것을 중단시킬 수 없었다. 벨기에의 거부 결정이 발표되고 독일군이 리에주(Liege) 요새를 공격하자, 이미 때는 늦어버렸다: 대전을 위한 지원을 위해 지지가 필요한 대중, 노동자뿐만 아니라 평화주의 급진론자들과 "작은 영국인" 당파의 우렁찬 지원을 받아 영국 제국이 독일과의 전쟁에 참전했다.[15]

전시 반독일 선전의 여파로 냉소주의가 사라졌음에도 불구하고, 끝내 영국 제국을 전장으로 끌어낸 것은 벨기에의 위기였다. "결정적인 이슈가 벨기에의 중립이었다."[16] 독일의 중립국 벨기에로의 진군이 없었다면, 영국 정부와 대중의 상당 부분이 유럽 대전에 참전한다는 운명적인 결정을 하기 어려웠을 것이다. 그러나 (프랑스 같은) 주요 군사 대국의 운명보다 그 많은 약소국 중의 하나에 불과한 한 국가의 운명이 (영국 같은) 열강에게 더 중요했다고 주장하는 것은 표면적으로 쉽게 믿기 어렵다. 대륙에서 약자들은 강자의 손에 의해 오랫동안 고통받아 왔었다. 더군다나, 독일의 벨

---

12 완충국가에 대한 다소 상이한 관점에 대해서 Fazal(2007) 참조.

13 Partem(1993, P. 24).

14 다음과 같은 단순화된 버전의 대화를 생각해보자. 고쉔: "벨기에의 중립을 보장할 것입니까?" 베트만: "우리는 네덜란드만 그대로 둘 것입니다." 고쉔: "…" 이것이 그 요지이다(McMeekin, 2013, p. 278).

15 Hull(2014, p. 36)과 McMeekin(2013, p. 374) 참조.

16 McMeekin(2013, p. 333).

기에 중립 무시에 대해 영국이 원칙에 따라 국제법을 준수할 것을 주장하자, 쉽게 자기 잇속을 차리는 것처럼 보였다. 이 장 서두 인용구에 있는 영국 대사 에드워드 고쉔에 의해 보고된 내용처럼, 벨기에의 중립을 보장한다는 단지 "휴짓조각"에 불과한 것 때문에 영국이 유럽을 세계대전의 수렁으로 몰아넣었다는 베트만의 유명한 비난이 확실히 꼭 들어맞는 것 같다.

그러나 이 장에서 우리는 왜 벨기에가 영국의 대전 참전을 설명하는 핵심 요소인지 국제법과 힘의 밸런스의 개념으로 잘 설명할 수 있음을 보일 것이다. 그러나 이 개념들을 예측하지 못한 방법으로 설명할 것이다. 퍼즐을 풀기 위해서 우리는 두 가지 문서를 잘 살펴봐야 한다: (1) 벨기에의 중립을 보장하는 먼지가 쌓일 정도로 오래된 런던조약과 (2) 자주 단순 "희망 목록"으로 치부되는 1914년 9월 독일의 전쟁 목표 선언문. 전자는 어떤 열강이든 벨기에의 중립을 침범한 결과에 대해 공통의 기대(common expectations)를 형성하게 하고, 후자는 상상의 비약도 파워 정치의 몽상도 아니고, 만약 독일이 벨기에를 침략했다면 독일이 도저히 거부할 수 없었을 것이라고 영국이 믿은 결과를 나타낸다. 역시간순으로 그것들에 대해 설명하겠지만, 각각이 영국의 참전을 이해하는 데 아주 중요한 요소이다: 1914년 영국이 직면한 전략적 문제, 독일의 전쟁계획 그리고 벨기에의 독립을 확인하는 오래된 조약의 순서로 살펴본다.

6.2 영국의 참전에 대한 설명

제1차 세계대전 이후 한 세기 동안 소위 말하는 때늦은 지혜와 반성이 과잉 산출됐다. 4년에 걸친 종말에 가까운 전면전으로 인한 엄청난 규모의 혼란과 파괴에 비추어 볼 때, 그러한 현상은 절대 놀라운 것이 아니다. 그러나 전쟁 비용에 대한 이해 가능한 후회가 국가들 특히 영국이 전쟁에 참전한 논리를 이해하기 어렵게 만들었다. 어떤 사람들은 독일의 프랑스－러시아 동맹 파괴 시도에 대해 미온적으로 대처하고 저지하지 못했다고 영국을 비난하고, 다른 사람들은 미온적 대처 또는 냉소적 무관심 이후 자신들의 제국적 야심을 위해 전쟁에 참전했다고 주장한다.[17] 그렇지만 이러한 시도들 중 어떤 것도 왜 영국이 그때 그리고 그러한 방법으로 전쟁에 참전했는지 설명할 수 없다: 독일 군대가 프랑스를 포위하려는 시도가 명백해졌을 때가 아니고, 프랑스 포위를 위해 벨기에 영토를 관통해 진군할 것이 분명해진 순간이었는지. 벨기에를 영국의 참전을 더 냉소적으로 설명하기 위한 핑계로 치부할 수도 있으나, 만약 저지대 국가들에 대한 독일의 지배를 막는 것이 덜 중요했다면, 프랑스와 러시아와의 전쟁이 목전에 닥쳤을 때 더 빨리 개입했었어야 했다. 분명히, 프랑스는 더 이르고 더 대담한 방식의 영국의 개입에 대해 불평하지 않았을 것이 확실하지만, 영국은 지체했다. 왜?

퍼즐 6.1 왜 영국은 독일의 프랑스에 대한 위협에는 꿈쩍하지 않다가 벨기에에 대한 위협 때문에 유럽 전쟁에 개입하게 되었는가?

유럽의 전쟁을 글로벌 전쟁으로 끌고 간 영국의 개입 결정을 설명하기 위해서 (1) 영국이 어떻게 독일에 맞서 싸우는 것이 가치 있는 일이라고 믿게 되었는지 그리고 (2) 영국을 그러한 믿음으로 이끈 것이 어떻게 프랑스에 대한 위협이 아니라 벨기에의 위기였는지를 설명해야 한다. 우리는 영국이 독일에 맞서 전쟁에 참전하는 것의 가치에 대해 불확실한 상태에서 게임을 시작하는 상황을 모형화한다. 만약 독일이 단지 프랑스-러시아의 공격을 막고 차단하기를 원한다면 영국으로서는 옆으로 비켜서는 것이 합당하지만, 만약 독일의 희망이 대륙의 적군들을 박살내고 그 독립이 영국의 안전을 보장하는 해협 항구(channel ports)를 지배하는 것이라면 참전하는 것이 가치 있는 일이다. 질문은 하나로 귀결된다: 독일의 목적이 진정으로 방어적인가? 단순히 방어적 의도를 주장하는 것이 영국의 참전을 막을 수 있다면, 만약 독일이 유럽의 헤게모니 장악 의도를 가졌다 하더라도 이에 대해 거짓말을 할 인센티브를 가진다. 독일이 정보의 문제를 가진다(정의 5.5). 물론, 이러한 거짓말을 할 인센티브가 불

17 Ferguson(1999)과 McMeekin(2013) 참조.

신하게 만드는 대응 인센티브를 만들게 된다. 어떻게 영국이 진실에 상관없이 순수한 방어적 의도임을 주장하는 독일의 의도를 판정할 수 있을까?

우리는 이 퍼즐을 해결하는 핵심이 국제법과 조약 체결의 불가사의한 세계에서 나옴을 보일 것이다. 수십 년 동안 국제법의 중요성을 무시한 것이, 특히 제2차 세계대전에서 중립의 실패에 비추어,[18] 독일의 벨기에 중립적 지위 침해에 대한 영국의 불복을 솔직하지 못한 것으로 읽히게 만들었다. 그러나 우리는 1839년 런던조약에 적시되어 널리 퍼진 기대(expectations)가 영국, 벨기에 그리고 독일로 하여금 상대방이 어떻게 나올 것인가에 대한 정확한 추측에 기초하여 자신들의 전략을 선택하도록 했다고 주장한다. 물론, 공통 추측(common conjecture, 정의 2.8)이 내쉬균형의 근간 중 하나이다. 전략에 대한 공유된 이해와 가능성 있는 대응이 *어디에선가* 나와야 하고, 복잡하고 전략적으로 서로 연결된 국제 시스템의 세계에서 조약법이 공통 추측을 정의하고, 변화시키고, 강화시키는 데 도움을 준다. 조약이 "휴짓조각"에 불과할 수 있으나, 조약법이 눈에 보이는 구속력이 없음에도 불구하고, 기대를 조정하는 그리고 이 경우에는 국가에게 참전의 가치를 확신시키는 역할을 훌륭하게 수행한다. 공통 추측을 형성하는 국제법의 역할이 영국의 개입에 대한 우리의 퍼즐을 푸는 데 도움이 될 뿐 아니라, 우리가 종종 너무 비정하거나, 너무 계산적으로 또는 너무 냉소적인 것으로 생각하여 국제법의 세밀한 점을 살피기를 꺼려하는 열강 시스템의 밸런스를 유지시켜 준다.

6.2.1 퍼즐 풀기

우리는 먼저 서부에서 독일로부터 직접적으로 공격을 받고 있는 두 나라(프랑스와 벨기에)와 함께 싸울 것인지 여부를 선택해야 하는 영국의 딜레마를 살펴본다. 독일이 서부전선에서 전쟁계획을 가동할 때, 영국은 프랑스와 벨기에에 합세해 싸울 것인지 또는 방관할 것인지(그림 6.2에서 ─싸움으로 표시) 결정해야 한다. 그동안 독일은 공격 또는 방어를 선택해야 한다. 만약 독일이 공격을 선택하면, 독일은 승리하여

---

18 Wylie(2002, 1장).

프랑스를 열강의 지위에서 격하시키고 벨기에를 흡수하려 시도하므로 서부 유럽에서 힘의 밸런스가 무너지고 영국에게 잠재적으로 실존적인 위협이 된다. 반면, 독일이 방어를 선택하면, 독일은 서부 유럽에서 힘의 밸런스가 유지되기를 바라며, 다만 알자스와 로렌을 되찾으려는 프랑스의 공격에 대해 소모전으로 맞서게 된다. 영국의 의문은 독일이 어떤 제약도 없이, 기회가 주어지더라도 공격적인 전략으로 대륙의 헤게모니를 추구하지 *않겠다*고 신빙성 있게 약속할 수 있느냐이다. 달리 표현하면, "영국이 진짜 수수방관하며 독일로 하여금 남쪽 해협 연안을 통제하고 대서양에 대한 접근을 획득하도록 허락할 수 있는가?"[19] 그래서 우리는 독일을 두 타입(type)을 가진 경기자로 생각할 수 있다(5장 참조): 하나는 무제한적인 목표를 가진 타입이고, 다른 하나는 제한적인 목표를 가진 타입. 그리고 영국은 1914년 맞서고 있던 독일이 어떤 타입인지에 대해 불확실했다. 만약 독일의 목표가 제한적이라면, 영국은 싸우지 않는 것을 선호하여 전쟁 비용을 아끼고 유럽은 스스로 힘의 밸런스를 회복한다. 그러나 만약 독일의 목표가 무제한적이라면, 영국은 해협 항구를 지배하는 거대 독일을 직면하기보다는 차라리 참전하여 프랑스와 벨기에와 힘을 합하여 미래 위협의 싹을 자르기를 선호한다.[20]

G(무제한적)

UK	공격	방어
싸움	3, 3	3, 1
¬싸움	1, 4	1, 2

G(제한적)

UK	공격	방어
싸움	2, 1	1, 3
¬싸움	1, 2	4, 4

[그림 6.2] 독일의 목표와 영국의 전략적 문제

그림 6.2는 영국의 딜레마를 전략형 표현으로 나타낸 것이다. 독일은 (왼쪽의 보수행렬처럼) 무제한적 야망을 가지거나 (오른쪽의 보수행렬처럼) 제한적 야망을 가진다. 만약 독일의 목표가 무제한적이라면, 독일의 선택은 단순하다: 영국이 무엇을 선택하든

19 Herwig(2014, p. 32).

20 이 문제에 대한 또 다른 게임이론적 접근을 위해 Powell(1999) 참조.

공격을 플레이하고자 한다. 무제한적 목표를 가진 독일은 선택의 기회가 주어지면, 영국이 개입하든 말든 대륙을 지배하고자 한다. 그렇기 때문에, 무제한적 목표를 가진 경우를 나타내는 왼쪽의 보수행렬에서, 독일에게 최선의 결과는 피해없이 공격하는 것이고(보수 4), 영국의 개입 속에서도 공격하는 것(보수 3)이 방어하는 경우의 결과(영국이 개입하지 않는 경우 2, 개입하는 경우 1)보다 선호된다. 영국의 경우, 대륙을 지배하려는 어떠한 위협도 참을 수 없기 때문에, 독일의 전략에 상관없이 무제한적인 목표를 가진 독일과는 싸우는 것을 선호한다. 따라서 싸우는 경우 3의 보수를 얻고, 무제한적 목표를 가진 독일을 두고 방관하는 경우 1의 보수를 얻는다. 만약 영국이 독일의 야망이 무제한적이라는 것을 안다면, 이 게임이 어떻게 진행될지 쉽게 예측할 수 있다. 양측 모두 우월 전략(dominant strategy)을 가진다: 독일이 영국의 선택과 관계없이 공격을 선택하고, 영국이 독일의 선택에 상관없이 싸운다. (싸움; 공격)의 전략프로필이 이러한 결과를 나타내지만, 왼쪽의 게임을 하고 있는지에 대해 영국이 확신하지 못하기 때문에 이것은 단지 하나의 잠재적 균형이다. 반면, 영국과 독일이 독일의 목표가 제한적인, 즉 오래되고, 보수적이며, 과거 역사를 통해 신뢰할 수 있는 비스마르크식의 외교정책을 나타내는 오른쪽의 게임을 하고 있을 수도 있다.

오른쪽의 게임에서는 독일의 궁극적 목표가 힘의 밸런스를 유지하는 것으로 제한되므로, 독일에게 최선의 결과는 영국이 방관할 때 방어를 선택하는 것이고(보수 4), 최악의 결과는 공격을 선택하여 영국이 싸우도록 자극하는 경우이다(보수 1). 제한된 목표를 가진 경우, 영국의 개입에 직면해서도 방어를 선택하는 것이 독일에게 차선의 결과이고(보수 3), 영국이 무관심할 때 공격을 선택하는 경우 차악의 결과를 준다(보수 2). 제한된 목표라는 것이 서유럽에서 힘의 밸런스를 무너뜨리려는 어떠한 계획도 없음을 의미하므로, 독일은 항상 공격보다 방어를 선호하고, 따라서 영국도 항상 개입하지 않는 것이 유리하다. 제한된 목표를 지닌 독일을 상대할 때 영국의 선호도 비슷하다. 독일이 방어를 플레이할 때 영국은 개입하지 않는 것을 가장 선호하고(보수 4), 독일이 벨기에를 정복함으로써 공격한다면 싸우기를 선호할 것이다(보수 2). 그러나 영국은 불필요한 개입이나 독일이 공격함에도 싸우기를 실패하는 결과를 가장 피하고 싶다(보수 1). 영국이 오른쪽 게임이 진행된다는 것을 안다면, 이 경우 또한 유일한 내쉬균형(ㄱ싸움; 방어)이 존재할 것이다.[21] 서유럽에서 현재 상태의 힘의 밸런스에 대해 맹약한 것으로 알려진 독일이 방어를 선택할 것으로 믿어지고, 이 경우 영국이 행복하게 화려한 고립을 고수할 수 있다.

7월 위기에서 영국의 문제는 독일의 목표가 제한적인지 무제한적인지 확실하지 않다는 점이다. 독일은 당연히 자신의 진정한 목표를 알지만, 영국은 이에 대한 정보가 부족하다. 만약 독일의 목표가 진정 무제한적이라면, 영국으로서는 프랑스, 벨기에 그리고 러시아의 도움을 받고 지금 참전하는 것이 좋다. 만약 독일이 진정으로 제한된 목표를 가진다면, 참전은 (영국이 후회할 것이 확실한) 낭비이다.[22] 대륙의 헤게모니 변화를 막고 싶은 영국의 열망이 알려진 상황에서, 무제한적인 목표를 가진 독일은 자신의 선호에 대해 거짓말을 할 강한 인센티브를 가진다: 만약 독일이 비록 무제한적인 목표를 가지고 있지만 그렇지 않음을 영국에게 확신시킬 수 있다면, 영국이 ㄱ싸움을 선택할 것으로 믿을 수 있고 독일은 아무 피해도 입지 않고 대륙을 지배할 수 있거나, 적어도 해협 건너에서의 어떠한 저항도 허사로 만들 만큼 빠르게 움직일 수 있다. 즉, 영-독의 관계가 정보의 문제로 규정될 수 있고(정의 5.5 참조), 독일 제국이 그 목표에 대해 거짓말할 인센티브가 영국으로 하여금 독일의 제한적 의도라는 주장을 불신하게 하는 대응적 인센티브를 만들어 낸다.

남아있는 평화의 날들 동안 전쟁의 매듭이 단단해질수록 그러한 주장이 많아지고 커져갔지만, 영국은 대부분 귀담아듣지 않았다. 독일은 프랑스가 이미 벨기에의 중립을 위반했다고 비난했지만, 그런 일을 하지 않겠다고 오랫동안 영국에 견지해 온 프랑스의 보장(assurance)과 그 군대를 국경 뒤로 후퇴시켜 주둔시킨 명령(5장 참조)을 근거로, 영국은 독일의 주장을 의심했다. 그리고 벨기에와 프랑스의 영토 보전과 영국의 중립을 맞바꾸자는 독일의 요구도 독일의 대륙 헤게모니 장악 시도를 배제할 수 없는 허버트 헨리 아스퀸트 수상에게는 공허하고, "조잡하고, 유치하게" 들렸다.[23] 확실히 영국 내각의 다수와 대중은, 값비싼 유럽 전쟁에 참전하지 않는 것에

---

21 2장에서 설명된 과정을 따라 완전정보 균형의 존재와 유일성을 증명할 수 있다.

22 오늘날까지 이 논쟁이 끝나지 않았다(Ferguson, 1999 참조). 그러나 그 당시 영국이 믿었던 것이 한 세기 동안 얻게 된 뒤늦은 깨달음보다 더 중요하다.

23 Hastings(2013, p. 77).

대한 유일한 변명거리가 될 것이기 때문에, 독일의 제한적 목표 주장이 사실이기를 바랐다. 그러나 영국 내각과 대중들 또한 독일이 영국을 잘못된 재보장(reassurance)으로 유인하고 벨기에를 정복하고 프랑스의 힘을 빼는 데 영국의 중립을 악용할 목적으로 이러한 말을 할 것임을 알고 있었다. 이처럼 독일이 보장(assurance)한 방어적 의도를 다른 상대가 재보장(reassurance)할 수 없는 것이 독일 정보 문제의 핵심이다. 만약 독일의 목표가 진정 제한적이라면 그렇게 말할 것이지만, 그 목표가 무제한적이라 하더라도 그것을 인정하지 않고, 자신의 타입을 숨길 목적으로 제한적 의도를 주장할 것이다.

5장에서 봤던 베이지언 게임의 정의를 따라, 영국이 독일의 가능한 타입에 대해 사전적 믿음을 가지고 게임을 시작한다:

$$\Pr(\text{무제한적}) = q \ \text{ 그리고 } \Pr(\text{제한적}) = 1 - q$$

그래서 영국은 확률 q로 독일이 무제한적 목표를 가졌다고 믿으며 게임을 시작한다. 여기서는 균형에서 영국이 개입할 정도로 q의 값이 그렇게 높지 않다고 가정한다. 독일의 벨기에 침입이 영국으로 하여금 연합국 편에서 개입하도록 이끌었다고 설명하기 위해서는, 벨기에에 대한 공격이 없다면 영국이 개입하지 않아야만 한다. (그러지 않다면 설명할 것이 없고, 영국이 실제 개입한 것보다 훨씬 이전에 개입했어야 했다.) 따라서 우리는 (¬싸움; 공격, 방어)의 전략 조합을 가진 베이지언 내쉬균형을 찾는다.

정리 6.1 $q \le 3/5$일 때 전략프로필 (¬싸움; 공격, 방어)가 베이지언 내쉬균형이다.

증명 전략 조합 (¬싸움; 공격, 방어)가 베이지언 내쉬균형이 되기 위해서는 다음이 만족되어야 한다: 무제한적인 타입의 독일에 대해서

$$u_G(\neg\text{싸움}; \textit{공격}, \text{방어}) \ge u_G(\neg\text{싸움}; \textit{방어}, \text{방어}),$$

제한적인 타입의 독일에 대해서

$$u_G(\neg\text{싸움}; \text{공격}, \textit{방어}) \ge u_G(\neg\text{싸움}; \text{공격}, \textit{공격})$$

그리고 영국에 대해

$$u_{UK}(\neg\textit{싸움}; \text{공격}, \text{방어}) \ge u_{UK}(\textit{싸움}; \text{공격}, \text{방어}).$$

4≥2이므로 첫 번째 부등식이 만족되고, 4≥2이므로 두 번째 부등식이 만족된다. 마지막 부등식은 $q \leq 3/5$일 때 만족된다. 따라서 $q \leq 3/5$일 때, 어느 누구도 이익이 되는 이탈을 가지지 아니하므로, (¬싸움; 공격, 방어)가 베이지언 내쉬균형이다. □

이 균형의 존재를 증명하기 위해, 우리는 먼저 독일의 가능한 타입에 부과된 전략이 영국의 전략에 대해 최적대응(best response)임을 증명해야 한다. 무제한적 타입은, 방어를 선택하는 것이 자신의 힘을 확대할 수 있는 기회를 허비하는 것이기 때문에, 영국이 싸우지 않기로 선택하더라도 공격한다(4≥2). 그리고 제한적 타입은, 설사 영국이 싸우지 않기로 선택하더라도 공격이 매력적이지 않기 때문에, 확실히 방어를 플레이한다(4≥2). 마지막으로, 영국이 언제 싸우기를 거부할 것인가 또는 EU_{UK}(¬싸움) $\geq EU_{UK}$(싸움)을 확인하기 위해 기대효용을 비교한다:

$$q \times 1 + (1-q) \times 4 \geq q \times 3 + (1-q) \times 1$$

이를 계산하면, $q \leq 3/5$일 때 또는 독일이 무제한적인 목표를 가졌다는 믿음이 그렇게 높지 않을 때 영국은 싸우기를 거부한다. 그래서

$$\Pr(\text{무제한적}) \leq \frac{3}{5}$$

일 때, 기회가 주어진다면 독일이 서유럽의 힘의 밸런스를 무너뜨리려 할 것이라는 영국의 사전적 믿음이 충분히 낮아서, 독일이 설령 프랑스와 또 다른 전쟁을 한다 하더라도, 옆으로 물러나 방관하는 선택이 약간의 그러나 받아들일 수 있을 정도의 리스크만 노출하는 것이 된다. 이러한 개입에 대한 주저가 독일의 벨기에 최후통첩 이전에 영국 대중들과 내각에 있는 작은 영국인 당파가 가졌던 입장을 잘 대변한다. 이 장의 퍼즐을 풀어야 하는 우리의 임무는 어떻게 독일의 벨기에 침략이 영국으로 하여금 빌헬름의 독일이 무제한적인 목표를 가졌다고 확신하게 만들었느냐, 즉 계산식이 바뀌어 싸우는 것이 영국의 최적 선택이 되었는가를 살펴보는 것이다.

무언가가 독일의 야망에 대한 영국의 믿음을 바꾸어야만 한다는 것을 우리는 알

고 있다. 사색과 심사숙고만으로 충분하지 않다. 이 퍼즐을 풀기 위해 4장에서 분석했던 게임의 시스템과 비슷하게 두 개의 베이지언 게임을 적어볼 필요가 있다: 하나는 독일과 벨기에 사이의 게임이고, 다른 하나는 그림 6.2의 영－독 게임을 재검토하는 것이다. 각각의 경우에 대해, 영국과 벨기에가 독일이 확률 g로 무제한적 목표를 가진다는 사전적 믿음을 가정한다. 우리는 각 게임의 균형이 다시 다른 게임의 균형에 의존하고, 여러 개의 균형 전략이 존재함을 보이고자 한다. 첫째, 우리는 독일이 무제한적인 목표를 가졌을 때에만 벨기에의 중립을 위반하고, 독일이 제한적인 목표를 가졌을 때에는 벨기에의 중립을 존중함을 보이고 싶다. 둘째, 독일의 전략이 영국의 믿음을 변화시켜, Pr(무제한적)의 추정치가 3/5보다 낮은 어디에서 충분히 높아져, 독일이 벨기에의 중립을 위반할 경우 영국이 개입하는 것을 정당화하고자 한다. 마지막으로, 독일의 오른쪽 측면 공격을 견뎌내야 하는 암울한 전망에도 불구하고, 벨기에가 독일의 침입에 저항하는 것을 보이고 싶다. 만약 우리가 이러한 전략들이 균형 전략으로 존재한다는 것을 보인다면, 왜 벨기에에 대한 위협이 영국을 참전으로 이끌었는지를 설명한 것이다.

G(무제한적)

B		위반	존중
	저항	3, 3	4, 1
	순응	1, 4	4, 1

G(제한적)

B		위반	존중
	저항	3, 1	4, 3
	순응	1, 2	4, 3

[그림 6.3] 독일의 전략과 벨기에의 중립

그림 6.3에 규정되어 있는 벨기에의 중립과 독일과의 싸움에 대한 결정 문제로 시작한다. 독일은 벨기에의 중립을 존중하여 프랑스－독일 전선에서 바로 싸울 것인지 아니면 프랑스로 가는 길에 벨기에의 중립을 위반할 것인지에 대해 고민한다. 벨기에로서는 독일의 침입에 대해 저항할 것인지 순응할 것인지 결정해야 한다. 만약 벨기에가 저항하면, 독일이 침입하는 경우 싸울 것이고(이 경우 프랑스의 지원을 기대한다), 순응을 선택하면 프랑스와의 더 큰 전투를 위해 전진하는 독일 군대에 영토를

내주고 바라만 봐야 한다.[24] 독일이 벨기에의 중립을 존중하기로 한다면, 이 같은 상황이 실현되지 않음을 명심하자. 영국처럼 벨기에도 독일의 목표가 제한적인지 무제한적인지 불확실하지만, 논리의 전개를 위해 벨기에의 우선 순위는 무장 공격을 피하는 것이라고 하자. 프로이센인들과 야만인들이 벨기에 거리를 활보하는 상황에서 독일의 궁극적 목표가 알베르 왕에게는 중요하지 않을 것이다. 독일의 목표와 상관없이, 그 중립이 존중된다면 벨기에는 4의 보수를 얻는다. 만약 독일이 공격하면, 벨기에의 보수는 자신의 전략에 의존한다: 저항하여 생존 가능성을 보존하면 3의 보수를, 독일의 침입에 순응하면 가장 나쁜 보수 1을 얻는다. 저항과 순응의 차이는 영국이 독일의 벨기에 중립 위반에서 무엇을 추론하고 어떻게 대응하는지에 달려있다. 저항에 실패하면 미래에 중립을 박탈당할 것이고 저항하고 지는 것은 중립의 문제를 논쟁의 여지를 지닌 문제로 남길 것이다. 어떤 경우든 독일은 그 최후통첩에서 벨기에의 영토 보전을 약속할 것이고, 이는 전적으로 믿을 수 없는 것으로 여겨질 것이다.[25]

독일의 보수는 자신의 타입과 벨기에의 전략에 달려있다. 또한 연관된 영-독의 개입게임에서 선택하는 영국의 전략에도 영향을 받는다. 그 게임의 균형은 만약 독일이 벨기에를 공격하면 영국에 싸우도록 하고, 단지 프랑스만 공격하면 영국에 잠자코 바라볼 것을 명령한다. 제한적 목표를 가진 독일부터 시작해 보자. 제한적 타입의 독일은 영-독 게임에서 방어를 선택하는 것이 우월 전략이고 영국의 개입을 자극하기를 꺼려한다. 그림 6.3의 오른쪽에 나타난 이 타입은 벨기에의 중립을 존중하고, 그 모든 노력을 프랑스-독일 국경에서 발생할 것이 확실한 프랑스 공격에 집중하는 것이 낫다. 프랑스는 "먼저 위반하지 않는다(no first violation)"는 잘 알려진 정책이 있고 1911년 영국 외무장관 그레이가 어느 쪽이라도 벨기에의 중립을 위반하는 경우 영국이 개입할 것이라고 밝혔기 때문에,[26] 프랑스는 일방적으로 벨기에의 중립

24 이 설명에서 프랑스를 소홀히 처리했지만, 프랑스 육군이 최고 수준이 아니기 때문이 아니다.

25 Hull(2014, pp. 32, 34).

26 앞의 내용에 관해서는 Hastings(2013), 뒤의 내용에 관해서는 Hull(2014, p. 31) 참조. 벨기에를 피하고 영국을 계속 행복하게 하라는 것 역시 조프르의 '제17계획'의 한 부분이기도 하다. 그러나 독일이 이 특정 내용에 대해서는 몰랐기 때문에, 우리는 이것을 독일의 정보를 정당화하는 데 이용할 수 없다.

을 위반하지 않을 것으로 예측된다. 따라서 제한적인 목표를 가진 독일이 벨기에의 중립을 존중하면 3의 보수를 받지만, (군사적 방편주의로) 위반하는 경우 벨기에가 순응하면 2의 보수를 얻고 벨기에가 저항하고 잠재적으로 침략군을 물고 늘어지면 1의 보수를 얻는다. 반면, 무제한적인 목표를 지닌 경우, 독일에게 최선의 선택은 벨기에의 중립을 위반하고 순응을 이끌어내는 것이다(보수 4). 설사 (영국의 개입을 수반하는) 저항이 있다 하더라도 여전히 차선의 결과를 얻는다(보수 3). 무제한적 목표를 가진 독일에게 최악은 벨기에의 중립을 존중하고(보수 1), 유럽에서 힘의 밸런스를 재구조화하는 희망을 잃는 것이다.

이것이 서부에서 독일의 전략에 의미하는 것이 무엇인가? 그림 6.3에서 확인할 수 있듯이, 제한적 목표와 무제한적 목표의 차이는 독일의 목표가 진정으로 제한적이라면 영국의 개입 위협만으로 충분히 독일의 벨기에 침략을 단념시킬 수 있다는 것이다. 제한적 목표를 가진 독일은 우월 전략을 가지는데, 벨기에의 중립을 존중하여 영국의 개입을 피하는 대신 모든 노력을 프랑스–독일 전선에 집중하는 것이다. 만약 독일이 무제한적인 목표를 가지고 있다면, 독일의 인센티브가 변한다. 벨기에의 중립을 위반하는 우월 전략을 가지는데, 영국의 개입을 피할 수 없다. 벨기에도 우월 전략을 가지는데, 독일의 타입에 상관없이 독일의 공격에 대항해 저항하는 전략이 순응하는 것보다 절대 나쁜 시도가 될 수 없다. 따라서 우리는 독일의 목표에 대한 벨기에의 믿음에 의존하지 않는 단순한 형태의 베이지언 내쉬균형(저항; 위반, 존중)을 가지게 된다.

> **정리 6.2** 전략프로필 (저항; 위반, 존중)이 벨기에의 사전적 믿음에 상관없이 베이지언 내쉬균형이다.

증명 전략 조합 (저항; 위반, 존중)이 베이지언 내쉬균형이 되기 위해서는 다음이 만족되어야 한다: 무제한적인 타입의 독일에 대해서

$$u_G(\text{저항};\ \textit{위반},\ \text{존중}) \geq u_G(\text{저항};\ \textit{존중},\ \text{존중})$$

제한적인 타입의 독일에 대해서

$$u_G(\text{저항};\ \text{위반},\ \textit{존중}) \geq u_G(\text{저항};\ \text{위반},\ \textit{위반})$$

그리고 B에 대해

$$EU_B(\text{저항};\ \text{위반, 존중}) \geq EU_B(\text{순응};\ \text{위반, 존중}).$$

$3 \geq 1$이므로 첫 번째 부등식이 만족되고, $3 \geq 1$이므로 두 번째 부등식이 만족된다. 임의의 q에 대해 $q \times 3 + (1-q) \times 4 \geq q \times 1 + (1-q) \times 4$이므로 마지막 부등식이 만족된다. 따라서 어느 누구도 이익이 되는 이탈을 가지지 아니하므로, (저항; 위반, 존중)이 베이지언 내쉬균형이다. □

(저항; 위반, 존중)의 전략 조합이 베이지언 내쉬균형임을 보였기 때문에, 다음은 이 균형 전략과 역사적 기록과 비교해 보는 것이다: 독일군이 벨기에 영토를 점령하면 영국이 가만히 지켜보고 있을 수 없음을 알고도, 독일은 벨기에의 중립을 위반한다. 이 균형이 얼마나 그럴듯한가? 영국이 무관심할 것이라는 민간인 지도자의 비현실적 희망도 있었지만, 헬무트 폰 몰트케 장군과 그의 참모들은 벨기에의 중립을 침해하는 문제에 대해 대수롭지 않게 생각했다. "어떤 경우든 영국이 그들에 대항하여 싸울 것으로 오랫동안 믿어왔기 때문"이다.[27] 달리 표현하면, 독일은 영국이 벨기에를 방어할 것임을 알고 있었다. 그래서 개의치 않았다.[28] 말로는 방어적 목적의 전쟁이라고 주장하지만, 독일의 행동은 그 반대 내용을 벨기에인들과 영국인들의 마음속에 각인시켰다. 독일은 *영국의 개입을 불러올 것을 뻔히 알면서* 벨기에의 중립을 침해했다. 이러한 행동은 그 목적이 진실로 무제한적인 경우에만—즉, 벨기에를 삼키고 프랑스에 치명타를 가하겠다는 목적으로—선택하는 것이다. 독일이 대륙의 헤게모니 장악을 시도하지 않는다면, 왜 (막강한 부, 막강한 해군력 그리고 거의 무제한적인 인적 자원과 신용을 가진) 영국 제국과의 전쟁을 도발하겠는가? 프랑스와 러시아의 공격을 저지시키기 위해 영국과 전쟁을 벌인다는 것은 말이 되지 않는다. 그리고 이런 계산은 벨기에뿐만 아니라 영국 정부나 대중도 할 수 있다.

5장에서 보았듯이, 우리는 이러한 학습과정, 벨기에와 영국의 믿음(beliefs)을 업데이트하는 과정을 베이즈 규칙으로 나타낼 수 있다. 만약 독일이 무제한적인 목표를

27 Hull(2014, p. 25).

28 1912년 독일의 취약한 전략적 포지션을 반영하여 문서를 작성할 때, 루덴도르프는 이미 이 문제에 대해 직시하고 있었다.

가지는 경우에만 벨기에의 중립을 위반한다면, 영국은 그림 6.3에 나타난 벨기에에 대한 독일의 전략을 이용하여 참전의 가치를 판단할 수 있다. 달리 표현하면, 영국은 (그림 6.3을 이용해) 그림 6.2의 어느 게임이 실제 실행되고 있는지 배울 수 있다. 베이즈 규칙을 이용하여, 벨기에의 중립 위반을 목격한 후 독일의 목표가 무제한적이라는 영국의 믿음을 다음과 같이 나타낼 수 있다:

$$\Pr(\text{무제한적} \mid \text{위반}) = \frac{q \times \Pr(\text{위반} \mid \text{무제한적})}{q \times \Pr(\text{위반} \mid \text{무제한적}) + (1-q) \times \Pr(\text{위반} \mid \text{제한적})}.$$

이 값은 1이다. 만약 영국의 개입을 불러올 것이라는 것을 충분히 인지하면서 독일이 벨기에의 중립을 위반했다면, 영국은 독일의 목표에 대해 배울 수 있다: 무제한적인 목표를 가진 독일만이 그러한 행동을 취할 수 있다. 사전적 믿음 Pr(무제한적)=3/5에서 영국의 업데이트된 사후적 믿음은 Pr(무제한적|위반)=1이다. 독일이 대륙을 지배하겠다는 야욕으로 전쟁을 시작했다는 것이 이제 확실해졌다. 독일은 자신의 오래된 포위 또는 고립의 악몽을 대륙으로부터 떨어져 나갈 수도 있다는 영국의 전략적 악몽으로 대체한 것이다.

G(무제한적)

UK	공격	방어
싸움	3, 3	3, 1
¬싸움	1, 4	1, 2

G(제한적)

UK	공격	방어
싸움	2, 1	1, 3
¬싸움	1, 2	4, 4

[그림 6.4] 독일의 목표와 영국의 개입

그림 6.4에서 보이는 것처럼, 독일과 벨기에와의 게임에서 도출된 분리균형이 영-독 게임의 중심에 자리잡고 있던 불확실성을 해소한다. 영국은 싸움과 ¬싸움 사이에서 선택하는데, 이제 독일이 무제한적이라고 확신하고 있기 때문에 어느 게임이 진행되는지 안다. 독일은 그 목표가 무제한적일 때에만 벨기에를 공격하고, 제한적인 목표를 가질 때 벨기에의 중립을 존중한다. 각 타입의 경기자가 고유의 행동을

취하면서 사적 정보(그들의 선호)를 상대에게 드러내면서, 경기자의 타입이 분리된다(정의 5.7). 독일이 벨기에에 최후통첩을 보낼 때－그리고 그 이전에 베트만이 영국 대사에게 벨기에의 중립을 보장하기를 거절했을 때－영국은 대영 제국과의 전쟁도 불사하며 대륙 지배를 향해 가고 있는 독일을 대면하고 있다는 사실을 확신하게 된다. 서부전선이 될 곳에서 독일의 전략을 관찰한 후, 영국은 어느 게임이 진행되고 있는지 알게 된다. 그에 따라, 영국은 독일의 행태에 맞추어 그 전략을 선택한다. 만약 독일이 런던조약을 준수하면, 영국은 오른쪽의 제한적인 게임을 하고 있다고 믿고, 여기서 독일의 우월 전략은 방어이고 영국의 최적대응은 개입하지 않는 것이다(4>3). 그러나 런던조약의 위반이 진짜 플레이되고 있는 게임이 (독일의 목표가 무제한적인) 왼쪽의 것이라는 것을 알려주고, 독일은 우월 전략인 공격을 선택하고 영국의 최적대응은 싸우는 것이다(3>1). 영국은 독일군이 벨기에를 침략하자마자 원정군을 독일 육군의 진격로에 투입하고, 발칸에서의 지역적 전쟁으로 시작한 것을 마침내 제1차 세계대전으로 완벽하게 전환시킨다.

정리 6.3 전략프로필 (싸움; 공격, 방어)가 영국의 사전적 믿음에 상관없이 베이지언 내쉬균형이다.

증명 전략 조합 (싸움; 공격, 방어)가 베이지언 내쉬균형이 되기 위해서는 다음이 만족되어야 한다: 무제한적인 타입의 독일에 대해서

$$u_G(\text{싸움; } \textit{공격}\text{, 방어}) \geq u_G(\text{싸움; } \textit{방어}\text{, 방어}),$$

제한적인 타입의 독일에 대해서

$$u_G(\text{싸움; 공격, } \textit{방어}) \geq u_G(\text{싸움; 공격, } \textit{공격})$$

그리고 UK에 대해

$$u_{UK}(\textit{싸움}\text{; 공격, 방어}) \geq u_{UK}(\neg\textit{싸움}\text{; 공격, 방어}).$$

$3 \geq 1$이므로 첫 번째 부등식이 만족되고, $3 \geq 1$이므로 두 번째 부등식이 만족된다. Pr(무제한적|위반)=1일 때, $3 \geq 1$이므로 마지막 부등식이 만족된다. 따라서 어느 누구도 이익이 되는 이탈을 가지지 아니하므로, (싸움; 공격, 방어)가 베이지언 내쉬균형이다. □

독일의 줄기찬 방어적 목표 주장에도 불구하고 왜 재보장(reassurance) 획득에 실패했을까? 우리의 모형은 독일이 주장하는 것처럼 자신의 진정한 목표가 방어적이라면 절대 취하지 않을 것으로 여겨지는 행동-프랑스를 침공하면서 중립인 벨기에의 영토를 이용하는 것-을 취함을 보여준다. 독일은 자신의 말을 거짓으로 만드는 행동을 선택하고, 영국의 대중과 내각은 그림 6.2의 영-독 게임에서 싸우지 않기로 한 결정을 지지하는 '경계하는 무관심'에서 대륙에서 헤게모니를 노리는 독일의 시도를 분쇄하는 방향으로 선회하며, 개입주의자들과 뜻을 같이하게 되었다. 런던조약의 벨기에 중립 보장은 프랑스, 영국, 독일이 서로의 행동을 해석할 수 있는 선도적 신호이다: 벨기에의 국경을 넘는 것이 다른 국가의 반대를 초래할 것임을 분명히 알면서도 그렇게 하는 국가는 조약에 의해 지지되고 있는 삼국 간의 힘의 밸런스를 붕괴시키려는 의도임에 틀림없다. 벨기에의 평원과 해협 항구를 지배하는 힘은 다른 두 국가를 위협할 수 있고, 이것이 벨기에를 특별하게 만드는 것이다: 힘의 밸런스가 벨기에에 달려 있다.[29] 시절이 좋으면, 즉 어떤 개별 국가도 헤게모니 장악을 시도하지 않으면, 모두가 벨기에를 집어먹지 않겠다고 신빙성 있게 맹약할 수 있다. 그러나 시절이 나빠서, 어떤 국가가 조용히 아무도 모르게 헤게모니 장악 야욕이 있다면, 다른 두 국가를 무찌르기 위해서 벨기에를 통제해야만 한다. 그리고 그러한 시도가 다른 국가들로 하여금 힘의 밸런스가 위기에 처했다고 확신하게 하기에 충분하다.

이제 우리는 왜 영국이 전쟁에 참전했고 프랑스에 대한 임박한 공격이 아니라 벨기에에 대한 임박한 공격이 영국의 개입을 재촉했는지에 대한 해답을 가지고 있다. 영국의 개입을 촉발시킨 것은 유럽에서 힘의 밸런스-벨기에의 중립을 통해 열강으로서 영국의 생존을 보장했던 균형-에 대한 독일의 위협이었다. 영국의 개입이 확실한 상황에서 행해진, 벨기에를 지배하려는 독일의 시도가 전략적 고립의 위협이 실제적이라고 영국을 확신시켰다. 1914년 프-독 전쟁이 새로운 것이 아닐 수 있으나, 벨기에 중립에 대한 위협은 완전히 다른 것이다. 독일이 벨기에에 계속 주둔하고 서유럽에서의 지배력을 공고히 하고 싶은 유혹을 견뎌내지 못할 것이기 때문이다. 그래서 "내각의 '개입주의자'들을 경악하게 만든 것이 프랑스의 재앙이 아니라 그 후

---

29 완충국가의 독특한 삶의 양식에 관한 훌륭한 논의로 Fazal(2007) 참조.

이어질 것이 뻔한 영국의 고립과 패배였다."[30] 전쟁이 발발하고 몇 주 후, 베트만의 개인 비서 쿠르트 리츨러가 '9월 계획(*Septemberprogramm*)'으로 알려진 것의 초안을 만든다: 전쟁 목표를 나열한 것으로 벨기에와 룩셈부르크 병합, 폴란드에 대한 영구 섭정, 프랑스 일부 할양 및 무장 해제, 동쪽 러시아 영토에 종속적인 완충국 건국, 미텔오이로파(*Mitteleuropa*)라 불리는 범유럽 관세동맹 창설 그리고 독일 식민 제국의 확장을 포함한다. 이것은 확실히 현 체제를 지배하는 힘의 밸런스를 파괴하는 수준이다. 후에 독일은 1918년 초 러시아에 혹독한 승자의 평화를 강요함으로써 이 계획의 일부만을 실행할 기회를 가지는 것으로 끝났으며, 어떤 학자들은 9월 계획을 단순한 희망 목록으로 치부한다.[31] 그러나 1914년의 영국으로서는 핵심적 사안이었다. 만약 국제 시스템의 제한 없는 정당한 무정부상태와 독일이 가장 원하는 결과가 자신이 (벨기에에 대한 승리를 추구하지 않겠다고) 약속할 수 없는 바로 그것 그리고 영국이 막기 위해 모든 것을 다할 의지가 있는 그것이라면, 독일은 무엇을 했을까? 9월 계획은 영국을 독일에 대항하여 전쟁으로 끌어들인 맹약의 문제를 문서로 명시한 것이다.

6.2.2 법이었는가 아니면 이기심이었는가?

영국은 의회 연설과 국내 및 국제적 선전에서 국제법의 신성성 유지, 소국 보호, 힘보다는 옳음의 원칙의 관점에서 자국의 벨기에 중립 옹호를 설명했다. 그러나 그 후의 많은 관찰자들처럼 우리도 여전히 국제법이 정말 그렇게 중요했는지 물어볼 수 있다. 국제법이라는 것이 규칙을 어긴 국가에 경찰을 보내거나 처벌할 수 있는 공적 권위가 없는, 대개는 이빨 빠진 호랑이다(1장 참조). 그리고 만약 그것이 사실이라면, 왜 국제법에 대해 신경을 쓰는가? 국제정치에서 힘, 즉 군사력이 누가 무엇을 얻는가에 대한 최종적인 중재자라면, 누가 국제법 위반에 대해 야단법석을 떨겠는가? 독일의 런던조약 위반이 단지 영국이 절대적 제국으로서의 지배력을 연장하려는

30 Kennedy(1980, p. 427).

31 이 계획의 중대성에 대한 논의를 위해 Stevenson(2012, p. 845) 참조.

시도를 위한 핑계에 불가한 것 아니었나? 또는 영국이 단지 휴짓조각에 불과한 것 때문에 전쟁을 벌인다고 비판한 베트만이 암시한 것처럼, 그것이 국내법의 정밀성을 위험하고 무정부상태인 국제 시스템에 적용하고자 한 유토피아적 꿈의 잔존물이었는가?[32]

이 질문에 대한 대답은 보이는 것만큼 단순하지 않다. 영국의 개입 결정은 런던조약이 부과하는 맹약과 일관성을 가지지만, 전쟁에 참전하는 것이 영국의 이익과 부합한다고 믿는 것과도 어울린다: 벨기에 그 자체를 구하기보다 기회가 주어진다면 독일이 거부하지 않을 유럽의 헤게모니 장악 시도를 좌절시키는 것. 독일의 야심차고 혁명적인 9월 계획이 희망목록일 수도 있었으나, 바로 그 이유로 영국이 그 적국이 이루지 못하도록 하기 위해 희망했던 것들을 정확하게 나타내고 있다. 그럼에도 만약 법에 위반되지 않았다면, 영국이 이러한 결론－독일의 제한적 목표 주장이 공허하다－에 도달하지 못했을 수도 있었음을 지적해야겠다. 국제법은 자기구속을 요구하지만, 그것이 국가의 행위에 영향을 주기 위해 준수되어야 한다고 의미하지는 않는다. 국제법이 국가들이 어떤 전략을 선택할 것인가에 영향을 주고, 그 결과 어떤 균형이 역사적 기록을 가장 잘 규정하는가에 영향을 준다. 법률 위반은 그 자체가 정보를 전달하기 때문에, 즉 다른 국가들에게 공통적으로 알려진 국제법 법규에 순응하는 행동과 이를 위반하는 행동을 어떻게 해석해야 할 것인가를 알려주기 때문에 중대할 수 있다. 국제법은 집합적으로 동의한 레드라인(red line)의 역할, 즉 선을 넘었을 때 다른 국가들이 어떻게 반응할 것인가에 대해 정확한 추측을 할 수 있게 도와주는 역할을 할 수 있다.

국제법이 국가의 전략에 영향을 미치기 위해서는 이빨도 필요 없고 순응도 필요 없다. 2장에서부터 봐 왔듯이 그리고 국제정치에 관한 우리의 논의에서 암묵적인 것으로 균형 추론과 행태의 핵심이 공통 추측(정의 2.8)이다. 이는 국가들이 균형에서 시행되는 전략을 선택하도록 도와주는 역할, 규범, 정체성 그리고 가능성 있는 반응에 관해 동의된 집합이다. 지금까지 논의했던 모든 모형에서, 영－독 해군경쟁에서 7월 위기까지, 우리는 국가들이 서로 어떤 전략을 사용할 가능성이 높은지 추측할

32 Carr(1964)와 Mearsheimer(1994－1995) 참조.

수 있다고 가정하고 있다. 군비경쟁에서 각국은 상대 국가가 가능하다면 일방적으로 전함을 건조하리라는 것을 예측하고, 쇠퇴해가는 국가는 부상하는 국가가 미래에 새로 얻은 힘을 사용하는 데 절제하기 힘들다는 것을 예측하고, 소국의 중립을 보장하고자 하는 국가는 잠재적 위반에 대해 감시한다. 어떻게 국가들이 서로에 대해 이러한 것들을 알게 되는가를 질문할 필요가 있다. 가끔은 단순히 상대방의 목표를 앎으로써, 상대가 자신들의 목표를 안다는 사실을 앎으로써 그리고 이러한 방식의 추론을 반복함으로써 공통 추측을 형성하기도 한다. 군비경쟁 같이 2인 상호작용의 경우에는 쉽지만, 국가들이 다수 국가의 현재와 미래의 가능성 있는 반응을 추측해야 하는 경우는—영국, 독일, 프랑스가 1839년 벨기에 독립을 보장했을 때처럼—공통 추측이 형성되기가 더 어렵다.

10장에서 명시적으로 보겠지만, 어떤 게임은 여러 번 그리고 동등하게 합리적인 방식으로 진행될 수 있고, 국가들은 시합 전 기대의 조정과정에 참여함으로써 서로가 무엇을 할 것인지 예측할 수 있다. 7월 위기나 벨기에의 중립성 위기처럼 상황에 따라 문제가 확대되는데, 다수 국가가 서로 다른 게임 속에서 그러나 연결된 균형 속에서 상대를 달리하며 게임을 하기도 한다. 예를 들어, 영국이 독일의 벨기에 중립 위반을 관찰함으로써 그 목표에 대해 추론할 수 있다는 것을 독일이 어떻게 알 수 있을까? 군사적으로 대재앙이 불가피한 독일의 공격에 저항하면서 어떻게 벨기에가 영국의 지원을 확신할 수 있을까? 이 경우 정답은 런던조약이다. 조약에 의해 열강들은, 위반자에 대해 무력 공격을 위협함으로써, 벨기에의 중립을 보장하기로 동의했다. 사적일 수 있는 맹약을 공식화함으로써, 조약의 각 당사자가 위반할 경우 다른 국가들이 무력을 사용할 가능성이 높음을 인지할 수 있다. 이것이 반대로 당사국들로 하여금 기회주의적 위반을 하지 못하도록 억제했다. 그러나 한 국가가 다른 국가들의 개입을 불러올 가능성을 높인다는 것을 알면서도 벨기에의 중립을 침해한다면, 다른 국가들은 1914년 영국이 그랬던 것처럼, 그 목표가 무제한적이라는 것을 추론할 수 있다. 침범하지 못하도록 한계선을 긋는 과정과 이를 침범하여 힘의 밸런스를 붕괴시키려는 간 큰 국가가 공통 추측을 정의하고, 이 공통 추측에 의해 국가들이 상대국의 가능한 행태에 대해 판단하고 자신의 전략을 구성한다. 이처럼 어떤 의도 또는 목표를 공적으로 만드는 국제법이 없었다면, 영국이 독일의 벨기에 침입을 두고 이것은 프랑스를 상대로 방어전에서 승률을 높이려는 의도가 아니라 대륙을 지배하려는 야욕이라고 해석하는 데 확신이 덜했을 것이다.

국제법은 다른 국가들의 전략에 대해 안정적인 기대를 형성하게 하고, 특정 균형의 우세를 지탱하고 설명하는 공통 추측을 정의한다. 국가들이 서로의 전략에 대해 정확하게 추측할 수 있게 도와줌으로써, 국제법이 국제 시스템을 통해 공통 추측을 정의한다: 예를 들어, 다른 국가들이 동참할 때에만 서로의 중립을 보장하고자 한다면, 그렇게 하겠다는 맹약에 대한 공적 기록이 다수 국가들이 중립 유지에 협조하는 균형을 유지하기에 충분할 만큼 다른 국가의 믿음에 영향을 준다. 그러면 국제법이 우리가 전쟁, 평화 그리고 외교 패턴을 설명할 때 사용하는 균형을 정의함에 있어 핵심인 기대(expectations)를 정의하고 조정한 것이다. 그것이 없었다면, 국가들은 서로의 전략을 추측하고 자신의 최적대응을 형성하는 데 어려움을 겪을 것이다. 런던조약이 없었더라면–무제한적인 목표 또는 헤게모니 장악 목표를 가졌을 때에만 가맹국이 벨기에의 중립을 위반할 것이라는 공유된 기대가 없었더라면–영국이 참전하는데 훨씬 길고 고단한 과정을 거치는 등 그림 6.3과 6.4의 게임이 다르게 진행되었을 것이라고 상상할 수 있다.

> 1914년 7월의 레토릭에서 중요했던 것은 정치 철학적 의미(즉, “공공 윤리”와 “정의로운 전쟁”의 개념)를 줄이고 국제법의 원초적 의미를 더하고, 전쟁을 덜 없애려 하고 더 많이 통제하는 것이었다.[33]

이것이 우리가 이 절을 시작한 질문에 대해 의미하는 바가 무엇인가? 아마 놀랍게도, 벨기에 중립의 역할에 대한 두 가지 탁월한 견해가 부분적으로 옳았음을 의미한다. 영국은 독일의 헤게모니 장악 시도에 대항하여 자국의 열강으로서의 지위를 보존하기를 희망하며 명백히 파워 정치적인 이유로 참전했지만, 런던조약에 의해 형성된 독일의 법 위반이 가진 의미에 대한 공감 덕분에 독일의 진정한 목적을 추론할

33 Strachan(2014, p. 433).

수 있었다. 국제법의 특정 내용, 특히 소국의 권리에 대한 영국의 맹약이 진심이 아니었을 수도 있지만, 법 위반이 중요한 정보를 드러낸다는 영국의 믿음은 견고했다. 런던조약이 없었더라면, 독일은 벨기에 침입에 더 자유로움을 느꼈을 것이고, 영국 대중과 내각의 참전으로의 빠른 여론 변화가 어려웠을 수도 있다. 그러므로 영국은 진부하지만 차갑고 냉철하게 힘을 계산하여 행동했으나, 그 결정은 다른 국가들도 국제법의 내용을 알고 있으며 이에 근거하여 그들의 전략을 선택할 것이라는 믿음 때문에 가능했던 것이다.

이러한 모형을 읽는 다른 방법은, 사실은 국제법이 이빨 빠진 호랑이와는 거리가 멀 뿐만 아니라 대신 그것이 국제 시스템의 핵심 부분이라는 것을 인식하는 것이다. 열강들이 그 법을 일관적으로 구속력 있게 보지 않을 수 있지만, 법이 공유된 믿음 또는 균형 전략을 지탱하는 공통 추측에 미치는 영향에 대해서는 심각하게 받아들인다. 열강들이 한 국가가 다른 국가를 지배하는 것을 막고자 하는 균형을 플레이하고 있을 때, 그들의 전략은 서로의 궁극적 목표 또는 규칙을 위반하고자 하는 의지에 관한 정보에 크게 의존한다. 법의 효과성에 대한 엄격한 고발과는 거리가 먼, 법의 위반이 열강 정치를 규정하는 파워 시스템의 밸런스를 유지시켜 실제로 법을 효과적으로 만든다. 영국이 국제법에 대한 맹약 때문에 행동했느냐 아니면 비정한 자국 이기주의 때문에 행동했느냐고 묻는 것은 잘못된 질문이다. 왜냐하면, 국제법 자체가 영국이 어떤 전략이 자국의 이익에 부합하는가를 결정하는 데 영향을 주었기 때문이다. 과연 대전의 역사 자체가 국가의 기대를 형성하고 전략에 영향을 미치는 장치로서 국제법의 중요성을 증언하고 있다. 위에 언급했듯이, 1911년 프랑스는, 영국의 반응을 예측했기 때문에, 벨기에를 침범하고 싶은 유혹을 견디겠다고 영국에 보장했다(즉, 영국이 믿도록 약속했다). 좀 더 이야기하면, 독일의 장교들과 국제법 학자들은 그들의 전쟁 목표를 명시적인 법률적 의미로 받아들였다: "짧게 표현하면, 독일이 바로 세계의 주권 입법자이거나 승전 후에는 세계의 주권 입법자가 될 것이다."[34] 이것이 제한적인 목표를 가진 국가의 언어가 아니긴 하지만 그렇다고 국제법을 단순히 "휴짓조각"쯤으로 여기는 국가의 언어도 아니다.

---

34 Hull(2014, p. 271).

6.3 힘의 밸런스란 무엇인가?

국제정치학에서 지속적으로 쓰이는 개념들 중의 하나가 "힘의 밸런스(balance of power)"이다.[35] 수 세기에 걸쳐 의사결정자들과 학자들에 의해 여러 복잡한 문맥에서 사용되었지만 그 의미만 더욱 더 애매하게 되었을 뿐이다. 단일한 해석이 어려우며, 국가들이 자국의 전략을 선택하면서 준수하는 규칙을 정의하는 제도로부터[36] 자국의 생존을 보장하기 위한 개별 국가들의 노력으로부터 생겨나 재현되는 집단적 패턴,[37] '옳음이 힘을 만든다(right makes might)'는 냉소적인 믿음에 근거하여 만들어진 위험스럽고 어리석은 생각－학계와 우드로 윌슨 같이 이 책의 인물들에 의해 만들어진 논리－까지[38] 광범위하게 해석된다. 어떤 관찰자와 의사결정자는 이 개념을 설명하기 위해 심지어 균형이라는 용어까지 사용한다. 그러나 그들이 균형이라는 용어를 사용할 때 의미하는 바는 우리가 이 책에서 사용하는 균형(equilibrium)의 의미보다 정확하지 못하다. 전략들이 균형을 구성하는지 여부는 그 전략들이 산출하는 결과가 "균형"처럼 보이는지 여부와 관계가 없음을 기억하라.[39] 힘의 밸런스가 무엇이든, 국가들이 그것을 유지하기 위해 또는 그것을 무너뜨리기 위해 엄청난 비용을 들여 전쟁까지 불사하므로, 그 개념에 관해 충분히 조심스러워야 한다.[40] 실수하기 쉬운 개념이지만, 이 책의 목표에 유용한 정의에 이르기 위해 우리는 균형(equilibrium)의 논리를 차용한다. 그리고 이 정의는 1장에서 개략적으로 설명한 국제 시스템의 모형에

---

35 국내의 문헌과 일반적 용례에서는 이 책에서의 번역과 달리 "힘의 밸런스"를 "힘의 균형"으로 번역하는 경향이 있다. 그러나 경제학에서 "균형(equilibrium)"은 특별한 경제학적 의미를 가지고 이 책에서 경제학적 균형의 개념을 사용하므로, 이와 구분하기 위해 "힘의 밸런스"로 번역한다(역자 주).

36 Bull(1977).

37 Waltz(1979).

38 Knock(1995), Vasquez(1999) 그리고 Tooze(2014) 참조.

39 Schroeder(1989).

40 또한 힘의 분배(distribution of power)－즉, 누가 누구에 비해 얼마나 많은 힘을 가졌는가－와 동의어로 쓰는 느낌도 있다. 그러나 분배라는 것이 균등할 수도 불균등할 수도 있으므로, 이것은 우리가 여기서 원하는 정의가 아니다. 균등한 밸런스(balanced balance)와 불균등한 밸런스(imbalanced balance) 같은 용어는 더 애매하게 만든다.

서 생겨난 것으로, 다른 정의들과 약간 다를 수 있다. 우리가 독일이 힘의 밸런스를 뒤엎으려 한다고 할 때 또는 영국이 그것을 지키기 위해 참전한다고 할 때, 그 의미는 무엇일까? 도대체 힘의 밸런스(balance of power)란 무엇인가?

이 질문에 대해 간략히 대답하기 위해, 우리는 지금까지 해 온 대전에 관한 이야기 속에서 발견할 수 있는 단서뿐만 아니라 게임, 전략 그리고 균형(equilibrium) 개념을 이용한다. 전통적으로 힘의 밸런스는 어떠한 단일의 힘이, 독자적으로 또는 다른 힘들과 연합하여, 나머지 열강들의 생존을 지배하거나 위협하지 못하는 상황과 연결되어 있다.[41] 이는 힘의 밸런스가 계산적이고 검소한 지도자들이 자국의 군사력과 다른 국가들의 전략에 대한 믿음을 고려하여 선택한 균형 전략의 집합으로부터 나온다는 것을 의미한다. 국가들은 국가 간의 위계질서에서 자국의 위치를 중시하고, 나폴레옹의 프랑스, 나치 독일 그리고 제국주의 일본이 국제적 위계질서를 흔들고자 했던 그들의 시도가 실패함으로써 체감한 것처럼, 극단적으로 군사적 점령과 패배를 수반하기도 하지만 그 위치를 개선시키고자 하는 욕망을 단련한다. 힘이 밸런스를 이루면, 사다리를 오르려는 국가들이 도전자들에 대항해 현 상황을 유지시키고자 하는, 즉 밸런스를 유지시키고자 하는 세력들의 연합과 맞닥뜨리기 때문에, 국제적 힘의 계층제에서 차지하는 위치들이 안정적이게 된다. 따라서 힘의 밸런스는 열강들 사이의 가설적인 전쟁에서의 제휴와 그 결과에 대한 공통의 믿음(즉, 공통 추측)에 근거해 이루어진다. 결론적으로, 힘의 밸런스는 국가들의 전략 선택을 정의하는 힘(power)과 이상(ideas)이라는 두 요소 모두를 내포하고 있다.[42] 또한 이것은 열강들이 가설적인 대전을 피하고 서로 간의 평화를 유지하는 균형을 지탱한다.

---

41 Gulick(1967) 참조.

42 나중에 좀 더 구체화하겠지만, 그것은 대전에서 생겨날 수 있는 동맹에 관한 믿음(beliefs)의 작용이다.

정의 6.1 **힘의 밸런스**는 국제적 계층제를 재정렬할 목적으로 대전을 추구하기에는 너무 값비싸다는 공통의 믿음(shared belief)이다.

만약 힘의 밸런스가 대전의 특성에 대한 공통 추측에 의해 유지된다면, 이 공유된 믿음의 변화가 밸런스를 깨뜨릴 수 있다. 전쟁의 결과는 경제력과 군사력이라는 물질적 요소에 의존하는데, 이것들이 국가 간 제휴 및 국가의 목표의 범위뿐만 아니라 군대의 크기와 질을 결정한다. 19세기에 열강들은 예를 들어 독일의 통일 그리고 오스만 제국의 영토에 대한 러시아의 야망 때문에 전쟁을 했지만, 그 열강들은 힘의 밸런스 자체가 위협받고 있지는 않다는 믿음으로 대전으로 비화되는 것을 피했다.[43] 그럼에도 1914년까지 독일은 (오스트리아의 도움으로) 러시아와 프랑스에 대해 양면 전쟁을 개시하고 영국으로부터 힘의 밸런스 유지를 위한 대응을 촉발시켰다. 무엇이 변했는가? 지금까지 우리의 이야기는 1914년 이전 세계의 힘의 밸런스를 지탱했던 힘, 선호 그리고 믿음의 변화를 설명했다. 4장에서 독일은 국제적 계층제에서 자국의 위치가 하락할 것임을 예측하고 이를 유지하기 위해 싸웠다고 주장했다. 러시아가 힘을 회복함과 동시에 동아시아에서 유럽으로 관심을 되돌림에 따라 그리고 1887년 독일이 러시아와의 조약 갱신에 실패하면서 등장하게 된 1894년 프랑스-러시아 동맹으로 러시아가 더욱 강성해지자, 독일을 둘러싼 힘과 제휴 관계가 변화하고 있었다-이것이 독일로 하여금 경쟁국들을 물리치고 계층제에서 자국의 위치를 지키도록 한 예방 전쟁의 전조가 되었다. 전통적으로 유럽에서 힘의 밸런스 유지의 주축이었던 영국은, 독일이 프랑스와 벨기에를 억누르고 승리할 경우 국제 시스템을 규정하는 전략적 상호 연계성에 아주 값비싼 영향을 미치며, 자국의 위치가 불안해질 것임을 예측했다. 특히 독일이 7월 위기를 *지금 바로* 기회로 이용하지 않으면 독일의 전망이 꾸준히 악화될 것임을 예견하고, 따라서 가능한 대전에서 제휴와 결과에 대한 예측이 변화함에 따라 힘의 밸런스를 무너뜨리고 궁극적으로 이를 재편하고자 하는 전쟁으로 이어진 것이다. 반면에, 19세기 후반까지 동아시아를 규정해온 중화 질서 속에서 오랫동안 중국의 압도적인 지배는, 힘의 밸런스가 유동적인 유럽에

43 19세기에 대한 훌륭한 서베이로 Evans(2016) 참조.

비해 훨씬 적은 무력 간섭으로, 그 중심과 한국, 일본, 베트남 등의 다른 국가들과의 평화로운 관계를 유지시켜 주었다.[44]

힘의 밸런스는 궁극적으로 열강들 사이의 가설적인 전쟁에 관한 믿음으로 귀결된다. 그리고 (힘의 밸런스를 정의하는) 그러한 믿음을 형성하는 핵심 요소가 (1) 열강의 수와 제휴 관계 그리고 (2) 의도－예를 들어, 힘의 밸런스를 유지하려 하는지 아니면 뒤엎으려 하는지－를 판정하는 오랜 관습 또는 국제법에 의해 정의되는 경험 법칙이다. 열강의 수, 군사력 그리고 그들의 제휴가 기본적으로 안정적이면, 국제적 계층제를 재편하기 위해 전쟁을 일으킨다는 믿음을 지지하기가 아주 어렵거나 극단적으로 값비싸게 된다. 그러면 힘의 밸런스가 이루어지고 그것이 열강들 사이의 평화를 지탱한다. 그러나 만약 가설적인 대전의 특성에 관한 기대가 변화하기 시작하면 이러한 맹약은 와해될 수 있다. 열강들은 1991년의 소련과 같은 자체 붕괴 또는 1914년 독일 대 러시아의 경우처럼 경쟁자의 부상으로 인해 자국의 순위가 하락하는 것에 대해 공포를 느낄 수 있다. 19세기 후반의 독일, 일본, 미국과 21세기 초의 중국과 인도같이 불확실한 제휴를 가진 새로운 열강이 부상할 수도 있으며, 이는 미래의 열강 전쟁에서 제휴, 범위 그리고 잠재적 비용에 대한 기대를 급격하게 변화시킨다. 각각의 경우, 제휴 관계와 의도에 관한 불확실성 또는 열강의 수의 변화－현상을 유지시키기 위한 또는 이를 전복시키기 위한 동맹의 구성－가 밸런스를 뒤엎고 새로운 질서를 수립하는 과정을 촉발시킬 수 있다.

열강의 수나 제휴의 변화를 모두 고려하더라도 대전을 촉발시키는 데 충분하지는 않다. 그러나 만약 우리가 힘의 밸런스 유지를 다국적 협상의 문제로 생각한다면, 언제 밸런스가 불안정해지는지에 대해 약간의 통찰을 얻을 수 있다. 동유럽 제국들이 독립하고 경제력과 군사력이 러시아로 승계되며 1991년 소련이 붕괴됐지만, 나머지 다른 열강들로부터의 재보장(reassurance)이 구 소련 지도자들로 하여금 마지막 예방 전쟁을 일으키지 못하도록 하는 데 충분했던 것처럼 보인다.[45] 독일은 19세기 후반부에 오스트리아, 프랑스 그리고 작은 게르만 국가들과 싸우며 오랫동안 바라던

---

44 이 기간에 대한 훌륭한 분석으로 Kang(2010) 참조.

45 폭력적인 소련의 붕괴에 관해 Sarotte(2009)와 Plokhy(2014) 참조.

통일을 성취했지만, 1839년의 런던조약 같은 법률적 맹약을 존중하기로 함으로써, 러시아와 영국에게 힘의 밸런스에 심각한 위협이 되지 않으리라는 확신을 줄 수 있었다. 프로이센은 오스트리아를 대체하여 중부 유럽의 지배적 힘이 될 수 있었고 프랑스로부터 알자스와 로렌을 분리시킬 수 있었지만, 열강의 위계질서에 제한적인 위협만 노출하면서 다른 국가들에게 이를 확신시킬 수 있었다. 어떠한 변화도 다른 열강들이 대전을 생각할 정도로 기대에 심각한 영향을 미치지 않았던 것이다. 그러나 그러한 변화가 힘과 기대를 충분히 *변화시킨다면*, 나폴레옹 전쟁, 20세기의 세계대전 그리고 1945년 이래로 열강들이 피하고 있는 제3차 세계대전 같이, 국제 시스템을 재정의하고 재정비하는 가공할 만한 전쟁을 보게 될 것이다. 그렇다면, 어떻게 국가들이 진정으로 힘의 밸런스를 유지하겠다는 약속을 지킬 수 있는가? 힘을 기를 수 있지만 다른 국가들에게 위협을 노출하지 *않는* 국가들이 상대국들을 재보장하며 불안정한 전쟁을 피할 수 있는가?

6.4 재보장과 국제정치

영국은 독일의 목표가 제한적이고 방어적이 아니라 무제한적이고 패권적이라고 믿게 되었기 때문에, 독일의 이의제기에도 불구하고, 제1차 세계대전에 참전하였다. 영국의 전쟁은 예방적이었다. 그러나 만약 독일이 예방적 의도의 신호를 효과적으로 잘 보냈더라면, 실제 그랬던 것보다 프랑스를 더 궤멸시켰을 수 있었다.[46] 힘의 밸런스를 허물 수 있는 기회는 자신의 목표에 대해 거짓말을 하게 하는 강력한 인센티브가 되고, 순수한 의도를 가진 국가들에게는 어려운 재보장(reassurance)의 화두를 던진다. 진정으로 제한적인 목표를 가진 국가가 그 의도에 대해 의구심을 가진 다른 국가들로부터 재보장을 얻는 데 실패하면, 극단적인 경우 불필요한 예방 전쟁의 희생양이 될 수도 있다. 또한 재보장 획득에 실패한 국가는 의구심을 가진 국가들로 하여금

46 이에 관해 자세한 설명은 8장에 있다.

자국에 대항해 교역과 경제 협력의 거부, 봉쇄를 위한 동맹의 결성, 그 적국에 대한 군사적 지원 그리고 국제기구에서 방해 공작 등 다양한 방법으로 대응적 조치를 취하도록 만들 수도 있다.

재보장의 문제는 5장에서 만났던 신호 의지(signaling resolve)의 어려움과 유사한 특성을 가진 정보 문제(정의 5.5)의 한 종류이다. 그 위협이 할인되는 단호한 타입의 국가처럼 제한적 목표를 가진 국가가 무제한적 목표를 가진 국가처럼 인식될 수 있다. 예를 들어, 2003년 쿠웨이트에서 촉발되어 끝내 영－미의 침공으로 발전한 2002－2003년 위기 동안 이라크가 정확하게 이러한 문제에 직면했었다. 1998년 미군 주도의 공중 폭격 이후 이라크의 핵무기, 화학무기, 생물학무기 프로그램이 영원히 중단되었지만, 주변 라이벌인 이란에게 군사적 강국의 이미지를 유지해야 했기 때문에, 이라크는 수년 동안 UN 사찰단에 전적인 협조를 거부하여 무기 프로그램이 없다는 것을 증명하는 데 실패했다.[47] 이라크 무기 프로그램에 대한 의심이 광범위하게 퍼져있고 이전 10여 년간 미국에서 고려 중이던 예방 전쟁 수행 의지가 2001년 이후 한층 높아지는 상황에서, 이라크는 대량살상무기 생산능력에 대해 그 적국들을 재보장할 수가 없었다. 이것이 정부를 쓰러뜨리고 나라를 수년간 폭동, 내전, 종파 간 분쟁의 수렁으로 빠뜨린 예방 전쟁을 촉발시켰다. 비극적이게도, 이라크가 이미 수년 전에 대량살상무기 추구를 그만뒀다는 것이 미국의 침공 이후 알려지게 되었다.

어떻게 진정으로 제한적인 목표를 가진 국가가 그에 반대해 밸런스를 유지하려는 다른 국가들을 재보장할 수 있을까? 신호 의지가 단호한 국가로 하여금 유약한 국가가 따라할 수 없는 무언가를 하도록 요구하듯이, 재보장도 무제한적 또는 팽창주의적 의도를 가졌다면 절대로 밟지 않았을 스텝을 밟을 것을 요구한다. 자국의 야망을 속이려는 독일의 시도는 1914년 크게 보면 런던조약에 의해 그어진 한계선 때문에 실패했다. 그러나 1905년과 1911년 모로코를 두고 있었던 전쟁 직전의 위기에서, 당시 독일의 목표는 진정으로 제한적이었는데, 독일은 징집병들을 제대시킴으로써－공식적으로 그리고 의도적으로 자국의 군사력을 제한함으로써－자국의 의도를 명확하게 전달할 수 있었다. 이러한 행위는 만약 독일의 마음이 슐리펜 계획을 실행하는

47 Ricks(2006) 참조.

쪽으로 정해져 있었다면 절대 하지 않았을 행동이었다.[48] 군사력 이용 능력을 공식적으로 제한하는 것은 현상 고수 의지를 나타내는 신빙성 있는 신호로서 역할을 할 수 있다. 1980년대 말 그리고 1990년대 초 소련은 유사한 재보장의 위업을 달성했었다. 소련은 단독으로 핵무기를 감축하고 재래식 무기의 대폭 축소에 대해 협상함으로써, 깊어지는 경기침체에 대해 예방 전쟁을 일으켜 대응할 수도 있다는 서방 경쟁국들의 두려움을 해소시켜 주었다.[49] 한 가지 지적하자면, 1914년의 독일처럼 군비경쟁에서 이길 수 없다는 비참한 확신 때문에 예방 전쟁이 촉발될 수도 있었다.

또한 재보장은, 특히 소련이 붕괴되고 미국이 유일한 초강대국으로 등장한 단극의 시기에는, 열강과 소국의 관계와도 밀접하게 연결되어 있다. 군사적으로, 경제적으로 그리고 이념적으로 견제받지 않으며, 미국은 냉전이 끝난 이후 전례가 없는 행동의 자유를 행사하고 있다. 힘은 본질적으로 위협적이며, 미국의 맞수가 붕괴되면서 다른 국가들이 미국의 의도에 대해 불신하게 되는 기회가 더 많이 생기게 되었다. 국경을 회복하기 위해서 또는 인종청소를 멈추게 하기 위해 전쟁을 하거나, 동맹 네트워크를 확장시키거나, 역사적으로 유력한 군사 부대의 배치를 옮길 때, 미국은 다음에 시선이 자기들을 향할 수 있다고 두려워하는 수많은 국가들을 재보장하는 방법을 찾아야 했다. 달리 표현하면, 미국은 다른 국가들이 자국에 대항해 밸런스를 맞추려 하지 않도록 만들어야 했다. 제2차 세계대전 이후부터 미국은 자국의 무력 사용에 대해 종종 UN 안보리에서 다른 열강들의 동의를 얻으려 했다. 이것이 잠재적으로 두려움을 가진 국가들에게 미국의 목표가 제한적이라는 신호가 되었다: 1991년 이라크의 쿠웨이트 침공을 되돌리기 위해 서구 국가들이 행동을 같이한 것처럼, 만약 라이벌 열강이 행동을 함께하려 한다면, 확실히 글로벌 현상 유지는 위협받지 않는 것이다.[50]

열강들은 또한 연합 파트너를 현명하게 선택하여, 초기의 목표를 달성한 다음 브레이크를 밟거나 심지어 해체할 수 있는 연합을 건설할 수 있다. 그리고 이를 통해

48 Stevenson(1997).
49 Kydd(2005, 8장).
50 Voeten(2005).

잠재적으로 불안감을 가진 외부자들에 대한 위협을 낮출 수 있다.[51] 예를 들어, 1950년 한국전쟁 당시 연합국의 목표는 한반도로 제한된다는 신호를 중국 본토에 보내는 방법으로(그리고 장개석에게 중국 내전을 다시 시작하는 백지수표를 주지 않기 위해), 미국은 연합국에서 의도적으로 장개석의 대만을 제외시켰다.[52] 유사하게, 미국이 1991년 쿠웨이트에서 이라크를 내쫓기 위해 연합군을 결성할 때, 미국은 사우디아라비아처럼 이라크 정부를 전복시키는 광범위한 작전에 참여하기를 반대한 지역 국가들에게 군사, 병참, 기지 지원을 의지했다. 그러면서 미국은, 그 군사력과 이라크에 대한 공유된 적대감에도 불구하고, 의도적으로 이스라엘을 배제했다. 이를 통해 UN 안보리에서 러시아의 동의를 확보할 수 있었다. 이러한 절차들이 연합군의 목표와 군사력을 제한하고 이웃 국가들을 재보장했다. 이란은 밸런스를 맞출 필요가 없음을 추론할 수 있었던 반면, 터키와 시리아는 오늘 연합군에 참여한다고 하여 미래에 화를 당하지 않으리라는 것을 판단할 수 있었다.

열강은 그 국가가 가진 상당한 군사력과 행동의 자유에 의해 정의된다. 그러나 자체 목표를 추구할 수 있는 바로 그 능력으로 인해, 열강은 국제 계층제에서 자국의 위치를 유지하고 그 계층제를 지탱하는 글로벌 질서를 보존하기 위해서 잠재적 적들을 재보장해야 한다. 열강의 지위는 열강이 가진 상당한 군사력과 경제적 힘이 제한적으로 행사될 것이라고 잠재적 평형자(balancer)들에게 재보장되었을 때만 관리 가능하고 유지 가능하다. 힘 그 자체는 위협적이다. 그리고 열강이, 스스로의 수족을 묶거나 값비싼 과정을 거쳐, 그를 두려워하는 국가들에게 자국의 제한적인 목표를 확신시킬 수 있어야만 그 힘을 평화롭게 유지할 수 있다. 재보장에 실패하면, 동맹이나 종속국에서 라이벌 열강 쪽으로 탈출하는 것부터 값비싸고 파괴적인 전쟁의 발발에 이르기까지, 광범위한 반대를 불러일으킬 수 있다.

---

51 Wolford(2015, 5장).

52 Stueck(1995, 2004).

6.5 결론

영국 원정군 파견과 독일 항구 봉쇄(10장에 설명)를 포함하는 독일에 대한 영국의 선전포고 결정이 유럽의 전쟁을 진정한 세계의 전쟁으로 전환시켰다. 영국은 자금과 인력 동원을 위해 거대 식민지 네트워크를 동원했을 뿐만 아니라 중동에서의 영향력 확대 등 전 세계에 걸쳐 제국적 이익도 한층 더 추구했다.[53] 그러나 영국이 한 세기에 걸쳐 유럽의 전쟁에 거의 배타적 중립을 유지했기 때문에, 영국의 개입은 예측하기 어려운 것이었다. 그럼에도 영국은 8월에 연합국 편에 섰다. 그것도 러시아나 프랑스가 동맹국과 맞서 싸워야 했기 때문이 아니라 중립국인 벨기에가 독일군의 군홧발에 짓밟힐 위기에 처했기 때문이었다. 이 퍼즐을 풀기 위해, 우리는 1839년의 런던조약에 주목했다. 조약이 벨기에의 중립을 보장함에 따라 어떤 균형을 지지하는 공통의 기대를 형성시켰고, 그 균형에서 영국은 독일의 팽창주의 목표를 확인할 수 있었고 연합국에 가담하는 것이 자국의 이해관계에 부합하다고 결정하였다. 전쟁에 직면해서는 국제법을 무의미한 것으로 치부할 수도 있었으나, 벨기에의 중립 침범이 의미하는 것은 서유럽에서 프랑스, 독일, 영국의 삼각 밸런스의 종말이었다. "벨기에가 영국이 바라보는 전쟁의 핵심적인 이슈를 정의했다."[54]

영국의 개입을 논의한 우리의 분석이 세 거대 열강 사이에 낀 소국의 운명에 초점을 맞추었지만, 이를 통해 열강 연합의 정치, 힘의 밸런스와 국제법의 관계 그리고 재보장 문제에 관한 통찰을 얻을 수 있었다. 8월에 연합국과 동맹국이 전쟁을 시작했을 때, 양쪽 모두 4장에서 봤던 것처럼 예방적 목적으로 전쟁에 임했다. 8월 초가 되자, 이 전쟁은 설사 승리한다 하더라도 대재앙일 것임이 의심의 여지가 없어졌다. 그럼에도 전쟁이 그렇게 오랫동안 지속되고, 그렇게 많은 사상자를 내고, 끝내 국제시스템 자체를 뒤엎어버렸다는 것이 오히려 뜻밖의 일이었다. 양쪽 모두 전쟁이 장기화되고 피비린내 나는 난타전이 되는 것을 두려워했고, 이 리스크를 완화시키고자

53 McMeekin(2015).
54 Hull(2014, p. 41).

하는 절차를 밟았다. 예를 들어, 독일은 러시아로 향하기 전에 최신 화력과 기동력으로 몇 주 안에 프랑스에 치명타를 입히겠다는 공격 계획을 가지고 전쟁에 돌입했다. 그러나 우리가 지금까지 살펴봤듯이, 전략적 상호관계에서 어느 한쪽의 목표는 종종 상대방에 의해 부정될 수 있다. 다음 장들에서 우리는 작전 수행에서부터 그 뒤 4년 동안의 대부분이 되는 꽉 막힌 정국까지 전쟁의 진화를 추적해볼 것이다.

THE POLITICS
OF THE FIRST
WORLD WAR

07

흔들리는 파트너십: 전쟁에서의 연합

흔들리는 파트너십: 전쟁에서의 연합

동맹의 중재에 의존하다니! 착각도 유분수지.

알프레트 폰 슐리펜

동맹과 함께 싸우는 것보다 더 나쁜 것이 하나 있다. 바로 동맹 없이 싸우는 것이다.

윈스턴 처칠

1914년 발발한 세계대전은 그 인명 피해, 범위, 지속 기간이 놀라울 수 있지만, 마른 하늘의 번개처럼 느닷없이 갑자기 일어난 것이 아니었다.[1] 열강들의 정치적 갈등은 어느 정도 알려져 있었고, 그 편들도 갈라져 있었고, 전쟁계획도 미리 작성돼 있었다. 독일과 오스트리아-헝가리의 동맹은 수십 년 동안 지속된 제휴였지만, 삼국연합(Triple Entente, 영국, 프랑스, 러시아)은 그 연식이 짧았을 뿐만 아니라 새 멤버인 영국의 맹약은 최후의 순간까지 미심쩍었다. 이것이 각 동맹이 전쟁 초기 몇 주 동안 보인 어떠한 행태에 대해 하나의 퍼즐을 던진다:

1 이 문장은 Fromkin(2004)의 서문에서 빌려온 것이다. 7월 위기를 '세인트 엘모의 불(St. Elmo's fire)'이라고 은유적으로 표현하는 것만큼이나 훌륭하다.

> 전쟁 초기 몇 주 동안, 왜 영국과 프랑스의 군사적 협력이 독일과 오스트리아의 그것보다 더 쉬웠을까?

달리 표현하면, 자국 영토에 대한 직접적 위협이 없을 뿐만 아니라 잠복한 제국주의 경쟁의식으로 인해 상호 간의 맹약이 불확실한 가운데 형성된 신생 연합(coalition)은 모든 군대를 주요 전선에 투입하여 대오를 갖추는 반면, 유서 깊은 게르만 연합은 왜 공통의 주적인 러시아의 공세에 직면해 협조에 실패했는가? 초기의 거북한 문제들에도 불구하고, 영국과 프랑스는 마른(Marne)전투에서 서로의 맹약을 존중했던 반면, 오스트리아는 러시아에 공동으로 대응하기 위해 세르비아 작전을 보류하라는 독일의 요청을 거절했고, 독일 스스로가 대 러시아 전쟁에 대한 초기의 맹약을 제한함으로써 오스트리아를 놀라게 했다. 이 장에서 퍼즐을 풀기 위해 묘사한 게임은 우리에게 다음 몇 가지를 가르쳐 줄 것이다:

- 모든 당사국들이 동일한 결과를 원함에도 어떻게 협조에 실패하는가.
- 국제관계에서 연합 결성의 비용과 편익.
- 어떻게 사적인 목표가 공통의 목표로는 달성이 불가능한 협조를 유지시킬 수 있는가.
- 어떻게 연합이 형성되고, 언제 그것이 성공하고, 언제 실패하는가.

우리는 이 장에서 연합국과 동맹국이 모두 기본적인 *집합적 행동 문제*(collective action problem)에 직면함을 볼 것이다. 집합적 행동 문제에서 군사적 승리라는 공통의 목표만으로는 파트너들이 각자의 전쟁 비용을 상대에게 전가시키지 못하도록 하는 데 충분하지 않다. 국제 협력은 전시에 군대 파견부터 무역장벽 축소, 온실가스 제한까지 다양한 종류의 비용이 수반되는 데 반해, 군사적 승리, 시장 접근 또는 깨끗한 공기로부터 나오는 편익을 어떠한 기여가 없어도 누릴 수 있다면, 모든 국가들은 비록 문제를 함께 해결하는 것이 훨씬 나은 상황에서도 책임을 회피할 개별적인 인센티브가 생기게 된다. 연합 전쟁 수행에서 협조의 어려움이 하나의 일반적인 사례이다. 우리는 이 장에서 집합적 행동 문제를 정의하고 잠재적인 해결책을 찾는 연속적인 모형을 소개할 것이다. 우리는 영국과 프랑스 사이의 느슨한 이해관계가, 협조를 방해하는 것이 아니라, 실제로는 그들의 집합적 행동 문제를 *해결*하는 데 도움이 됨을 보일 것이다. 각국이 전후 평화회담에서 힘을 발휘할 수 있는 위치를 확보하는 데 개별적인 관심을 가지고 있고, 이를 위해 각국은 전쟁에 상당한 노력을 투입하려 한다. 반면, 게르만 연합에서는 독일의 선호만이 절대적으로 의미가 있기 때문에 오스트리아는 협조할 개별적인 인센티브가 없어지고, 이로 인해 동맹국은 협조에 실패하는 운명을 맞는다. 따라서 독일은 동부에서 발생하는 불균형적이고 잠재적으로 재앙 수준의 부담을 짊어지기 위해 서부전선을 약화시키게 된다.

7장 핵심 용어

- 집합적 행동 문제
- 선택적 인센티브
- 군사적 연합
- 동맹

7.1 라이벌 연합에서 협조

전시 동원, 대응 전시 동원 그리고 유럽의 주요 열강들이 모두 참전하는 선전포고의 광풍 이후, 남은 것은 전쟁계획을 실행에 옮기는 것이라고−달리 표현하면, 전쟁의 정치가 멈추었다고−생각하기 쉽다. 그러나 그것은 잘못된 생각이다. 주요국의 전쟁계획은 자국 군대의 이동처럼 그 국가가 직접적으로 통제할 수 있는 부분과 제휴 파트너의 협조처럼 직접적으로 통제할 수 없는 부분과의 조합에 의존한다. 우리가 강조했듯이, 독일의 계획은 보불전쟁에서 성공한 프랑스군 봉쇄와 괴멸 작전을 재현하기 위해 대부분의 무력을, 중립인 벨기에를 통하여, 서부에 퍼붓는 것이었다. 그러나 그 계획은 독일의 소규모 병력으로 동프로이센 지역을 막아낼 수 있는지 *그리고* 이중 군주국의 총사령관 프란츠 콘라트 폰 회첸도프르가 세르비아에서 눈을 돌려 러시아군을 북부전선에 묶어둘 의지가 있는지에 달려 있었다. 반면, 냉철한 총사령관 조제프 조프르에 의해 작성된 프랑스의 제17계획(Plan XVII)은 양국의 공동 국경에 있는 독일 중심부를 돌파하는 것을 목표로 했다. 출정 초기 프랑스는 독일 동부로 내려오는 러시아군에 의존해야 하고, 만약 독일의 계획이 서부에서 성공했다면, 프랑스는 전선에 배치되어 파리를 방어하며 대반격에 나서는 영국군에 크게 의존해야만 했을 것이다. 평화시에는 동맹국 세력이 연합국 세력보다 더 강력하게 결속되어 있는 것처럼 보였지만, 동맹국의 연합은 협력적 참사로 드러난 반면, 미적지근했던 라이벌 연합은 전쟁 수행의 부담을 훨씬 더 숙련되게 분담했다.

프랑스-영국-러시아 연합의 결속이 강화되어 갔고 프랑스가 러시아와 세르비아의 군비 증강에 재정을 지원했기 때문에, 동맹국은 수년 동안 대전이 다가오는 것을 바라만 보고 있었다고 해도 무방하다. 1905년까지 독일의 참모들은 은퇴하는 참모총장 알프레트 폰 슐리펜의 이름을 붙인 전쟁계획을 마련했다. 그 계획은 느리게 진행되는 러시아의 동원에 맞서기 위해 동쪽으로 방향을 돌리기 전에 몇 주 만에-정확하게 동원 이후 40일 만에-프랑스와의 전쟁을 속전속결로 끝내는 것을 우선시하였다.[2] 1914년까지 러시아의 재무장이 동원 횟수를 가속화시킬 정도로 충분히 진행됨에 따라 동부전선에서의 독일의 전쟁계획이 한층 더 중요해졌다: 그럼에도 오스트리아가 러시아를 묶어 주기를 바라는 상황이었다. 오스트리아 의사결정자들은 전쟁 초기에 러시아의 공격의 예봉을 감내해야 함을 충분히 예측할 수 있었고, 전쟁으로 가는 몇 달 동안 콘라트는 대부분의 오스트리아 군대를 (세르비아가 아니라) 러시아 전선에 배치하고 독일이 서부에서 프랑스를 쓸어버리기를 기다리겠다고 몰트케에게 그의 의도를 확신시켜 주었다.[3] 러시아가 동부에서 공통의 적으로 인식되었고, 러시아가 조그마한 세르비아보다 이중 군주국의 생존에 더 큰 위협을 가하는 상황이었고, 동맹국의 계획 또한 상세 조항에서는 다소 불투명하지만, 이를 인식하고 있었다. 만약 오스트리아가 러시아의 공격을 초기에 극복해 낸다면, 궁극적으로 독일의 지원을 받을 것이므로, 오스트리아는 발칸에서 자국의 지위와 생존을 안정적으로 보장할

2 슐리펜 계획과 몰트케가 그것을 얼마나 바꾸었는지 8장에서 자세히 설명한다.
3 Herwig(2014, pp. 47-53).

수 있었다.

그러나 1914년 7월 전쟁이 임박해지자마자, 게르만족의 연합에서 균열의 조짐이 보이기 시작했다. (전쟁 수행에 필요한 양식을 조달해 오기 위해) 대규모 병력이 추수를 위해 휴가를 떠남에 따라 오스트리아의 동원이 지체되면서, 독일의 백지수표가 걸려있는 '세르비아에 대한 신속한 7월의 승리' 같은 것은 달성하기 어려워졌다. 7월 27일 전쟁이 선포되고 며칠 후 차르의 군대가 움직이기 시작하면서, 이제 돌이킬 수가 없었다. 독일로서는 오스트리아가 관심을 동쪽으로 돌리고, 세르비아에서 군대를 돌려 러시아와 맞서겠다는 약속을 지켜주기를 바랄 뿐이었다. 그러나 콘라트는 육군을 세 그룹으로 나누어 서로 다른 작전 수행을 명령했다. 세르비아를 박살내는 임무를 받은 부대인 *발칸최소연대*(Minimalgruppe Balkan)는 오스카르 포티오레크 장군의 지휘 아래 남부에 머물렀으며, *B-슈타펠*(staffel)의 형식으로 오스트리아 예비 병력 대부분을 인계받았다. 독일은 B-슈타펠이 북진하여 러시아군과 맞서고 있는 *A-슈타펠*을 지원할 것으로 기대하고 있었다. 두 개의 군대 대형이 아니라 하나의 대형으로 다가오는 러시아군을 갈리시아에서 맞서게 되었다.[4] 가을 내내 진행된 세 번의 세르비아 침공 시도가 실패하고, 동시에 러시아군의 공격을 막아내는 시도에서도 병력이 부족하고 무력도 열세인 오스트리아군이 사지에서 참패를 벗어나지 못했고, 끝내 요새 도시 렘베르크가 함락당했다. 오스트리아의 전쟁이 두 전선에서 대재앙으로 변하면서, 이를 계기로 독일이 빠르게는 8월 25일부터 군대의 진로를 동쪽으로 바꾸기 시작했다. 그리고 9월 말까지 새로 임명된 참모총장 에리히 폰 팔켄하인이 신생 제9군을 편성하여 오스트리아의 패배를 만회하고 폴란드까지 밀고 들어가는 임무를 맡겼다.[5] 동부전선에서 군사적 협조가 절망적인 실패로 돌아갔고, 시간이 지나면서 독일이 군대를 파견할 뿐만 아니라 예전 합스부르크 전선을 지휘하게 되었다.

---

4 Philpott(2014, p. 46)과 Herwig(2014, pp. 53, 55).

5 Philpott(2014, p. 65).

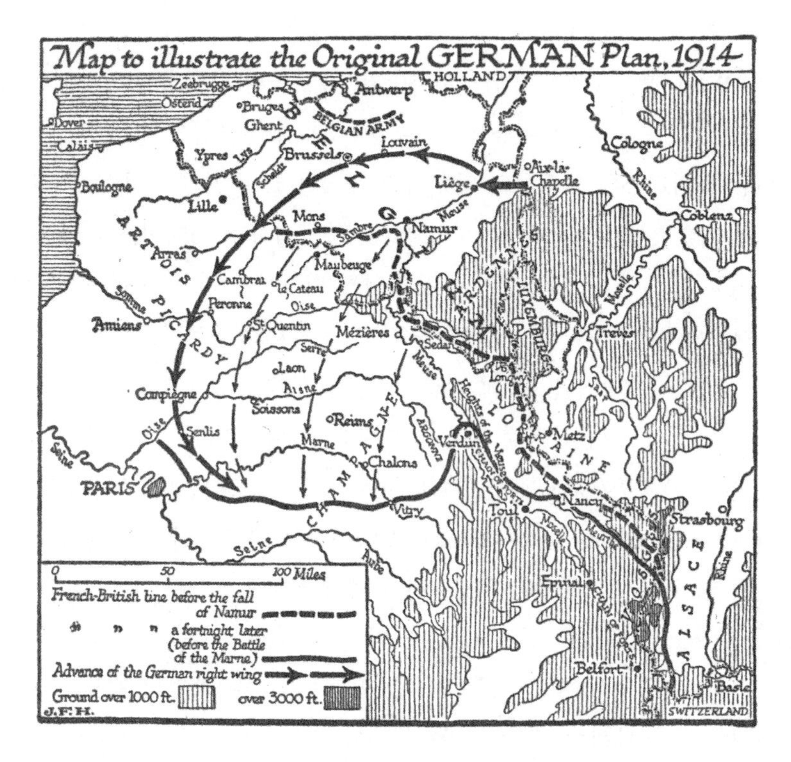

[지도 7.1] 독일 벨기에를 통해 우회하다, 1914년 8월. Wells(1922)에서

그동안 서부전선에서는, 연합군 장군들이 벨기에를 통해 돌아서 오는 독일의 라이트 훅 공격의 규모를 서서히 인식하기 시작했고, 프랑스의 왼쪽 측면으로 방향을 돌려 뛰어들 준비를 하고 있었다. (지도 7.1에서 독일의 움직임을 "원래의(original)" 계획으로 표현했으나, 8장에서 보겠지만 이것은 급조된 변화임이 드러났다. 슐리펜의 개념에는 남으로 방향을 돌리기 전에 오른쪽 날개가 기다리는 것이었다.) 사상자 비율이 천문학적이었지만, 역사적으로도 그렇고, 대중에게는 감추어져 있었다. 프랑스 총사령관 조제프 조프르는 처음에 아르덴(Ardennes)에 있는 독일의 중심을 타격하는 모험을 걸었다. 그리고는 독일의 창끝에 맞서기 위해 극적인 후퇴와 파리 동부 재집결을 명령함으로써 판돈을 끌어 올렸다. 우리가 8장에서 조프르의 대후퇴에 대해 더 이야기하겠지만, 지금은 조프르의 파리방어계획의 핵심에 집중할 필요가 있다: 일반지시 2호(General Direction No. 2). 조프르는 새로 창설된 파리 동부 프랑스 제6군과 야전 사령관 존 프렌치의 지휘 아래

막 도착한, 최근 피투성이가 되었지만, 영국 원정군(BEF) 네 개 사단을 동원해 예상치 못한 독일의 남향을 이용하는 반격을 상상했다. 독일 사령관들은 프랑스 제6군에 대한 자신들의 취약성을 인식하지 못하는 것처럼 보였다. 그리고 만약 영국 원정군이 현 파리 남동부에서 북쪽으로 진군한다면, 프랑스 제6군이 그 오른쪽에 위치한다면, 프랑스와 벨기에에 있는 독일 전투력은 치명적이지는 아니더라도 심각한 타격을 입을 수 있었다. 연합군이 다시 발판을 마련하고 영국 원정군이 전선을 지킬 수 있다면, 일반지시 2호는 파리를 구함으로써 대후퇴를 완료할 수 있을 것이다.

공세를 이어갈 것이라는 약속에도 불구하고, 존 프렌치는 한 장의 메모로 조프르에게 폭탄을 떨어뜨렸다. 그 메모에는 다음과 같이 쓰여 있었다:

> 나는 당신에게 영국군은 어떤 상황에서도 10일 이상 최전선에 머무를 수 없다는 인상을 줄 필요가 있음을 느꼈습니다. 나는 부하들에게 많은 전과를 올리도록 요구합니다. … (프랑스) 제5군과 제6군 사이의 갭을 메워 주기를 바라는 당신의 희망을 우리가 충족시킬 수 없음을 이해하시리라 믿습니다.[6]

원정 초기 심각한 사상자를 낸 후, 벨기에 해협 항구 근처에 주둔지를 보존하기 위해 근심이 많았고 동맹에 의해 버림받을 수 있다는 위기감을 느끼며, 존 프렌치는 퇴각하여 사상자를 돌보며 해협 항구에 붙어 있고자 했다.[7] 말할 필요도 없겠지만, 조프르는 프렌치의 거절에 깊은 인상을 받지는 않았으며, 단지 그의 거절로 인해 공중에서 효과적인 반격이 가능한지 그 가능성이 제기되었다.[8] 조프르는 공격을 취소하고, 후퇴에서 되돌리는 것과 반대로, 단지 독일이 프랑스 방어 진지에 공격해줄 것을 희망해야 할 상황이었다.[9] "8월 말까지 전장에서 영－프 협조는 사실상 멈추었다."[10] 식민지 수단에서 반란을 진압하여 명성을 얻은 퇴역 장군인 전쟁장관 허레이

---

6 Hastings(2013, p. 251)에서 인용.

7 Philpott(1996, p. 22).

8 마치 꾸며낸 말처럼, 동맹인 프랑스를 기꺼이 배신할 준비가 되어 있고 프랑스어를 말하지 않는 영국 장군 이름이 프렌치(French)였다.

9 Hastings(2013, 9장).

10 Philpott(1996, p. 24).

쇼 허버트 키치너로부터의 명령에 의지해 그의 군대를 보존하고 싶었던 프렌치는 그의 작은 병력을 전선에서 빼내려 하는 것처럼 보였다. 그러나 프랑스 육군이 독일 우측을 부수어 나가자, 마침내 영국 원정군이 독일 제1군과 제2군 사이에 갑자기 생긴 틈으로 파고들며 앞으로 진군하며 책무를 완수했다. 이로써 프랑스군은 퇴각을 감행하여 프랑스에서 수년간 전선을 안정화시킬 수 있었다.

영국군은 그들의 의무를 완수했다. 그러나 왜? 연합국은 효과적인 군사적 협조를 유지할 수 있었는 데 반해, 왜 독일과 오스트리아는 그럴 수 없었던 것일까? 만약 두 라이벌 연합 중 어느 한 연합이 행동을 함께하는 데 문제가 있다면, 그것은 – 러시아에 대항했던 동맹국이 아니라 – 서부전선에서 영국과 프랑스여야만 한다고 추측하는 것이 이성적이다. 우선, 프랑스와 영국은 아주 오래된 라이벌이었다. 그들은 수세기에 걸쳐 수없이 서로 싸웠고, 그 전쟁들 중 하나는 1066년 프랑스 왕을 영국의 왕좌에 앉혔다. 서로를 정복한다는 생각을 버리고, 1904년 영 – 불 화친협상(Entente Cordiale)을 체결하고 최근에서야 그들의 두드러진 현안 이슈에 대해 수습해가기 시작했다. 그럼에도 불구하고, 영국인들은 거의 프랑스어를 말하지 않고, 프랑스인들은 더 영어를 알지 못했다. 둘째, 몇 주 동안 어정쩡한 태도를 보이다가 영국이 늦게 프랑스 구원에 참여했다. 그리고 적어도 초기 영국의 지상전 참여는 상대적으로 소규모인 원정군으로 제한하고 있었다(영국이 해군의 나라이므로 대규모 지상군이 불필요했다). 원정 상황이 격화되면 철수하고 싶은 유혹도 생기고 쉽게 변명할 수도 있었다. 관련된 것으로, 영국이 어디로 상륙할 것인지 그리고 누가 연합군을 지휘할 것인지에 관한 전쟁 전 합의도 전무했다.[11] 마지막으로, 프랑스와 벨기에는 자국의 땅을 지키기 위해 싸운 반면, 영국 제도는 영국이 굳이 독일과 티르피츠 제독의 위험 함대(risk fleet)를 적으로 만들지 않으면, 전혀 위협을 받을 상황이 아니었다. 대중들이 얼마나 오랫동안 자신들의 섬이 아니라 다른 나라의 영토를 지키기 위해 피를 흘리는 것을 용인할 것인가? 그리고 영국은 오랫동안 무쌍의 해군력과 신중한 중립에 의존해 왔는데, 왜 병력과 군수물자를 육군으로 전용하여 제국의 군사력이 희생되어야 하겠는가?

11 Weitsman(2003, p. 102).

반면, 독일 제국과 이중 군주국은 모든 면에서 닮아 보였다. 두 게르만 선두 세력은 같은 언어를 사용하고, 동일한 문화를 공유하고, 군주제의 원리에 기여하는 앙시엥 레짐(ancient regime) 독재정치의 덫과 자산을 보유하고 있었다. 문화적 친밀감 외에, 그들의 전략적 결속 또한 강했다. 19세기 중엽 연속된 전쟁을 통하여 프로이센이 오스트리아를 제압하고 오랜 시간 갈구한 통일 독일의 꿈을 성취했지만, (1879년 체결된) 그들의 현 연합은 유럽에서 가장 오래된 것 중의 하나였다.[12] 만약 대전이 중부 또는 동유럽에서 슬라브족과 게르만족의 싸움이었다면, 독일과 오스트리아-헝가리가 같은 편을 묶는 것에 대해 아무도 의심하지 않을 것이다. 사실 동맹국 멤버들은 서로가 필요했다. 왜냐하면 1914년에 그들은 힘을 합칠 다른 국가가 없었다. 이탈리아는 삼국동맹(Triple Alliance, 1882)을 재개하여 그들과 같은 편에서 싸우기를 원치 않아 보였고(9장에서 부연), 독일은 오스트리아가 독일의 남쪽 측면을 보강해주기를 바랐고 오스트리아 또한 러시아와의 장기전에서 독일의 지원이 필요했다. 영국과 프랑스(그리고 더 확장해서는 영국과 러시아)의 경우와 달리, 게르만 세력들은 제국적 라이벌 관계가 없었고, 발칸반도의 문제에 대해서 오스트리아가 다소 행복하게 독일과의 연합을 따랐다.[13] 마지막으로, 그들은 동쪽에서 새롭게 부상하며 꿈틀거리고 있는 러시아라는 거대하고, 공통되며, 거의 생존에 직결된 위협에 직면해 있었다. 만약 다가오는 전쟁에서 어떤 요소가 협조를 보증할 수 있다면, 확실히 동맹국이 가진 문화적, 정치적 그리고 전략적 친밀함이 그 효과를 발휘할 것이다. 정말 그랬을까?

틀렸다. 영국은 파트너인 프랑스와 벨기에 옆에서 전열을 정비하고 생존 가능한 육상군 건설을 위해 거의 걸음마부터 시작한 반면, 오스트리아는 두 개의 계획을 한꺼번에 실행하려 했다: 일부 편제를 보내 러시아에 맞서게 하고, 나머지는 남아서 나중에는 부차적인 문제로 전락한 세르비아 작전에 집중하는 계획. 영국과 오스트리아 둘 다 연합 파트너가 요구하는 군사적 노력을 소홀히 하고 싶은 유혹을 받았지만, 영국만이 이 유혹에 저항했다. 상황이 불리하게 돌아갔지만, 연합국은 필요한 군사적 협조를 이끌어내어 서부전선에서 놀라운 승리를 쟁취했다. 이 승리는 영국이 대

12 그때나 지금이나 가장 오래된 연합은, 포르투갈이 스페인과 정치적 연합이었던 16세기와 17세기 사이 60년간의 공백을 제외하고, 1373년 체결된 영국과 포르투갈 사이의 그것이다.

13 물론 전쟁 전 모로코 위기에서는 독일을 지원하는 데 대해 덜 적극적이었다(Stevenson, 1997).

열을 지키지 않았다면 거의 불가능했다. 반면에, 모든 것이 정상적으로 작동하여 오스트리아가 러시아라는 공통의 위협에 대항해 독일과 잘 협조할 것으로 보였으나, 이중 군주는 세르비아를 박살내려는 시도에 실패하며 허둥대더니 유일한 동맹인 독일로 하여금 *두* 전선에서 *세* 열강을 홀로 감당하도록 내버려두었다. 보기에 강한 연결고리를 가진 것처럼 보였던 동맹국의 사슬은 부서졌는데, 약한 연결고리가 지탱한 연합국의 정치는 무엇이 그렇게 달랐을까? 우리는 다음 절에서, 동맹국이 가진 유리한 것들뿐만 아니라, 연합국이 불리한 것으로 보였던 많은 것들이 정반대의 효과를 냈음을 보일 것이다.

7.2 전쟁 중 협조에 대한 설명

전쟁 초기 몇 주 그리고 몇 달 동안, 그림 7.1에 표시된 것처럼 연합국과 동맹국 모두 전쟁 수행에 치명적일 수 있는 협조 체계 붕괴의 징후를 보였다. 이 절에서 우리는 어떻게 연합국이 궁극적으로 이러한 협조의 장애를 극복한 반면, 연합국 못지않은 심각한 위험을 지녔던 동맹국은 그러지 못했는지를 설명한다. 이를 위해 우리는 국가의 존망이 걸린 그렇게 중대한 문제에 대해서도 왜 협조가 어려운지 먼저 이해하고자 한다.

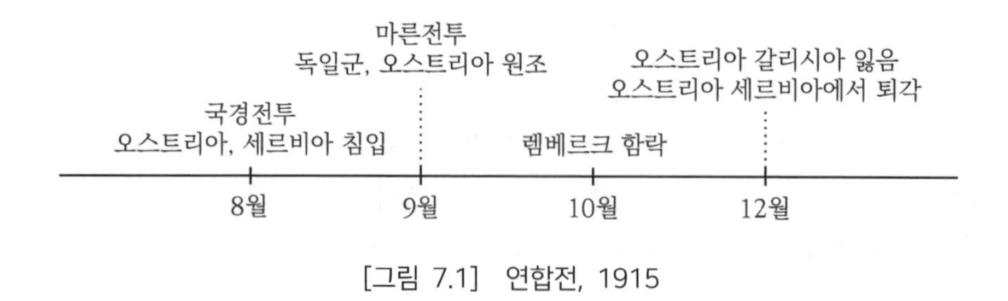

[그림 7.1] 연합전, 1915

퍼즐 7.1 왜 연합국은 서부전선에서 서로 협조할 수 있었던 반면, 동부전선에서 동맹국 간의 협조는 붕괴되었는가?

각 라이벌 연합은 열강들로 구성되어 있었고, 평균적인 국가보다 훨씬 많은 예비금을 끌어 쓸 수 있었고, 각국은 전쟁에 참전하기로 의도적인 결정을 내렸다. 그러나 막상 일이 닥쳤을 때, 오직 연합국만이 두 회원국으로부터, 초기 협조에 약간의 오류가 있었지만, 상당 수준의 군사적 노력을 이끌어낼 수 있었다. 영국과 프랑스는 독일과 오스트리아가 가진 문화적, 정치적 또는 전략적 우세를 가지지 못했는데, 그럼 우리는 무엇으로 이러한 대조를 설명할 수 있을까? 유명한 설명 중 한 갈래는 연합국의 협조 복원을 소심한 존 프렌치가 조제프 조프르의 침착함, "강철 의지" 그리고 감동적인 협조 요청에 굴복한 것으로 보는 것이다.[14] 모든 연합이 꾸물거리는 동맹을 싸움터로 향하도록 위협하는 조프르를 가지지 못했고, 협조의 문제는 대부분 콧수염을 가지고 말 잘하는 프랑스인의 때에 맞는 개입 없이도 해결된다. 이것과 똑같이 유명한 설명은 동맹국이 오스트리아의 무능력과 부패의 희생물이 되었을 때 서방 열강이 보인 것과 같은 카리스마 있는 리더십이 부족했다는 것이다. 이러한 설명에도 일말의 진실이 있지만, 우리의 이야기 속 등장인물이 계산적이고 검소하다는 우리의 이해와 잘 맞지 않는다. 각 버전의 조프르, 프렌치, 팔켄하인 그리고 콘라트가 있거나 없을 때, 많은 연합들이 협조를 했고 많은 연합들이 협조에 실패했다. 그래서 누가 지휘하든지 상관없이 전쟁 중 협조에 관해 일반적으로 알고 있는 것부터 시작하는 것이 중요하다.

연합전(coalition warfare)을 먼저 추상적으로 생각해보자. 연합 파트너 A, B가 공통의 적과 싸우면서 얼마나 많은 노력을 투입할 것인가를 선택해야 한다. 노력 수준의 결정은 전선의 군대의 수, 공급망에 대한 투자 그리고 초기의 불가피한 손실 뒤에 얼마나 많은 예비 물량의 병력, 무기, 돈이 전투에 투입될 것인지와 결부된다. 더 많은 노력이 더 치열한 싸움을 의미한다. 각 파트너의 노력 수준이 높을수록 그 연합의 성공 가능성이 높고, 이는 적의 침입을 격퇴하고 적의 전선을 돌파함을 의미한다.

---

14 Hasting(2013)이 영국의 전쟁 초기 4개월을 잘 설명하고 있다.

두 파트너가 높은 수준의 노력을 선택할 때 성공 가능성이 가장 높고, 한쪽만 노력하면 낮고, 둘 다 낮은 노력을 선택하면 끔찍한 상태가 된다. 그러나 군사적 노력이라는 것이 비용을 수반한다. 군인들을 먹이고 물자를 공급하고, 사상자를 새로운 자원으로 대체해야 한다－전장에 투입된 군인, 돈, 무기는 다른 곳에서 사용될 수 없다. 각 파트너 국가는 주어진 전투에 드는 군사적 노력의 비용을 승리 가능성의 증가와 비교하여 평가하지만, 전쟁 노력의 *집합적* 특성이 상황을 복잡하게 만든다. 만약 그 연합이 전투에서 승리하면, 두 파트너 모두, 승리에 크게 기여하든 작게 기여하든 상관없이, 승리의 결과(편익)를 즐긴다. 그래서 전장에서의 승리는 그 편익이 발산하기 때문에 **집합적 상품**(collective good)이다: 전투에 기여하지 않은 파트너를 성공적인 방어, 봉쇄, 돌파 등 승리의 편익을 즐기지 못하도록 배제할 수 없다.[15]

		B 높음	B 낮음
A	높음	3, 3	1, 4
	낮음	4, 1	2, 2

[그림 7.2] 집합적 상품 문제로 해석한 연합전 노력

한 연합의 전쟁 노력에서 오는 비용과 편익을 이런 식으로 구조화하면, 그림 7.2의 보수가 우리가 3장에서 본 죄수의 딜레마와 유사하다. 각 파트너는 상대방이 부담을 져 주기를 바라게 되고, 각 파트너에게 최선의 결과는 자신은 낮은 수준의 노력을 투입하고 상대방이 높은 수준의 노력을 투입하는 것이다. 오늘 승리 가능성이 낮아지지만, 미래를 위해 (자신의) 자원을 절약한 것이다(보수 4). 최악은 상대방이 낮은 노력을 투입하는 상황에서 홀로 높은 수준의 노력을 투입하는 것이다(보수 1). 그리고 상호 높은 수준의 노력 투입이 상호 낮은 노력 투입보다 낫다(3>2). 높은 수준의 노력의 경우, 승리 가능성을 높이기 위해 양측 모두 비용을 지불한 것이고, 양측 모두 게을리하며 노력 수준을 낮추면 승리 가능성이 낮아지고 연합에 재앙을 초래할 수

15 이러한 문제에 대한 고전적인 설명을 위해 Olson(1965)과 Olson and Zeckhauser(1966) 참조.

있다. 이런 방식으로 생각해 보자: 만약 두 파트너가 모두 높은 수준의 노력을 투입한다면, 인적, 물적 그리고 다른 전선에 대해 포기된 기회비용을 대가로 그들은 75%의 승리 가능성을 확보할 수 있다. 만약 한쪽만 높은 수준의 노력을 투입한다면, 승리 가능성이 50%로 떨어지고 열심히 노력한 파트너는 엄청난 부담을 감당해야 한다. 만약 어느 쪽도 높은 수준의 노력을 투입하지 않는다면, 그들의 노력을 최소화하긴 했지만 겨우 25%의 승리 가능성만 확보할 수 있을 뿐이다. 협조가 개인적으로 비용을 발생시키고 배제할 수 없는 편익을 산출할 때－즉, 편익은 발산하지만 비용이 집중될 때－우리는 우리의 파트너들이 **집합적 행동 문제**(collective action problem)에 직면했다고 말한다.

정의 7.1 집합적 상품(collective good)을 생산하는 데 개인적으로 비용이 드는 협조가 필요할 때, **집합적 행동 문제**가 존재한다.

집합적 행동 문제에 대한 해법이 부재한 상태에서, 이 문제에 유일한 내쉬균형으로 (낮음; 낮음)이 예견된다: 양측이 모두 낮은 수준의 노력을 선택하여, 효과적인 방어를 제공하기 위해 드는 비용을 절약했지만 그 연합의 전체적인 승리 가능성을 낮췄다. (정리 3.2의 증명과 동형이므로 부연 설명을 생략한다.) 존 프렌치는 머지않은 전투에서 가능하다면 확실히 그의 군대의 노력 수준을 제한하려 하였다. 그는 영국 원정군을 지키고자 한 반면, 프랑스는 독일의 맹공으로부터 자국의 수도를 방어하면서, 조프르 장군으로 하여금 모든 전력을 파리 방어에 투입하는 끔찍한 결정을 내리도록 강요하였다. 그러한 결정은 전쟁에서 패배하는 위험을 무릅쓴 것이다. 프랑스의 노력 수준을 제한하여－그리하여 단기적으로 승리 가능성이 제한되더라도－미래의 전투에서 더 잘 싸울 수 있기를 기대해 보는 것이 낫다고 판단한 것이다. 동부에서 이중 군주국의 선호도 그렇게 다르지 않았다. 콘라트는 합스부르크 군대 전체를 동으로 돌려 러시아를 맞서기보다, 독일이 대부분의 부담을 감당할 수 있을 때, 세르비아를 박살내는데 집중하고 싶었다. 이중 전선에서 싸우는 비용을 의식하여, 독일 또한 러시아와 싸우는 초기 비용을 오스트리아로 전가시키고 그동안 독일은 서부에서 프랑스와 영국을 상대하고자 했다. 그러므로, 연합국과 동맹국 모두, 각각의 파트너가 높은 수준의 노력을 투입할 수 있었으면 연합이 강해졌겠지만, 의무를 회피하고 더 적은 노력을 투입하고 싶은 유혹으로 인해 집합적 노력이 비극적인 수준으로 과소 공급 되었다.

그러나 이러한 내재적인 유혹이 양측에 모두 존재했음에도, 영국과 프랑스만이 대오를 갖추고 협력하며 상당한 규모의 군사적 노력을 분담하는 해법을 찾은 것처럼 보인다. 존 프렌치의 어정쩡한 태도에도 불구하고, 영국 원정군은 마른(Marne)전투에서 프랑스군에 가세해 싸웠고, 독일 제1군과 제2군 사이에 형성된 틈을 밀고 들어간 것이 급속히 진격하던 침략군에 대한 결정적인 반격이 되었다(8장에서 자세히 설명된다). 동부전선에서 오스트리아는 자국의 노력을 러시아 전선과 세르비아 전선으로 나누어 절망적인 결과를 낳았다. 그러나 이러한 초기의 협조 실패가 부분적으로 교정되어갔다. 동맹국이 함께 작전을 잘 수행했기 때문이 아니라, 독일이 서부전선에서 몇몇 부대를 빼내어 오스트리아가 맡아줘야 할 군사적 부담을 대신 감당했기 때문이었다.[16] 러시아의 맹공에 대한 격렬한 저항이라는 집합적 상품이 집합적 노력이 아니라 일방적인 노력으로 제공되었다. 우리의 도전은 이 차이를 설명하는 것이다: 왜 연합국은 협조할 수 있었던 반면, 동맹국 내에서는 한 파트너가 다른 파트너의 전쟁 노력을 효과적으로 떠맡게 되었는가?

7.2.1 퍼즐 풀기: 연합국

연합국부터 시작하자. 왜 영국은 결국 마음을 바꾸어 마른전투에서 자신들의 본분을 다하였는가? 존 프렌치가 자신의 군대를 보전하겠다는 생각을 버리고 상상을 초월할 정도로 높은 초기 사상자 비율에도 불구하고 자신의 군대를 전쟁터에 내보내는 방향으로 마음을 바꾸었는가? 단순히 조프르의 인격과 개성이 힘을 발휘한 것인가? 아마 아닐 것이다. 존 프렌치, 그의 신경쇠약 또는 소심함에 초점을 맞추는 것은 사

16 오스트리아의 전쟁 노력에 대한 독일의 보이지 않는 통제에 주목하라. 나중에 이것이 이해할 수 있는 긴장으로 불꽃을 튀길 것이다.

람들의 주의를 딴 곳에 쏠리게 한다. 장군들 사이의 인간적인 라이벌 관계가 그럴듯한 이야기를 만들 수 있지만, 전투력을 보전하고 열강으로서 영국의 생명선인 해협 항구 방어를 우선시하고자 했던 프렌치의 바람이 더 설득력이 있다.[17] 다급한 일이 벌어질 때에, 우선시되는 것은 영국 원정군 사령관의 선호가 아니라 런던에 있는 정치인들의 것이었다. 원정군을 서부전선에 배치할 것인가 말 것인가를 프렌치 장군 혼자 결정할 수 없었다. 확실히 내각, 특히 키치너는 즉각적인 전장의 결과뿐만 아니라 새로운 육군이 창설되고 훈련되기도 전에 원정군을 잃는 위험에 대해 민감했다. 그러나 정부의 목표는 프렌치의 그것보다 더 넓었고, 외교 및 군사 정책을 명령할 권한은 정부에 있었다.[18] 군인들이 어디로 가라, 누구를 쏘라고 명령하는 사령관과 공통된 이해관계가 많지 않은 것처럼, 장군들도 종종 누구와 싸워라, 무엇을 위해 싸워라, 언제 멈추어라 말하는 민간인 지도자들과 종종 조화를 이루지 못한다. 장군들은 이해하기 쉽게 전장의 결과에 관심이 있지만, 민간 지도자들은 그러한 군사적 결과가 어떻게 정치적 결과로 전환되는가에 관심을 가진다.[19]

만약 존 프렌치의 선호가 그림 7.2의 집합적 행동 문제와 유사하다면, 그의 정부의 선호에 대해서는 무엇을 말할 수 있는가? 전장의 장군들을 지휘하는 민간 지도자들은 서부전선에서의 초기 전투 결과를 어떻게 평가할 것인가? 프렌치와 조프르 모두 비용을 극소화하면서 성공 가능성을 극대화하기 위해 노력을 배분하는 문제에 관심을 가진 반면, 그들 각각의 정부는 전쟁과 전쟁의 영향 모두에 대해 관심을 가졌다. 19세기 프로이센의 영향력 있는 사상가 칼 폰 클라우제비츠는 이미 1914년 이전에 전쟁을 정치적 도구, 목적을 위한 도구로 이론화한 것으로 유명했다. 그리고 연합국 수도에 있던 민간인들은 전장에서의 단기적인 위기 상황에서의 결과에 대해서도 유혹을 받지만, 멀리 있는 목표물처럼 보이는 유리한 강화 협상 조건에 신경을 곤두세웠다.[20] 전쟁에서 협조는 비싸고 위험했지만, 마른(Marne)에서 얻은 연합의 성공적

---

17 영국의 방어 우선 순위에 관해 Philpott(1995) 참조.

18 군사력을 문민 통제(civilian control)하는 것이 안정적인 민주주의의 근간 중 하나이다.

19 전시에는 둘 사이에 긴장이 거의 없다. Hastings(2013, p. 224)에 원정군 사령관 헨리 윌슨이 한번은 프렌치 장군에게 "전쟁장관 키치너가 마치 몰트케와 팔켄하인처럼 원정군의 적 같다"고 적었다.

20 Clausewitz(1976)와 Wagner(2007) 참조.

인 협조의 결과는 독일의 진군을 저지하는 것 이상이었다. 특히 영국으로서는 조프르의 공세에 협조하는 것이 하나의 전투를 넘어 거의 연합군을 지탱하는 것이었고, 협상의 시간이 오면 협상 테이블에 영국의 자리를 보장하는 것이었다. 파트너인 프랑스, 러시아, 세르비아만큼 피를 흘리지 않는다면, 훨씬 작은 영향력밖에 행사할 수 없는 그런 자리였다. 승전국 사이의 전후 협상은 어렵기 마련이고, 많은 경우 한 국가가 승리 후 고국으로 가져가는 것은 처음에 무엇(어떤 기여)을 가지고 협상 테이블에 앉는가와 밀접한 관계가 있다.[21] 전쟁을 겪어내며 전투 경험을 가진 육군과 장교 그룹의 육성 같은 부수적인 편익도 있지만, 영국의 선호(보수)의 핵심은 싸움이, 전쟁터에서 파트너들을 배신할 경우 결코 누릴 수 없는, *사적*(private) 편익을 창출할 수 있다는 점이었다. 우리는 이처럼 집합적 상품에 기여한 사람 또는 기여하지 않는 사람에게 발생하는 개별적인 보상 또는 처벌을 **선택적 인센티브**(selective incentives)라고 부른다. 이러한 개념들이 집합적 상품 제공에 중요한 역할을 한다.[22]

정의 7.2 **선택적 인센티브**는 집합적 상품에 기여하거나 기여하지 않는 행동에 따라 각각 받게 되는 사적 편익 또는 처벌이다.

선택적 인센티브가 어떻게 작용하는지 살펴보기 위해, 그림 7.3의 게임을 보자. 이 게임의 행동(또는 전략)은 그림 7.2와 동일하지만, 의사결정을 하는 경기자가 장군들이 아니라 영국과 프랑스 정부이다. 높은 수준의 노력과 낮은 수준의 노력에 따른

		F: 높음	F: 낮음
UK	높음	4, 4	3, 2
	낮음	2, 3	1, 1

[그림 7.3] 서부전선에서 협조의 사적 편익

21 Plokhy(2010)와 Tooze(2014) 참조.

22 Olson(1965, p. 51)과 Ostrom(2015) 참조.

전장에서의 결과는 동일하지만, 이 게임에서 경기자들은 그들의 결정에 따르는 정치적 결과도 함께 고려한다.

높은 수준의 노력은 비용이 많이 들지만, 다른 방법으로 획득할 수 없는 특별한 편익을 수반한다: 강화조약의 내용을 협상하는 협상 테이블에서의 특별한 위치. 영국과 프랑스는 세계 곳곳에 영향력이 미치는 식민지 제국이다. 그리고 전쟁에서 그들의 관심은, 무엇을 얻고 무엇을 잃는가의 관점에서, 플랑드르와 북부 프랑스를 훨씬 넘어선다.[23] 화려한 전장에서의 경력에도 불구하고, 키치너는 런던에서 상황을 다르게 보고 있었고 단기적으로 전투를 거부하는 것은 영국의 이해에 반한다고 믿었다. "대륙의 열강들이 알아서 육상에서의 전쟁을 결정하도록 내버려 둔다"는 원칙을 고수하기는 불가능했다. "영국이 이미 세상의 알짜배기를 많이 가졌다. 그리고 그것을 지키고자 했고, 기회가 된다면 더 가지고자 했다."[24] 모든 파트너들이 승전의 전리품이 분배되는 것을 감독할 권리가 있었지만, 전쟁에서 노력에 인색하게 굴면 승리의 가능성을 낮추고 이것은 강화협상 과정에서 좋으면 무시당하고 나쁘면 처벌을 받을 수 있음을 의미했다. 따라서 영국과 프랑스 모두 높은 수준의 노력을 유지하고 "정치적으로 용납할 수 없는" 연합을 배신하는 행위를 피하는 것에 추가적인 정치적 가치를 뒀다.[25] 이것이 임박한 마른(Marne)전투의 가능한 결과들에 대한 선호를 재정렬한다. 따라서 두 경기자에게 최선의 결과는 상호가 높은 수준의 노력을 투입하여 전장에서 승리 가능성을 높이고 전후 정치적 영향력을 보장하는 것이고(보수 4), 최악은 상호 낮은 수준의 노력을 투입하여 승리 가능성과 전후 정치적 영향력을 낮추는 것이다(보수 1). 이러한 결과들 사이에, 오래된 영-프 제국의 라이벌 관계에서 힌트를 얻을 수 있겠지만, 승자로서 세계를 분할하면 양국 사이의 경쟁을 재점화할 수 있다.[26] 만약 집합적 행동이 마른전투에서 실패하더라도, 높은 수준의 노력을 투입한 파트너는 3의 보수를 그리고 상대가 높은 수준의 노력을 투입할 때 낮은 수준의

23 Weitsman(2003, p. 105).

24 Philpott(2014, p. 67).

25 Philpott(2014, p. 25).

26 연합 파트너들을 지배한 "암묵적 중립"에 관해서는 Gamson(1961), 승리와 관련된 협상문제에 관해서는 Wolford(2017) 참조.

노력을 투입한 파트너는 2의 보수를 얻는다.

그림 7.3의 보수행렬은 더 이상 각 파트너가 자신의 자원을 아끼며 상대방이 비용을 부담하기를 바라는 죄수의 딜레마 상황이 아니다. 오히려 영국과 프랑스 모두 높은 수준의 군사적 노력을 투입하는 것이 우월 전략이다. 상대방이 무슨 전략을 선택하든지 상관없이, 높은 수준의 노력 투입이 높은 수준의 보수를 준다. 만약 한 파트너가 기여하면 상대 파트너도 기여해야만 전후 협상에서 배제되지 않고, 만약 상대가 기여하지 않으면 상황이 호전되어 연합국이 승자로서 강화협상을 벌일 때 자신만이 유일한 높은 노력 기여자가 되어 정치적 지분을 분배할 수 있다. 이처럼 정치적 영향력에 대해 내재하는 경쟁이 연합의 목적의식을 복잡하게 만들지만, 모든 파트너들이 높은 수준의 노력에서 오는 보상을 얻고 싶어하고 상대방이 혼자 모든 보상을 독식하기를 원치 않으므로, 모두가 높은 수준의 노력을 투입하여 집합적 상품이 공급되는 협조적 균형이 실현된다. 원정군을 철수시키고 싶은 프렌치의 바람에 대한 내각의 대응은 어떤 비용을 치루더라도 전선에 머물어 "영-프 연대"를 보존하라는 직접적이고 명시적인 명령이었다.[27] 조프르는 자신의 간청에 의해 프렌치를 붙잡을 수 있었다고 자신의 공을 내세울 수 있겠지만, 결정은 영국 내각이 내린 것이었다. 그리고 전쟁 초기 몇 주 동안에 발생한 엄청난 비용이 결국은 궁극적으로 전략적 그리고 정치적 승리로 전환되었다.

정리 7.1 전략프로필 (높음; 높음)이 내쉬균형이다.

증명 전략 조합 (높음; 높음)이 내쉬균형이 되기 위해서는, 각 경기자에 대하여 다음이 만족되어야 한다:

$$u_{UK}(\text{높음};\ \text{높음}) \geq u_{UK}(\text{낮음};\ \text{높음})$$

$$\text{그리고}\ u_F(\text{높음};\ \text{높음}) \geq u_{UK}(\text{높음};\ \text{낮음}).$$

$4 \geq 2$이므로 두 부등식이 모두 만족된다. 어느 누구도 이익이 되는 이탈을 가지지 아니하므로, (높음; 높음)이 내쉬균형이다. □

27 Hastings(2013, p. 298).

어느 경기자도 노력 수준을 낮추고 전후의 강화협상에서 오는 정치적 이득에서 배제되고 싶지 않으므로, 연합국의 게임에서 유일한 내쉬균형이 (높음; 높음)이다. 순수한 군사적 인센티브가 집합적 행동 문제를 만든 그림 7.2의 게임과 대조해 보는 것이 유익하다: 전후 협상에서 얻을 수 있는 이득에 대한 추가적인 인센티브가 없었다면, 영국이 서부전선에서 노력 수준을 낮추고 프랑스로 하여금 똑같이 하거나 전체 부담을 지도록 강요할 수 있었다. 이상하게 들리겠지만, 영국과 프랑스가 공통적으로 가진 이해관계가 협조를 더 어렵게 만든다. 각자가 독일과 싸우는 즉각적인 부담을 상대방에게 전가시키고 싶어 하기 때문이다. 오히려 전투 결과에 따른 그들의 사적 이익이 영국과 프랑스를 치명적인 협조 실패에서 구한 것이다. 강화회담에서의 떳떳한 자리를 추구하며 그들의 이해관계가 달라진 것이 그들로 하여금 아주 중요한 전투에서 서로 협조하게 만들었고, 독일로 하여금 마른강에서 진군을 멈추고 했고 그후 4년 이상을 엔강을 따라 꼼짝 못 하게 하는 단초가 되었다.

7.2.2 퍼즐 풀기: 동맹국

연합국은 영국과 프랑스 모두 높은 수준의 노력을 기울이고자 하는 사적 인센티브가 존재했기 때문에 서부전선에서 중대한 협조 실패를 피할 수 있었다. 그러나 동부전선의 동맹국에는 운이 따라주지 않았다. 오스트리아 병력이 세르비아와 러시아 전투로 나누어 투입됨에 따라, 독일군은 자국의 군사적 노력을 나누는 운명적인 결정을 하게 된다. 러시아를 대항한 집합적 전쟁 노력에서, 육군과 물자를 동부전선으로 보내, 결국은 군사적, 재정적 그리고 정치적 부담을 거의 전적으로 독일이 부담하게 되었다. 사실 9월 말까지 새로운 독일 육군이 갈리시아에서 오스트리아 전선들 사이의 홈을 메우고 러시아를 러시아령 폴란드로 밀어내는 임무를 띠고 동으로 향할 예정이었다.[28] 동맹국도 러시아에 대항해 파트너들 모두가 낮은 노력을 투입하는 최악의 상황은 피했다. 그러나 그것은 그들이 집합적 행동 문제를 함께 극복한 것이 아니라, 독일이 홀로 대부분의 짐을 짊어졌기 때문이다. 반면, 오스트리아는 세르비

28 Philpott(2014, p. 47).

아 정복에서도 러시아에 대한 저항에서도 절망에서 절망으로 휘청거리고 있었다. 두 열강이 상대방의 전략에 관계없이 높은 수준의 노력을 선택한 연합국과 뚜렷이 대조되는 상황이다. 우리의 임무는 왜 독일이 홀로 짐을 짊어지고 오스트리아는 예전처럼 비틀거리며 협조가 실패했는지 설명하는 것이다.

		G 높음	G 낮음
A−H	높음	3, 4	1, 2
	낮음	4, 3	2, 1

[그림 7.4] 독일이 동부전선에서 부담을 떠안다

그림 7.4가 전쟁 초기 몇 주 동안 독일과 오스트리아가 처한 상황, 즉 두 경기자가 서쪽으로 진군하는 막강 러시아군을 막아내야 하는 상황을 나타낸 것이다. 문제의 동부전선에서 독일과 오스트리아 각각이 러시아와 맞서는 순수한 군사적 결과는 그림 7.2와 동일하다. 양국이 모두 러시아의 침입에 저항해야 하지만, 독일은 서부전선에서 프랑스와 영국에 대해서도 신경을 쓰고 오스트리아는 여전히 남쪽의 세르비아에 신경을 쓰고 있다. 그들 자신의 공격을 준비하면서 성공적으로 러시아의 침입을 격퇴할 가능성은 두 경기자 모두가 러시아 전선에 높은 노력을 투입할 때 가장 높다. 한 경기자만 최선을 다하면 연합의 승리 전망은 떨어지고, 아무도 높은 노력을 선택하지 않으면 그들 모두가 추락하고 만다. 오스트리아−헝가리에게 높은 수준의 노력은 군사력 대부분을 러시아 전선으로 돌린다는 것을 의미하고, 낮은 노력은 자원과 관심을 세르비아 정벌로 돌린다는 것을 의미한다. 독일에게 있어 높은 수준의 노력과 낮은 수준의 노력은 달라 보인다−독일은 결국 전쟁에서 프랑스를 동시에 제거하려 한다. 높은 수준의 노력은, 서부전선을 우선시하는 조건하에, 러시아 전선에 최대한 많은 군대를 투입하는 것이고, 낮은 수준의 노력은 동부전선에서 전력을 더 빼내는 것이다. 복수의 선호가 주어진 가운데 각 경기자는 원칙적으로 상대방에게 상당한 부담을 전가시키고 싶어 하기 때문에, 동부전선에서 집합적 실패의 유령을 불

러일으킨다.

지금까지는 동맹국의 집합적 행동 문제가 영국과 프랑스가 당면한 문제와 크게 달라 보이지 않는다. 그러나 서부전선에서 높은 수준의 노력 투입을 견인했던 정치적 인센티브가 동부전선에는 단순히 존재하지 않는다. 오스트리아부터 살펴보자. 오스트리아 지도자들은 강화회담에 얼굴은 내미는 것에 대해 독일과 같은 기대를 가지고 있지 않다. 이중 군주국은 독일과의 동맹에서 처음부터 하급 파트너였다. 동맹국이 승리한다 하더라도, 1914년 이후의 상황이 그대로 유지될 것 같다. 서부 유럽을 지배하는 것도 독일이고, 동부의 새로운 땅에 주둔하는 것도 독일이고, 미텔오이로파(Mitteleuropa) 계획을 통해 대륙을 경제적으로 지배하는 것도 독일이고, 독일이 동맹국 내에서도 계속 우월한 지위를 유지할 것이다.[29] 사실, 전쟁 기간 내내 중립국들을 동맹국으로 유인하기 위해 오스트리아 영토를 제공하는 것에 대해 독일은 양심의 가책이 전혀 없었다(더 자세한 내용은 9장에서 설명).[30] 따라서 오스트리아는 세르비아에서 다른 데로 관심을 돌릴 정치적 인센티브가 거의 없었고, 오스트리아의 선호는 그림 7.2의 집단적 행동 문제와 그대로 닮았다. 오스트리아에게 최선의 결과는 독일이 홀로 높은 수준의 부담을 감당하는 것이고(보수 4), 독일이 높은 수준의 노력을 투입하는 어떤 결과도 독일의 전적인 노력이 없는 절망적 결과보다 더 낫기 때문에 차선은 서로가 높은 노력을 택하는 것이고(보수 3), 서로가 낮은 노력을 투입하는 경우 적어도 세르비아를 상대할 수 있으므로(보수 2), 홀로 러시아에 대항해 높은 수준의 노력을 투입하는 것보다 선호된다(보수 1). 그렇게 되면, 이중 군주국의 최적 전략은, 독일의 전략에 상관없이, 낮은 노력을 선택하여 그 남는 에너지를 표면적으로 더 상대하기가 편한 세르비아를 박살내는 임무에 투입하는 것이다. 오스트리아는 초기 러시아 공세를 저지하는 집단적 상품에 대한 공헌에서 어떠한 사적 편익도 기대하지 않는다.

다음으로, 군사적 노력의 결과 얻게 되는 오스트리아의 정치적 지분을 제한하는 연합 내에서의 정치적 힘의 격차가 독일의 노력 수준을 높이는 역할을 한다. 러시아

---

29 Herwig(2014, p. 53).

30 연합에 대한 독일의 지배가 전쟁 기간을 통하여 오스트리아의 협조 의지에 어떤 영향을 미쳤는지에 관해 Weitsman(2003, pp. 93-95) 참조.

에 대항해 높은 수준의 노력이 유지되지 못한다면, 프랑스를 전쟁 초기에 제압하려는 시도 자체가 무의미해진다. 차르의 군대가 베를린 근방에서 야영하고 있는데 파리를 위협해서 얻는 게 무엇이 있겠는가? 오스트리아가 러시아에 의해 붕괴되는 것도 똑같이 대재앙이 될 것이다. 발칸에 있는 중립국들 사이에 동맹국에 대한 불신의 싹을 심고 연합국의 편에 서게 만들 것이기 때문이다.[31] 따라서 독일의 입장에서는 두 파트너가 러시아 전선에 최대한 많은 노력을 투입하는 것이 최선이다. 물론 세르비아 전선에 얼마나 많은 노력을 투입할 수 있는가에 대해 오스트리아와 의견의 차이가 있겠지만, 그래서 독일이 가장 선호하는 결과는 두 파트너가 모두 러시아에 대항해 높은 수준의 노력을 투입하는 것이다(보수 4). 그러나 서부전선에서는 결실을 거둘 가능성이 있지만 러시아를 저지할 필요가 급박한 상황에서, 독일에게 차선의 결과는 그 자신이 높은 수준의 노력을 투입하여 오스트리아가 노력 수준을 줄이더라도 동부전선을 효과적으로 관리할 수 있는 것이다(보수 3). 독일은 도움받지 않는 오스트리아 육군의 효과성을 신뢰할 수 없기 때문에(보수 2), 만약 한 나라만이 높은 수준의 노력을 기울인다면 그것이 자국이기를 더 선호한다. 물론 어떤 비용을 치르더라도 피해야 할 결과는 두 파트너 모두 낮은 수준의 노력을 투입하는 것이다(보수 1). 하급 파트너와의 경쟁에 구속됨이 없이, 독일은 동부전선에 높은 수준의 군사적 노력이 투입되기를 원하므로, 그림 7.4에서 높은 수준의 노력을 투입하는 것이 독일의 우월전략이다.

어떻게 이러한 인센티브들이 합쳐질까? 먼저, (높음; 높음)의 전략 조합이 내쉬균형이 될 수 없음을 증명할 필요가 있다. 왜 동맹국은 연합국처럼 효과적으로 협조하는데 실패했는가에 대한 단서를 제공하기 때문이다.

31 전쟁에서 편을 선택하는 문제에 관해서는 9장에서 논의된다.

정리 7.2 전략프로필 (높음; 높음)이 내쉬균형이 아니다.

증명 전략 조합 (높음; 높음)이 내쉬균형이 되기 위해서는, 각 경기자에 대하여 다음이 만족되어야 한다:

$$u_{AH}(\textit{높음};\ 높음) \geq u_{AH}(\textit{낮음};\ 높음)$$
$$\text{그리고}\ u_G(높음;\ \textit{높음}) \geq u_G(높음;\ \textit{낮음})$$

$u_{AH}(\textit{높음};\ 높음) \geq u_{AH}(\textit{낮음};\ 높음)$이 $3 \geq 4$를 요구하므로, 이는 참이 아니다. 적어도 한 경기자가 이익이 되는 이탈을 가지므로, (높음; 높음)이 내쉬균형이 아니다. □

당연하게도, 러시아에 대항해 낮은 노력을 선택하는 것이 우월 전략이므로, 오스트리아-헝가리는 그림 7.4의 게임에서 심각한 노력을 기울일 인센티브가 없다. 오스트리아가 명백하게 높은 노력 수준에서 이탈할 유인이 있으므로, 오스트리아는 진군하는 러시아 육군에 대항해 자신의 책무를 다하겠다고 신빙성 있게 약속할 수 없다.

다음으로 그림 7.4에의 게임에서 유일한 내쉬균형이 (낮음; 높음)의 전략 조합임을 살펴본다. 이는 동부전선에서 집합적 행동 실패가 발생하는 이유에 대한 우리의 이해와 일관성을 가지는 조합이다. 오스트리아-헝가리는 독일이 높은 수준의 노력을 투입할 것을 알기 때문에 낮은 노력을 선택하여 자신에게 최적인 결과를 확보한다. 그리고 독일은 오스트리아의 낮은 노력 투입을 합리적으로 예측하고, 일방적으로 높은 노력을 선택하여 동부전선에서의 완전한 붕괴를 방지하고자 한다.

정리 7.3 전략프로필 (낮음; 높음)이 내쉬균형이다.

증명 전략 조합 (낮음; 높음)이 내쉬균형이 되기 위해서는, 각 경기자에 대하여 다음이 만족되어야 한다:

$$u_{AH}(\textit{낮음};\ 높음) \geq u_{AH}(\textit{높음};\ 높음)$$
$$\text{그리고}\ u_G(낮음;\ \textit{높음}) \geq u_G(낮음;\ \textit{낮음}).$$

$4 \geq 3$이므로 첫 번째 부등식이 만족되고, $3 \geq 1$이므로 두 번째 부등식이 만

족된다. 어느 한 경기자도 이익이 되는 이탈을 가지지 아니하므로, (낮음; 높음)이 내쉬균형이다. □

이 균형에서 오스트리아는 자국의 노력을 세르비아와 러시아로 나누지 않겠다고 신빙성 있게 약속할 수 없는 반면, 독일은 오스트리아가 양면(two-front)전쟁에서 난항에 빠졌을 때 오스트리아를 돕지 않겠다고 신빙성 있게 약속할 수 없다. 러시아와의 전쟁의 결과가 독일에 너무 중대하기 때문에, 굳건한 동부전선 방어라는 집합적 상품을 생산하는 비용을 아끼는 대신 기꺼이 그 상품을 혼자서 그리고 불완전하게 공급한다. 그렇지 않으면 삼국연합에 대항한 전체적인 전쟁 노력이 치명적으로 손상되기 때문이다. 카이저의 군대는 너무 빨리 다가온 패배로부터 합스부르크를 지키기 위해 9월 25일까지 오스트리아 갈리시아에서 전면전을 펼쳤다. 그리고 가을 내내 더 많은 독일군이 투입되자, 오스트리아는 자국의 안전에 대한 가장 큰 부담을 더 강력한 파트너인 독일에 지우면서 자신은 심지어 세 번째 세르비아 침공을 감행한다.[32]

갈리시아의 전선이 거의 무너지고 있는데도, 심지어 계속된 공격이 세르비아의 굳건한 방어에 막히는데도, 오스트리아는 독일이 바라는 종류의 협조를 거부한다. 왜? 강력한 후원자가 위험을 감내하며 도와줄 것이므로 본인들이 굳이 나설 필요가 없다는 것을 오스트리아 지도부가 알고 있었기 때문에, 독일은 단순히 이중 군주국을 움직일 지렛대가 없는 것이었다. 독일이 공백을 메워줄 것이라는 지식이 없었다면, 오스트리아가 더 모험적인 행동을 선택할 수 있었다. 그러나 오스트리아가 독일에 의존해 대담해진 것이 이번이 처음이 아니었고(4장을 상기하라), 마지막도 아니었다. 이것이 정치적으로 대등한 국가들의 연합에서 각 국가가 집합적 상품에 기여할 선택적 인센티브를 가지는 연합국과의 재미있는 대조이다. 심지어 승리한 경우에도 오스트리아의 외교정책을 독일이 좌지우지할 것이라면, 오스트리아는 러시아에 대항해 전력을 퍼부을 추가적인 인센티브가 없게 된다.[33]

---

32 Herwig(2014, pp. 87, 109).

33 14장에서 자세히 설명하겠지만, 승리한 경우에도 독일에 복속될 처지라는 두려움으로 인해, 오스트리아는 동맹국이 러시아에 승리한 1918년 전후에 단독강화를 타진하기 위해 밀정을 보낸다.

7.3 집합적 행동 문제 풀기

집합적 행동 문제는 개인적인 문제부터 국가적인 문제 그리고 글로벌 문제에 이르기까지 정치에서 지속되는 현상 중 하나이다. 연합의 파트너들이 군사적으로 승리할 수 있는 가능성을 극대화하기 위해 이 문제를 풀어야 하지만, 집합적 상품은 다른 문맥에서도 다양하게 존재한다. 글로벌 레벨에서 집합적 상품은 글로벌 교역체계, 오염 없는 환경, 잘 작동하는 분쟁 해결 제도, 전쟁의 부재, 환경 그리고 이웃의 범위를 넘는 물리적 안전을 포함한다. 이러한 각각의 상품과 관련된 문제는 그 편익이 확산하는 데 반해 이것들을 생산하는 비용은 집중된다는 것이다. 어떤 잠재적 수혜자라도 원칙적으로 이러한 상품을 공급하는 부담을 다른 사람들에게 전가시키고 자신들은 공짜로 이 상품의 혜택을 즐기기를 원한다. 원칙적으로 협조에 커다란 장애가 있지만, 더듬더듬 또는 불완전하게나마 국제적 집합적 상품이 종종 공급되기도 한다. 우리의 사례인 전쟁에서의 연합 문제가 좀 더 일반적인 문맥에서 집합적 상품이 어떻게 공급되는지에 대해 많이 알려 준다.

연합국의 집합적 행동 문제는 서부전선에서 전쟁 노력에 대한 개인적인 기여 비용을 초과하는 선택적 인센티브에 의해 해결되었다. 영국의 경우, 프랑스도 마찬가지겠지만, 강화회담에 참가할 자격을 얻고 믿을 수 있는 파트너라는 평판을 유지하는 것으로 단기 전투 비용을 지불하기에 충분했다. 그러나 선택적 인센티브가 꼭 보상일 필요는 없다. 처벌 위협도 공공재(public goods)를 공급하게 만든다. 예를 들어, 우리 대부분은 효과적인 법률 시스템, 경쟁적인 시장, 국가 안보 그리고 우리가 사용하는 인프라 등 정부가 제공하는 집합적 상품을 위한 필수조건으로 세금을 납부한다. 우리가 세금 납부를 좋아해서가 아니라 이를 거부하는 경우 관련된 엄격한 벌칙이 있기 때문이다. 비기여자를 처벌하는 중앙 집권적 기구가 없기 때문에, 국제 시스템에서는 해결책으로서 벌칙을 찾아보기 힘들다. 나중에 더 이야기하겠지만, 국제연맹(League of Nations)은 1930년대 독일, 이탈리아, 일본의 팽창주의를 견제하는 데 명백하게 실패했다. 어느 국가도 그들과 맞서 싸우는 데 비용을 지불하려 하지 않았기 때문이다. 그러나 세계무역기구(WTO)는 회원국들이 서로에게 무역장벽을 낮추는 집합적 상품을 제공하도록 하기 위해 처벌을 이용한 기록이 있다. 한 국가가 국내 생산자를 보호하기 위해 관세를 부과하면, 즉 국내 소비자와 글로벌 무역의 효율성을 희생하며 비효율적인 사업에 보호막을 쳐 주면, WTO가 보복을 공식화할 수 있고 다른 국가들이 규칙 파괴자들을 정조준하도록 도와준다. 국가들 사이에 믿음을 통일시킴으로써, 처벌에 가담한 국가가 무역전쟁을 촉발시킨 국가에 의해 역으로 공격받지 못하도록 도와주고, 공식적인 보복의 리스크가 모든 국가들로 하여금 선제적으로 관세를 부과하지 못하도록 만든다.[34] 6장에서 봤던 것처럼, 공통적으로 합의한 규칙이 국가들이 벌칙을 받지 않는 균형을 찾아가도록 도와주고 협조 실패를 막아준다. 따라서 상품이 자유롭고 저렴하게 이동할 수 있도록 하는 효율적인 교역제도라고 하는 집합적 상품이, 정치적으로 편익을 얻을 수 있을 때 정부는 이를 무시하고 따르지 않을 인센티브가 생기지만, 일방적인 위반자에 대한 처벌 위협에 의해 공급이 유지될 수 있었다. 이러한 메커니즘은 다국적 군비통제(3장)와 중립을 보장하는 법(6장)이 작동하는 원리와 유사하다. 처벌 위협이 일방적으로 군비를 증강시키고 싶은 욕구와 진행되고 있는 전쟁의 범위를 확장시키고 싶은 욕구를 억제시킨다.

다음으로, 집합적 행동 문제를 얼마나 쉽게 해결할 수 있는지가 우리가 소위 말하는 그 생산양식(mode of production)에 달려있다.[35] 어떤 상품들은 전 지구적으로 낮은 무역장벽처럼 많은 국가들의 협조가 필요하지만, 어떤 상품들은 독특한 포지션을 가지거나 집합적 상품 공급에 의지를 가진 소수의 국가 또는 k-그룹에 의해서만 공급된다.[36] 동부전선에서 독일이 모든 부담을 전적으로 짊어졌다는 의미에서 k-그룹의 하나였지만, 더 큰 규모의 k-그룹도 다른 문맥에서 존재한다. 예를 들어, 열강들이 최근 수년 동안 동부 아프리카 해안에서 해적들을 소탕하는 데 협조했다. 수많은 다른 나라들이 그러한 정책으로부터 편익을 즐기겠지만, 이는 단순히 주로 열강들이 필요한 해군력을 보유하고 있었기 때문이다. 마찬가지로, 소규모의 부국들이 안정적

34 Reinhardt(2001).

35 마르크스에게 진심으로 사과한다.

36 K-그룹이라는 말은 Schelling(1978, pp. 213-243)에서 나왔고, 이 개념은 또한 Hardin(1982)의 집합적 행동과 직접적으로 연관된다.

인 국제 통화 체계라는 글로벌 집합 상품을 공급하기 위해, 그 자금의 분배에 대한 영향력을 대가로 국제통화기금(IMF)에 기여한다.[37] 마지막으로, 제2차 세계대전 이후의 미국이나 제1차 세계대전 이전의 영국처럼, 지구적 파워의 위계에서 최상위권을 차지하는 헤게모니 국가들은 공해 자유의 원칙(freedom of the seas) 수호, 글로벌 경제 기준 및 글로벌 경제 활성화를 위한 규정 설정 등의 영역에서 종종 불균형적인 부담을 진다.[38] 이들 국가는 그들의 부와 파워 덕분에 독특한 포지션을 가졌고, 집합적 상품을 공급한 대가로 독특하게 보상받고, 다른 국가의 정책에 대해 특권과 권위를 행사한다. 특히 4장에서 이미 살펴본 바와 같이, 힘의 글로벌 계층제에서 맨 꼭대기에 위치한 국가들에게 생기는 권리와 특권은 너무나 이익이 되기 때문에 이 자리를 놓고 위험한 경쟁이 일어나기도 한다.

마지막으로, 어떤 상품은 그 생산에 여러 다른 투입 요소가 필요하고 국가들이 상품의 각 요소를 공급하는 능력이 서로 다르면, 국가들은 상대적으로 쉽게 협조할 수 있다. 지상전에 대한 연합국 개별 파트너의 기여라는 좁은 문제에서 한 발자국 물러나보면, 만약 오스트리아와 독일 함대를 무력화시킬 필요가 있었고 연합국으로 가는 물자 공급이 유지될 필요가 있었다면, 영국, 프랑스 그리고 러시아는 해전도 벌여야 했다.[39] 1905년 상황에서 회복된 이후 러시아 해군은 육군보다 관심을 덜 받았다. 프랑스 함대도 오스트리아군을 아드리아해에 봉쇄하고, 알제리아에서 자국으로 오는 병력 수송선을 보호하고, 해협 연안을 방어할 능력이 되지 못했다. 그러나 영국은 소수의 지상 병력에 비해 압도적인 해군력을 가지고, 북해에서 해군력 이상의 부담을 져야 하는 독특한 위치에 있었다. 대신 프랑스와 러시아는 육상에서 비례적으로 더 큰 부담을 져야 했다. 이러한 경우, 독일과 오스트리아가 명목상 서로 교체 가능한 지상군으로 시도했던 것처럼, 어떤 파트너도 안전하게 자신의 독특한 기여를 다른 파트너에게 전가할 수 없었다. 분업화(specialization)가 기본적으로 연합국의 집합적 전쟁 노력을 1917–1918년 러시아의 돌발적인 대패배를 뛰어넘고 지속가능하도

37 IMF의 효과성에 대한 논란에도 불구하고, 금융위기를 겪는 국가들의 수가 줄어듦에 따라 많은 국가들이 혜택을 보고 있다.

38 Gilpin(1981), Keohane(1984) 그리고 Kydd(2005) 참조.

39 이 책의 해군 전략에 관한 다수의 내용은 Sondhaus(2014)의 연구에서 나온 것이다.

록 강화시켰다. 분업화는 후대에 이어진 집합적 군사 노력에서도 탁월한 역할을 하였다. 냉전 동안 NATO의 전쟁계획에서 미국이 해전과 전략적 폭격을 전문화한 것에서부터 2003년 이라크 전쟁에서 미국과 영국이 전투력을 제공하고 쿠웨이트가 기지를 제공하고 지원한 것 그리고 리비아 내전에 NATO가 개입하면서 미국은 유럽 전투기들이 전투 출격할 때 재급유와 표적화를 전문화하여 지원을 한 것 등이다. 반면, 아프가니스탄에서 탈레반 정부를 전복시킨 이후 NATO의 노력에서처럼, 군사적 기여에서 분업화가 덜 필요한 곳에서 협조는 더 힘들다.[40] 그러므로 국가들이 한 집합적 상품의 부분들을 전문화하여 생산할 수 있을 때, 비록 기여의 개인적 비용이 크더라도 그들은 집합적 행동을 유지할 수 있다. 아무도 그들이 떠안은 부담을 다른 사람에게 전가시킬 수 없기 때문이다.

선택적 인센티브, k−그룹의 등장 또는 업무의 분업화를 통해, 집합적 행동 문제가 협조에서 오는 개인적인 또는 사적인 인센티브에 의해 해결된다. 가끔 그러한 개인적인 인센티브가 어떤 개인들로 하여금 공공재에 대해 기꺼이 부담을 짊어지게 만드는 순수한 시민의식의 형식으로 올 수 있다. 심지어 완벽하게 합리적이더라도 집합적 상품에 기여하는 부담을 즐기는 것도 가능하다. 그러나 많은 경우에 특히 중대한 이해관계가 걸려있는 군사적−외교적 사안에서 공공재를 공급하는 비용이 엄청날 수 있다−1914년의 이중 군주국처럼 말 그대로 생존이 걸려있는 문제일 때는 더 그렇다. 집합적 상품에 기여하는 비용이 충분이 큰 경우, 국가들은 개별적인 보상 또는 대중들의 공공 의식을 일깨우는 데 필요한 사적 편익을 요구하기도 한다. 승전의 전리품에 대한 정치적 권한, 글로벌 패권국의 역할과 함께 오는 위신, 권리 그리고 특권, 특정 국가의 기여가 없었더라면 전체적인 노력이 실패로 돌아갔을 것이라는 지식 등이 머뭇거리지 않고 국제적 집합 상품 생산에 기여하도록 하는 효과적인 사적 편익의 역할을 한다.

---

40 Saideman and Auerswald(2014).

7.4 연합과 국제정치 I

우리는 이 장의 중심에서 전쟁 중인 열강의 **연합**(coalition)을 만났다. 그러나 군사적 연합은 심지어 평화시의 국제정치도 규정한다. 왜냐하면 그것이 향후 발생 가능한 전쟁의 편(sides), 비용 그리고 결과에 대한 기대를 형성하기 때문이다. 연합이 힘의 밸런스(정의 6.1)를 지탱하고, 그것이 국제관계에서 누가 무엇을 가지는가에 대해 대강 알려준다. 연합국(Entente)과 동맹국(Central Powers)이, 공통의 목적을 달성하기 위해 함께 전쟁을 하는 국가들의 그룹이라고 정의하는, 더 일반적인 종류의 군사적 연합의 특정한 예이다. 그 목표는 힘의 밸런스를 방어하는 것일 수도, 변혁시키는 것일 수도, 복원시키는 것일 수도 있고, 영토적 목적의 정복일 수도 있고, 외국 정부를 무너뜨리는 것일 수도 있고, 전쟁을 하고 있는 다른 그룹들 사이에서 평화를 지키는 것일 수도 있다. 연합은 싸우지 않고 이러한 목표를 달성하고 싶지만, 만약 군사력 대결의 양상으로 발전한다면, 파트너와 함께 싸우는 것이 혼자 싸우는 것보다 더 많은 힘을 동원할 수 있게 해준다. 군비경쟁(정의 3.1)처럼 연합 결성은 발발 가능성이 있는 전쟁의 결과에 영향을 미치려는 시도이다. 그러나 우리가 보았듯이, 비록 파트너들이 공통의 목표를 공유하고 강력한 적을 물리치는 것처럼 엄청난 편익이 달려있다 하더라도, 위협을 불러들이고 군대를 전장에 내보내야 하는 경우 군사적 협조를 유지하는 것이 아주 어려울 수 있다. 안정성과 변혁, 평화로운 변화와 전쟁의 차이가 종종 얼마나 연합의 파트너들이 협조를 확보하고, 유지하고, 그것에 대해 보상을 하느냐의 문제로 귀착되기도 한다.[41]

41 군사적 연합에 대한 자세한 논의는 Starr(1972), Ward(1982) 그리고 Wolford(2015) 참조.

정의 7.3 **군사적 연합(military coalition)**은 공통의 목표를 위해 집합적 군사력을 위협하고 (그리고 사용할 수 있는) 국가들의 그룹이다.

1815년 나폴레옹의 마지막 패배 이후 모든 국가 간 전쟁의 40%[42] 그리고 제2차 세계대전 이후 전쟁으로 발전할 수 있었던 모든 위기의 약 25%가량에 연합이 관여했다.[43] 평균적인 군사적 연합은 두 멤버로 구성되지만 어떤 것들은 거대하다. 제1차 세계대전에서 약 12개국이 연합국 편에 참여했고, 냉전 후 10년 안에 미국 주도의 이라크 전쟁(1991), 코소보 전쟁(1999)에서도 그랬다. 그리고 제2차 세계대전에서는 거의 24개국이 연합국의 승리에 기여했다.[44] 연합의 멤버들은 2003년 이라크 전쟁에서 영국과 미국처럼 전투력을 기여할 수도 있고, 쿠웨이트처럼 기지, 집결지, 물류 지원에 나설 수도 있다. 연합 파트너들은 가용한 군사력을 증가시키고, 전쟁 비용을 감소시키고, 심지어 그 편의 목표를 합법화시킬 수도 있다. 연합이 다른 국가들과 영토에서 철수하거나 포기하는 것 무기사찰에 순응하는 것, 인종청소를 끝내는 것, 정부를 교체하는 것 또는 반란에 대한 지원을 종료하는 것 등에 대해 협상할 때, 멤버들도 내부적으로 목표에 대한 요구, 기여의 크기 그리고 전리품의 분배에 대해 협상을 한다. 파트너들이 함께 일을 할 때, 경이로운 군사적 성공의 기록을 보인다.[45] 그럼에도 불구하고, 파트너들은 인적 피해와 보물의 손실과 파괴 등 협조의 비용을 줄이기 위해 종종 경쟁하며 그 경쟁의 결과가 무시무시할 수도 있다.

이 주제에 관한 가장 오래된 연구는 힘의 밸런스에 대한 도전을 억제하기 위해 결성된 국가들의 그룹인 밸런스 유지 연합(balancing coalitions)에 초점을 맞춘다.[46] 기존의 국제적 계층제가 제2차 세계대전 이후 미국의 동맹 네트워크처럼 튼튼하고 강력한 연합에 의해 방어되면, 이에 대한 도전이 실패하고 힘의 밸런스가 유지되고 열강들의 평화가 유지된다.[47] 그러나 현 연합의 협조 능력이 불확실하면, 잠재적 도전

42 Sarkees and Wayman(2010).
43 Wilkenfeld and Brecher(2010), Wolford(2015, 2장) 그리고 Palmer et al.(2015).
44 Sarkees and Wayman(2010).
45 Morey(2016).
46 특히 Morgenthau(1967)와 Waltz(1979) 참조.
47 Rosecrance(2002)도 비슷한 주장을 펼친다.

자들이 안정적으로 더 많은 영토 또는 명성을 요구할 수 있다(5장 참조). 나치 독일, 제국주의 일본, 소련, 공산주의 중국 그리고 옐친 이후의 러시아와 같이 불만족한 강국들이 현 연합의 집합적으로 행동하는 능력에 의문이 생길 경우 그 협조의 한계를 테스트하곤 했었다. 심지어 현 연합의 회원국이 변하거나 더 강해지면, 일시적 약세를 이용하거나 글로벌 계층제에서 미끄러지는 것을 막기 위해, 잠재적인 도전자들이 예방 전쟁의 유혹을 느낄 수도 있다(2장 참조). 1914년 독일 제국으로 하여금 국제적 계층제에 도전하도록 몰아간 것은 결국 러시아의 커지는 힘과 영국의 연합국 참여였다. 열강 정치는 우리가 2장과 5장에서 분석한 단순한 위기협상모형보다 더 다원적이고 더 복잡하지만, 국가들을 전쟁으로 몰고 가는 마찰은 똑같다: 힘의 밸런스가 폭력적으로 무너질 위험이 가설적인 열강 전쟁의 결과에 대한 기대가 변함에 따라 높아지거나 낮아진다.[48] 불확실성 또는 권력 이동의 구체적인 원천은 다원적인 문맥에 따라 다르지만, 효율적인 협상을 저해하고 전쟁으로 이끄는 이유는 동일하다.

연합이 중대한 집합적 행동 문제를 해결할 수 있으면, 현 상태에 대한 도전을 저지하는 데 가장 효과적이다. 부상하고 있는 도전자나 수정주의자를 포함시키는 것은 어떤 국가들에게는 평화와 전쟁 사이의 차이 또는 삶과 죽음의 문제이기도 하지만, 그것은 또한 매우 값비싸고 위험하다. 심지어 현상 유지에 모든 것을 투자한 국가들도 가능하면 책임을 전가시켜 다른 파트너로 하여금 도전을 미연에 방지하도록 하고 싶어 한다.[49] 수정주의자는 기존 연합의 협조 능력이 부족하다고 판단하면, 힘의 밸런스를 붕괴시키기 위한 시도로, 기존 연합을 시험하고 조사하고 멤버들을 떼어내려 할 것이다. 나치 독일이 좋은 사례이다. 나치 독일은 처음에 베르사유 조약을 위반하면서 서부 국경을 재무장하고, 나중에는 체코슬로바키아 병합에 대해 프랑스와 영국의 동의를 얻어냈으며, 1939년 폴란드를 침공하고 분할하기 위해 달래기 어려울 정도로 이념적 적국인 소비에트 러시아와 담합하면서 이를 완료했다. 이로써 두 대전 사이의 기간에 존재했던 힘의 밸런스가 박살났고, 독일은 그 다음 해에 프랑스를 침

48 마르크스주의자들이라면 이것을 국제정치의 하부구조, 상부구조로 설명할 것이다.
49 Christensen and Snyder(1990)와 Mearsheimer(2001) 참조.

공하고 정복할 수 있는 자유를 얻게 되었다.[50] 21세기 초에 러시아가, 크림 반도를 침공하고 우크라이나 내전에 참전한 후, 대서양 연합(즉, NATO)에 균열을 내기 위해 비슷한 시도를 했었다. 러시아는 발트해 연안 국가들을 협박하고, 프랑스와 미국을 포함하여 유럽과 북미의 우익 민족주의자와 인종주의자를 지원하였다. 이 모든 것이 러시아에 대항하는 서방 민주주의 블록의 응집력을 훼손시키고자 하는 시도의 일환이었다. 이 글을 쓰는 시점에서 그 성공 여부는 아직 모른다. 그렇다면, 무엇이 신빙성 있게 협조를 약속할 수 있는 연합과 그렇지 못한 연합을 가르는가?

우리는 이 질문을 두 부분으로 나누어 답하고자 한다: 연합은 (1) 우선 그들의 집합적 행동 문제를 해결해야 하며 그리고 나서 (2) 잠재적인 적에게 그 문제를 해결했음을 확신시켜야 한다. 우리는 곧바로 여기에 정보 문제(정의 5.5)가 숨어 있음을 직감할 수 있다. 왜냐하면 연합은 항상 적에게, 집단적 행동 문제를 실제로 해결했든 해결하지 못했든 상관없이, 그 문제를 해결했다고 주장할 것이기 때문이다. 5장에서 봤듯이, 적에게 낭비적인 전쟁을 감행할 의지-연합의 경우, 낭비적인 전쟁을 감행할 집단적 의지-를 납득시키기 위해서는 의지가 없다면 도저히 선택하지 못하는, 비용이 드는 행동이 필요하다. 국가들이 두 문제를 한꺼번에 풀 수 있는 방법 중 하나가 바로 전시 상호 원조를 성문화한 협약인 **동맹**(alliance)이다.[51]

정의 7.4 **동맹**은 전시에 국가들이 어떻게 행동해야 하는지를 규정한 성문화된 협약이다.

동맹은 계약(contract)이다. 당사자들이 법적으로 구속력을 가짐을 서명한 것이므로 공적 기록이다. 방어적 동맹의 경우, 예를 들어 당사국들은 다른 나라에 의해 무력 공격을 받을 경우 상호 원조한다는 내용에 합의할 수 있다. 1914년 동맹국 출현의 모태가 된 삼국동맹(Triple Alliance)이 명목상 방어적 동맹이었고, 이를 포위하겠다고

50 프랑스에 대한 독일의 "이상한 승리"에 대해 May(2000)를, 제2차 세계대전에 관해서는 Hastings(2012) 참조.

51 Leeds, Long, and Mitchell(2000)과 Morrow(2000) 참조. 뉴스에서 alliance 또는 ally란 단어를 들으면 이 정의를 상기하라.

위협한 프-러 동맹(Franco-Russian alliance) 또한 그러했다. 현대적 예로는, 제2차 세계대전 이후 힘의 밸런스 유지에 핵심 역할을 하는 미-일, 미-한국 그리고 NATO가 있다. 동맹은 의무 수행에 대한 맹약에 파트너들의 신뢰가 걸려있기 때문에, 집단적 행동 문제를 부분적으로 그 공공성에 의해 해결한다.[52] 이것이 정보 문제의 각 부분을 설명한다. 첫째, 파트너 방어에 동참하는 것에 개별적 이해관계가 걸려있기 때문에, 동맹은 협조를 원활하게 하는 선택적 인센티브를 창조한다. 둘째, 이러한 인센티브를 공개적으로 알려지게 함으로써 잠재적 적국에게 그들의 맹약이 실행되면 연합이 함께 싸울 것이라는 신호를 보내는 것이다.

그렇지만, 동맹이 완벽한 해법은 아니다. 심지어 동맹관계의 연합도 갈등이 일촉즉발 상황이 되면 전쟁의 비용과 편익을 분배하는 문제에 직면하게 된다. 영국과 프랑스가 1939년 나치 독일에 대해 선전포고한 이후, 이 같은 비상상황을 염두에 두고 결성된 동맹임에도 불구하고, 어떻게 독일과 잘 대적할 것인가에 대해 논쟁했었다.[53] 미국은 사우디의 지원을 확보하기 위해 1991년 이라크 전쟁의 목표를 제한했었다.[54] 그리고 1999년 영국과 미국이 세르비아군이 코소보 분리 지역을 떠나도록 협박하기 위해 지상전이 아니라 공중전 수행으로 합의했었다.[55] 전쟁 비용이 멤버들에게 불평등하게 분배되기 때문에 연합은 가끔 그들의 위협 수위를 낮추고, 더 싼 군사적 옵션을 선택하거나, 협조의 비용을 낮추기 위해 전쟁의 목표를 제한한다. 결과적으로 주저하는 파트너의 협조를 확보할 수 있지만, 적으로 하여금 연합이 궁극적으로 전쟁에 대한 의지가 있는지에 대해 의심만 생겨나게 만들 수도 있다. 1991년 이라크 그리고 1999년 세르비아처럼, 연합의 적이 전쟁 위협을 의심하는 것이 아니라 장기전을 견뎌낼 배짱이 없는 것이 아니냐고 의심할 수도 있다. 이렇게 되면 적으로 하여금, 그들은 전쟁에서 단지 분열 가능성이 높은 연합을 상대로 버티기만 하면 된다고 믿으며, 전쟁 위험을 높이는 방향으로 타협하지 않는 협상 전술을 선택하게 한다.[56]

---

52 Leeds(1999), Gibler(2008) 그리고 Benson(2012).

53 Hastings(2012, 2-3장).

54 Atkinson(1993)과 Wolford(2015, 3장).

55 Clark(2001, 6-7장).

56 Wolford(2015, 4장).

그래서 연합은 그들 자신의 집단적 행동 문제를 해결하는 것과 장기적이고 비참한 전쟁이라 하더라도 기꺼이 감행할 의지가 있음을 적에게 확신시키는 문제 사이의 선택에 직면하게 된다.

연합은 가끔은 부분의 합보다 크고, 가끔은 부분의 합보다 작다. 연합이 전쟁 노력을 회피하려고 하는 집단적 행동 문제를 공개적으로 해결할 수 있을 때, 연합이 현 상황을 뒤엎거나 그들의 바람대로 바꾸려 하는 적들을 성공적으로 억제할 수 있다. 동맹이 협조 거부에 따른 사적 비용을 발생시켜 이 문제를 도와줄 수 있지만, 가끔 연합은 협조의 비용을 제한함으로써 집단적 행동 문제를 풀어야만 한다. 그러나 이는 다시 그들의 의지에 대한 의심의 씨앗을 뿌릴 수 있다. 나중에 보겠지만, 파트너들 사이에 협조를 유지하는 것부터 전쟁 부담에 대해 각 파트너에게 보상하는 문제까지, 연합전(coalition warfare)의 특별한 문제들이 제1차 세계대전, 전후 협상 그리고 협상안 보존 및 준수 등의 이야기에서 지속적으로 제기될 것이다.

7.5 결론

처음 오스트리아의 베오그라드(Belgrade) 포격에서부터 1918년 11월 11일 서부전선의 마지막 교전까지, 제1차 세계대전은 연합들 사이의 경합이었다. 심지어 이권이 많이 걸려있더라도, 연합전은 해결하기 힘든 집합적 행동 문제를 산출한다. 성공적인 연합전을 이끈 지도자들조차 이 문제에 당황하고 고생한다. 폰 슐리펜이 그의 계획의 상세한 부분들을 오스트리아 지휘관들과 공유하지 않기로 결정했을 때, 그는 선견지명 있게 다음과 같이 적었다:

> 동맹은, 각 멤버들이 부담은 다른 멤버들에게 전가시키고 전리품은 자신들이 더 차지하고 싶어 하므로, 거의 아무 결실도 생산하지 못한다.[57]

57 Herwig(1990, p. 273)에서 인용.

슐리펜의 비관론이 동부전선에서는 증명되었지만, 이 장에서 우리가 보였던 것처럼, 서부전선에서 연합국 쪽에서는 그렇게 파멸과 우울만 있는 것이 아니었다. 그러나 1914년 서부전선에서 연합국의 집합적 행동 문제를 해결한 것은 공적 편익이 아니라 사적 편익이었고, 집합적 목표가 아니라 개인적 목표였고, 자선적 동기가 아니라 이기적 동기였다. 영국과 프랑스는 공동의 전쟁 노력에 기여할 강한 개별적 동기가 있었지만, 독일과의 동맹에서 부속적 역할에 불과한 오스트리아는 러시아에 대항한 부담의 대부분을 독일에게 전가시켜 독일을 효과적으로 수렁 속으로 빠뜨렸다. 정확하게는, 오스트리아는 독일이 궁극적으로 책임질 전쟁에서 자신의 노력 투입에서 추가적으로 얻는 개별적 이익이 거의 없었다.

지금까지 우리가 그린 연합국의 협조는 장밋빛이었지만, 서부의 전쟁이 독일의 연속적인 압승과 프랑스의 패배로 시작됐다는 점을 명심할 필요가 있다. 마찬가지로, 오스트리아가 갈리시아에서 러시아에 대항해 악전고투하는 동안, 독일이 러시아의 동프로이센 지역 침입에 신속히 대항해 탄넨베르크 전투에서 대승리를 거두었다. 그리고 이 전투를 계기로 향후 독일의 전쟁 노력을 지배하는 두 남자의 전설이 생기기 시작했다: 파울 폰 힌덴부르크와 에리히 루덴도르프. 만약 동맹국이 연합국의 모든 경제력와 병력이 동원되기 전에 속전속결을 통해 끝내기를 원했다면, 전쟁 초기 몇 주 만에 그것을 달성했을 것으로 보인다. 그러나 8월 말까지 독일이 양면 전쟁에서 궁지에 몰리면서 그들의 전망은 변한다. 다음 장에서 우리는 게임이론적 툴을 발전시켜, 독일에 유리한 방향으로 빠르게 전개되던 전쟁이 8월에 어떻게, 장기적으로 그 적에게 유리한, 정적인 소모전 양상으로 변하게 되었는지 살펴볼 것이다.

08

정교한 계획: 소모전의 조용한 공포

정교한 계획: 소모전의 조용한 공포

어떤 작전 계획도 적의 주력과의 첫 조우를 넘어서까지 확실하게 확장되지는 않습니다.

헬무트 폰 (대) 몰트케,
전쟁의 기술에 관하여

빅토르 위고가 말했듯이, 아마도 나는 남들이 부러워할 만한 더 영광스러운 최후를 맞을 운명이었을 것이다. 예를 들어, 두들겨 맞고, 갈가리 찢어지고, 질식당하고, 연기구름 속에서 산산이 부서진다든지.

상병 루이 바르타스,
보병(Poilu)

이 장은 제1차 세계대전을 정의하는 가장 큰 비극과 지속되는 논란에 대해 설명한다: 산업화된 전장에서 이례적이며 벗어날 수 없는 소모전의 공포.

> 제1차 세계대전은 왜 교전 당사자들이 벗어날 수 없었을 것 같은 가혹하며 치열한 소모전으로 변했는가?

귀청이 터질듯한 포격에 의해 단절되는 길게 늘어진 권태, 미친 듯한 가스 마스크

찾기 그리고 무인지대(No Man's Land)를 가로지르는 "상식을 벗어난" 무모한 돌진으로 표현되는 서부전선에서의 참호전은 정적이며 비참하고 승패의 결말이 나지 않는 싸움이었다. 공성전의 깔끔한 원형 전선이 잘리고 뭉개지고 대륙을 가로질러 늘어나면서, 거의 끊김이 없는 양측의 참호가 프랑스-스위스 국경에서부터 벨기에 해안까지 뱀처럼 굽이쳐 있었다. 지금까지도 상상하기 힘든 화력, 신속한 통신 그리고-철도 때문에 가능한-이동성을 갖추고 있음에도 불구하고, 소모전으로 불리는 지속적인 산업동원에 의해 유지되는 질질 끄는 마모 과정이 거의 4년 동안 서부전선과 동부전선을 지배했다. 이 장에서 우리의 임무는 신속하게 끝내기를 바랐던 전쟁이, 악몽 같은 소모전의 교착상태로 들어가기 전에, 왜 그렇게 많은 이동으로 시작되었는지 설명하는 것이다. 서서히 타오르고, 악몽 같고, 소모적인 교착상태에 빠지기 전에 독일 육군은 선전포고 후 거의 한 달 만에 파리 근교 25마일 거리까지 전진했었다. 이 퍼즐을 해결하면서 우리는 다음 몇 가지를 배울 수 있을 것이다:

- 왜 국가들이 고의적으로 자신들의 전략에 대해 불확실성을 조성하는가.
- 어떻게 소모전이, 그 공포에도 불구하고, 안정적인 균형이 되었는가.
- 왜 서부전선과 동부전선 모두 승패의 결말이 나지 않는 상태가 되었는가.
- 어떻게 국방장관이 전쟁을 야기할 수 있는 불확실성을 만들어 낼 수 있는가.

전쟁 초기 몇 주 동안 번개처럼 빨리 진행되다가 고통스러운 교착상태에 빠지는 진화의 과정을 추적함으로써, 우리는 프랑스가 어떻게 벨기에를 통해 돌진하는 독일에 의해 측면에서 포위당했는지, 어떻게 프랑스가 그렇게 빨리 회복하고 마른(Marne) 강에서 놀랄 만한 승리를 이뤄냈는지 그리고 어떻게 독일이 그 뒤 엔(Aisne) 강으로 퇴각하고 여전히 자신들이 통제하고 있는 벨기에와 프랑스 땅에 참호를 파는 결정을 내렸는지 보게 될 것이다. 우리는 소모전이 양측이 인명을 구하고 전쟁 초기의 손실률을 낮추기 위해 내린 결정이었음을 보일 것이다. 초기 전투의 정면 공격이라는 것이 현대적 화력 앞으로 돌진하는 것이었고, 설사 성공한다 하더라도 신속하고 무자비한 반격에 직면하여 추가 공격이 어려운 상황이었다. 이용 가능한 최선의 대안(즉,

정면충돌)이 재앙에 가까운 손실을 초래하므로, 소모전략이 전쟁 발발 후 처음 3년 동안은 균형이었다. 소모전은 1914－1915년 겨울에 처음 시작된 이래 교전국들이 도무지 빠져나오기 힘든 덫이었다. 또한 우리는 소모전략이 얼마나 "쓸데없는" 것이었는지, 똑같이 승패의 결말이 나지 않고 지지부진했지만 동부전선이 왜 그렇게 서부전선과 달라 보일 수 있었는지 그리고 군사전략이 국제정치의 광범위한 패턴에 어떻게 영향을 미치는지 등의 오래된 질문에 대해서도 답할 것이다.

8장 핵심 용어

- 소모전략
- 순수전략
- 혼합전략
- 혼합전략 내쉬균형

8.1 기동전에서 소모전으로

6장에서 대후퇴(great Allied retreat)의 한 부분에 대해 소개했었다. 대후퇴를 통해 프랑스군과 영국군은 파리 동쪽에서 의심하지 않는 독일군의 창끝을 기다리고 있었다. 프랑스와 독일의 전쟁계획이 처음으로 서로 충돌했을 때, 국경전투(Battle of the Frontiers)라고 불리는 처음 몇 주 동안의 피비린내 나고 혼란스러운 싸움이 있었고, 마른(Marne)전투가 뒤따랐다. 일단 작동하면 바꾸기 어려울 뿐만 아니라 속전속결을 통한 승리 가능성을 단정한 이 복잡한 (전쟁) 계획들은 한 세기 동안 탐구, 경멸 그리고 비용과 명백한 단점들에 대한 후회의 대상이 되었다. 프랑스와 러시아는 선전포고 당하자마자 즉각적인 공세를 계획했다. 프랑스는 곧장 문밖으로 뛰쳐나왔지만, 러시아의 동원은 더디게 진행되었다. 양면(two－front)전쟁을 예상한 독일은, 프－러 동맹의 봉쇄에 대항해 급진적인 해결책을 제시한 전직 참모총장의 이름을 딴, 슐리펜(Schlieffen)계획을 몰트케가 수정하면서 전쟁을 시작하였다. 이 계획은 BC 216년 칸나이에서 로마를 물리친 카르타고의 유명한 승리를 모방하여, 중립국 벨기에(슐리펜의 원래 계획에는 네덜란드)를 관통하는 신속한 행군을 통해 프랑스 육군을 거대하게 포위하여 속전속결로 격파하겠다는 계획을 담고 있었다.[1] 동원령 이후 40일 만에 프랑스를 박살내고, 대규모 독일 철도 네트워크를 이용해 독일군 다수를 적시에 동쪽으로 이동시켜, 동원 때문에 더디게 진군할 것으로 예상되는 러시아군을 막고 있는 합스부르크 육군과 합류한다는 것이다. 잠시 서부전선을 살펴보면, 독일은 프랑스군 주요 집결지 북쪽으로 빙 돌아가기를 희망했던 반면, 프랑스는 독일군의 중심부로 바로 진격하여 박살내고 알자스－로렌 재탈환의 길을 열기를 희망했다. 그리고 러시아군은 독일군의 분할을 이용하여 동프로이센을 거쳐 베를린을 향해 진군하고자 했다. 이 모든 것들이 계획이었다.

처음 몇 주 동안은 특히 서부에서 몰트케가 슐리펜의 개념(지도 7.1 참조)을 수정한 것이 그 정당성을 입증받는 것처럼 보였다.[2] 벨기에의 요새 리에주(Liège)를 대담하게 함락시킨 후, 독일 육군이 벨기에와 룩셈부르크 전선을 가로질러 쏟아지며, 벨기에의 끈질긴 방어를 격퇴하고, 마을을 불태우고, 시민들을 잔악하게 처형했다. 이러한 잔혹한 장면들은 전쟁 내내 연합국이 병력을 징집할 때 선전 활동의 주요 내용으로 활용되었다. (재미있게도, 독일군이 프랑스 쪽으로 넘어간 이후에는 시민들에 대한 범죄가 거의 완전히 멈추었다.) 독일이 벨기에에서의 초기 성공에 기뻐 날뛰고 있을 때, 프랑스군은 알자스－로렌으로 가로질러 갔다가 뮐루즈(Mulhouse)전투 이후 철수했다. 초기 광범위하게 퍼진 낙관론의 징후로, 카이저는 로렌을 성공적으로 방어한 것을 두고 "전쟁 역사에서 가장 위대한 승리"라고 선언했다.[3] 독일군의 중심부로 바로 밀고 들어가는 조프르의 제17계획(Plan XⅦ)은 실패로 판명났다. 독일 육군과의 첫 번째 조우에서 호되게 당한 프랑스군은 그럼에도 불구하고 공세를 유지했고, 정확한 소총 화력, 특히 기관총 앞에서 충격적인 사상자를 내며 고전을 면치 못했다. 사실 서부전선에서 초기 몇 주 동안, 밀집 대형의 정면 공격이 잘 자리잡은 기관총과 포격에 막혀 1918

1 이 전투는 유럽 군사 전통에서 가장 맹목적으로 숭배되는 전투 중 하나이고 이유가 없지는 않다. 그러나 이 전투가 가진 독일 참모진에 대한 지배력이 너무 강했을 수 있다(Keegan, 2000).

2 슐리펜 계획은 처음부터 논란이 되었었다. 그리고 1914년 계획이 실행될 때는 원점에서부터 실질적으로 변경되었다. 왜냐하면 슐리펜의 생각과 달리, 러시아가 1905년의 약세에서 완전히 회복했기 때문이다.

3 모든 사건, 심지어 실패의 경우에도 승리의 트럼펫을 불었다. 지지자들의 열광만이 중요했기 때문이다. 빌헬름은 1918년 비슷한 실수를 범한다.

년까지의 전쟁 역사에서 가장 높은 사상자 비율을 기록했다. 제17계획이 고려한 것보다 훨씬 멀리 독일군이 벨기에로 진군하고 있다는 수많은 보고가 들어오고 몰트케가 조프르가 예상한 것보다 더 거대한 포위를 시도하고 있다는 것을 확인하기 전까지 연합국은 자신의 위험을 깨닫지 못했다. 프랑스 정부는 급히 파리를 버리고 보르도로 떠났고, 존 프렌치는 철수를 고민하기 시작했고, 프랑스를 구할 책임은 조프르 장군의 넓은 어깨에 달려 있었다.

조프르는 독일군이 제17계획이 예상했던 것보다 훨씬 더 북쪽으로 진격하고 있다는 사실을 인식하자마자 대규모 후퇴를 명령했고 9월 초에 있을 숙명적인 마른(Marne)전투를 대비했다. 프랑스는 철도망 덕분에 서쪽으로 부대를 급속하게 이동할 수 있었는데, 독일군은 이를 아직 눈치채지 못했다. 영국 원정군이 자체 후퇴를 중단하고(7장 참조), 파리 북동쪽에 새로운 프랑스 제6군을 창설하여 보완했기 때문에 대후퇴가 가능했다. 패배한 프랑스군을 추격하려는 계획에서 벗어나 파리에 훨씬 못 미치는 곳에서 남쪽으로 방향을 바꾼 후, 독일 제1육군이 프랑스 제6군과 싸우면서 후행하는 독일 제2군과의 사이에 간격이 벌어졌고 그 간격 사이로 재투입된 영국 원정군이 거의 저항없이 진격하면서, 독일군은 공동 작전 수행이 어렵게 되었다는 것을 깨달았다.[4] 이에 대응하여 독일군은 후퇴하지 않고, 처음에는 엔(Aisne) 강이 내려다보이는 고지에 자리를 잡았다. 그러나 국경전투(Battle of the Frontiers) 후의 연합국과 달리, 그들은 즉각적인 반격을 준비하지 않았다. 오히려, 독일군은 제자리를 지켜내기 위해 참호를 파라는 명령을 받았다. 초기의 참호는 성급하게 만들어져 후대의 참호(즉, 반영구 지하 거주지)보다 얕았다. 그럼에도, 영국과 독일이 상대편의 방어력을 약화시키기 위해 포격을 교환한 11월 제1차 이프르(Ypres)전투 직후, 양측이 향후 몇 년 동안 서로 대치해야 한다는 암울한 논리가 분명해졌다. 다만 참호에 파묻혀 거치된 기관총과 대량 발사 소총 앞에서 계속해서 많은 수의 보병이 죽어나갈 뿐이었다. 전쟁 초기 몇 주 동안 명확해진 것이 하나 있다: 현대 전장에서는 방어가 공격보다 유리하다.

대전의 서부전선 이야기에서 가장 관심을 끄는 것은 단연코 참호전(trench warfare)

---

4 Hastings(2013, 9－10장) 참조.

이다. 참호에 몸을 숨기고, 그 사이를 질주하고, 밖으로 뛰어나오고, 참호에 도달하기 위해 죽은 병사들에게 대전은 끔찍하고 비인간적이며 무자비한 어리석음 그 자체였다.[5] 양측의 참호 사이에 위치한 무인지대(No Man's Land)의 진흙과 분화구 그리고 썩어가는 시체를 통과하는 어떤 질주와 돌파도 괴멸적인 반격에 직면하여 실패하는 그 다음 실패의 전주곡 이상이 아님을 입증하지 못했다. 참호는 가시 철조망, 경사진 난간, 기관총 배치로 전면을 보호했다: 그 뒤에는 2차 및 3차 참호, 적의 돌파를 저지하기 위해 공간을 두고 배치된 기관총 그리고 더 뒤에는 공격하는 병사, 다른 포병 포대 또는 적의 전선을 표적으로 삼는 포병이 자리잡고 있었다. 전선에 배치된 부대에게 있어 참호전은 고통 이상을 약속하지 못했다. 몇 시간의 포격으로 인한 포탄 충격은 말할 것도 없이, 진흙, 악취, 두려움 그리고 지루함이 전쟁 자체에 대한 은유가 되었다: 끝없이 지속되고, 미개하고, 분명히 무의미했다. 그리고 소모전에 대한 광범위한 기대와 몰입이 더욱 혼란스럽게 만든다.

1914년 10월과 11월의 제1차 이프르(Ypres)전투가 전쟁에서 소모전 단계를 열었지만, 300일에 걸친 베르됭(Verdun)전투를 계기로 독일은 더 많은 프랑스 영토를 정복하는 것이 아니라, 에리히 폰 팔켄하인의 표현으로 "프랑스군이 하얀 피를 흘리도록 피폐하게 만들겠다"는 명시적인 목표로 공세를 취하였다. 조프르의 군대를 전장에서 박살내거나 포위하거나 강제로 항복시킬 수 없다면, 한 사람씩 파괴해야 한다는 것이다. 폴란드 고를리체-타르노프(Gorlice-Tarnów) 근처에서 오스트리아-독일군의 대대적인 공세에도 러시아군 분쇄에 실패한 이후 동부전선은 상대적으로 조용해졌고, 1916년 중반에 상당한 규모의 연합국의 공세가 점쳐지자, 팔켄하인은 전장에서 프랑스군을 무너뜨리거나 적어도 계속 싸우려는 프랑스 대중의 의지를 꺾기를 바라며 진심으로 소모전을 받아들였다. 그의 명령은 "베르됭 방향으로만" 공격을 지시한 것으로 유명하다. 이처럼 새로운 영토를 점령하려는 명확한 목표가 없었기 때문에, 자신의 전략을 단순히 "독일인 죽이기"로 규정한 영국 총독 더글러스 헤이그와 다르지 않게, 그는 전후 적지 않은 비판을 받았다. 베르됭을 함락시키는 것은 본질을 벗

---

5 당신이 에른스트 윙거(Ernst Jünger)가 아니기를. 《*강철 폭풍 속에서*(*In Storms of Steel*)》의 저자는 제1차 세계대전에서 전투를 사랑한 유일한 최전방 군인처럼 보인다.

어난 것으로, 단지 가능한 한 많은 프랑스인을 끌어들이고 죽이는 것이었다. 프랑스와 독일 모두 9개월 동안의 전투에서 수십만 명의 사상자를 냈다. 그동안 두오몽(Douaumont)과 보(Vaux)와 같은 요새는 끊임없이 주인이 바뀌었고, 주위의 마을들은 구덩이가 팬 달의 표면같이 분화구의 벌판으로 변해 버렸다.[6] 이 전투를 계기로 프랑스는 베르됭 주변의 압력을 완화하기 위해 러시아와 영국에게 계획된 공격을 서두르도록 요청하게 되었고, 서부에서는 제1차 솜(Somme)전투 그리고 동부에서는 (처음에는 성공적이었지만 나중에 교착상태에 빠진) 러시아 총사령관 알렉세이 브루실로프의 이름을 붙인 러시아의 공세로 이어졌다. 베르됭전투는 팔켄하인이 희망했던 것만큼 프랑스 육군을 파괴하지 못했다. 그리고 12월에 독일군이 전투를 중단했을 때 지상에는 거의 변화가 없었다. 프랑스는 베르됭을 지켜냈고 전투 의지 또한 유지하고 있었으므로 전쟁은 끝이 보이지 않고 계속되었다. 아무도 소모전의 교착상태를 깨뜨리는 해법을 가지고 있어 보이지 않았다.

자세히 분석하기 전에, 우리가 "소모"와 그것과 관련된 군사전략을 이야기할 때 이것들이 무엇을 의미하는지 정확하게 규정할 필요가 있다. 소모(attrition)의 라틴어 어원이 *atterere*인데, 의미는 문맥에 따라 마찰을 발생시키기 위해 "~에 문지르다" 또는 단순히 "낭비하다"는 뜻이다.[7] 프랑스어는 그것을 *grignotage*라 부르는데 "갉아먹다(gnawing away)"는 의미이고, 독일어는 그것을 *Materialschlacht*라 부르는데 산업적 산출과 전투(schlacht)를 연결한 것이다. 각 용어가 **소모전략**(strategy of attrition)의 목표–즉, 마모시키는 것 또는 적의 저항력을 약화시키는 것–와 닿아 있다. 그러나 소모전략의 두 번째 기둥은 압력이 지속되어야 하고, 지속적인 압력으로 적을 제자리에 고정시키고, 그 과정에서 전투를 포기하고 비축 자원을 소진하도록 강요해야 한다는 것이다.

---

6 이 장소들은 오늘날에도 여전히 충격적인 모습이다. 분화구 벌판은 풀이 가볍게 덮여 있을 뿐 어떤 건물이 있었는지 그대로 보여주고 있다.

7 Attrition의 어원에 대해 Merriam–Webster를 참조하거나, 구글 번역에서 검색할 수도 있다.

정의 8.1 **소모전략**은 지속적인 압박을 통해 전투를 계속할 수 있는 적의 능력을 약화시키는 것을 우선시한다.

즉각적인 군사적 결정을 목표로 하는 것이 아니라 전투를 이어가는 능력을 마모시켜 먼 미래에 대한 토대를 마련하는 것을 목표로 하는 (가끔은 낮은 강도의) 지속적인 압력이 소모전의 본질이다. 그것은 마지막 단 한 번의 전투에서 이기는 것을 목표로 한다. 참호에 있는 사람들과 집에서 전쟁의 궁핍을 겪고 있는 참을성 없는 민간인들에게는, 한 번의 전투 또는 아무리 짧은 시간 동안이라도 소모전을 적용하는 것이 마치 군사적 "승리"를 포기하는 것처럼 보인다. 우리는 이 절에서 소모전략이 교착상태에 갇힌 길고 피비린내 나는 전쟁을 만들어 낼 수 있지만, 그 자체가 냉혹한 전략적 논리를 가지고 있음을 보게 될 것이다.

그러나 왜 하필 *이러한* 전략의 집합인가? 왜 전쟁이 외관상 아무 생각 없어 보이는 소모의 대결로 굳어졌을까? 확실히 *누군가는* 더 좋은 방법을 찾아내지 못했을 수 있다. 하나의 가능성은 1914년 군사 지도자들의 자질이다. 참호에서 거리, 정부청사에서까지 (장군이나 민간인을 포함해서) 전쟁을 관리했던 사람들은 백정, 살인자, 악마 그리고 바보라고 불렸다. 심지어 강화협상이 진행되기 전에도 민간인들은 장군들의 상상력 부족, 무지, 무관심에 대해 비난했고 그렇게 하는 것이 좋은 정치였다. 심지어 승자들도 무시무시한 전쟁 비용에 대해 후회했다. 그러나 좋은 정치라고 하여 좋은 정치과학인 것은 아니다. 이러한 비판은 장군들이 단순히 감내해 냈을 수도 있는 다른 가능성보다 소모전을 원했고, 소모전을 그들의 옵션 중 가장 덜 나쁜 것으로 받아들였다고 가정한다. 즉, 소모전이 비극적인 상상력의 실패가 아니라 비극적 균형이었다는 것이다. 또 다른 가능성은, 스위스 국경에서 벨기에 해안까지 이어진 짧은 전선인 서부전선에서 병력 대 공간 비율이, 사람과 강철로 빽빽하게 밀집되어, 아예 "기동전"이 불가능하게 만들었다는 것이다. 그러나 일단 서부전선을 넘어서 살펴보면, 우리는 기동전과 소모전의 차이가 그렇게 크지 않음을 알 수 있다. 기동전은 동부의 넓고 개방적이고 인구가 적은 공간에서 더 쉬웠지만, 1915년 초 동맹국의 고를리체-타르노프(Gorlice-Tarnów) 공세에 의해 가능했던 극적인 300마일 진격조차도 러시아군을 무너뜨리는 데 실패했다. 러시아군은 약 200만 명의 사상자를 냈음에도 불구하고 "얻어터졌지만 파괴되지 않은 채" 도피했다.[8] 반대로 그것들의 작전적 차이를 봐도, 두 전선이 모두 승패의 결말이 나지 않는 싸움이었고, 독일의 경우 그들의 전투는 많은 동일한 개인들에 의해 계획되고 지휘되었다. 루덴도르프와 팔켄하인이 벨기에와 프랑스 그리고 동프로이센과 루마니아에서 다른 사람이었다고 말하는 것은 신빙성이 떨어진다. 동부와 서부에서, 돌파는 보급 라인을 빠르게 앞질러 고립되거나 전선 뒤에서 사람과 물자의 빠른 이동으로 인해 잔인한 반격에 직면할 수 있었다. 그래서 두 라이벌 연합은 영토를 정복하거나 극적인 포위공격에서 적들을 괴멸시키는 데 집중하는 것이 아니라 적들을 마모시키는 데 중점을 두고, 길고 느린 소모전에서 결국 대체될 수 있는 것보다 더 많은 사람들을 죽였다. 우리의 도전은 왜 소모전이 등장했으며 그 전략에 대한 집착이 왜 그렇게 강했는지 설명하는 것이다.

8.2 소모전에 대한 설명

우리의 목표는 소모전의 시작과 존속을 균형으로 설명하는 것이다. 즉, 믿을 수 없을 정도의 집단적인 어리석음이나 리더십의 실패 또는 그 조합이 아니라, 계산적이고 검소한 지도자들에 의해 채택된 최적대응전략의 조합으로 설명하는 것이다.[9] 이를 위해, 우리는 1914–1915년 가을과 겨울에 걸쳐 내려진 운명적인 결정과 비교하기 위해, 아직 소모전이 수용되지 않은 전쟁 초기 몇 주에 대한 몇 가지 중요한 사실들을 활용할 것이다. 1914년에서 1916년 사이의 전투, 그 후 전쟁의 양상을 정의할 주요한 전투들이 그림 8.1에 나타나 있다. 이를 위해 우리의 처음 퍼즐을 약간 다르게 규정한다.

---

8 Herwig(2014, pp. 144–149).

9 "리더십의 실패"는 "정치적 의지의 결여"와 같이 전형적으로 공허한 비판이다. "내가 원하는 방법에 대해 그녀는 어떠한 관심도 없다"는 표현과 다르지 않다.

퍼즐 8.1 무엇이 모든 참전국들로 하여금 소모전략을 선택하도록 만들었는가?

우리의 질문은 두 가지 핵심 아이디어를 강조한다: (1) 모든 참전국들이 소모전을 수용했다. 이것은 그들의 지도자들이 그것에 대해 내재된 선호가 있기 때문이 아니라, (2) 소모전이 빨리 전쟁을 이기려고 하는 것보다 더 나은 옵션으로 보였기 때문이다. 빨리 전쟁에 이긴다는 것은 비용이 훨씬 더 들지만 결과를 예측하기 힘든 수많은 전투를 수반해야만 한다. 앞으로 보겠지만, 참전국들이 정적인 전쟁을 선택했는지 여부에 관계없이 전쟁은 소모적이었을 것이다: 지속해서 공세를 유지하려 했다면, 그들이 도저히 참을 수 없는 사상자 비율을 감내해야 했을 것이다. 만약 우리가 균형의 일부로 단순히 "독일군 사살" 또는 "프랑스군 공격"의 선택으로 설명할 수 있다면, 우리는 소모전의 시작과 지속도 설명할 수 없고, 전쟁이 궁극적으로 어떻게 끝날 것인가에 대한 함의도 얻지 못할 것이다. 즉, 적어도 한쪽이 소모전을 포기하고 실제로 다른 한쪽을 박살내는 것을 목표로 다른 전략을 선택하는 데 무엇이 요구되는지에 대한 이해를 구할 수 없을 것이다. 우리는 한 쌍의 게임을 분석하며 장군들과 정치인들의 머릿속으로 들어가 볼 것이다. 그리고 그들의 딜레마를 "실시간으로" 생각해보고 오래된 질문에 대한 신선한 통찰을 구할 것이다.

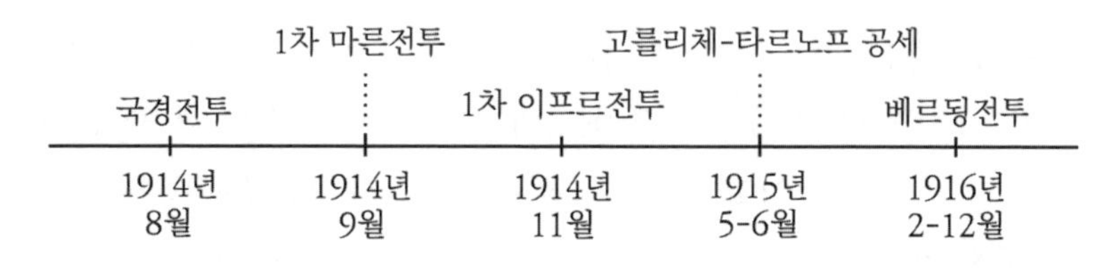

[그림 8.1] 소모전으로 가는 길, 1914-1916

우리는 전쟁 초기 몇 달 동안 러시아, 독일, 오스트리아, 프랑스, 이탈리아, 오스만 그리고 영국이 시도했던 소모전의 주요 대안부터 살펴보기 시작할 것이다: 결정적인 교전을 위해 정면 돌파하거나 때로는 포위를 통해 행해진 전면적인 공세 또는 대규모 공격. 우리는 블로토 게임(Colonel Blotto game)으로 알려진 게임의 변형을 통해, 군사전략을 선택하는 문제를 생각해 보고 몰트케의 업데이트된 슐리펜 계획을 실행한 처음 몇 주 동안 독일이 기동전을 통해 얼마나 많은 것을 달성했는지 설명할 것이다. 우리는 초기 독일의 성공과 프랑스의 좌절이 양측의 행동에 의해 만들어진 전쟁의 안개 또는 유사한 도박의 결과라는 것을 보여줄 것이며, 산업 전쟁의 현실이 드러나자 양측 모두 궁극적으로 성공을 거두지 못했다. 그 과정에서 우리는 초기 작전의 결과에 따라 제1차 세계대전을 이끈 장군들의 자질을 판단하려는 전후 노력의 많은 부분이 그다지 명쾌하지 않다는 것을 알게 될 것이다. 공격적인 성공을 이어가는 것이 어렵다는 것을 극적으로 보여주었던 연합국의 신속한 후퇴와 프랑스 주도의 재배치 이후, 양측은 소모전략을 선호하여 대규모 정면 공격의 일관된 사용을 포기했다. 우리는 소모전을 그보다 선행했던 더 값비싼 전략으로부터 멀어지려는 의식적인 움직임으로 이해할 수 있음을 보일 것이다. 전쟁 초기 방어 기술의 우세 덕분에, 모든 참전국은 적의 예비 전력을 천천히 잠식하면서 자신의 사상자를 제한하기 위해 고안된 소모전 전략의 필요성을 인식했다. 또한, 상대방을 서둘러 붕괴시키기 위해 채택했던 승리를 위한 총력전을 포기했다. 모든 전투에서 궁극적인 승리를 추구하지 않기로 한 이 결정이 전쟁의 막대한 비용에 대한 전후 비난과 기동전과 소모전의 구분이 어떻게 잘못될 수 있는지를 설명함을 보일 것이다. 우리는 또한 러시아와 독일 모두에게 전쟁이 궁극적으로 어떤 식으로 끝날지 예언할 것이다: 러시아군은 (전멸되지 않고) 1917년에 퇴장하고, (군대가 명목상 손상되지 않은 상태로 유지되지만) 독일군의 전투 의지는 1918년에 소진된다(14장 참조).

8.2.1 퍼즐 풀기: 국경전투

제1차 세계대전의 시작에 관한 전통적인 이야기는, 신속한 철도 이동에 의해 적의 진형을 포위하고 (항복하지 않으면) 파괴하는, 기동전 계획에 뿌리를 둔 친숙한 이야기이다. 일부 분석가들이 “공격 숭배”라고 부르는 것이 모든 호전적인 참모를 사로잡았던 것 같다.[10] 처음 몇 주는 좌절된 희망 속에서 한 공부이다. (내가 희망이라고 이야기

---

10 Van Evera(1984).

한 것은 의사결정자들 사이의 단기전 환상에 관한 전통적인 주장이 아마 과장되었기 때문이다.[11]) 각 참전국들이 빨리 이기기를 희망하고, 목표로 설정하고, 필사적으로 노력했지만, (크리스마스 전에 실패한) 그러한 시도의 결과에 대해서 환상은 거의 없었다: 베트만의 말을 빌리면, 유럽 문명을 파괴할 만큼 길고 피비린내 나는 경쟁이 지속될 것이다. 어떤 참전국도 전쟁에서 빨리 승리하겠다는 시도에 성공하지 못했다는 것이 처음에는 놀랍게 여겨졌다. 특히 조프르의 왼쪽에서 벨기에와 프랑스의 저항을 가르면서 이룩한 독일의 초기 성공을 고려한다면 더욱 그렇다. 그러나 공격 또는 방어를 위해 군사력을 배분하는 기본적인 전략적 문제를 진지하게 생각해보면 초기 성공과 좌절의 패턴을 (그리고 그것들이 어떻게 결국 길고 소모적인 죽음의 싸움으로 바뀌었는지) 이해하기 시작할 것이다. 1918년까지 서부전선에서 기동전의 처음이자 마지막 격전인 국경전투(Battle of the Frontiers)의 전략적 논리를 연구해 보면, 산업 전쟁이라는 신세계에서 돌파와 포위에 대한 중대한 구조적 장애를 가진 기존 군사전략의 한계를 밝힐 수 있다.

그림 8.2는 서부전선에서 독일과 프랑스의 전쟁계획의 상호작용을 나타낸다. 양측 모두 공세를 펼치는 방향으로 계획을 세우지만, 각 경기자들은 공세를 가장 잘 사용하는 방법에 대해서 서로 다른 아이디어를 가지고 있다. 어느 교전국도 전선 전체를 효과적으로 커버할 수 없기 때문에 어디에 집중할지 선택해야 한다. 프랑스는 제17계획에 따라 독일군 진영의 중심을 공격하고 적의 가장 강력한 지점에 결정적인 일격을 가하여 몰트케가 계획한 어떠한 포위 시도도 와해시키는 것을 목표로 한다. 반면, 몰트케의 슐리펜 계획 이행은 그가 벨기에를 통해 빙 돌아 프랑스군 주력을 우회하고, 방향을 바꾸어 파리 방향으로 남하하여 프랑스 군대를 포위하고 파괴하고자 함을 의미한다.[12] 이러한 상황을 단순한 전략형 게임으로 나타내고 각 경기자로 하여금 왼쪽 또는 오른쪽을 선택하게 하면, 프랑스에게 최선의 결과는 독일의 움직임과 일치시키는 것인 반면, 독일에게 최선의 결과는 프랑스의 반대를 선택하는 것이 된다.

11 Farrar(1973).

12 Hastings(2013, 6장).

		G	
		왼쪽	오른쪽
F	왼쪽	1, 0	0, 1
	오른쪽	0, 1	1, 0

[그림 8.2] 서부전선에서의 군사적 전략

이 같은 환경에서 보수 구조가 단순해졌다. 독일의 공격에 대해 프랑스가 막아내는 모든 결과에서 프랑스는 1의 보수를 얻고, 독일에 의해 측면 공격을 받는 모든 결과에서 프랑스는 0의 보수를 얻는다. 독일은 프랑스군이 비워 취약해진 지역을 공격하면 1의 보수를 얻고, 프랑스군이 지키고 있는 지역을 공격하여 양측이 충돌하면 0의 보수를 얻는다.

양쪽의 인센티브는 명확하다: 프랑스는 독일의 움직임과 일치시키려 하고, 독일은 프랑스와 반대로 움직이려 한다. 그러나 지금까지 우리가 발전시킨 균형의 개념을 생각해보면, 각 경기자들의 인센티브가 합쳐져 어떻게 결과를 산출할 수 있을지 명확하지 않다. 정보는 완전하고 대칭적이기 때문에 베이지언 내쉬균형(정의 5.4)의 개념이 적용되지 않고, 단순한 내쉬균형(정의 2.7)을 찾으면 공집합이 된다. 두 경기자가 모두 왼쪽을 선택했다고 가정하자. 전략프로필 (왼쪽; 왼쪽)이 내쉬균형이 될 수 있는가? 프랑스는 1의 보수를 얻으므로 행복한 반면, 오른쪽으로 이탈하면 0의 보수를 얻는다. 그러나 독일의 경우 분명히 이익이 되는 이탈이 존재한다. 만약 프랑스가 왼쪽을 플레이하면, 독일이 오른쪽을 선택하여 더 높은 보수를 얻을 수 있다. 어떤 전략 조합을 선택하더라도, 프랑스 또는 독일이 제안된 전략 조합에서 이탈할 인센티브를 가진다. 만약 독일이 어느 방향으로 공격할지 안다면 프랑스는 독일과 방향을 일치시켜 맞서 싸우려 하고, 만약 프랑스가 어느 방향으로 공격할지 안다면 독일은 프랑스의 주력군을 회피하고자 한다. 내쉬균형의 핵심 요소인, 다른 경기자들의 전략에 대한 공통 지식이 임의의 전략 조합을 균형으로 확정해 가는 과정을 방해하는 것처럼 보인다. 더 자세히 설명하겠지만, 문제는 우리가 경기자들의 선택을 **순수 전략**(pure strategies)으로 제한하고 있다는 점이다.

정의 8.2 **순수전략**에서 경기자들은 단 하나의 행동만을 확률 1로 선택하고 나머지 행동들은 확률 0으로 선택한다.

정리 8.1이 말하는 것처럼 경기자들이 서로의 선택에 대해 확실히 안다면 이 게임은 (순수전략으로 구성되는) 균형을 가지지 않는다.

정리 8.1 순수전략 내쉬균형이 존재하지 않는다.

증명 임의의 전략프로필이 내쉬균형이 되기 위해서는, 어떤 경기자도 이익이 되는 이탈을 가지지 않아야 된다. 이를 위해서는, 각 전략프로필에서 0을 받는 경기자에게 $0 \geq 1$을 요구하지만, 이는 참일 수 없다. 임의의 전략프로필에서 어느 한 경기자는 확실히 이익이 되는 이탈을 가지므로, 순수전략 내쉬균형이 존재하지 않는다. □

이러한 환경하에서 어떻게 내쉬균형이 존재할 수 있는가? 해답은 간단하고 직관적이다. 예를 들어, 당신이 다른 국가의 전투부대를 최대한 빨리 그리고 쉽게 쳐부수는 임무를 부여받았다고 가정하자. 적군은 대략 당신의 부대와 전력이 비슷하여 손쉬운 상대가 아니다. 당신과 당신의 참모들은 작전계획을 수립할 것이다. 이 계획은 적군의 중심을 바로 타격할 것인지 아니면 이를 우회할 것인지를 담아야 한다고 하자. 대부분의 경우 당신은 당신의 전략이 적군에 노출되지 않도록 조심할 것이다. 왜냐하면, 적군이 당신의 전략의 효과를 무디게 하기 위해 하는 확실한 방법이 그것에 대비하는 것이기 때문이다. 만약 당신의 군대가 측면으로 우회할 것이라는 것을 적군이 안다면 적군은 당신의 진군을 막기 위해 움직일 것이고, 당신이 정면 공격할 것이라는 것은 적군이 안다면 적군은 측면을 보강할 필요없이 정면 공격하는 당신 부대에 전력을 집중할 것이다. 작전 계획자로서 최선의 방법은 상대방에게 정보를 제공하지 않는 것, 즉 당신의 계획을 비밀로 하는 것이다. 예를 들어, 1991년 미국 주도의 연합군은 이라크군을 쿠웨이트에서 쫓아내면서 속임수를 썼다. 연합군은 전함들을 쿠웨이트 해안에 근접시켜 이라크로 하여금 상륙작전을 우려하도록 만드는 한편, 주력 부대가 쿠웨이트 서부를 우회하여 이라크 육군을 포위하고 섬멸하였다.[13] 마찬가지로, 1914년 프랑스에서는 독일이 벨기에를 통해 우회할 것이라는 데 의심의 여지가 없었지만, 조프르는 독일의 우회 공격이 남쪽으로 향하기 전에 얼마나 서쪽으로 갈지는 알지 못했다.

그림 8.2의 모형에서 자신의 선택을 비밀로 한다는 것이 무슨 의미일까? 먼저, 우리가 모형을 은유적으로 사용하고 있다는 점을 명심하고, 세부사항의 정합성에 대해서는 걱정하지 말자. 둘째, 각 경기자의 목적이 상대방 경기자의 마음속에 (어디로 움직일 것인가에 대해) 불확실성을 만들어 내는 것이라고 생각하자. 그리고 5장과 6장에서 우리는 불확실성이 확률의 집합으로 잘 나타낼 수 있음을 이미 알고 있다. 그러나, 이번의 경우에는 경기자들이 스스로 불확실성을 만들어낸다. 이것이 **혼합전략**(mixed strategy)인데, 경기자는 자신의 행동을 자신의 선택가능집합에서 무작위로 선택하여 상대방으로 하여금 자신의 최적대응을 추측하도록 한다.

정의 8.3 **혼합전략**에서 경기자들은 여러 개의 개별 행동들을 확률적으로(즉, 1 이하의 확률로) 플레이한다.

예를 들어, 만약 프랑스가 독일이 어느 길로 공격할 것인지 예측할 수 없다면, 프랑스는 완벽하게 독일의 무게중심에 맞춰 공격할 수 없다. 마찬가지로 포커에서 상대가 포기하는 것이 좋은지 판돈을 계속 올리는 것이 좋은지 깨닫지 못하도록 손이 기울지 않도록 조심한다. 미식축구에서, 작전명령은 비밀로 유지되고 패싱(passing) 플레이와 런닝(running) 플레이를 교차시킨다. 그래야만 방어팀이 공격 대형을 완벽하게 예측하지 못하여 공격을 막아내지 못한다. 마찬가지로, 방어팀도 똑같은 전략을 매번 사용하지 않는다. 가위바위보에서 지는 가장 확실한 방법은 상대에게 자신이 무엇을 낼 것인지 알려주는 것이다. 만약 경기자가 상대방의 마음속에 불확실성을 조성하고 싶다면, 상대방으로 하여금 어디를 공격할지, 어디에 방어선을 구축할 것인지 계속해서 예측하도록 만들고 싶다면, 우리 모형의 관점에서 경기자는 포커

13 Freedman and Karsh(1991)와 Atkinson(1993).

선수, 풋볼 코치 또는 가위바위보 통달자가 했을 것 같은 것을 해야 한다: **무작위화**(randomization). 상대 경기자도 마찬가지로 자신의 선택을 무작위화해야 한다. 각각의 경기자가 효과적으로 주사위를 던져 어느 방향으로 공격할 것인지 결정하고 그 정보를 상대방에게 숨겨야 한다. 이것 역시 은유임을 명심하자. 몰트케가 주사위를 굴리거나 동전을 던지지는 않지만, 그의 의사결정과정이 프랑스에게 비밀로 지켜져야 한다는 것이다. 그러면 프랑스가 할 수 있는 것은 독일이 어느 방향으로 공격할지 추측하는 것 이외는 없다.[14] 비밀은 상대방이 무엇을 알더라도, 자신의 선택을 모자 속에서 끄집어내는 것처럼 만들게 된다.

두 경기자가 무작위로 선택할 때, 그들은 상대방이 자신의 특정 행동에 대한 지식에서 얻을 수 있는 이점을 무디게 한다. 그렇지만 그들은 상대가 행동을 선택하는 확률에 대해 추측할 수 있다. 이것이 그들로 하여금 서로 상대방의 전략을 알 수 있도록 보증한다: 내쉬균형의 논리를 유지하기 위해서는 이 조건이 반드시 필요하다. 이 경우는 단지 그러한 전략이 다른 경기자의 전략을 최대한 비효율적으로 만들기 위해 가능한 행동들 중에서 무작위로 선택한다는 것이다. 이것이 **혼합전략 내쉬균형**(mixed strategy Nash equilibrium)의 본질이다.

정의 8.4 **혼합전략 내쉬균형**에서, 상대방의 행동이 (무작위적으로) 주어진 상황에서, 경기자들은 (그들의 행동을 무작위적으로 선택하며) 할 수 있는 한 최선을 다한다.

무작위로 선택된 전략의 조합이 어떻게 상호최적대응(mutual best response)을 만족시킬 수 있는가? 핵심은 *무엇이* 어떤 경기자 i로 하여금 그의 두 전략(행동) 사이에 *무작위적으로* 선택하게 만드는가에 대해 생각하는 것이다: 이는 경기자 i가 자신이 어떤 선택을 하든 *무차별(indifferent)하다*고 믿었기 때문이다. 그렇게 믿는 이유는 상대방 j가 경기자 i로 하여금 두 행동 사이에서 무차별(indifferent)하도록 만드는 바로 그 확률로 무작위화(randomization)했기 때문이다. 그렇다면 그림 8.2에서 경기자

---

14 심지어 전쟁계획이 실행되고 나서도 독일의 최초 전략은 변했다.

i는 자유롭게 왼쪽을 어떤 확률로 선택하고 오른쪽을 여사건 확률로 선택할 수 있다. 따라서 경기자 i의 최적대응은 상대방 j로 하여금 두 행동 사이에서 무차별하도록 무작위화하는 것이다. 그러면 상대방 j는 자신이 이용 가능한 선택들을 혼합하여 사용할 수밖에 없다. 요약하면, 다음과 같은 과정에 의해 상호최적대응이 만족된다:

… → i의 이용 가능한 행동들이 무차별하다 → (i가) 이용 가능한 선택들을 혼합한다 → j의 이용 가능한 선택들이 무차별하다 → (j가) 이용 가능한 선택들을 혼합한다 → i의 이용 가능한 선택들이 무차별하다 → …. 만약 이 설명이 약간 전문적이라고 느껴지면 직관에 집중하라: 각 경기자는 상대방을 계속 추측하도록 만들어 상대가 최선의 결과를 얻지 못하도록 막을 필요가 있다(그림 8.2에서 상대에게 최선의 결과는 그 경기자에게는 최악의 결과이다).

이상의 논리를 그림 8.2의 독일과 프랑스에 적용해 보자. 좀 더 전문적으로, 각 경기자는, 상대방이 왼쪽과 오른쪽 선택 사이에 무차별하게 느끼도록, 자신의 왼쪽과 오른쪽을 선택할 확률을 정해야 한다. 아무도 상대방의 선택을 정확히 알 수 없으며, 두 행동(왼쪽과 오른쪽)이 무차별하기 때문에 다른 확률분포를 선택하더라도 이로운 것이 없다. 혼합전략(mixed strategy)은 순수전략(pure strategy)보다 수학적으로 약간 더 까다롭기 때문에 형식을 갖추어 자세히 살펴볼 가치가 있다. 그러나 균형의 개념 뒤에 있는 논리−상대의 전략에 대해 더 나은 대응의 부재−는 똑같다. 프랑스의 전략을 찾기 위해, 프랑스가 왼쪽을 확률 l로 그리고 오른쪽을 확률 $(1-l)$로 플레이한다고 가정하자. 정확한 확률분포를 찾기 위해서, 프랑스의 혼합전략은 독일로 하여금 어디로 공격할 것인가의 선택에서 무차별하도록 만들어야 한다. 독일의 왼쪽 선택에서 오는 기대보수는 Pr(프랑스 왼쪽 선택)×0+Pr(프랑스 오른쪽 선택)×1 또는

$$l \times 0 + (1-l) \times 1$$

이다. 이 값이 독일의 오른쪽 선택에서 오는 기대보수 $l \times 1 + (1-l) \times 0$와 같아야 한

다. 따라서 프랑스의 혼합전략을 구하기 위해 다음의 방정식

$$l \times 0 + (1-l) \times 1 = l \times 1 + (1-l) \times 0$$

을 풀면, $l = 1/2$이다. 만약 프랑스가 자신이 왼쪽과 오른쪽을 동일한 확률로 선택할 것이라는 것을 독일이 믿도록 이끌 수 있으면, 프랑스는 독일로 하여금 어디로 공격해야 성공적인 측면 기동전을 달성할 수 있는지 알지 못하게 할 수 있다.

물론 이것은 단지 우리가 혼합균형 내쉬균형을 찾기 위해 필요한 절반일 뿐이다: 우리는 독일 또한 혼합전략을 구사하여(즉, 무작위화하여) 프랑스로 하여금 어느 방향에서 공격이 올 것인지 불확실하게 느끼도록 만들어야 한다. 만약 독일이 왼쪽을 확률 γ 그리고 오른쪽을 확률 $1-\gamma$로 선택한다면, 프랑스는

$$\gamma \times 1 + (1-\gamma) \times 0 = \gamma \times 0 + (1-\gamma) \times 1$$

일 때, 왼쪽과 오른쪽 선택이 무차별해진다. γ를 풀면, 독일의 최적대응이 왼쪽을 확률 $\gamma = 1/2$로 플레이하는 것임을 알 수 있다. 서로가 상대방으로 하여금 상대방의 선택들 사이에 무차별하게 만드는 방식으로 두 경기자가 무작위화하면, 그들은 상대방이 완벽하게 추측하는 것을 막을 수 있고 상대방의 전략을 약화시킬 수 있다. 어느 경기자도 무작위화보다 더 낫게 할 수 없다. 한 경기자의 행동이 예측가능해지자마자, 상대가 그것을 이용할 수 있기 때문이다. 따라서 그림 8.2의 게임은 혼합전략 내쉬균형을 가지며, 우리는 이 균형을 (1/2 왼쪽; 1/2 왼쪽)으로 적는다. 행 경기자(프랑스)가 왼쪽을 확률 1/2로 플레이하고, 열 경기자(독일)가 왼쪽을 확률 1/2로 플레이한다. 각 경기자에게 핵심은 상대방이 최선의 결과를 얻을 가능성을 극소화하는 것이다. (이는 자신이 최악의 결과를 얻을 가능성을 극소화하는 것이기도 하다.) 혼합전략을 사용한 균형이 있는 게임이라도 혼합하지 않는 (순수전략) 내쉬균형을 가질 수도 있다. 그러나 정리 8.1에서 보였듯이, 그림 8.2의 게임에서는 (1/2 왼쪽; 1/2 왼쪽)이 유일하다.

정리 8.2 전략프로필 (1/2 왼쪽; 1/2 왼쪽)이 혼합전략 내쉬균형이다.

증명 (1/2 왼쪽; 1/2 왼쪽)이 내쉬균형이 되기 위해서는 다음이 만족되어야 한다:

$$EU_F(\text{왼쪽}) = EU_F(\text{오른쪽}) \text{ 그리고}$$

$$EU_G(\text{왼쪽}) = EU_G(\text{오른쪽}).$$

그리고 이 방정식이 어느 경기자도 이익이 되는 이탈을 가지지 않음을 보증한다. 프랑스가 왼쪽을 확률 l로 그리고 독일이 왼쪽을 확률 γ로 플레이한다고 하자. 첫 번째 방정식은

$$l \times 0 + (1-l) \times 1 = l \times 1 + (1-l) \times 0 \leftrightarrow l = \frac{1}{2}$$

일 때, 두 번째 방정식은

$$\gamma \times 1 + (1-\gamma) \times 0 = \gamma \times 0 + (1-\gamma) \times 1 \leftrightarrow \gamma = \frac{1}{2}$$

일 때 만족된다. 아무도 이익이 되는 이탈을 가지지 않으므로, (1/2 왼쪽; 1/2 왼쪽)은 혼합전략 내쉬균형이다. □

그럼 이 균형이 서부전선의 초기 움직임에 대해 무엇을 말해주고 있는가? 국경전투(Battle of the Frontiers)에서 프랑스가 독일군이 벨기에를 통해 우회 진군할 것이라는 것을 알았으면서도, 어떻게 프랑스는 그토록 심하게 측면 공격을 당했을까? 우선, 모형은 왜 독일이 벨기에를 통한 광범위한 우회 공격 의사를 프랑스에 전보하지 않았는지, 그리고 왜 조프르가 (프랑스–독일 국경 근처에) 자신이 독일군의 중심이라고 생각하는 장소를 공격하는 데 도박할 수 있었는지 알려준다. 러시아군이 가차없이 베를린으로 향할 때, 조프르는 독일군의 중심부를 박살내고 알자스–로렌을 되찾겠다는 희망으로 자신의 프랑스군이 어디로 공격하는 것이 최선인지 추측을 한다. 그러나 몰트케가 그의 삼촌이 프랑스–프로이센 전쟁에서 했던 것처럼 어떻게 프랑스군을 측면 공격할지 정확하게 알지 못한다면, 조프르도 (어디에 독일군의 중심이 있는지) 완벽하게 예측할 여력이 없다. 마찬가지로, 몰트케도 어떻게 벨기에–독일 국경에 있는 작은 회랑을 통해 군대를 밀어 넣을지, 프랑스와의 공통 국경 근처에 얼마나 많은 병사를 남겨둬야 하는지 그리고 프랑스가 이러한 우선 순위를 조정하는 것에 대해

알지 못하도록 어떻게 할 것인지에 대해 선택해야 한다. 어디를 공격할 것인지 그리고 어디로 피할 것인지, 어디에 집중하고 어디에 시늉만 할 것인지 등 병력 배치에 대한 기밀 유지가 국경전투에서 혼합전략의 핵심이다.

프랑스는 독일군의 핵심이 아닌 곳으로 판명난 독일군의 왼쪽을 공격하기 때문에 측면 공격을 당한다. 독일의 왼쪽을 공격하여 독일 영토 약간을 획득했지만 다시 빼앗기고, 그 과정에서 많은 피를 흘렸지만, 신속하게 오른쪽으로 우회하여 벨기에와 프랑스의 왼쪽을 초토화시키며 파리로 향하는 독일군을 저지시키는 데 아무것도 하지 못한다. 간단하게 말하면, 프랑스는 어디에 공격을 집중할 것인가 도박을 걸었기 때문에 측면 공격을 당했다. 몰트케는 벨기에를 통해 날아가고 있는 독일군의 창 끝인 제1군과 제2군 사이에 개입하기 위해 조프르가 무엇을 할 수 있는지 명확히 알지 못하도록 한 것이다. 마찬가지로, 몰트케의 움직임도 그 자체로 큰 도박이다. 그는 조프르가 벨기에를 통한 진격을 방해하는 방식으로 병력을 배치하지 않기를 희망해야 했고, 방향이 잘못된 프랑스의 공격에서라도 독일 남서부의 많은 지역을 빼앗기지 않도록 왼쪽에 충분한 병력을 유지해야 한다. 몰트케는 전쟁 전날에 오른쪽 측면 공격을 약화시키면서 일부 병력을 왼쪽으로 돌렸지만, 이것은 전쟁 전 계획을 지배했던 혼합전략의 논리와 일치한다: 어디에 병력을 집중할 것인가에 대한 도박, 즉 자신의 계획을 비밀로 유지하고 자신의 계획이 상대방의 똑같이 비밀스러운 계획보다 더 우수하기를 희망하며 감행한 도박. 아주 현실적 의미에서, 국가는 자체적으로 유명한 "전쟁의 안개(fog of war)"를 많이 만든다.[15]

그림 8.2의 게임은 또한 특정 전략의 군사적 효과성과 특정 전략가의 능력에 대한 판단에 약간의 주의를 상기시킨다. 혼합전략이 어떻게 결과를 만들어 내는지 생각해 보면, 독일이 오른쪽을 플레이하고 프랑스가 왼쪽을 플레이할 가능성, 즉 독일이 성공적으로 프랑스 측면을 우회할 가능성은 독일이 오른쪽을 선택할 확률(1/2)과 프랑스가 왼쪽을 선택할 확률(1/2)의 곱이다. 이를 곱하면 1/4이 되는데, 이는 *게임의 각각의 가능한 결과*가 발생할 확률이다. 자신의 버전으로 수정한 슐리펜 계획을 실행한 몰트케는 자신의 승리 가능성이 조프르가 프랑스군을 어디로 개입시키는가에 달

15 전쟁의 안개에 대한 최초의 논의로 Clausewitz(1976) 참조.

려 있음을 알고 있다. 그리고 독일이 전투에 투입된 사단의 수에서 단지 지역적 우세만 달성할 수 있다는 점을 감안하면, 이것은 중대한 도박이다. 우리의 모형에서 승리 가능성이 50%이다. 마찬가지로, 독일군을 제압하기 위해 제17계획을 실행하기로 결정한 조프르의 승산도 50%이다. 어떤 장군도 의도적으로 성공 가능성이 높은 전략을 선택하지 않지만－그리고 국가의 존망이 위기에 처해 있을 때 50－50의 시도는 확실히 도박이지만－상대의 혼합전략이 주어진 상태에서, 혼합전략은 그가 바랄 수 있는 최선에 가깝다. 여느 때와 마찬가지로, 투표함에서 전쟁터에 이르기까지, 전략과 전략이 만들어내는 결과는 상호 의존적이다.

이 게임은 사후에 얻게 되는 판단의 제약없이, 사건들이 마치 실시간으로 일어나는 것처럼 공부하는 것의 가치를 명확히 알려준다. 몰트케의 탁월함이나 조프르의 익살스러움을 탓하는 것은 거의 이치에 맞지 않다. 그들이 선택한 전략은 결과가 승리와 패배 어느 쪽이든 나타날 수 있다고 말하고 있기 때문이다. 현실적 의미로, 이것은 마치 동전 던지기에서 “앞면”이 나오기 전에 “앞면”이라고 외친 사람에게 훌륭하다는 라벨을 붙이고 “뒷면”이라고 외친 사람에게 멍청이라고 부르는 것과 같다. 혼합전략(mixed strategy)은 상대방에게 동전 던지기와 같은 것을 하도록 고안되었고, 스스로에게도 동전 던지기와 같도록 설계되었다. 이러한 측면에서, 슐리펜 계획과 제17계획의 상호작용은 우리에게 어느 전략이 더 나은 것이냐에 대해 많은 것을 이야기 해주지 않는다. 다만 어느 한 장군의 주사위 굴림이 잘 통했다고만 말해줄 뿐이다. 실시간으로 생각해보면, 우리 이야기의 등장인물들과 같은 선택과 제약을 직면한다고 가정하여 평가해보면, 국경전투의 결과가 왜곡된 관점에서 1914년의 군사전략을 평가할 수 있는 한 지점이라는 것을 알 수 있다. 사실 국경전투의 결과로 1914년의 군사전략에 대해서 평가할 수 있는 말이 별로 없다. 또한, 제17계획 때문에 우리가 혹평할 수 있는 바로 그 조프르가 프랑스군의 대규모 후퇴 및 재배치를 관리하여 결국 마른(Marne)강에서 독일군의 끔찍한 포위로부터 프랑스를 구하게 된다. 그러나 다음에 보겠지만, 몰트케 이 마지막 헐떡거림 같은 공세가 호전적인 전략에 극적인 변화를 가져올 것이다.

8.2.2 퍼즐 풀기: 마른(Marne)전투 이후

슐리펜 계획으로 40일 안에 전쟁에서 승리한다는 독일의 시도는 연합국이 신속한 후퇴와 마른 강을 따른 재배치를 잘 관리해 내면서 공허해진다. 마른 강에서 독일의 진격이 마침내 멈추었다. 특히, 이 재배치의 열쇠 중 하나인 철도 수송은 전쟁이 새롭고 더 정적이며 소모적인 국면을 시작하는 데 결정적인 역할을 하게 된다. 독일이 엔(Aisne) 강으로 후퇴한 후, 서부전선에서 양측은 서로 상대방의 측면을 돌아가려는

[지도 8.1] "바다로의 경주" 이후 서부전선, 1915.
Reynold, Churchill, and Miller(1916)에서.

일련의 필사적인 시도를 한다. 북서쪽으로 계단식으로 진행된 양측의 실패한 공격은 벨기에 해안의 습지 근처까지 이어진다. 이러한 "바다로의 경주(Race to the Sea)"로 인해 지도 8.1 위의 선과 대략 일치하는 선을 따라 서부전선이 제자리에 고정된다. 이제는 연속적이고 끊어지지 않은 전선에서 먼저 돌파를 성공하지 않고서는 포위 가능성이 없어진다. 11월의 제1차 이프르(Ypres)전투는 참호전의 원형을 확립하게 되는데, 참호전은 지금까지의 파멸적인 사상자 비율을 낮추지만, 아무리 크고 세밀하게 계획된다 하더라도 공격이 성공할 가능성을 차단하는 것처럼 보인다. 지속 가능한 돌파의 가능성이 거의 없음에도 불구하고, 서서히 마모되고 지쳐가는 소모 과정은 향후 4년 동안 전장의 규칙이 된다. 이 절에서 우리는 두 가지 질문에 답한다. 첫째, 소모전략이 어느 정도의 군사전략적 의미를 가지는가, 둘째, 심각한 사회적, 심리적, 정치적 비용에도 불구하고 왜 그렇게 오래 지속되었는가에 관해 알아본다.

지금까지 우리는 상대의 수도로 진격하거나 역사에 남을 단 한 번의 일격으로 야전에서 적군을 분쇄하는 것이 아니라, 프랑스군이 하얀 피를 흘리도록 만들겠다는 팔켄하인의 욕망처럼 적군을 제자리에 고정시켜 놓고 그들의 피를 흘리게 만들겠다는 한 국가의 개별 인센티브 측면에서 소모전략에 대해 이야기했다. 그러나 전략은 홀로 고립하여 존재하지 않는다. 각각의 전략이 상대 경기자가 선택하는 전략에 대해 최적대응일 때에만 균형에서 선택되고 유지되는 전략프로필의 일부가 된다(정의 2.7). 소모전의 논리와 지속성을 이해하려면, 프랑스가 무슨 행동을 통해 팔켄하인의 베르됭(Verdun)에서의 대응을 이끌어낸 것인지 그리고 그 반대는 무엇인지 물어봐야 한다. 그리고 왜 헤이그는 자신의 전략을 "독일인 죽이기"라고 기꺼이 설명하려 했을까? 연합국과 동맹국 모두 소모전략을 고수했는데, 왜 그랬는지 질문할 필요가 있다. 그러지 않다면, 우리는 소모전략을 이용하는 인센티브에 대해서만 설명할 수 있을 뿐, 그 발생에 대해서는 설명할 수 없다. 반드시 해야만 하는 경우가 아니면 어느 쪽도 소모전략을 선택하지 않았을 수도 어느 정도 있었기 때문이다. 어느 한쪽이 소모전략을 채택한다면 왜 다른 쪽도 그렇게 해야 하며, 다른 쪽이 그렇게 할 것이라고 예측될 때 왜 이쪽에서도 그 전략을 채택하는가? 각 라이벌 연합이 우리가 본 전쟁(소모전)보다 *더 나쁠 것이라고* 판단하여 내버린 대안은 무엇일까? 소모전으로 해결하려고 한 문제는 무엇이었나? 이러한 질문들에 답해야만 우리가 표면적으로 무익한 소모전략의 채택뿐만 아니라 그 전략에 대한 끈질긴 집착을 이해할 수 있다.

		동맹국	
		정적 전략	기동 전략
연합국	정적 전략	3, 3	4, 1
	기동 전략	1, 4	2, 2

[그림 8.3] 서부전선에서의 소모전의 냉혹한 논리

그림 8.3은 일단 소모전이 시작된 후 연합국과 동맹국이 직면한 전략적 문제를 규정한다. 양쪽이 모두 소모전의 정적 전략(static strategy)과 기동 전략(mobile strategy) 사이에서 선택해야 한다. 정적 전략은 얇게 유지된 전선과 여러 겹의 참호 네트워크를 기반으로 끈질긴 심층 방어를 유지하는 것으로, 가끔 공격을 감행하여 상대를 제자리에 고정시키고 전력을 마모시킨다. 반면 기동 전략은, 국경전투의 맥락에서, 전체 전선에 대한 지속적인 압박을 포기하고 집중된 정면 공격을 선택하는 것이다. 만약 양측이 모두 정적 전략을 플레이하면, 우리가 익숙한 세계대전을 보는 것이다: 개별적으로 승패가 없는 전투들과 헛되이 죽고 불구가 되는 병사들만 양산하는 가혹한 교착상태 그리고 약한 참호 체계를 돌파하는 집중 공격을 허용하지 않기 위해 꾸준한 압박으로 상대방을 제자리에 고정시키는 전략. 만약 어느 한쪽이 기동 전략을 선택하고 상대방은 정적 전략을 유지한다면, 비록 기동 전략으로 한 지점의 전선을 빼앗아 다른 곳을 대대적으로 공격하기 위한 집결지로 이용하더라도, 약화된 방어 시스템으로는 적절한 유인 참호 시스템처럼 쉽게 적의 돌파 공격을 감당해낼 수 없다. 또는 대대적인 공세를 취하더라도 적군이 유지하는 거의 뚫을 수 없는 정적 방어 시스템에 부딪히게 될 것이다. 만약 양측이 모두 지속적인 압박의 소모전을 버리고 기동 전략을 선택한다면, 우리는 국경전투에서 보았던 것처럼 훨씬 더 높고 지속 불가능한 사상자 비율과 함께 똑같이 승패가 나지 않는 전투로 돌아가는 것을 볼 것이다. 외관상 파악하기 어려운 기동전은 복구될 수 있지만, 그 대가로 적군이

일시적인 틈을 뚫고 침투할 수도 있고 진군이나 포위에 성공할 수도 있다.

각 측이 선택할 수 있는 옵션을 이런 식으로 표현하면 선호를 예측하기 쉽다. 교전국은 상대가 기동 전략을 선택할 때 자신은 정적 전략을 선택하는 것을 가장 선호한다. 참호에 몸을 숨긴 상태에서 돌진하는 적군의 밀집되고 취약한 본체에 화력을 집중하여 적군을 상당 부분 제거할 수 있기 때문이다(보수 4). 효과적인 반격의 위협도 없이, 상대방에게 공세에 집중하고 실행할 수 있는 공간과 시간을 허용하고 견고한 소모 시스템으로 정면공격 시도를 저지할 수 있게 하기 때문에, 최악의 결과는 자기만이 홀로 기동 전략을 펼치는 것이다(보수 1). 조금 더 나은 결과가 양측이 모두 기동 전략을 선택하는 것인데, 교전국들을 소모전 이전 단계의 전쟁터로 되돌려 보낸다(보수 2). 양측 모두에게 차선의 결과는 정적인 소모적 압력을 상호 유지하는 것이다(보수 3). 각 진영은 간헐적인 공세에 맞서 방어해야 하기 때문에 참호를 지키고 있어야 하고 적의 전투력을 잠식하기 위해 간헐적으로 공세를 펴기도 해야 한다. 베르뎅(Verdun)에서의 독일, 솜(Somme)에서의 프랑스-영국 연합 그리고 러시아의 브루실로프 공세처럼 간헐적 공세가 대규모일 수도 있지만, 그 목적이 영토를 점령하는 것이 아니고 그림 8.3의 기동 전략이 요구하는 만큼 규모가 크지도 않을 수 있다. 이러한 결과들이 물론 본질적으로 바람직하지는 않지만, 이 게임은 연합국과 동맹국이 마른전투와 국경전투 후에 좋은 군사전략을 위한 많은 옵션이 없었음을 보여준다. 그러나 그림 8.3은 어떻게 우리의 참전국들이 탈출구가 없는 소모적 균형에 갇히게 되었는지 설명할 수 있게 도와준다. 유일한 내쉬균형이 (정적 전략; 정적 전략)이고 그 이유를 쉽게 알 수 있다. 만약 어느 한쪽이 기동 전략으로 바꾸면, 전선에 대한 상대방의 지속적인 압박으로 전선의 밸런스가 무너지고, 이에 따라 그동안 어느 쪽도 달성할 수 없었던 돌파를 허용하거나 무모한 대규모 공세에서 지속 불가능한 손실을 입는다. 상호 소모전략은 어느 쪽에게도 최선의 결과가 아니다. 그러나 일방이 기동전으로 가는 대안은 훨씬 더 나쁘다(3>1).

정리 8.3 전략프로필 (정적 전략; 정적 전략)이 내쉬균형이다.

증명 (정적 전략; 정적 전략)이 내쉬균형이 되기 위해서는 다음이 만족되어야 한다:

$$u_E(\text{*정적 전략*; 정적 전략}) \geq u_E(\text{*기동 전략*; 정적 전략})$$

그리고

$$u_{CP}(\text{정적 전략; *정적 전략*}) \geq u_{CP}(\text{정적 전략; *기동 전략*}).$$

3>1이므로 첫 번째 부등식이 만족되고, 그리고 3>1이므로 두 번째 부등식도 만족된다. 즉, 아무도 이익이 되는 이탈을 가지지 않으므로, (정적 전략; 정적 전략)이 내쉬균형이다. □

전략 조합 (정적 전략; 정적 전략)이 유일한 내쉬균형이라는 것이 왜 그렇게 소모전에서 벗어나기 힘들었는지 설명한다. 그리고 그림 8.3은 양측이 모두 정적 전쟁을 포기하겠다고 맹약할 수 있다고 하여 더 나아질 수 있을 것인지도 분명하지 않음을 보여준다. 양측 모두 기동 전략을 선택하면, 즉 정적인 소모전의 잔인한 논리 아래에 있을 때보다 병력과 물자를 빨리 불태우고 전장의 통제권을 훨씬 빨리 잃을 모험을 감수해야만 하기에, 각 경기자는 2의 보수를 얻는다는 것이다. 그러나 만약 한 경기자가 기동 전략을 고수하려 한다면, 다른 경기자는 현대 화력의 이빨 속으로 직접 걸어 들어가기를 선택한 적에게 소모전략을 선사함으로써 (기동 전략; 기동 전략)보다 명확하게 이익이 되는 이탈이 있다. 이런 측면에서 보면 소모전이, 양쪽 모두를 더 좋게 만드는 대체 전략 집합이 없다는 의미에서, 그렇게 비극적이지 않게 보이기도 하다. 그리고 소모전에는 상대방이 기동 전략으로 나온다면 자신도 기동 전략으로 대처하겠다고 약속할 수 없다는 측면에서, 그 핵심에는 분명히 맹약의 문제가 자리잡고 있다. 그러나 우리가 3장에서 분석한 영-독 해군경쟁에서 더 많은 드레드노트를 건조하지 않겠다고 맹약하는 것이 낭비를 줄이고 해군력 분포를 유지시켰던 것과는 달리, 여기서는 경기자가 그렇게 했어야 했다고 후회할 만큼 소모전략보다 더 나아 보이는 대안이 없어 보인다.

이상하게 보이거나 참호에 있는 병사들과 후방에 있는 민간인들에게는 절망스럽겠지만, 소모전은 그 자체가 연합국과 동맹국 모두 긴 시간의 계산된 게임을 한다는 증거이다. 만약 상대가 마음을 놓고 방심하면, 돌파도 가능하다. 하지만 양측이 정적 전쟁에 전념하는 (내쉬)균형에서 양측이 예상하는 최선은 자신의 물자와 병력을 최대한 보존하려고 노력하면서 상대로 하여금 대체할 수 있는 것보다 더 빨리 물자와 병력을 소모하도록 강제하는 것이다. 만약 상대가 무너진다면, 만약 상대의 심층 방어 능력이 훼손된다면, 간헐적 공격이 상당기간 지속되는 돌파로 이어질 수 있다. 그러나 그것은 상대를 제자리에 고정시키고 궁극적으로 유지할 수 있는 것보다 더 많은 피와 자원을 소비하게 만드는 동시에, 압박이 일정하게 보존될 때에만 가능하다. 그리고 팔켄하인이 베르됭 이전에 국경전투의 끔찍한 사상자 비율이 여전히 그의 마음속에 생생할 때 언급했듯이,

> 우리의 명확한 문제는 어떻게 상대적으로 적은 비용으로 적의 중요 지점에 큰 피해를 입히는가 하는 것이다. 그러나 이번 전쟁에서 *이전의 대량 공격 경험이 그것을 모방할 유인을 거의 제공하지 않는다*는 사실을 간과해서는 안 된다.[16]

소모전은 개별 전투(battle)가 아니라 적군을 지치게 하면서 아군의 인력과 물자를 보존하는 보다 큰 일련의 군사행동(campaign)이었다. 그것은 영토를 염두에 둔 경쟁이 아니라 동원 경쟁이다. (이 두 조건은 연관되어 있지만) 한쪽의 물자가 완전히 소진되거나 그 병사들이 싸우고자 하는 의지를 잃을 때에만 돌파가 지속되고 전장에서의 승리가 의미 있게 될 수 있다. 전에 없이 빠르고 효과적으로 역습을 관리하는 능력은 20세기 초 칸나이(Cannae)를 현실적으로 불가능하게 만들었다.[17] 카이저 자신이 이를 명확하게 인식한 것처럼 보이며, "누구도 그것을 입 밖에 내어서는 안 되며, 나 또한 팔켄하인에게 인정하지 않을 것이다. 그러나 이 전쟁이 위대한 승리로 끝나지는 않을 것이다"라고 말했다.[18] 아무도 소모전을 그렇게 좋아하지 않았고, 설사 전략적으

16 Horne(1923)에서 인용.

17 기원전 216년 제2차 포에니 전쟁에서 한니발의 카르타고군이 완벽한 포위 작전으로 이탈리아 칸나이에서 로마군을 전멸시킨다.

18 Herwig(2014, p. 191).

로 의미가 있다 하더라도, 그것을 고안해 낸 사람들은 야망있는 사령관의 정치적 공격으로부터 안전하지 않았다. 예를 들어, 빌헬름 그뢰네 장군은 팔켄하인이 베르됭에서 구사한 "유사 기교(homeopathic tactics)"를 한탄했지만, 그 자신이 더 잘할 수 있었는지는 분명하지 않다.[19] 서부전선뿐만 아니라 동부전선에서도, 전투의 양상이 정적인 참호전이든 극적이지만 궁극적으로 승패가 나지 않는 기동전이든 가리지 않고, 소모전이 전장을 지배했다.

8.3 동부전선에서 소모전과 기동전

소모전은 대중들의 마음에서 프랑스와 벨기에의 참호를 연상시키지만, 정적 전쟁에만 국한시키는 순간 우리는 그것을 오해하게 된다. 소모의 정의(정의 8.1)는 그것이 기동전인지 아니면 정적인 전쟁인지에 대해 아무 말도 하지 않는다. 둘 다 소모전이 될 수 있으며 제1차 세계대전은 소모전이었다. 소모전략은 모든 전투가 아니라 단지 마지막 전투에서 이기기 위해 고안된 것이다. 서부전선에서 주워 모은 유명한 이미지들과 달리, 소모전은 "바다를 향한 경주"가 끝난 후 서부전선에서 사실상 배제되었던 기동 전략을 포함하여 많은 형태를 띨 수 있다. 동부전선이라는 광대한 공간에서 동맹국은 러시아에 맞섰다. 전선은 훨씬 더 유동적이었고 한 번에 수백 마일씩 앞뒤로 왔다 갔다 했지만, 작전상의 성공들이 여전히 전략적 결정을 이끌어내지 못하고 있었다. 소모전의 특징은 상대방의 거의 모든 전투력을 파괴한 뒤에야 승리를 가져올 수 있다는 것이다. 오스트리아의 전력을 효과적으로 인수한 후, 독일은 1915년 봄 현재 폴란드 땅인 고를리체-타르노프(Gorlice-Tarnów) 주위에 대규모 공세를 퍼부어, 러시아 군대를 300마일 밖으로 밀어내고 200만 명의 적군을 전쟁에서 몰아냈다. 이 공세는 일련의 비참한 패배 이후 붕괴 직전인 이중 군주국을 구했고, 세르비아 정복을 수월하게 했으며, 콘스탄티노플과 연결되는 철도망을 안전하게 지켰다.

19 Herwig(2014, p. 191).

(오스만 제국은 1914년 동맹국의 편에 섰다.) 그러나 러시아 육군을 포위하여 섬멸한다는 목표에는 실패했다. 러시아군은 가을 우기가 시작되기 전에 퇴각했다.[20] 고를리체-타르노프 공세의 기동전과 소모전의 조합이 동부전선에서는 특별하지도 않지만, 소모전이 시작된 이유와 어떻게 그것이 결국 실패하게 되었는지 밝히는 데 도와준다.

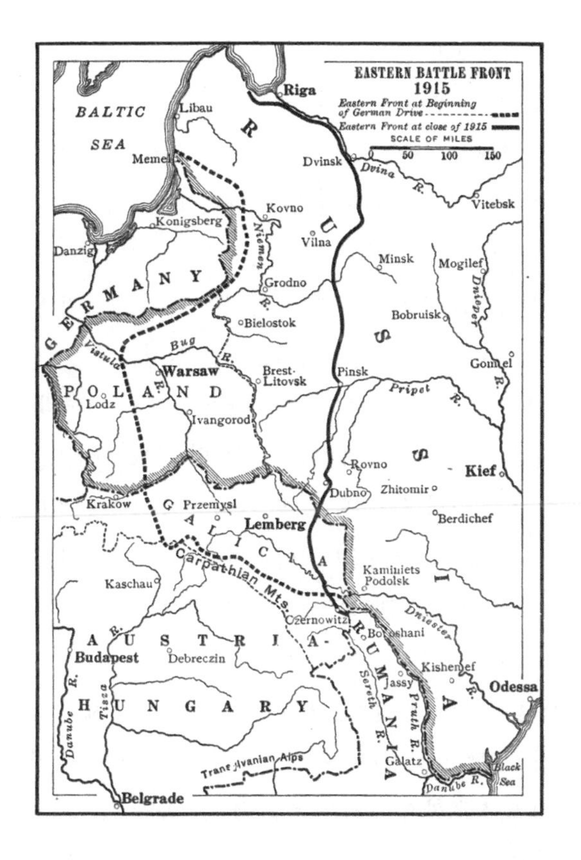

[지도 8.2] 고를리체-타르노프 공세 전후의 동부전선, 1915. McMurry(1919)에서.

동부전선과 서부전선 사이의 대조 그리고 그들 전선의 정체(stasis)와 유동성 사이의 대조를 그 근본적인 유사성-승패의 결말이 나지 않는 막연함 그리고 결정적 공격의 모호함-때문에 주목해볼 필요가 있다. 두 전선에서 현대식 화력이 적용되고

20 Herwig(2014, p. 148). 정복하려는 자를 수렁에 빠뜨리는 것은 러시아의 눈만이 아닌 것 같다.

전선 배후의 인력과 물자가 급속하게 이동함에 따라 돌파를 이은 추가적인 공격이 어려워졌고 성공한 돌파(심지어 동부전선의 극적인 돌파마저)를 이용하기가 거의 불가능했다. 공평하게 말하면, 일부는 러시아 군대의 자유로운 후퇴와 관련이 있지만, 러시아의 공세가 동프로이센과 오스트리아 갈리시아의 더 좁고 제한된 지역으로 밀어붙였을 때도 전투는 그다지 결정적이지 않았다. 서부전선에서 도우마운트(Douaumount) 요새는, 동부전선 렘베르크의 갈리시아 도시들과 프셰미실(Przemysl)처럼, 베르됭전투 중에 주인이 여러 번 바뀌었다. 서부전선의 장군들은 기동전을 복원할 수 없는 그들의 무능력에 한탄했지만, 동부전선의 장군들은 충분히 기동전을 치렀다. 그러나 두 전선에서 모두 승패에 결정적이지 못했다. 서부전선에서처럼 싸움 자체가 본질적으로 정적인 경우뿐만 아니라 심지어 기동전이 있는 상태에서도 소모가 전쟁터를 지배했다면, 동부전선과 서부전선 사이에 공통적인 다른 요소가 남아 있음을 의미하며 이를 찾아 왜 소모전이 시작되고 유지되었는지 설명해야 한다. 주요 후보들로는 기관총부터 밀집된 포병 및 철도 이동성까지 산업 전쟁의 기술과 이러한 기술을 어떻게 사용할 것인지를 결정하는 지배적인 전술 및 운영 개념이다.

이전의 전쟁에서 처음 소개되었지만 거의 사용되지 못했던 여러 기술들이 제1차 세계대전에서 열강들의 막대한 자원과 결합하여 처음으로 여러 참전국들에 의해 광범위하게 사용되었다. 손으로 크랭크를 돌려가며 쏘는 수동식 기관총으로 발명자의 이름을 딴 개틀링(Gatling) 기관총은 미국 남북전쟁에서 사용되었고, 좀 더 근대화된 변형은 1904－1905년 만주에서 일본군이 러시아군을 물리치고 승리하는 데 도움을 주었다. 철도 차량에 장착된 장거리포부터 고탄도 포탄으로 적의 거점을 무너뜨릴 수 있는 거대한 공성 박격포까지 포병은 최근 몇 년 동안 사거리, 조준 및 파괴 능력 모두에서 크게 개선되었다. 마지막으로, 일반적인 유럽 전쟁에서 파괴적인 종식을 목적으로는 아직 사용된 적이 없는, 촘촘하고 효율적인 철도망을 통해 병력과 물자가 이동될 수 있었다.[21] 1914년 열강들은 전대미문의 화력과 전례 없는 규모의 군대를 휘둘렀고, 화력과 병력 모두를 신속하게 그리고 장기간에 걸쳐 배치할 수 있었다.

21 국가들이 철도의 군사적 잠재력에 대해 인식하지 못했던 것은 아니다. 만주를 관통하는 시베리아 관통 열차의 개통이 1904년 일본이 예방전을 불사하도록 떠밀었다. 그리고 러시아는 한때 의도적으로 폴란드의 철도망을 취약하게 남겨 미래의 침략자들이 전진하기 어렵게 만들었다.

결과적으로, 돌파에 천문학적인 비용이 들었고 한 번의 돌파를 지속적인 성공으로 전환시키기 어려웠다. 포병이 상대편 전선의 틈을 폭파하거나 참호에 배치된 병사들을 혼절시키고 방향 감각을 잃게 만들 수 있었지만, 무인지대(No Man's Lannd)를 헤치고 건너편 난간을 질주하고 적의 참호로 뛰어든 후 공격 부대는, 아군의 보급선 및 통신선으로부터 두절된 상태로, 두 번째 참호 라인에 배치된 기관총으로부터의 압도적인 사격 세례를 당하고 철도로 신속하게 이동한 적의 예비군으로부터 야만적인 반격을 당할 것이다. 전쟁 초기 몇 주 또는 몇 달 만에 밀집대형을 갖춘 정면 공격이 현대 화력의 태풍 같은 기계화 공격 앞에서 무의미한 것으로 판명되었다. 이후 몇 년 동안 육군은 우리가 지금 결합 전술이라고 부르는 것을 개발해 내는데, 공중 정찰, 포병 사격 그리고 최초의 탱크가 지원하는 보병 공격을 효과적으로 조합하는 것이었다. 그러나 참전국들의 예비군이나—1917년의 러시아나 1918년의 독일에서 일어났던 것처럼—야전에서 싸울 의지가 있는 군대가 소진되고 나서야 마침내 소모전이 무너지고 소모된 진영은 더 이상 막을 수 없는 공세에 직면할 것이다. 그때 그러고 나서야, 교전국들은 소모전략으로부터 이익이 되는 이탈을 가지게 될 것이다. 그러나 우리 이야기는 그러한 시간과 아직 수년 정도 떨어져 있다.

8.4 군사전략과 국제정치

참전국들을 제1차 세계대전으로 이끌었던 군사적 계획들은, 전쟁은 민간 통제에서 벗어난 군대에 의해 강요된 변경 불가능한 시간표에 이끌려 내려진 결정으로 그들이 통제할 수 없었다는 취지로 논리의 틀을 잡으려는 정치인들에 의해, 아마도 과도한 조사를 받았을 것이다.[22] "시간표에 의한 전쟁"은 전쟁 이후 한 세기 동안 소모전만큼 많은 비난을 받았다. 신속하게 전쟁에서 이기기 위해서는 지금이 아니면 안

22 정치적 언사는 허위 진술에 대한 인센티브에 오염되기 마련이며, 본질적으로 전략적이다. 비난을 다른 사람에게 돌리는 것은 거의 순수하지 않으므로, 정치적 언사를 신뢰하는 데 조심해야 한다.

된다는 욕망의 명령에 따라 국가는 시간표에 의한 전쟁에 끌려들었다. 우리가 보았듯이, 제1차 세계대전은 아마 군사적 전략에 의해 일어난 것이 아니다—4장에서 봤듯이, 동유럽에서의 힘의 이동으로 충분했다. 그러나 방어적 우위가 있는 소모전의 선택은 확실히 전쟁의 기간, 과정 및 비용에 영향을 주었다. 제1차 세계대전의 원인에 관한 오랜 논쟁 덕분에, 정치과학은 최근 몇 년 동안 군사전략을 국제관계에서 수많은 중요 패턴들과 연관시켜 왔다: 전쟁의 지속 기간 및 결과부터 억제력의 효과, 전쟁 발발로 이어질 수 있는 정보 문제의 생성까지.

유명한 주장 중 하나가 1914년까지 방어 기술이 공격 기술보다 우세했다는 것이며, 여기서 "기술"은 도구(기관총, 포병, 철도)와 아이디어(전술과 교리) 모두로 받아들일 수 있다. 전쟁이 시작되고, 공격에 대한 신념이 잘못되었기 때문에, 이러한 주장은 계속되고 확대된다.[23] 교전국들이 곧바로 인식했듯이, 공격을 큰 성공으로 전환시키기가 어려웠고, 새로운 공격으로 지상을 점령하는 것보다 방어하는 것이 더 쉬웠다. 이것이 소모전략을 옹호했고, 마지막 전투가 아닌 모든 전투의 중요성을 희석시켰다. 학자들은 그 후 공격에 대한 상대적 선호도의 변화와 수비적 우위에서 공격적 우위를 구별하는 능력을 전쟁과 평화의 광범위한 패턴과 연결시키고자 시도했다.[24] 그러나 그러한 노력은 쉽지 않았던 것으로 판명났다. 사용하는 전략에 따라, (예를 들면, 철도처럼) 많은 기술들이 공격 또는 수비를 위해 이용될 수 있다. 그리고 협상이 가능할 때, 공격이나 방어의 용이성이 왜 국가로 하여금 값비싼 전쟁을 선택하게 하는지도 명확하지 않다. 그러나 2장과 5장에서 발전시켰던 전쟁이론들이 약간의 힌트를 제공한다. 첫째, 공격적 우위가 맹약의 문제를 만들어 낼 정도로 충분히 크다면, 그것이 전쟁에 이르게 할 수 있다. 예를 들어, 어떤 군사 기술적 충격이 다음과 같은 상황을 만들었다고 가정하자. 먼저 공격하는 쪽이 이기는 것이 거의 확실하지만, 공격할 기회를 놓치거나 그것이 상대방에게 이전되면 우위가 사라진다. 이러한 경우, 일시적인 힘의 우세를 이용해 전쟁을 하는 것을 정당화할 정도로 힘의 이동이 충분할 수 있지만, 이 논리는 선제 공격의 이점이 어떻게 전쟁으로 이어질 수 있는지도

---

23 Van Evera(1984).

24 Jervis(1978), Van Evera(1998), Lieber(2000).

설명한다—따라서 이것이 공격—수비 밸런스 자체에 대한 이야기인지 분명하지 않다.[25] 둘째, 공격과 수비의 상대적 밸런스에 대한 *의견불일치*로 인해 위기협상이 깨질 수 있다고 생각해볼 수 있다. 가령, 만약 방어할 때보다 공격할 때 더 많은 땅을 취할 수 있다고 믿는다면 협상이 깨질 수 있다. 그러나 이 경우 전쟁을 일으키는 것은 공격—수비 밸런스가 아니라 좀 더 일반적인 것이다: 전쟁의 매력도에 대한 사적 정보.

또한, 군사전략에 관한 최근의 연구는 군사전략을 정보 문제를 *발생시킴으로써* 평화로운 협상에 도달하기 어렵게 만드는 바로 그 과정 중 일부와 연결시킨다.[26] 그림 8.2의 게임을 분석하면서 보았듯이, 그들의 계획된 진군 행로, 방어 및 정찰 자산의 위치 또는 기습 공격 계획의 존재 모두가 전쟁의 결과와 관련이 있기 때문에, 국가는 자신들의 군사전략의 상세 내용을 상대에게 숨기려는 인센티브가 있다. 이러한 정보는 공유되지 않는 경우에만 유용하다. 예를 들어, 1904년 공격 며칠 전에 일본이 러시아에게 포트 아더(Port Arthur, 뤼순) 공격 계획이 있다고 고지했다고 생각해보라. 러일전쟁을 불러온 놀라운 전략적 성공보다는 일본은 이미 요새화되어 있거나 일본의 선수에 맞대응하기 위해 선박들이 떠나버려 비어 있는 항구를 발견했을 수도 있다. 기습 공격의 이점이 무뎌져, 일본이 상당한 이득을 얻을 수 없었을 수도 있었다. 비극적이지만, 전쟁을 막을 수도 있었던 바로 그 정보가 군사적 이점이 사라지지 않는 한 종종 비밀로 유지된다: 대담한 기습 공격 계획에 대한 정보부터 전쟁에 동원되는 탱크, 포병, 전략 폭격기, 해군 선박의 위치에 관한 정보까지. 따라서 공격—방어 밸런스와 상관없이, 군사적 기술이 직접적이지 않더라도 국가들로 하여금 정보 문제를 발생시키게 하여 전쟁으로 이끌 수 있다. 정보 문제가 위기협상에서 평화로운 해결책을 찾는 것을 방해할 수 있다.

전쟁의 발발에 더하여, 국가들이 기술적, 지정학적, 인구학적 그리고 민주 정치적 요인에 비추어 선택하는 전략들이 전쟁의 존속, 결과 그리고 범위에 영향을 미칠 수 있다. 제1차 세계대전에서, 교전국들이 밀집 대형의 정면 공격을 포기하지 않았더라

25 Fearon(1995, pp. 402—404).

26 Meirowitz and Sartori(2008).

면 걸렸을 기간보다 확실히 더 긴 장기전으로 만드는 소모전략을 채택했지만, 당시 만연한 기술 수준을 감안하면 그러한 전략이 이해가 된다. 1980년대 피비린내 나는 전쟁에서 이란과 이라크 또한 어느 쪽도 준비되지 않은 전면적인 녹아웃을 추구하기보다는 전쟁을 계속할 수 있는 상대방의 능력을 약화시키는 것을 목표로 소모전략을 채택했다: 그 결과는 상대방의 저항 의지를 꺾기 위한 대부분의 노력이 허사로 돌아간 8년 전쟁이었고, 제1차 세계대전과의 동시대적 비교를 적지 않게 이끌어냈다.[27] 반군 운동도 자주 게릴라전을 채택하여, 재래식 장비를 갖춘 군대에 의한 패배 위험이 높은 전투를 거부하고 대신 적의 전투 의지를 소진시키는 선택을 한다. 이 경우에 갈등의 구조적 특성이 지형부터 기술적 우위 및 자원의 제약까지, 국가가 전쟁의 기간과 잠재적 결과에 영향을 미치는 전략을 선택하도록 한다. 짧은 전쟁이 파멸적이라면 교전국은 전쟁을 연장하기 위해 최선을 다할 수 있으며 그 반대의 경우도 마찬가지이다. 예를 들어, 1991년 걸프전에서 미군 주도의 연합군은 쿠웨이트를 점령하고 있는 이라크 군대를 차단하기 위해 이라크 남부를 무장 소탕하는 기동전 전략을 선택한 반면, 이라크는 참호전을 시도하면서 전쟁을 긴 교착상태로 만들어 적국의 대중들이 지쳐가기를 바랬다. 소모전은 적보다 오래 버티려고 노력한다는 의미에서 전쟁의 일반적 특성 중 하나이지만, 국가가 소모를 주요 전략으로 받아들이는 정도는 전략적 환경에 따라 다르다.[28] 국가가 기동 전략을 선택하고 그것을 올바른 지형과 결합시키면, 전쟁이 단기에 승리로 끝날 수 있다. 그러나 국가가 단순히 사상자를 내는 것을 목표로 하는 전략을 구사할 때, 전쟁은 더 길어지고 비용이 많이 드는 교착상태로 끝나는 경향이 있다.[29] 제1차 세계대전과의 비교가 교훈적이다. 1914–1915년 주요 참전국들이 신속한 승리를 위한 시도가 실패하는 것을 본 이후에도 소모전을 선택하지 않았다면, 그들은 훨씬 더 빨리 전투 능력을 소진하고 결과를 통제할 가능성이 훨씬 낮아졌을 수 있다.

27 사실 이란–이라크 전쟁은 소모적인 참호전 외에도 화학무기, 외국 채권자에 대한 압도적 부채 등 다른 대전들의 특징도 나타난다.

28 Langlois and Langlois(2009).

29 Bennett and Stam(1996).

만약 군사적 전략이 전쟁의 비용과 존속에 영향을 미칠 수 있다면, 한 국가가 어떻게 전쟁을 일으킬 것인가에 대한 상대방의 믿음이, 우선 위기를 조성할 것인지 아니면 처음부터 공격을 밀어붙일 것인지에 대한 계산에 영향을 미칠 수 있다: 즉, 군사전략은 자국이나 파트너에 대한 공격을 억제하는 국가의 능력과 연결될 수 있다. 군사전략과 억제력의 연계는 냉전에서 중요하게 여겨졌다. 4장과 5장에서, 억제력이 현 상황에 도전하는 비용이 아주 크다는 것을 잠재적인 공격자에게 명확히 인식시키는 것을 수반함을 상기하라. 이를 달성하는 하나의 방법이, 침입자가 영토를 얻기 위해서는 상당한 비용을 지불해야 함을 확실히 하는 것이다. 이를 위해 1980년대에 NATO가 소련에 비해 재래식 군사능력을 향상시키려고 노력한 것처럼 말이다. 붉은 군대와 그 동맹은 NATO보다 더 큰 군사력을 소집할 수 있었지만 NATO는 질로써 양을 대체하려 했고, 만약 바르샤바조약군이 풀다 갭(Fulda Gap)을 통해 서독 평원으로 쏟아지기 시작하면 지속 불가능한 사상자를 낼 것이라고 장담했다. 그러므로 유럽에서 NATO의 억제 전략도 그것이 서방에 대한 소련의 공격이 살인적인 비용이 들 것이라고 믿게 만들었으므로 소모전의 하나였다.[30]

냉전 동안 국가들은 처음으로 핵 억제력(nuclear deterrence)이라는 더 까다로운 문제와 씨름하였는데, 이 문제는 믿을 수 없는 것(핵전쟁으로 인한 인류 문명의 파괴)을 믿을 수 있게 (또는 적어도 충분히 그럴듯하게) 만드는 군사전략이 필요했다.[31] 소련의 서독 침입을 막기 위해, 미국이 어떻게 신빙성 있게 핵전쟁 위협을 가할 수 있었을까? 미국은 이를 위해 아이젠하워 대통령의 "대규모 보복(Massive Retaliation)"부터 케네디 대통령의 "유연한 대응(Flexible Response)" 같은 전략을 고안하였다: "대규모 보복"은 1950년대에 NATO 동맹국이 공격당할 경우 전면적인 핵 공격을 감행한다는 내용이고, 케네디의 "유연한 대응"은 "대규모 보복"을 믿을 수 없는 전략으로 보고, 미국 동맹 네트워크의 방어력을 향상시키기 위해 핵무기와 재래식 무기를 사용하는 다른 방법들을 추구한 것이다. 핵무기는 그 가공할 파괴력으로 인해, 행동을 바꾸도록 압박 또는 협박하는 도구로는 거의 쓸모가 없어졌다. 그러나 핵무기는 궁극의 억제 도구

30 Mearsheimer(1983, pp. 206–208).

31 Schelling(1966). 토마스 쉘링이 1950, 1960년대에 벼랑 끝 전술(brinkmanship) 아이디어를 분석하여 국제적 갈등, 국제안보 연구에 지대한 영향을 미쳤다.

이며, 다른 선택지가 없는 상황으로 자신을 밀어붙이지 못하도록 적을 설득할 수 있다.[32] 초기 냉전 이후 막강한 억제력의 기반이 된 상호확증파괴(mutually assured de–struction, MAD)를 폐기할 수도 있는, 국가 미사일 방어 시스템에 대한 최근 논의도 군사전략의 문제로 귀결된다.[33] 14장의 평화협정(peacemaking)과 힘의 밸런스 재구축에 대한 논의에서 보겠지만, 핵무기의 그림자는 핵무기 사용 가능성이 없더라도 국제정치의 경로를 바꾼다.

8.5 결론

우리는 제1차 세계대전을, 정적이고 좀처럼 결말이 나지 않는 참호전이었지만, 그랬어야 하는 것보다 훨씬 더 오래 지속되고, 더 많은 생명을 앗아가고, 더 많이 사회를 오염시킨 것으로 생각하는 경향이 있다. 대서양 민주국가들 사이에서 이러한 이미지는 미디어, 역사 그리고 공유된 기억에서 서부전선이 지배적이었던 것에서 연유한다. 가지지 않았거나 가질 수 없었던 정보에 따라 행동하지 못했다고 군사전략을 판단하는 것처럼, 상대적으로 기간이 짧고 밀집된 서부전선만 보면 전쟁에 대해 잘못된 결론을 내릴 수 있다. 제1차 세계대전의 전투는 플랑드르 평원에서 동유럽 평원, 코카서스의 험준한 고지에 이르기까지 거의 모든 곳에서 전략적으로 승패의 결말이 나지 않는 우유부단한 싸움이었다. 아무리 극적이고 아무리 압도적이라 하더라도, 돌파와 봉쇄는 신속한 철도 운송으로 가능해진 반격에 직면하여 흔들렸거나, 그들의 보급선보다 앞서 떨어져 고립되어 그들의 부대가 철수하는 것을 지켜보고 하루 더 싸우기 위해 살아남았다. 전투 자체가 승패가 없는 상황에서, 주요 참전국의 전략가들은 마지막 전투에서 승리하는 것만이 승리를 가져올 수 있다는 것을 깨달았다. 주요 기술적 또는 교리적 돌파구가 부족한 상황에서, 전쟁터에서 적군을 쳐부수고

32 Fuhrmann and Sechser(2014)와 Sechser and Fuhrmann(2013, 2017).
33 Powell(2003).

대체되는 것보다 더 많은 적의 병력을 죽이는 것만이 전쟁에서 이길 수 있는 길이었다.[34] 기동전과 정지전(static warfare) 모두 결정적이지 않았지만, 서부전선의 밀집된 조건에서 기동전이 더 값비쌌다－이러한 상황이 양측으로 하여금 참호를 구축하고 정면 공격보다는 포격과 간헐적인 공격으로 서로를 지치게 하는 전략을 선택하도록 했다. 장군들이나 정치인들이 특별히 무능해서도 아니고, 서부전선이 너무 짧고 동부전선이 너무 길어서도 아니고, 공세의 한계가 소모를 천천히 타오르는 잔인한 균형의 일부로 만들었기 때문에, 전쟁의 대부분에서 소모전이 규칙이 되었다. 이 균형에서는 수백만 명의 군인들이 죽음의 도구를 생산하기 위해 투입되는 수백만 톤의 철강과 다르지 않게 계산되었다.

소모전은 자기구속적인 전략의 조합이기 때문에 쉽게 도망갈 수 없었지만 무섭도록 값비싼 균형이었다. 그렇지만 전략을 그것이 만들어 낸 결과의 관점에서 설명하고 후회하는 것은 어리석은 짓이다. 이는 설명 가능한 정치, 즉 세계대전뿐만 아니라 우리가 배우고자 하는 모든 전쟁을 규정하는 *전략적 딜레마*를 보지 못하도록 막는다. 조제프 조프르의 경우를 보자. "만약 조프르가 9월 1일에 사망했다면 역사는 그를 서투른 사람 그리고 도살자로만 기억했을" 가능성이 있다.[35] 그러나 이 장은 프랑스가 국경전투에서 측면 공격당했다는 단순한 사실만으로－조프르가 마른에서 구원받았다는 사실을 무시하더라도－그러한 주장을 할 수 있는 충분한 근거가 되지 않음을 보여 주었다. 마찬가지로, 마른(Marne)의 기적 이후 시작된 소모전은 수비를 선호하는 전략적 인센티브와 참전국의 육군 상비군을 거의 전멸시켰던 개전 초기에 사상자를 최소화하려는 바람의 균형 조합으로 더 잘 이해될 수 있다. 남은 몇 년 동안 각 라이벌 연합은 적군보다 1년, 한 달 또는 한 주 더 버텨내기 위해서, 더 광범위한 수준의 사회적 및 군사적 동원을 통해 압력을 가했다. 소모전은 대부분 기다리기 게임이고, 아주 간간히 이기기 게임이다. 기술적 그리고 교리적 변화가 공세를 지속 가능하도록 만들었을 때 그리고 충분한 수의 미군이 대륙에 도착했을 때, 즉 1918년이 되어서야 비로소 소모의 교착상태가 무너졌다. 그러나 그 이야기를 하기 전에,

34 Philpott(2009, 2014).
35 Hastings(2013, p. 290).

우리는 먼저 이탈리아, 오스만 제국, 일본 그리고 중국을 포함하여 다른 국가들은 직접적으로 전쟁의 소용돌이에 휘말리지 않았는데도 왜 직접 전쟁에 뛰어들고자 했는지를 설명해야 한다.

09

편 고르기: 군사적 연합의 결성

편 고르기: 군사적 연합의 결성

폰 베트만-홀베크는 이러한 양보의 목적이 우리의 중립을 구매하는 것이라고 말했고, 따라서 신사 여러분들은 우리가 이를 받아들이지 않은 것에 대해 박수를 보내도 좋습니다.

안토니오 살란드라, 이탈리아 총리
1915년 5월 23일

제1차 세계대전에서는 승자조차 행복하게 걸어나오지 못했다. 그러나 전쟁 후의 후회는 뒤늦게 참전하고, 자신들의 강대국의 꿈이 좌절되는 것을 목도하고, 상관하지 않았다면 고통을 피할 수도 있었던 국가들 사이에 특히 강했다. 중립은 이탈리아와 오스만 제국에서 모두 인기있는 주장이었고, 두 국가의 지도자들은 전쟁 초반 이를 지키기 위해 어느 정도 노력을 했다. 중립에 대해 인기가 높고 즉각적인 위협이 없었음에도 불구하고, 두 국가가 궁극적으로 참전을 결정했다는 것이 이해하기 어렵다.

왜 이탈리아는 연합국을 위해 중립을 포기한 반면, 오스만 제국은 동맹국을 위해 중립을 포기했는가?

1915년 여름까지, 이탈리아의 오스트리아 트리에스테(Trieste)를 얻기 위한 노력은 이손조(Isonzo) 강에서 수렁에 빠진 반면, 오스만 제국은 코카서스(Caucasus)에서 러시아와 갈리폴리(Gallipoli)에서 영-프 연합군과 대치했다. 그럼에도 이탈리아도 오스만 제국도 중립을 포기함으로써 자신들의 운명을 개선할 수 있을 것으로 보이지는 않았다. 이탈리아의 제국 설계는 좌절되었고 전후 정치는 파시즘에 물들었으며, 오스만도 제국의 지위를 박탈당하고 아나톨리아 반도의 터키 국가로 대체되었다. 이들 국가들은 도대체 왜 참전했는가?

이 퍼즐의 해법은 참전에 대한 대안으로 중립이 아니라 (1) 그들을 분쟁으로 끌어들이려는 경쟁 연합들이 제공하는 조건과 (2) 전쟁 후 해당 연합이 약속된 거래를 이행할 것인가에 대한 약속의 신뢰성으로 우리의 관심을 이끈다. 이러한 방식으로 퍼즐을 풀면서 우리는 몇 가지를 배울 수 있다:

- 국가는 군사적 연합을 결성하기 위해 파트너에게 어떻게 보상하는가.
- 전시 행동에서 전후 보상의 중요성.
- 국가는 어떻게 동맹의 맹약을 존중하거나 포기하기로 결정하는가.
- 어떻게 철천지원수조차 전쟁에서 같은 편이 될 수 있는가.

우리는 이 장에서 어떻게 각국의 결정이 다양한 수준의 신뢰도로 약속과 위협을 남발하는 잠재적인 연합 파트너와의 협상의 산물로 나오게 되었는지 보게 될 것이다. 국가들은 연합 결성자(coalition-builder)에 의해 전쟁의 예상 비용에 대해 충분한 보상이 있을 경우에 그 연합에 가입하려 하는 반면, 연합 결성자는 되도록 그러한 약속을 하려고 하지 않는다. 국가가 잠재적인 적과 협상을 벌이는 것처럼, 적에 대항하는 지원을 확보하기 위해 (종종 주저하는) 잠재적인 파트너와 협상해야 한다. 이탈리아와 오스만 제국은 연합국과 동맹국이 제시하는 정치적 유인책에 가중치를 두고, 그 약속이 전쟁 전리품에 대한 몫을 보증하든 아니면 단순히 미래에 위협을 가하지 않겠다는 약속이든, 전쟁이 끝난 후 그 약속을 이행할 가능성이 더 높은 쪽을 위해 자국의 중립을 포기했다. 우리는 이처럼 전후 공약 이행의 영향력 아래서 연합을 구축하는 논리로 동아시아 전쟁의 기이한 특징 또한 설명할 수 있음을 보일 것이다: 1895년 중국의 지역적 지위를 찬탈하고 심지어 1914년 중국의 전통적 영토(산둥반도 칭다오)를 차지해 버린 불구대천의 적인 일본과 전쟁에서 같은 편에 서기로 결정한 중국의 결정. 연합 결성의 논리와 제1차 세계대전의 확장을 공부한 후에, 우리는 언제 그리고 어떻게 국가가 동맹 파트너를 버리기로 결정하는지 그리고 어떻게 군사적 연합이 일반적으로 국제정치, 갈등 및 힘의 밸런스에 영향을 미치는지 살펴볼 것이다.

9.1 이탈리아와 오스만 제국의 참전

1914년 10월과 1915년 5월 오스만과 이탈리아가 각각 참전을 결정했지만(그림 9.1 참조), 그럼에도 그들이 중립을 유지했더라면 두 국가 모두 1918년 훨씬 더 나았을 것이라는 것을 생각하는 것이 어렵지 않다. 오스트리아–헝가리와의 산악 국경에 집중된 이탈리아 군인의 전투 중 사망자가 약 50만 명에 달했지만, 대영 제국과 프랑스와 같은 다른 강대국과 대등하게 아프리카로 제국을 확장하겠다는 꿈은 승전국의 일원임에도 불구하고 산산조각났으며, 정치의 본체는 1920년대 초 파시즘이라는 공격적인 암의 희생양이 되고 말았다.[1]

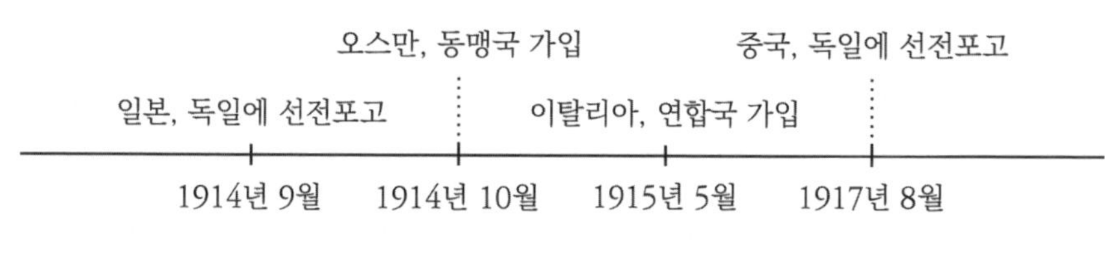

[그림 9.1] 기타 세력들 줄을 서다, 1914-1917

동쪽에서는, 코카서스에서 이집트로 그리고 레반트(Levant)에서 메소포타미아와 아

1 Kershaw(2015, 특히 6장) 참조.

라비아 반도로 이어지는 전쟁에서 약 30만 명의 오스만 군인이 전투에서 사망했다－이 과정에서 백만 명이 넘는 아르메니아인들이 강행군과 친 러시아 동조 혐의에 대한 잔인한 군사적 보복으로 죽었다. 승전국들 사이에서 오스만 제국의 영토가 분할되고, 칼리프가 쫓겨나고, 돌기 모양의 터키 국민국가로 대체되면서 전쟁은 끝났다. 이것들을 생각해보면, 두 국가 모두에게 중립을 유지하는 것이 사후적으로 훨씬 더 나아 보인다. 이탈리아는 그 군대와 보물들과 (상대적으로) 안정적인 정치적 생활을 보전할 수 있었고, 오스만은 그들의 오래된 제국의 존재를 보존할 수도 있었다. 그러나 두 나라는 각각 중립을 보장해 주겠다는 제안을 끝내 거부하고 말았다.

더 이해하기 어려운 점은 두 국가가, 이탈리아는 1914년 8월 3일 그리고 오스만은 8월 4일에, 신속하게 중립을 선언하면서 전쟁을 시작했다는 것이다.[2] 사후에 얻게 되는 지혜의 도움이 없더라도, 왜 그랬는지 이해하기 어렵지 않다. 6장에서 봤듯이 중립은 세계대전에서 분명히 그랬던 것처럼, 힘의 밸런스와 관련이 있을 때 위반자의 적들이 지키고자 열망하는 특정 권리와 특권을 수반한다. 군사적인 측면에서 두 가지 사실이 전쟁 초반 몇 주 그리고 몇 개월 만에 명확해졌다. 첫째, 아무도 오스만 제국이나 이탈리아를 직접적으로 위협하려는 경향을 보이지 않았으며, 짧은 버전의 전쟁에서 승리하기를 바라며 주로 다른 참전국에 관심을 집중했다.[3] 둘째, 설사 그것이 변한다 하더라도, 자기 방어를 위해 전쟁을 벌이는 것이 정복 전쟁보다 쉬웠다는 것이 증명되었고(8장 참조), 두 나라는 취약한 국경의 일부를 방어하는 데 산악 지형에 의지할 수 있었다. 게다가 중립은 대중들뿐만 아니라 콘스탄티노플의 술탄과 수상 그리고 로마의 하원을 포함한 두 정치 계층의 유력한 파벌에 인기가 있었다.[4] 다른 열강들이 서로를 갈기갈기 찢으며 싸울 때, 중립을 유지하며 전후 기간을 위해 군사와 물자를 아끼면서 1914년 말에 많은 일을 겪었다. 그러나 어느 정부도 중립 유지라는 입장을 옹호하려 하지 않았다.

오스만의 중립 선언은 이탈리아의 중립 선언 하루 뒤였으나, 전쟁 참여는 7개월이나 빨랐다. 오스만 해군이, 흑해에서 러시아 해군을 공격하기 위해, 얼마 전 "구입

2 Stevenson(1988, pp. 45, 47).
3 10장에서 장기전의 수용이 어떻게 교전국들의 전략을 급속하게 바꾸었는지 참조.
4 Stevenson(1988, pp. 45－51).

한" 선박에 대해 독일 선원에 의한 운행에 동의함으로써 1914년 10월 동맹국 편으로 승부수를 던졌다. 시간적 지연은 단순히 관료제적 나태의 결과가 아니었다. 쇠퇴하고 있는 자국의 전략적 지위를 강화하기 위해 어느 열강과도 조약을 맺기 위해 수개월 동안 노력한 끝에, 민족주의 "젊은 투르크(Young Turk, 공식적으로 Committee for Union and Progress)" 분파의 오스만 관리들은 러시아가 참전하는 대로 바로 전쟁에 참전하겠다고 약속하면서 8월 2일 독일과 협정을 맺었다.[5] 문제는 술탄과 그의 수상이 중립에 대한 선호를 유지하고 있었다는 것이다. 설상가상으로, 세계 최강의 해군력을 보유한 영국 또한 8월 4일 참전하면서 제국이 취약한 에게해, 지중해 그리고 중동의 측면이 가지는 값어치와 위협을 극적으로 높였다. 영국 해군의 지배력에 비추어 볼 때, 엄격한 중립에 대한 대가로 터키 영토를 보장하겠다는 연합국의 제안이 심지어 군사적 원조와 코카서스에서의 이득에 대한 독일의 약속에 비해서 매력적으로 보였다.[6] 젊은 투르크파가 궁극적인 참전을 보장하기 위해 노력하는 동안, 오스만 정부는 8월 6일 제국을 결국 전쟁으로 이끌 (*Yaviz Sultan Selim*과 *Medili*로 개명되는) 독일 순양함 두 척을 취득했다. 그러면서도 선박이 해협에 진입하고 연합국의 수도에서 경보 벨이 울렸을 때를 대비해 중립이라는 법적 함정도 보존하고 있었다.[7] 수개월 후, 해군력이 향상되고 오스만 제국 정부에서 젊은 투르크파의 위세가 수상을 능가하면서, 오스만 제국은 마침내 러시아 함대에 대한 공격을 승인했다. 이로써 상트페테르부르크로 하여금 11월 2일 전쟁을 선포하고 거의 500년 된 제국에 대한 궁극적인 파괴에 착수하도록 촉발시켰다.

오랫동안 동맹을 찾기 위해 전전긍긍한 오스만과 대조적으로, 이탈리아는 양면 전쟁의 가능성을 줄이려는 비스마르크의 욕망의 산물인 삼국동맹(Triple Alliance)에 의해 독일, 오스트리아-헝가리와 법적으로 구속된 상태에서 전쟁을 시작했다. 그러나 파트너들의 낮은 기대 덕분에, 이탈리아는 세르비아에 대한 오스트리아의 공격에서 촉

5 Stevenson(1988, p. 45). 또한 이것은 예방 전쟁보다 상대적인 힘의 감소에 대한 더 평화로운 대응을 보여준다: 예방적 동맹.

6 Stevenson(1988, pp. 45-46).

7 두 전함의 취득은 오스만이 영국에 주문한 두 척의 드레트노트에 대한 정확한 보상은 아니었다. 두 척의 드레드노트(HMS *Erin*과 *Agincourt*)는 선적되기 전에 압수되어 영국 해군에 편입되었다.

발된 러시아와의 전쟁에서 오스트리아를 지원할 의무가 없다고 고통 없이 발표할 수 있었다. 삼국동맹의 방어적 특성도 한몫을 했다. 7월 27일에 이르러, 이탈리아는 외국 영토 안의 이탈리아어 지역(*Italia irredenta*, 티롤지방의 합스부르크 영토와 아드리아해의 이탈리아어 지역)을 양보하는 형태로 보상이 나오지 않는 한 중립이 원칙이라고 독일과 오스트리아에 알렸다. 아직 고를리체-타르노프 공세의 극적인 승리가 있기 이전에, 겨울과 봄을 지나면서 서부, 동부 그리고 현재의 터키와 코카서스 전선에서 전쟁이 교착상태로 접어듦에 따라, 이탈리아에서는 참전의 매력에 대해 논쟁이 지속되었고 연합국의 이탈리아 지원에 대한 경쟁 입찰을 진척시켰다. 외교적 입찰 전쟁이 봄을 지나 1915년 4월 말까지 계속되었고, 이탈리아는 비밀스러운 런던조약에 서명했다.[8] 이로써 이탈리아는 당시 독일과 오스트리아가 제안한 것과 동일하게 많은 영토적 이득에 대한 대가로 이전 삼국동맹 파트너에 대항한 전쟁에 참여하겠다고 약속했다. 5월 20일까지 그다지 비밀스럽지 않은 런던조약의 조건이 삼국동맹에 충실하겠다는 기존의 약속과 부딪히게 되자, 이탈리아 하원은 연합국에 가입하는 쪽으로 압도적으로 투표했다.[9] 그러나 동맹국의 항복을 확보한 몇 달 후에, 이탈리아는 트리에스테(Trieste), 달마시안 해안의 다른 땅, 아나톨리아의 거점 그리고 아프리카의 식민지 기회에 대한 그들의 욕망이 좌절되는 상황을 목도하였고, 전후 연합국의 배신으로 인해 "훼손된 승리(mutilated victory)"의 가장 깊은 상처를 간직하게 되었다.[10]

전쟁에서의 재앙에 가까운 경험뿐만 아니라, 이탈리아와 오스만 제국 모두 그들의 궁극적인 적이 내건, 중립을 보장해 주겠다는 제안을 거절했다는 점을 강조할 필요가 있다. 전쟁 초반 몇 주 만에, "연합국은 엄격한 중립에 대한 대가로 터키를 보장하겠다고 제안했다."[11] 이 놓쳐버린 기회는 역사적 사안이었다. 마찬가지로 봄 내내 독일은, 최소한 이탈리아가 중립을 유지하고 최대한 연합국에 대항해 적극적으로 참전할 것을 바라며, 이탈리아 앞에 외국 영토 안의 이탈리아어 지역(*Italia irredenta*)을

8 그렇다. 이것은 다른 런던조약이다. 6장에서 영국을 대독일 전쟁으로 밀어 넣는 데 결정적 역할을 한 런던조약과 혼돈하지 마시오. 그 외에도 런던에서 수많은 다른 선언들이 있었다.

9 Stevenson(1988, pp. 57-58).

10 Kershaw(2015, 3장).

11 Stevenson(1988, p. 46).

포함하여 여러 가지 유인책을 내걸었었다. 오스만 제국과 이탈리아 모두 그들이 가지고 있던 것을 단순하게 지킬 수 있었던 그리고 아마도 다른 열강들이 전투에 너무 지쳐서 쉽게 얻을 수 있었던 절호의 기회들을 거부한 것처럼 보인다. 대안이 비용이 많이 들고 잠재적으로 파괴적인 전쟁일 때, 기본적으로 랭킹을 올리는 더 나은 방법이 무엇인가? 보기에 감질나게 하는 선택들임에도 불구하고, 두 국가 모두 소용돌이치고 혼란스러우며 모든 것을 집어삼키는 거대한 세계대전의 구렁텅이에 몸을 던졌다. 왜?

9.2 연합 결성에 대한 설명

중립의 명백한 가치는 제쳐두고, 돌이켜보면 이 장의 결정은 설명하기 쉬워 보인다. 이탈리아는 합스부르크 오스트리아가 통치하는 이중 군주국이 지배하는 땅을 몹시 탐냈고, 그 땅을 차지하기 위해 이탈리아는 1915년 이전에 다섯 번이나 싸운 적이 있었다.[12] 따라서 이탈리아는 중부 유럽과 남동부 유럽의 게르만 지배를 무너뜨리는 양립 가능한 목표를 추구한 연합국을 위해 삼국동맹을 저버렸다(1913년 이래로). 독일 장교로 참모를 꾸린 육군과 지금은 해군으로 중동에 대한 접근을 이뤄냈고, 이에 대해 카이저 빌헬름에 의해 오랫동안 축하를 받았던 오스만 제국은 전쟁 이전에 더 밀접하게 연결되어 있던 편을 선택했다. 그러지 않았다면 상황이 어떠했을까? 이러한 전후 맥락에 의한(post hoc) 설명은 유혹적이지만 그것이 옳다는 것을 의미하지는 않는다. 두 나라는 전쟁 비용을 아낄 수 있었던 중립을 가지고 불장난했다. 이와 같이, 중립에 대한 사후(ex post) 주장은 실제 선택에 대한 전후 맥락에 의한(post hoc) 주장만큼 설득력이 있다. 오스만도 이탈리아도 전쟁에서 성공하지 못했고, 전후 이익 배분에서는 옆에서 지켜보기만 했다. 여기서 "옆"은 영국과 프랑스가 지정학적 지배력을 강화하는 동안 1919–1921년 터키 안탈리아에서 잠시 서로 싸운 것을 의

12 Sondhaus(2014, p. 22).

미한다.[13] 2장과 5장에서 그랬던 것처럼, 전쟁 비용은 전쟁에 참여하기로 한 결정을 설명하는 데 심각한 퍼즐을 제기한다. 특히 표면적으로 더 나은 옵션－중립 보장－이 테이블에 남아 있는 것처럼 보일 때 그렇다.

퍼즐 9.1 왜 이탈리아는 연합국을 위해 중립을 포기한 반면, 오스만 제국은 동맹국을 위해 중립을 포기했는가?

오스만과 이탈리아가 중립을 포기한 결정을 설명하기 위해서는 6장에서 한 것과는 다른 방식으로 전쟁의 확장을 생각해야 한다. 영국의 개입은 목표가 무제한적인 것으로 여겨지는 세력에 맞서 밸런스를 잡는 직접적인 사례처럼 보이지만, 오스만과 이탈리아의 경우 행동에 더 많은 자유가 있었다. 1914년 말에 이르러서는 그것은 더 이상 프로이센의 군국주의나 오랫동안 지속되온 힘의 밸런스를 유지하려는 강대국에 저항하는 용감한 소국들에 관한 내용이 아니었다. 개입하지 않고 밖에 머무르는 것이 마지막 순간까지 남아있던 선택 사항이었고, 이것이 이탈리아와 오스만 제국 모두에게 잠재적인 파트너에 대한 협상력을 어느 정도 제공하였다. 참으로, 참전국들은 전쟁에 참여하고 참여하지 않는 것에 대한 상대적인 매력을 바꿀 수 있는 다양한 수단을 가지고 있었다. 중립은 벨기에와 룩셈부르크가 8월에 고생하며 배운 것처럼 그것만 따로 떼어내어 취해질 수 있는 결정이 아니다. 오스만과 이탈리아의 선택은 연합 결성의 전략적 과정 또는 다른 국가의 전쟁 목표를 수행하기 위해 전쟁 비용을 부담하는 것에 대한 보상에 대하여 잠재적 군사적 파트너 사이에 하는 협상의 일부로 생각하는 것이 가장 좋다. 국가는 대가를 기꺼이 지불하려는 연합 결성자에 의해 전쟁 비용을 보상받을 수 있을 때 군사적 연합에 참여하고, 많은 경우 잠재적 파트너에게 상당한 협상력을 제공한다.[14] 중립을 포기하고 어느 편에 설 것인가를 선택하는 각국의 결정은 이탈리아와 오스만 의사결정자들이 무엇을 보상으로 받아들일 것인가, 연합국과 동맹국이 어떤 조건을 제시할 것인가 그리고 이 절에서

13 물론 이것이 영국과 프랑스가 지정학적 지배를 강화하기 위해 전쟁에서 싸웠다는 것을 의미하지 않는다. 진정 그들이 원했다면 독일과 러시아가 자신들만큼 강해지기를 기다리지 않았을 것이다.

14 Wolford(2015)와 Wolford and Ritter(2016).

보겠지만, 가장 중요한 전후 협상에서 이루어질 후자의 약속에 대한 신뢰성에 달려 있다.

이 절에서 우리는 잠재적 참여국이 두 라이벌 연합으로부터 받는 경쟁적인 제안 중에서 선택을 하는 군사적 연합 결성의 거래 모형을 고려할 것이다. 기본적인 통찰은 단순하다: 전쟁은 낭비적이고, 선택권을 가진 경기자는 비용이 드는 갈등에 공짜로 참여하지 않는다. 한 연합의 전쟁 노력을 지원하는 것은 생명, 재산, 기회비용 등의 측면에서 비용이 들고, 잠재적 참여국들은 그들의 협조에 대한 대가로 일반적으로 어떤 형식의 보상을 요구한다.[15] 우리는 이러한 양보를 쉽고 간단하게 "보조금(side payments)"이라 부른다.[16] 연합 결성 과정을 게임이론 모형으로 분석함으로써, 오스만 제국과 이탈리아가 세계대전에서 편을 고르는 결정의 핵심이 연합국이나 동맹국이 제공하는 특정 보상 패키지의 *매력*이 아니라 승리 후, 즉 전후의 새로운 입장에서 협상이 재개될 때 확인되는, 그러한 약속의 *신뢰성*이라는 것을 알게 될 것이다. 국가는 전후의 새로운 국제질서를 규정할 협상 네트워크뿐만 아니라 중립과 관련해 현상이 유지될 것이라는 베팅의 리스크를 염두에 두고, 전쟁을 시작하고 참여하는 결정을 내린다. 중립의 단기적 매력 또는 협상 조건에도 불구하고, 잠재적 연합 파트너와의 (참전과 중립의 조건에 관한) 협상은 전후 세계의 구성과 그 안에서 자국의 위치를 확보하는 것과 관련이 있다. 그러나 어떤 행동 과정의 이득은, 국제 시스템의 정당한 무정부상태 덕분에, 다른 경기자들이 그들의 승리를 이용하지 않기로 맹약할 수 없다는 점을 고려하여 판단된다.

9.2.1 퍼즐 풀기

군사적 연합의 결성은 본질적으로 거래 과정이다. 군사적 협력을 위한 조건들에 관한 협상은 시장에서 벌어지는 수요자와 판매자의 흥정과 닮았다. 수요자는 판매자가 제안한 상품을 원하지만, 판매자는 수요자가 제시하는 가격이 자신이 받아들일

15 이 장의 모형과 예제는 Wolford(2015)의 군사적 연합의 정치에서 뽑았다.
16 Riker(1962).

수 있는 수준일 때에만 교환을 할 것이다. 군사적 협력을 협상하는 것은 다른 층의 복잡함을 더한다. 수요자(군사적 지원을 필요로 하는 국가)가 매력적인 가격(전쟁 비용을 커버할 수 있는 정치적 양보)을 제시할 수 있지만, 판매자(잠재적 참여국)는 자신의 도움이 있더라도 전쟁에서 성공하지 못할 수 있고 자신이 돕지 않기로 선택하더라도 호의적인 결과를 낳을 수 있음을 알고 있다.[17] 일반적으로, 연합 결성자는 승리 가능성에 더 큰 영향을 미치는 참재적 파트너에게 그리고 다른 파트너보다 더 높은 프리미엄을 요구할 수 있는 파트너에게 더 큰 보조금을 제안한다.[18] 연합국과 동맹국이 이탈리아와 오스만의 참전을 위해 그랬던 것처럼, 라이벌 연합이 동일한 파트너의 지원을 얻기 위해 서로 경쟁하면 그 조건들이 훨씬 더 후해질 수밖에 없다.

먼저 라이벌 연합들이 이탈리아 앞에 내밀었던 보상 패키지에 대해 알아보자. 동맹국은 오스트리아-세르비아 전쟁에서 이탈리아가 (삼국동맹으로 해석될 수 있는) 최소한 "호의적인 중립" 수준으로 유도되기를 희망하면서, 오스트리아의 일부 영토 제공과 달마티아 해안 주둔에 관해 막연한 약속을 제시했다.[19] 오스트리아는 물론 자국의 영토 일부를 라이벌인 이탈리아에 제공한다는 것에 대해 꺼려했지만, 독일에 의존하는 입장에서 선택권이 거의 없었다. 또한 독일은 동부를 안정시킨다는 헛된 희망으로 전쟁 후반에는 합스부르크 영토를 루마니아 제공하게 된다.[20] 반면, 연합국은 매우 유사한 잠재적 병합 패키지를 제안했다. 이탈리아에 요구되는 것은 중립을 포기하고 연합국 편으로 참전하는 것이었다. 만약 이탈리아가 어느 한쪽의 제안을 받아들이면, 그것은 곧 자동적으로 다른 쪽의 제안을 거부하는 것이다. 동맹국이 바라는 대로 중립을 유지하면서 동시에 연합국이 바라는 대로 참전을 선택할 수는 없다. 또한 길고 취약한 해안선에 대한 상당한 리스크 없이는 중립을 유지하면서 연합국의 공격을 막아낼 수 없었다.[21]

---

17 즉, 전쟁은 그 결과가 참가자뿐만 아니라 방관자에게도 영향을 미치기 때문에, 불가피하게 집합적 상품의 요소를 가진다.

18 Wolford(2015, 3장).

19 Herwig(2014, pp. 152-155).

20 Weitsman(2003, p. 94).

21 개인적으로, 부츠 같이 생긴 것이 약간의 이득이 있지만 안보와는 거의 상관없다.

동맹국

		존중	불이행
이탈리아	높음	2, 3	1, 4
	낮음	8, 1	4, 2

연합국

		존중	불이행
이탈리아	높음	6, 4	5, 2
	낮음	3, 1	2, 2

[그림 9.2] 이탈리아 경쟁적인 연합들 사이에서 선택하다

이탈리아가 당면한 딜레마가 그림 9.2에 나타나 있다. 그림 9.2에서 이탈리아는 어느 게임을 플레이할지 선택해야 한다. 이탈리아는 왼쪽의 게임을 선택하여 동맹국과 제휴하고, 연합국에 맞서 싸우는 것(높은 수준의 개입)과 호의적인 중립(낮은 수준의 개입) 사이에서 선택할 수 있다. 중립을 선택하여 참전하지 않는다 하더라도 양측의 라이벌 연합으로부터 마음을 바꾸도록 꾸준한 압박에 시달릴 가능성이 있다. 반대로, 이탈리아는 오른쪽 게임을 선택하여 연합국과 제휴할 수도 있다. 이 경우 이탈리아는 동맹국(특히 오스트리아-헝가리)과 맞서 참전해야 하며 높은 수준과 낮은 수준의 전쟁 노력 사이에서 선택한다. 전자는 적극적이고 공격적인 계획으로 오스트리아 영토를 차지하겠다는 것이고, 후자는 방어적 노력으로 오스트리아의 물자를 유출시키고 관심을 분산시켜 연합국을 만족시키는 정도이다. 모형을 단순화하기 위해, 이탈리아가 선택한 편이 전쟁에서 이긴다고 가정하자. 이렇게 해도 이탈리아가 고려해야 할 결과가 8개나 된다. 왜냐하면 이탈리아가 편을 정한 뒤에, 새로운 파트너(연합국 또는 동맹국)가 당초 이탈리아를 유인하기 위해 내걸었던 보상 패키지 제공 약속을 존중할 것인지 아닌지 사이에서 선택해야 하기 때문이다.

이탈리아가 제안을 받아들인다고 가정했을 때, 동맹국에게 최선의 결과(보수 4)는 이탈리아가 중립에만 머무르지 않고 연합국에 맞서 참전하고 승리 후에 동맹국이 거래 약속을 파기하는 것이다. (이탈리아가 선택한 편이 전쟁에서 이긴다고 가정했음을 상기하자.) 독일의 적들은 약해졌고 발칸반도에서는 합스부르크가가 지배하고 아드리아해는 오스트리아의 호수일 뿐이니, 팽창주의자이지만 일반적으로 약한 이탈리아에 대한 전후 공약 파기는 아주 유혹적일 것이다. 이탈리아에 대한 약속을 존중하는 것이,

오스트리아 영토의 일부를 제공하고 아드리아해 동쪽 해안에 대한 광범한 주둔도 포기해야 하지만 최소한 이탈리아가 연합국을 무찌르는 데 기여했으므로, 차선의 결과(보수 3)이다. 만약 반대로 이탈리아가 단순히 중립을 유지한다면, 동맹국 또한 그들의 약속을 불이행하는 것을 선호할 것이다. 약속을 불이행하는 것과 존중하는 것에서 각각 2와 1의 보수를 얻는다.

연합국의 문제는 약간 다르다. 만약 이탈리아가 높은 수준의 전쟁 노력을 투입하고 오스트리아 영토를 차지하면, 거래 약속을 존중하는 것이 아주 쉽다. 이탈리아는 자신이 획득한 것을 가질 수 있다. 연합국 멤버 중의 어느 누구도 문제의 땅의 처분에 관해 크게 관심이 없고 협상 내용을 불이행하기 위해 추가적인 노력을 들일 만큼의 가치가 없다. 따라서 연합국 측의 가장 높은 보수는 이중 군주국에 대항해 상당한 노력을 기울임으로써 제 역할을 다한 이탈리아와의 거래를 존중하는 데서 나오고(보수 4), 불이행은 그다지 매력적이지 않다(보수 2). 이탈리아가 높은 수준의 전쟁 노력을 투입할 때 낮은 수준의 전쟁 노력을 투입할 때보다 항상 높은 보수를 얻을 수 있다. 오스트리아 영토를 분할해 버리는 것이 연합국에게 여전히 매력적이므로, 좀 낮은 정도로 이탈리아의 요구를 존중하고 싶다고 가정할 수도 있다. 이탈리아가 낮은 수준의 노력을 투입할 경우에는 연합국이 협상 내용을 불이행하는 쪽으로 기운다고 가정하자. 그러면 2의 보수를 얻을 수 있고, 연합국 측에 가장 나쁜 결과는 이탈리아가 불만족스러운 노력을 기울였음에도 거래를 존중하는 것으로 1의 보수를 얻는다.

마지막으로, 이탈리아는 가능한 결과들에 대해 어떻게 평가하는가? 이탈리아에 가장 바람직한 결과는 동맹국이 요구한 대로 자신이 중립을 유지하고 전쟁에서 승리 후 동맹국이 맹약을 존중하는 것이라고 가정하자. 이 경우 이탈리아는 8의 보수를 얻는다.[22] 또한 동맹국 편에 참여하고 이탈리아가 높은 수준의 개입을 선택했음에도 약속한 영토를 양도하기를 거부하는 등 동맹국이 약속을 불이행할 경우 최악의 결과를 맞이한다(보수 1). 높은 수준의 개입과 오스트리아의 약속 이행은 조금 더 나은 보수 2를 주는데, 이 결과는 반도라는 비정상적인 지정학적 취약성을 고려할 때 필

22 여기서의 보수는 서수적(ordinal)임을 기억하자.

연적으로 연합국에 대항해 높은 전쟁 비용이 수반되기 때문이다.[23] 마지막으로, 이탈리아가 중립을 유지한 반면 동맹국이 불이행하는 것이 중간 정도의 결과이다－연합국을 상대로 하는 적극적인 전쟁 비용을 절약함으로써 최소 4의 보수를 얻는다. 만약 이탈리아가 연합국 편으로 가입했다고 하자. 비용이 들겠지만 높은 수준의 군사적 노력으로 이탈리아가 얻고자 원하는 것의 일부를 소유하고 그러한 이득을 연합국이 비준하면 두 번째로 높은 6의 보수를 얻는다. 연합국이 계약을 불이행한다 하더라도, 이탈리아는 산악지형에서 방어태세를 유지함으로써 전쟁에서 유리할 가능성이 높으므로 높은 수준의 노력 투입과 연합국의 불이행에 따른 보수가 그다지 나쁘지 않다(보수 5). 그러나 낮은 수준의 노력으로 이탈리아가 얻을 수 있는 것은 없다. 다만, 이탈리아는 원하는 것을 얻기 위해 더 많은 논쟁(그리고 싸움)과 함께 연합국의 지원(보수 3) 또는 연합국의 불이행(보수 2)에 의존해야 한다. 이것은 단지 높은 수준의 개입하에서 동맹국에 의한 존중과 불이행에서 얻을 수 있는 보수보다 한 단계 높은 보수이다. 전쟁에서 편을 고르는 결정이 단순하다고 말하는 것이 결코 아니다. 그리고 100년이나 지난 후 뒤늦은 깨달음을 가지고 보면 그 결정이 명확해 보일지라도, 확실히 이탈리아로서는 쉽지 않은 결정이었다.

그러면 이탈리아는 어떻게 선택할까? 어느 게임을 플레이할까? 최선의 결과(보수 8)를 얻기 위해서는 동맹국 편에 서야 하지만, 그것은 승리 후 독일과 오스트리아가 어떻게 행동할 것인가에 달려 있다. 연합국 참여에서 오는 상대적으로 매력적인 가능성들도 있지만, 그 역시 승리할 경우 자신의 맹약을 존중할 연합국의 인센티브에 달려 있다. 이탈리아의 명목상 동맹이자 단순히 호의적인 중립 유지만으로도 보상을 제공하고자 하는－그리고 무슨 약속을 하던 사후적으로 불이행하는 것에서 더 높은 보수를 얻는－동맹국부터 살펴보자. 약속된 양보가 대부분 이탈리아가 지옥에서도 붙잡고 있을 합스부르크 영토를 수반하는 상황에서, 그림 9.2에서 알 수 있듯이 동맹국은 불이행하는 것이 우월 전략(dominant strategy)이다. 이러한 사고방식은 1915년 봄까지 이탈리아와의 협상이 계속되는 동안에도 비엔나에 만연해 있었다: "(참모총장)

23 프랑스도 지중해에서는 바보가 아니었다. 프랑스 해군은 이탈리아의 해안선을 따라 영국해군의 파괴를 도왔다.

콘라드, (오스트리아 수상) 쉬튀르크, (헝가리 수상) 티사 그리고 아마 독일인들 또한 현재 구속을 받고 있는 약속이 전쟁 후에 취소될 수 있다고 생각했다."[24] 그리고 이탈리아도 전쟁 후를 위해 무슨 약속을 하든 결국 오스트리아와 독일의 선의에 따를 수밖에 없다는 사실을 인지할 수밖에 없었다. 이탈리아는 반복적으로 거래를 즉시 실행에 옮길 것을 요구했지만, 반복적으로 거부당했다.[25] 만약 이탈리아가 동맹국과의 게임을 플레이한다면, 독일과 오스트리아가 불이행할 것이라는 것을 예측해야 하고, 승리를 이용해 열강들 사이에서 개선된 위치로 도약할 수 없을 때 자신의 최적대응은 연합국을 상대로 적극적으로 교전하는 대신 낮은 개입을 선택하는 것이다. 따라서, 그림 9.2에서 동맹국 편에 서는 게임의 내쉬균형은 (낮음; 불이행)이고, 동맹국은 승리를 위해 이탈리아의 지원에 기대지 않고 전쟁 전에 이탈리아에 한 약속을 불이행한다.

정리 9.1 전략프로필 (낮음; 불이행)이 내쉬균형이다.

증명 전략 조합 (낮음; 불이행)이 내쉬균형이 되기 위해서는, 각 경기자에 대하여 다음이 만족되어야 한다:

$$u_I(\textit{낮음};\ \text{불이행}) \geq u_I(\textit{높음};\ \text{불이행})$$

$$\text{그리고}\ u_{CP}(\text{낮음};\ \textit{불이행}) \geq u_{CP}(\text{낮음};\ \textit{존중}).$$

$4 \geq 1$이므로 첫 번째 부등식이 만족되고 $2 \geq 1$이므로 두 번째 부등식이 만족된다. 어느 누구도 이익이 되는 이탈을 가지지 아니하므로, (낮음; 불이행)이 내쉬균형이다. □

동맹국은 협조적인 이탈리아와의 합의를 존중할 인센티브가 없지만, 그림 9.2의 오른쪽 게임에서 연합국은 이탈리아가 필요한 노력을 투입하는 한 합의를 존중하고자 한다는 것을 볼 수 있다. 물론 이 차이는 연합국과의 관계에서는 유사한 상황이 없는, 오랫동안 지속되어 온 이탈리아-오스트리아 라이벌 경쟁을 되돌아보도록 만

24 Stevenson(1988, p. 55).

25 Stevenson(1988, pp. 54-55).

든다. 만약 이탈리아가 연합국과 제휴하여 높은 수준의 전쟁 노력을 투입한다면, 그것은 오스트리아군을 동부전선에서 빠져나오게 하고 동맹국의 예비군 소모를 가속화시킬 것이다. 또한 이는 전쟁이 끝난 후에 통치하고자 원하는 영토의 일부를 차지할 수 있는 지위로 밀어줄 것이고, 따라서 이탈리아는 오른쪽의 게임에서 높은 수준의 전쟁 노력을 투입하는 것이 우월 전략이다. 이것은 연합국에게도 좋은 상황이므로 약속한 대로 외국 영토 안의 이탈리아어 지역(*Italia irredenta*) 병합을 허락하는 맹약을 준수한다. 불이행을 선택하여 이탈리아의 전리품을 거부하는 것은 이 시점에서 역효과를 낼 것이다. 따라서 연합국 편에 서는 게임의 유일한 내쉬균형은 (높음; 존중)이다.

정리 9.2 전략프로필 (높음; 존중)이 내쉬균형이다.

증명 전략 조합 (높음; 존중)이 내쉬균형이 되기 위해서는, 각 경기자에 대하여 다음이 만족되어야 한다:

$$u_I(\text{높음; 존중}) \geq u_I(\text{낮음; 존중})$$

$$\text{그리고 } u_E(\text{높음; 존중}) \geq u_E(\text{높음; 불이행}).$$

$6 \geq 3$이므로 첫 번째 부등식이 만족되고 $4 \geq 2$이므로 두 번째 부등식이 만족된다. 어느 누구도 이익이 되는 이탈을 가지지 아니하므로, (높음; 존중)이 내쉬균형이다. □

이 균형은 이탈리아에 6의 보수를 준다. 이 보수가 동맹국과 제휴했더라면 얻을 수 있었던 최대의 보수보다는 낮지만, 선택 가능한 옵션 중에서는 최선이다. 만약 이탈리아가 합스부르크 영토의 병합을 원한다면, 가장 신뢰할 수 있는 경로는 동맹국의 제안을 거절하고 우선 비용이 더 많이 들지만, 거래를 존중하거나 불이행하려는 파트너의 성향에도 불구하고, 확보한 것을 단지 유지함으로써 이탈리아의 약속을 효과적으로 유지하는 전략을 추구하는 것이다.

두 가지 선택(왼쪽 게임의 내쉬균형과 오른쪽 게임의 내쉬균형)에 직면했으나 온전한 형태로 실현되는 평화로운 중립은 헛된 희망에 불과하므로, 이탈리아가 중립을 포기하고 연합국 편에 서는 것이 전략적으로 합당하다. 왼쪽 게임을 선택하여 4의 보수를 얻고 오른쪽 게임을 선택하여 6의 보수를 확보할 수 있으므로, 이탈리아는 동맹국 대신 연합국을 선택한다. 수상 안토니오 살란드라가 5월 23일 연합국 참여를 알리는 연설에서 말했듯이,

> 조약의 조항 중 하나가 이행되지 않는 날에, 우리는 누구에게 우리의 사정을 말해야 합니까? 우리 공통의 상관인 독일에게 말해야 합니까?[26]

심지어 조약에 서명한 당사자들조차 삼국동맹이 "급할 때에는 도움이 되지 않는 시스템", 즉 초기 오스트리아-이탈리아 경쟁이 오스트리아의 대 세르비아 전쟁 등에 의해 활성화되지 않은 경우에만 실제로 작동할 수 있는 시스템이라는 것을 알고 있었다.[27] 오스트리아와 세르비아의 전쟁처럼 열강과 하나의 약소국 간의 전쟁이 그렇게 많은 다른 강대국들의 이해관계에 영향을 미칠 수 있다는 것은 역사상 드문 일이다. 만약 이탈리아가 전쟁에서 참전 비용(또는 취약한 중립)을 부담해야 한다면, 약속이 지켜질 가능성이 가장 높은 거래에 더 기울어질 것이다. 이탈리아 지도자들의 평가에 의하면, 중립은 단순히 독일 지배하의 유럽으로 끝날 것이며, 그 속에서 이탈리아의 목표는 좌절되고 대담해진 게르만 연합에 더 많은 것을 잃을 수 있었다.[28] 우리가 7장에서 보았듯이, 독일의 전후 지배에 대한 이러한 두려움이 동부전선에서 이중 군주국의 협력에 대한 열의 부족보다 더 많은 것을 설명한다. 또한 그것이 첫 번째 전쟁을 함께 해보기도 전에 삼국동맹을 분열시키는 데 일조했다.

공교롭게도, 이탈리아가 연합국과 손을 잡도록 한 동일한 논리로 지금까지 독일과 불편한 전시 협정이었던 것을 준수하기 위해 중립을 포기한 오스만 제국의 결정에 대해 조명할 수 있다. 이탈리아의 경우와 놀랄 정도로 유사한 과정이 전개되기 때문에, 오스만의 결정 과정을 묘사하기 위해 따로 게임을 준비할 필요도 없다. 연합국과 동맹국은 모두 오스만의 선택이 언젠가 전쟁을 결정할 수 있다고 생각한다. 따라서

---

26 www.firstworldwar.com/source/italiandeclaration.htm.

27 Stevenson(1988, p. 49).

28 이탈리아는 궁극적으로 연합국과 전쟁을 할 리스크를 떠안을 수도 있다.

그들은 재정적으로나 정치적으로나 그들이 할 수 있는 최대한을 제공하려고 노력한다. 한편, 오스만 제국은 자국의 결정이 양측 모두에 중요하다는 사실을 알고, 이탈리아처럼 협상에서 최대한 많이 얻어내기로 결심한다. 역시 두 라이벌 연합들이 제공하는 보상의 핵심적 차이는 그 내용이 아니라 전후에 맹약이 존중될 것인가에 관한 신뢰성이다.

이탈리아의 결정과 뚜렷이 대조되게도, 오스만 제국은 연합국이 오스만에 제안한 거래에 대한 준수 여부가 의심스럽다. 오스만의 중립이 러시아를 강화시킬 수 있고, 이것이 러시아에게 가장 중요한 그리고 전쟁 후에 포기하기 힘든 터키 해협에 대한 접근권을 확보할 수 있는 기회를 제공 때문이다.[29] 오스만은 독일로부터 증가된 군사 지원과 코카서스에서의 이득에 관한 약속을 얻는다. 이러한 측면에서 보면 결정은 간단하다. 연합국 조건하의 중립은 승리한 러시아 제국과의 미래 대결에서 오스만의 입지만 약화시킬 수 있고, 터키의 독립을 보장하는 약속을 공허하게 만들 것이다. 제국은 1914년까지 콘스탄티노플을 "차르그라드"로 바꾸려는 러시아군에 대항해 확실히 자신의 몫을 싸웠기 때문에, 연합국의 보증에 대한 회의론은 특별한 통찰력을 필요로 하지 않았다.[30] 반면, 동맹국과 같이하는 것이, 초기의 전쟁 결과에 비추어 상대적으로 안전한 베팅같이 보이기도 하고, 승리 시에 준수되기가 훨씬 더 쉬운 조건을 기반으로 한 것이기도 했다.

국가들은 단순히 싸움 그 자체를 위해 비용이 드는 전쟁에 참여하지 않고, 협상 테이블에 오른 가장 큰 제안을 맹목적으로 받아들이지도 않는다. 그들은 제안의 크기와 그 신뢰성을 비교해야 한다. 오스만 외부장관 탈라트 베이는 그의 회고록에서 제국의 딜레마를 이렇게 적었다:

> 내 자신의 입지는 흑해 사건으로 타격을 많이 입었지만, 그럼에도 불구하고 나는 계속 우리가 독일과 같은 편에 합류해야 한다고 믿었다. 연합국은 우리에게 현재의 영토를 보존해 줄 것이라는 약속을 계속 갱신하는 것 외에는 아무것도 해줄 수 없었다. 그래서 연합국에 합류해서는 얻을 것이 없었다. 더군다나,

29 Stevenson(1988, pp. 45–46).

30 해협을 지배하려는 러시아의 야망에 관해 Stevenson(1988) 참조.

> 우리의 동맹 독일이 힘든 시기에 우리가 독일에 대한 원조를 거부한다면, 그들이 승리했을 때 당연히 우리를 돕지 않을 것이다. 만약 우리가 중립을 유지한다면, 어느 쪽이 승리하든 그쪽 편에 서지 않았다고 터키를 확실히 처벌할 것이고, 우리를 희생시켜 그들의 영토적 야욕을 충족시킬 것이다.[31]

지금까지 우리는 궁극적인 평화의 조건과 그것이 오늘의 합의가 파기되기 전에 예방 전쟁을 시작하는 결정을 내리게 하고(4장과 6장), 파트너를 곤경에 빠뜨릴 수 있는 강력한 인센티브가 있음에도 협력 결정을 내리게 하고(7장), 여기 9장에서 보듯이, 중립으로 남거나 다른 군사적 연합에 가입할 강력한 인센티브가 있음에도 불구하고 특정 군사적 연합에 가입하는 결정을 내리게 한다는 것을 보였다. 대전에서 어느 편으로 참전할 것인지에 대한 오스만과 이탈리아의 결정이 이를 잘 보여준다. 전쟁은 전쟁 후 주변 국가 및 다른 열강들과 함께 살아갈 조건을 형성하는 수단이다. 국제 시스템의 전략적 상호 연계성이 처음에는 무관심했던 국가를 전쟁으로 몰아넣었다. 그들의 운명이 그들이 원하든 원하지 않든 다른 강대국들과 결부되어 있었기 때문이다.

9.2.2 이탈리아는 신의를 저버렸는가?

이탈리아가 오스트리아-독일의 진격에 대해 콧방귀를 뀌고 런던조약에 서명하면서 연합국 편에 섰을 때, 이탈리아는 (놀랍게도) 이전의 삼국동맹 파트너들에게 호의를 전혀 베풀지 않았다.[32] 독일 제국의회 앞으로의 공식 답변에서, 베트만은 라이벌 연합에 합류하기로 한 이탈리아의 결정에 대해 독설을 아끼지 않았다:

> 이탈리아는 이제 세계사 교과서에, 결코 바래지 않을 피의 글자로, 신의를 저버렸음을 새겼다.

---

31 www.firstworldwar.com/source/talaat_entryintowar.htm.

32 합스부르크 황제 프란츠 요제프는 "역사를 모르는 배신" 행위에 대해 "이탈리아 왕이 나에게 전쟁을 선포했다."고 말했다.

그는 덤으로 우리가 7장에서 논의한 동맹의 조약 위반의 잠재적 결과에 대해 훌륭한 요약을 덧붙였다:

> 이탈리아 정치인들은 어떤 조약에 대해 그들 자신의 충성도를 측정했던 것과 동일한 방식으로 다른 국가의 신뢰도를 측정할 권리가 없다. 독일은 약속한 대로 양보가 이루어질 것이라고 보장했다. 불신할 이유가 없다.[33]

위에서 봤듯이, 오스트리아 영토에 대한 독일의 제안이 상당한 불신을 야기했음에도, 심각한 신뢰의 위반이라고 딱지 붙인 베트만의 분노는 중요한 의문을 제기한다: 수십 년 지속된 삼국동맹의 파트너 국가들이 위기에 빠져있을 때, 왜 이탈리아는 파트너를 저버렸는가? 특히 그렇게 하면 미래에 동맹을 확보하고 맹약을 할 수 있는 이탈리아의 능력을 손상시킬 것임이 충분히 예측됨에도. 그리고 이것이 일반적으로 동맹의 맹약에 대해 우리에게 가르치는 것은 무엇인가?

동맹(alliance)은 미래의 (또는 진행 중인) 전쟁에서 연합의 구성을 구체화하기 위해 고안된 계약이다(정의 7.4). 국가들이 약속을 어길 수 있는 강력한 인센티브가 있을 때, 동맹은 그 국가들로 하여금 함께 일하도록 만들기 위해 당근과 채찍의 올바른 조합을 제공할 때 효과적으로 작동한다. 동맹 계약은 일반적으로 공개된다. (비밀 조약은 실제로 제1차 세계대전 후 여론에 엄청난 질타를 받았다.) 싸움이 시작될 때 누가 누구의 편에 설 것인지에 관한 믿음을 확립하면 (떠오르는 진영의 새로운 힘에 대항함으로써) 힘의 이동의 결과를 최소화하거나 (잠재적 적의 낙관론을 바로잡아 줌으로써) 싸움의 매력에 대한 불확실성을 줄여 힘의 균형을 유지할 수 있다.[34] 따라서 국가들이 그 자신들의 맹약을 준수하는 경향이 있는 동맹 시스템을 집합적 상품으로 생각할 수 있고, 위반한 국가의 미래 맹약을 믿지 않겠다는 위협에 의해 동맹에 대한 기여(즉, 개별적 맹약의 준수)가 장려된다.[35] 그것은 잠재적으로 강력한 선택적 인센티브이며, 국가는 신뢰할 수 있을 것으로 기대하는 파트너와의 동맹 또는 적군이 국경에 집결하기 시작할 때

33 www.firstworldwar.com/source/italywardec_bethmann.htm.

34 Morrow(2000), Tammen et al.(2000) 그리고 Leeds(2003b).

35 Gibler(2008).

파트너를 포기하지 않을 동맹에만 시간과 노력을 투자함으로써 그들의 역할을 수행한다.[36]

또한 국가는 자신이 싸우고 싶지 않은데도 동맹의 전쟁에 가담해야만 하는 함정에 빠질 위험을 줄이려고 노력한다.[37] 버림받을 리스크가 있는 것처럼, 동맹을 선별적으로 선택하고 구체적 의무에 주의를 기울임으로써 그 같은 함정에 빠질 위험을 줄인다. 국가는 중립 유지, 공격에 대항한 방어, 심지어 특정한 국가에 대한 공격과 이익 공유로 맹약을 제한할 수도 있지만, 모든 상황에서의 군사적 지원에 대한 포괄적인 맹약에 서명하는 경우는 드물다. 이러한 삼가함이 동맹으로 하여금 그 파트너를 포기하는 것을 더 어렵게 만들고 바람직하지 않은 전쟁에 휘말릴 기회를 줄이는 데 도움이 된다.[38] 예를 들어, 미국은 한국전쟁 이후 한국과 대만에 대한 맹약을 조심스럽게 디자인하여, 한국전쟁이나 중국 내전을 재개하려는 시도를 지원하기를 거부한다. 심지어 대만의 경우, 장개석의 외교정책을 억제하기 위해, 공격이 발생할 경우 원조가 제공될 것인지에 대해 고의적으로 모호함을 만들어 대만을 방어하기 위한 미래의 결정을 사실상 의회에 맡겼다.[39] 함정을 방지하려는 명시적인 시도는 동맹이 통제 수단이 될 수도 있음을 보여주며, 국가는 잠재적인 적국을 더 바람직하고 예측 가능한 외교정책에 묶어 놓겠다는 명시적인 목적으로 조약에 서명한다.[40] 예를 들어, 오스트리아-독일 동맹은 1866년 오스트리아가 프로이센의 손에 패배하면서 탄생했는데, 승자의 조건에 동맹 체결이 포함되어 있었다(그러나 그 동맹은 오스트리아-독일의 라이벌 경쟁을 완벽하게 억누를 수는 없었다).

믿을 수 있는 동맹과 신뢰할 수 있는 맹약을 맺기 위해 열심히 노력하기 때문에, 국가들이 동맹과의 맹약을 상당히 높은 비율로 준수한다는 사실에 놀랄 필요가 없다: 약 75퍼센트의 비율.[41] 전쟁에 참여해 달라는 요청을 받든 중립을 유지하라는 요청을 받든, 국가는 일반적으로 그들의 맹약을 준수한다. 그리고 실패 비용을 감안

36 Smith(1995).
37 Snyder(1984, 1997).
38 Leeds(2003a).
39 Benson(2012, 7장).
40 Mitchell(2000)과 Weitsman(2004).
41 Leeds, Long, and Mitchell(2000).

할 때, 그들이 준수할 의사가 없는 조약을 일상적으로 비준한다면 참으로 이상할 것이다. 사실 이탈리아가 표면적으로 삼국동맹을 저버린 것조차 약속을 어긴 것으로 읽기 어렵다. 삼국동맹은 방어적 동맹이었고, 이탈리아는 동맹이 까닭없이 다른 국가에 의해 공격받을 경우에만 독일과 이중 군주국 편에서 함께 싸울 의무가 있었다. 이탈리아 입장에서 오스트리아의 세르비아 침공은 합스부르크를 강화시키기 위한 공격적인 전쟁이므로 조약의 내용과 들어맞지가 않았다. 희소하지만, 깨진 약속이 끔찍한 결과를 초래하기도 한다. 하나의 예를 들면, 프랑스와 소련은 1938년 독일에 대항해 체코슬로바키아를 방어한다는 그들의 맹약을 지키지 않았다. 독일이 처음에는 주데텐란트(Sudetenland)를 그리고 나서 그 나라의 나머지를 병합할 때도 수수방관했으며, 1939년 독일군이 마침내 폴란드로 향하고 나서야 그러한 자세가 변하기 시작했다.[42] 무엇이 약속을 어기거나 위반한 사례와 국가가 압력을 받았을 때 의무를 이행하는 보다 일반적인 경우를 구분하는가? 달리 표현하면, 언제 국가는, 한때 서명하고 비준하는 것이 현명하다고 판단했던, 조약을 위반하는가?

예를 들어, 파트너 국가가 공격받을 때처럼, 국가가 동맹의 맹약을 존중할 것인지 여부를 결정할 때, 그들은 전쟁의 결과에 영향을 미치는 즉각적인 이익과 싸움의 비용 그리고 그들이 맹약을 지키는 것으로 비춰지는 후속 이익을 저울질한다. 동맹 체결 이후 국가의 군사력과 경제력이 급격하게 변하면 파기 옵션이 더 매력적인 것으로 변한다. 스스로를 방어할 수 있을 정도로 충분히 강해졌다면, 파트너에게 빚진 모든 것을 느끼지 못할 수도 있고, 반대로 더 약해졌다면 즉각적인 전쟁 비용을 회수하지 못할 수도 있다.[43] 마찬가지로, (민주주의에서 독재국가로 또는 반대로) 정치제도 또는 그들을 지지하는 국내 연합이 변하면, 소련 붕괴와 바르샤바 조약기구의 종말 이후 중부 그리고 동부 유럽의 많은 국가들이 그랬던 것처럼, 국가는 새로운 동맹을 모색하고 새로운 파트너를 위해 이전 파트너를 포기할 수 있다. 어떤 경우에는, 국가들이 맹약을 존중해야 하는 상황에 처하기 전에 단순히 조약을 폐기하거나 거부함으로써, 이러한 재정렬이 조약이 발동되기 전에 발생할 수도 있다.[44] 마지막으로, 승자를 지

42 Kershaw(2015, 6장).

43 Leeds(1999, 2003a).

44 Lees and Savum(2007)과 Leeds, Mattes, and Vogel(2009).

지하여 보상을 받을 수 있다고 믿거나 그들을 처벌하겠다는 위협이 신빙성이 없을 경우, 참여국에 의해 제공되는 보상뿐만 아니라 전쟁 자체의 이해관계가 이전 맹약을 위반하도록 유혹할 수 있다. 예를 들어, 소련은 1939년 나치 독일과 불가침 조약을 맺었다. 그때 나치는 스탈린이 폴란드를 함께 분할하고 핀란드와 발트해 연안을 침공하도록 허락해 주는 대신, 히틀러가 1940년에 프랑스를 침공할 때 러시아가 이전 맹약을 위반하고 같은 편에 설 것을 의무화했다. 수년간의 국내 혼란, 대대적인 숙청, 강제 산업화 이후 전쟁에 대한 준비가 되지 않은 상태에서, 스탈린은 자신이 프랑스를 구할 수 없으며 독일이 소련에 등을 돌릴 경우 서구 민주주의 국가들이 자국의 도움 없이는 전투를 계속할 수 없다는 사실을 알고 안심하면서, 프랑스에 대한 러시아의 맹약을 위반했다. 그 계산은 확실히 잔인할 정도로 냉소적이었지만, 그것이 맹약 위반에 대한 최소 비용이라고 스탈린이 믿었던 것에 비추어 설명할 수 있다.[45]

이탈리아는 1915년에 공식적 또는 법적 의미에서 조약의 의무를 위반하지 않았을 수 있다. 오스트리아-헝가리가 침략자인 것을 고려하고, 러시아와 프랑스와의 전쟁이 불가피해지자마자 이탈리아는 곧바로 중립을 선언했었다. 그러나 이탈리아를 연합국 편으로 밀어붙인 인센티브가 동맹국과의 더 강한 맹약에서 멀어지게 할 만큼 충분히 강했을 수 있다. 연합국의 인구 및 경제력은 독일 및 이중 군주국과의 장기전에서 확실히 우세했고, 연합국의 해군은 이탈리아 해안을 쉽게 위협할 수 있었고, 중립을 포기한 대가로 제안된 보상을 더 신뢰할 수 있었고, 열강으로서 생존이라는 전쟁의 이해관계는 합리적으로 시계(time horizon)를 단축시킬 수 있었다. 대재앙과 같은 세계대전에서 지는 편에 베팅을 하고 주변에 아무도 없다면, 누가 맹약을 지킨다는 평판에 대해 신경을 쓰겠는가? 비록 이탈리아의 연합국 가입 결정이 동맹의 맹약을 위반한 명백한 사례가 아니지만, 국가가 그들의 의무를 이행하지 않기로 선택한 비교적 드문 경우에 대한 실마리를 던져 준다: 조약 체결 이후 권력이나 제도가 변경된 경우 그리고 전쟁 자체의 성격이 맹약 위반 비용을 최소화할 때.

45 프랑스를 배신하는 것이 자본주의 국가를 피 흘리게 할 수 있다는 점에서도 적지 않은 추가적인 매력이 있었다.

9.3 동아시아에서의 전쟁

전후 평화협상은 약속과 위험을 모두 나타내며, 파트너가 이전에 한 맹약의 신뢰성이 어떤 국가가 왜 중립을 포기하는지 그리고 전쟁에서 어느 편을 선택하는지를 설명할 수 있다. 그러나 그림 9.2의 게임이 기대고 있는 더 일반적인 아이디어-전쟁 중에 내린 국가의 선택이 최종 협상에서 그 국가가 무엇을 그리고 얼마나 많이 얻는지에 영향을 미친다-가 전쟁의 가장 흥미로운 사건 중 하나를 설명할 수 있다. 20여 년 동안 부상하는 일본에 꾸준히 자리를 내준 후,[46] 2세기 반 동안 통치했던 청나라를 무너뜨린 지 겨우 2년 만에, 중화민국은 적국인 일본과 같은 편에 서서 대전에 참전했다.[47] 외무장관 가토 다카아키에 의해 추진되어, 1914년 11월 일본은 2개월 동안의 포위 공격 끝에 산둥반도에 있는 독일의 개항장인 칭다오를 장악하고 황해에 대한 실질적인 지배권을 획득했다.[48] 그리고 1905년 이래로 만주지역을 정치적으로 지배하고 있었던 탓에, 일본은 이제 육지의 북쪽과 남쪽에서 베이징에 접근할 수 있었다. 일본의 침략이 계속될 조짐이 보임에도 불구하고, 중국은 1917년 8월 독일과 오스트리아-헝가리에 선전포고함으로써 일본과 같은 편에 서게 되었다. 이러한 사건들을 그림 9.1에 이탈리아 및 오스만의 선전포고와 함께 배치했다.

퍼즐 9.2 왜 중국은 일본과 같은 편에 서서 독일에 선전포고했는가?

정치는 이상한 협력을 만들어내기도 하지만, 언뜻 보기에는 중국의 결정을 이해하기 어렵다. 공장과 전선을 돕기 위해 외교관과 노동자를 적극적으로 파견했지만, 지방의 일부가 혁명 이후 군벌주의로 전락함에 따라 중국이 유럽에서 싸울 입장이 아니었다. 중국의 제한된 군사적 능력을 제쳐두더라도 전투를 거부함으로써 일본의 산

46 일본은 1895년 1차 청일전쟁에서 지역적 계층제의 꼭대기에 있던 중국(청)을 무너뜨리고, 한국과 대만에 대한 지배권을 획득했다.

47 청일전쟁에 관해서 Paine(2003) 참조.

48 이 칭다오가 바로 독일이 세운 맥주 양조장으로 유명한 그 칭다오이다.

둥반도 주둔에 고무도장을 찍어 주는 것은 일본의 그 지역에 대한 장악력을 강화시켜 줄 뿐이었고, 그것이 일본의 열강으로서의 지위에 중요했다.[49] 이탈리아와 오스만은 승리 후에는 더 이상 그들을 착취하지 않겠다고 맹약할 수 없었던 라이벌들과 결국 전쟁을 벌였다. 연합의 파트너십이 중국 영토에서 일본의 입지만 강화시킬 수 있다면, 왜 중국이 전쟁에 참여해야 하는가? 당시 중국 정치권이 동의했던 것처럼 항일이 진짜 목표라면, 중립을 지키고, 신생 중화민국 정부를 강화하고, 기회가 왔을 때 산둥을 탈환할 준비를 하는 것이 어떠했을까?[50]

참전을 향한 중국의 길이 멀었지만, 그것은 일본의 주둔 문제뿐만 아니라 전쟁 이후 산둥을 중국에 반환하겠다는 일본의 1914년 약속의 신뢰성과도 연결되어 있었다.[51] 일본으로서는 전쟁에서 최선의 노력을 다한 후 무혈로 산둥을 회복하는 것이 가장 매력적이었다. 그러나 1915년 일본 외무장관 가토가 중국의 참전을 방해하고자 악명높은 "21개조 요구"를 발표했을 때, 중국을 속국으로 만들기에 충분한 경제적, 정치적 권리를 주장했을 때 그리고 중국에 협상을 비밀로 하라고 명령했을 때, 게임은 끝났다. 중국은 추론했다: 다른 연합국 참가국들이 승인하지 않을 것이라는 것을 알았기 때문에, 일본으로서는 요구사항의 범위가 조용히 비밀로 유지되기를 원했을 것이다. 중국의 지도자들은 일본이 (꼭 그렇게 해야 할 이유가 없다면) 중국 주둔을 포기하지 않을 것이라는 것을, 일본의 파트너 열강들이 이 문제에 관해 일본을 제지할 수도 있을 것이라는 것을 그리고 전후 협상 테이블에서 일본은 중국이 지역적 계층제에서 몇 단계 위로 올라가는 것을 방해할 것이라는 것을 재빨리 추론했다. 중국은 21개조 요구를 공론화했고 가장 극단적인 조항의 일부 완화를 얻었지만, 중국 북부에서 일본의 영향력이 점점 커지고 이에 대한 국내 항의가 상당해지자 1917년이 되면서 중립을 유지할 수 없게 되었다. 1917년 8월, 외교관계를 끊은 지 몇 달 후, 중국은 독일과 오스트리아−헝가리에 대해 선전포고했다.

---

49 일본 참전에 대한 국내의 정치에 관해 Hamilton and Herwig(2004, 8장) 참조. 일본이 연합국에 가입하는 것은 처음부터 정해진 필연적 결론이 아니었다. 독일과 같은 편에 서는 것이 러시아 견제에 도움이 되었기 때문이다. 그러나 독일 식민지를 쉽게 얻을 수 있다는 미끼와 영국과의 관계 유지가 결정적인 역할을 했다.

50 Xu(2017, p. 247).

51 Stevenson(1988, p. 43).

중국이 제공할 수 있는 대부분이 노동자뿐인데 굳이 전쟁에 참전하는 운명적인 발걸음을 내디딘 이유는 무엇인가 그리고 언제 중국이 산둥을 해방시키기 위해 군사적 행동을 하지 못하도록 자신의 손을 묶을 것인가? 역사상 최초로 그리고 진정으로 힘의 밸런스를 글로벌 차원에서 재설정하게 될 궁극적인 평화조약의 약속이 그 해답을 제공한다. 일본과 중국은 제1차 세계대전에서 똑같은 것을 가지기를 원했다: 중국. 일본은 처음에는 독일이 점유한 지역들을 차지할 수 있어서 참전했지만(그리고 1902년 영-일 동맹의 호의적 내용 때문에 연합국도 그것을 막을 수 없었다), 시간이 지남에 따라 중국이 전후 평화회담장에 서는 것을 막기 위해 중국을 차단하는 데 전념하게 되었다. 중국이 전쟁 노력에 어떤 종류의 기여를 한다면 그 대가로 휘두를 수 있는 힘을 얻을 수 있는 입장에 서 있었다. 중국의 목표는 영국이 서부전선에서 군대를 유지함으로써 보존하고자 했던 것과 같은 레버리지(영향력)를 얻는 것이었다. 아시아 본토에 대한 지배력을 한층 더 강화하기 위해 전쟁을 이용하려는 일본의 손을 묶기 위해, 이미 서방 열강의 입에 오르내리고 있는 민족자결의 원칙에 호소하기 위해서였다. 중국은 산둥에 대한 일본의 장악력을 깨뜨리기 위해 신빙성 있게 전쟁 위협을 할 수는 없었지만, 만약 중국이 평화협상의 장에 설 수 있는 지위를 얻는다면, 중국에서 일본의 제국주의 프로젝트를 중단시키려는 노력에 자신들의 군사력이 아니라 다른 승전 열강들의 통합된 권위를 투사함으로써, 그 지도자들은 피를 흘리지 않고 똑같은 것을 성취할 수도 있었다.

일어난 대로, 승전국들은 베르사유에서 전후 일본이 산둥에 계속 주둔할 수 있도록 허락하겠다는 비밀 약속을 지켰다. 중국에 대한 배신은 실제로 미국 상원이 베르사유 조약의 비준을 저지시키는 데 도움을 주었다. 그러나 일본은 다른 열강들의 압력에 의해 1922년 산둥을 마침내 양보했다. 아무리 지연되더라도 그리고 얼마나 많은 실망들이 함께 오더라도, 제1차 세계대전에서 연합국과 같은 편에 서는 것이 중국의 희망이었다: 협상 테이블에 자리를 얻어 일본의 세력 확대를 제한하는 것에 대해 다른 열강들의 관심을 불러일으키는 것이 목적이었다. 이탈리아와 오스만의 결정보다 훨씬 더 그랬지만, 중국의 제휴 결정에서 (그리고 그러한 제휴가 발생하지 못하도록 방해한 일본의 좌절된 시도에서) 주요했던 요인은 전시에 이루어진 약속의 신뢰성이었고,

전후 협상에 참여할 수 있는 가능성이 그러한 약속을 신뢰할 수 있게 만들었다. 중국의 신생 공화국이 중립을 선언하는 것은 수십 년 동안 아시아에 건설하려고 노력해 온 바로 그 제국의 핵심 부분을 포기하겠다는 일본의 믿을 수 없는 맹약에만 의존했어야 했다. 따라서 일본에 대해 권력정치적으로 승리하고자 하는 중국으로서는 일본과 *같은 편에서* 참전하는 것이 최선의 희망이 되었다.

9.4 연합과 국제정치 II

7장은 우리에게 왜 국가들이 군사적 연합을 만들려고 하는지 설명했다: 군사적 능력의 결집에서부터 주둔지 및 주둔권 확보, 전쟁 비용 절감 및 국제적 합법성 구축에 이르기까지. 그러나 또한 7장은 일단 군대가 전장에 나가고, 사상자 수가 늘어나기 시작하고, 전쟁에 쓰이는 비용이 다른 우선 순위들을 밀어내기 시작하면서 등장하게 되는, 협조 유지를 방해하는 도전들에 대해서도 강조하고 있다. 우리는 연합이 파트너를 배신하는 비용을 높임으로써 집단적 행동 문제를 해결하는 데 어떻게 도움이 되는지 보았지만, 국가 또한 협조를 시도하고 유지하기 위해 부차적인 보조금과 양보를 제공하는 등 긍정적인 유인책을 사용하기도 한다. 독일은, 부분적으로 동맹국 내에서 차지하는 정치적 우위 덕분에, 자신의 동맹들한테 유인책을 제공하는데 고전했다: 그것이 오스트리아-헝가리의 열렬한 협력과 이탈리아의 삼국동맹 지원 의지 모두에 걸림돌이 되었다. 반면 연합국은 그들의 전시 목표가 상당 부분 양립가능했기 때문에 좀 더 효과적으로 협조를 유지할 수 있었다. 즉, 각국은 전쟁에서 파트너를 너무 많이 침해하지 않으면서 개별적인 목표를 어느 정도 만족시킬 수 있었고, 집합적 행동 문제의 난이도를 낮추었다.[52] 그러나 지금까지의 이야기는 처음부터 국가가 어떻게 연합 파트너와 성공적인 협상을 성사시킬 수 있었는지에 대한 질문을

52 보겠지만, 이미 패배한 러시아가 1918년 초 독일과 별도의 평화협상을 맺을 준비를 갖추게 하려면 볼셰비키 혁명이 필요하다.

제기한다. 정치과학의 최근 연구는 누가 어떻게 군사적 연합을 결성하는지 그리고 누가 거기에 가입하게 되는지에 대해 많은 것을 가르쳐 준다.

이 장에서 우리가 말한 전쟁의 확장(war expansion) 이야기는 연합 구축에 작용하는 핵심 메커니즘 중 일부를 드러낸다. 첫째, 잠재적 연합 결성자－또는 추가할 멤버를 찾고 있는 연합－는 자신에게 세 가지 질문을 해야만 한다: "얼마만큼의 군사적 지원이 필요한지, 그것에 대해 얼마나 지불할 용의가 있는지 그리고 누가 그 가격에 도와줄 용의가 있는지?"[53] 국가들은 원시적 군사 능력, 재정 지원, 주둔 및 준비 권한, 다른 국가들의 승인을 통한 합법화 및 외교적 보호에 대해 파트너에 의지하는데, 각각의 요소들이 전쟁 중 군사적 전망에 대해 서로 다른 영향을 미친다. 그러나 서로 다른 기여는 서로 다른 국가들로부터 서로 다른 가격으로 나온다. 그리고 잠재적 파트너들은 연합 결성자가 도움이 절실할 때 힘든 조건의 협상을 걸어올 수 있다. 잠재적 파트너가 재정적으로 또는 군사적으로 강력하거나, 지정학적으로 중요한 곳에 위치하거나 그 국가의 지원으로 다른 국가들의 도움을 획득할 수 있으면, 그 국가는 연합 결성자에게 보다 나은 조건을 요구할 수 있다. 물론 문제는 잠재적 파트너가 연합 결성자가 양보하기 힘든 것들을 요구하는 경우이다: 승전 전리품에 대한 지분, 차원이 다른 외교정책의 양보(개별적인 적국들에 대항한 도움), 재정적 또는 군사적 지원, 심지어 전쟁 목표, 교섭 자세 그리고 교전 전략의 수정까지.[54] 군사적 연합은 결성자(즉, 수요자)가 파트너가 요구한 조건들(공급자의 가격)을 받아들일 만하다고 여길 때 만들어지고, 그 과정이 항상 쉽지만은 않다: 특히, 피비린내 나고, 파괴적이고, 예측불가능한 전쟁이 다가오는 상황에서는.

이러한 연합의 협상이 실제로는 어떻게 보일까? 협조를 담보하는 하나의 공통적인 방법은 승리의 전리품에 대해 또는 더 즉각적인 외교정책의 양보에 대해 협상하는 것이다. 제1차 세계대전의 참전국들처럼, 1912년 세르비아, 그리스, 불가리아 그리고 몬테네그로의 발칸 리그는 제1차 발칸전쟁에서 오스만 제국으로부터 획득할 것으로 예상한 땅을, 비록 그 조건들이 안정적이지 않았음이 증명됐지만, 어떻게 분배

---

53 Wolford(2015, 3장).

54 이러한 양보는 동맹 협상에도 존재한다. Long and Leeds(2006), Poast(2012) 그리고 Johnson(2015) 참조.

할 것인가에 대해 합의했다.[55] 소련은 1945년 독일의 패망 전망 이후 일본과의 전쟁에 참여하겠다고 약속하는 대가로 군사 장비의 새로운 투입과 지역에서의 영토(특히, 일본과 분쟁 중인 사할린 섬) 조정 약속을 함께 요청했다.[56] 터키는 1991년 걸프전 연합에 참가하는 대가로 재정적, 군사적 유인 패키지를 요청해서 받아냈다. 터키는 그들의 전우들이 남쪽에서 빠른 기갑 공격에 직면했을 때, 상당한 수의 이라크 병력을 묶어두기 위해 연합에 공군 기지 사용과 북부전선을 연다는 단순한 위협을 허락했다. 가끔은 협상이 그렇게 쉽게 성사되지 않는다. 2003년 미국 주도의 작은 연합이 이라크 정부 전복을 목표로 했을 때, 터키에 대한 제안 조건—재정적, 군사적 지원과 EU 가입 지원—이 충분하지 않자 터키 국회가 드라마 같은 11시간 투표를 통해 미국 연합 참여를 거부하는 결정을 내렸다.[57] 마지막으로, 어떤 수요자들이 너무 적게 제안할 수 있는 것처럼, 어떤 공급자들이 너무 많이 요구할 수도 있다: 미국은 한국전쟁 당시 파키스탄과 대만의 지원 제안을 거절했는데, 파키스탄은 방어 조약과 카슈미르에서 인도에 대항해 지원해 줄 것을 요구했고, 대만은 장개석이 중국 내전을 재개할 수 있도록 허락할 것을 요구했다—이러한 요구는 공산주의 블록과 UN이 지원하는 연합이 충돌하게 하여 제3차 세계대전에 휘말리게 할 수도 있었다.[58]

파트너의 협조 확보에 실패하면 간접적으로 전쟁에 영향을 미칠 수 있다. 심한 경우 잠재적인 파트너가 적과 같은 편이 될 수도 있다. 그러나 7장에서 봤듯이, 어떤 파트너들은 그들의 서비스를 제공하기 전에 전쟁 목표와 협상 전략을 수정할 것을 요구하는데, 이는 위기협상 과정과 전쟁 그 자체에 직접적으로 관찰 가능한 방법으로 영향을 미칠 수 있다. 예를 들어, 1991년 이라크의 쿠웨이트 병합을 되돌리려는 미국 주도의 연합이 기지와 집결지 목적으로 사우디아라비아의 영토가 필요했으나, 사우디 황실은 비용이 많이 들고 혼란스러운 (이 지역에서 이란의 야망에 대한 보루로 남아있는) 이라크의 해체로 이어지지 않을 경우에만 자국 영토로부터 침략이 진행되도록 허용할 것이라고 분명히 했다. 이에 따라, 미국은 전쟁 목표에지역의 힘의 밸런스를

55 Hall(2000)과 Glenny(2012).

56 Frank(2001).

57 1991년과 2003년의 터키와의 협상을 비교하기 위해 Wolford(2015, 3장) 참조.

58 Stueck(1995, 2004).

뒤집지 않겠다고 약속함으로써 비판적인 사우디의 지원을 확보하고, 바그다드까지 진격하지 않겠다고 약속했다.[59] 마찬가지로, 1990년대 유고슬로바키아 내전에 대한 세 번의 개입에서, 미국은 이탈리아와 독일과 같은 주요 동맹의 지원을 유지하기 위해, 지상 침공 같은 보다 광범위한 전쟁 노력에 반하는, 제한된 공습에 동의했다. 이들 국가들의 근접성이 작전을 수행할 수 있는 공군 기지를 제공했지만 보복이나 파급효과의 위험이 더 컸다.[60] 가끔 이러한 타협이, 7장에서 봤던 것처럼, 신호 실패(signaling failures)로 이어지지만, 제한된 전쟁 목표 또는 전쟁 전략에 대한 맹약은 또한 전쟁의 우세와 추가 확장을 방해할 수 있다. 독일과의 제휴로 오스트리아가 7월 위기 국면에서 제한된 목표를 가졌다는 자국의 주장을 믿을 수 없게 만들었듯이, 한국전쟁에서 대만을 배제시키고 그리고 1991년 이라크 정부를 전복시키지도 않고 이스라엘의 걸프전 연합 참여를 허락하지 않은 쌍둥이 결정도 그러한 갈등의 확장을 막는 데 도움이 되었다.[61]

그러면 어떤 조건들이 군사적 연합의 형성에 도움이 되는가? 열강들은 종종, 그들이 자주 그들의 국경을 넘어서 권력을 투사하기 때문에, 연합을 형성한다. 그중에서 지역적 기지와 집결지 확보가 중요하며, 광범위한 외교적 지원을 획득함으로써 잠재적인 균형자를 재보증하는 경우도 있다. 1991년 소련의 걸프전 동의가 수많은 국가들로 하여금 미국 주도의 연합이 견제가 필요한 위협이 아니라고 판단하는 데 도움을 주었다.[62] 확실히, 미국은 냉전이 끝난 후 거의 "기본 옵션으로" 연합을 구축했다.[63] 기존에 존재하는 동맹 조약들이[64] 파트너의 지지를 획득하는 비용을 낮출 수 있고,[65] 연합의 결성을 더 쉽게 만든다. 그러나 연합 결성자들이 더 초조하게 파트너들을 찾기 때문에, 그들이 덜 선택적으로 되며, 파트너로서 묵인하지 아니할 국가들

---

59 Atkinson(1993), Bush and Scowcroft(1998) 그리고 Kreps(2011).

60 코소보 위기와 전쟁에 관해 Wolford(2015, 4장)를 그리고 보스니아 전쟁에 대해 Papayoanou(1997) 참조.

61 Wolford(2015, 5장).

62 Voeten(2005)과 Chapman(2011).

63 Kreps(2011).

64 Wolford(2015, 3장).

65 Tago(2007)와 Vucetic(2011b).

의 지원을 얻기 위해서 더 높은 가격을 지불한다.[66] 예를 들어, 영국과 프랑스는 이전의 나치－소련 공모와 미래의 전후 협상이 어려워질 것이 확실함에도 불구하고, 1941년 소련이 독일에 의해 침공받자 소련과 협력했다. 그 이유는 단순히 승리를 향한 더 나은 경로가 없어 보였기 때문이다.[67] 그리고 나중에 보겠지만, 그들은 제1차 세계대전에서 자신들의 목표에 대해 공개적으로 양면적인 (그리고 가끔은 적대적인) 입장을 취한 미국으로부터의 지원도 받아들였다. 왜냐하면 달러(그리고 궁극적으로 미군)의 지속적인 유입이 없다면, 연합국이 대전에서 패배할 수도 있었기 때문이다.

9.5 결론

우리가 전쟁의 확장에 대해 이야기할 때－즉, 진행 중인 갈등에 새로운 교전국이 추가되는 것－우리는 종종 퍼짐(spread), 발산(diffusion), 전염(contagion) 같은 전염병학적인 용어를 사용한다.[68] 이러한 용어들이 강력한 비유가 될 수 있지만, 우리가 이 장에서 봤듯이, 전쟁이 확대되는 방식에 대해 중요한 것을 빠뜨리고 있다. 전쟁은 독감처럼 걸리지도 않고, 전쟁은 일종의 선천적인 시한폭탄처럼 모든 예방조치에도 불구하고 갑자기 터지지도 않는다. 국가들은 전쟁 비용을 충당할 수 있는 보조금에 대한 대가로 군사 협력을 제공하는 협상 과정의 결과로, 종종 의도적으로 갈등에 끼어들기도 한다. 이미 전쟁에 개입되어 있는 나라들은 잠재적인 파트너들이 전쟁에 참여할 수 있는 조건을 만들어 지원을 구하게 된다. 신뢰할 만한 보조금이 없다면, 이 장에서 우리가 살펴보고 있는 어떤 국가도 참전한다는 것을 상상하기 어렵다. 중립을 유지할 강력한 인센티브에도 불구하고, 오스만 제국, 이탈리아, 일본 그리고 중국 모두, 전쟁의 결과로 그들이 얻을 수 있는 것과 그러한 양보를 이행하겠다는 약속

66 Starr(1972), Wolford(2015, 3장) 그리고 Wolford and Ritter(2016).

67 Kennan(1984).

68 예를 들어, Gleditsch(2002) 참조.

이 신뢰할 수 있는지 여부를 주시하며, 대전에 참전했다. 오스만과 이탈리아는 라이벌 연합이 제시하는 두 보조금 패키지 중에서 더 신뢰할 수 있는 것을 선택함으로써 참전한 반면, 일본과 중국은 최종적인 평화회담에서 서로에 대해 우위를 점하기 위해 합류했는데, 각국은 중국에 있는 독일 점유지와 중국 자체의 미래를 결정하는 연합국의 결합된 힘을 활용하기를 희망했다.

군사적 협조를 유지하는 것이 어려움에도 불구하고(7장 참조), 연합국과 동맹국 모두 장기간의 근접 소모전에서 결정적인 기여를 할 수 있는 중립 세력의 충성을 얻기 위해 1년 동안 경쟁을 했다.[69] 불가리아, 루마니아, 그리스를 포함한 다른 중립국들은, 오스만 중동에서 외세의 지원을 받는 봉기의 지도자들이 그랬듯이, 전쟁에 참여하기 위해 유리한 조건을 모색했다.[70]

군사적 협력이 가격표와 함께 온다는 것이 놀라운 것은 아니다. 그러나 국가들이 어떻게 그러한 가격을 협상하고 궁극적으로 연합을 형성하는가에 대한 평가가 국가가 싸움 없이 위기협상에서 원하는 것을 얻을 수 있는지, 전쟁이 더 오래 계속될지, 궁극적으로 연합이 승자로 전쟁을 끝낼지 여부에 영향을 미친다. 연합 형성은 군비경쟁처럼 현재 진행되는 전쟁 또는 미래 전쟁의 결과에 영향을 미치고, 국제관계에서 변화의 수단을 관리하고 통제하려는 시도이다. 협조의 확보에는 종종 새로운 평화 질서가 어떤 모습일 것인지에 대한 양보가 필요하다. 뒤에서 보겠지만, 비용과 사상자가 끝없이 증가함에 따라 주요 참전국은 모두 궁극적인 평화회담을 주시했고, 국내정치는 전시 단결의 유대에 대해 저항하기 시작했으며, 동맹국은 패배를 모면하기 위해 더 절박해졌고, 연합국이 지배하던 과거의 국제질서는 점점 더 먼 기억이 되어가고 있었다.

---

69 선거와 전쟁의 유사점: 차이가 근소한 백중전에서, 마지막까지 투표를 좌우하는 모든 이벤트가 그렇듯이, 실제로 모든 개인의 투표가 결정적이다.

70 Stevenson(1988)과 McMeekin(2015).

THE POLITICS OF THE FIRST WORLD WAR

10

조심의 조정: 북해에서의 해전

조심의 조정: 북해에서의 해전

공해상의 전투에서 아무리 성공적인 결과를 얻더라도 영국으로 하여금 강화에 나서도록 만들지는 못할 것이다.

독일 제독 라인하르트 셰어

이기고 있을 때는 어떤 위험도 감수하지 마라.

영국 제독 데이비드 비티

이 장에서 우리는 북해(North Sea)로 돌아간다. 1912년 영-독 해군경쟁(3장)이 끝나고 영국의 우세 속에서 힘의 분포가 안정되었다. 모든 새로운 주력함들이 건조되고, 명명되고, 취역되었고 양측이 모두 해상무역 붕괴에 취약함에도 불구하고, 북해에서의 전쟁은 이상하게 도거 뱅크에서 헬리골란트 바이트, 유틀란트-스카게라크까지 몇몇의 전투에 제한되어 있었다. 이러한 전투들은 결정적으로 중요해서라기보다는 희소해서 유명하다.

왜 영국과 독일이 육상의 총력전에는 역사상 유례없는 수준의 전력을 투입했으면서 해전에서는 왜 제한전만 수행했는가?

영국과 독일은 전쟁 발발 때까지 그들 각자의 연합에서 지배적인 해군력을 보유하고 있었고, 대부분의 분쟁에서 다른 교전국의 함대를 능가하는 차원이 다른 클래스였다.[1] 그러나 정부가 그들의 국민들로부터 그때까지 볼 수 없었던 수준의 전쟁지원 노력을 뽑아내고 다른 국가들로부터 군사적 협조를 얻기 위해 양보를 주저하지 않는 총력전 상황에서, 더군다나 상대방의 함대를 제거함으로써 전쟁을 결정지을 수 있는 가장 좋은 기회를 가진 것처럼 보였으나, 두 국가의 해군은 진지한 시도조차 하지 않았다. 장군들은 적군의 공격에 취약한 참호의 시련 속에서 살고-그리고-살려주는(live-and-let-live) 전략을 사용하지 못하도록 했지만, 제독들은 지휘관과 선원들에게 일관적으로 그러한 전략만을 강요했다.[2] 그러나 왜?

해군 전략에 관한 우리의 모형은 이 퍼즐을 풀 뿐만 아니라 그 과정에서 몇 가지를 가르쳐 줄 것이다:

- 어떻게 믿음(beliefs)의 조정(coordinating)이 경기자들로 하여금 여러 균형들 사이에서 선택하도록 도와주는가.
- 조정 문제(coordination problem)를 푸는 데 있어 초점해(focal solutions)의 역할.
- 어떻게 적들이 싸움의 범위와 규모에 대해 자기구속적인 한계를 설정하는가.
- 힘의 밸런스에 미치는 조정 문제의 중요성.

우리는 외관상 특이해 보이는 제한된 해전이, 경기자들이 다수의 내쉬균형들 중에서 선택하는, 조정 문제(coordination problem)로 불리는 문제의 해법임을 보일 것이다. 우리가 본 해전은 어떤 특정한 힘이나 선호의 구성에서 나오는 것이 아니라 암묵적으로 생긴 상대방의 전략에 관한 공통 지식의 결과이다. 조정(coordination)의 논리를 공부해가면서, 우리는 상대적으로 제한되지 않은 육상전을 지원하기 위해 해전을 제

---

1 1917년 미국이 참전했을 때 미국의 전함 건조 계획은 정상작동 중이었으므로, 1920년대 초 세계 최대의 해군을 보유하게 되었다(Sondhaus, 2014, p. 252).

2 수상 전함에 근무하는 지휘관과 선원. 독일 잠수함은 잠시 동안 연합국과 중립국의 상선에 대해 적대적이었으나(13장의 내용), U-보트는 영국 해군에게 결코 심각한 위협이 아니었다. 그리고 영국의 잠수함도 독일 대양함대에 큰 위협이 아니었다.

한하는 데 (공통의 이해가 아니라면) 이해의 일치가 있었음을 보게 될 것이다. 양측의 문제는 커뮤니케이션의 신빙성이 의심스럽고 정보가 부족한 환경에서 상대방의 전략에 대해 추측을 하는 것이었다. 독일과 영국 모두 *만약 상대방이 원한다면* 해상의 대첩에 기꺼이 응할 의사가 있었지만, *만약 상대방이 원한다면* 해전을 제한하는 것 또한 문제가 없었다. 왜냐하면 전함과 훈련된 승무원 모두 길고 힘든 전쟁을 지속하는 데 중요했고, 군인, 기관총, 총알, 철조망, 포탄보다 훨씬 더 희소했기 때문이다. 북해에서 함대 사이의 파멸적인 총력전과 더 싸고 제한적인 전투의 차이는 상대방의 전략에 대한 양측의 기대와 직접적인 의사소통이 없는 상태에서 암묵적 합의(tacit agreement)에 도달할 수 있는지 여부에 달려 있었다. 즉, 그들은 즉석에서 또는 전략적 상황의 즉시적 특성에서 공통 추측(정의 2.8)을 만들어내야 했다. 우리는 외관상 현명해 보이는 개인적 인센티브가 모여 이해하기 힘든 집합적인 결과를 만들어 낼 수 있음을 한 번 더 보일 것이다. 예를 들어, 육지에서는 사투를 벌이면서도 막강한 해군력을 서로에게 사용하기를 거부하는 두 강대국처럼. 해군의 측면에서 대전의 상황을 살펴본 다음, 이와 유사한 과정이 어떻게 한국전쟁의 범위에 대한 기묘한 제한을 설명하는지 그리고 핵무기의 영향 아래에 있는 미래 열강들의 충돌에서 어떻게 다시 그런 일이 벌어질 수 있는지 보일 것이다. 그리고 조정 문제와 그 해법이 국경의 설정부터 라이벌 열강 사이의 평화 유지까지 국제정치 전반에 어떻게 영향을 미치는지 보일 것이다.

10장 핵심 용어

- 조정 문제
- 초점/초점해

10.1 북해에서의 제한전

1914년 마침내 대전이 유럽을 덮쳤을 때, 영국과 독일 해군은 새로 건조된 근육질의 경직된 드레드노트와 가볍게 무장한 빠른 순양전함으로 넘쳐났으며, 이것들은 공해에서 국가의 명예를 지키고자 열망하는 선원과 장교들에 의해 운용되고 있었다. 영국은 석탄 화력의 글로벌 네트워크를 장악하고 있었는데, 이는 영국과 광활한 식민지의 자원, 돈, 인력을 연결시켜 주고, 다시 영국에게 적의 해안을 봉쇄하고 먼 해안까지 힘을 투사할 수 있는 독특한 능력을 제공해 주었다. 북해 건너에 위치한, 티르피츠가 끈기 있게 만들어 낸 독일의 "위험 함대(Risk fleet)"는 존재 그 자체로 힘이었다. 영국의 해군보다 규모가 작았지만, 항구에 정박한 영국 해군, 영국 해협 그리고 연합국의 주요 항로에 어마어마한 위협이 될 수 있었다. 그러나 적의 참호에 수백만 톤의 강철과 고성능 폭발물 및 독가스를 던지며 4년 동안 온 땅을 울렸던 총성이 바다에서는 대부분 침묵했다. 수년간의 전함 건조와 현대식 트라팔가르에 자신의 이름을 새기고 싶어 안달하는 양측 해군 제독들의 열망에도 불구하고, 유럽에서 가장 강력한 두 해군 간의 충돌은 기대 이하로 실망스러웠다. 1914년 8월 북해에서 변변찮은 교전이 없는 전쟁이라는 당황스러운 현실이 시작되자, 영국의 선원들은 7월 말에 그들의 가구와 가연성 비품들을 배 밖으로 내다 버렸으나 몇 주 후에 그것들을 다시 교체하기 시작했다고 한탄했다.[3]

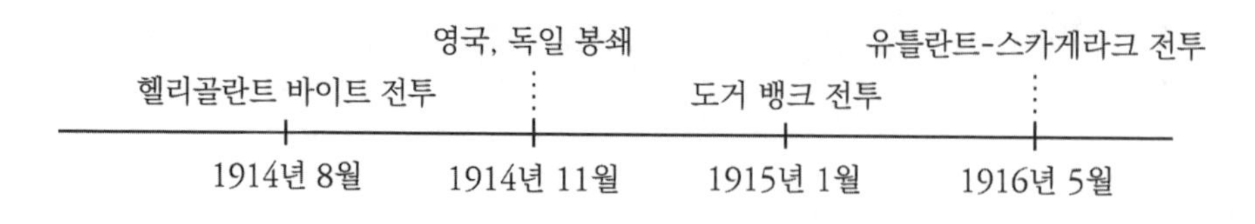

[그림 10.1] 북해에서의 전쟁, 1914-1916

이 장의 주제인 북해에서의 전쟁에서 양측의 주력 전함들이 서로 의도한 대로 교

3 Hastings(2013, pp. 356−357).

전한 것은 단지 세 개 정도의 전투에 불과하다(그림 10.1).[4] 헬리골란트 바이트(1914), 도거 뱅크(1915) 그리고 유틀란트-스카게라크(1916)전투가 그것들이었으나, 그 어느 것도 대전의 형세나 과정을 바꾸지 못했다. 처음 두 교전에서 영국 해군이 승리했으나, 지상에서 초기의 승리를 광범위한 전략적 성공으로 전환시키기 어려웠던 것처럼, 독일군은 세 번째이자 가장 큰 전투에서 피로스의 승리를 거둔 후 이를 배웠다. 영국은 덴마크 서쪽 유틀란트-스카게라크 전투에서 더 많은 전함을 잃었지만, 심지어 철수하는 독일 함대 추격에 실패한 후에도, 영국의 거대 함대가 여전히 바다를 지배했다. 반면 독일 함대는 전쟁의 대부분을 독일 연안에 제한되어 운용되었는데, 밀집되게 연결된 기뢰 지대 뒤에 숨어 있으면서 해안 마을을 포격하고 영국 해군을 전투로 유인할 수 있는지 평가하기 위해 가끔 영국 제도를 향해 출격할 뿐이었다. 독일의 조심(caution)은 1916년 이전에 훨씬 명확했는데, 전쟁의 아주 초기에 해협을 건너가는 영국 원정군을 저지하려는 시도조차 거부한 것에서 알 수 있다. 이것은(즉, 병력 수송 선단을 공격하는 것) 정확히 티르피츠가 그의 자랑스러운 위험 함대를 위해 구상했을 수도 있는 일종의 임무처럼 보였지만, 그 임무는 애써 외면되었다.[5] 잠수함조차, 상선을 침몰시키면서 (그리고 미국의 즉각적인 참전을 촉발시키는 데 기여하면서) 악명이 높아지게 되지만, 적은 수와 잠수함을 방어 수단으로만 인식하는 전쟁 전 교범 덕분에 초기 전투에서 단지 제한적인 역할만을 수행했다.[6]

영국 해군 또한 기이하게 조심스러운 전략에 묶여 있었다. 봉쇄를 통해 수입 의존적인 독일 경제를 옥죄기 위해 두 가지 선택에 직면했는데, 영국은 "근거리(near)" 옵션 대신 "원거리(distant)" 옵션을 선택하고, 지도 10.1의 상단에 그려져 있는 수평선을 따라 스코틀랜드와 노르웨이 사이에 기뢰 지대를 설치했다. 무적이라는 평판에

---

4 체호프의 벽에 걸린 총처럼, 드레드노트는 이야기 초반에 건조되었지만(3장 참조), 아무리 제한되어 있더라도, 그들은 나중에 전투에 가담해야만 한다.

5 Sondhaus(2014, p. 116).

6 유틀란트-스카게라크 전투 중 잠수함에 의해 스코틀랜드 영국 해군 기지 외곽에 부설된 독일 기뢰가 전쟁장관 키치너를 러시아로 태우고 가던 배를 침몰시켰다. 이 사고로 그를 포함 600여 명이 죽었으며, 영국은 전쟁에서 승리하기 위해 소모전을 받아들여야 한다고 주장한 지도자를 잃었다(Sondhaus, 2014, p. 225). 그가 죽자, 그는 그토록 피하고자 노력했던 포탄 부족에 대해 비난받았다. 전쟁 중 정치는, 다른 정치와 마찬가지로, 더러운 비지니스이다.

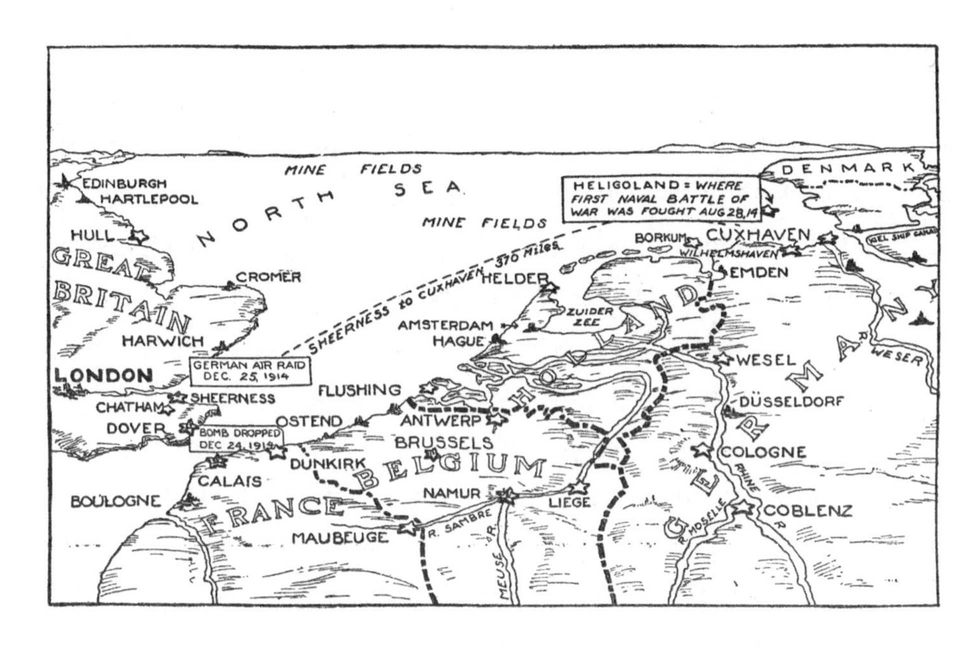

[지도 10.1] 영국의 독일 봉쇄. Reynolds, Churchill, and Miller(1916)에서

도 불구하고, 영국 해군은 독일-덴마크 연안에서 떨어져, 독일의 주요 해상 수입품에 대한 접근을 막고, (그러한 원거리 봉쇄의 법적 지위에 대한 문제에도 불구하고)[7] 대륙 가까이를 순찰하는 대신 독일 배를 북해에 가두는 것으로 만족했다.[8] 스코틀랜드와 노르웨이 사이의 수로와 바다를 막아 밀집된 독일 해군으로부터 떨어져 안전한 봉쇄를 시행함으로써, 영국 해군은 가끔 시도된 해안 도시에 대한 독일의 습격에 대응하면서 주로 방어에 집중했다.[9]

해안 포격과 시민들을 목표로 한 체펠린(Zeppelin) 공습에 대한 도덕적 분노에도 불구하고, 영국은 결코 독일에 해전을 걸지 않았다. 유틀란트-스카게라크 이후 철수하는 독일 전함들을 추격하여 전술적 패배를 전략적 완승으로 바꿀 수 있는 기회

7 1909년 런던선언에 의하면, 적의 상업을 제한할 목적으로 한 봉쇄는 합법적으로 "효과적"이어야 한다. 봉쇄국은 중립국의 권리를 존중하기 위해 닫힌 항구(closed ports)에 대한 접근에 대해 완전한 통제권을 가져야 한다. 모든 열강들이 선언에 서명했으나, 아무도 비준하지 않았기에 법적효력이 의문시된다. 영국과 독일도 전쟁 내내 거의 무시했다(Sondhaus, 2014, p. 51).

8 Philpott(2014, p. 197).

9 Hastings(2013, 11장).

를 날려버린 데이비드 기티(David Geatty) 제독의 논란 많은 거부가 입증하듯이, 영국의 거대 함대는 필요 이상으로 독일 해안에 가까이 다가간 적이 없다.[10] 영국 함대가 덴마크 함대를 격파하고 독일 땅을 침략했던 1807년의 코펜하겐 전투를 복제하여 대륙에 대한 공격이 가능했고, 그러한 일이 반복될 수 있다는 독일의 공포는 병적인 것에 가까웠지만,[11] 그러한 위협은 결코 실현되지 않았다. 실제로, "전쟁 초기에 양측 해군은 상대방으로부터 대담한 공격을 예상했고 두려워했다. 그러나 그런 일은 결코 일어나지 않았다."[12]

조심스러운 영국과 독일의 해군 전략이 도무지 이해하기 어려운 것은 그들이 지상에서 점점 더 격렬해지고 있는 총력전의 판도에 영향을 미칠 수 있는 수많은 기회를 포기한 것처럼 보였기 때문이다. 영국의 봉쇄로 인해 찔끔찔끔 공급되는 수입품에 의존했기 때문에, 독일은 영국의 압박이 너무 강해지기 전에 이를 깨뜨리기 위해 노력할 충분한 이유가 있었던 것처럼 보인다.[13] 그러나 독일의 영국 해안으로의 출격은 극히 드물었다. 영국 해안에 대한 강력한 포격전이 그랬던 것처럼, 대륙으로 건너가는 원정대를 저지하려는 시늉만으로도 영국으로 하여금 봉쇄를 시행하기보다 오히려 자국 해안을 더 경계하는 방향으로 신경을 더 쓰도록 만들 수도 있었다. 영국으로 하여금 독일 대양함대를 막는 데 자원을 전환하도록 강요했다면, 영국 해군의 제국 항로에 대한 지배력이 약화되었을 수 있고, 식민지로부터 자원, 부, 노동력을 뽑아내는 비용을 증가시켰을 것이다. 결국, 영국이 바다를 지배하게 되면서, 수백만 톤 이상의 군수품, 동물, 다른 인력은 말할 필요도 없이, 식민지로부터 백만 명의 군인이 무사히 대륙으로 이동할 수 있었다.[14] 여전히, 독일의 상선 습격 노력은 제한적이었다. 독일 해군 전략의 대부분은 웅장하고 결정적인 함대급 규모의 전투를 찾는 것이 아니라, 영국 해군에 대한 직접적인 공격을 피하기 위해, 기뢰와 잠수함을 기반으로 한 게릴라 전술에 중점을 두었다.[15] 독일의 전함은 주로 항구에 머물렀고, 장교

10 Sondhaus(2014, p. 232).
11 Steinberg(1966).
12 Sondhaus(2014, p. 114).
13 원칙적으로, 독일은 더 많은 싸움을 걸 수도 있었(지만 그러지 않았)다.
14 Stevenson(2004, p. 200).
15 Sondhaus(2014, p. 114).

와 선원들은 북유럽 해안에 머무르는 짠 공기에 쇠약해져 갔다(그리고 혁명에 대한 생각으로 장난질 쳤다). 반면, 그들의 육군 동료들은 연합국을 피 흘리게 하거나 러시아 폴란드의 드넓은 공터를 가로질러 앞뒤로 돌진하면서 더럽지만 더 흥미진진한 작업을 수행했다. 사실, 해군 함대의 가장 중대한 행동은 전투에서 나온 것이 아니라 전투 수행을 거부하는 데서 왔을 수 있다. 1918년의 키엘(Kiel) 반란은 전쟁이 종결될 무렵 선원들이 영국 왕립 해군과의 최후의 교전 명령을 거부한 것인데(14장 참조), 이 사건은, 혁명을 촉발하고 호엔촐레른(Hohenzollern) 왕조의 몰락을 도와, 독일을 패배로 이끌고 연합국과 강화협상을 벌일 더 민주적인 정부로 대체하는 데 도움을 주었으나, 거의 휴전 직후 전쟁을 벌인 독재 권력의 공격을 받게 된다. 그것이 티르피츠와 카이저가 전쟁 전 몇 년 동안 드레드노트를 계속해서 진수시키며 마음속에 그렸던 대단원의 결말일 리가 없다.

전투를 거부함으로써, 육지에서 그랬던 것처럼 바다에서 한 판의 도박을 벌이는 것을 거부함으로써, 궁극적으로 대중들로 하여금 전쟁에 반대하게 만든 길고 느리게 진행된 경제적 교살에 독일이 공모한 것처럼 보인다.[16] 4년 동안 북해에서 영국 해군에게 우위를 양보한 것은 전쟁의 결과에 비추어 볼 때 확실히 어리석은 일로 보인다: 1918년 독일이 패망하고 연이어서 독일 함대는 영국 제도에 억류된다. 패망이 거의 확실해지고 자신의 해군은 반란을 준비하고 있을 때, 왜 독일은 1918년 10월 말까지 영국 왕립 해군과 최종 결정을 모색하기를 주저했을까? 그리고 왜 영국은, 역사적으로 우월한 해군력을 과시하고 독일 항구에 근접한 더 강한 봉쇄를 가하여, 민간 경제를 더 빨리 목 졸라 죽이고 더 이상 숨을 수 없는 독일 함대를 초토화시키지 않았는가? 제1 해군경 처칠은 목청 높여 독일 해안에 대한 상륙작전을 주장했지만, 대륙에서 새로운 전선을 열 기회는 지속적으로 거부당했다.[17] 달리 표현하면, 바다에서의 제한전이 육상에서의 표면적으로 무제한 총력전과 왜 그렇게 달라 보이는가? 해상 무역에 대한 접근이 연합국을 유지시켰지만 그 거부는 동맹국에게 심각한 타격을 주었다. 그러나 독일은 1917년 무제한 잠수함 작전 때까지, 결코 심각하게

---

16 봉쇄와 그 효과에 관해 Herwig(2014), Philpott(2014) 그리고 Watson(2014) 참조.

17 Hastings(2013, pp. 360–361). 그는 다르다넬레스(Dardanelles)에서 그의 길을 가지만, 결국 그의 정치적 경력을 거의 침몰시킨다.

영국 제도를 고립시키려고 시도하지 않았고, 영국도 전쟁 전 해군 경쟁에서 그토록 많은 비용을 들여 확보한 해군의 우위를 이용해 심각하게 압박한 적이 없는 것 같다. 서로 대결한다는 명시적인 목적을 가지고 값비싼 전투 함대를 만드는 데 모든 수고를 아끼지 않았으면서, 왜 정작 대비한 전쟁이 닥쳤을 때 양측은 이 함대를 아껴서 사용했는가?

10.2 전쟁의 제한에 대한 설명

대륙에서 군인들이 무섭고 무기력한 교착상태에서 서로가 서로를 향해 무력을 휘두르고 있을 때, 배를 탔던 승무원들도 실망스러웠지만, 독일과 영국의 대중들은 그들의 소중한 함대가 빈둥거리고 있는 것을 지켜봐야 했다. 의심의 여지가 없이 독보적인 해군의 세계에서 자란 평범한 영국인이 "트라팔가르 콤플렉스"의 일부로 또 다른 대륙의 전쟁이 왕립 해군의 또 다른 압도적인 승리로 해결될 것이라고 기대하는 것이 오히려 이상했다.[18] 대중이 왕립 해군을 높이 평가하는 이유-제국을 지탱하는 그 역할, 전설적인 역량 그리고 대단한 화력-가 또한 원거리 봉쇄를 통해 영국 해군을 유럽 해안에서 멀리 떨어져 있게 한 이유처럼 보인다. 거대한 함대는 말할 것도 없고, 한 척의 드레드노트를 잃는 비용도 막대했다. 사실 해전의 높은 비용이 이 장의 퍼즐에 대한 고상한 해답처럼 보인다. 독일의 의사결정자 또한 잠재적인 중대 교전을 극단적으로 값비싼 것으로 여겼다. 특히 도거 뱅크에서의 패배 이후 주력함에서 영국의 우위가 3:2로 고정되었고, 해안을 방어하는 독일 대양함대의 능력이 손상될 경우 코펜하겐 시나리오가 재현될 가능성이 생기기 때문이었다.[19] 맥스 헤이스팅스(Max Hastings)는 습관적으로 행해지고 있던 이야기를 잘 포착하고, 다음과 같이 적었다:

18 Hastings(2013, p. 356).
19 Sondhaus(2014, P. 139).

> 양측 모두에 있어, 억제와 방어, 즉 현재의 자산 보존이 향후 4년 동안의 지배적인 주제가 되었다. 공격적인 행동을 희생하면서.[20]

그러한 논리는 일견 의미가 있다. 주력 전함은 귀하고 대체하기 힘들며, "약한 쪽은 전멸의 위험을 감수할 동기가 거의 없고, 강한 쪽은 우세를 무가치하게 만들 위험이 있으므로",[21] 영국과 독일 모두 귀중한 주력 함대의 사용에 서로 조심하는 경향이 있었다. 그러나 이러한 설명은 무언가가 빠져있다. 만약 어느 한쪽이 상대방이 아주 취약하다는 것을 알았다면, 왜 상대방의 무능력을 파고드는 시도를 하지 않았을까? 적의 조심(caution)에 대해 좀 더 공격적인 옵션으로 상대방에 타격을 입힐 수 있을 때, 왜 그 국가조차 조심으로 대응하는가?

퍼즐 10.1 왜 영국과 독일이 육상에서는 총력전을 벌이면서 바다에서는 제한된 해전만 수행했는가?

대규모 해전이 영국과 독일 모두에게 엄청난 비용을 수반한다는 것이 확실히 우리 퍼즐에 대한 해답의 일부이긴 하지만, 우리는 이것으로 충분하지 않음을 보일 것이다: 전통적인 이야기는 전략적 상호작용이라는 중요한 요소를 빠뜨리고 있다. 단순히 양측의 높은 전투 비용에 초점을 맞추면, 다수의 주력함을 위험에 빠뜨리지 않으려는 상대방의 의도를 역이용하고 싶은 경기자를 가로막는 것이 무엇인지 알 수 없다. 사실 대규모 충돌은 국경전투(Battle of the Frontiers)만큼 낭비적이고 예측 불가일 수 있다. 유틀란트–슈카게라크에서 영국의 함대를 지휘한 존 젤리코 제독은 "현대적 기술로 치러지는 대규모 해전의 예측 불가능성에 대해 충분히 알고 있었지만",[22] 그렇다고 그것이 상대방이 전투를 하기로 결정한다면 어느 쪽도 가만히 있어서는 안 된다는 뜻은 아니다. 만약 영국 전함이 독일 해안으로 향했다면 또는 영국 해안에 대한 공격이 단순한 공습 이상이었다면, 함대가 방어 소집을 거부했다는 주장의 신

---

20 Hastings(2013, p. 363).

21 Stevenson(2004, p. 199).

22 Stevenson(2004, p. 205).

빙성에 타격을 준다. 대규모 해전의 비용을 절약하려는 일방적인 인센티브는 상대방이 다른 상대의 조심을 이용하지 않겠다고 선택했을 때에만 실현될 수 있다. 그리고 이 절에서 주력함을 잃는 비용에 관한 쉬운 이야기가 양측의 선호에 대해 잘못된 정보를 줄 수 있음을 보일 것이다. 우리는 한 쌍의 모형을 적고 분석함으로써 해전 이야기에 살을 붙일 것이다: 하나는 영국과 독일의 선호에 초점을 맞추고, 다른 하나는 좁은 보도에서 충돌 피하기 문제를 살펴볼 것이다. 그리고 우리가 본 제한적이고 조심스러운 해전과 모두가 기대했던 거대하고 총력적인 해전 사이의 공간이 실제로는 아주 좁다는 것을 확인할 것이다.

그들의 적대감과 육지에서 대규모 교전을 감행하려는 의지에도 불구하고, 바다에서 영국과 독일은, 상대방의 전략을 이용하는 대신, 상대방의 전략과 *일치시키려는*(match) 강한 인센티브가 있었다. 그들의 목적은 만약 상대방이 그렇게 한다면 자신들도 해전을 제한적으로 유지하고, 만약 상대방이 전투를 벌이려 하면 자신들도 드레트노트를 이용해 분노를 표출하는 것이었다. 전투 수행 방식을 바꾸어 해군 버전의 국경전투를 피하려는 것이 아니라, 교전국들은 주요 전투를 거의 완전히 피하기로 선택했다. 제한된 해전은 복수의 내쉬균형이 존재하는 조정 문제(coordination problem)의 해로 등장했다. 그리고 이 문제에서는 상대방의 전략에 대한 각 경기자의 믿음이 어느 균형이 플레이될 것인지를 결정한다. 즉, 동일한 환경하에서 경기자들의 믿음이 바뀜에 따라 북해에서 제한전이 아니라 총력전이 벌어질 수도 있었다는 이야기이다. “양측의 지휘관들이 장기전에 광범위한 노력을 지원하기 위해 자신들의 가장 강력한 대형을 한 번에 위험에 빠뜨리는 것을 주저했다”는 분명한 사실에도 불구하고,[23] 선호, 전략 그리고 결과의 단순한 구조가 게임이 어떻게 진행될 것인가에 관해 항상 충분히 설명하지는 않는다. 조정 게임(coordination game)의 균형들은 깨질 수 있고 국제 시스템의 정당한 무정부상태가 많은 약속들을 신빙성 없는 것으로 만들어 버림에도 불구하고, 이 게임은 어떻게 철천지원수들끼리 전쟁을 제한하는 방법에 대해 암묵적인 합의에 도달할 수 있는지를 보여준다(2, 6, 9장 참조).

---

23 Jeffery(2016, p. 124).

10.2.1 퍼즐 풀기

북해에서의 해전을 쓸모 있게 모형화하기 위해서는 군사전략에 관해 우리가 8장에서 했던 것과는 약간 다르게 생각해야 한다. 8장에서 지상군들은, 비록 헛수고였지만, 돌파구를 찾으려고 했었다. 육군에 엄청난 자원을 투입했다는 것은 해군에 덜 투입했다는 의미이고, 해안, 해로, 병력 이송을 경비하는 비싼 주력함을 보호하는 데 더 높은 가치를 뒀다. 전쟁은 (지겹도록 반복하고 있지만) 수단이며 낭비적이다(정의 1.1). 참전국들은 서로를 채찍질하기 위해 채찍질하지 않고, 모두 최소의 비용으로 상대방의 복종을 얻기를 원한다. 영국 해군에 밀리고 해안선이 두려운 독일은 대양함대를 잃을 수 없었다. 러시아의 차르 니콜라이 2세조차 러일전쟁에서 러시아 해군의 파멸적인 패배를 언급하며 "제2의 쓰시마(해전)"를 피하기 위해 자신의 발틱함대에 조심할 것을 명령했다.[24] 식민지에서 오는 상품과 인력 그리고 나중에는 미군에 대한 의존도가 전쟁 내내 높아졌기 때문에, 해상 상업이 연합국의 전쟁 노력에서 중요하다. 그리고 해상 상업은 상시 보호가 필요하다. 어느 쪽도 육상 전쟁을 위해서 중요하고, 비용과 예상되는 전쟁 기간 덕분에 교체하기 어려운 해군 자원을 소비하려 하지 않는다. 그러나 해군을 순전히 보수적인 기반 위에서 유지하려는 양측의 의지에는 한계가 있다.

그림 10.2는 이러한 선호가 어떻게 영국과 독일의 북해에서의 전쟁 노력에 대한 인센티브에 영향을 미치는지 보여준다. 양측은 총력전(total war)과 제한전(limited war)의 동일한 옵션이 있다. 총력전은 상대방의 전함을 격파하기 위해 대규모 교전을 추구하는 일치단결된 그러나 비용이 드는 전쟁 노력이고, 제한전의 경우 영국에게는 원거리 봉쇄를 그리고 독일에게는 해안 기뢰 지대의 보호선 뒤로 물러선 상태에서 가끔 영국 해안에 게릴라식의 습격을 가하는 것을 의미한다.[25]

---

24 Sondhaus(2014, p. 189).

25 Sondhaus(2014, p. 114).

		독일	
		총력전	제한전
영국	총력전	2, 2	3, 1
	제한전	1, 3	4, 4

[그림 10.2] 북해에서의 해군 전략

만약 양국 모두 총력전으로 가면, 국경전투와 다르지 않은 전쟁을 벌이는 것으로 귀중한 드레드노트와 순양전함을 위험에 빠뜨리고 만약 패한다면 상선과 해안선이 위험해진다. 양측은 (총력전; 총력전)의 전략프로필에서 각각 2의 보수를 얻는다. 이 보수는 상대방이 총력전을 펼치는데 자신은 제한전을 유지하는 경우보다 낫다. 총력전을 펼치는 쪽이 해상 지배권을 획득할 가능성이 더 높기 때문이다. 이 경우 제한전을 유지하면 1의 보수를 그리고 총력전을 펼친 쪽은 3의 보수를 얻는다. 적국의 해안 가까이에서 총력전을 펼친다 하더라도, 해안 거점 네트워크를 연결하는 영국의 능력과 해안선에 대한 공격을 억제할 수 있는 독일의 능력을 포섭하는 기뢰 지대와 잠수함이 주는 방어의 이점을 고려하면, 총력전이 훨씬 더 비용이 많이 든다. 따라서 (제한전; 제한전) 조합에서 영국과 독일은 모두 최고 높은 4의 보수를 얻는다.[26] 양측은 상호 간의 제한전을 가장 선호하고(보수 4), 이것이 일방적으로 총력전을 수행하는 것(보수 3)보다 더 매력적이다. 마지막으로 두 경기자가 총력전에 나서는 것(보수 2)을 혼자만 제한전을 펼치는 것(보수 1)보다 더 선호한다. 비용－인내의 이야기가 놓치고 있는 부분이 바로 이 선호의 마지막 요소이고, 이러한 누락이 우리가 보는 제한전을 설명하는데 아무 영향이 없는 것이 아니다.

게임을 이런 식으로 설정함으로써 퍼즐에서 일종의 긴장감을 빼버린 것이 아닌가 싶기도 하다. 두 경기자는 동일한 선택을 함으로써 그들의 최선의 결과를 달성할 수 있고, 그 선택이 하필 우리가 설명하고자 하는 결과이기도 하다. 여러분들은 이것이 너무 좋은 결과여서 사실이기 힘들다고 미리 예단했을 수도 있다. 주어진 전략프로

26 해전에 관한 논의를 위해 Stevenson(2004)과 Sondhaus(2014) 참조.

필에 대해 이익이 되는 이탈이 있는지 여부를 체크하며 내쉬균형을 계산하는 과정을 따를 때, 우리는 이익이 되는 이탈이 없는 두 개의 전략프로필 (총력전; 총력전)과 (제한전; 제한전)을 발견하게 된다. 만약 영국과 독일 양국이 총력전에 탑승하면, 어느 누구도 일방적으로 제한전으로 이탈하여 이득을 볼 수 없다. 오히려 적군의 총력 공격으로 함대뿐만 아니라 해안이 취약하게 될 뿐이다. 따라서 각 경기자에게 $2 \geq 1$이므로, 우리는 (총력전; 총력전)에서 내쉬균형을 가진다. 그러나 이것이 끝이 아니다. 두 경기자가 모두 제한전을 선택했다고 가정하면, 영국은 (두려운 코펜하겐 시나리오를 효과적으로 배제하며) 원거리 봉쇄를 유지하고 독일 함대는 전투를 거부하며 주로 항구에 머무른다. $4 \geq 3$이므로, 곧바로 우리는 (제한전; 제한전) 조합 또한 내쉬균형임을 알 수 있다. 어느 누구도 총력전으로 이탈하여 상대방의 취약성을 이용할 인센티브가 없다. 왜냐하면 그들의 함대를 전쟁의 긴 여정 동안 잘 보전하는 것이 최고이기 때문이다. 그래서 우리는 두 개의 똑같이 합리적인 게임의 결과를 얻었지만, 어느 균형이 왜 진행될 것이라는 것에 대해 말을 할 방법이 없다. 내쉬균형이라는 균형 개념(정의 2.7)은 단지 어떤 전략프로필이 균형인지에 대해서만 이야기한다. 내쉬균형의 정의를 만족하는 여러 개의 전략프로필 가운데 어느 것이 실제로 플레이될 것인가에 대해서는 말을 할 수 없다. 이 이유로 약간의 추가적인 장치가 필요하다.

정리 10.1 전략프로필 (총력전; 총력전)과 (제한전; 제한전)이 각각 내쉬균형이다.

증명 우선, 전략 조합 (총력전; 총력전)이 내쉬균형이 되기 위해서는, 각 경기자에 대하여 다음이 만족되어야 한다:

$$u_{UK}(\textit{총력전};\ \text{총력전}) \geq u_{UK}(\textit{제한전};\ \text{총력전})$$

$$\text{그리고}\ u_G(\text{총력전};\ \textit{총력전}) \geq u_G(\text{총력전};\ \textit{제한전}).$$

$2 \geq 1$이므로 두 부등식이 모두 만족된다. 어느 누구도 이익이 되는 이탈을 가지지 아니하므로, (총력전; 총력전)이 내쉬균형이다. 두 번째로, 전략 조합 (제한전; 제한전)이 내쉬균형이 되기 위해서는, 각 경기자에 대하여 다음이 만족되어야 한다:

$$u_{UK}(\textit{제한전};\ \text{제한전}) \geq u_{UK}(\textit{총력전};\ \text{제한전})$$

그리고 u_G(제한전; *제한전*) $\geq u_G$(제한전; *총력전*).

$4 \geq 3$이므로 두 부등식이 모두 만족된다. 어느 누구도 이익이 되는 이탈을 가지지 아니하므로, 전략 조합 (제한전; 제한전) 또한 내쉬균형이다. □

5장 비대칭 정보하의 위기협상모형에서 논의한 중복 균형(overlapping equilibria)을 제외하고, 우리는 지금까지 거의 유일한 내쉬균형만을 다루었다. 그러나 그림 10.2의 게임은 *복수의 균형* 현상을 소개한다: 하나의 게임이 논리적으로 동등한 복수의 해를 허락한다. 지금까지 우리에게 익숙한 유일한 균형은 하나의 전략프로필이 연역적으로 하나의 행동 집합, 하나의 결과 집합 그리고 하나의 선호 집합과 연결된다는 점에서 편리하다. 그러나 가끔 하나의 행동, 결과, 선호 집합만으로 게임이 어떻게 플레이될 것이라고 단 하나의 예측을 내놓기에는 충분하지 않을 수 있다. 영－독의 전시 해군 대결이 그러한 경우인 것처럼 보인다. 그리고 어떤 기준(효율성, 사회적 복지, 적절성, 이념적 순수성 또는 일관성)을 적용할 경우 표면적으로 어느 한 균형이 더 "나아" 보이더라도, 내쉬균형의 정의는, 경기자들이 이익이 되는 이탈을 가지지 않는 한, 덜 매력적인 대안을 배제할 수 없다. 이것이 게임이론의 논리적 엄격성이 중요해지는 또 다른 케이스이다. 왜 우리가 계산을 통해 찾은 어떤 균형들을 배제하거나 배제할 수 없는가에 대해 그리고 우리의 설명을 완성하기 위해 어디를 볼 수 있는지에 대해 깊이 고민하게 한다. 모형 없이도 우리가 두 결과 중의 하나를 비공식적으로 추론했을 수도 있다. 다른 하나를 상실하는 위험을 감수해야 하지만. 상호최적대응의 논리는 우리가 (총력전; 총력전)을 기대해야 하는지 (제한전; 제한전)을 기대해야 하는지에 대해 아무것도 이야기할 수 없으므로, 퍼즐을 풀기 위해서는 이에 대한 설명을 생산하는 작업이 더 필요하다. 그러나 복수 균형이 이 장의 퍼즐을 풀기 위한 문제인 것처럼 들리지 않도록, 그 문제들을 버그(bug)가 아니라 현상(feature)으로 이해하도록 노력하자. 그러기 위해서는, 먼저 우리가 처음 2장에서 논의했던 공통 추측이라는 아이디어의 먼지를 털어낼 필요가 있다. 공통 추측(정의 2.8)은 게임이 진행되는 사회적 세상에 대한 공유된 정보를 담고 있다.

북해에서의 해전을 설명하는 데 왜 사회적 배경이 중요한가? 공통 추측이 서로의 전략에 관한 경기자들의 믿음을 포함하고 있음을 기억하자. 이 믿음이 경기자들로 하여금 내쉬균형의 핵심이 되는 최적대응을 개발하게끔 한다. 그러나 이전 장의 공통 추측이 어느 게임에서 상호최적대응인 전략이 한 쌍 있다고 말하는 반면, 그림 10.2에서 그것은 경기자들에게 게임을 동등하게 합리적으로 플레이하는 방법이 두 쌍 있다고 말한다. 그 둘 중 하나가 우리가 설명하고 싶은 결과(상호 조심스런 해전)이고, 다른 하나가 우리가 예측할 수 있었지만 관찰하지 못했던 결과이다. 그러나 두 결과 모두 동일한 전략적 상황의 집합에서 나온 것이다: 동일한 경기자, 행동, 결과 그리고 선호의 집합. 정확하게 동일한 조건이 동등한 논리적 타당성으로 총력전을 예측할 때－즉, 서로 다른 두 개의 전략프로필이 모두 내쉬균형이 될 수 있을 때, 우리는 어떻게 제한전을 설명할 수 있을까? 두 개의 내쉬균형이 존재한다고 하는 것만으로는 어느 결과도 설명할 수 없다.[27] 이 전략적 딜레마에서 배워야 할 개념이 있는데, 그것이 바로 **조정 문제**(coordination problem)이다. 그림 10.2의 게임 같은 상황에서, 복수의 균형이 플레이될 수 있다. 이 균형들은 전략을 일치 또는 상응시키고자 하는 경기자들의 바람을 충족시킨다. 국가들은, 상호최적대응을 찾아내기 위해서, 서로의 전략에 대해 공유된 믿음의 집합에서 그들의 예측을 조정할 필요가 있다.

정의 10.1 경기자들이 상응하는 전략을 선택하고자 하지만, 선택할 수 있는 균형이 복수로 있을 때 **조정 문제**가 존재한다.

복수의 균형이 명확히 보여주듯이, 조정 문제는 동일한 행동, 결과, 선호의 집합에 대해 복수의 해를 허락한다. 우리의 경기자들이 어느 해를 선택할 것인지는 그들이 서로의 전략에 대해 어떻게 믿는가, 즉 어떠한 공통 추측을 형성했는지에 달려 있다.[28] 공통 추측은 국가들이 국제관계를 이해하는 아이디어들－정의(definitions), 의미, 관행, 권한 관계, 경험 법칙, 전략 등－의 기본적 집합이다.[29] 6장에서 우리는

---

27 만약 제안된 설명이 두 개의 정반대 집합과 일관성을 가진다면, 그 설명이 적어도 하나를 빼먹은 것이다: 언제 하나의 집합을 기대할 수 있고 다른 하나는 기대할 수 없다.

28 공통 추측을 형성하는 것이 우리가 흔히 말하는 대부분의 정치적 수사의 목적이다.

29 Bull(1977).

국제법과 조약 체결이 국가가 상대방의 전략과 의도를 추측하는 데 의존하는 공통 지식의 한 원천이라고 배웠다. 그러나 믿을 수 없는 무선 통신과 시험되지 않은 무기 체계로 채워진 함대로 싸워야 하는 20세기 초의 해전처럼 낮은 수준의 정보 환경에서는 명확한 규칙도 그리고 끌어다 쓸 선례도 없기 때문에, 경기자들은 자기 자신만의 공통 추측에 살을 붙이고 그것을 완성했을 수 있다. 커뮤니케이션이 제한되지만 조정이 불가피할 때, 경기자들은 직접적인 의사소통이 없더라도 조정 문제를 해결하기 위해, 유추에서 공유된 경험, 초점(focal point)에 기반한 "뻔한" 전략에 이르기까지, 알고 있는 또는 준비된 지식을 사용하여 어떤 균형에 도달한다. 우리는 이 절에서, 암묵적 (즉, 말이 없는) 의사소통 과정을 통해, 영국과 독일 같은 운명의 숙적들조차 바다에서 전쟁의 범위와 규모를 제한하는 균형에 안착할 수 있음을 보일 것이다.[30]

		2	
		왼쪽	오른쪽
1	왼쪽	1, 1	0, 0
	오른쪽	0, 0	1, 1

[그림 10.3] 보도통행문제

북해로 돌아가기 전에, 완전히 다른 환경인 보도통행문제에서 직접적인 의사소통이 없이 초점해(focal solution)가 어떻게 작동하는지 살펴봄으로써, 조정 문제가 어떻게 풀리는지에 관해 약간의 직관을 발전시켜 보자. 서로 모르는 두 명의 보행자 1과 2가 아주 좁은 보도 위에서 서로를 향해 접근하고 있다고 하자. 보도는 충분한 공간이 없어서 딱 두 사람이 보도의 한쪽씩 차지하면 서로 충돌없이 지날 수 있는 정도이다－즉, 두 경기자가 모두 우측으로 보행하거나 좌측으로 보행하면 지날 수 있다. 만약 그들이 동일한 규칙을 따르지 않으면, 그들은 충돌한다. 그림 10.3이 이러한 전략적 상황을 게임으로 나타내고 있다. 각 경기자는 상대방에 접근하면서 보도의 오른쪽으로 걸을 것인지 왼쪽으로 걸을 것인지 선택해야 한다. 이들 보행자들은 충

30 조정 문제, 암묵적 협상 그리고 초점에 관해 Schelling(1960, 3장) 참조.

돌을 피하기 위해 조심한다. 그래서 충돌없이 상대방을 지나치면 1의 보수를 얻지만 반대편의 보행자와 충돌하면 0의 보수를 얻는다. 그림 10.2의 게임에서처럼, 보도통행게임에는 (왼쪽; 왼쪽) 그리고 (오른쪽; 오른쪽) 두 개의 순수전략 내쉬균형이 있다. (또한 하나의 혼합전략 내쉬균형이 존재한다. 이 절의 주제는 균형의 선택이기 때문에, 순수전략에 초점을 맞추더라도 동일한 논리가 적용될 수 있다.) 다시 한번 더, 내쉬균형에 대한 어떠한 지식도 두 균형 사이의 선택 문제에 도움이 되지 못한다.

정리 10.2 전략프로필 (왼쪽; 왼쪽)과 (오른쪽; 오른쪽)이 각각 내쉬균형이다.

증명 우선, 전략 조합 (왼쪽; 왼쪽)이 내쉬균형이 되기 위해서는, 각 경기자에 대하여 다음이 만족되어야 한다:

$$u_1(\textit{왼쪽};\ 왼쪽) \geq u_1(\textit{오른쪽};\ 왼쪽)$$

$$\text{그리고 } u_2(왼쪽;\ \textit{왼쪽}) \geq u_2(왼쪽;\ \textit{오른쪽}).$$

1≥0이므로 두 부등식이 모두 만족된다. 어느 누구도 이익이 되는 이탈을 가지지 아니하므로, (왼쪽; 왼쪽)이 내쉬균형이다. 두 번째로, 전략 조합 (오른쪽; 오른쪽)이 내쉬균형이 되기 위해서는, 각 경기자에 대하여 다음이 만족되어야 한다:

$$u_1(\textit{오른쪽};\ 오른쪽) \geq u_1(\textit{왼쪽};\ 오른쪽)$$

$$\text{그리고 } u_2(오른쪽;\ \textit{오른쪽}) \geq u_2(오른쪽;\ \textit{왼쪽}).$$

1≥0이므로 두 부등식이 모두 만족된다. 어느 누구도 이익이 되는 이탈을 가지지 아니하므로, (오른쪽; 오른쪽)이 또한 내쉬균형이다. □

우리의 보행자들은 어떻게 하나의 균형을 선택하는가? 단순하지만 우리가 항상 만나는 문제의 관점에서, 좁은 보도에서부터 등산로, 자전거 레인, 복잡한 복도까지, 타인과 충돌하지 않고 길을 따라 목적지에 도착하기 위해서는 길의 어느 쪽을 선택하여 걸어야 하는가? 정리 10.2에 나타난 명확한 예측력의 난국은 우리들에게 경기자들이 약간의 정보, 즉 각 경기자가 어느 쪽을 선택할 것인지, 상대방이 그 선택 내용에 대해 알고 있는지 그리고 상대방이 알고 있는지 여부를 알고 있는지 등에 대한 일종의 공유된 생각이 필요하다는 것을 보여준다. 이를 알면 각자가 상대방에 대해 최적대응을 선택하는 데 도움이 된다. 최적대응은 각자가 다른 경기자가 아는 것을 아는 것, 다른 경기자가 그녀가 안다는 것뿐만 아니라 그것에 대해 그녀가 어떻게 대응할 것인지를 아는 것 등에 달려있다. 그러한 지식이 그들이 서로 충돌하는 것을 막아 주지만, 전략을 쉽게 예측할 수 있고 지속 가능한 습관으로 전환시켜주는 보행 방법을 통제하는 법은 없다. 그래서 우리의 보행자들이 서로에게 고함칠 수도 없고 몸짓으로 의사를 표현할 수도 없다면, 그들은 무엇을 어떻게 할 수 있는가? **초점**(focal point) 또는 **초점해**(focal solution)의 아이디어는 경기자들이 공유된 경험, 공유된 문화 또는 뭔가 분명하여 주변에서 쉽게 찾을 수 있는 무엇(예를 들어, "우측 통행" 표지)에 의존하는 전략프로필에 안착할 수 있음을 보여준다.[31]

정의 10.2 **초점** 또는 **초점해**는, 뭔가 분명하고 자연스러우며 또는 상황에 대해 잘 알려진 특징에 의존하여, 경기자들이 직접적인 의사소통 없이도 그곳으로 조정할 수 있는 전략프로필이다.

보도통행문제에서 우리의 보행자들은 그들의 사회적 환경에 대한 공유 지식에 의존할 것 같다. 즉, 다른 보행자도 직면했을 것 같은 유사한 상황을 유추하여 추론하는 것이다.[32] (사람들이 이용하는) 보도 통행에는 법적 규칙이 없을 수도 있지만, 대부분의 지역에서 (자동차가 이용하는) 도로에 대한 법적 규칙 또는 이와 유사한 규칙이 있다. 미국에서 나의 단골 술집 방향의 보행자들은 이 규칙을 아는 것 같다. 이 동네 보행자들은 다른 사람들도 자신들과 똑같이 할 것이고 다른 사람들도 자신들이 그렇게 할 것이라고 기대한다는 가정하에 우측 보행을 하려고 노력하는 것 같다. 그게 전부이다. 환경의 일부 특성 중에는 다른 대안이 없는 상태에서 알려져 있고 쉽게 추측되는 특성에 의해 두 이방인이 어느 쪽으로 걸어야 하는지를 명령하는 힘을 가지는, 여기서는 유사 규칙인, 경우가 있다.[33] 초점해는 대단히 편리할 필요가 없으며, 공정할 필요도 없다. 그것은 단지 눈에 잘 띄기만 하면 된다. 토마스 쉘링(Thomas

31 Fudenberg and Tirole(1991, pp. 19–20).

32 오직 한쪽만 고집하는 당신의 그 친구는 낯선 사람이 이 게임을 함께하고 싶어 할 사람이 아니다.

33 균형은 본질적으로 자기실현적 특성을 가지고, 이것이 조정 문제에서 가장 명확하다(Myerson, 1991).

Schelling)이 말했듯이, "임의의 '초점'에 대해서 논리적 근거가 견고하지 않을 수 있지만, 적어도 그것은 '만약 여기가 아니라면, 어디에?'라는 항변으로 그 자신을 방어할 수 있다."[34] 도로의 규칙은 확실히 눈에 잘 띄고, 다른 보행자들을 교정하기 위해－예를 들어, 좌측 보행을 선도하기 위해－한 명의 보행자가 필요할 수도 있다. 그러나 다소의 불편함이 충돌을 피하는 것보다 덜 중요한 것임이 판명이 날 것이고, 만약 다른 보행자들이 도로 규칙을 준용할 것이라고 예측한다면, 어떤 보행자도 동일한 규칙을 지키지 않을 수 없다.

보도통행게임은 초점해가 복잡하지 않음을 증명한다. 사실 그것이 작동하기 위해서는, *복잡해서는 안 된다.* "우측 통행"은 경기자들이 상대방도 알고 있을 것이라고 기대하는 잘 알려지고 명백한 기준일 뿐만 아니라 다른 보행자들이 이 규칙을 지키게 되면 "좌측 통행"과 쉽게 구분할 수 있기도 하다. 레스토랑에서 식사 후 계산서를 반으로 나누는 것, 시장이나 술집 입구에서 만나는 것, 약속 시간을 시간 단위로 설정하는 것 또는 그 지역에서 가장 높은 빌딩 앞에서 다른 사람을 기다리는 것 등이 행태를 조정하고자 하는 공통의, 단순한, 눈에 잘 띄는 초점해이다. 각각의 초점은 사회적 세계의 한 부분으로 공유된 문화의 한 부분을 이루고, 우리의 예에서 도로 규칙은 경기자들로 하여금 (왼쪽; 왼쪽) 대신 질적으로 다른 균형인 (오른쪽; 오른쪽)으로 조정하게 도와준다. 이 질적인 차이가 중요하다. 초점이 되기 위해서는 한 전략프로필이 다른 대안과 쉽게 구분되어야 한다. 어떤 방식으로든 두드러져야 하는데, 다른 경기자들도 생각해낼 수 있어야 할 뿐만 아니라 그 경기자도 다른 경기자들이 어떻게 하는지를 알 수 있어야 하기 때문이다.[35] 달리 표현하면, "50% 우측 보행"은 보도게임에서 통하지 않을 것이다. 정도의 차이는 전략을 구분하기 어렵게 만들 뿐이다. 사전적 정보가 거의 없는 상태에서, 보행자들이 상대방의 행동을 예측하여 그들의 행동(통행 방향)을 조정하고, 말없이 균형으로 안착한다. 이 균형은 비용과 편익에 대한 엄격한 계산에 의해서가 아니라 단순히 공유된 문화적 기준 또는 규범에 따라 서로의 행동을 조정함으로써 선택된 것이다.[36]

---

34 Schelling(1960, p. 70).

35 Schelling(1960, p. 75).

36 문화가 복수의 균형 중에서 선택하는 데 도움을 준다. Myerson(1991, p. 113).

북해에서의 해전으로 돌아가서, 우리 퍼즐의 해법에 대해 간략히 살펴보자. 전쟁의 대부분 동안, 그렇게 자랑하며 뽐내던 영국과 독일의 함대는 서로 대규모 접촉을 피한다. 영국 해군이 원거리 봉쇄를 유지한 반면, 독일 대양함대는 덴마크에서 북해로 이어지는 대규모 기뢰 지대 뒤에 머무르면서 간혹 영국 해안에 대해 포격을 하거나 독일군이 지역적으로 유리한 지점으로 영국 함대를 유인할 수 있는지 살핀다. 전쟁에서 주요한 함대급 충돌 중 하나인 유틀란트-슈카게라크 전투도 이러한 급습 중 하나의 결과로, 티르피츠 군대가 받은 것 이상으로 공격을 퍼부었다는 의미로 독일의 전술적 승리로 끝났지만, 그것은 거의 전략적 패배이다. 그 전투 후, 독일의 해군 노력이 무제한 잠수함 작전과 함께 연합국의 상선을 차단하는 것으로 초점이 이동해 있었기 때문에, 해상 함대는 용기를 내어 다시 나가지 못했다(자세한 내용은 13장에 있음). 이것이 라인하르트 셰어 제독이 "공해상의 전투에서 아무리 성공적인 결과를 얻더라도 영국으로 하여금 강화에 나서도록 만들지는 못할 것이다"라고 인정한 것과 일맥상통한 암묵적 승인이고, 심지어 승리하더라도 독일 해안의 방어를 치명적으로 손상시킬 수 있었다.[37] 그러나 함대를 보전하겠다는 독일의 결정은, 만약 독일 전함이 교전을 시도하지 않기로 결정한다면 더 이상 해상 작전을 추구하지 않겠다는, 영국 해군의 결정에 의해 더 쉽게 내려졌다. 유틀란트-슈카게라크 전투만큼 비용이 많이 들지만, 양쪽 모두 북해에서 독일의 대양함대가 심각하게 손상되거나 영국의 해군 방어력이 약화되어 본토 근처에서 큰 손실을 입게 될 치명적인 위험을 감수해야 하는 총력전을 벌일 생각이 없음이 분명해졌다. 그 전투 후 영국의 데이비드 비티 제독은 장기전에서 연합국이 유리하다며 고개를 끄덕이며 영국의 조심을 정당화하며 "이기고 있을 때 어떤 위험도 감수하지 마라"고 말했다.[38]

양측 모두에 있어, 북해에서의 논리는 조심의 논리이다. 전쟁은 장기전일 것으로 예상되는 반면, 심각한 해상 교전으로 인한 상호 간의 엄청난 피해가 불 보듯 뻔했기 때문이다. 그러나 한쪽의 조심이 다른 쪽의 대담함을 유혹할 수도 있다. 우리 모형에 의하면, 만약 영국이 공격하고 독일 함대를 전멸시키려 *한다면*, 독일은 전투를 벌일

37 Sondhaus(2014, p. 228).
38 Sondhaus(2014, p. 232).

수밖에 없다. 마찬가지로, 만약 독일이 좀 더 공격적인 자세로 전쟁을 *걸어온다면*, 영국 함대는 주요 함대급 행동을 취하는 부담을 떠안을 것이다. 그럼에도 불구하고, 가능한 한 심각한 교전을 피하고 해군 역량을 아껴 보전하고 싶은 희망만으로 북해에서 하나 이상의 주요 함대급 전투를 볼 수 없었던 이유를 설명하기에는 충분하지 않다. 왜냐하면, 상대방이 해전을 총력전으로 *이끌어갈 수도* 있다는 상호적이고 매우 실질적인 우려를 설명할 수 없기 때문이다.[39] 어느 쪽도 불가피하다고 보지 않고 양측이 좀 더 공격적인 자세를 취하기 위해 필요하면 포기할 준비가 되어 있는 제한전에 대한 설명은 왜 전쟁이 제한적으로 머무르는지 뿐만 아니라 왜 그 두 번째의 가능성(즉, 상호 총력전)이 실현되지 않았는지에 대해서도 설명해야만 한다. 이 절의 모형은 이것을 가능하게 한다.

전략적 환경이 제한전과 총력전의 가능성을 모두 허락하지만, 해전이 제한전에 머문 이유 그리고 유틀란트－슈카게라크가 확전으로 이어지지 않고 그림 10.2의 게임의 (제한전; 제한전) 조합에 대한 재확인으로 이어진 이유는 양측이 제한전 균형을 유지하는 암묵적인 의사소통(tacit communication)을 하고 있었기 때문이다. 첫째, 원거리 봉쇄를 단행함으로써, 이 전략은 "근거리" 봉쇄와 질적으로 구분이 가능하기 때문에, 영국이 코펜하겐(Copenhagen) 옵션을 쉽게 실행할 능력이 없음을 분명하게 표현한다. 근거리 봉쇄는 거대 교전을 피하려는 영국의 의도를 덜 분명하게 나타내기 때문에 독일의 숨통을 더욱 압박했을 것이다. 둘째, 일반적으로 수중 기뢰 지대의 보호선 뒤쪽 항구에 머묾으로써 그리고 약간의 제한된 출격으로 영국의 의도를 테스트함으로써, 독일도 자국의 제한전 전략을 분명히 드러낸다. 결과가 약간 다를 수 있지만, 동일한 논리로 우리의 가상의 보행자가 보도의 오른쪽을 선택한 이유를 설명할 수 있다. (제한전; 제한전) 균형이 독일로서는 좋은 것이 아닐 수 있다. 왜냐하면 이 균형이 연합국으로 하여금 해군 우위를 이용해 지상전을 지원할 수 있도록 하기 때문이다. 그러나 이 균형으로 조정하는 것이 여전히 다른 대안보다 낫다. 조정의 논리는 경기자들에게 다음을 요구한다:

---

39 Sondhaus(2014, 4장, 7장).

> 경기자는 상황 자체가 결과에 상당한 제약을 행사하도록 허용할 준비가 되어 있어야 한다. 구체적으로, 한쪽 또는 다른 쪽을 차별하거나 심지어 모두에게 불필요한 골칫거리를 수반하는 해가 그들의 기대가 조정할 수 있는 유일한 해일 수도 있다.[40]

따라서 단순히 손실을 피하고자 하는 상호 간의 희망은 북해에서의 해전을 설명하는 데 충분하지 않다. 양국의 해전에 대한 설명은 상호 적대적인 함대들을 제한적인 해군 충돌로 이끈 암묵적으로 확립된 공통 추측을 요구하는데, 해전의 비용에 대한 민감성은 단지 그러한 설명의 일부일 뿐이다.

지상에서의 전쟁 노력을 지속하기 위한 요구는 영국과 독일 함대를 제한전으로 이끌겠지만, 각자가 상대방이 무엇을 하려는 의도인지 알아낼 수 있었기 때문에 가능하다. 우리의 분석은 동일한 전략적 상황하에서 단순하고 자기실현적인 예측의 변화로 바다에서 혼란스럽고 값비싼 총력전으로 쉽게 이어질 수 있음을 보여준다. 게임의 구조는 동일하게 유지되지만, 만약 영국 또는 독일 중 하나가 상대방이 거대 교전으로 기울고 있다고 믿게 된다면, 그 국가는 자국의 전략을 변경할 것이고, 이는 다른 국가로 하여금 총력전의 필요성에 대한 기대를 강화시킬 것이고, 이러한 추론은 두 국가가 (총력전; 총력전)의 균형에 도달할 때까지 계속될 것이다. 실제로 일어났던 것처럼, 해군 자산을 보존하여 육지에서의 장기전을 유지시켜야 할 필요가, 북해에서의 암묵적 조정(tacit coordination)과 결합하여, 1914년 당시 유럽에서 가장 강력한 두 해군 사이의 놀라운 수준의 자제를 설명할 수 있다.

10.2.2 드레드노트가 중요했는가?

전쟁 전에 드레드노트를 건조하기 위해 엄청난 양의 부를 쏟아부었음에도, 영국과 독일은 상호 선전포고 후에 그리고 소모전으로 전쟁의 양상이 전환될 때에도 그것들을 거의 사용하지 않았다. 그리고 우리에게 친숙한 세계대전의 사건과 사고가 대부분 참호에서 발생했음에 반해, 북해에서 세계 최강의 함대들은 전쟁 전의 위신에 전

40 Schelling(1960, p. 75).

혀 어울리지 않는 무기력한 전쟁을 벌이고 있었기 때문에, 이 장의 사건들이 대전의 과정에 어느 정도 영향을 미쳤는지 물어볼 필요가 있다. 독일은 자신들의 대양함대를 수중 기뢰 지대의 안전선 뒤로 숨김으로써 함대의 전력을 낭비하였는가? 영국은 근거리 봉쇄 대신 원거리 봉쇄를 선택함으로써 더 효과적으로 독일을 쳐부술 기회를 날려 버린 것인가? 첫 번째 질문에 대하여, 대양함대가 영국의 자제된 우세 속에서 싸우기를 거부함으로써 그 능력을 보전하여, 적어도 근거리 봉쇄를 억제하고 최대한으로는 코펜하겐 시나리오를 억제했다고 말할 수 있다. 독일 해군의 최선책이 연안을 따라 억제력을 발휘하는 데 의심의 여지가 있었다면, 첫 번째 도거전투에서 이를 고려했을 것이다. 그러나 영국 봉쇄의 효과성에 관한 두 번째 질문은, 해양법 하의 적법성을 제쳐두더라도, 이론의 여지가 많다.[41]

영－독 해군경쟁이 쇠퇴하던 시기에, 독일의 함대가 성장함에 따라 영국에 충분한 타격을 입힐 수 있기 때문에 해안을 따라 꽉 죄는 숨막히는 봉쇄 비용이 엄청날 것임을 고려하여, 런던은 원거리 봉쇄에 대한 아이디어에 대해 작업을 했다. 봉쇄는 "효과적"이어야 한다(즉, 사실상 모든 독일 항구를 봉쇄해야 한다는 의미)는 1856년 파리선언의 법적 구조를 무시하고, 영국 해협과 노르웨이－스코틀랜드 해협에 원거리 봉쇄 라인을 쳐 북해를 차단했으나 독일의 발트해 항구들은 여전히 자유로웠다.[42] 안전한 거리를 두고 독일에서 수색선들이 오고 감에 따라, 영국은 서명했으나 비준하지 않은 1909년 런던선언이 "절대적" 금지 품목(군사 장비와 무기), "조건부" 금지 품목(식품과 의복 같은 이중적 목적의 상품) 그리고 시민들만의 이용을 위한 비금지 품목을 구분한다고 립 서비스를 제공하기 시작했다. 그러나 이러한 정의는 재빨리 폐기되고, 전체(독일)인구가 전시 동원될 수 있다는 사실에 직면하여 1914년 10월 식료품조차 절대적 금지 품목으로 지정하였다.[43] 금지 품목이 증가함에 따라, 전쟁 발발 시점에 외국에 있던 독일 상선들이 중립 항구에 억류되었고 심지어 비금지 항목에 대한 접근도 제한되었다.[44] 그리고 (카이저의 "숨통"인) 네덜란드 같은 중립국으로 향하는 선박에 대

---

41 적어도 영미문학에서 그렇다.

42 Herwig(2014, p. 283).

43 Herwig(2014)와 Sondhaus(2015, p. 51).

44 Jeffery(2016, p. 132).

한 수색 권리를 요구하고 궁극적으로 독일 항구로 입항하는 것을 금지하는 등 봉쇄와 중립국에 관한 법을 어기며 영국은 계속해서 통제를 강화하였다.[45] 그럼에도 불구하고, 봉쇄가 정착되기까지 그리고 독일 제국에 식량과 물자가 부족해지도록 강제하는 데까지 시간이 걸렸고, 특히 영국 해군이 연합국의 가장 큰 돈줄이고 잠재적 동맹의 반대편에 서는 것을 두려워하여 미국 선박의 독일 항구 접근을 허락하자, 봉쇄를 불편한 정치적 제약으로 간주하기 시작했다.[46] 그럼에도, 1917년까지 독일의 수입이 심하게 제한되면서 "인플레이션, 흉작 그리고 군비 과다 지출과 결합된 궁핍이 독일 경제를 위기로 몰아가고 있었다."[47] 그러나 1917년은 1914년과 동떨어진 길고 피비린내 나는 좌절의 시간이었다.

전쟁 수행에 관한 한, 육상에서의 전쟁이 사후적 비난의 대부분을 받을 수 있지만 (8장 참조), 영국의 봉쇄 또한 전쟁의 장기화와 관련된 비극적 비용과 격변에 대한 이유를 찾는 관찰자들의 조사 대상이 되었다. 어떤 주장들은 원거리 봉쇄가 전쟁 대부분의 기간 동안 중립국들로부터 필요한 물자를 구할 수 있었던 독일 경제에 심각한 타격을 주었다는 생각을 무시한다. 1917–1918년의 "순무 겨울(Turnip Winter)"처럼 독일의 전체 인구가 궁핍에 직면했을 정도로, 독일은 국내 경제를 조직하여 희소성의 문제를 효과적으로 처리하지 못하는 상황에 처한다.[48] 당연히 독일 대중들은 치솟는 식품 가격과 배급제 실시에 대해 주적으로 여기는 영국을 비난했고 독일 정부는 책임 돌리기에 문제가 없었다.[49] 다른 주장은, 만약 원거리 봉쇄 대신에 단편적으로 시간을 두고 서서히 강화되었다면, 즉 만약 영국이 총력전의 정언명령을 버리지 않았다면, 봉쇄가 전쟁에 더 중대한 영향을 *미칠 수 있었다*는 것이다.[50] 이 주장의 분명한 논리는 이런 식으로 그럴듯해 보인다: "봉쇄는 작동했다. 그러나 그것이 더딘 실행과 런던의 주저함으로 인해 너무 늦었다. 봉쇄가 더 공세적이었더라면, 전쟁이 더 일찍 끝날 수도 있었다." 추론이 원칙적으로 그럴듯해 보이지만, 그것은 우리가

45 Herwig(2014, p. 283).
46 Sondhaus(2014, p. 160).
47 Stevenson(2004, p. 204).
48 Jeffery(2016, p. 132).
49 Watson(2014).
50 Hastings(2013, p. 359).

위에서 만든 국경전투에 관한 비유에 관한 뭔가 중요한 것을 숨기고 있다.

그림 10.2의 모형은 영국이 왜 원거리 봉쇄의 아이디어를 채택했는지 말해 주지만, 또한 반사실적 조건에 대해 뭔가를 말해주고 있다. 영국이 "총력전의 정언명령을 붙잡고" 그리고 북해에서 더 공격적인 자세를 채택했어야 했다고 주장하는 것이 정당한가? 원거리 봉쇄의 대안은 오직 영국만이 수단을 가졌을 때에 가능한 "근거리" 봉쇄가 아니라, 잠재적으로 파멸을 초래할 수 있고 육상전을 지원할 수 있는 영국의 능력을 훼손할 위험이 있는 총력전이었다. 이러한 환경하에서, 해상 항로를 유지할 필요성과 독일 잠수함과 기뢰에 의해 해상 함대가 당면한 위협을 고려하면, 원거리 봉쇄와 그것에 수반되는 느린 효과는 유감스럽지만 필요한 것이었다. "해군 전력의 행동이 느리고, 꾸준하고, 항상 작동했고, 거의 역동적이지 못했지만 단지 약간의 시간이 흐른 후에는 정말 효과적이었지만,"[51] 영국 해군의 주요 공헌이 균형 경로(equilibrium path)를 벗어난 파멸적 결과를 피하는 것이었다면, 전쟁의 결과에 영향을 미친 그 효과성과 역할에 대한 부정적 평가는 심각한 추론상의 문제에 직면한다.[52] 영국은 봉쇄가 궁극적으로 통할 것이라고 알았지만, 확실히 트라팔가르의 당당함이 부족했다. 그러나 그들은 시간이 있었다. 육지에서 전쟁이 교착상태에 빠졌지만, 궁극적으로 연합국의 더 많은 군인, 더 많은 노동자, 더 많은 자금과 산업에 대한 접근에 전쟁이 달려 있었기 때문이었다. 전면적인 해상 총력전을 통해 그들의 의지를 독일에 직접 부과하는 것은 그들의 진정한 힘이 어디에 있는지에 비추어 볼 때 너무 큰 비용이었을 것이다. 영국의 진정한 힘은 전쟁터 그 자체가 아니라 전체적인 전쟁 노력을 위한 사회와 산업의 동원 능력에 있었다.[53] 봉쇄는 성공적이고 중요했지만−독일인들한테 물어보라−, 영국은 이것에 대해 많이 이야기하지 않았다. 왜냐하면 법적으로 영국은 중립적 권리와 관련하여 독일보다 약간 더 나았을 뿐이었기 때문이다.[54]

영국의 봉쇄, 정치적으로 필요했던 봉쇄의 구멍과 느린 진행을 보고 해군이 더 공

51 Philpott(2014, p. 196).

52 조잡하고 돌발적인 비평을 하려는 사람들에게도 조잡하다.

53 Philpott(2014, p. 198).

54 Sondhaus(2014, p. 368).

격적이었더라면 전쟁이 단축되었을 수 있다고 주장하기는 쉽다. 그러나 그 추론은 원거리 봉쇄를 추구하기로 한 결정의 이면에 있는 고통스러운 상쇄 교환을 간과하고 있다: 만약 영국 해군이 독일 대양함대를 격파하거나 독일의 상업을 즉각적으로 억누르려고 시도함으로써 다른 역할을 수행할 능력을 손상시켰더라면, 독일이 궁극적으로 항복하게 될 곳인 육상에서의 장기전에서 연합국의 우위를 날려버렸을 수도 있다. 영국 해군이 아주 공격적이었다면 더 빠른 결정을 강요할 수 있었지만, (총력전; 총력전) 균형이 출현하고 북해에서 영국의 수적 우세와 독일의 포병 우세가 충돌했다면 그리하여 연합국이 전쟁에서 패배할 위험이 증가했다면, 어떤 결정이 내려졌을지 분명하지 않다. 이런 식으로 보면, 영국 해군을 보전하려는 논리가 국경전투의 대재앙 이후 목숨을 구하기 위해 참호전을 선택한 논리와 그렇게 멀지 않다. 전쟁이 길어질수록 연합국이 더 유리해진다. 시간이 부, 인구, 자본의 자연적인 이점과 이러한 모든 것의 배경에 있는 바다에 대한 지배력을 드러낼 것이기 때문이다. 단기전은 연합국에 있어 더 위험했다. 아무리 직관적이지 않게 보이더라도, 우리는 원거리 봉쇄를, 겉보기에는 영국을 열강으로 지탱한 왕립 해군의 변태 같은 채찍질로 보이지만, 연합국의 동맹국에 대한 우위를 유지한 것으로 볼 수 있다. 나라를 전쟁으로 이끌고 1916년 솜(Somme)전투에서 아들을 잃은 전 수상 허버트 애스퀴스는 전쟁 후, "우리의 병사들에게 깊은 존경을 표하면서, 이 전쟁은 해군력으로 승리했다"고 말했다.[55] 비효율적인 것과 거리가 멀고, 전쟁의 과정과 결과에 미세한 영향을 미친 것과 거리가 멀고, 드레드노트는 영국이 투자할 만한 것이었음을 증명했다. 프랑스와 플랑드르의 잔인하고 더럽고 악취 나는 지옥에서 사투를 벌인 육군보다 더 적은 포탄을 발사하고 더 적은 생명을 희생하면서, 연합국이 지상에서 승리하게 했다.

55 Sondhaus(2014, p. 348).

10.3 제한전에 관하여

봉쇄와 억제에 더 유용한 사치스러운 함대는, 북해의 광활한 공간에서는 말할 필요도 없이, 1914년 제한전을 촉진하는 데 특이하게 보일 수도 있다. 그러나 제한전은, 즉 교전국들이 분쟁의 범위, 규모, 심각성 및 야만성을 제한하기 위해 암묵적 또는 다른 방식으로 어떤 합의에 의해 관리하는 것은 예외가 아니라 규칙이다. 열강들이 생존을 위한 싸움에서 모든 수단을 마음대로 사용하지 않기로 선택하는 것이 얼핏 보기에 이해하기 힘들어 보이지만, 국가는 종종 자신과 적 모두가 준수하는 명확한 한계 아래에서 전쟁을 벌인다. 전쟁은 그 낭비로 인해 그것을 피하려 할 뿐만 아니라 피할 수 없는 경우 전쟁 비용을 제한하려 하는 공유된 인센티브를 발생시킨다. 만약 양측 모두 그들 자신의 전투 비용 또는 전쟁이 다른 국가들을 포함하는 방향으로 확대되는 리스크를 극소화하기를 원한다면, 그들은 승리를 위해 기꺼이 취하고자 하는 행동에 제한을 두는 것에 공통의 이해를 가지고 있는 것이다. 그러나 전쟁은 적대 세력들이 싸움의 정당성보다 더 많은 것에 대해 합의에 도달한다는 것이 어려운 환경이고, 이것이 교전국들이 전쟁을 할 때 준수할 규칙을 정하는 암묵적 협상에 프리미엄을 부여한다.

예를 들어, 중국과 미국은 한국전쟁 동안, 전쟁을 끌어올리고 확대시키고 싶은 유혹에도 불구하고, 2년간의 야만적인 전투를 한반도로 한정시키는 데 성공했다. 중국은 대만 공격 계획을 실행함으로써 피보호국인 북한에 맞서 배치된 유엔군을 분할시키려 할 수 있었고, 미국은 인민해방군(PLA)의 한반도 유입을 멈추기 위해 전쟁을 중국 대륙으로 끌고 가고 싶은 충동이 있었다. 사실 더글라스 맥아더 원수는 트루먼 대통령이 그의 지휘권을 박탈하기 전에 중국 도시들에 대한 핵 공격을 제안했었다.[56] 이러한 충동들을 제외하면, 전쟁은 압록강 남쪽의 한반도로 한정되었다. 화학무기가 사용되지 않았지만, 거짓 주장으로 UN을 비난하려는 공산주의자들의 시도

56 맥아더의 주장은 그 정치적 광기에서, 1945년 연합국이 나치 독일을 물리친 몇 주 후 소련을 대상으로 한 예방전의 필요성을 발표한, 조지 패튼 장군을 능가한다.

를 막지는 못했다.[57] 그리고 미국은 전쟁 중간에 운명이 미국에 불리하게 돌아섰을 때에도 중국군으로 하여금 개입을 중단하도록 강요하기 위해 핵의 우위를 이용하려는 유혹에 굴복하지 않았다. 중국과 미국의 선호는 전쟁의 위험을 한국으로 한정하는 것을 지지했지만, 어느 누구도, 1914-1918년 바다에서 독일과 영국의 목적을 닮은 인센티브 집합에서, 상대의 우위를 얻으려는 일방적인 시도를 허용하지 않았다. 이러한 제한을 준수한 덕분에 유럽으로 빠르게 퍼졌을 제3차 세계대전을 막았는지도 모른다. 아시아 본토에 대한 우선권이 위태로운 상황에서 소련이 큰 관심을 가지고 지켜보고 있고 냉전의 망상은 열병에 걸려 있었음에도, 왜 한국전쟁은 제3차 세계대전으로 발전하지 않았는가?

중국과 미국은 그림 10.2의 게임과 유사한 상황에서 (총력전; 총력전)의 균형에 도달할 수도 있었지만, 그들은 상대적으로 제한적인 전쟁을 벌였고 전쟁을 시작한 38도선 부근에서 전쟁을 끝냈다. 그의 고전적인 한국전 퍼즐 분석에서, 쉘링은 중-미의 암묵적 조정을 두 가지 요인으로 돌렸다: 지정학과 핵무기의 특성에 관한 만연한 견해.[58] 먼저, 압록강은 중국과 한국의 영토를 명확하게 가른다. 미군은 국경을 넘어 탈출하는 공산주의 항공기에 대한 맹렬한 추격을 승인하지 않음으로써 그리고 중국 영토를 통해서 한국으로 향하는 중국 증원군을 눈에 띄게 저지하지 않음으로 이 경계를 존중했다. 그 강은 눈에 잘 띈다. 그리고 그 밑에 머무른다고 하여 UN의 전쟁 노력을 더 쉽게 만드는 것도 아니었지만, "빌어먹는 사람은 고르는 사람이 아니며 단지 다른 사람들에 비해 눈에 띄기를 바랄 뿐이다."[59] 만약 미국이 압록강을 건너지 않고, 마찬가지로 중국과 소련이 실질적인 경계선을 남쪽으로 밀어붙이지 않는다면, 그 전쟁은 한반도로 제한된 상태로 유지될 수 있다. 두 번째로, 제1차 세계대전에서 만연했던 독가스가 이상하게도 제2차 세계대전의 전장에서 사라졌던 것처럼, 유엔군이 초기 약간의 성공 이후 중국의 개입으로 압록강에서 38선을 넘어 후퇴했을 때, 핵무기와 재래식 무기 사이에 존재했던 질적인 구분이 핵무기의 제한

57 Stueck(1995), Wada(2013).

58 Schelling(1960, p. 76, 3장).

59 Schelling(1960, p. 66).

적인 사용조차 하지 못하게 했다.[60] 아무리 제한적으로 사용한다 하더라도, 어떠한 핵무기 사용조차 전면적인 대전을 선택하는 것과 구별할 수 없을 것으로 여겨졌다. 단순한 "큰 폭탄" 이상으로, 핵무기는 사용의 정도가 아니라 사용하느냐 마느냐의 여부만이 초점이 될 수 있었다. "핵무기 사용금지"는 제한전의 일부로 초점이고, 눈에 띄고, 쉽게 구별할 수 있었지만, "1951년 중국의 진군을 막을 수 있을 만큼의 딱 그 정도의 핵무기"는 없었을 것이다. 코펜하겐 시나리오를 실질적으로 배제한, 독일 항구들에 대한 영국의 원거리 봉쇄와 그것을 더 쉽게 만들었을 근거리 봉쇄와의 비교가 딱 들어맞는다. 따라서 야만적이고, 피비린내 나고, 굉장히 위험했던 한국전쟁이 국지적이고 제한적인 재래식 무기의 전쟁으로 머문 (많은 요인들 중에서) 하나의 이유는, 조정을 원활하게 만든, 단순한 지정학과 핵무기의 특성에 관해 만연한 믿음이었다. 다른 장소에서 그리고 핵무기에 대해 더 기사적 태도를 가졌다면(예로, 미국이 1945년 일본에 핵무기 2기를 사용하지 않았더라면), 전쟁은 근본적으로 달랐을 것이다. 세계대전이 났을 수도 있었다.

한국전쟁이 제한전 중에서 가장 드라마틱한 예가 되기도 하지만, 그것이 베트남에서 미국이 군사전략을 제한한 것, 소련이 아프간전쟁 동안 무자히딘 피난소를 제거하기 위해 파키스탄 안으로 건너가기를 주저한 것, 인도와 파키스탄 카슈미르를 나누고 국경을 넘는 침입자에게 보이지 않는 보호막을 제공하는 통제선의 안정성 그리고 심지어 냉전 기간 동안 위험의 국지적 고조를 방지한 미국과 러시아의 전투기 조종사와 잠수함 항해사 사이의 오랜 추격 및 미행 의식에도 영향을 미쳤다. 어느 누군가에게 수익을 얻을 수 있는 기회를 주는 대가가 상대방의 비용과 위험에 대한 노출도 제한되도록 한다면, 전쟁에서 양측은 전쟁의 범위, 강도 또는 규모를 제한하는 일종의 암묵적 거래를 기꺼이 찾을 수 있다. 전쟁이 일을 처리하는 낭비적인 방법이며, 참전국들이 죽음에 이르는 싸움에 제한을 두기 위해 종종 심각한 국가적, 이데올로기적, 종파적, 정치적 분열을 넘어선다는 사실을 인식하지 못하면, 우리는 북해에서의 표면적으로 냉담한 전쟁이나 열강 간의 갈등을 한반도로 한정하며 스스로 부과한 무수한 한계와 경계를 잘 이해하지 못할 수 있다. 거의 모든 전쟁에서 교전국

60 Tannenwald(1999, 2005).

들이 그들의 전쟁 수행에 일종의 공유된 제한을 준수한다. 그리고 전쟁을 수단적, 낭비적, 정치적으로 보는 우리의 관점에서, 계산적이고 검소한 리더들이 이런 종류의 행태에 관여한다고 보는 것이 이치에 맞다. 문제는 우리가 전쟁에 대해 이런 식으로-수단적이고 그러므로 정치적 제약에 구속된다는-일상적인 방식으로 생각하지 않는다는 것이다. 그리고 11장과 14장에서 보겠지만, 전쟁의 정치적 특성을 파악하지 못하면 전쟁이 어떻게 수행되고 궁극적으로 어떻게 끝나는지에 대해 잘못된 결론을 내릴 수 있다.

10.4 조정과 국제정치

제1차 세계대전 동안 북해에서의 상호 조심과 한국전쟁에서의 위태로웠던 국지전이 극전인 예를 제공하지만, 국제관계에서 조정 문제는 희소한 것과 거리가 멀다. 국가들이 복수의 해를 허용하는 문제에 직면할 때마다, 각각의 해가 조정 실패보다 낫고 모든 해가 내쉬균형으로 존재하기 때문에, 국가들은 조정 문제에 직면한다. 선례, 유추 또는 단순히 한 당사자가 먼저 문제의 틀을 잡는 데 성공했기 때문에 초점해가 실현될 수 있다.[61] 조정이 양측 모두를 평등하게 좋아지도록 만든다고 보장할 수 없지만, 핵심은 서로에게 더 나쁘거나 대응하는 선택에 실패하는 것을 피하는 것이다. 조정 문제는 국가들이 다수의 받아들일 만한 거래 중에서 선택해야 하는 경우 발생한다. 이 경우 각국은 하나의 특정한 거래를 다른 것들에 비해 선호하지만, 받아들일 만한 제안의 범위를 찾는 문제는 이미 해결된 것들이다.[62] 그것이 조정이 경쟁적이지 않다거나 문제가 하찮다는 것을 의미하지는 않는다. 이 절에서는, 국가들이 어떻게 국경의 경계를 긋는지 그리고 냉전 동안 미국과 소련이 어떻게 서로 충돌을

61 게임은 규칙을 가지고 있으며, 그것을 정의하는 자가 우위를 가질 수 있다. 정치인들이 그 문제로 그렇게 자주 싸우는 것이 놀랍지 않다.

62 이것이 5장에 있는 사적 정보하에서의 위기협상문제와 특별히 다른 점이다.

피하도록 도와주는 규칙을 만들 수 있었는지 등에 대해 조정의 논리가 어떻게 설명하는지 보게 될 것이다. 그러나 먼저 중요한 구분을 할 필요가 있다.

아마 여러분들은 이미 조정 문제(coordination problem)가 표면적으로 집합적 행동 문제(collective action problem, 정의 7.1)와 닮았다는 것은 눈치챘을 것이다. 어떤 조정 문제는 비극적이고 비효율적인 균형을 도출한다는 점에서 그렇다. 예를 들어, 그림 10.2의 해전 게임에서 (총력전; 총력전) 균형이 두 경기자에게 (제한전; 제한전) 균형보다 낮은 보수를 준다. 이 총력전 균형을 그림 3.2의 해군 군비경쟁게임의 (건조; 건조) 균형에 비유하고 싶은 충동이 생긴다: (건조; 건조) 균형에서 영국과 독일은 (¬건조; ¬건조) 균형을 통해 더 높은 보수를 얻지 못했던 것을 후회한다. 각각의 경우, 경기자들은 해전을 제한하거나 드레드노트를 건조하지 않음으로써 좀 더 "협조적인" 전략을 선택했더라면 피할 수 있었던 나쁜 균형에 있는 자신들을 발견하게 된다. 그러나 유사성은 여기서 끝난다.[63] 우선, 그림 10.3의 보도통행문제 같은 어떤 조정 문제는 비효율적 결과를 낳지 않는다. 두 번째로, 집합적 행동 문제는 일방적으로 다른 경기자들을 이용하려는 인센티브에서 나오는 반면, 조정 문제는 이해 대립이 그렇게 대단하지 않을 때 발생한다. 마지막으로, 이 둘은 매우 다른 방법으로 해결된다. 집합적 행동 문제를 풀기 위해서는 집합적 상품에 기여할 사적 인센티브가 생기도록 경기자들의 보수 구조를 바꿀 필요가 있다. 다른 믿음의 조합으로도 그림 3.2의 게임에서 (건조; 건조)가 유일한 내쉬균형이라는 사실을 바꿀 수 없다. 그러나 그림 10.2의 해전 게임에는 두 개의 균형이 존재하고, 비효율적인 (총력전; 총력전) 균형과 좀 더 매력적인 (제한전; 제한전) 균형을 분리시키는 것은 공통 추측의 내용이다. 다른 믿음의 조합으로 하나의 균형에서 다른 균형으로 이동하게 할 수 있다. 그러나 영-독 해군경쟁 같은 죄수의 딜레마에서는 "더 나은" 균형이 없다. 어떤 경기자도 전략을 바꾸겠다고 신빙성 있게 약속할 수 없기 때문이다. 복수의 균형이 존재할 때, 경기자들은 신빙성 있게 전략을 바꿀 수 있고, 초점해를 찾는 것이 문제를 푸는 핵심이 된다.

---

63 이것이 정치학자들이 두 개념을 정신 나갈 빈도로 혼동하는 것을 막지는 못하겠지만, 선한 싸움을 계속하는 것이 중요하다. 협조의 문제(cooperation problem)는 조정 문제(coordination problem)와 다르다.

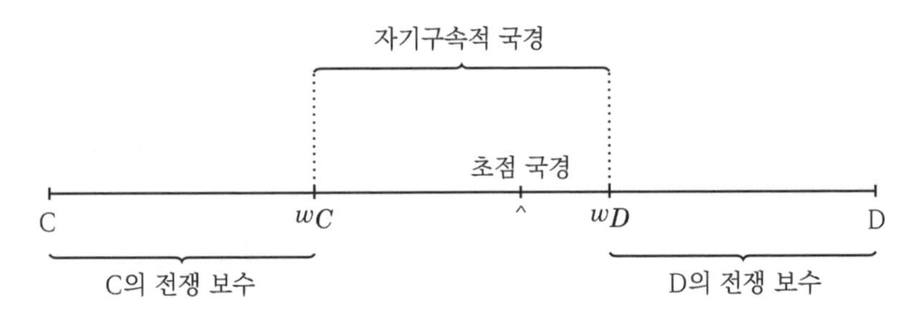

[그림 10.4] 협상에서 조정 문제

무엇이 조정 문제가 아닌지 알기 때문에, 우리는 이제 무엇이 조정 문제인지 그리고 이 문제가 국제관계에 어떤 영향을 미치는지 좀 더 명확하게 살필 수 있다. 첫째, 조정은 국가들이 국경－국제 시스템(1장)의 단위를 정의하는 바로 그 제도－에 대해 협상하고 정하는 경우를 포함하여, 협상의 기본이다.[64] 두 국가 C와 D가 그림 2.4에서처럼 일정 면적의 땅을 나누면서 상호 간의 국경을 정의하고자 한다고 가정하자. 이번에는 원형이 아니라 그림 10.4에 나타난 것처럼, 1차원 선분을 따라 협상하는 문제를 생각해 보자. C의 수도가 선분의 왼쪽 끝에 있고, D의 수도가 오른쪽 끝 그리고 선분 위의 점이 왼쪽 C의 땅과 오른쪽 D의 땅을 가르는 국경이다. 전쟁은 비용이 들기 때문에 C와 D가 서로 싸우면 나누어질 전체 파이가 그림 2.4처럼 오그라들지만, 이 경우 단순히 전쟁이 선분의 가운데 부분을 도려낸다고 하자.[65] 만약 전쟁이 발생하면, C는 w_C 왼쪽을 모두 차지하고 D는 w_D 오른쪽을 모두 차지하지만, 싸움으로 가운데 전부가 파되 된다(이것이 그림 2.4에서 쪼그라든 원과 같다). 만약 C와 D가 전쟁을 피하면, 전쟁으로 파괴될 땅을 보전하며, 그들은 선분 위의 어느 점에서나 국경을 설정할 수 있다. 그리고 두 국가의 전쟁 보수(즉, w_C와 w_D) 사이에 설정된 어떤 국경이든 두 국가에게 전쟁으로 얻을 수 있었던 것보다 더 높은 보수를 준다. 이 구간 사이의 어느 점(국경)이든 양측에 전쟁보다 높은 보수를 주므로, 우리는 이를 "자기구속적 국경"이라 부른다(정의 1.6).

---

64 이런 식으로 생각하자: 헌법이 시민권과 거주 규칙을 이용하여 누가 특정 국가의 멤버인지 아닌지를 말한다면, 국경에 대한 상호 인정이 국제 시스템의 멤버십을 정의한다.

65 Fearon(1995).

이것은 우리가 2장과 5장에서 질문했던 전쟁의 퍼즐을 다시 설명한 것이다. 심지어 전쟁을 유발할 수 있는 협상의 마찰이 없다 하더라도, 여전히 두 국가가 어디에 국경을 그을지 분명하지 않다. 어떤 자기구속적 국경도 전쟁보다 낫고 양국 모두 여기에 합의하지만, 어떤 것은 다른 것에 비해 C에 유리하고 D에 불리하고 그 반대가 되기도 한다. 그들은 어디에 국경을 설정할 것인가? 전쟁에서 가능성 있는 결과에 따라 자기구속적 국경의 범위가 결정되지만, 이 범위 내에서 국경의 위치는 협상 과정 그 자체와는 무관한 것으로 귀결된다: 눈에 잘 띄는 무엇, 즉 초점인 무엇. 강, 산악지역, 이전 제국 또는 국가의 이전 행정구역이 두 국가 C, D가 국경을 설정하는 데 도움을 주는 초점으로 기능할 수 있다. "지형의 특징은 실제적인 편의성보다 합의를 구체화하는 힘에서 더 중요해 보인다."[66] 이전의 국경들은 당연히 초점이 되며, 그것들은 국경의 군사적 방어 가능성이나 양쪽에 있는 민족주의적 선호와 관계없이 국가들을 합의로 밀어붙일 수 있다. 사실, 이전의 국경을 따라 그어진 새로운 국경은 그러한 강력한 조정 효과가 없는 국경보다 나중에 싸울 가능성이 훨씬 낮다.[67] 그 점이 그림 10.4의 "초점 국경"으로 표시되어 있는데, 주의를 끌고 일종의 자기실현적 예언 역할을 한다: 양쪽 국가 모두 상대가 이 점에 초점을 맞출 것임을 예측하므로, 비록 C에게 더 많은 땅이 가지만, 양측이 수락할 가능성이 높은 매력적인 제안이 된다. 그러나 모든 것이 좋은 것은 아니다. 아마도 국경이 어디에 "있어야 하는지"에 대한 기대를 조정하는 능력 때문에, 역사적 국경 선례는 독특한 영토 분쟁을 일으킬 가능성이 있으며 잠재적으로 폭력적인 분쟁을 일으킬 수도 있다.[68]

마지막으로, 암묵적 의사소통과 조정은 서로가 서로를 신뢰할 이유가 거의 없음에도 대전을 방지하기 위해 평화롭게 힘의 균형을 유지하고자 하는 열강 정치에서 만연하다. 가장 최근의 예는 냉전 기간에 미국과 소련 사이에서 일어났다. 두 초강대국은 군사력과 위세에 있어, 미국이 경제적으로 좀 더 강력했고 각국이 수천의 핵무기를 보유했지만, 다른 열강들과 클래스가 달랐다.[69] 나치 독일과 일본을 쳐부순 후,

66 Schelling(1960, p. 68).

67 Carter and Goemans(2011).

68 Abramson and Carter(2016).

69 핵전쟁의 위협이 1980년대만큼 높지는 않지만, 세계가 다극화로 기울어지면서 그러한 위협이 다시 오지

제2차 세계대전을 승리로 이끌었던 대연합이 순식간에 무너졌고, 승전국 사이의 진영이 미국 주도의 현상 유지 연합과 적대적인 소련 주도의 연합 사이의 라이벌 구도로 굳어졌다. 그들의 영향권은 분단된 독일에서는 직접적으로, 분단된 한국에서는 간접적으로 서로 맞닿아 있었고, 초강대국은 최종 인화점인 쿠바를 포함하여 제3세계의 비동맹국가들을 자기들 편으로 끌어들이기 위해 서로 경쟁했다. 쿠바에 소련의 핵 미사일을 배치하면서 이 세기의 가장 위험한 위기 중 하나를 촉발시켰었다. 열강의 수가 두 개에 불과한지가 아주 오래전 일이고, 가장 적절한 사례는 아테네-스파르타와 로마-카르타고였다. 특히 20세기에 열강들은 이미 두 차례의 세계전쟁을 치렀기 때문에 낙관론을 가질 이유가 거의 없었다. 그러나 이념적이고 군사 정치적인 경쟁, 깊은 불신과 오랜 노여움의 기억 그리고 대리전과 진행 중인 군비경쟁에도 불구하고, 두 초강대국은 일찍부터 그들 사이의 직접적 대립이 대파멸을 초래할 것이라는 것을 인식하고 있었다. 그들은 새로운 전쟁을 회피할 강력한 이유가 있었지만, 신뢰할 만한 직접적인 의사소통의 수단은 종종 제한되어 있었다.

이러한 장애물에도 불구하고, 초강대국들이 그림 10.3의 보행자들처럼 또는 그림 10.2의 영국과 독일처럼 그들 나름의 "도로의 규칙"을 지켰기 때문에, 이 세상은 열강들의 심각한 충돌없이 냉전을 살아남았다.[70] 갈등을 피하는 것이 가장 중요했고, 시간이 지남에 따라 멈칫거리며 느리고 불완전하게 초강대국들은 서로의 전략을 일치시킬 수 있는 몇 가지 암묵적인 규칙을 발견하여 전면전의 기회를 낮췄다. 1986년 역사학자 개디스(John Lewis Gaddis)는 냉전에서 "게임의 규칙"의 일부로 작동하는 것 같은 다섯 가지의 규칙을 발견하였다:

1 영향권을 인정하라.
2 직접적인 [미-소] 군사적 충돌을 피하라.
3 핵무기를 최후의 수단으로서만 사용하라.
4 예측 불가능한 합리성보다 예측 가능한 변칙을 선호하라.

않을 것이라고 장담할 수는 없다.

70 그러나 이런 내용을 다룬 영화들이 엄청나게 많았지만, 대부분 수준 이하였다.

5 상대방의 리더십을 손상시키려 하지 말라.[71]

북해에서 영－독의 자제(또는 조심)와 유사성이 상당하다. 미국은 점령된 동유럽에서 소련에게 자유를 주었고, 소련의 침략을 받은 헝가리와 체코슬로바키아의 반체제 인사들은 크게 놀랐지만, 소련은 서유럽에서 미국과 연합한 자본주의 국가들의 전복을 시도하지 않았다. 한국에서의 위기 이후, 어느 쪽도 상대방의 대리전에 대해 자신의 군대로 직접 간섭하지 않았고, 미국에게는 베트남 그리고 소련에게는 아프가니스탄, 시간이 지남에 따라 양측은 최후의 수단이 아닌 다른 수단으로 핵무기를 사용하려는 계획을 축소하고 기습 공격을 어렵게 만들었다. 이에 더하여, 어느 쪽도 상대방의 국내 문제를 이용하지 않았고, 상대방을 곤경에 처하게 하려는 욕망도 자제했다. 상대방도 그렇게 하는 한 나도 절제된 자세를 유지하겠다는 원리가 잘 작동한 것이다.[72]

규칙 4에 대해 약간의 설명이 필요해 보인다. 제2차 세계대전의 끝에 독일과 한국이 부자연스럽게, 아무도 최적이라고 생각하지 않는 방식으로 분단되었다. 심지어 공산주의 동독에 고립된 독일의 수도 베를린조차 동과 서로 나누어졌다. 미국과 가까운 공산주의 쿠바가 미국의 미사일 기지를 장기 임대의 일부로 관타나모 만에 유치한 것이 피델 카스트로의 혁명 정권보다 선행한다. 이러한 협정들이 복잡하고 팽팽하여 위기에 빠지기 쉬워 보이지만, 그것들은 또한 잘 알려져 있고, 눈에 띄고, 그것들을 바꾸려는 어떤 시도－위험한 전략들의 조합과 가장 중무장한 두 군대 사이의 전쟁이 일어날 모든 악몽 시나리오를 수반했을 시도－보다 훨씬 더 선호할 만했다.

조정 문제가 국제정치에서 만연하지만, 국가들이 종종 국제법에 초점해를 성문화하려고 시도하기 때문에, 고맙게도 모든 것이 전시 또는 초강대국 경쟁의 위험한 암묵적 협상을 수반하지는 않는다. 6장에서 본 것처럼, 민간인 표적 및 포로 학대, 중립국의 권리 침해와 같은 특정 관행을 공개적으로 금지함으로써, 법이 공통 추측을

71 Gaddis(1986, pp. 132－139).

72 규칙 5는 명백하게 2016년 미국 대선에서 살아남지 못했다.

정의하는 데 도움을 준다. 기준을 분명하고 공개적으로 만드는 것이 그것들을 초점으로 만드는 것이다. 국가들이, 1914년 영국이 그랬던 것처럼, 전쟁 참여의 가치에 대해 더 나은 판단을 내리기 위해 법을 사용할 수 있다면, 제공된 정보가 법이 없을 때 선택했을 균형과 다른 균형을 선택할 수 있게 한다면, 우리는 어떻게 국제법이 힘의 밸런스를 유지하는 중요한 버팀목이 될 수 있는지에 대해 다시 한번 이야기할 수 있다. 만약 법이 균형을 선택하도록 도와주고, 국가들이 단순히 초점해를 찾음으로써 정면대결을 피할 수 있다면, 우리는 아주 강한 주장을 할 수 있다: 힘의 밸런스는 군사적 능력뿐만 아니라 아이디어, 즉 누가 누구에게 무엇을 왜 하는지에 대한 믿음, 국제정치의 사회적 세계 자체에 달려 있다. 하나의 유명한 관찰은 "무정부상태는 국가가 만드는 것"이며,[73] 아마도 국가가 일련의 조정된 믿음만으로 비용이 들고 낭비적인 갈등을 피할 수 있다는 것보다 더한 사실은 없다.

10.5 결론

영국의 원거리 봉쇄와 독일의 기뢰 지대 저지선을 총력전의 논리를 이해하지 못한 쌍둥이 실패라고 비판하고 싶은 유혹이 너무도 강하다. 그러나 이는 육상전을 유지하는 데 있어서 해군력의 중요성을 간과한 것이다: 제국의 네트워크가 없는 영국이 장기전을 수행할 수 없고 북해 해안에 대한 공격을 억제할 수 없는 독일이 장기전에서 지는 것은 거의 확실했다. 보다 중요한 것은 왜 영국이 독일의 조심을 이용하지 않았고 왜 독일이, 영국의 장기적 우세에도 불구하고, 영국 해군을 거대 전투로 이끌어내고 해협을 건너는 영국 원정대를 저지하는 모험을 시도하지 않았는지를 알아내는 것이다. 전투를 피하고자 하는 교전국은 이용당하기 마련이다. 그러나 북해에서의 전쟁을 조정 문제로 규정하면 어느 쪽도 그러한 기회를 가지지 않았음을 알 수 있다: 각국은 상대가 공격적으로 나온다면 더 공격적으로 싸우고자 했지만, 상대

73 Wendt(1992).

가 제한전을 걸어온다면 제한적으로 맞서는 것으로 만족했다. 그리고 제한전을 총력전보다 더 선호하게 한 주요 요인이 영국의 원거리 봉쇄와 독일의 항구 빌헬름스하펜에서의 체류라는 *초점해*였다: 상대방이 거리를 유지하는 한 총력적 해전을 벌일 의도가 없음을 분명하게 전달하는 한 쌍의 전략. 이 억제된 균형은 영국과 독일이 서로를 주요한 적으로 간주했다는 사실에서 더욱 놀랍다. 육상전의 전개 과정을 근본적으로 바꿀 수도 있었던 값비싼 해전을 가로막는 것은, 잠정적이고 어설프고 때로는 폭력적이지만 대부분 모호하지 않은 암묵적 의사소통에서 나온 공통된 생각이었다. 제한적 해전에 대한 공유된 믿음이 우리가 육상에서 본 전쟁을 만드는 데 도왔다. 총력전의 논리를 적용하는 데 실패한 실망스러운 것이 아니라, 제한적 해전이 우리가 8장에서 살펴본 잔인한 소모전 균형을 유지시킨 핵심적 요소였다.

영어 문학에서 보여준 유틀란트-슈카게라크에 대한 많은 관심에도 불구하고, 제1차 세계대전에서는 트라팔가르도, 살라미도, 쓰시마도, 진주만도 그리고 미드웨이도 없었다. 해상에서 거대 해전도 거의 없었지만 꼭 필요했던 것도 아니다. 해군 함대의 출전 금지로 가능해진 장기 육상전에서 연합국이 우세해지고 이를 활용한 연합국의 느리고 살금살금 움직이는 전쟁 수행이 결국 독일 해군 기획자로 하여금 처음에는 방어 도구로 간주되던 무기로 관심을 이동시키게 한다: 잠수함. 해상의 전함들이 영국 해군에 의해 포위되었고, 그 지도자들은 영국으로 향하는 어떤 배는 침몰시킬 수 있고 어떤 배는 침몰시킬 수 없다는 미국의 생각에 굴복하는 데 지쳐갔고, 육군이 동부전선에서 러시아에 대한 압도적인 승리를 냄새 맡고 있는 시점에, 독일은 1917년 초 서유럽 주변에 전쟁 지역을 선포하고 무모하게 상선을 침몰시키기 시작했다. 이 무제한 잠수함 작전(unrestricted submarine warfare)은 영국과 그 후원국인 미국의 연결을 끊음으로써 영국을 굴복시키기 위해 고안되었다. 한 무기가 실패한 곳에 다른 무기를 사용하는 것이 원칙적으로 나쁜 전략이 아니지만, 우리가 13장에서 보겠지만, 연합국과 중립국 선박에 대한 잠수함 공격은 독일 지도자들이 수년 동안 피하기 위해 열심히 노력해 온 하나의 주요 사건을 촉발시키게 된다: 미국의 선전포고.

11

전쟁이론 III: 맹약과 전쟁의 종료

전쟁이론 III: 맹약과 전쟁의 종료

전쟁에 대한 유효한 진단은 평화에 대한 유효한 진단에 반영될 것이다.

제프리 블레이니,
전쟁의 원인

2장에서 어떻게 맹약의 문제가 전쟁 비용을 아낄 수 있는 합의에 방해가 될 수 있는지 살펴보았는데, 우리의 이야기가 세계대전의 막바지로 다가감에 따라 그때 미처 마무리하지 못한 이야기를 해야 할 시간이 되었다. 우리는 아직까지 전쟁이 어떻게 전쟁을 초래한 협상 문제를 해결하는지 설명할 수 없다－즉, 어떻게 싸움이라는 행위가 이전에는 존재하지 않던 합의의 조건들을 만들어 낼 수 있는지에 대하여. 이 장에서 우리는 동적 게임(dynamic games)을 소개하여 이 문제를 풀어 보고자 한다. 동적 게임은 우리에게 (1) 순차적 움직임을 보다 유연하게 모형화할 수 있도록 해주며, 동시에 (2) 새로운 균형 개념인 부분게임 완전균형(Subgame Perfect Nash Equilibrium, SPNE)을 배우도록 요구한다. 우리가 얼마나 자주 전쟁에 대해 이야기하는지 그리고 대부분의 전쟁이 실제로 어떻게 끝나는지 사이의 부조화에서 오는 퍼즐 때문에 동적 게임의 필요성이 대두된다:

왜 대부분의 전쟁이 전적인 승리가 아니라 타협된 평화로 끝나는가?

대부분의 전쟁은 수주 혹은 수개월 지속되고, 아주 간혹 수년간 지속된다. 전쟁이 얼마나 오래 지속되든, 상당수의 전쟁이 끝나면서 분명한 승자와 명백한 패배자가 정해진다. 그렇지만 대략 70% 정도로, 깃발이 적의 수도에 의기양양하게 게양되지 않고, 승자는 정복한 대로를 거들먹거리며 활보하지 않으며, "무조건 항복"과 같은 용어는 평화조약의 본문을 우아하게 만들지 않는다.[1] 달리 표현하면, 대부분의 전쟁이 제2차 세계대전과 같지 않았다.[2] 오히려 양측이 그대로 남아 있고, 정부와 군대는 온전하며, 서로가 전투를 계속할 수도 있지만 꺼려할 뿐이었다. 가끔 양측이 도덕적 또는 정치적 승리를 주장하며 각자의 길로 갈 수도 있었다. 그러나 왜 신뢰할 수 없는 적과 제한적 합의, 타협적 평화에 도달하기 위해 전쟁을 멈추는가? 다른 결과로 이끌 수 있는 지속적인 저항이 가능할 때 왜 협상이 성사되는가?

이러한 질문에 대답하기 위해서, 우선 국가가 왜 전쟁을 하는지에 대해 명심해야 할 것이 있다: 살인과 파괴 그 자체를 위해서 살인과 파괴를 저지르는 것이 아니라, 누가 영토를 지배할 것인지 또는 누가 그 영토를 지배하는 자들을 지배할 것인지 등에 관해 이전의 합의를 대체하거나 복원하기 위한 목적의 합의, 즉 새로운 합의를 얻기 위한 것이다.[3] 오늘의 합의가 더 이상 자기구속적(정의 1.6)이 아닐 때 전쟁이 시작된다면, 싸움이 참전국으로 하여금 자기구속적 합의에 이르게 할 때 전쟁이 끝난다. 그리고 이것이 보통 한쪽이 완전하게 승리하고 다른 쪽을 무력화시킬 것을 요구하지는 않는다. 이 장에서 우리는 2장에서 소개한 위기협상과 권력이동모형을 동적인 환경으로 확장하여, 전쟁의 시작과 끝을 서로 구분된 선택의 문제로 다루게 된다. 우리는 이 과정에서 다음을 배우게 된다:

---

1 Slantchev(2004), Wagner(2000, 2007).

2 제2차 세계대전이 보였던 엄청난 수준의 파괴와 잔인성으로 인해, 우리는 대전이 끝나는 것에 대해 아마 행복해했어야 했다(Snyder 2010; Kershaw, 2012, 2015).

3 Wagner(2007, 4장).

- 동적 게임에서 부분게임 완전균형을 어떻게 찾는가.
- 어떻게 싸움이 이전과 달리 맹약을 신빙성 있게 만들 수 있는가.
- 왜 어떤 전쟁은 다른 전쟁들보다 그렇게 오래 지속되는가.
- 왜 내전이 국가 간 전쟁보다 오래 지속되는가.

이 장은 대부분이 이론적이지만, 13장과 14장에서 배울 대전의 마지막을 분석하는 기초가 된다. 이 장의 모형은 전쟁에 관한 우리의 설명을 일관성 있고 완전하게 만드는 엄격한 균형 분석을 통해, 싸움이 신빙성 없는 맹약을 신빙성 있게 만들기 위해 무엇이 필요한지 보여줄 것이다: 부상하는 국가가 오늘의 협상을 파기할 인센티브 또는 능력을 제거하는 것. 즉, 모형은 그 비용에도 불구하고 전쟁이 발발하는 이유 그리고 어떻게 싸움이 처음에 군대를 전쟁터로 보내게 한 협상 문제를 해결할 수 있는지에 대해 설명할 것이다.[4] 국가가 어떻게 맹약의 문제로 벌어진 전쟁을 끝내는지에 대한 논리를 공부하면서, 우리는 이와 관련하여 왜 내전이 평균적으로 국가 간의 전쟁보다 더 오래 지속되는지에 대한 퍼즐에 관해서도 알아볼 것이다. 그리고 우리는 대전의 지속 기간, 대전이 끝나는 방식 그리고 뒤따르는 평화협정의 안정성을 설명하려고 노력함과 동시에 이후의 장들에서 무엇을 탐구해야 하는지에 대한 몇 가지 예측을 제시할 것이다.

11장 핵심 용어

- 절대전
- 현실전
- 부분게임 완전균형
- 부분게임
- 균형 경로

4 Leventoglu and Slantchev(2007).

11.1 "현실"전과 "절대"전

우리가 일상에서 전쟁에 대해 이야기할 때, 우리는 종종 이기고 지는 것 또는 승리와 패배라는 생각에 빠져들곤 한다. 그리고 그 예들이 곳곳에 널려 있어 보인다. 1945년 독일이 무조건적으로 항복했고, 일본이 그해 후반에 조금 덜 무조건적으로 항복했다.[5] 아르헨티나는 1982년 포클랜드(Falklands)/말비나스(Malvinas)제도를 병합하려는 시도에 실패했고, 1991년 이라크 군은 병합 시도 몇 주 만에 전세가 뒤바뀌어 쿠웨이트에서 쫓겨났다. 우리 대부분은 이러한 전쟁을 한쪽의 패배 그리고 다른 쪽의 승리라고 부른다. 거기에서 약간 비약하여, 전쟁이 어떻게 끝나는지가 그렇게 이해하기 힘들어서는 안 된다고 말한다: 전쟁은 전쟁터에서 한쪽이 다른 쪽을 물리쳤을 때 끝난다. 짧은 비약이지만, 전쟁의 군사적, 정치적 차원을 혼동하기 때문에, 우리가 취해야 할 입장은 아니다. 대다수의 전쟁이 무조건 항복이나 적의 저항 시설의 파괴로 끝나지 않는다는 사실은 말할 필요도 없다.[6] 전쟁은 당신이 좋아하는 스포츠와 다르다. 스포츠에서 대부분은 종료를 규정하고, 규칙에 의해 승자가 선언된다. 일반적으로 전쟁은 "승자"가 선언되기 훨씬 오래전에 상호 간의 합의로 끝난다. 이것이 칼 폰 클라우제비츠가 부른 "절대전(absolute war)"에 대비되는 "현실전(real war)"이다. 절대전은 희소한 이상적인 경우로 한쪽이 다른 쪽을 완전히 무장 해제시키는 것이고, 현실전은 그것이 만들어내는 변화에 제한이 있고 그 결과가 모호하다.[7] 그러나 두 개념은 연관되어 있다. 왜냐하면 교전국들은 "절대전"이 어떨 것이라는 예측과 그 영향 아래서 "현실전"을 *선택한다*. 전쟁이 어떻게 전개될 것인지에 대한 믿음이 강화의 조건과 안정성에 영향을 미치듯이, 우리는 이 장에서 절대전이 어떻게 끝날 것인가에 관한 믿음이 총력전으로 비화하기 전에 전쟁을 끝내는 결정에 영향을 미칠 수 있다는 것을 보게 될 것이다.

---

5 제2차 세계대전에 관해 Hastings(2010, 2012)와 Paine(2012) 참조.

6 14장에 보겠지만, 전쟁이 끝난 후에 적군이 완전히 무장 해제당하지 않는 상당한 이유가 있다.

7 Clausewitz(1976)와 최근의 번역본인 Wagner(2007) 참조.

정의 11.1 **절대전**은 한쪽이 다른 쪽을 패배시키고 무장 해제시키는 것이다.

정의 11.2 **현실전**은 한쪽의 패배와 무장 해제 전에 전쟁이 끝난다.

클라우제비츠 시대－그는 나폴레옹이 1806년 10월 14일 예나(Jena)에서 프로이센을 무찌르는 것을 보았다－이후의 역사적 기록은 전쟁이 우리의 일상생활에서 의미하는 바가 아니라는 사실을 뒷받침할 뿐이다. 전쟁은 거의 공식적으로 또는 법적으로 "선언"되지 않고,[8] 공식적인 평화조약으로 끝나는 경우가 점점 더 드물어지고 있다.[9] 그러면서 계속해서 국경을 재조정하고, 정부를 교체하고, 힘의 밸런스를 흔들고, 글로벌 계층제에서 순위를 뒤집기도 한다. 가장 충격적인 패턴은 전쟁이 어떻게 끝나는지와 관련 있다. 어느 계산에 의하면, 1916년에서 1991년 사이에 발생한 국가 간 전쟁의 64%가 양측이 여전히 물리적으로 싸움을 계속할 수 있는 상태에서 끝났다.[10] 이것이 어떤 국가도 그들의 목적 달성에 있어 다른 국가보다 더 좋은 결과를 얻지 못한다는 것을 의미하지는 않는다. 이라크가 작은 석유 왕국을 병합하려 시도했지만, 미국 주도의 연합군이 쿠웨이트에서 이라크 군을 쫓아낸 1991년의 걸프전은 확실히 연합군의 성공이었다. 명목상으로 패배한 이라크 군이 공격받고, 피투성이가 되고, 축소된 상태로 옛 국경을 넘어 철수하는 것으로 끝났지만, 여전히 온전했다. 1945년 독일 의회에 게양된 것은 정확히 낫과 망치가 아니었다. 더욱이, 예외적으로 긴 전쟁으로 인해 평균(mean)이 약간 올라갔지만, 평균적으로 전쟁이 단지 일년 넘게 지속되는데, 시간을 기록하면 약 13개월 정도이다. 전쟁 지속 기간의 중앙값(median)은 5개월에서 6개월 사이이다.[11] 또한 우리는 군사력과 부의 관점에서 상대적으로 비슷한 국가끼리의 전쟁이 길어지는 경향이 있고, 전쟁이 단기적이면 독재국가보다 민주국가가 더 유리한 경향이 있고, 소모전이 기동전보다 더 길어지는 경향이 있음을 알고 있다.[12] 그러나 전쟁이 짧든 길든, 제한전이든 총력전이든, "절대전"

---

8 Fazal(2012).

9 Fazal(2013). 따라서 한국전쟁이 "기술적으로" 끝나지 않았다는 대부분의 말들은 그냥 말일 뿐이다.

10 Leventoglu and Slantchev(2007, p. 757).

11 Slantchev(2004, p. 818).

12 Bennett and Stam(1996), Reiter and Stam(2002) 그리고 Slantchev(2004).

이든 "현실전"이든, 거의 모든 전쟁이, 심지어 그것이 전적인 항복일지라도, 일종의 평화협정으로 끝난다. 그것만으로도 엄격한 군사적 차원에서의 전쟁 결과에 초점을 맞추는 것은 오해의 소지가 있다.

이유를 살펴보기 위해, 표면적으로 승리인 우리의 예제를 자세히 살펴보면서 시작하자. 히틀러의 자살 이후 권력을 잡은 카를 되니츠(Karl Dönitz) 제독이 항복 문서에 서명했지만, 나치 독일은 끝까지 저항했다.[13] 일본도 육군의 상당 부분이 온전한 상태로 항복했다. 일본은 멀리 떨어져 있는 고립된 점령지를 수비하고, 붉은 군대에 의해 만주를 가로질러 쫓겨나고, 그러면서 히로시마와 나가사키에 대한 핵 공격 이후 본토를 공격하는 미국 침략군에 맞서기 위해 육군을 재배치했다.[14] 아르헨티나는 포클랜드(Falkland) 제도를 병합하려는 시도에 실패했지만, 영국군은 절대 그 해안에 상륙하지 않았다.[15] 그리고 이라크는 쿠웨이트 점령 4개월 만에 포기했지만, 휴전 후 불과 며칠 만에 사담 후세인은 강대국 연합에 맞서 권력을 지켜낸 자신의 승리를 선언했다.[16] 원칙적으로, 일본, 아르헨티나 그리고 이라크 모두 "절대전"의 결과를 추구하기 위해 계속 싸울 수 있었고, 그들의 적들—서구권 동맹과 소련, 영국 그리고 광범위한 국제 연합—도 그들의 우세를 압박할 수 있었지만, 그들은 그렇게 하지 않기로 선택했다. 심지어 우리가 전멸이라고 생각하는 그러한 전쟁도 압도적인 군사적 승리나 극적인 붕괴로 끝나는 것이 아니라 전투를 중단하기 위한 상호 합의로 전쟁이 끝났다.[17] 그러나 왜? 계속 싸웠다면 다른 결과를 낼 수 있었겠지만, 교전국들은 광범위한 경우에서 한쪽이 다른 쪽을 무장 해제시키기 전에 이미 전쟁을 멈췄다.

---

13 Kershaw(2012).

14 Frank(2001)와 Paine(2012).

15 Freedman(2005).

16 Freedman and Karsh(1991).

17 만약 미국이 붕괴 작전을 펼쳤다면, 즉 계획된 일본상륙작전을 실행했더라면, 이미 갱신한 인명과 재산적 파괴의 역사적 기록보다 훨씬 더 심했을 것이다.

퍼즐 11.1 왜 대부분의 전쟁이 전적인 승리가 아니라 타협된 평화로 끝나는가?

국가들은 거의 서로를 무장 해제시키지 않지만, 어떻게 그리고 왜 전쟁이 그렇게 전적이고 "절대적"인 결과를 얻지 못한 채 끝나는지 알기 위해서는, 왜 그들이 그러기를 원하는지에 대해 생각하는 것이 중요하다.[18] 상대방을 무장 해제하면 무방비 상태가 되어 명목상 승리자인 국가가 조건들 – 점령한 영토를 빼앗거나 분배하는 것, 패한 국가의 정부를 교체하는 것, 재산을 압류하거나 배상금을 부과하는 것 또는 글로벌 계층제에서 경쟁자를 제거하는 것 – 을 지배할 수 있다.[19] 이는 전쟁을 수단, 즉 국제 시스템에서 희소한 상품의 분배에 관한 갈등을 해결하는 수단으로 보는 우리의 관점과 일치한다. 그러나 그것은 국가들이 전쟁을 할 때 발생하는 일이 아니다. 대부분의 전쟁에서, 어느 쪽도 상대방을 무장 해제시키겠다는 심각한 의도를 가지지 않는다: 예를 들면, 미국과 베트남,[20] 8년 전쟁에서 이란과 이라크,[21] 1977 – 1978년 오가덴(Ogaden)전쟁 동안의 에티오피아와 소말리아,[22] 1956년 영 – 프 – 이스라엘의 이집트로부터 수에즈 운하 장악 시도[23] 그리고 2008년 남오세티아전쟁에서 러시아와 조지아.[24] 전쟁의 궁극적인 목적은 엎드린 상대에게 전쟁을 벌일 만했던 불일치에 대해 자신의 조건을 명령하는 것인데, 만약 다른 쪽을 무장 해제시키거나 상대의 저항 능력을 제거하는 것이 선택지에도 없다면, 왜 전쟁을 하는가?

이 질문에 답하기 위해 2장에서 확립한 두 아이디어를 상기할 필요가 있다: (1) 전쟁은 낭비를 수반하고, (2) 전쟁이 희소한 재화를 배분하는 유일한 수단이 아니라는 것이다. 국가들은 영토, 자원, 권리와 특권 그리고 글로벌 계층제에서의 랭킹에 대해 서로 의견이 대립하고, 가끔 서로에게 타격을 가한다. 그러나 종종 그들은 협상

---

18 Wagner(2007, 4장).

19 이 부분 역시 스포츠의 비유가 실패하는 곳이다. 우리 팀이 농구 경기에 이겼다고 상대 팀의 코치를 교체할 수는 없다.

20 Lawrence(2010).

21 Razoux(2015).

22 Tareke(2000).

23 Kunz(1991).

24 Antonenko(2008).

하고 협상에 성공하고, 평화로운 합의를 찾아 전쟁을 피하거나 전쟁을 끝낸다. 만약 전쟁이 수단적이라면, 싸움에서 바란 최종 상태를 군사적 승리가 아니라 군사적 행동으로 만들어 내려고 의도했던 그것으로 생각하는 것이 더 유용하다: 새로운 합의, 재화의 새로운 배분 또는 교전국들의 미래를 규율하는 규칙의 집합.[25] 전쟁 그 자체를 위하여 전쟁을 하지 않고, 협상의 결과에 영향을 미치기 위해 전쟁을 한다. 합법적인 무정부상태가 국가는 언제든지 전쟁에 의지할 수 있음을 의미하지만, *또한* 그들은 언제든지 새로운 거래를 성사시킬 수 있다. 그리고 그렇게 하면, 이미 전쟁을 시작했다면, 계속되는 전쟁 비용을 절약할 수 있다. 전시 협상은 아주 흔하며, 군인들이 전쟁터에서 맹렬히 싸우고 있는 동안에도, 외교관들이 회의실에서 만나거나 지도자들이 중개자를 통해 메시지를 교환한다: 한국전쟁 내내 미국과 중국처럼.[26] 심지어 공식적인 협상이 중단될 때에도, 암묵적 협상은 계속된다. 군사적 승리 자체를 목적으로 하지 않고, 상대방에게 양보를 강요할 목적으로 군사력을 행사하기도 한다. 예를 들어, 베트남전쟁 동안 미국의 몇몇 공습은, 전장에서 북베트남군을 파괴하거나 남베트남에서 공산 반군을 제거하기 위해서가 아니라, 북베트남을 협상 테이블로 데려올 목적이었다.[27] 마치 영국과 독일이 북해에서 해전을 제한하려 한 것처럼(10장), 국가들도 싸움이 더 이상 필요하지 않으면 종전 협상을 타결하려 노력한다. 그들이 최종 협상에서 자신의 위치에 영향을 미칠 수 있다는 것을 안다는 것만으로도 더 심하게 싸우게 만들 수 있다.[28] 만약 전쟁이 수단적이지 않다면, 만약 전쟁이 *정치적*이지 않다면, 우리는 전쟁 중 협상이 전쟁의 발발, 지속 그리고 종료의 패턴에 미치는 중요한 역할에 대해 많이 이해할 수 없다.

몇몇 전쟁은 군사적 압승과 완전한 항복으로 끝나지만, 훨씬 더 많은 전쟁이 정전(ceasefires), 휴전(armistices) 또는 국지적 승리로 끝난다. 어떤 전쟁은 신속하게 끝나고 어떤 전쟁은 전쟁을 발발한 사회에 수년간의 벌칙을 부과하기도 하지만, 모든 전쟁이 양측의 대표가 서명한 *새로운* 협상을 만들어 낸다. 한국전쟁이 3년간 지속되고

25 Wagner(2000, p. 469).

26 Stueck(1995)와 Wada(2013).

27 Lawrence(2010).

28 Leventoglu and Slantchev(2007)와 Wagner(2007).

남과 북이 전쟁을 시작할 때의 국경 근처에 새로운 국경을 정하며 끝났다. 이란–이라크 전쟁도 거의 8년 이후 같은 일이 있었다. 캄보디아–베트남 전쟁은 캄보디아의 크메르루즈 정부가 전복되며 끝났다. 그리고 1차 발칸전쟁은 오스만 제국이 유럽에 가지고 있던 모든 것을 잃으며 끝났다. 완전한 무장 해제를 추구하는 경우가 드물다는 것이 전쟁이 수단이라는 증거이다. 마찬가지로, 전쟁이 일반적으로 그들이 피한 것과 동일한 현상–협상에 의한 합의–으로 끝난다는 사실이 전쟁과 외교가 밀접하게 연결되어 있음을 보여준다. 따라서 어떻게 전쟁이 끝나고 왜 전쟁이 "절대적"이지 않고 "현실적"인 경향이 있는지에 관한 퍼즐은, 어떻게 그리고 왜 국가들이 전쟁을 끝내기로 합의하는지 그리고 어떤 조건하에서 그렇게 하는지 질문함으로써 가장 잘 해결된다. 그리고 이 질문을 해결을 위해서, 전쟁의 시작과 끝을 동일한 전략적 과정의 일부로 생각하는 것이 유용하고 도움이 된다: (다른 제안들보다 싸우는 것을 선호한다는) 어떤 합의의 행위로 시작하여 (제안 조건이 계속 싸우는 것보다 양측 모두에게 좋다는) 또 다른 합의의 행위로 끝나는 것.[29] 대부분의 전쟁이 "절대적"이지 않다는 사실이 싸움이 사전에 불가능했던 합의를 가능하게 할 수 있음을 암시하며, 일단 그러한 합의가 *가능해지면*, 계산적이고 검소한 의사결정자들이 싸움을 멈추고, 적당한 합의를 성사시키고, 전쟁의 추가적인 비용을 아낄 충분한 인센티브를 가지게 된다. 전쟁의 비용, 지속 기간 그리고 종전은 연결되어 있으며, 어떻게 전쟁이 끝나는가에 관한 유용한 이론을 만들고 싶다면, 우리는 이러한 연결 및 상호 관련성을 직접적으로 대면해야 한다.

문제는 2장과 5장의 전쟁의 발발에 관한 설명이 이전에는 불가능했던 합의를 가능하게 만들기 위해 싸움이 실제로 무엇을 하는지 그리고 전쟁이 무엇이 그렇게 특별하여 외교가 때때로 합의를 위해 전쟁의 도움이 필요한지에 대한 질문을 교묘히 피해간다는 것이다. 우리의 협상 모형은 전체 갈등 과정을 하나의 보수로 축약시키기 때문에, 왜 전쟁이 시작되는가에 대한 설명으로 완벽하다. 갈등 과정이 경기자의 보수함수에서 다른 결과들과 상대적으로 비교하여 합리적으로 순서 매겨질 수 있다면, 어떻게 전쟁이 시작되는가에 대한 질문에 대해 더 이상의 모형 설정이 필요 없

29 Goemans(2000), Wagner(2007) 그리고 Reiter(2009).

다.[30] 그러나 만약 우리가 어떻게 전쟁이 끝나는가에 대해 질문하고 싶다면, 수단적 전쟁이론은 전쟁의 종료뿐만 아니라 그 시작에 대해서도 같이 설명할 수 있어야 한다. 다음 절에서, 우리는 동적 게임(dynamic games)을 소개한다. 이를 통해, 어떻게 싸움이 맹약의 문제를 해결하며, 교전국들로 하여금 폭력적 균형에서 평화적 균형으로 이동하게 하는지에 관해 더 생산적으로 생각할 수 있을 것이다.

11.2 맹약의 문제 풀기

협상 마찰로 인해 어떤 예비적 싸움 없이는 합의가 불가능해서 전쟁이 시작된다면, 싸움이 합의를 막았던 초기의 장애물을 제거했을 때 전쟁이 끝나는 것이 이치에 맞다. 만약 교섭과 협상이 정치의 본질이라면, 그것들은 전쟁의 본질이자 최종 목적이기도 하다. 이 절에서 우리는 어떻게 전쟁이 맹약의 문제를 해결하는지를 생각하는 데 도움이 되는 두 가지 새로운 도구를 소개한다: 동적 게임(dynamic games)과 부분게임 완전균형(Subgame Perfect Nash Equilibrium). 동적 게임은 게임에서 움직임의 순서와 경기자들이 상대방의 움직임에 대응하여 어떻게 경로를 조정하는지를 고려하며, 그러한 동적 게임을 푸는 데 가장 일반적으로 사용되는 균형 개념이 부분게임 완전균형이다. 우선, 우리는 하나의 게임을 살펴볼 것인데, 그 게임은 비정치적이지는 않지만 전쟁에 관한 것은 아니며, 부분게임 완전균형의 필요성을 인식하고 그 응용을 위한 약간의 연습을 위한 것이다. 그리고 우리는 어떻게 전쟁이, 신뢰할 수 있는 약속을 확보하기 위해 끝까지 싸울 필요도 없이, 불가능했던 합의를 가능하게 만드는지에 관한 더 큰 질문에 대해 알아볼 것이다.

30 Powell(2004a).

11.2.1 부분게임 완전균형

전쟁의 시작과 종료를, 각각 다른 선택을 지닌, 동일한 과정의 일부로 모형화하는 것은 단순히 우리의 전쟁이론에 약간의 현실성을 가미하는 문제가 아니다.[31] 우리의 모형에 추가적으로 움직이는 조각을 더하는 것은 모형에서 뭔가 새로운 것을 배울 수 있는 경우에만 의미 있는 작업인데, 전쟁 종료 과정이 그러한 경우의 하나인 것으로 판명이 났다. 우리가 다음 절에 아주 상세하게 설명하겠지만, 당분간은 경기자들이, 결단의 압박이 밀려올 때, 실제로는 취하지 않을 행동에 대해서 처음부터 맹약을 하지 않도록 하고 싶다는 것을 강조하고 싶다. 달리 표현하면, 신빙성 없는 협박(incredible threat)을 배제하고자 한다.

당신이 1달러를 가지고 있고 나는 수류탄을 가지고 있다고 가정하자. 나는 당신이 그 1달러를 나한테 주면 좋겠고 당신은 그것을 지키고 싶다. 우리 모두는 수류탄이 터지지 않기를 원한다. 당신의 선택은 단순하다: 나에게 1달러를 주든지("예") 또는 주지 않든지("아니오"). 그러나 나는 핀을 뽑을 것인지 그리고 언제 뽑을 것인지를 말해주는 전략을 마련해야 한다. 나는 당신이 달러를 주기를 거부할 경우에만 핀을 뽑을 수도 있고("아니오라면"), 달러를 줄 때에만 핀을 뽑을 수도 있고("예라면"), 당신이 달러를 주든 말든 핀을 뽑을 수도 있고("항상"), 어떤 상황에서도 핀을 뽑지 않을 수도 있다("절대").

		당신: 예	당신: 아니오
나	절대	1, 0	0, 1
	예라면	−3, −3	0, 1
	아니오라면	1, 0	−3, −3
	항상	−3, −3	−3, −3

[그림 11.1] 수류탄으로 1달러 강탈하기

31 서술적인 사실주의는 그 자체로 별로 유용하지 않음을 기억하라.

이들 중 일부는 이상하게 보이지만, 지금은 그림 11.1처럼 모든 전략을 우리 앞에 보이도록 두는 것이 유용하다. 내가 그 달러를 얻고 수류탄이 터지지 않는 모든 결과에서 나는 1의 보수를, 달러를 얻지 못하고 수류탄이 터지지 않으면 0의 보수를, (달러를 얻든 말든) 수류탄이 터지면 −3의 보수를 얻는다. 당신의 선호는 달러의 처분에 관해서는 대칭적이고, 수류탄이 터지는 것보다는 달러를 내주는 쪽을 선호한다. 우리의 인센티브를 비공식적으로 생각해보면, 당신이 이미 나에게 달러를 주기를 거부한 후에 나에게 수류탄 핀을 뽑을 선택권이 주어진다면, 나는 그 협박을 실행하지 않을 것임이 분명해진다. 왜냐하면 나는 이 게임에서 죽는 것보다 바보가 되는 것이 낫기 때문이다(0 > −3). 공교롭게도, 내쉬균형의 규칙은 이에 동의하지 않는다.

정리 11.1 전략프로필 (아니오라면; 예)와 (절대; 아니오)가 각각 내쉬균형이다.

증명 우선, 전략 조합 (아니오라면; 예)가 내쉬균형이 되기 위해서는, 각 경기자에 대하여 다음이 만족되어야 한다:

$$u_{나}(\textit{아니오라면};\ 예) \geq u_{나}(\neg\textit{아니오라면};\ 예)$$

$$u_{당신}(아니오라면;\ \textit{예}) \geq u_{당신}(아니오라면;\ \textit{아니오}).$$

$1 \geq \max(1,\ -3)$이므로 첫 번째 부등식이 모두 만족되고, $0 \geq -3$이므로 두 번째 부등식이 만족된다. 어느 누구도 이익이 되는 이탈을 가지지 아니하므로, (아니오라면; 예)가 내쉬균형이다. 두 번째로, 전략 조합 (절대; 아니오)가 내쉬균형이 되기 위해서는, 각 경기자에 대하여 다음이 만족되어야 한다:

$$u_{나}(\textit{절대};\ 아니오) \geq u_{나}(\neg\textit{절대};\ 아니오)$$

$$u_{당신}(절대;\ \textit{아니오}) \geq u_{당신}(절대;\ \textit{예}).$$

$0 \geq \max(0,\ -3)$이므로 첫 번째 부등식이 모두 만족되고, $1 \geq 0$이므로 두 번째 부등식이 만족된다. 어느 누구도 이익이 되는 이탈을 가지지 아니하므로, (절대; 아니오)가 내쉬균형이다. □

그림 11.1의 게임은 두 개의 내쉬균형을 가진다. 그 자체로 놀라운 것은 아니지만, (아니오라면; 예) 조합이라는 명백하게 터무니없는 균형이 존재한다는 사실에서 우리는

잠시 고민할 필요가 있다. (아니오라면; 예)에서 나는 당신으로부터 달러를 강탈하기 위해 수류탄을 터뜨리겠다고 위협하지만, 수류탄을 터뜨리는 것은 나의 이해에 부합되지 않는다. 만약 당신이 나한테 달러를 주기를 거부한다면, 나는 달러 없이 사는 것(보수 0)과 수류탄의 핀을 뽑는 것(보수 −3) 사이의 선택에 직면한다. 당신은 내가 그 선택에 직면했을 때 수류탄 핀을 뽑지 않을 것을 (확실히) 안다. 그러나 내쉬균형은 내가 그 핀을 뽑을 것이라고 사전에 맹약하는 것을 허락한다. 균형의 뒤에 있는 논리는 간단하다: 만약 내가 핀을 뽑을 것이라면, 당신의 최적대응은 나에게 달러를 주는 것이고, 만약 당신이 그 달러를 나에게 준다면, 이러한 협박을 하는 것이 (핀을 뽑을 일이 없기 때문에) 말이 된다. 그러나 그것은 사전적 맹약(precommitment)이 가능한 세계에서만 균형이다. 그리고 여기서 우리가 모형화하는 상황, 전쟁의 종료는 그렇지 않다. 다행스럽게, 좀 더 합리적인 균형 (절대; 아니오) 또한 존재하는데, 당신은 핀을 뽑겠다는 나의 모든 위협을 거부하고 안전하게 달러를 지킨다. −3의 보수를 주기 때문에 나는 절대로 수류탄을 터뜨리지 않고, 이 사실을 당신도 알기 때문에 위협을 거부할 수 있는 것이다.

여전히, 내쉬균형이 지배하는 세상에서는 하나의 균형을 다른 균형보다 선호하여 그것을 선택해 낼 수 없다. 그리고 우리의 이해관계의 대립이 심해 조정 또한 거의 불가능하다. 10장에서 우리가 조정 문제를 다룰 때, 복수의 균형은 버그(bug)가 아니라 현상(feature)으로 이해했으나, 이 경우에는 더 큰 문제가 있다. 이것은 리더들이 계산적이고 검소하다는 아이디어, 1달러라는 하찮은 금액 때문에 수류탄 핀을 잡아당김으로써 최악의 보수를 적극적으로 추구하겠다고 하는 것이 신빙성 없는 위협(incredible threat)에 지나지 않는다는 것을 그들도 꿰뚫어 볼 수 있을 것이라는 아이디어에 위반하는 것처럼 보인다. 그래서 지금까지는 우리가 전략프로필이 신빙성 있는 위협으로 구성되도록 조심하였으나, 이 시점에서 우리는 무엇이 위협을 신빙성 있게 만들고 그것이 어떻게 균형에서 국가들이 선택하는 전략에 영향을 미치는지에 대해 생각해볼 필요가 있다: 만약 국가들이 뒤따를 평화협정에 영향을 미칠 목적으로 전쟁을 한다면, 우리가 균형에서 보는 합의가 실제로 선택될 수 있는 것인지 확인할 필요가 있다. 달리 표현하면, 우리가 (아니오라면, 예) 같이 신빙성 없는 위협에 의존하는 내쉬균형을 배제하고 (절대; 아니오) 같이 더 합당한 균형에 초점을 맞출 수 있도록 하는 방법이 필요하다. 신빙성 없는 위협을 배제하는 것은 단지 무엇이 합리적인 것처럼 보이는가의 문제가 아니다. 만약 당신이 나에게 1달러를 줬지만 나는 손에 수류탄을 들고 있는 결과를 보게 된다면, 즉 내가 절대 그 수류탄을 우리 둘에게 사용하지 않을 것이라는 사실을 고려하지 않는다면, 우리는 끔찍한 설명을 하게 될 위험이 있다.

이 문제를 해결하기 위해, 우리는 내쉬균형의 정제(refinement)로 눈을 돌려, 어떤 균형을 관심의 대상에서 제거하여 우리가 던지는 질문에 부합되는 부분집합에 초점을 맞춘다. 달러-수류탄 게임의 이슈는 사전적 맹약이다. 즉, 허세(또는 위협)가 절대 소환당하지 않기 때문에 (즉, 위협한 대로 행동하라는 요구를 받지 않기 때문에) 뭔가 말이 안 되는 것을 포함하는 전략을 선택한다. 내쉬균형은 경기자들이, 다른 경기자들이 이전에 어떤 선택을 했는지 아는 상태에서, 행동들을 순차적으로 취하는 아이디어를 담아내지 못한다. 전략이 단순하거나, 동시에 선택되거나, 자동적으로 지연없이 실현되거나, 상대방이 어떤 선택을 하는지 모르는 경우처럼 가끔은 사전적 맹약이 이치에 맞는 경우가 있지만, 1달러를 얻기 위해 수류탄을 이용한 대면 강탈 시도 또는 전쟁 중 협상 테이블에서 제안을 교환하는 경우 같은 다른 경우에는 그렇지 않다. 이와 같은 상황에서, 경기자들은 *이미 일어난 일들을 고려하여* 자신들의 최선을 다한다. 그리고 경기자들에게 기회가 생겼을 때 그들이 실행에 옮길 위협과 약속에만 초점을 맞추는 균형 개념이 필요하다. 그러한 균형 개념이 **부분게임 완전균형**(Subgame Perfect Nash Equilibrium, SPNE)이다.

> **정의 11.3** **부분게임 완전균**형에서 각 경기자는, 그 지점까지의 게임의 플레이가 주어진 상황에서, 어느 지점에서든지 앞으로 일어날 일들을 고려하며 자신의 최선을 선택한다.

위의 정의가 어렵게 느껴진다면, 게임을 동태적으로 표현하는 새로운 방식을 소개하면 쉽게 이해할 수 있다. 경기자들은 이전의 움직임들을 알고 있으며, 그러한 움직임에 대응하여 최적으로 선택한다는 아이디어이다. 그림 11.2는 달러-수류탄 게임을 전략형(strategic form)에서 *전개형*(extensive form)으로 변환한 것이다. 전개형 표현은 게임 나무(game tree)를 이용해 경기자들의 행동을 순차적으로 표현할 수 있다.

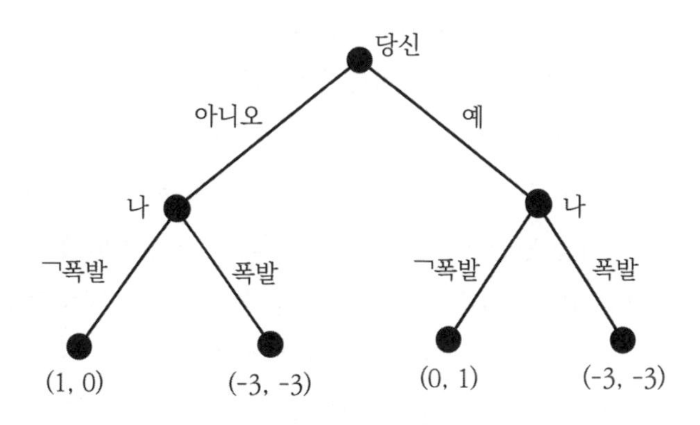

[그림 11.2] 수류탄으로 1달러 강탈하기(전개형)

게임 나무는 마디(node)와 가지(branch)로 이루어져 있는데, 경기자가 의사결정을 내리는 마디를 의사결정마디(decision node)라고 하고 경기가 끝나고 보수가 실현되는 마디를 종착마디(terminal node)라고 한다. 의사결정마디에서 경기자가 선택할 수 있는 행동들이 가지로 표현된다.[32] 그림 11.2와 같은 전개형 표현으로 보면, 수류탄을 이용한 나의 선택이 당신이 달러를 양보할 것인지 말 것인지 선택한 후에 일어남을 명확하게 알 수 있다. 그리고 내가 핀을 뽑는 모든 선택이 −3의 보수를 주므로, 즉 다른 선택에서 명확하게 더 높은 보수를 얻을 수 있으므로, 약간 수상스럽게 여겨야 한다. 부분게임 완전균형은 이러한 움직임의 순서를 심각하게 여기며, 전개형 게임을 부분게임들(subgames)로 쪼개어 분석한다. 부분게임은 하나의 의사결정마디와 그것을 따르는 모든 움직임을 포함한다.

32 다소 이상하지만, 우리는 이것을 나무라고 부른다. 게임을 나무로 표현하면, 게임이 대부분 위에서 아래로 또는 오른쪽에서 왼쪽으로 진행된다.

정의 11.4 하나의 **부분게임**은 하나의 의사결정마디에서 시작되며, 그것을 따르는 모든 의사결정마디들을 포함한다.

그림 11.2의 게임에는 세 개의 부분게임이 있다: 하나는 당신이 나에게 달러를 주기로 선택한 후에 나의 의사결정마디에서 시작하는 것, 다른 하나는 당신이 나에게 달러를 주지 않기로 선택한 후에 나의 의사결정마디에서 시작하는 것 그리고 세 번째는 전체 게임으로 당신의 의사결정마디에서의 선택으로 시작하여 나의 두 의사결정마디에서의 선택을 포함하는 것. 우리는 경기자들이 모든 부분게임에서 최적대응, 즉 내쉬균형을 선택하기를 원한다. 이것이 만약 우리가 전체 게임에서만 내쉬균형을 찾았다면, 최적대응이 되어 내쉬균형의 일부가 될 수 있었던 신빙성 없는 위협을 제거하는 핵심이다. 우리가 게임을 부분게임들로 쪼개면, 최적대응을 찾는 것이 소위 역진 귀납(backward induction)이라고 불리는 과정으로 축소된다. 역진 귀납은 그 게임의 마지막 움직임에서 시작하여, 그 기회에 직면한다면 경기자들이 실제 어떤 선택을 할 것인지 살펴보고, 게임의 시작 쪽으로 거슬러 올라가며 연속적으로 최적 선택들을 발견한다. 이를 통해 경기자들은 자신이 원하는 것만 하겠다고 약속할 수 있으므로 다른 경기자들도 그들이 그렇게 행동할 것이라고 예측할 수 있다. *역진 귀납*의 과정이 끝나면 전략프로필이 남게 되는데, 내쉬균형일 뿐만 아니라 신빙성 없는 전략을 포함하지 않는 균형이 된다.

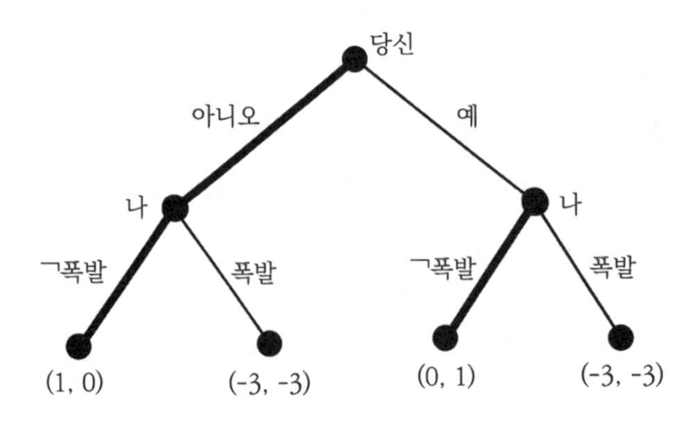

[그림 11.3] 달러-수류탄 게임에서 역진귀납

역진 귀납의 과정을 그림 11.2의 단순한 게임에 적용해보면 명확하게 이해가 된다. 당신이 나에게 달러를 준 후의 나의 선택부터 시작하면, $1 > -3$이므로 나는 수류탄을 폭발시키지 않을 것이다. 다음으로, 만약 당신이 나에게 달러를 주지 않으면, 나는 핀을 뽑으면 -3의 보수를 그리고 그렇지 않으면 0의 보수를 얻게 되는 상황에 직면하므로 나는 핀을 뽑지 않는 선택을 할 것이다. 아주 단순해 보이지만, 방금 우리는 내가 수류탄 핀을 뽑는 전략(신빙성이 없는 위협이었던 전략)을 최적대응에서 제외시켰다. 게임을 끝내는 그 선택에 직면했을 때, 나는 절대 그 선택을 하지 않을 것이고, 그래서 우리는 내가 그러한 위협을 하고 당신이 마치 그 위협을 믿는 것처럼 행동해야 하는 균형을 제외시키고 싶다. 마지막은, 당신의 선택으로 거슬러 올라가서 최적대응을 결정하는 것이다. 여태까지 역진 귀납의 결과에서 당신이 알 수 있는 것은 당신이 "예"를 선택하든 "아니오"를 선택하든 나의 다음 선택은 핀을 뽑지 않는다는 것이다. 이를 고려하면, 당신이 나에게 달러를 줄 이유가 없다. 즉, 당신은 "아니오"를 선택한다. 이러한 과정을 그치고 나면, 경기자들이 모든 부분게임에서 최적으로 선택한다는 아이디어와 일치하는 단 하나의 전략 조합만 남게 된다. 그림 11.3이 최적대응을 굵은 선으로 표시하여 역진 귀납을 나타내고 있으며, 우리가 찾은 부분게임 완전균형이 (아니오; ¬폭발, ¬폭발)임을 보여주며, 이는 전략형 표현에서 (절대; 아니오)의 조합과 동일하다. 내가 수류탄 핀을 뽑겠다는 위협으로부터 물러날 것이라고 정확하게 예상하고, 당신은 "아니오"를 플레이하고 당신의 달러를 지킨다. 정리 11.2는 이러한 균형의 존재를 증명한다. 우리가 문제를 약간 다른 각도에서 접근했지만, 상호최적대응의 논리가 여전히 균형의 논리를 결정한다:

- 당신: "그는 결코 핀을 뽑지 않을 것이므로, 내가 달러를 주기를 거부함으로써 더 높은 보수(1>0)를 얻을 수 있다."
- 나: "그녀가 그 달러를 가지고 어떤 선택을 하든지 상관없이, 수류탄의 핀을 뽑지 않는 것이 유리하다."

우리 중 누구도 이익이 되는 이탈을 가지지 않고, 우리 중 누구도 어느 의사결정마디에서나 선택에서 무차별하지 않았기 때문에, 이 부분게임 완전균형이 또한 유일하다.

정리 11.2 전략프로필 (아니오; ┐폭발, ┐폭발)이 부분게임 완전균형이다.

증명 우선, 전략 조합 (아니오; ┐폭발, ┐폭발)이 부분게임 완전균형이 되기 위해서는, 각 경기자에 대하여 다음이 만족되어야 한다:

$$u_{나}(\neg 폭발 \mid 아니오) \geq u_{나}(폭발 \mid 아니오) \text{ 그리고}$$
$$u_{나}(\neg 폭발 \mid 예) \geq u_{나}(폭발 \mid 예),$$
$$u_{당신}(아니오 \mid \neg 폭발) \geq u_{당신}(예 \mid \neg 폭발).$$

$0 \geq -3$ 그리고 $1 \geq -3$이므로 처음 두 부등식이 만족되고, $1 > 0$이므로 세 번째 부등식이 만족된다. 두 경기자가 모든 부분게임에서 최적으로 선택하기 때문에 (아니오; ┐폭발, ┐폭발)이 부분게임 완전균형이다. □

증명을 따라가며 자세히 살펴보면 내쉬균형과 부분게임 완전균형의 차이를 명확하게 알 수 있을 것이다. 내쉬균형이 사전적 맹약을 허락하여, 내가 "아니오라면"의 전략을 선택하여 당신으로 하여금, 만약 당신이 나보고 실제로 한번 해보라고 나의 허세를 소환한다면, 내가 결코 당신에게 강제할 수 없는 결과를 받아들이도록 강요한다. 그리고 나의 허세는 (아니오라면; 예)의 전략프로필에서 결코 소환당하지 않기 때문에, "아니오라면"의 전략에서 오는 나의 보수는 1이고 내가 나의 전략을 바꾼다 하더라도 다른 보수로 바뀌지 않는다. 이러한 논리가 내쉬균형에서는 작동하지만, 부분게임 완전균형에서는 작동하지 않는다. 왜냐하면 역진 귀납이 우리에게 실제로 수류탄을 사용할 기회가 주어졌을 때 내가 무엇을 할 것인지를 고려하도록 요구하기 때문이다. 전략을 전체로서 고려하기보다는, 전략을 부분적인 선택들로 쪼개어, 핀을 뽑는 나의 선택이 당신의 이전 선택에 의존하게 하고 우리들로 하여금 마치 우리의 경기자들이 하는 것처럼 그러한 선택 과정을 고려하도록 강요한다. 순서가 중요하고 작용과 반작용의 동학이 결과를 설명하는 핵심인 게임의 경우, 부분균형 완전게임이 리더들이 검소하고 계산적인 경기자라는 우리의 핵심 전제를 복원한다.

그것은 다음 분석에서도 중요한데, 다음에는 SPNE의 논리를 사용해, 맹약의 문제를 해결하기 위해 시작된 전쟁이 어떻게 그 목적을 달성하는지 분석한다.

11.2.2 맹약의 문제와 부분게임 완전성

그림 11.4는 그림 2.5를 재생산한 것으로, 2장에서 이 게임을 이용해 부상하는 국가(B)가 점점 강해지면서 현상 유지(the status quo)를 맹약할 수 없게 되고, 이 문제가 쇠퇴하는 국가(A)로 하여금 예방 전쟁(preventive war)을 일으키게 할 수 있다는 내용을 설명했다.

		B	
		존중	거부
A	포기	4, 3	1, 4
	공격	2, 2	3, 2

[그림 11.4] 신뢰할 수 없는 맹약과 예방 전쟁

게임의 유일한 내쉬균형 (공격; 거부)에서 A는 공격한다. 왜냐하면 A는 자신이 오늘 전쟁을 포기하면 B가 시간을 이용해 새로운 힘을 얻게 되고 결국 내일 그 힘을 이용하리라는 것을 알기 때문이다. 예방 전쟁의 논리는 A가 상대적으로 우호적인 오늘의 힘의 분포 아래서 싸우기를 선호한다고 가정한다. 그러나 그것이 예방 전쟁의 목표가 현상 유지에 대한 약속을 유지하기 위해 부상하는 세력의 성장을 중지시키거나, 끝내거나, 역전시키는 것이라는 것을 알려주는 것 이외에, 2장에서 우리가 도달할 수 있는 한계였다. 그리고 단순히 부상하는 국가를 파괴하거나 그 정부를 꼭두각시로 대체하는 등의 경험적으로 드문 경우가 아니면,[33] 싸움이 정확히 어떻게 그 목표를 달성할 수 있는지 그렇게 명확하지 않다.[34] 어떻게 죽이고 파괴하는 경쟁

33 Reiter(2009)와 Wolford, Reiter, and Carrubba(2011).

34 Leventoglu and Slantchev(2007).

이 총성이 울리기 전에는 그렇지 않았던 맹약을 신빙성 있게 만드는가? 어떻게 싸움이 (공격; 거부)가 아니라 (포기; 존중) 같은 전략프로필을 균형으로 만드는가? 더 구체적으로, 어떻게 싸움이 우리를 맹약을 신뢰할 수 없는 상황에서 (거래가 자기구속적이어서) 신뢰할 수 있는 상황으로 데려다줄 수 있는가?

이 물음에 답하기 위해, 예방 전쟁의 기본을 상기하자(정의 2.13). 첫째, 정당한 무정부상태의 국제 시스템에서 원칙적으로 어떤 것도 한 국가가 현재 상태에 변화를 주기 위해 군사력을 이용하는 것을 막을 수 없다. 둘째, 국가는 경제력이 확대되고 수축됨에 따라, 동맹을 얻고 잃음에 따라, 그들의 제도나 지도자가 변함에 따라, 새로운 영토를 정복하거나 상실함에 따라 그리고 군사 시설을 건설하거나 포기함에 따라, 군사력이 성장하기도 하고 쇠퇴하기도 한다. 국제적으로 힘이 이동할 때, 부상하는 국가는 (더 강해질 수 있는 시간을 벌고 미래에 오늘의 합의를 더 선호하는 방향으로 재협상할 수 있으므로) 평화가 지속되는 것이 좋다. (이것이 정확하게 4장에서 러시아의 입장이었다. 오스트리아가 세르비아의 운명을 위태롭게 하기 전까지 러시아는 평화 속에서 재무장하는 것을 계획했었다.) 그러나 힘이 대폭적으로 그리고 급속하게 이동할 때, 쇠퇴하는 국가는 힘이 쇠퇴한 결과를 피하기 위해, 오늘의 힘의 위치에서 전쟁을 일으킬 수 있다. 그러나 만약 전쟁이 정치의 수단이라면 이야기가 거기서 멈춰서는 안 된다. 2장의 모형은 전쟁이 맹약의 문제를 풀 수 있다고 가정하지만, 상당히 큰 의문을 제기한다. 왜 죽이고 파괴하는 경쟁인 전쟁이 오늘의 힘의 분포를 구제가능하게 만드는 것과 관련이 있는가? 어떻게 다른 국가와의 싸움이 그 맹약을 신뢰할 수 있게 만드는가?

전쟁이 맹약의 문제를 해결하기 위해서는, 싸움이 오늘의 협상을 재교섭할 수 있는 부상하는 국가의 미래 능력 또는 기회를 바꿀 수 있어야 한다. 물론 둘 다 맹약의 문제를 해결할 수 있지만, 하나면 충분하다. 그림 11.4의 경우, 싸움이 부상하는 측(B)의 인센티브를 바꾸어, 쇠퇴하는 측의 모든 선택에 대해 “거부”가 더 이상 최적대응이 되지 않도록 바꾸어야 한다.[35] 우리는 싸움이 그 역할을 하는 것을 다각도에서 상상할 수 있다. 극단적으로, 기존의 협상을 거부할 수 있는 기회를 제거한다는 것이 2003년에 미국이 이라크에 했던 것처럼 정부 교체를 의미할 수도 있고, 1914년 오스

35 정리 2.4에서, 맹약의 문제가 있는 경우 거부가 우월 전략임을 기억하라.

트리아−헝가리가 세르비아에 하고자 했던 것처럼 부상하는 국가를 “박살내어” 독립적인 정치 활동을 끝내버리는 것을 의미할 수도 있다. 모형화의 관점에서 보면, 이러한 종류의 전쟁을 위해 우리의 처음의 모형을 바꿀 필요는 없다. 전쟁 발발 시 시작된 그 과정이 자체적으로 실행되면 전쟁이 종료된다. 그러나 좀 더 제한적인 해법도 작동할 수 있다. 가령, 합의의 일환으로 적에게 동맹을 맺도록 강요하거나 재정에 대한 통제권을 확보하는 것 모두 쇠퇴하는 국가에게 상대방의 외교정책에 대한 통제권을 부여할 수 있다.[36] 일본이 20세기 초반 내내, 때로는 전쟁으로 때로는 전쟁의 그림자 속에서, 중국에 이러한 조건을 부과하려 시도했었다. 중국이 강대국으로 복귀하는 것을 두려워했기 때문이다.[37] 또한 싸움은 2003년 이라크의 대량살상무기 의혹이나 1904년 러시아의 시베리아 횡단 철도 완공같이 성장하는 힘의 원천을 제거함으로써 재교섭하는 능력을 바꿀 수도 있다. 마지막으로, 군사 시설과 분쟁의 대상물을 단순 파괴하거나 쇠퇴하는 쪽이 더 용이하게 방어할 수 있는 위치로 상호 국경을 이동함으로써,[38] 전투는 상대방으로 하여금 새로 얻은 힘을 사용하는 것을 매력적이지 않게 만들 수 있다.[39] 그렇기 때문에, 싸움 그 자체가 힘의 이동의 원천을 제거하거나, 그것을 사용하는 매력을 없애 버리거나, 그렇게 할 수 있는 자유를 박탈함으로써 맹약의 문제를 해결할 수 있다.

이제 우리의 임무는 예방 전쟁의 시작과 끝에 대해 우리가 중요하다고 생각하는 것을 포착하는 동적 게임을 적는 것이다. 특히, 이 동적 모형은 전쟁이 단순히 한쪽을 무장 해제시키는 것이 아니라 일정 기간 동안 전투를 벌인 후에 자기구속적인 합의를 허용한다. 첫째, 이 새로운 게임은 그림 11.4의 정적 게임과 최대한 많은 공통점을 갖도록 하고자 한다. 우리가 새롭게 움직이는 부분을 적게 추가할수록 우리의 새로운 주장에서 어떤 전제가 무엇을 하고 있는지 추적하기가 더 쉬워진다. 예를 들어, 우리는 전쟁이 맹약의 문제가 아닌 다른 이유로 일어날 수 있는 그러한 모형을 적지는 않을 것이다. 두 번째, 우리는 시간을 두고, 합의를 존중하거나 거부하는 것

36 Morrow(1991), Weitsman(2004) 그리고 Pressman(2008).

37 Paine(2012), Tooze(2014) 그리고 Xu(2017).

38 Leventoglu and Slantchev(2007).

39 Goemans(2000, p. 33).

처럼, 비슷한 상호작용이 일어나게 하고 싶다. 즉, 우리는 반복게임(repeated game)을 구성하고 싶은 것이다. 예를 들어, 달러-수류탄 게임을 연속해서 반복하는 것을 상상할 수 있다. 세 번째, 경기자들이 "현실전"과 "절대전"의 옵션을 가져야 한다. 이를 통해, 끝까지 싸운 싸움에 대해 예측된 과정이 어떻게 현실전의 선택에 영향을 주는지에 대해 우리가 뭔가 이야기를 할 수 있게 된다. 이제 이러한 아이디어를 공식화해 보자.

우리의 조건들을 만족시키기 위해 원래의 예방전쟁모형을 두 개의 다른 위기협상으로 분해한다: B가 상대적인 군사력 분포에서 상승할 기회를 가지기 전과 (그러한 상승을 A가 막지 못하여) 상승한 후. 경기자들은 각각의 게임의 플레이 또는 반복(iteration)에서 보수를 받고, 오늘 1달러 받는 것에 내일 동일한 금액을 받는 것보다 조금 더 높은 가치를 매긴다고 가정하자. 즉, 미래를 할인하는 것이다. 그리고 더 많이 할인할수록 경기자가 인내심이 적고, 오늘의 낮은 보수를 위해 내일의 높음 보수를 포기하려 한다. 예를 들어, 달러-수류탄 게임이 두 번 반복되고 매번 1달러를 받는다면, 두 번째 반복에서 1달러를 받고 그 게임이 끝난다. 그러나 첫 번째 기에 당신은 이번에 1달러를 받고 두 번째 반복에서도 (할인률 $\delta \in (0,1)$로 할인하겠지만) 1달러를 받을 것을 예측한다. 따라서 매기 1을 주는 전략프로필이 주는 당신의 보수는 $1+\delta 1$이다. 그리고 만약 내가 신빙성 있게 수류탄을 터뜨리겠다고 위협할 수 없다면, 게임의 시작 시점에서 미래를 봤을 때 전체 게임에서 나의 보수는 $0+\ \delta 0=0$이다.

기초 개념들을 이해했기 때문에, 이제 우리는 단순한 2기 반복게임을 구체화한다.[40] 각 기에(즉, $t=1, 2$) 두 국가 A와 B가 현재 상태의 합의를 존중할 것인지 거부할 것인지 동시에 선택을 한다. 만약 두 국가 모두 현재 상태를 존중하면, 게임의 시작부터 합의는 평화롭게 잘 유지된다. 그러나 두 국가 중 하나라도 거부하면 합의는 유지되지 못하고, 우리는 두 국가가 전쟁을 한다고 가정한다. 지금까지의 모형에서 그랬던 것처럼, 전쟁은 낭비적이고, 경기자들은 합의에 서명하지 않고 싸웠던 것

40 맹약의 문제를 분석할 때 어떤 게임은, 우리의 모형과 달리 무한히 반복된다. Fearon(2004), Powell (2006) 그리고 Leventoglu and Slantchev(2007).

을 후회하게 될 것이고, 합의가 유지되는 경우보다 낮은 보수를 얻게 된다. 이러한 게임이 각 기에 한 번, 즉 두 번 반복된다. 각 기에 싸움이 일어날 수 있도록 함으로써, 우리는 총력전(두 기에 걸쳐 일어나는 전쟁으로, 이를 통해 한 국가가 제거된다고 가정한다)과 제한전(경기자들이 한 기에만 제한하여 싸우는 것)의 가능성을 모두 허용한다. 이것이 왜 전쟁이 발생하지만 끝까지 싸우지 않고 합의로 끝나는지를 설명하는 핵심이다. 그림 11.5가 1기의 경기자, 전략, 결과 그리고 보수의 집합을 나타낸다. A의 최선의 결과는 두 경기자가 모두 현재 상태의 합의를 존중하는 것이고(보수 4), 어느 한쪽이라도 거부를 하여 싸움을 하면 A는 현 위치를 방어해야 하며 3의 보수를 얻는다. B는 현재 상태에서 2를 얻고 전쟁이 있으면 1의 보수를 얻는다. (아직은 B가 군사적 힘에서 상대적 열세임을 상기하라.) 보수는 2기가 시작되기 전에 분배된다. 2기에 우리의 경기자들이 취할 수 있는 행동들은 동일하지만, 그 보수는 1기의 결과에 따라 서로 다르다.

		B	
		존중$_1$	거부$_1$
A	존중$_1$	4, 2	3, 1
	거부$_1$	3, 1	3, 1

최초의 힘의 분포, $t=1$

[그림 11.5] 1기의 위기협상과 힘의 이동

계속하기 전에, 1기를 따로 좀 살펴볼 필요가 있다. 만약 그림 11.5의 게임을 그대로 푼다면, 즉 정적 게임인 것처럼 풀면 (존중$_1$; 존중$_1$)에서 내쉬균형임이 명확하다: 두 국가 모두 현재 상태를 거부할 이유가 없다. 이것이 유용하다. 만약 우리가 이 정적 게임에 어떤 요소를 추가하지 않는다면, 이 게임을 이용해 전쟁을 설명할 수가 없기 때문이다. 힘의 이동이 없다면 평화적인 균형을 기대할 수 있는데, 그것이 바로 우리가 보는 것이다. 이 장에서 우리는 1기와 2기 사이에 힘의 이동을 추가한다.

그림 11.6에서 왼쪽의 보수행렬은 1기에 양측이 합의를 존중(honor)할 경우에 보게 되는 2기의 모습이다: 2기에서도 양측이 원래의 합의를 존중하면 얻게 되는 보수가

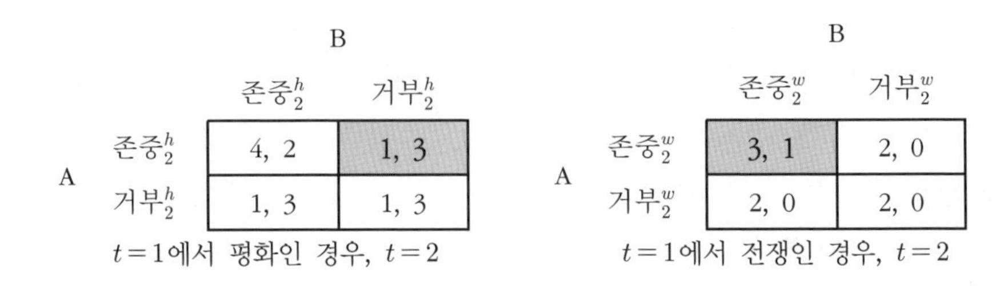

A \ B	존중$_2^h$	거부$_2^h$
존중$_2^h$	4, 2	1, 3
거부$_2^h$	1, 3	1, 3

$t=1$에서 평화인 경우, $t=2$

A \ B	존중$_2^w$	거부$_2^w$
존중$_2^w$	3, 1	2, 0
거부$_2^w$	2, 0	2, 0

$t=1$에서 전쟁인 경우, $t=2$

[그림 11.6] 힘의 이동 또는 유지 이후 2기의 위기협상

같지만, B의 군사력이 증대되었기 때문에 전쟁을 하는 경우 B가 3의 보수를 그리고 A가 1의 보수를 얻게 된다. A는 여전히 합의가 잘 지켜질 때 가장 행복하지만, 이제 B는 현재의 합의를 거부하고 싶다. B는 평화보다 전쟁으로 더 많은 것을 확보할 수 있다고 생각하기 때문이다. 한편, 1기에 전쟁이 발생한다면, 오른쪽의 보수행렬에서 알 수 있듯이, A가 B의 군사적 성장을 막을 수 있지만 전체 파이가 줄어들었고 양측의 보수도 줄어들었다(그림 2.4를 상기하라). 모형을 단순화하기 위해 1기의 모든 보수에서 1을 뺐고, 전쟁과 합의의 상대적 매력도는 두 국가 모두에 동일하게 유지된다. 1기에서의 전쟁이 A의 상대적인 군사적 우세를 유지시켜 주었지만, 황폐해진 땅과 도시를 지배하고 글로벌 계층제에서 도덕적으로 타격을 입는 위치에 놓이게 되었다. 따라서 만약 합의가 존중되면 A는 3의 보수를 얻고 전쟁에서는 2의 보수를 얻는다. B는, A의 공격으로 군사력의 성장이 멈추었기 때문에, 합의를 존중하면 1의 보수를 그리고 전쟁으로 게임이 끝나면 0의 보수를 얻는다.

이 게임은 반복뿐만 아니라 현실전과 절대전의 가능성이라는 우리의 요구 사항을 충족시킨다. 그리고 게임은 예방 전쟁에 관한 이야기에서 필요한 두 핵심 요소를 소개한다: 힘의 이동과 그것을 막을 수 있는 전쟁. 이제 우리의 질문은 A와 B가 어떻게 게임을 할 것이며 맹약의 문제로 발생한 전쟁이 어떻게 한쪽이 다른 쪽을 무장해제하지도 않고 끝나는지에 대해 알아보는 것이다. 정리 11.3이 약간 어려워 보이지만, 전략이 완전한 행동 계획(complete plans of action)이라는 점을 명심하면 그렇게 어렵지도 않다: 경기자들이 모든 경우의 수에 대해 (심지어 실행되지 않을 수 있는 경우에

대해서도) 무슨 행동을 취할 것인지를 계획하는 것. 결국, 균형은

$$(\text{거부}_1,\ \text{존중}_2^b,\ \text{존중}_2^w;\ \text{존중}_1,\ \text{거부}_2^b,\ \text{존중}_2^w)$$

의 전략프로필을 가진다. 그리고 이 균형은 힘의 이동 때문에 언제 전쟁이 발발하고 어떻게 끝나는지에 대해 이야기한다: 한쪽이 땅에 묻히는 것이 아니라 양쪽이 여전히 생존하고 새로운 자기구속적인 합의에 서명하며 전쟁이 끝난다. 짧게 설명하면, 쇠퇴하는 측이 충분히 인내심이 있으면 (즉, 미래에 대해 걱정하면), 힘의 이동을 막는 비용을 지불하며 전쟁을 개시한다. 그리고 나서 계속 싸우는 것이 아니라, 한때 부상했던 적과 합의에 도달한다.

> **정리 11.3** $\delta \geq 1/2$일 때, 전략프로필 $(\text{거부}_1,\ \text{존중}_2^h,\ \text{존중}_2^w;\ \text{존중}_1,\ \text{거부}_2^h,\ \text{존중}_2^w)$이 부분게임 완전균형이다.

증명 전략 조합 $(\text{거부}_1,\ \text{존중}_2^b,\ \text{존중}_2^w;\ \text{존중}_1,\ \text{거부}_2^b,\ \text{존중}_2^w)$이 부분게임 완전균형이 되기 위해서는, 전략들이 모든 부분게임에서 내쉬균형이어야 한다. (역진 귀납을 적용하여) $t=1$에서 전쟁이 없을 경우 $t=2$의 부분게임부터 살펴보면, $(\text{존중}_2^b;\ \text{거부}_2^b)$가 내쉬균형이다. 따라서 다음이 만족되어야 한다:

$$u_A(\text{존중}_2^b;\ \text{거부}_2^b) \geq u_A(\text{거부}_2^b;\ \text{거부}_2^b)$$

그리고

$$u_B(\text{존중}_2^b;\ \text{거부}_2^b) \geq u_B(\text{존중}_2^b;\ \text{존중}_2^b).$$

$1 \geq 1$이므로 첫 번째 부등식이 만족되고, $3 > 2$이므로 두 번째 부등식이 만족된다. 두 경기자 모두 이익이 되는 이탈이 없으므로 $(\text{존중}_2^b;\ \text{거부}_2^b)$가 내쉬균형이다.

다음으로, $t=1$에서 전쟁이 있을 때 $t=2$의 부분게임부터 살펴보면, $(\text{존중}_2^w;\ \text{존중}_2^w)$가 내쉬균형이다. 따라서 다음이 만족되어야 한다:

$$u_A(\text{존중}_2^w;\ \text{존중}_2^w) \geq u_A(\text{거부}_2^w;\ \text{존중}_2^w)$$

그리고

$$u_B(\text{존중}_2^w;\ \text{존중}_2^w) \geq u_B(\text{존중}_2^w;\ \text{거부}_2^w).$$

$3 > 2$이므로 첫 번째 부등식이 만족되고, $1 > 0$이므로 두 번째 부등식이 만

족된다. 두 경기자 모두 이익이 되는 이탈이 없으므로 (존중_2^w; 존중_2^w)가 내쉬균형이다.

마지막으로, $t=1$에서의 부분게임에서, $t=2$에서 무슨 일이 일어날지 미리 예측한 후, 다음이 만족되어야 한다:

$$u_A(\textit{거부}_1;\ \text{존중}_1) \ge u_A(\textit{존중}_1;\ \text{존중}_1) \Leftrightarrow 3+\delta 3 \ge 4+\delta 1,$$

그리고

$$u_B(\text{거부}_1;\ \textit{존중}_1) \ge u_B(\text{거부}_1;\ \textit{거부}_1) \Leftrightarrow 1+\delta 1 \ge 1+\delta 1.$$

$\delta \ge 1/2$이면 첫 번째 부등식이 만족되고, 양변이 동일하므로 두 번째 부등식이 만족된다. 두 경기자 모두 모든 부분게임에서 이익이 되는 이탈이 없으므로, $\delta \ge 1/2$일 때 (거부_1, 존중_2^b, 존중_2^w; 존중_1, 거부_2^b, 존중_2^w)이 부분게임 완전균형이다. □

정리 11.3에서 무엇을 배울 수 있는지 알기 위해서, 균형 전략(equilibrium strategies)과 균형의 결과(equilibrium outcomes)를 구분할 필요가 있다. 균형 전략은 단순히 전략 프로필의 나열이다. 즉, 모든 경우의 수에 대하여, 어떤 경우에 처하면 어떤 행동을 할 *것인지*를 진술하는 것이다. 반면, 균형의 결과는 균형 전략에 따른 많은 가능성 가운데 관찰 가능한, 행태적 함의이다. 전략프로필에서 만들어진 선택들이 **균형 경로**(equilibrium path)를 구성한다. 달러–수류탄 게임의 균형에서 균형 경로는 당신이 나에게 달러 주는 것을 거부하고 내가 수류탄 핀을 뽑지 않는 것이다. 이렇게 되면, 당신이 나에게 달러를 주고 내가 수류탄 핀을 뽑지 않는 것은 균형–밖–경로(off the equilibrium path)가 된다. 비록 그것이 나의 전략의 일부로 필요하지만.

정의 11.5 **균형 경로**는 게임이 진행되는 동안 소환된 (즉, 관찰된) 위협과 약속의 집합이다.

전략이 경기자들에게 모든 가능한 상황에서 무슨 행동을 하라고 말하므로 경기자들이 주어진 선택의 결과를 판단할 수 있지만, 균형에서 단지 약간만이 선택되고 관찰된다. 예를 들어, 3장에서 경기자들이 상대방의 일방적인 군사력 증강을 피하기 위해 전함 건조 경쟁을 벌였다. 그리고 우리의 예방전쟁균형에서 A의 목적은 B가 이용할 수 있는 군사력을 얻게 되는 부분게임에 도달하는 것을 피하는 것이다. B가 힘을 얻게 된다면, B는 현재의 합의를 거부하고 A로 하여금 최악의 결과를 받아들이도록 강요할 것이다. 그렇지만 그러한 결과는 결코 실현되지 않는다. B는 합의를 존중하려 함에도, 오히려 A가 1기에 합의를 거부한다. 비용이 드는 싸움으로 보수가 줄어들겠지만, 2기에 두 국가가 모두 원래의 합의를 존중하는 것을 담보하기 위해 전쟁 비용을 지불하는 것이다. 전략프로필로 설명하면, 굵은 글씨체가 균형 경로이다:

$$(\textbf{거부}_1,\ \text{존중}_2^b,\ \textbf{존중}_2^w;\ \textbf{존중}_1,\ \text{거부}_2^b,\ \textbf{존중}_2^w)$$

그림 11.5와 11.6에도 균형 경로와 균형－밖－경로가 표시되어 있다. 만약 우리가 이러한 균형을 역사적 기록을 관찰하고 조사하는 가이드로 사용하고자 한다면, 간단한 가이드 규칙을 말할 수 있다: 균형 경로는 그 발생을 관찰할 수 있어야 하는 것을 그리고 균형 밖의 경로는 우리의 이야기에서 적어도 한 명의 인물이 피하려고 노력해야 하는 것을 의미한다.[41]

이제 이 장의 동기가 되었던 퍼즐로 돌아가 보자: 왜 대부분의 전쟁이 일방의 전적인 승리가 없이 끝나는가? 이 모형에서 원칙적으로 두 국가 A, B는 “절대전”을 치를 수 있다. 필요한 모든 것은 한 경기자가 제1기의 전쟁 이후 제2기에서 거부를 선택하는 것이다. 그러나 정리 11.3의 “현실전” 균형에서, 경기자들은 2기에 현재 상태의 합의를 존중하는 선택을 한다. 그리고 그 논리는 간단하다: 힘의 분포를 안정화시키는 한 차례의 싸움 이후 추가적인 싸움이 낭비이기 때문이다.[42] 심지어 한 차례의 싸움과 뒤이은 합의조차 두 기에 걸쳐 존중하는 전략프로필과 비교해 보면 낭비적이다. A의 경우 $4+\delta 4>3+\delta 3$이고, B의 경우 $2+\delta 2>1+\delta 3$이기 때문이다. 3장의 ($\neg$건조; $\neg$건조)처럼, 이것이 사후에 경기자들이 후회하며 돌아볼 전략프로필이며, 우리가 2장에서 제기하는 전쟁의 비효율성 퍼즐을 확인시켜 준다. 그리고 만약 둘

41 마지막 문제는 약간의 도전을 불러일으킬 수 있음을 인정한다.

42 Powell(2012).

중 한 경기자라도 1기의 전쟁을 이은 2기의 부분게임에서 거부를 선택한다면, 더 낭비적이어서 더 작아진 보수를 얻게 될 것이다: (3, 1)이 아니라 (2, 0). 반면에 싸움이 B의 부상을 충분히 막지 못했다면, B가 현재 합의를 존중하도록 유도하지 못했기 때문에 A는 계속 싸웠어야 할 것이며, 우리는 다른 보수를 관찰했을 것이다. 전쟁이 한쪽이 다른 쪽을 무장 해제시키지 않고 끝날 수 있음을 보이는 것이 우리의 목적이기 때문에, 우리의 단순한 모형은 한 "기"의 싸움이 목적을 달성하기에 충분하다고 가정한다. 그러나 얼마나 오랫동안 그리고 어떠한 강도로 그 기의 싸움이 진행되는가는 무기 생산시설에 대한 단순 폭격에서 항구에서 적의 수도에까지 이르는 엄청난 공세가 될 수도 있다.

맹약의 문제로 시작된 전쟁은 싸움이 맹약을 신뢰할 만한 것으로 만들 때 끝난다. 그렇다면 얼마나 오래 그러한 갈등이 지속되는지에 대해서는 무엇을 말할 수 있는가? 전쟁의 낭비성은 예방 전쟁을 벌이는 국가가 필요 이상으로 전쟁을 끌 유인이 없도록 보장한다. 싸움이 현재 상태가 지속가능하도록 만드는 순간, 싸움을 마무리할 때가 온 것이다. 그러나 예방 전쟁이 얼마나 오래 지속되는지는 해결하려는 특정한 문제, 누가 문제를 가졌는지, 누가 문제를 푸는지에 달려 있다. 만약 부상하는 국가를 무장 해제시키는 것이 필요하다고 판단하면, 적국을 파괴하고 정부를 전복시키면서 예방 전쟁이 아주 길어질 것으로 예상할 수 있다: 임무가 크고 그에 따른 저항도 강하게 마련이다.[43] 2003년의 급속한 이라크 정복같이, 대부분 엄청난 군사력 차이와 침략국의 기동전 전략 등에 의한 예외도 있지만,[44] 일반적으로 한 국가를 정복하는 데는 시간이 좀 걸린다.[45] 만약 목표가 (현재의 이란이나 북한이 아니라, 1981년의 이라크 경우처럼) 시작 단계이지만 방어되지 않은 무기 프로그램이나(19세기 말과 20세기 초의 철도처럼) 군사력을 투사하는 기반시설을 제거하는 것이라면, 적의 요새화를 막거나 전략적으로 중요한 영토를 정복하는 것이라면, 라이벌 진영으로의 임박한 재편성을 막는 것이라면, 우리는 전쟁이 정복 전쟁보다 짧을 것으로 예상할 수 있다. 예를 들어, 러시아는 2008년 조지아가 NATO에 가입할 가능성에 대해 짧은 작전을 수행했

---

43 Powell(2006), Wagner(2007) 그리고 Weisiger(2013).

44 Bennett and Stam(2006).

45 Ricks(2006).

었다. 조지아 영토를 점령하고 지역 분리주의자들의 독립을 인정함으로써 가까운 장래에 나토 가입 가능성을 저렴한 비용으로 차단했었다.[46] 또한 우리의 이야기는 우리가 예상한 것보다 더 오래 지속되는 퍼즐에 대해서도 설명할 수 있다. 1991년 쿠웨이트에서 이라크 점령군을 성공적으로 내쫓은 이후, 미국 주도의 연합은 소위 죽음의 고속도로를 따라 북쪽으로 후퇴하는 기계화 부대를 추격하여, 많은 관찰자들에게 너무 잔인하게 보일 정도로 이라크 기갑부대에 큰 피해를 가했다. 우리 모형은 당시 연합군이 그들의 목표에 대해 주장한 것과 일치하는 논리를 제시한다: 향후 쿠웨이트를 재침공하거나 사우디아라비아를 위협할 수 있는 이라크의 능력을 파괴하는 것. 따라서 맹약의 문제를 해결하기 위해 시작된 전쟁이 기간이 길 수도 있고 짧을 수 있다. 어떤 협상의 문제가 작용하고 있든, 합의에 대한 맹약을 신뢰할 수 있게 만드는 것이 총성이 울리지 않게 하기 위한 필수조건이다.

11.3 참호에서의 자제

비록 여기서는 그 논리만 간략히 살필 수 있지만, 동적 게임 또는 반복게임이 대전 중 전장에서 일어난 몇몇 이해하기 어려운 행태의 패턴을 설명할 수 있다. 참호전이 그 평온함으로 유명하지는 않지만, 1914년 가을 서부전선이 안정화되자, 적어도 전선의 일부를 따라 "살고 살게 하라(live and let live)"라는 흥미로운 시스템이 유지되었다. 앞에서 언급한 주요 전투 사이에, 영국과 독일 병사들이 종종 소총의 사정권 안에서 서로의 움직임을 용인했다. 서로에게 제분하고, 식사하고, 무인지대(No-Man's Land)에서 시체를 수습하게 하고, 심지어 1914년 12월의 유명한 "크리스마스 휴전"에서 그랬던 것처럼 우애를 다지는 시간까지 허용했다. 이 모든 것이 그들의 조국이 열강으로서의 생존을 위해 피비린내 나고 파괴적인 전쟁에 갇혀 있고, 참호

46 비슷한 전략이 우크라이나에 대해서도 있었다. 2014년 러시아는 우크라이나가 서구 열강들편으로 돌아서기 전에 크림반도를 점령하여 병합하였다.

에 있는 군인들이 그 시점에서 고향에 있는 사람들보다 덜 민족주의적이지 않다라는 사실에도 불구하고 일어났다.[47] 장군들은 “살고 살게 하라”를 좋아하지 않았고, 민간 정치인들도 그것에 대해 특별한 호의를 가지지 않았지만, 전쟁 후반에 소모전의 압박을 유지하기 위해 정기적인 습격 시스템이 도입될 때까지 그 시스템이 유지된 것으로 보인다. 그런데 왜?

퍼즐 11.2 그들의 주된 목적이 서로를 죽이는 것인데, 어떻게 독일군과 영국군이 “살고 살게 하라”라는 시스템을 유지할 수 있었는가?

협조에 관한 개척자적 연구에서, 액셀로드(Robert Axelrod)는 “살고 살게 하라” 시스템을 이해하는 열쇠가 그것을 특별한 종류의 죄수의 딜레마(Prisoner's Dilemma)로 인식하는 것임을 보여준다: (무한) 반복되는 죄수의 딜레마.[48] 경기자들이 비슷한 상황에서 여러 번 상호작용하는 그림 11.5와 11.6과 같은 반복게임처럼, 서부전선에서 전투 사이의 소강 상태가 반복되는 버전의 죄수의 딜레마처럼 보인다. 이 경우, 상호작용의 잠재적 종착점이 예측불가하다. 전선의 병사들은 언제 다음 공세 명령이 떨어질지 알지 못하므로, 참호를 가로지르는 그들 사이의 일상적인 상호작용이 언제 끝날지 결코 알 수 없다. 이 불확정적 길이의 소강 상태 속에서, 전선에 있는 부대가 전선 너머에 있는 적군 병사를 보았을 때 죽이기 위해 총을 쏘거나 단순히 전선을 유지하는 것처럼 보이기 위해 피해를 입히지 않는 몇 발의 사격을 할 수 있다고 가정해 보자. 주요 공세가 없기 때문에, 적군과의 반복적인 (단발적) 교전을 제외하고는 큰 위험이 없다. 양측은 상대가 쏘지 않을 때 자신이 쏘는 것을 가장 좋아하고, 그 다음이 어느 쪽도 상대에게 쏘지 않는 것, 그 다음이 양측이 모두 쏘는 것, 마지막이 자기는 쏘지 않는데 상대가 쏘는 것이다. “쏘지 않는 것”을 협조(또는 C)로 그리고 “쏘는 것”을 배신(또는 D)으로 나타내면, 우리는 단순한 죄수의 딜레마 모형을 가지게 되고, 이 게임이 한 번만 시행되면 유일한 내쉬균형이 양측이 모두 쏘는 것이라는

47 Philpott(2014, 4장)과 Watson(2014, 2장, 4장).

48 Axelrod(1984, 4장).

것을 알고 있다.

그러나 만약 두 가지 조건이 만족되면 – (1) 언제나 미래의 상호작용 가능성이 있고, (2) 경기자들이 지난 기에 규칙을 어긴 것에 대해 서로에게 벌칙을 주는 계획을 설계할 수 있다면, 균형 경로에서 어느 누구도 죽이기 위해 총을 쏘지 않는 부분균형 완전균형이 존재할 수 있다.[49] 우리는 이러한 장치를 "처벌 전략(punishment strategies)"이라고 부르는데, 이 처벌 전략이 경기자들이 특정 행동을 취하는 것에 대해 무서운 결과로 위협할 수 있기 때문이다. 예를 들어, 반복되는 죄수의 딜레마에서 경기자들이 "냉혹한 방아쇠 전략(Grim Trigger Strategy)"을 구사할 수 있다: "(자신이든 상대방이든) 어느 경기자가 D를 플레이할 때까지 C를 플레이하고, 그러고 나서 계속 D를 플레이하라." 이것이 아마 가장 가혹한 벌칙이지만, 잘 통한다: "냉혹한 방아쇠 전략" 아래에서 (장기적으로 매우 가치 있는) 협조의 기회를 영원히 상실할 수 있다는 것을 알기 때문에, 경기자들이 단기적 이득을 얻기 위해 오늘 D를 플레이하고 싶은 충동을 자제하게 된다. 부분게임 완전균형에서는 이러한 위협이 신뢰할 수 있어야 하는데, 당연히 "냉혹한 방아쇠 전략"은 쉽게 이 요건을 만족시킬 수 있다. 죄수의 딜레마에서는 항상 그리고 심지어 반복되는 게임에서도 배신에 대해 최적대응은 배신이다. 다른 경기자가 배신하는 경우 향후 협조를 중단하겠다고 위협할 수 있을 때, 두 경기자 모두 균형 경로에서 협조하도록 장려할 수 있다.[50]

액셀로드는 덜 가혹하지만 반복 죄수의 딜레마에서 협조를 유지할 수 있는 다른 전략을 발견했다: "눈에는 눈, 이에는 이(Tit-for-Tat)" 전략. 이 전략은 많은 변형이 있지만, 가장 단순한 형태는 상호주의에 관한 것이다: "지난 기에 상대가 C를 선택했으면 C를 플레이하고, 지난 기에 상대가 D를 선택했으면 D를 플레이하라." 만약 서부전선의 병사들이 전투가 소강 상태일 때 적군이 자신의 일에 몰두하고 있는 동안 그를 죽이기 위해 총을 쏘는 것이 그것에 상응하는 대응(벌칙)을 받게 될 것임을 안다면, 그들은 우연히 시야에 들어오는 적군을 제거하려는 단기적인 유혹에 저항할

---

49 Morrow(1994, 9장).

50 여러 종류의 처벌 전략이 가능하다. 속죄(Penance) 전략도 있다. 오늘 배신한 경기자는 대가를 지불해야 하는데, 상대방이 일정 기간 동안 배신하는 동안 그 경기자는 협조를 유지함으로써 대가를 지불한다. 이름에 맞게, 이 전략은 용서와 협조로의 복귀를 허락한다.

수 있을 것이다. 전쟁 후반, 주요 전투 사이의 시간에도 작은 분대 단위로 적의 참호를 습격하라는 명령으로 가득 찼을 때 비로소 그 "살고 살게 하라" 시스템은 작동을 멈추었다. 총 쏘기에 대한 상호 거부가 발생할 수 있는 기간이 너무 짧았기 때문이다. 또 다른 적의 습격이 머지않아 일어날 것이기 때문에, 병사들은 더 이상 오늘 자신들의 자제가 내일 상대방의 자제로 보상받을 것이라는 확신을 가지지 못하게 된다. 전쟁터에서 상호주의는 강력한 힘이 될 수 있다. 그리고 주요 전투들 사이에 뿐만이 아니다. 예를 들어, 모로우(Morrow)는 상호주의가 제1차 세계대전과 제2차 세계대전 중 서부전선에서 전쟁 포로에 대한 인도적 처우를 설명할 수 있다고 한다. 군인들이 (1) 그들의 자제가 상대방의 자제로 대응(보상)될 것이고, (2) 어떠한 학대도 상대방의 학대로 대응(처벌)될 것이라고 믿는다면, 그들은 그들의 포로들을 잘 대우할 것이다. 그러나 그들의 정부가 자제가 없는 무자비한 전쟁터를 선호한다면, 상호주의는 전쟁법에 대한 끔찍한 위반을 억제할 수 없을 것이다.[51]

11.4 맹약의 문제와 내전

열강들 사이의 전쟁은 글로벌 안정성—상호확증파괴(Mutually Assured Destruction, MAD) 이후에는 인류의 생존—을 위협하는 그들의 능력 면에서 독특할 수 있지만, 내전이 오히려 더 오래되고 일반적으로 더 광범위한 현상이다. 국가에 대한 통제는 중요하다. 왜냐하면 국가라는 것은 다른 국가들에 의해 인정된 국경 내에서 조직화된 폭력에 대한 독점권과 명목상의 주권과 함께 오는 모든 특권을 행사하기 때문이다.[52] 미국(1861–1865), 제2차 수단(1983–2005) 그리고 유고슬라비아(1991– 1999) 내전 같은 분리주의 분쟁부터 중국(1911–1949), 스페인(1936–1939) 그리고 시리아(2011~) 내전 같은 중앙정부 통치권 경쟁까지, 내전은 누가 국제 시스템의 기본 단위인 영토

51 Morrow(2014, 5장).
52 Coggins(2011).

국가를 지배할 것인지 결정한다. 드문 경우이지만 열강의 내전의 하나로, 러시아에서 1917년 볼셰비키가 권력을 장악한 이후, 러시아로 하여금 내부로 방향을 돌리고 별도의 평화협정에 서명할 것을 요구하는 내전으로 빠져들었다. 내전이라고 하여 병사와 시민들이 덜 죽는 것이 아니다. 내전으로 인한 엄청난 경제적, 사회적, 공중 보건적 결과는 총격이 멈춘 후에도 오랫동안 지속될 수 있다.[53] 그것이 국경을 넘어 이웃 국가의 억압을 초래할 수 있다. 그것이 가끔 본격적인 국제전으로 확대된다.[54] 그리고 세계대전에서 독일처럼, 국제전의 참전국은 종종 적국에서 내전을 선동하기도 한다.[55] 냉전이 끝나고 취약한 국가들에 대한 초강대국의 지원이 멈추자 새로운 내전이 발생했고, 이에 더하여 내전이 국제전보다 장기화되는 경향을 보이면서 축적되며, 진행 중인 내전의 수가 증가했다.[56] 만약 내전이 누가 국가를 지배할 것인가에 대해 새로운 협상을 하거나 이전의 합의를 복원하기 위해 발생한다면 그리고 그러한 의미에서 국제전과 대의를 공유한다면,[57] 왜 내전이 더 오래 지속되어야 하는가?

퍼즐 11.3 왜 내전이 국제전보다 더 오래 지속되는 경향이 있는가?

어떻게 싸움이 맹약의 문제를 다른 수단들보다 더 쉽고 빨리 해결하는가에 관한 우리의 논의가 준비된 답변을 제시한다. 국가들이 종전 합의에 다다르면, 양국은 일반적으로 군대를 안전하게 자신들의 국경 안으로 철수시킬 수 있다. 물론 방금 서명한 합의를 방어하기 위해 여전히 군대로 위협할 수 있지만, 많은 내전들은 국가 그 자체의 지배권 또는 국가 권위의 지정학적 한계에 대한 싸움이고, 이는 현대 국가의 근간이 되는 조직화된 폭력에 대한 독점권을 휘두를 수 있는 단 하나의 조직 만을 위한 여지밖에 없다. 이것은 실질적으로 권력 공유, 내부 개혁 또는 지역 자치와 관련된 모든 합의가 그러한 양보를 받는 쪽이 상대를 무장 해제시켜야 함을 의미한

53 Ghobarah, Huh, and Russett(2003), Iqbal and Zorn(2010) 그리고 Cohen(2013).

54 Gleditsch, Salehyan, and Schultz(2008)와 Schultz(2010).

55 Payne(2011, 2장).

56 Cunningham and Lemke(2013).

57 Wagner(2007).

다.[58] 즉, "절대전"에 미치지 못하는 상황에서 "절대전"에 준하는 결과를 달성해야 하는 것이다. 무장 해제는 반란군이 양보를 강요하기 위해 사용한 모든 레버리지를 없애버리고, 정부로 하여금 나중에 군사력으로 합의를 파기할 수 있도록 한다. 정부가 일시적으로 약할 때, 정부는 평화를 유지하기 위해 반란군에 양보할 의향이 있지만, 일단 회복되면 합의를 파괴할 수밖에 없다. 이것이 타협안에 대한 맹약의 근본적인 비신뢰성이다. 그렇다면 반란군은 궁극적인 승리를 위해 또는 적어도 정부가 완전한 힘으로 복귀하는 것을 지연시키기 위해 싸움을 지속할 수밖에 없다.[59] 예를 들면, 시리아 정부는 내전 초기에 권력 분점과 심지어 제한된 민주화에 대해 많은 제안을 했으나, 반군들은 일관적으로 그 제안들을 거절했다. 그러한 거부를 극단적으로 테러리즘과 광신으로 색칠하려던 정부의 시도와 반대로, 약속된 양보를 신뢰할 수 없다고 믿는 수많은 반란군에게는 아니라고 부정하는 것이 더 설득력이 있었다. 내전을 성공적으로 수행했다면, 조직화된 힘의 사용에 대한 지역적 또는 국가적 독점권을 확보하거나, 보존하거나, 만들어 내야 한다. 만약 목표가 국가를 지배하는 것이거나 새로운 국가를 건설하는 것이라면, 내전은 군사적 승리나 소진 또는 상당한 파괴로 무장 해제 당한 쪽의 약탈이나 탈취를 엄청나게 어렵게 만들어, 결국 한쪽만 남는 것으로 끝날 것이다. 내전에서 더 자주 "승자"가 있어야 한다는 것에 함의는 없지만, 승리, 강제 소진 또는 파괴로 근본적인 맹약의 문제를 해결하는 과정은 매우 길 수 있다. 그리고 뒤로 철수하여 미래를 위해 군대를 보전할 국경이 없다는 사실에 의해 계산이 더 복잡하게 된다. 중국 공산당이 바로 이러한 이유로 오랜 내전에서 거의 질 뻔했었다. 1930년대 중반 민족주의자들의 4차 포위 작전으로 소진 상태에 있었고 대장정 이후 5차 포위 작전을 기다리고 있었으나, 중국 공산당은 때마침 발발한 중일전쟁과 (2차)국공합작에 의해 생존할 수 있었다. 그것은 국경 너머로 철수하고 또 다른 날을 위해 살아남는 것과는 거리가 멀다. 내전은 독특하게 난관이 많은 맹약의 문제로 정의되는데, 패배, 소진 또는 파괴 없이 전쟁을 끝내려면 한쪽이 잠재적으로 파멸을 몰고 올 힘의 이동을 허용해야 한다. 결과적으로, 전쟁 목표가 파이

58 Walter(1997, 2002).

59 Fearon(2004).

전체를 요구하는 전체성(totality), 국가의 포획 또는 적의 군사력 파괴로 향할 수밖에 없다. 그러면 내전이 맹약의 문제로 인한 국제전이 수반하는 영토의 점령 또는 무기 프로그램의 파괴보다 훨씬 더 길어지는 경향이 있다.

퍼즐을 해결했지만, 우리는 내전에 관한 또 다른 사실, 종종 내전의 원인으로 제시되는 것에 대해서도 설명할 수 있다. 내전이 시작되고 지속되는 이유가 특히 중국의 내전에서 민족주의-공산주의의 투쟁 같은 명백한 이데올로기적 갈등에서 양측의 목표가 근본적으로 양립할 수 없기 때문이라고 흔히들 말하는 것을 듣게 된다.[60] 전통적인 설명은 다음과 같다: 전쟁이 발생하지 않을 수 없을 정도로 그리고 전쟁이 영원히 지속될 정도로 민족주의자들과 공산주의자들이 단순히 서로의 목표에서 너무 멀다. 그러나 이러한 설명은, 양측이 1930년대 일본의 침략에 대항하여 서로 협조했던 경우뿐만 아니라 다른 국가에서 일어났던 민족주의자들과 공산주의자들의 협조의 예들을 고려하면, 곤란에 직면한다. 이 장의 우리의 분석이 제시하는 더 그럴듯한 이야기는, 내전의 중심에 있는 맹약의 문제가 투쟁 당사자들로 하여금 상대방의 전멸과 같은 극단적인 목표를 채택하도록 한다는 것이다. 또한 그것은 이데올로기적으로 극단적인 파벌이, 어떤 의도와 목표든, 서로 죽도록 싸우는 이유를 설명한다: 그들의 극단적인 선호가 (이면의 맹약의 문제가 요구하는) "절대적" 내전을 벌이라는 정치적 명령과 실질적으로 일치한다. 달리 표현하면, 극단적인 전쟁 목표가 내전의 원인(cause)이 아니라 증상(symptom)이 될 수 있다.

11.5 결론

우리는 2장의 모형으로 답하지 못했던 질문으로 이 장을 시작했다: 어떻게 전쟁이, 완전한 군사적 승리로 적을 무장 해제시키는 실증적으로 희소한 경우가 아니라 자기구속적인 합의가 가능하게 만듦으로써, 맹약의 문제를 해결할 수 있는가? 해답

60 Paine(2012).

은 다시 단순한 사실로 귀결된다: 전쟁은 비용이 많이 들고, 그것이 계산적이고 검소한 경기자들로 하여금 전쟁을 피하게 할 뿐만 아니라 싸움이 불필요해지면 끝내도록 하는 강력한 인센티브를 제공한다. 맹약의 문제로 일어난 전쟁의 경우, 싸움이 교전국으로 하여금 교섭에 의한 합의에 이르게 했고, 그것은 전쟁 전의 상태와 달리 자기구속적이다. 전체적인 승리도 하나의 해법이지만, 유일한 해법이 절대 아니다. 싸움이 힘의 이동의 원천 또는 힘을 이용하는 능력 또는 매력을 파괴할 수도 있고, 임무의 어려움이 얼마나 오래 맹약의 문제로 인한 전쟁이 지속될 것인지를 결정한다. 평화에서 전쟁으로 그리고 평화로의 이러한 고의적인, 수단적인 변화가 역사학자 제프리 블레이니(Geoffrey Blainey)가 마음속에 간직하고 있던 것이며, 이 장의 서두에 인용한 것이다: "전쟁에 대한 유효한 진단은 평화에 대한 유효한 진단에 반영될 것이다."61

모티브가 되었던 퍼즐을 풀면서, 우리는 모형을 통해 설명하기 힘든 통찰을 제공하기 위해, 동적 게임과 부분게임 완전균형의 개념을 소개했었다. 이러한 새로운 도구가 유용하지만, 이렇게 늦게 소개한 이유는 단순히 우리가 아직까지는 이 도구를 필요로 하지 않았기 때문이다. 이 장에서 전쟁은 2장에서 발생한 것과 동일한 이유로 발생한다: 힘의 이동이라는 위협이 있고, 부상하는 측이 현재 상태를 유지하겠다고 맹약할 수 없고, 쇠퇴하는 측은 상대적 힘의 상실을 방지하기 위해 전쟁을 일으킨다. 국가들이 어떻게 전쟁을 끝내기로 결정하는지에 대해 생각하기 위해 동적 게임과 부분게임 완전균형이 필요했다. 신빙성 없는 위협을 배제함으로써, 부분게임 완전균형은 전쟁이 목표를 달성하고 자기구속적인 합의가 가능한 이상 "절대적"일 필요가 없음을 보여준다. 전쟁에 대한 우리의 분석을 확장하여 전쟁의 값비쌈이, 1장에서 강조했듯이, 국제 시스템에서 전쟁의 역할과 발생을 이해하는 근본임을 보였다. 전쟁이 낭비적이라는 사실이 계산적이고 검소한 의사결정자들이 그 비용을 인지하면서 전쟁을 왜 하는지에 대해 설명하는 데 장애가 되기도 하지만, 그 사실이 왜 전쟁을 멈추기를 선택하는지 설명하는 데 도움을 주기도 한다: 무익하게 값비싸다고 알고 있는 "절대전"의 비용을 아끼기 위해. 12장에서도 보겠지만, "절대전"은 일반

61 Blainey(1988, p. 3).

적으로 균형-밖-경로에 있는 위협이다. 그럼에도 불구하고, 국제정치에서 누가 무엇을 갖고, 얼마나 많이 가지며, 다른 사람들에게는 얼마의 몫을 줄 것인가에 영향을 미친다.

11.6 연습: 상호 의존성과 전쟁

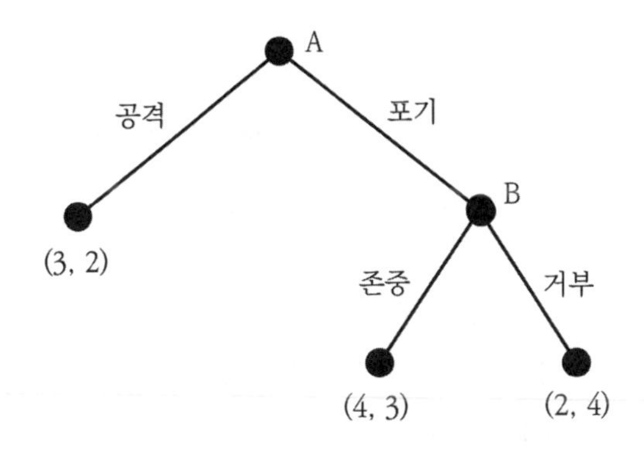

[그림 11.7] 전개형에서 맹약과 전쟁

맹약의 문제에 관한 논리를 전개형 게임으로 변환해 보자. 그림 11.7이 하나의 방법을 보여주는데, A가 첫 번째 움직임에서 B를 공격할 것인지 공격을 포기할 것인지 결정한다. 공격은 전쟁으로 이어지고, 포기는 B에게 현재 상태를 존중할 것인지 아니면 힘의 위치에서 그것을 거부할 것인지 선택의 기회를 준다. 만약 A가 공격하면 B를 무찌르고 현재 상태를 강제적으로 유지할 수 있지만, 만약 A가 포기하면 B가 군사적으로 강해지고 B가 그것을 존중할 때에만 현상 유지가 가능해진다. B가 마지막으로 움직인다. 그래서 B는 현재 상태를 거부하지 않겠다고 맹약을 할 수 없다. 재교섭이 평화적으로 일어난다고 가정하자. B는 현재 상태를 거부할 때 최선의 보수를 얻고, 존중할 때 차선의 보수를 얻고, A가 공격하여 B가 현재 상태를 바꿀 수 있는 기회를 제거할 때 최악의 보수를 얻는다. A의 경우, 최선의 결과는 전쟁을 포기하고 B가 현재 상태를 존중했을 때이고, 최악의 결과는 전쟁을 포기했는데 B가 현재 상태를 거부했을 때이고, 중간이 오늘의 힘의 위치를 이용해 전쟁을 했을 때이다. A와 B는 이 게임에서 어떻게 플레이할 것인가?

연습 11.1 그림 11.7의 게임에서 A가 포기하고 B가 존중하는 부분게임 완전균형의 존재 또는 비존재를 증명하라.

연습 11.2 그림 11.7의 게임에서 A가 공격하는 부분게임 완전균형의 존재 또는 비존재를 증명하라.

정의 11.6 **기회비용**은 어느 한 행동을 다른 행동 대신 선택함으로써 발생하는 잠재적인 이득의 상실이다.

전쟁의 기회비용은, 기업들이 전쟁지역에서 사업을 영위하려 하지 않고, 봉쇄가 적의 항구를 목조이고, 생산의 우선 순위가 수출 상품에서 파괴의 수단으로 바뀌고, 수입의 감소로 소비자들에게 국산품을 값비싸게 구매하게 함으로써 발생하게 되는, 모든 일어나지 않을 경제적 변화이다.

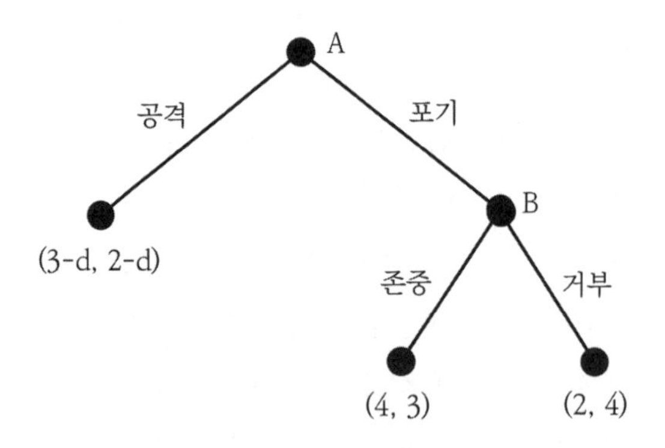

[그림 11.8] 무역과 전쟁의 기회비용

그림 11.8은 전개형으로 표현된 맹약의 문제를 약간 변형시켜, 우리에게 전쟁과

기회비용(opportunity cost)의 개념을 생각하게 해준다. 경기자, 행동 그리고 결과는 동일하지만, A와 B의 경제적 의존 관계를 고려하여, 각국의 전쟁 보수에서 공동의 비용 d를 차감했다. 만약 A가 예방 전쟁을 개시하면, B의 성장을 멈추게 하거나 역전시키지만, 영토의 일부를 파괴하고 무역의 가치를 감소시켜 A의 보수도 감소한다. 만약 A가 전쟁을 포기하면, B가 새로운 힘의 위치에서 재교섭하지만, A와 B가 전쟁을 피하는 한 무역을 감소하지 않고 계속된다.

연습 11.3 그림 11.8의 게임에서 A가 공격하는 부분게임 완전균형의 존재를 증명하라. 그리고 그것이 존재하는 조건을 찾아라.

연습 11.4 그림 11.8의 게임에서 A가 포기하는 부분게임 완전균형의 존재를 증명하라. 그리고 그것이 존재하는 조건을 찾아라.

이 연습을 마치고 나면, 우리가 기회비용의 개념을 추가하면 균형이 어떻게 변하는지 생각해볼 가치가 있다. 그림 11.7의 게임은 하나의 SPNE를 가지고, 그것은 폭력적인 균형이었다. 그러나 그림 11.8에서 우리는 두 개의 SPNE를 발견했고, 그중 하나는 평화적인 균형이었다.

12

전쟁이론 Ⅳ: 정보와 전쟁의 종료

12

전쟁이론 Ⅳ: 정보와 전쟁의 종료

평화와 전쟁을 양자택일의 문제로 생각하면 그것들의 상호 의존성을 소홀히 할 수 있다.

휴 스트라챈,
제1차 세계대전의 기원

우리는 11장에서 싸움이 어떻게 국가들로 하여금 전쟁이 "절대적"으로 변하기 전에 협상하게 만들어 맹약의 문제를 해결하는지 살펴보았다. 여전히 채워지지 않은 의문은 전쟁이 어떻게 정보의 문제를 해결하는가이다. 우리는 11장과 동일한 퍼즐을 제시하면서 이 질문에 대답할 것이다.

왜 대부분의 전쟁이 전적인 승리가 아니라 합의된 평화로 끝나는가?

이 장은 11장과 퍼즐을 공유하지만, 그 대답은 매우 다르다. 전쟁이 경기자의 *보수*를 바꿈으로써 맹약의 문제를 해결할 수 있다면, 정보의 문제는 전쟁이 경기자의 *믿음*, 즉 세상의 상태에 대한 그들의 주관적 추정치를 바꾸어야 해결할 수 있다. 맹약의 문제는 현장의 사실을 변경함으로써 해결되지만, 정보의 문제는 국가가 거짓말을 할 온갖 유인이 있는 무엇에 대해 적을 설득함으로써 해결된다: 절대전이 어떤 모습일 것인지에 대해 상대방이 새로운 믿음을 가지기 때문에, 한쪽이 상대방을 처음의 제안보다 더 나은 거래를 할 자격이 있다고 확신시킨다. 달리 표현하면, 전쟁이 서로를 경멸하고 불신할 수 있는 국가들 사이에 특정 사실에 대해 합의를 도출하게 함으로써 정보의 문제를 해결한다. 우리의 임무는 전투의 낭비, 파괴, 흘린 피가 어떻게 적들을 특정의 "제한적"인 합의가 끝까지 싸우는 "절대적"인 해결보다 낫다는 데 서로 동의하게 만들 수 있는지 알아보는 것이다.

우리는 새로운 해 개념인 완전베이지언균형(Perfect Bayesian Equilibrium, PBE)을 소개하고, 동적 환경에서 정보의 문제를 분석하는 데 이용할 것이다. 여기서는 새로운 정보와 업데이트된 믿음이 아주 중요하다는 것이 판명되는데, 싸움이 어떻게 절대전의 결과에 대한 불확실성을 줄이는지 그리고 싸움이 어떻게 이전에 불가능했던 합의를 가능하게 하는지 설명한다. 여기서 얻게 되는 결론은 어떻게 정보의 문제가 전쟁의 지속과 종료에 영향을 미치는지에 대한 실무적인 지식이 될 것이다. 그 과정에서 우리는 몇몇 새로운 것들을 배우게 될 것이다:

- 동적 게임에서 완전베이지언균형을 어떻게 확인하는가.
- 어떻게 싸움이 외교와는 달리 정보를 드러낼 수 있는가.
- 왜 전쟁의 목표와 협상의 위치가 전쟁 과정을 통해서 변화하는가.
- 어떻게 싸움이 전장의 결과를 반영하지 않는 합의를 만들어 내는가.

전쟁을 11장에서보다 좀 더 동적인 과정으로 바라보면, 전쟁터와 협상 테이블이 정보가 드러나고, 믿음이 업데이트되고, 이에 대응하여 협상에서 상대적 위치가 변하는 장소가 된다는 것을 알 수 있다. 이를 통해 우리는 전쟁의 블랙박스를 열고, 때때로 지구상에서 가장 정직한 곳이라고 불리는 전쟁터의 정치를 살필 수 있다.[1] 다시 한번 더, 전쟁의 비용이 이러한 특성을 설명하는 데 중요하다는 것이 판명된다: 시간이 지남에 따라 전쟁이 너무 비싸지기 전에 협상안에 서명하도록 참전국들을

---

1 전쟁터가 정직할 수 있지만, 모두가 보는 것에 동의한다는 의미는 아니다. "여우굴에는 무신론자가 없다"는 말이 있지만, 다른 사람이 "여우굴에는 무신론자만이 있다"고 말할 수도 있다.

강요함으로써, 싸움이 비용을 감당할 수 없는 국가들을 걸러내고 전쟁이 더 장기화될수록 정보를 갖지 못한 측은 분쟁을 종식시키기 위해 더 관대한 조건을 제시해야 한다고 더 확신하게 된다. 이러한 과정을 통해 믿음은 "절대전"과 유사한 결과에 수렴하게 되고, 5장에서 봤듯이 전쟁이 발생하지 않는, 실질적으로 완전정보 상황을 만들게 된다. 두 가지 모형－하나는 11장의 달러－수류탄 모형을 응용한 것이고 다른 하나는 직접적으로 전쟁 종료의 정치를 다루는 것－을 통해 이러한 논리를 습득한 후에, 우리의 모형이 정보의 문제로 발생한 전쟁의 지속에 대해 어떠한 함의를 가지는지 자세히 설명하고 우리의 세계대전 이야기로 돌아가면 무엇을 발견할 수 있는지에 대해 예측을 한다.

12장 핵심 용어

- 정보 집합
- (게임에서) 역사
- 완전베이지언균형
- 균형－밖－경로에서의 믿음

12.1 설득의 퍼즐

11장에서 우리가 전쟁의 종료에 관한 퍼즐을 제기하면서, 교전국은 자비심 때문이 아니라 더 이상 전쟁을 진행하는 것이 낭비이기 때문에, 승자가 패자를 완전히 무장 해제하는 절대전으로 가기 전에 전쟁을 멈추는 경향이 있다고 강조했었다. 맹약의 문제를 푸는 가장 확실한 방법이 현재 상황을 존중하겠다고 신뢰할 만한 약속을 할 수 없는 국가를 제거하는 것임에도, 전쟁은 그 일을 수행하는 데 필요한 만큼만 지속되는 경향이 있다: 힘의 이동의 원천 또는 그것을 사용할 인센티브를 제거하는 딱 거기까지. 그러나 정보의 문제로 인해 발생한 전쟁은 약간 다른, 겉보기에 더 골치 아픈 문제를 제기한다. 정보의 문제는 적의 보수를 재조정해서 해결되지 않고, 전쟁을 일으키는 것이 그렇게 유용한 것으로 간주되지는 않도록 적의 마음을 바꿈으

로써 더 나은 거래를 제안하도록 확신시킴으로써 해결된다. 그래서 우리는 이전과 동일한 질문을 던진다:

퍼즐 12.1 왜 대부분의 전쟁이 전적인 승리가 아니라 합의된 평화로 끝나는가?

승자와 그들의 기념 행진 그리고 패자와 그들의 배상금으로 상징되는 전쟁에 대한 우리의 일상적인 이해로는 클라우제비츠의 "절대전"이 희소하다는 사실이 다소 당혹스럽다. 그리고 전쟁이 생존을 위한 종말론적인 투쟁에서 누가 이길 가능성이 더 높은지 등의 논쟁에 대해 수렴하는 믿음을 만들었다는 것이 이상하게 여겨질 수 있다. 갈등을 이해하는 다른 접근법들은 사실 싸움이 기대의 수렴이 아니라 표면적으로 "비이성적인" 적대감의 증가로 이어져야 한다고 본다. 예를 들어, 지속적 경쟁 이론(Theories of enduring rivalry)은 국가가 적에 대해 적대적이고 불신하는 이미지를 발전시키는 경향이 있다 가정한다. 이처럼 흔들기 어렵고 국내의 매파에 의해 악용될 수 있는 이미지가 공포, 증오, 군사주의를 정치 권력에 태울 수 있기 때문이다.[2] 경쟁 국가들의 조합이 국제 시스템의 약 6%를 구성하지만, 그들이 대충 전체 갈등의 절반에 관련되어 있다.[3] 이러한 패턴은 국가가 상대적인 힘이나 전쟁 비용을 합리적으로 고려하는 것이 아니라 상대에게 해를 끼치는 것을 장려하는, 편협하게 각인된 적대적인 이미지에 기인한다.[4] 화해의 손길을 뻗었는데 경쟁국이 이를 거부하면, 국가 지도자들은 심지어 재선의 기회를 상실하기도 하며 정치적으로 처벌받는다.[5] 그것은 어떤 의미에서든, 힘의 분포와 상대방의 결사 의지에 대한 새로운 정보를 효과적으로 통합하는 데 도움이 되는 환경이 아니다.

그러나 라이벌들은 서로에 대한 무장 해제도 없이, 항상 전쟁을 한다. 예를 들어, 러시아와 오스만 제국은 19세기 후반과 20세기 초에 국경지대와 터키 해협을 지배하려는 러시아의 오랜 야욕 때문에 여러 번 전쟁을 했다. 그러나 힘의 밸런스, 심각

2 Vasquez(1993, 2009), Diehl and Goertz(2000) 그리고 Colaresi(2005).

3 Goertz and Diehl(1993)과 Diehl and Goertz(2000).

4 Colaresi, Rasler, and Thompson(2007).

5 Colaresi(2004)와 Davies and Johns(2016).

한 수준의 인종적, 종교적 적대감 그리고 상대방의 수도를 자신의 제국을 따라 이름 짓고 싶어 하는 야욕에도 불구하고, 러시아나 오스만 군대 어느 누구도 상대방의 수도를 정복하거나 약탈함으로써 문제를 해결하지 못했다.[6] 한쪽이 다른 한쪽을 무장해제시킬 수 있었다면, 두 라이벌은 그 이름에 걸맞지 않을 것이다. 왜냐하면 우리가 그들을 라이벌로 식별하는 여러 번의 분쟁, 위기 또는 전쟁이 단순히 존재하지 않았을 것이기 때문이다.[7] 라이벌이라는 개념이 정치과학에서 많은 유용한 일을 했다. 특히, 적대국 사이에 장기적 경쟁의 국내정치 문제를 풀고 그 결과를 확인하는 데 유용했지만,[8] 불신, 적대감 그리고 공직을 노리는 정치인들의 비겁한 선동에 초점을 맞추면서, 전쟁 기간과 라이벌 사이의 "절대적" 결과에 대한 빈도를 과대 예측하는 것처럼 보인다. 국가가 어떤 대가를 치르더라도 상대에게 피해를 입히는 데 집중할 것이라고 예측하는 이론은 대부분의 전쟁이, 심지어 라이벌끼리의 전쟁도, "절대적" 결과가 아니라 "현실적" 결과로 끝나는 세계와 양립할 수 없다. 아래에서 보겠지만, 놓친 부분은 전쟁에 내재하는 낭비에 대한 인식이다. 파괴와 혼란은 모두 국가가 상대방이 가한 고통에 얼마나 오래 버틸 수 있는지에 대한 정보를 드러내고, 겉보기에는 극복할 수 없는 수준의 국가적 적대감에도 불구하고 가능한 한 빨리 전쟁을 끝내도록 독려한다.

12.2 정보의 문제 풀기

우리는 4장과 6장에서 맹약의 문제가 전쟁에 참여하기로 하는 여러 결정에 영향을 미쳤다는 것을 보았다. 그러나 소모전략의 채택이 전쟁 종료 과정에 상당한 정보적 요소가 있음을 확인시켜 준다: 참전국 각각은 자신이 얼마나 오래 버틸 수 있는지

---

6 Blainey(1988)와 McMeekin(2015).

7 어떤 라이벌 관계는 단순히 장기적 위협이라는 리더들의 *믿음*(beliefs)에 기초하여 확인된다.

8 Colaresi(2004), Rider(2009, 2013), Owsiak and Rider(2013) 그리고 Rider and Owsiak(2015).

에 대해 그들의 적보다 더 잘 알고 있지만, 자신이 생각하는 임계치가 어디인지 인정하고 알려줄 인센티브가 없다. 그러나 만약 참전국들이 누가 최후에 남을 것인지에 대해 의견의 일치에 이를 수 있다면, 그들은 이러한 공유된 믿음을 반영하는 합의에 이를 수 있고 전쟁 비용을 절약할 수 있다. 우리의 질문은 어떻게 싸움이 그러한 불확실성을 해결할 수 있고, 어떻게 협상 테이블에서 상대에게 인색한 제안을 하는 국가로 하여금 좀 더 너그러워지고 적에게 합의를 유도하게끔 설득할 수 있는가이다. 이에 답하기 위해, 우리는 동적 게임의 세계로 돌아가 11장에서 중요했던 그 순서를 다시 한번 되짚어 본다. 이번에는 한 경기자가 전쟁의 매력에 관한 사적 정보를 가지고 게임에 임한다. 이 사적 정보의 존재로 인해 완전베이지언균형(Perfect Bayesian Equilibrium, PBE), 즉 동적 버전의 베이지언 내쉬균형을 찾을 필요가 생긴다. 이전처럼, 우리는 새로운 균형 개념을 제1차 세계대전의 냉혹한 산업적 비극과는 완전히 다른 환경에서 소개한다.

12.2.1 완전베이지언균형

완전베이지언균형(Perfect Bayesian Equilibrium)은 베이지언 내쉬균형(Bayesian Nash Equilibrium)과 부분게임 완전균형(Subgame Perfect Equilibrium)의 정제이고, 그것들과 마찬가지로 말이 그다지 되지 않는 어떤 균형들을 제거하는 방법이다. 우리가 동적 게임에서 위협의 신빙성을 고려하기 위해 부분게임 완전균형을 소개했었는데, 경기자들이 게임의 이전 움직임들을 안다고 가정했기 때문에 그 과정이 다소 쉬웠다. 그러한 설정만으로도 전쟁이 어떻게 맹약의 문제를 해결하는지를 분석하기에 충분했다. 우리는 어떻게 싸움이 공통으로 알려진 보수를 바꿀 수 있는지에 관심이 있었기 때문에, 사적 정보를 도입하는 것은 오히려 낭비였다. 그러나 만약 싸움이 *믿음*을 바꿀 수 있는지 또는 어떻게 그럴 수 있는지에 관심이 있다면, 우리는 학습의 가능성을 내포한 게임을 적고 풀 필요가 있다. 경기자들은 게임에서 베이즈 규칙(Bayes' rule)을 이용해 이전의 움직임들에 대해 배운다.

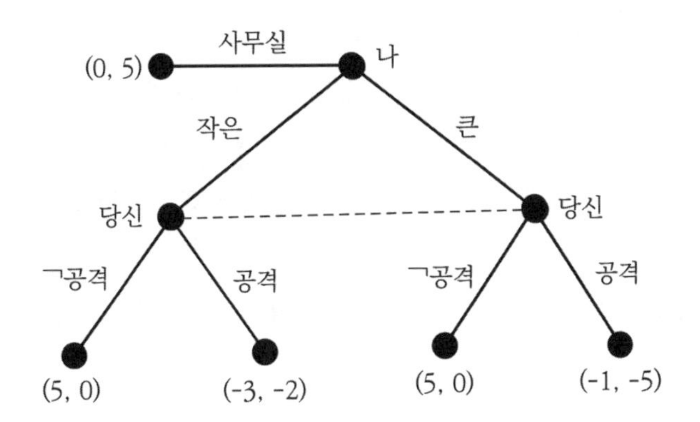

[그림 12.1] 해피아워를 즐기려는 교수 매복 공격하기

그림 12.1이 그러한 문제를 보여준다.[9] 수류탄으로 1달러를 강탈하려는 나의 시도가 실패한 이후, 당신은 내가 동료들과 함께 해피아워를 즐기는 것을 막겠다고 결심했다고 하자. 나는 당신이 나를 매복 공격하려는 어떤 종류의 계획을 가지고 있다고 의심한다. 그래서 나는 사무실에 머무르면서 해피아워를 놓치거나, 수류탄으로 원하는 것을 얻을 수 없다는 것을 깨닫고, 호신용으로 작은 막대기 또는 큰 막대기를 들기로 했다(그림 12.1에서 "작은"과 "큰"으로 표시). 만약 내가 해피아워를 즐기기 위해 (막대기를 들고) 사무실을 나서면, 당신은 덤불 뒤에서 나를 매복 공격할 것인지 아닌지를 선택해야 한다. 나에게 최선의 결과는 해를 당하지 않고 해피아워에 도착하는 것이고(보수 5), 큰 막대기로 방어하는 것(보수 −1)을 작은 막대기로 방어하는 것(보수 −3)보다 더 선호한다. 당신에게 최선의 결과는 내가 그냥 사무실에 꼼짝 않고 머물며 해피아워를 놓치는 것이다(보수 5). 내가 사무실을 떠나더라도 공격하지 않는 것이 더 좋지만(보수 0), 만약 당신이 공격해서 내가 작은 막대기로 대항하면 −2의 보수를, 큰 막대기로 대항하면 −5의 보수를 얻게 된다. 이상적으로 당신은 매복 공격이라는 위협으로 나의 오후를 망치고 싶지만, 나는 그런 소동을 피하고 해피아워에 시원한 맥주 한 잔을 즐기고 싶다.

그런데 당신에게 문제가 있다. 막대기를 휘두르는 교수한테 맞고 싶지 않은 아주

9 McCarty and Meirowitz(2007, p. 208)의 그림을 이용해 내용과 보수 등을 변화시켰다.

합리적인 소망과 함께, 당신은 덤불 뒤에서만 지켜볼 수 있기 때문에, 내가 사무실을 떠나는지 아닌지는 알 수 있지만 내가 가지고 가는 막대기의 크기를 알 수 없다. 우리는 한 경기자가 서로 구분할 수 없는 움직임을 모아 놓은 이것을 **정보 집합**(information set)이라고 부르고, 두 의사결정마디를 연결하는 점선으로 나타낸다.

정의 12.1 **정보 집합**은 경기자가 서로 구분할 수 없는 의사결정마디를 모아 놓는다.

만약 정보 집합이 나의 첫 번째 움직임처럼 단지 하나의 마디만 포함한다면, 우리는 그것을 단집합(singleton)이라고 부른다. 그 점에서 경기자는 자신이 게임의 어디에 위치하고 있는지 안다. 그러나 정보 집합이 복수의 마디를 포함하고 있으면, 경기자는 어느 경로가 자신을 현재의 선택에 이르게 했는지 구분할 수 없다. 그래서 그림 12.1에서 당신은 내가 큰 막대기를 선택했는지 작은 막대기를 선택했는지 알 수 없다. 내가 가지고 있는 막대기의 크기에 기반해서 당신의 선택을 결정할 수 없기 때문에, 비록 당신의 공격에서 오는 보수가 내가 가지고 있는 막대기의 크기에 따라 달라짐에도 불구하고, 당신은 실제 단 하나의 선택만 가졌다: 공격할 것인가 말 것인가. 이것이 정확하게 우리가 5장의 베이지언 게임에서 타입(types)에 대한 불확실성을 생각하던 방법이다. 자연이 한 경기자의 타입을 정하지만 다른 경기자에게는 알려주지 않는다. 문맥이 다르지만, 한 경기자가 다른 경기자의 이전 움직임을 구별하지 못하는 것과 유사하다.

게임 상황이 구체화되었으므로, 게임을 풀어보자. 11장에서처럼 우선 역진 귀납(backward induction)을 시도해보고 싶다. 그러나 곧바로 그럴 수 없다는 것이 명확해진다. 당신이 나를 공격할 것인가 말 것인가를 선택할 때, 당신은 내가 큰 막대기를 가졌는지 작은 막대기를 가졌는지 모른다. 당신의 선택을 나의 선택에 의존해서 결정할 수 없기 때문에, 당신은 공격을 선택한 결과를 모른다는 의미이다—즉, 당신은 −2 또는 −5의 보수를 받게 된다. 나의 큰 막대기 또는 작은 막대기 선택에 의존하여 당신이 공격을 할 것인가 말 것인가를 비교하는 의미 있는 방식이 불가능해진다.

기술적 용어를 빌리면, 당신의 선택이 단집합에서 시작하는 적절한 부분게임을 형성하지 못하기 때문에 우리는 여기에서 역진 귀납을 이용할 수 없다(정의 11.4). 사실 이 게임은 전체 게임 하나만이 부분게임이기 때문에 당분간 내쉬균형을 적용해야 한다.[10] 전개형 표현에서 내쉬균형을 찾는 것도 전략형 표현에서 내쉬균형을 찾는 것과 다르지 않다: 우리는 단지 전략프로필을 찾고, 최종 보수가 주어진 것으로 보고, 어느 경기자가 이익이 되는 이탈을 가졌는지 확인한다. 예상했을 수도 있는데, 이 연습 문제는 약간 이상한 결과를 보여준다.

정리 12.1 전략프로필 (사무실; 공격), (작은; ¬공격) 그리고 (큰; ¬공격)이 각각 내쉬균형이다.

증명 먼저, 전략 조합 (사무실; 공격)이 내쉬균형이 되기 위해서는, 각 경기자에 대하여 다음이 만족되어야 한다:

$$u_{나}(\textit{사무실};\ 공격) \geq u_{나}(\textit{작은};\ 공격)\ 그리고$$
$$u_{나}(\textit{사무실};\ 공격) \geq u_{나}(\textit{큰};\ 공격),$$
$$u_{당신}(사무실;\ \textit{공격}) \geq u_{당신}(사무실;\ \neg\textit{공격}).$$

$0 \geq -3$이므로 첫 부등식이 만족되고, $0 \geq -1$이므로 두 번째 부등식이, $5 \geq 5$이므로 세 번째 부등식이 만족된다. 어느 누구도 이익이 되는 이탈을 가지지 아니하므로, (사무실; 공격)이 내쉬균형이다. 두 번째로, 전략 조합 (작은; ¬공격)이 내쉬균형이 되기 위해서는, 각 경기자에 대하여 다음이 만족되어야 한다:

$$u_{나}(\textit{작은};\ \neg 공격) \geq u_{나}(\textit{사무실};\ \neg 공격)\ 그리고$$
$$u_{나}(\textit{작은};\ \neg 공격) \geq u_{나}(\textit{큰};\ \neg 공격),$$
$$u_{당신}(작은;\ \neg\textit{공격}) \geq u_{당신}(작은;\ \textit{공격}).$$

$5 \geq 0$이므로 첫 부등식이 만족되고, $5 \geq 5$이므로 두 번째 부등식이, $0 \geq -2$이므로 세 번째 부등식이 된다. 어느 누구도 이익이 되는 이탈을 가지지 아니하므로, (작은; ¬공격)이 내쉬균형이다. 마지막으로, 전략 조합 (큰;

10 이 경우 우리가 내쉬균형을 찾으면, 그것이 부분게임 완전균형이다. 왜냐하면 SPNE가 모든 부분게임에서 내쉬균형일 것을 요구하기 때문이다.

¬공격)이 내쉬균형이 되기 위해서는, 각 경기자에 대하여 다음이 만족되어야 한다:

$$u_{나}(큰;\ \neg공격) \geq u_{나}(사무실;\ \neg공격) \text{ 그리고}$$
$$u_{나}(큰;\ \neg공격) \geq u_{나}(작은;\ \neg공격),$$
$$u_{당신}(큰;\ \neg공격) \geq u_{당신}(큰;\ 공격).$$

$5 \geq 0$이므로 첫 부등식이 만족되고, $5 \geq 5$이므로 두 번째 부등식이, $0 \geq -5$이므로 세 번째 부등식이 된다. 어느 누구도 이익이 되는 이탈을 가지지 아니하므로, (큰; ¬공격)이 내쉬균형이다. □

정리 12.1은 그림 12.1의 게임이 세 개의 내쉬균형을 가진다고 말하고 있다. 그러나 단지 두 개만이 말이 된다. 전략프로필 (작은; ¬공격)과 (큰; ¬공격)에서 나는 막대기를 들고 해피아워에 가고 당신은 나를 공격하지 않기로 선택한다. 비록 나의 움직임을 관찰할 수 없더라도, 경기자들이 행동을 동시에 선택하는 정적 게임에서처럼, 공통 추측이 당신에게 나의 전략을 말해주므로, 즉 당신은 나의 선택을 알기 때문에 당신은 내가 무슨 막대기를 가져가는지 추론할 수 있다. 심지어 동적 게임에서도 내쉬균형은 경기자들로 하여금 그들의 전략을 사전에 맹약할 수 있게 허락한다는 것을 기억하라. 따라서 SPNE나 PBE 같이 정제하는 요령은 말이 되지 않는 사전적 맹약을 배제하는 것이다. 그러므로 당신이 내가 큰 막대기 또는 작은 막대기를 가지고 있다는 것을 알 때, 당신은 나를 방해하지 않는 것이 현명한 행동이며, 11장에서 나의 경솔한 결정으로 시작된 갈등을 완화시킬 수도 있다. 이 균형들은 이해할 수 있는 것들이지만, 안타깝게도 만족스럽지 못한 균형이 하나 더 있다. (사무실; 공격) 균형에서, 당신의 매복 공격에 대한 나의 최적대응이 사무실에 머무르는 것이고(왜냐하면 보수 0이 공격당하는 것보다는 나으니까), 내가 사무실에 머무를 것이라는 당신의 지식(knowledge)하에서 당신은 자유롭게 매복 공격을 위협할 수 있다. 나의 전략하에서 당신의 공격 위협이 결코 소환당하지 않기 때문에(즉, 관찰되지 않기 때문에), 당신의 보수는 5이다. 만약 당신이 ¬공격으로 이탈하더라도, 이익이 되는 이탈을 체크할 때 상대방의 전략은 고정된 것으로 가정하기 때문에, 당신의 보수는 여전히 5이다. 11장의 균형에서 수류탄 핀을 뽑겠다는 나의 신빙성 없는 위협에도 불구하고 당신이

1달러를 주었던 것처럼, 당신의 매복 공격이라는 사전적 맹약이 나를 사무실에 머무르게 하고, 당신은 자유롭게 매복 공격을 위협한다. 이러한 신뢰할 수 없는 위협을 배제하기 위해 역진 귀납의 방법을 사용할 수는 없지만, 우리가 그 정보 집합을 잘 이용하면 비슷한 일을 할 수 있다.

PBE의 정제는 게임의 역사에 대한 경기자의 *믿음(beliefs)*에서 시작된다. 경기자는 자신이 의사결정을 내려야 할 그 지점에 이르게 한 게임의 경로 또는 **역사**(history)에 근거하여 가능한 마디들 위에 주관적 확률분포를 형성한다.

정의 12.2 **역사**는 동적 게임에서 어떤 주어진 정보 집합에 이르게 하는 움직임의 집합이다.

이것이 경기자들로 하여금 *순차적으로 합리적인*(sequentially rational) 행동을 선택하게 한다—즉, 경기자는 게임에서 자신이 어디에 있는지에 대한 믿음을 바탕으로 어느 지점에 있든 미래를 지향하며 최선의 행동을 선택한다. 내쉬균형의 규칙을 따르면 그림 12.1의 게임에서 당신의 행동을 고정시키는 유일한 방법은 당신이 어떤 전략에 대해 사전적인 맹약을 하도록 하는 것이지만, 사전적으로 맹약한 전략이 당신이 결코 선택하지 않을 일을 하도록 명령하는 균형을 생성한다면 유용한 해결책이 될 수 없다. 만약 경기자들로 하여금 그들이 플레이 중인 게임의 진행 상황에 대해 조금 더 추론할 수 있도록 허용하면, 그들이 서로의 전략에 대해 알고 있는 것을 기반으로 게임의 역사에 대해 알아낼 수 있는 것을 반영하는 선택을 하도록 만들 수 있다. 동적 게임에서 내쉬균형은 경기자들이 귀중한 정보를, 바로 눈앞에 있는 정보조차, 사용하지 못하도록 제한한다. 반면, 완전베이지언균형은 그러한 정보를 사용하게 한다.

완전베이지언균형의 마지막 요소는 그 이름과 밀접한 관련이 있다: 균형 경로에서(on the equilibrium path) 경기자들이 베이즈 규칙(Bayes' rule)을 이용하여 그들이 게임의 어디에 위치하는지에 대한 믿음을 업데이트한다. 지금 당장 걱정할 필요는 없지만, PBE는 균형 밖의 경로에서(off the equilibrium path)의 믿음에 대해서는 베이즈 규칙에 따라 업데이트될 것을 요구하지 않는다. 균형에서 취해질 것으로 예상되지 *않는* 행동에 대한 믿음은 *정의되지 않는다*. 균형 밖의 경로에서 일어나는 사건에 대한 베이즈 규칙의 경우 분모가 0이기 때문이다. 이러한 경우는 모든 타입의 경기자들이 동일한 행동을 취할 것으로 예상되는 통합균형(정의 5.9)에서 균형 경로 밖의 사건에 대해 다룰 때 발생하는데, 우리는 균형을 확인하기 위해 그들이 균형 전략에서 이탈한 경우 어떤 일이 일어나는지 알아야 한다. 우리가 5장과 6장에서 보았던 균형 경로로 돌아가 보면, 베이즈 규칙은 경기자들의 *사전적 믿음*(prior beliefs)을 기초로 조건부 확률규칙을 사용하여, 서로의 전략이 제공하는 새로운 정보에 비추어, 이러한 믿음이 어떻게 업데이트되어 *사후적 믿음*(posterior beliefs)을 형성하는지 보여준다. 아주 거칠게 말하면, 완전베이지언균형은 불완전정보 버전의 부분게임 완전균형이다: PBE는 경기자들에게 순차적 합리성을 요구하고 게임에서 이전 움직임에 대한 그들의 믿음이 각 경기자들의 전략과 일관성을 유지할 것을 요구한다.

정의 12.3 **완전베이지언균형**에서 각 경기자는 어느 지점에 있든, 그 지점까지의 게임의 플레이에 대한 (베이즈 규칙에 의해 업데이트되는) 믿음을 바탕으로, 미래 지향적으로 최선의 선택을 한다.

만약 그림 12.1의 게임에서 PBE를 찾으려면, 우리는 다음의 조건을 만족하는 전략프로필을 찾아야 한다. (1) 경기자들이 상호최적대응을 선택하고, (2) 이전 움직임들에 대한 그들의 믿음이 각 경기자들의 전략에 기초해야 한다. 우리는 이미 내쉬균형을 찾으면서 세 개의 전략프로필이 상호최적대응을 만족한다는 것을 알고 있다. 그러나 PBE는 이 중에서 하나를 제외시킨다. 만약 (사무실; 공격)의 내쉬균형에서 내가 사무실을 떠날 때 나를 공격할 것이라는 신빙성 없는 위협을 맹약하는 것이 문제라면, 경기자에게 일관성 있는 믿음을 부과함으로써 이 전략프로필을 제거할 수 있는지 살펴보자. (사무실; 공격) 조합에서 나를 공격하는 것이 최적대응으로 적절한 유일한 근거는 당신이 내가 사무실을 떠나지 않을 것이라고 믿는 것이다(그래서 당신에게 5의 보수를 보장하는 것이다). 그런데 만약의 경우 내가 사무실을 떠난다면, 나를 공격하는 전략이 더 이상 말이 되지 않는다. 이유를 알아보기 위해, 당신이 내가 사무실을 떠났다는 것을 안다고 가정하자. 그리고 당신은 내가 작은 막대기를 확률 s로, 큰 막대기를 확률 $1-s$로 가지고 있다고 믿는다고 가정하자. 그러면 우리는 기대효용을 비교할 수 있는데,

$$EU_{\text{당신}}(\neg\text{공격}) \geq EU_{\text{당신}}(\text{공격}) \leftrightarrow$$
$$s\times 0+(1-s)\times 0 \geq s\times(-2)+(1-s)\times(-5)$$

즉, $s \leq 5/3$이면, ¬공격에서 오는 기대효용이 공격의 기대효용보다 크다. 확률 s는 1 이하이므로, 이는 당신이 어떠한 믿음 s를 가지더라도 나를 공격하는 것이 순차적으로 합리적이지 않다는 의미이다. *당신이 행동을 선택할 때 당신이 게임의 어디에 위치해 있는지 인식할 것이 요구된다면*, ¬공격이 우월 전략이다.

이 문제를 다르게 생각하는 방법이 있다: 만약 당신이 공격할 것인지 말 것인지의 선택에 직면한다면, 당신은 내가 사무실에 머무르지 않는다는 것을 안다. 그렇지 않고, 만약 내가 사무실에 머무른다면, 당신은 전혀 선택을 하지 않을 것이다. 베이즈 규칙이 이러한 직관을 확인시켜준다. Pr(사무실|공격, ¬공격)을 당신의 정보 집합에 도달했다는 가정하에, 그래서 당신이 공격과 ¬공격 사이에서 선택한다는 가정하에, 내가 "사무실"을 선택할 확률이라고 하면,

$$\begin{aligned}&\Pr(\text{사무실}|\text{공격}, \neg\text{공격})\\&=\frac{\Pr(\text{사무실})\times\Pr(\text{공격}, \neg\text{공격}|\text{사무실})}{\Pr(\text{사무실})\times\Pr(\text{공격}, \neg\text{공격}|\text{사무실})+\Pr(\neg\text{사무실})\times\Pr(\text{공격}, \neg\text{공격}|\neg\text{사무실})}\\&=\frac{0\times 0}{0\times 0+1\times 1}=0\end{aligned}$$

이므로, 내가 사무실을 선택했다는 당신의 믿음, 즉 당신의 "공격"을 정당화하는 당신의 믿음이 0이어야 한다. 그러므로 게임의 플레이에 대한 어떠한 믿음도 ¬공격이 아닌 당신의 선택을 정당화할 수 없다. 당신이 공격과 ¬공격의 정보 집합에 도달하는 경우 ¬공격이 항상 공격보다 높은 보수를 주기 때문이다. 이를 통해 바로 (사무실; 공격)이 PBE가 아님을 알 수 있다. 당신의 전략이 당신이 선택할 때 게임에 대해

참이어야 한다고 믿는 것과 일관적이지 않는 행동을 맹약하라고 요구하기 때문이다.

남은 두 개의 내쉬균형 (작은; ¬공격)과 (큰; ¬공격)은 나의 전략과 일관성을 지닌 당신의 믿음을 적시할 수 있는 한 완전베이지언균형이 *될 수* 있다: 즉, 당신이 명백하게 신빙성 없는 위협을 지지하는 무언가를 믿지 않는 한.

> **정리 12.2** 전략프로필 (작은; ¬공격)과 믿음 Pr(작은)=1 그리고 (큰; ¬공격)과 믿음 Pr(큰)=1이 각각 완전베이지언균형이다.

증명 먼저, 전략 조합 (작은; ¬공격)이 완전베이지언균형이 되기 위해서는, 각 경기자에 대하여 다음이 만족되어야 한다:

$$u_{\text{나}}(\textit{작은};\ \neg\text{공격}) \geq u_{\text{나}}(\textit{사무실};\ \neg\text{공격}) \text{ 그리고}$$
$$u_{\text{나}}(\textit{작은};\ \neg\text{공격}) \geq u_{\text{나}}(\textit{큰};\ \neg\text{공격}),$$
$$u_{\text{당신}}(\text{작은};\ \neg\textit{공격}) \geq u_{\text{당신}}(\text{작은};\ \textit{공격}).$$

$5 \geq 0$이므로 첫 부등식이 만족되고, $5 \geq 5$이므로 두 번째 부등식이, $0 \geq -2$이므로 세 번째 부등식이 만족된다. 그리고 마지막 부등식이 당신의 믿음 Pr(작은)$=1$에 의해 지지된다. 전략들이 순차적으로 합리적이고 베이즈 규칙에 의해 업데이트된 믿음과 일관성을 가지므로, (작은; ¬공격)이 완전베이지언균형이다. 다음으로, 전략 조합 (큰; ¬공격)이 완전베이지언균형이 되기 위해서는, 각 경기자에 대하여 다음이 만족되어야 한다:

$$u_{\text{나}}(\textit{큰};\ \neg\text{공격}) \geq u_{\text{나}}(\textit{사무실};\ \neg\text{공격}) \text{ 그리고}$$
$$u_{\text{나}}(\textit{큰};\ \neg\text{공격}) \geq u_{\text{나}}(\textit{작은};\ \neg\text{공격}),$$
$$u_{\text{당신}}(\text{큰};\ \neg\textit{공격}) \geq u_{\text{당신}}(\text{큰};\ \textit{공격}).$$

$5 \geq 0$이므로 첫 번째 부등식이 만족되고, $5 \geq 5$이므로 두 번째 부등식이, $0 \geq -5$이므로 세 번째 부등식이 된다. 그리고 마지막 부등식이 당신의 믿음 Pr(큰)$=1$에 의해 지지된다. 전략들이 순차적으로 합리적이고 베이즈 규칙에 의해 업데이트된 믿음과 일관성을 가지므로, (큰; ¬공격)이 완전베이지언균형이다. □

정리 12.2는 두 개의 PBE를 주는데, 둘 다 그림 12.1에서 당신의 선택과 관계된 정보 집합에 의해 제기된 문제를 해결한다. 왜냐하면 이 균형들은, 만약 당신이 내가 사무실을 떠나는 것을 본다면, 당신이 공격할 것인가 말 것인가의 선택이 곧바로 당신의 보수에 영향을 미친다는 것을 추론하게 하고 이에 따라 공격을 하지 않는 선택을 보장하기 때문이다. 또한 이것들은 다시 나에게도 당신이 공격하지 않으리라는 것을 추론하게 하고, 내가 자유롭게 사무실을 떠나 해피아워에 도착할 수 있도록 한다. 우리의 두 PBE를 위한 추론을 명시적으로 적으면:

- **나**: "그녀가 절대 나를 매복 공격하지 않을 것이므로, 나는 큰(또는 작은) 막대기를 가지고 해피아워에 가는 것이 낫다."
- **당신**: "그가 사무실을 떠난다는 것은 그가 큰(또는 작은) 막대기를 지니고 있다는 것을 의미하고, 그러므로 나는 공격하지 않는 것이 낫다."

어느 전략프로필이든, 어느 누구도 이익이 되는 이탈을 가지지 않으므로 균형이 된다. 그러나 PBE는 당신에게 만약 기회가 오면 절대 취하지 않을 행동을 맹약하게 하지 않는다는 의미에서, 당신의 움직임이 순차적으로 합리적일 것을 요구한다. 균형의 유지를 위해 똑같이 중요한 것이, 당신이 궁극적으로 의사결정을 내릴 때 당신이 게임에서 어디에 위치하는가에 관해 합리적인 믿음을 가져야 한다는 제한이다.

만약 우리가 이 게임에서 완전베이지언균형에 초점을 맞추지 않았다면, 즉 만약 내쉬균형을 찾는 것으로 끝냈다면, 우리는 두 개의 합리적인 균형과 한 개의 이해하기 어려운 균형을 두고 선택의 문제에 대해 고민했을 것이다. 복수의 균형이 존재하면, 보통 이러한 논리적 상황에 처하게 된다. 어떤 것을 고려의 대상에서 제외하기 위해서는 초점해로의 조정 같은 설득력 있는 이야기(10장)나 운이 좋다면 어떤 것들을 합리적으로 배제하는 내쉬균형의 정제가 필요하다. 우리가 여기서 한 것이 바로 우리 이야기 속의 사람들이 계산적이고 검소하다는 우리의 주관적인 전제에 맞지 않는 (사무실; 공격)을 균형에서 제외시킨 균형의 정제이다. 이 절의 예가, 부분게임완전균형을 소개하기 위해 사용했던 예처럼 사소할 수 있지만, 우리가 다음 절의 복잡한 게임을 풀기 위해 필요한 PBE의 중요한 부분을 잘 드러낸다. 다음 절에서 우리는 어떻게 전쟁 과정이 국가로 하여금 적국의 선호도에 대한 믿음을 업데이트하게 하고 궁극적으로 끝까지 전쟁을 치르지 않고 합의에 도달할 수 있게 하는지 살펴볼 것이다.

12.2.2 정보의 문제와 베이지언 완전성

비대칭적 정보하에서의 위기협상에 관한 5장의 전략형 게임(그림 5.4)이 단순하지만 놀랄 만한 결과를 주었다: 정보를 가지지 못한 측이, 상대방이 유약한 타입이라고 충분히 낙관할 때, 단호한 타입은 확실히 거절할 제안을 하며 전쟁의 위험을 무릅쓰게 된다. 그 정적 게임이 전쟁의 발발을 설명하는 데에 도움을 주었지만, 우리가 이 장에서 기초 지식으로 이용할 수 있는 추가적인 결과도 생산했다. 만약 (정보를 갖지 못한) A가 전쟁의 위험이 있는 요구를 한다면, 그 게임이 끝날 때에야 A는 자신이 미리 알고 싶었던 것에 대해 알게 된다: B는 단호한 타입이고 A가 영토의 절반만 요구하고 전쟁 비용을 절약하는 것이 더 나았다. 그러나 A는 자신이 전체 파이를 요구할 경우에만 이것을 배울 수 있다는 사실을 기억하라. A는 모든 타입의 B가 수용하는 소심한 요구로 B의 타입에 대해 아무것도 배울 수 없다.[11] 그 게임의 폭력적 균형 역시 전쟁의 비극을 매우 극명하게 예시하는 분리균형(정의 5.7)이다: 만약 A가 B가 신빙성 있게 드러내지 못했던 것을 미리 알았다면, 교전국들이 전쟁의 결과를 대략적으로 반영하는 거래를 성사시키면서 전쟁을 통해 궁극적 합의에 도달하는 데 필요한 피, 보물, 파괴를 면할 수 있었을 것이다. 그러나 전쟁은 그렇게 단순한 문제가 아니다. 전쟁은 전투, 기동, 군사 작전뿐만 아니라 강화 제의, 요구 및 협상으로 구성되어, 싸움을 중단하거나 계속할 수 있는 끊임없는 기회를 제공한다.

우리는 싸우면서도 협상에 대해 생각할 수 있는 보다 풍부한 환경이 필요하고, 이를 반영한 그림 12.2는 반복되는 전개형의 위기협상게임을 보여준다. 이 게임에서 정보를 갖지 못한 측(A)이 정보를 가진 측(B)에 제안을 하고, 정보를 가진 측이 이

---

11 모험을 하지 않으면, 얻는 것도 없다는 예인가?

제안에 대응한다. 경기자들의 움직임 이전에, 자연이 확률분포(확률 r로 단호한 타입이고, 확률 $(1-r)$로 유약한 타입)에 따라 B의 타입을 정하고 B에게만 이 정보를 알려준다. 따라서 A는 B의 타입에 대해 불확실하다. A에게 약간의 믿음을 주기 위해 (그리고 그 불확실성을 측정할 수 있도록 하기 위해), 우리는 A가 자연이 무작위로 선택한 그 확률분포를 안다고 가정한다. 이것이 바로 B의 타입에 대한 (또한 자연의 움직임에 대한) 사전적 믿음(prior beliefs)이 된다.

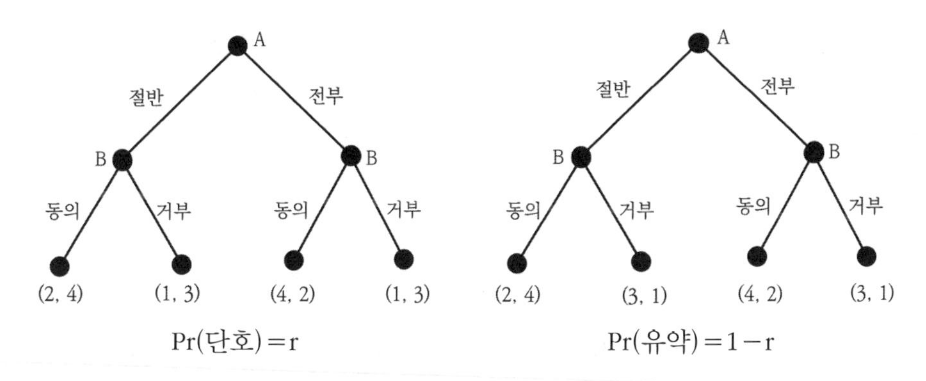

[그림 12.2] 정보의 문제와 전쟁(1기와 사전적인 전투가 없을 때 2기)

1기, 즉 $t=1$부터 시작하는데, A는 B의 타입에 대해 불확실하다. B가 단호한 타입일 때, B는 주어진 기에 전체 파이를 양보하는 것보다 차라리 싸우는 것을 선호한다. 반면, 유약한 B는 싸우기보다 전체 파이를 양보하는 것을 선호한다. 그래서 A는 단호한 타입보다는 유약한 타입과 전쟁하는 것이 낫다. 먼저 A가 파이의 절반 또는 전부를 요구하면, B가 A의 요구에 대해 동의 또는 거부로 대응한다. 만약 B가 동의하면, 거래가 성사되고 그 기의 보수가 주어진다. B가 거부하면, 경기자들은 서로 전쟁을 하여 전쟁 보수를 받고 또한 2기를 위한 파이가 축소된다. 만약 1기에 전쟁이 발생하지 않으면, 파이가 줄어들지 않고, 동일한 상호작용이 일어날 때 보수 구조가 2기에도 동일하게 유지된다. 실증적 기록에 대해 생각해보면, 국가들은 항상 현재 상태에 대해 재협상하고 대개 그것을 유지한다. 이것이 게임의 단순한 반복을 분석하기 쉽게 만들 뿐만 아니라 현실적으로 만든다.

보수는 우리가 2장에서 보았던 기본적인 위기협상의 구조를 반영한다. 만약 전쟁이 없으면, 1기에 또는 1기의 합의에 뒤이은 2기에, A에게 최선의 결과는 전체 파이를 확보하는 것이고(보수 4), 그 다음이 유약한 B와 전쟁을 하는 것(보수 3), 파이의 절반을 확보하는 것(보수 2), 마지막으로 단호한 타입의 B와 전쟁을 하는 것이다(보수 1). 파이의 다른 분할에 대한 B의 보수는 타입에 따라 다르지 않다. 각 타입은 절반만 양보하는 것을 가장 선호하고(보수 4), 전부를 포기하는 것에서 2의 보수를 얻는다. 그러나 단호한 타입은 전부를 양보하는 것보다 전쟁을 선호하고(보수 3), 유약한 타입에게 전쟁은 최악의 결과이다(보수 1). 그러나 만약 1기에 전쟁이 있다면, 2기의 보수는 두 경기자 모두에게서 1씩 감소된다. 그림 12.3이 전쟁의 낭비와 파괴를 설명한다.

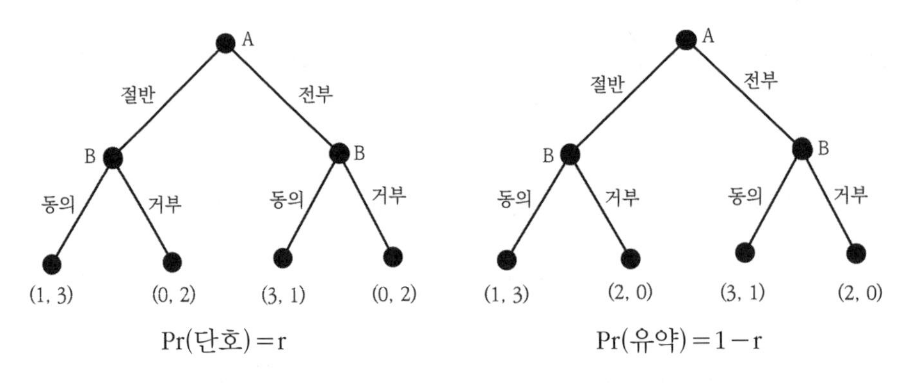

[그림 12.3] 정보의 문제와 전쟁(1기 전투에 뒤이은 2기)

1기의 전쟁이 전체 기간의 전쟁을 나타내지 않는다. 그것은 잠재적으로 큰 갈등에서 한 차례의 전투이거나 작전일 뿐이다. 이것이 2기의 또 다른 전쟁에 대한 기회를 만들어낸다. 1기에 이어 2기에도 전쟁이 일어난다면, 우리는 그것이 결정적이라고 가정한다: 2기의 패자는 "절대전"에서 군사적으로 붕괴되고, 군대가 풍비박산되고, 수도가 함락되고, 영토가 황폐화되고, 산업이 붕괴된다. 마지막으로, 두 경기자는 모두 미래 보수를, 11장의 반복게임에서 한 것처럼, $\delta \in (0,1)$로 할인한다. 기호를 마무리하면, 우리는 매기에 B가 단호한 타입이라는 A의 믿음을 r_1, r_2로 나타낸다. 이렇게 하면, 동적 또는 전개형 반복게임이 완성되고, 이를 통해 우리는 정보 문제가 어떻게 전쟁으로 이어지고 어떻게 전쟁이 이전에는 불가능했던 합의를 수월하게 만들면서 정보 문제를 해결하는지 설명할 것이다.

게임이, 특히 균형을 찾는 문제에 관해서라면, 우리가 여태까지 봤던 것들보다 좀 더 복잡해졌다. 1기에 우리의 경기자들이 무엇을 하려 하는지 살펴보기 위해 그리고 업데이트된 믿음을 도출하고 1기의 전략을 알아내기 전에, 2기를 세 가지 다른 경우로 분석할 필요가 있다: A가 B의 타입에 대해 여전히 불확실한 경우, A가 B를 단호한 타입이라고 믿는 경우 그리고 A가 B를 유약한 타입이라고 믿는 경우.[12] 더 많은 작업이 필요하겠지만, 우리의 해 뒤에 있는 논리는 변하지 않는다. 상호최적대응, 순차적 합리성 그리고 베이즈 규칙에 의해 업데이트되는 믿음의 규칙이 그대로 적용된다. 균형은 여전히 균형이다: 각 경기자들의 기대가 자기실현적 특성을 만들어낸다. 우리가 지금까지 사용한 것과 동일한 방법으로 동일한 과정을 밟을 것이다. 우리가 설명하고자 하는 전략적 과정과 닮은 어떤 균형을 제안하고, 그리고 나서 우리가 게임 속에 넣은 가정들이 우리에게 퍼즐인 전략적 과정을 재생산할 수 있는지 그리고 설명에 도움이 되는지 살펴볼 것이다. 이 절에서 우리의 목표는 우리의 게임이 플레이*될 수 있는* 모든 방법에 대해 알아보는 것이 아니다. 우리는 단순히 역사적 기록을 지배하는 제한적인 "현실전"이 일어나는 것과 유사한 일련의 조건 아래서 그 게임이 특정 방식으로 플레이될 수 있음을 보이고자 한다.

게임을 풀기 전에, 우리의 균형이 필요로 하는 특성들에 대해 생각해 보자. 첫째, 2기는 균형 경로에서 A가 B가 동의할 수 있는 요구를 하면서 평화적으로 끝나야 한다. 이것이 (1) 균형에서 "절대전"이 일어나지 않지만, (2) 우리의 경기자들이 그들이 끝까지 싸우지 않기로 했을 때 균형이 어떻게 생길지 고려하도록 한다. 둘째, 만약 싸움이 정보의 문제를 해결하려면, 1기에서 무엇이 A로 하여금 B의 타입에 대한 믿음을 업데이트하도록 해야 한다. 달리 표현하면, 우리가 분리균형(정의 5.7)이 필요하다: 각 타입의 B가 1기에 다른 행동을 취하고, 이를 통해 2기로 넘어갈 때 (B의 타입에 대한) A의 믿음을 업데이트하게 한다. A의 믿음이 업데이트됨에 따라, 2기에

---

12 이것이 클라우제비츠가 게임이론의 도움도 없이 19세기에 하려고 했던 것이다.

경기자들이 전쟁을 촉발시키지 않고 A가 얼마나 많이 요구할 수 있는지에 대해 서로 동의하게 된다. 그러면 A가 정확히 그 양을 요구하고, 경기자들은 싸움을 계속하지 않고 갈등을 합의된 평화로 끝낸다. 만약 우리가 이러한 특성을 가진 균형－즉, 1기에 B의 한 타입만이 A의 제안을 거절하고, 이를 통해 A가 B의 타입에 대한 자신의 믿음을 업데이트하고, 2기에는 전쟁이 없는 균형－의 존재를 증명할 수 있다면, 전쟁이 진정으로 정보의 문제를 해결하고 합의를 위한 (전에는 닫혀있던) 공간을 연 것임을 증명하는 것이다.

게임을 풀면서, 일단 A가 B의 타입에 대해 학습한 후에 2기($t=2$)가 어떻게 작동하는지 생각해보자. 먼저, A가 B가 단호한 타입임을 알고 있다고 가정하자. 즉, $r_2=1$. (우리가 어떻게 갑자기 이 단계에 왔는지 아직까지 걱정하지 말자.) 만약 A가 B의 타입을 알면, 그러면 이 문제는 완전정보하의 위기협상게임과 닮았고, 거기에서 부분게임완전균형은 명백하다: A는 B가 싸우지 않고 양보하고자 하는 양만큼만 요구하고, B는 동의한다. 만약 B가 양보한다면 A는 확실히 더 많이 가지겠지만, 전부를 요구하는 것이 전쟁에 이르게 한다는 것을 안다면 A는 절반만 요구할 것이다. 마찬가지로, B도 A가 좋은 조건을 요구하면 전쟁으로 가지 않을 것이다. 만약 A가 전부를 요구함으로써 B를 너무 심하게 밀어붙이면, (만약 1기에 전쟁이 시작되었다면) 전쟁이 계속되거나 (만약 1기에 전쟁을 피했다면) 전쟁이 발발한다. B가 유약한 타입임을 A가 알고 있더라도, 즉 $r_2=0$이라도, 동일한 논리가 적용된다. 전부를 요구하더라도 B가 양보할 것이므로(A의 최선의 결과), A가 적게 요구하거나 B가 A의 요구를 거부하는 균형은 있을 수 없다. 즉, A가 자신이 유약한 타입을 대면하고 있다고 알 때, 평화가 쉽게 달성된다. 따라서 A가 (단호한 타입이든 유약한 타입이든) B의 타입을 아는 한, 평화로운 합의를 기대할 수 있다. 각각의 경우에, 양측은 합의에서 얻을 수 있는 것과 실질적으로 유사한 결과를 얻기 위해 추가적으로 전쟁 비용을 지불하는 것이 낭비라는 데 동의한다. A가 단호한 타입을 상대하면 유약한 타입을 상대하는 것보다 낮은 보수를 얻지만, 자기구속적인 협의가 그것이 전쟁보다 더 나은 선택임을 반영하고 있다.

우리의 다음 질문은 어떻게 1기의 전쟁 발발이 2기에 경기자들을, "절대전"의 문턱을 넘기 전에 경기자들이 전쟁을 끝낼 수 있는, 완전정보와 유사한 환경으로 이끌 수 있는지 알아본다. 정리 12.3이 A가 자신의 첫 번째 요구를 이용하여 타입의 분리를 강제할 수 있는 선별(screening) 과정에 대해 약술하고 있다. 이야기의 핵심은 유약한 타입이 전쟁을 피하기 위해 모든 요구에 대해 동의하는 반면, 단호한 타입은 자신의 전쟁 보수가 높기 때문에 절반 요구에 대해서만 동의한다는 점이다. 문제는 5장에서 보았던 것처럼, B가 자신의 유약함을 솔직하게 표현할 인센티브가 없다는 것이고, 이것이 B가 진정으로 단호하다는 것을 신빙성 있게 전달하는 능력을 약화시킨다는 것이다. 타입을 분리하기 위해, 그래서 B가 단호한 타입인지 유약한 타입인지 알기 위해, A는 파이 전부를 요구한다. 유약한 타입은 호의적이지 않은 요구이지만 양보할 것이고, 단호한 타입만이 거부하고 싸울 것이다. 단호한 타입의 B는 파이 전체에 대한 양보를 거부하고 전쟁을 강요하면서, 자신의 타입을 드러내고 (2기에) A로 하여금 총력전의 비용을 줄이는 합의를 담보하기 위해서 요구 수준을 낮추도록 강제한다. 다음 질문은 왜 이것이 발생하는가 또는 어떻게 경기자들의 선호를 재배열할 수 없는 살상과 파괴의 단순한 경쟁이, 11장에서 그랬던 것처럼, 전쟁이 시작되고 사람들이 죽기 시작하기 전에는 불가능했던 합의를 도출해낼 수 있는가이다.

정리 12.3 $r \leq 2/3$ 그리고 $\delta \leq 1/2$일 때, 다음의 전략프로필과 믿음이,

- A: $t=1$에 전부를 요구한다:
  만약 $t=1$에 B가 거부하면, $r_2=1$를 믿고 $t=2$에 절반을 요구한다.
  만약 $t=1$에 B가 동의하면, $r_2=0$를 믿고 $t=2$에 전부를 요구한다.
  만약 $r_2=r$이면, $t=2$에 전부를 요구한다.
- B: 단호한 타입일 경우, A가 절반을 요구하는 경우에만 동의한다.
  유약한 타입일 경우, A가 무슨 요구를 하든 동의한다.

완전베이지언균형을 구성한다.

증명 1기 B의 선택에 의존하는, 2기 균형 경로에서 A의 믿음에 대해 먼저 알아보자. 첫 번째, 만약 1기에 B가 A의 파이 전체에 대한 요구를 거부하면, A는 오로지 단호한 타입만이 그렇게 했을 것이라는 것을 안다. 그러므로 R을 B가 단호한 타입일 사건(event)이라고 하면, 2기에 B가 단호한 타입이라는 A의 믿음은

$$\Pr(\mathrm{R}|\text{거부})$$
$$=\frac{\Pr(\mathrm{R})\times\Pr(\text{거부}|\mathrm{R})}{\Pr(\mathrm{R})\times\Pr(\text{거부}|\mathrm{R})+\Pr(\neg\mathrm{R})\times\Pr(\text{거부}|\neg\mathrm{R})}$$
$$=\frac{r_1\times 1}{r_1\times 1+(1-r_1)\times 0}=1=r_2.$$

두 번째, 만약 B가 A의 전부 요구를 받아들이면, 베이즈 규칙을 비슷하게 적용하여, $r_2=0$을 얻는다. 이러한 믿음은 정리 12.3에 명시된 B의 전략과 일관성을 가진다. 이제 제안된 전략들이 순차적으로 합리적인지 증명하자.

우선, 균형 밖의 경로에서 일어나는 일이지만, 1기에 타입의 분리가 일어나지 않으면 무슨 일이 생기는지 분석할 필요가 있다. 이것이 A가 처음에 선별 목적의 제안(즉, "전부")을 하지 않으면 무슨 결과가 생기는지 알 수 있도록 한다. 그래서 우리는 (1) $r_2=r$일 때 A가 2기에 전부를 요구하고, (2) 단호한 타입의 B는 A가 절반을 요구할 때에만 동의하고, (3) 유약한 타입의 B는 A가 요구하는 모든 것에 동의하는 결과를 얻어야 한다. 단호한 타입의 B에게 다음이 만족되어야 한다:

$$u_B(\textit{동의};\ \text{절반})\geq u_B(\textit{거부};\ \text{절반})\ \text{그리고}$$
$$u_B(\textit{거부};\ \text{전부})\geq u_B(\textit{동의};\ \text{전부}).$$

전투 후에는 $3\geq 2$ 그리고 전투가 없었던 경우에는 $4\geq 3$이므로 첫 번째 부등식이 만족되고, 전투 후에는 $2\geq 1$ 그리고 전투가 없었던 경우에는 $3\geq 2$이므로 두 번째 부등식이 만족된다. 유약한 타입의 B에게 다음이 만족되어야 한다:

$$u_B(\textit{동의};\ \text{절반})\geq u_B(\textit{거부};\ \text{절반})\ \text{그리고}$$
$$u_B(\textit{동의};\ \text{전부})\geq u_B(\textit{거부};\ \text{전부}).$$

전투 후에는 $3\geq 0$ 그리고 전투가 없었던 경우에는 $4\geq 1$이므로 첫 번째 부등식이 만족되고, 전투 후에는 $1\geq 0$ 그리고 전투가 없었던 경우에는 $2\geq 1$이므로 두 번째 부등식이 만족된다. 다음으로, 전쟁 후 A가 전부를 요구하기 위해서는

$$EU_A(\textit{전부})\geq EU_A(\textit{절반})\leftrightarrow r\times 0+(1-r)\times 3\geq r\times 1+(1-r)\times 1$$

즉, $r\leq 2/3$이어야 한다. 마지막으로, 전쟁이 없었던 경우 A가 전부를 요구

하기 위해서는

$$EU_A(\textit{전부}) \geq EU_A(\textit{절반}) \leftrightarrow r \times 1 + (1-r) \times 4 \geq r \times 2 + (1-r) \times 2$$

즉, $r \leq 2/3$이어야 한다.

다음으로, 우리는 2기 $r_2 = 1$인 경우를 고려한다. 이것은 1기에 전쟁이 있었고, B가 A의 초기 요구를 거부함으로써 단호한 타입임이 증명된 경우이다. (절반; 동의, 거부)가 순차적으로 합리적이기 위해서 다음이 만족되어야 한다:

$$u_A(\textit{절반}; \text{동의, 거부}) \geq u_A(\textit{전부}; \text{동의, 거부})$$

그리고

$$u_B(\text{절반}; \textit{동의}, \text{거부}) \geq u_B(\text{절반}; \textit{거부}, \text{거부}) \text{ 그리고}$$

$$u_B(\text{절반}; \text{동의}, \textit{거부}) \geq u_B(\text{절반}; \text{동의}, \textit{동의}).$$

$1 \geq 0$이므로 첫 번째 부등식이, $3 \geq 2$이므로 두 번째 부등식이 그리고 $2 \geq 1$이므로 세 번째 부등식이 만족된다. 어느 경기자도 이익이 되는 이탈이 없고, 전략들이 1기 B의 전략에 기초한 믿음과 일관적이다.

이제, 우리는 2기 $r_2 = 0$인 경우를 고려한다. 이것은 1기에 합의가 있었고, B가 A의 초기 요구에 동의함으로써 유약한 타입임이 증명된 경우이다. (전부; 동의, 동의)가 순차적으로 합리적이기 위해서 다음이 만족되어야 한다:

$$u_A(\textit{전부}; \text{동의, 동의}) \geq u_A(\textit{절반}; \text{동의, 동의})$$

그리고

$$u_B(\text{전부}; \textit{동의}, \text{동의}) \geq u_B(\text{전부}; \textit{거부}, \text{동의}) \text{ 그리고}$$

$$u_B(\text{전부}; \text{동의}, \textit{동의}) \geq u_B(\text{전부}; \text{동의}, \textit{거부}).$$

$4 \geq 2$이므로 첫 번째 부등식이, $4 \geq 1$이므로 두 번째 부등식이 그리고 $2 \geq 1$이므로 세 번째 부등식이 만족된다. 어느 경기자도 이익이 되는 이탈이 없고, 전략들이 1기 B의 전략에 기초한 믿음과 일관적이다.

이제, 2기의 균형 경로에서의 보수(선별에서 오는 보수)와 균형 밖의 경로에서의 보수(선별하지 않을 때의 보수)가 정해졌으므로, 1기에서의 전략을 고려한다. A가 B의 타입에 대해 정보($r_1 = r$)를 가지지 못했기 때문에, 우리는 우선 제안된 전략이 각 타입의 경기자에 대해 최적대응임을 증명해야 한다. 모든 타입의 B가 A의 절반 요구에 대해 동의하고(이 경우 타입 분리에 실패하고, A는 사전적 믿음을 유지한 채 2기로 넘어가고 다시 전부를 요구한다), 반면 A가 전부 요구하면 단호한 타입은 거부하고 유약한 타입은 동의한다(이 경우 타입 분리에 성공한다). 먼저, 단호한 타입의 B의 전략이 순차적으로 합리적이기 위해서 다음이 만족되어야 한다:

$$u_B(\textit{동의}\,|\,\text{절반}) \geq u_B(\textit{거부}\,|\,\text{절반}) \leftrightarrow 4+\delta 3 \geq 3+\delta 4,$$

그리고

$$u_B(\textit{거부}\,|\,\text{전부}) \geq u_B(\textit{동의}\,|\,\text{전부}) \leftrightarrow 3+\delta 3 \geq 2+\delta 3.$$

두 부등식이 모든 값의 $\delta \in (0,1)$에 대해 성립한다. 유약한 타입의 B의 전략이 순차적으로 합리적이기 위해서 다음이 만족되어야 한다:

$$u_B(\textit{동의}\,|\,\text{절반}) \geq u_B(\textit{거부}\,|\,\text{절반}) \leftrightarrow 4+\delta 2 \geq 1+\delta 3,$$

그리고

$$u_B(\textit{동의}\,|\,\text{전부}) \geq u_B(\textit{거부}\,|\,\text{전부}) \leftrightarrow 2+\delta 1 \geq 1+\delta 3.$$

모든 값의 $\delta \in (0,1)$에 대해 첫 번째 부등식이 만족되고, $\delta \leq 1/2$일 때 두 번째 부등식이 만족된다. 마지막으로

$$EU_A(\textit{전부}) \geq EU_A(\textit{절반})$$
$$\leftrightarrow r(1)+(1-r)(4)+\delta(r(1)+(1-r)(4)) \geq 2+\delta(r(1)+(1-r)(4))$$

일 때, A가 전부를 요구한다. 이 부등식은 $r \leq 2/3$일 때 만족된다. 어느 경기자도 이익이 되는 이탈이 없고, 모든 전략들이 베이즈 규칙에 의해 업데이트되는 믿음과 일관성을 가지므로, $\delta \leq 1/2$ 그리고 $r \leq 2/3$일 때 제안된 균형이 존재한다. □

우리는 방금 분리균형(즉, 선별적 균형)의 존재를 증명하였다. 그런데 이것이 우리에게 가르쳐 주는 것이 무엇인가? 첫째, 전쟁이 5장의 정적 모형과 같은 이유로 발생함을 설명할 수 있다: B의 정보 문제. 이는 우리의 더 풍부한 모형이 동일한 기저의 이야기를 포착한다는 것을 확인시켜 준다. 정보를 갖지 못한 측(A)이 리스크-수익의 반비례 관계에 직면한다. 전체 파이를 요구하면 B가 유약한 타입으로 판명될 경우 두 기에 걸쳐 최선의 결과를 얻을 수 있지만, 만약 A가 틀렸다면(즉, 단호한 타입으로 판명되었다면) B가 거부하고 값비싼 전쟁을 촉발시킬 것이다. 사실, 전쟁이 5장의 정적 버전의 게임에서처럼 동일한 낙관적인 믿음($r \leq 2/3$) 때문에 발생한다. 그러나 반복

게임의 경우, A가 자신의 제안에 대해 B가 거절하는 것을 관찰함으로써 얻은 지식으로부터 이득을 볼 기회가 있다. B가 처음에 A가 제안한 것보다 더 나은 거래를 받을 자격이 있음을 증명하는 일련의 싸움이 발생한다. 싸움에서 A는 최악의 보수를 얻지만 동시에 B가 단호한 타입임을 배우게 되고, 그 다음 기에는 전쟁을 피하고 절반의 파이를 얻을 수 있다.

왜 B의 거부가 A의 믿음을 변화시키는가? 다시 말하지만 전쟁 비용이 결정적이다. 이 전쟁 비용이 유약한 타입이 더 나은 거래를 얻기 위해 단호한 타입을 흉내내는 것을 막게 된다. 한 기의 싸움이 A로 하여금 더 좋은 조건을 제시하도록 만들지만, 전쟁이 충분히 값비싸면(또는 $\delta \leq 1/2$로 표현되는 것처럼, 유약한 타입이 단호한 타입의 의지를 흉내낼 만큼 충분히 인내심을 가지지 못한다면), A가 유약한 타입만이 동의할 수 있는 요구를 할 수 있다. 그러나 B가 대응하고, A가 B의 타입에 대한 자신의 믿음을 업데이트하고, 거부의 경우 B가 단호한 타입이라는 A의 사후적 믿음(r_2)은

$$\begin{aligned}\Pr(\text{R}|\text{거부}) &= \frac{\Pr(\text{R}) \times \Pr(\text{거부}|\text{R})}{\Pr(\text{R}) \times \Pr(\text{거부}|\text{R}) + \Pr(\neg\text{R}) \times \Pr(\text{거부}|\neg\text{R})} \\ &= \frac{r_1 \times 1}{r_1 \times 1 + (1-r_1) \times 0} = 1\end{aligned}$$

이다. 만약 유약한 타입이 전체 파이 요구에 대해 거부할 확률이 0이라면, A는 요구가 거부될 경우 단호한 타입을 상대하고 있음을 알 수 있다. 전쟁은 외교, 무력 시위 그리고 위기협상의 전형적인 함정보다 값비싸고, 이것이 유약한 타입의 허세 떨기를 더 어렵게 만든다. 만약 군대를 진짜 전쟁터로 보낸다면, 이 행위가 전쟁에 대해 말만 하는 것보다 정보를 갖지 못한 측의 믿음을 훨씬 더 많이 변화시킬 것이다. 이것이 A로 하여금, 단호한 타입과 효율적인 조건에 합의하기 전에, "현실전"의 위험을 상쇄하는 매우 유리한 거래("전부")를 약속하면서 유약한 타입을 선별해 내도록 한다. 두 번째 전쟁도("절대전") 원칙적으로 가능하지만, 처음의 전쟁이 충분한 정보를 드러낸다면, 양측이 합의를 성사시키고 값비싸고 낭비적인 전쟁을 피할 모든 인센티브를 가지게 된다.

또한 이상의 균형은 중요한 정보적 요소가 있는 전쟁에 관한 역사적 기록에서 우

리가 관찰해야 할 몇 가지 사항을 알려준다.[13] 전쟁을 수단으로 보는 우리의 관점과 일치하게, 교전국들의 전쟁 목표가 (주어진 전투, 교전의 승리 또는 패배, 평화 제안 및 거부 등) 군사적, 외교적 사건에 따라 시간이 지남에 따라 변한다. 이 절의 PBE에서 A는 B의 타입에 대해 점점 더 비관적으로 변하면서, 모든 것을 요구하는 것부터 파이의 절반만 요구하는 것까지 일련의 요구를 감소시킨다. B가 유약한 타입으로 판명된다면 전부를 요구하는 것이 통하지만, B가 단호한 타입임을 증명하는 전쟁 이후에, A는 적절한 합의 조건을 제안하고 싸움을 끝낸다. 이것이 교전국이 전쟁터나 협상 테이블에서 얻은 정보에 따라 전쟁 목표를 높이거나 낮추는 보다 일반적인 경향의 한 예일 뿐이다.[14] 일련의 교전에서 승리한 후 그 국가는 총력전에서 예상보다 더 나은 결과가 나올 것이라 인식하여 싸움 중단을 위한 협상 테이블에서 더 많은 것을 요구할 수 있는 반면, 일련의 패배는 반대 효과를 가져오는 경향이 있다. 이러한 학습과 업데이트 과정이, 끝까지 싸우면 양측 모두에게 어떤 결과가 나올지에 대한 대략적인 합의로 믿음이 수렴될 때까지 계속된다.[15] 그러면 그러한 수렴된 합의에 이르고, 더 이상 맹약의 문제가 없다고 가정하면, 교전국들이 전쟁을 끝내는 협상을 성사시킬 수 있다고 예측할 수 있다.

12.3 싸움, 학습, 협상

우리의 모형은, 전쟁을 비용이 드는 과정으로 생각할 때 정치학자들이 일반적으로 사용하는 더 정교한 모형과 비교하면, 단순하고 심지어 조잡하기까지 하지만 몇 개의 핵심을 포착함으로써 비슷한 통찰을 창출하고 있다.[16] 싸움이 정보의 문제를 해

13 Wolford, Reiter, and Carrubba(2011)는 불확실성과 힘의 이동이 결합하면 정보 문제와 전쟁의 종료에 관한 이 장의 내용이 변할 수 있음을 보여준다.

14 Wittman(1979), Gartner(1997), Goemans(2000) 그리고 Reiter(2009).

15 Slantchev(2003)의 "수렴의 원리" 참조.

16 Goemans(2000), Filson and Werner(2002, 2004), Slantchev(2003), Powell(2004a), Reiter(2009) 그리고 Wolford, Reiter, and Carrubba(2011).

결하고 교전국들이 총력전으로 내달리지 않고 멈추도록 도와준다. 전쟁의 낭비성이 유약한 타입으로 하여금 단호한 타입을 흉내내지 못하도록 저지하기 때문이다. 1장에서 우리는 전쟁이 국제정치에서 누가 무엇을 얻는지를 결정하는 궁극적인 결정자이고, 국가는 자신의 몫이나 글로벌 계층에서의 위치를 힘으로 재협상하려고 하면 어떤 일이 일어날지 추측함으로써 현재 상태에 대한 만족도를 측정한다고 주장했다. 위기협상을 전쟁의 대체재로 사용하는 것과 마찬가지로, 국가들은 "현실전"을 "절대전"의 대체재로 사용한다.[17] 왜냐하면 전쟁 중의 사건이 끝까지 싸울 때 얻을 수 있는 결과에 대한 정보를 드러낼 수 있기 때문이다.[18] 맹약의 문제를 해결하는 전쟁과 달리, 싸움이 적극적으로 경기자들의 선호를 변화시키지는 않는다. 오히려 전쟁이 경기자의 믿음을 변화시켜 이전에는 불가능했던 어떤 합의를 전쟁보다 선호할 것인지에 대한 동의를 가능하게 한다.

우리 모형은 불확실성의 많은 원천들, 국가의 전쟁 보수에 영향을 미치는 사적 요인들을 단일의 (아주 애매한) *결의*(resolve)라는 개념으로 대변하고 있다. A의 최초 요구를 거부하고 싸우는 행위는 B의 전쟁 보수에 대해 무엇인가를 드러낸다－즉, B가 단호한 타입이다. 그리고 사적 정보의 많은 원천들이 그러한 방식으로 표출될 수 있다. 리더들은 일반적으로 분쟁이 자신들에게 주는 가치, 전쟁 비용에 대한 자신들의 민감도, 국내외적 자금(신용) 동원력, 동맹의 신뢰도, 대중의 지지와 지원 그리고 전쟁 노력을 지속할 수 있는 기간 등에 대해 적들보다 더 잘 알고 있다. 그러나 5장에서 보았던 것처럼, 단순히 그러한 요인 중 하나가 어느 국가로 하여금 기꺼이 전쟁을 하게 만든다고 말하는 것은 믿기 어려우며, 이를 증명하려면 싸움, 합의 거부 또는 협상에 대한 노골적인 (그러나 일시적인) 거부가 필요할 수 있다. 마지막으로, 어떤 사적 정보는 싸우는 행위와 전장에서의 결과 모두에 의해 드러날 수도 있다. 무기체계의 효과성과 생존력부터 리더십과 훈련의 질까지, 전장은 "절대전"의 과정과 결과를 추론할 수 있는 실험실이다. 확실히 전투는 전쟁의 안개 속에서 애매모호한 결과를 낼 수도 있고, 전쟁 노력이 아직 본격화되지 않은 경우에는 승리와 패배가 무시될

17 Wagner(2000, p. 472).

18 한 차례의 전투로 전쟁을 끝낼 수 있는 만큼의 충분한 정보를 드러내지 않을 수도 있다. 그렇다 하더라도 대부분의 전쟁들이 "절대전"으로 가지 않고 전쟁이 끝난다.

수 있다.[19] 전장이 군대가 개별 전투와 작전을 어떻게 수행하는지에 대한 명확한 메시지를 보내는 정도에 따라,[20] 누가 "절대전"에서 이길 것인지 암시할 수 있고, 교전국들은 이를 이용해 평화를 살 수 있는 가격을 판단할 수 있다.

싸움, 학습, 협상의 핵심적인 전략적 역학이 동일하게 유지되더라도, 이러한 불확실성의 다양한 원인은 정치학자들이 역사적 기록에서 밝혀낸 다양한 패턴을 암시한다. 첫째, 경제, 군대 그리고 인구의 크기 등 군사력에 관한 관찰 가능한 자료가 대충 비슷할 때, 사적으로 지닌 관찰 불가능한 정보－장군, 군대 그리고 전쟁계획의 질－가 끝까지 싸우면 누가 이길 것인지 결정하는 데 더 큰 역할을 한다. 누가 더 나은 조건을 받을 자격이 있는지 증명하기 위해 아마도 긴 전쟁이 필요할 수도 있다. 반면, 겉보기에도 불평등한 국가들 사이의 전쟁은 훨씬 짧은 경향이 있다.[21] 일련의 일관된 전투 결과는 절대전의 승자가 누가 될 것인지를 명확히 하는 데 도움이 되고 더 빠른 합의에 이르게 한다.[22] 운명의 역전과 같은 충격적인 전투 결과도 마찬가지로 누가 먼저 상대방을 무장 해제시킬 것인지에 대한 믿음을 극적으로 변화시켜 빠른 합의에 이르게 한다.[23] 제1차 세계대전과 같은 소모전은 한쪽이 더 많은 인구를 군대에 배치할 때 기간이 짧아지는 경향이 있다.[24] 반면, 상당한 인력과 자원이 아직 현장에 투입되지 않았거나 전투가 제한된 수의 군대와 모호한 결과를 낳기 위한 노력만 참여하는 경우에는,[25] 정보가 덜 공개되며, 초기에 국가가 완전히 동원되거나 전투가 확실한 승자를 낳는 경우보다 전쟁이 더 오래 지속되는 경향이 있다.

이러한 실증적 패턴들이 평균적으로 사실이지만, 순수하게 군사적 측면의 전쟁에 초점을 맞추면 여전히 오해의 소지를 불러일으킬 수 있다. 전장에서 상대방을 이기는 국가가 전쟁을 끝내는 협상에서 항상 앞서 나가는 것은 아니다. 가상의 "절대전"에 대한 공유된 믿음이 중요하며, 전쟁 결과는 승리한 전투와 보유한 영토 이상의

---

19 Philpitt(2009, 2914).

20 Powell(2004a)과 Werner and Yuen(2005).

21 Bennett and Stam(1996)과 Slantchev(2004).

22 Werner and Yuen(2005).

23 Ramsay(2008).

24 Langlois and Langlois(2009).

25 Slantchev(2004).

것에 의해 영향을 받는다. 러–일 전쟁이 이러한 점에서 눈에 띈다. 중국 의화단사건(1899–1900)의 여파로, 러시아는 만주에서의 입지를 공고히 하고, 블라디보스토크로의 접근권 확보를 위해 중국 영토를 통과하는 시베리아 횡단철도 건설 계약을 체결함으로써 동아시아 패권에 도전했다.[26] 차르 권력이 공고해지자 일본은 1904년 한국에서 자신의 거점을 확보하기 위해 예방 전쟁을 일으켰다.[27] 전쟁은 중국 북동부 뤼순항에 있던 러시아 함대를 극적으로 기습 공격하면서 시작됐고, 몇 달 만에 러시아군은 일본의 맹공에 짓눌려 만주를 가로질러 비틀거리며 후퇴하고 있었는데, 그 맹공은 이전에 "일본은 어떤 상황에서도 싸우지 않을 것이라는 그의 최측근 고문들로부터 확신을 얻었던" 차르를 놀라게 했다.[28]

일본은 모든 주요 육상 전투에서 승리했고, 쓰시마 해협에서 발트 함대를 짓뭉갰다.[29] 1905년에 조인된 포츠머스(Portsmouth) 조약 이후 뉴욕타임스가 보도한 것처럼, 러시아는

> 육군은 포로가 되거나 참패해 도주하고 해군은 바다에 휩쓸려 사라지고, 전쟁의 모든 전투에서 절망적으로 패배한 국가가 승리를 위해 자신의 조건을 내걸었다.

만주를 가로질러 수백 마일 밖으로 차르의 군대를 몰아내고, 뤼순항이 있는 요동반도를 안전하게 지켜내고, 한국에서의 정치적 지배를 확보했음에도 불구하고, 일본은 그 수고에 대해 별다른 보상을 받지 못했다: 만주에는 주둔할 수 없고, 특히 일본의 정치계와 대중 모두를 짜증나게 하고, 은행을 거의 파산시킨 전쟁 비용을 충당할 배상금도 없었다. 왜 일본은, 유라시아 끝에서 러시아 세력을 붕괴시켰음에도 불구하고, 포츠머스조약에서 그렇게 비참한 결과를 얻었는가?[30]

---

26 블라디보스토크는 "동양의 제왕(Lord of the east)"으로 불렸는데, 이는 콘스탄티노플을 차르그라드(Tsargrad)로 부른 것과 유사하다.

27 Paine(2017, pp. 50–54).

28 Connaughton(2003, pp. 23–24).

29 이것이 우리가 10장에서 봤던 해전에서 차르의 "조심"에 이르게 했다.

30 포츠머스는 미국에 있다. 조약의 이름은 뉴햄프셔주 포츠머스가 아니라 메인주 키터리에 있는 포츠머스

공교롭게도 그 대답은 일본과 러시아 모두, 초기 전투 결과와 거의 관련이 없고, 전쟁 과정에서 배운 것으로 밝혀졌다: 국내의 정치적 균형이 군대를 현장에 투입할 수 있을 만큼 충분히 유지되는 한, 러시아는 일본보다 다른 강대국으로부터 훨씬 더 많은 신용(자본)을 얻을 수 있었다(전쟁 금융에 관해서 13장 참조). 일본이 따라올 수 없는 인력 자원과 차입 능력을 갖추면서, 교전국에 대한 질문이 "일본이 전쟁을 유지하기 위한 자금이 고갈되기 전에 러시아가 대중의 지지를 고갈시킬 것인가?"였다.[31] 일단 러시아가, 초기의 잇따른 패배에도 불구하고, 유럽 열강으로부터의 넉넉한 차입 덕분에 풍부한 인력 보유량과 육상 공급 라인을 활용할 수 있다는 것이 분명해지자, "절대전"의 결과에 대한 믿음은 1905년 가을에 이르러 일본이 손에 쥐고 있던 것보다 훨씬 적은 것을 일본에 주는 무언가로 수렴되었다. 일본이 만주의 일부를 지배할 수도 있었지만, 포츠머스조약은 러시아와 일본군 모두 명목상 중국 땅인 그 지역에서 떠나라고 명령했고, 승자의 특권으로 이해되던 일본에 대한 배상금 지급을 부정했다. 부분적으로는 확실히 러시아든 일본이든 중국에 대한 우선권을 막고 싶었던 다른 열강들의 압력 때문이었다. 그러나 마찬가지로 중요한 것은 도쿄에서 다음과 같은 사실을 깨달았다는 것이었다. 일본이 포츠머스의 협상 테이블을 박차버리고 떠난다면(즉, 합의를 거부한다면), 비효율적이지만 자금력이 더 좋은 러시아 전쟁 기계에 맞서 더 잘할 수 없을 것이다. 차르는 더 많은 군대를 투입하고 일본은 대량으로 그들을 죽일 수 있었겠지만, 자금이 바닥났을 때, 한국에 대한 지배권마저 잃을 수도 있었다. 붉은 군대가 그 세기 후반에 유럽과 아시아에 두각을 나타나기 훨씬 전에, 러시아의 양(quantity)은 그 자체로 질(quality)을 가지고 있었다.[32]

해군 조선소에서 이름을 땄다.

31 Connaughton(2003, p. 342)과 Paine(2007, p. 69).

32 14장에서 보겠지만, 동맹국이 항복했으나, 그들은 연합국보다 더 많은 병사를 죽이고 더 많은 전함을 침몰시켰다. 그러나 그들은 소모전에서 중요한 전투들에 졌다: 마지막 전투.

12.4 결론

전쟁은 외교의 연장선이다. 이 장에서 전쟁 비용은 두 가지 의무를 수행했는데, 왜 국가들이 "절대전"으로 비화되기 전에 전쟁을 끝낼 강한 인센티브를 가지는지 그리고 왜 싸움이 경기자의 전쟁 보수에 관한 사적 정보를 드러낼 수 있는지를 설명할 수 있다. 만약 B가 단호한 타입일 때 A의 요구를 더 거절하는 경향이 있다면, 싸움이 선별의 기능을 가진다. A는 B가 유약한 타입일 경우 수락하도록 그리고 B가 단호한 타입일 경우 싸움을 선택하도록 협상안을 제시하여, 끝까지 결사적인 싸움이 벌어지면 어떻게 진행될 것인지에 대한 업데이트된 믿음을 반영하여, A는 시간이 지남에 따라 협상 자세를 조정한다. 교전국들이 가능성이 높은 결과에 대해 합의하면, 즉 믿음이 수렴하면, 전략적 설정이 완전정보하의 정적 위기협상게임에 근사하게 되고 이전에 전쟁을 벌이던 당사자들은 어느 쪽도 전쟁터로 복귀함으로써 더 나은 결과를 기대하지 않도록 거래를 성사시킬 수 있다. 전쟁은 합의에 이르도록 적절한 정보를 노출하고, 합의가 평화의 가격에 대한 적의 믿음을 바꾸도록 하지만, 정확히 평화적 협의의 문제는 아니다. 전쟁은 단순 외교와 달리 허세(bluffing)를 억제할 만큼 비용이 많이 들고, 고통스럽고, 파괴적이기 때문에 교전국들이 합의할 수 있는 것이다. 전쟁은 학습 과정이지만 정보가 고통스럽게 추출되는 파괴적인 학습 과정이다. 그러나 그러한 이유로 그것은 적의 마음을 바꾸려는 설득의 행동이기도 하다. 전쟁 비용과 그것을 피하기 위해 적들과 공유하는 인센티브를 간과할 때, 전쟁이 어떻게 끝나는지 설명하는 데 매우 중요한 학습과정을 간과하기 쉽다. 그러나 우리가 전쟁을 목적 그 자체가 아니라 비용이 많이 드는 비지니스 방식으로 생각할 때, 휴 스트라챈(Hew Strachan)이 이 장의 서두에서 강조한 것처럼, 전쟁의 시작과 종료가 서로 결합되어 있음을 확인할 수 있다. 다시 한번 더 강조하지만, 모든 것이 그 핵심에 전쟁이 값비싸다는 것을 인식하는 것으로 귀결된다.

그렇지만 이러한 통찰을 얻는 것이 전쟁이 수단적이고 비용이 든다는 것을 인식하는 것처럼 쉽지는 않다. 우리는 5장에서 소개한 베이지언 내쉬균형과 11장의 부분게임 완전균형의 정제로 완전베이지언균형을 소개했다. 완전베이지언균형에서는 경기자가 게임에서 관찰할 수 없는 이전 움직임에 대해 어떻게 생각하는지 추적해야 한다. 그것은 아주 융통성 있는 툴로서, 우리들을 경기자가 크거나 작은 막대기를 드는 전략적 선택이 다른 경기자에 의해 구별되지 않는 모형에서 경기자의 선호가, 정보를 가지지 못한 경기자가 관찰할 수 없는, 가상의 경기자(즉, 자연)의 움직임으로 결정되는 모형으로 이동하게 했다. 조금 더 추가된 분석적 노력이라는 비용으로, 우리는 어떻게 그리고 언제 정보의 문제로 촉발된 전쟁이 끝나는지에 대해 이야기할 수 있었다. 전쟁 중 협상은 일반적 현상이다. 그러나 완전베이지언균형이 제공하는 전쟁 전략에 대응하여 믿음이 어떻게 변하는지에 대해 연역적으로 명확하고 정확한 설명이 없으면, 이러한 전쟁의 근본적인 특성을 간과하기 쉽다. 우리는 나중의 장들에서 PBE를 명시적으로 사용하지는 않지만, 싸움, 협상 그리고 학습의 논리는 어떻게 그리고 언제 전쟁이 끝나는지 이해하는 데 결정적일 것으로 판명될 것이다.

12.5 연습: 의사소통과 허세

5장에서 우리는 정보의 문제(정의 5.5)를 소개했는데, 힘의 사용에 관한 개인의 선호를 부정확하게 말할 인센티브가 전쟁을 회피할 수 있는 정보의 공유 가능성을 손상시킬 수 있었다. 우리는 베이즈 규칙의 도움으로, 비공식적으로 허세(bluff)를 떨 인센티브의 논리에 대해 설명했었다. 이 절에서 우리는 정보 문제를 보다 명시적으로 설명하고, 통합균형의 아이디어와 균형-밖-경로에서의 믿음에 대해 깊게 분석해 보는 연습을 수행한다. 그림 12.4는 A, B 사이의 다른 위기를 정식화한다. A(정보를 가진 측)는, 무력시위 같이, 일종의 제지 위협을 할 것인지 말 것인지 선택하고, 그 뒤에 B(정보를 가지지 못한 측)가 싸울 것인지 말 것인지를 결정한다. 이전 위기 모형에서 풍부함을 일부 제거했지만, 이런 뚜렷한 설정이 우리가 관심을 가진 사항에 직접적으로 초점을 맞추도록 해준다: 의사소통의 어려움이 허위 진술할 인센티브가 있을

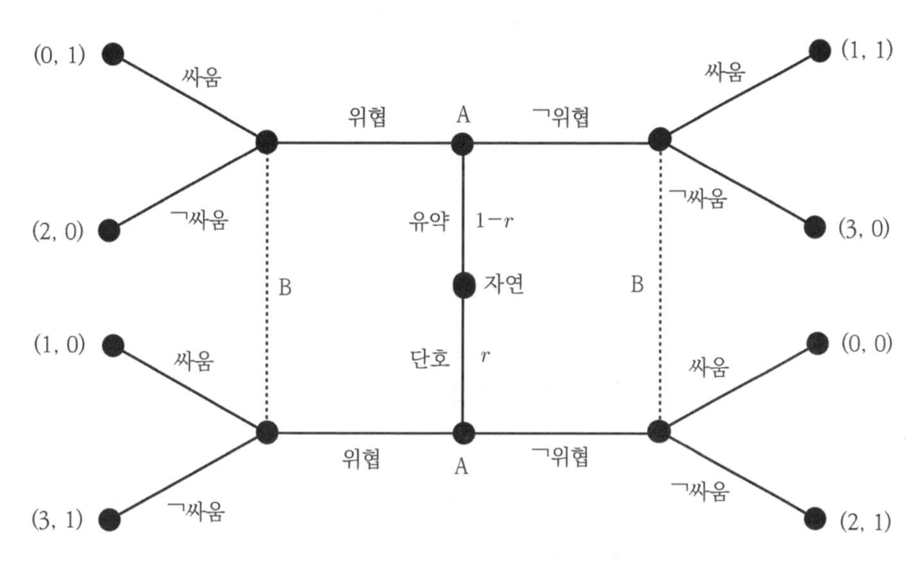

[그림 12.4] 위협과 위기 의사소통

때 해결된다.

자연이 A의 타입(r의 확률로 단호한 타입, $1-r$의 확률로 유약한 타입)을 결정하며 게임에서 제일 먼저 움직인다. 그리고 B의 의사결정마디를 연결하는 정보 집합이 나타내는 것처럼 그것은 A에게만 알려진다. 자신의 타입을 알고 난 후, A는 위협을 선택할 것인지 말 것인지 결정한다. A의 행동을 관찰한 후, B는 맞서 싸울 것인지 말 것인지 선택한다. B의 보수는 단순하다. B는 유약한 타입의 A와 싸울 경우 1의 보수를, 단호한 타입의 A와 싸울 경우 0의 보수를 받지만, 유약한 A와 싸우지 않으면 0의 보수를 그리고 단호한 A와의 싸움을 피하면 1의 보수를 받는다. 문제는 B가 무슨 타입의 A를 대면하고 있는지 불확실하다는 것이다. A의 보수는 타입에 따라 다르다. 만약 단호한 타입이라면, A는 무력시위를 즐기지만, 위협을 하든 말든 상관없이, 전쟁을 피하는 것을 선호한다. 그래서 최선의 결과는 위협을 하고 싸움을 피하는 것이고(보수 3), 위협을 하지 않고 싸움도 하지 않는 것(보수 2), 위협과 싸움(보수 1) 그리고 위협을 하지 않고 싸우는 것이 가장 나쁘다(보수 0). 만약 A가 유약한 타입이라면, 위협 없이 싸움을 피하는 것이고(보수 3), 그 다음이 위협 후 싸움을 피하는 것(보수 2),

위협 없이 싸우는 것(보수 1) 그리고 위협 후 싸우는 것(보수 0) 순서이다. 본질적으로, 단호한 타입의 A는 무력시위를 하는 것에 선호가 있고, 유약한 타입의 A는 부드럽게 말하고 할 수 있으면 싸움을 피하고 싶다.

먼저, 각 타입의 A가 동일한 행동을 취하는 통합균형(정의 5.9)의 존재를 증명해보자. 이 균형을 통해 우리가 균형-밖-경로에서의 믿음에 대해 깊이 생각할 수 있게 된다. A가 타입에 상관없이 위협을 하는 통합균형을 생각해 보자. 따라서 균형 경로에서 발생하는 A의 행동은 위협이다. B는 ¬위협이 확률 0로 플레이된다고 예측한다. 그러나 만약 두 타입의 A가 위협이 매력적이라고 알기 위해서는, ¬위협을 선택했을 때의 결과를 알 필요가 있다. 또한 이는 우리가 B가 이 예측하지 못한 행동에 어떻게 대응할 것인지 알 필요가 있음을 의미한다—이 결정이 **균형-밖-경로에서의 믿음**(out-of-equilibrium beliefs)에 기초한다.

정의 12.4 **균형-밖-경로에서의 믿음**이 경기자에게, 만약 그가 예측하지 못한(즉, 확률 0의) 정보 집합에 도착했을 때, 이전의 움직임에 대해 무엇을 믿어야 할지를 말해준다.

완전베이지언균형은 균형-밖-경로에서의 믿음에 대해 어떠한 제한도 가하지 않음을 기억하라. 그러나 비록 이러한 믿음에 대해 제한이 없더라도, 우리는 여전히 좀 더 합리적인 것을 찾고 싶어 한다. 게임이론가들이 균형-밖-경로에서의 믿음을 정제하는 수많은 연구를 수행했지만, 우리는 여기에서 그것에 대해 크게 걱정하지 않는다. 우리가 말하는 "합리적인" 믿음이 무엇인지 보여주는 하나의 예제로 충분하다. 이제부터 균형 경로에서 B의 믿음을 r', 균형-밖-경로에서의 믿음을 r''로 나타내자. 정리 12.4가 하나의 통합균형을 규정하고 있다: A는 타입에 상관없이 위협을 선택하고, B는 위협을 보면 ¬싸움을 그리고 위협이 없으면 싸움을 선택한다.

정리 12.4 $r \geq 1/2$일 때, 전략프로필 (위협, 위협; ¬싸움, 싸움)과 믿음 $r' = r$ 그리고 $r'' = 0$이 완전베이지언균형을 구성한다.

이 절의 연습은 여러분이 직접 증명을 할 수 있도록 도와줄 목적으로 디자인되었다. 그러므로 이 통합균형의 기본 구조를 살펴보자. 우리는 각 경기자에 대해 모든 경우의 수에 대비한 행동 계획을 가지고 있고, 정보를 가지지 못한 경기자는 자신이 게임나무에서 어디에 위치해 있는지 말해 주는 믿음을 가지고 있다. 위의 균형에서, 만약 위협이 있었으면 $r'=r$로 사전적 믿음에 머물러 있고, 만약 위협이 없었다면 $r''=0$이어야 한다. (만약 ¬위협을 본다면, 그것은 위에 적시된 통합균형에서 이탈한 유약한 타입의 행동임에 틀림이 없다.) 먼저 이처럼 독특한 균형－밖－경로에서의 믿음에 대해 생각해보자. 그것이 합리적으로 보이는가? 여기에서 B는 일종의 추측을 해야 한다. 그리고 그것은 위협을 하는 통합 전략에서 이탈하는 타입이 누구든지 그와 싸울 가치가 있어야 한다. 즉 유약한 타입이어야 한다. 이것이 말이 된다: 균형에서 단호한 타입은 자신의 최고 보수 3을 얻으므로, 균형전략에서 이탈하여 이익을 얻을 방법이 없다. 그러나 유약한 타입은 균형에서 이탈하여 자신의 최선의 보수를 얻고자 할 논리적 가능성이 있다. 물론 균형에서 이러한 일이 발생하지는 않지만, 만약 어느 타입이 이 통합균형에서 이탈하고자 한다면, B는 이것이 무력시위에 대한 거부감을 가진 타입과 연결되어 있음을 추론해야 한다. 반면, 만약 이 균형이 단호한 타입이 최고의 보수를 포기하고 ¬위협으로 이탈했다는 B의 믿음에 기초한다면, 우리는 균형－밖－경로에서의 믿음이 합리적이라는 기준을 포기해야 한다. 따라서, $r''=0$이 합리적으로 보인다. 이제 여러분이 스스로 제안된 균형의 존재를 증명할 수 있다.

연습 12.1 정리 12.4에 규정된 완전베이지언균형의 존재를 증명하라.

연습 12.2 어떤 균형－밖－경로에서의 믿음 r''에서 정리 12.4에 적시된 전략들이 균형인가?

연습 12.3 전략프로필 (위협, ¬위협; ¬싸움, 싸움)의 분리균형이 존재하지 않음을 증명하라.

THE POLITICS
OF THE FIRST
WORLD WAR

13

너무 고귀해서 싸울 수 없다?
U-보트와 미국의 중립

너무 고귀해서 싸울 수 없다?
U-보트와 미국의 중립

나는 우리가 독일에 요구하는 것에 대해 확고한 전선을 유지하면서도 우리를 전쟁에 개입시킬 가능성이 있는 어떠한 일도 하지 않을 방법을 찾기를 진심으로 기원합니다.

우드로 윌슨

이 장에서는 대전에서 가장 중요한 전환점 중의 하나이자, 우리가 지금 "미국의 세기"라고 부르는 시대를 창조하는 데 있어 가장 중요한 단 하나의 사건을 탐구한다.

미국은 수년간의 중립 이후에 왜 1917년 대전에 참전했는가?

수년간 명목상 중립을 유지한 채 유럽의 현실 정치를 오랫동안 경멸해온 미국이 1917년 4월 6일 독일에 전쟁을 선포하고, 연합국에 "동맹"이 아니라 "관련국" 자격으로 가입했다. 이 특별한 루비콘을 건너는 것은, 전시동원이 한계에 도달하고 연합국과 동맹국 모두 사기가 붕괴 직전이었기 때문에, 소모전 밸런스를 거의 확실하게 연합국 쪽으로 유리하게 기울게 만들었다. 그러나 불과 몇 주 전만 해도, 1월 말에 미국 대통령 우드로 윌슨은 상원에서 자신이 선호하는 전쟁의 결과를 "승리 없는 평화(peace without victory)"로 규정하여, 국내외에 널리 퍼진 참전 요구에 완강하게 버티는 것처럼 보였었기 때문에, 런던과 파리를 아연실색하게 했었다. 독일이 멕시코와 일본에 반미 동맹을 제안하다 적발됐음에도 불구하고, 중립은 미국이 가장 중시하는 바다에서의 자유를 보존하고 폭넓은 대중의 지지를 유지하면서 순조롭게 진행되는 것처럼 보였다. 그러면 왜 윌슨은 1916년 재선을 위해 캠페인을 벌이기까지 했던 중립을 포기했는가? 독일과의 전쟁은 명백히 "승리 없는 평화"를 창밖으로 내던져 버리는 행위이고, 이해하기 힘든 퍼즐을 제기한다: 승자가 없기를 바라는 전쟁에서 왜 한쪽이 승리하도록 도와야 하는가?[1] 1917년 봄, 도대체 무엇이 미국으로 하여금 전쟁에 대한 혐오에서 참전이 불가피한 것으로 입장을 바꾸게 만들었는가? 이 장에서 보겠지만, 우리는 선행한 퍼즐을 풀지 않고서는 이 퍼즐을 해결할 수 없다: 왜 독일은 1917년 미국을 전쟁으로 끌어들일 것이 거의 확실한 무제한 잠수함 작전(unrestricted submarine warfare) 감행했는가?

우리는 이 게임의 분석을 통해, 윌슨이 글로벌 분쟁에 너무 일찍 개입하는 것을 진심으로 꺼렸음에도 불구하고, 연합국과 동맹국이 어떻게 미국의 개입 전망을 내면화하고 이를 그들의 계산에 반영하였는지 그리고 그 과정에서 미국이 개입할 수 있도록 어떻게 도왔는지 살펴볼 것이다. 이러한 과정에서 우리는 또한 다음을 배울 것이다:

- 어떻게 억제력(deterrence)이 무력과 자제 모두에 대한 신빙성 있는 위협에 의존하는지.
- 왜 국가들이 전쟁에서 파트너에 대한 맹약을 제한할 수도 있는지.
- 어떻게 전쟁을 위한 지불 수단이 전쟁의 발발과 과정에 영향을 미치는지.
- 어떻게 개별 지도자들이 국제정치에 영향을 미치는지.

---

1 승리(victory)와 패배(defeat)는 현실과 거리가 먼 전쟁의 수사임에도 계속 사용하고 있다.

11장과 12장의 통찰을 확장하여, 우리는 이 장에서, 최종적인 평화협상 조건에 영향을 미치려는 욕구가 중립국뿐만 아니라 이들을 전쟁에 끌어들이거나 전쟁에서 제외시키려는 참전국의 행동에 영향을 미친다는 것을 알게 될 것이다. 대전이 어떻게 끝나야 한다는 윌슨의 독특한 선호와 미국의 중립 파기에 대한 연합국과 동맹국의 믿음을 설명하지 않는다면, 우리는 미국의 참전 방식과 시점에 대해 설명할 수 없다. 우리는 중립을 포기하겠다는 윌슨의 결정이 반전이 아니라 방향 수정, 즉 중립 정책으로는 그의 목표를 달성할 수 없다는 인식을 반영했다는 점을 알게 될 것이다. 연합국의 부채와 독일의 해군 전략은 미국의 궁극적인 참전에 대한 공유된 믿음을 바탕으로 예측되었으며, 사실상 자기실현적인 예언을 만들어냈다.[2] 미국의 개입은 유럽이 지배하는 구식 힘의 밸런스의 종식을 알리는 신호탄이 되었고, 러시아의 자유주의 2월 혁명의 약속과 더불어, 대중의 동의와 자결에 뿌리를 둔 자유주의적이고 반제국적인 평화를 확보하기 위해 싸운다는 윌슨의 고상한 수사는 글로벌 질서를 위해 무엇이 가능한지에 대한 참전국과 중립국 모두의 믿음을 변화시켰다.[3] 여전히 윌슨의 독특한 이상주의적 브랜드는 그 자체로 미국의 참전을 설명할 수 없다. 그는 미국의 군사력과 자금력이 훼손되지 않은 상태에서 소진된 참전국들에게 조건을 지시하는 것을 선호했을 것이다. 우리는 어떻게 억제력과 같이 단순한 것이 결의(resolve)와 자제(restraint) 모두에 의존하는지, 국가가 전쟁 비용을 지불하는 수단이 어떻게 싸우는 방식에 영향을 미치는지 그리고 어떻게 개별 지도자가 표면적으로 비인격적인 국제정치의 힘에 영향을 미치는지에 대한 몇 가지 아이디어를 연구함으로써 이 퍼즐에 대한 해법을 개발할 것이다.

2 이러한 방식의 생각은 Tooze(2014)에 빚졌다.
3 Manela(2019).

13.1 억제력과 잠수함전

우드로 윌슨이 1917년 4월 2일 의회에 독일과의 전쟁 상태를 승인해줄 것을 요청했을 때, 그는 미국이 북아메리카 동쪽 가장자리에 달라붙어 있던 이전 식민지들의 조각 붙임에서 유럽 제국주의의 흐름을 타고 세계적 힘의 밸런스에 적극적인 참여자로 성장하는 과정을 완성했다. 1823년의 먼로 독트린(Monroe Doctrine)은 유럽의 영향력 증가를 금지함으로써 아메리카 대륙에 대한 지배력을 주장했고, (1) 반항적인 연맹을 인정하지 않으려는 영국의 전쟁 위협과 (2) 미국 남북전쟁 중에 합스부르크 왕자를 멕시코 왕좌에 앉히려는 프랑스의 시도가 없었다면, 그것이 효과적으로 작동했던 것처럼 보였다.[4] 1898년에 스페인을 열강 클럽에서 영구적으로 퇴출시키고 해양제국을 구축한 그 짧은 전쟁이 1812년 전쟁 이후 미국이 유일하게 주요 세력과 대결한 것이었다. 그러나 이 나른한 전쟁은 열강들에게 강한 인상을 남기지 못했었다.[5] 이렇게 힘의 밸런스에서 편리하게 제거됨으로써, 미국은 자유롭게 원주민을 상대로 피비린내 나는 확장 전쟁을 벌였고, 지역적 권력 계층의 꼭대기에서 멕시코, 카리브해, 중앙아메리카에 이르기까지 아무런 처벌 없이 개입할 수 있게 되었다.[6] 그래서 조지 워싱턴의 유명한 고별 연설에 담긴, 유럽 문제에 대한 중립이라는 수사는 쉽게 나왔다. 1815년 나폴레옹이 최종적으로 패배한 이후 100년 동안 강대국들은 단 몇 번만 난타전을 벌였고, 크림전쟁, 7주전쟁, 프랑스-프로이센 전쟁, 중-일 전쟁, 러-일 전쟁은 미국의 중립을 거의 시험하지 못했다.[7] 100년 동안 중립에 대한 미국의 맹약이 검증되지 않았으나, 1914년 동맹국과 연합국 사이의 임박한 충돌은 전례 없는 딜레마를 야기했다.

한 세기가 지나 돌이켜 보면, 1917년 미국이 연합국 쪽으로 참전한 것은 미국이 꾸물거리며 지체한 것만큼 이해하기 어렵지 않다. 참전이 너무 늦었다면, 전쟁이 동

---

4 Jones(2010).

5 Herwig(2014, p. 309).

6 Lemke(2002).

7 미국이 1914년 이전에 글로벌 전쟁에도 참전하지 않았을지는 알 수 없다.

맹국 쪽으로 결정적으로 기울어졌을 수도 있었다. 서유럽과의 안보 및 경제 협력은 영미 "특별 관계"를 포함하여 이후 수십 년 동안 미국 외교정책의 기반이 되었다. 이에 더하여, 자유주의적 통치,[8] 공유된 인종적 태도,[9] 자유무역[10] 그리고 국제법의 신성함에 대한 맹약이 모두 민주국가들 사이의 협조적 관계와 관련이 있다.[11] 이러한 협조 관계는 전시에 다른 민주국가 멤버를 지원하는 것까지 포함된다.[12] 성장하는 해군 세력으로서 미국은 유럽 패권에 도전하는 독일의 시도를 억제하기 위해 영국과 명백하게 이해를 공유했다(6장 참조). 유럽 열강들에 대한 겸손에도 불구하고, 미국은 자신의 뒷마당에서 권력을 휘두르는 데 제한을 느끼지 않았다. 미국은 19세기 중반에 무역을 위해 일본을 개항시켰고, 1899년에는 필리핀을 포함하여 스페인 점령지를 자신의 식민지로 편입시켰고, 1900년 청나라에 대항한 의화단 사건에 대한 다자간 개입에 참여했다. 1914년 당시 미국은 떠오르는 열강이었고, 대외적 모험에 문외한도 아니었고, 겉보기에는 연합국 측과 자연스러운 친화력을 보유하고 있었다.

그러나 돌이켜보면 사후적 인식이 여기서 특히 왜곡된다. 독일의 힘을 억누르는 것에 대해 영국 및 프랑스와 이해관계가 유사하기 때문에 싸움의 부담을 유럽 열강에게 전가시킬 인센티브가 있었고,[13] 특히 비교적 작은 규모의 미국 육군이 1916년 멕시코에서 프란시스코 "판초" 비야를 추격하느라 묶여 있었다.[14] 더군다나, 당시에는 작았던 U-보트 부대가 미국인을 태운 상선을 침몰시킨 독일의 1차 무제한 잠수함 작전이, 외교 관계를 단절하겠다는 미국의 협박을 이유로, 서식스(Sussex)호를 침몰시켜 80명의 목숨을 앗아가고 2명의 미국인이 부상을 입힌 이후 끝났다-1차 무제한 잠수함 작전 당시 미국 상선 루시타니아(Lusitania)호에서 미국인 128명이 사망했는데, 이는 미국에서 그러한 스캔들 중에서 최대 규모였다. 미국 대중은 전쟁을

---

8 Russett and Oneal(2001).

9 Vucetic(2011a).

10 McDonald(2004).

11 Gleditsch(2002).

12 Leeds(1999, 2003a), Gibler and Wolford(2006) 그리고 Mattes(2012).

13 책임 전가(buck-passing)에 대해 Christensen and Snyder(1990) 참조.

14 Gilderhus(1977)와 Sandos(1981).

지지하지는 않더라도 친연합국이 되었고,[15] "서식스 서약(Sussex Pledge)"을 통해 독일은 잠수함이 상선을 침몰시키기 전에 적절한 경고를 해야 하는 오래된 "크루저 규칙(cruiser rules)"을 준수하는 대가로 미국과의 전쟁을 피할 수 있었다.[16] 잠수함이 수면으로 상승하여 상선과 통신해야 한다면, 스텔스의 이점을 잃어 사실상 효과적인 전쟁 무기로서 잠수함의 기능이 상실되기 때문에, 그것은 분명히 모험적이었다. 미국과의 전쟁을 피한다는 것이 그 서약을 가치 있는 것으로 보이게 했다. 특히 그것이 (독일 지도자들의 마음에서 그랬던 것처럼) 봉쇄를 해제하라는 영국에 대한 미국의 압력과 연결될 수 있다면 더욱 그랬다.[17] 영국조차 자국의 봉쇄가 미국만 이롭게 한다는 것을 알고 있었음에도, 그러한 독일의 희망은 실망스러웠다. 바다는 여전히 자유로웠고, 승리를 위한 독일의 시도는 미국이 전쟁에 참전할 필요도 없이, 좌절되었다. 미국의 민간 대부업자들은 연합국의 전쟁 자금 대출에 행복해 했지만, 대중들은 1916년 아일랜드의 부활절 봉기를 영국이 진압한 것에 크게 경악했고, 벨기에에서 독일의 잔혹 행위가 널리 보도되면서 전쟁에는 지원할 가치가 있는 "착한 사람"이 없다는 사실이 많은 사람들에게 확인되었다.

사실, 1916년 말까지 미국의 연합군 측으로의 개입 전망은 암울해 보였다. 11월에 미 연준은 미국 은행들이 거의 파산 지경인 영국과 프랑스에 대출하지 못하도록 막아달라는 윌슨의 요구를 받아들였다.[18] 그리고 1월에 윌슨은 그의 "승리 없는 평화" 연설을 하였다. 연설에서 그는 연합국과 동맹국 사이의 도덕적 동등성을 이끌어냈을 뿐만 아니라, 한쪽의 승리는 유해한 보복주의, 위험한 군국주의로 다른 쪽의 굴욕만을 초래할 것이고 유럽 열강들 사이에 또 다른 파괴적인 전쟁이 일어날 것이라는 견해를 표명했다. 윌슨의 생각에 구세계는 신세계로부터 배울 점이 많았다. 그리고 프린스턴 전직 교수는 독일의 독재와 영국 제국주의 모두 미국의 금융 및 군사력에 의해 충분히 겸손해진 후에야 필요한 교훈을 배울 것이라고 추측했다. 윌슨의 연설은 그의 1916년 말의 입장을 이은 것으로, 그는 중재를 추진하면서 양측에 전쟁 목

15 Meyer(1916b, p. 101).
16 Sondhaus(2014).
17 Meyer(1916b, p. 226).
18 Tooze(2014, p. 50, 1－2장).

표에 대한 성명을 공개적으로 요청했다. 1916년 12월 베트만에 의해 추진된 독일의 평화 문서는, 타협을 원하지만 벨기에와 폴란드에서 독일이 얻은 중요한 이득을 양보하기를 거부하면서, 독일과 나머지 세계 모두에게서 성실하지 않은 것으로 판정받았고,[19] 연합국은 독일의 조건을 거부했다.[20] 양측 모두 중재를 거부하고 상대방에 대한 전적인 승리를 밀어붙임에 따라, 인구, 경제 그리고 신용을 극한까지 사용해 버리는 것은 교착상태에 이르는 확실한 방법처럼 보였고, 상대의 소진을 기다리는 것이 실행 가능할 뿐만 아니라 신중한 선택처럼 보였다. 윌슨이 1917년 1월 세계를 놀라게 했을 때(그림 13.1 참조), 그것은 그가 자신의 나라가 전쟁에 참여할 것이라고 더 낙관하게 만들었기 때문이 아니다.

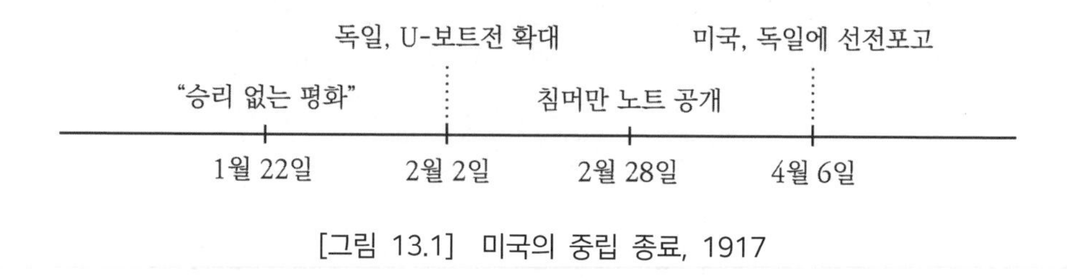

[그림 13.1] 미국의 중립 종료, 1917

1916년 대부분의 기간 동안 독일의 전략은 "미국과의 교전을 피하면서 U-보트전을 극대로 추구"하는 것이었다.[21] 우수한 전투 성능과 전략적 방어 사이에서의 외줄타기를 통해, 연합국보다 오래 버티면서 수백만 명의 새로운 미군이 프랑스에 쏟아져 들어오는 재앙을 피하고자 한 것이다.[22] 달리 말하면, 윌슨의 대독일 억제 전략이 통하는 것처럼 보였다. 그러나 1917년 2월 1일, 러시아가 혁명을 향해 비틀거리고 연합국이 거의 파산 상태에 처하자, 독일은 U-보트전을 감행하며 영국 제도 주변에 전쟁 지역(지도 13.1 참조)을 선포하고 독일 본토를 굴복시키겠다고 위협한 봉쇄에 대한 보복으로 해당 지역의 모든 선박을 침몰시키겠다고 위협했다.

19 Herwig(2014, p. 310).
20 Stevenson(1988).
21 Stevenson(2004, p. 212).
22 Herwig(2014, p. 311).

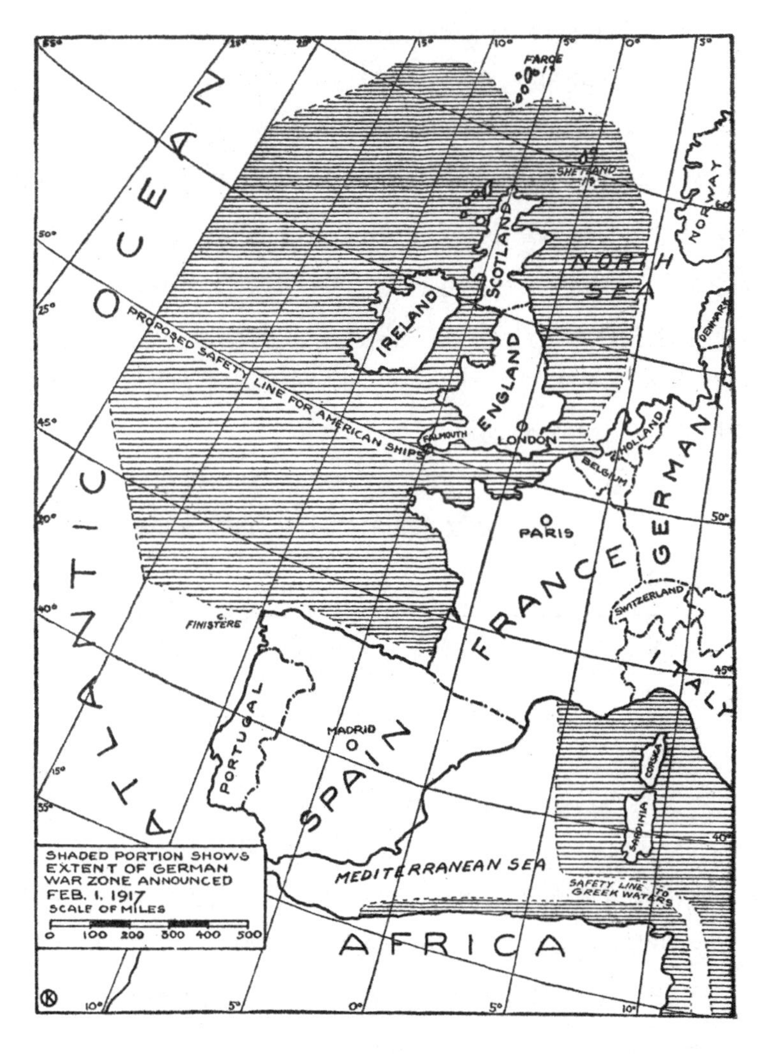

[지도 13.1] 독일의 무제한 잠수함 작전 선언, 1917.
Reynolds, Churchill, and Miller(1916)에서.

그 발표는 2월 윌슨으로 하여금 외교적 관계를 단절하도록 압박했고, 3월에는 독일 외무장관 침머만이 1846–1848년 멕시코–미국 전쟁에서 상실한 멕시코 영토의 반환을 약속하면서 독일, 일본, 멕시코 간의 동맹을 제안하는 전보가 유출되는 스캔들이 뒤따랐다. 멕시코의 군사적 취약성과 전보의 조심스러운 성격으로 인해 침머만의 전보가 우리가 기대하는 미국의 대중적 기억보다는 영향력이 적었다는 것이 거의 확실하다.23 그러나 무제한 잠수함 작전의 발표는 오랫동안 미국의 개입 가능성으로 인해 억제되었던 긴장 상황을 크게 고조시켰다.

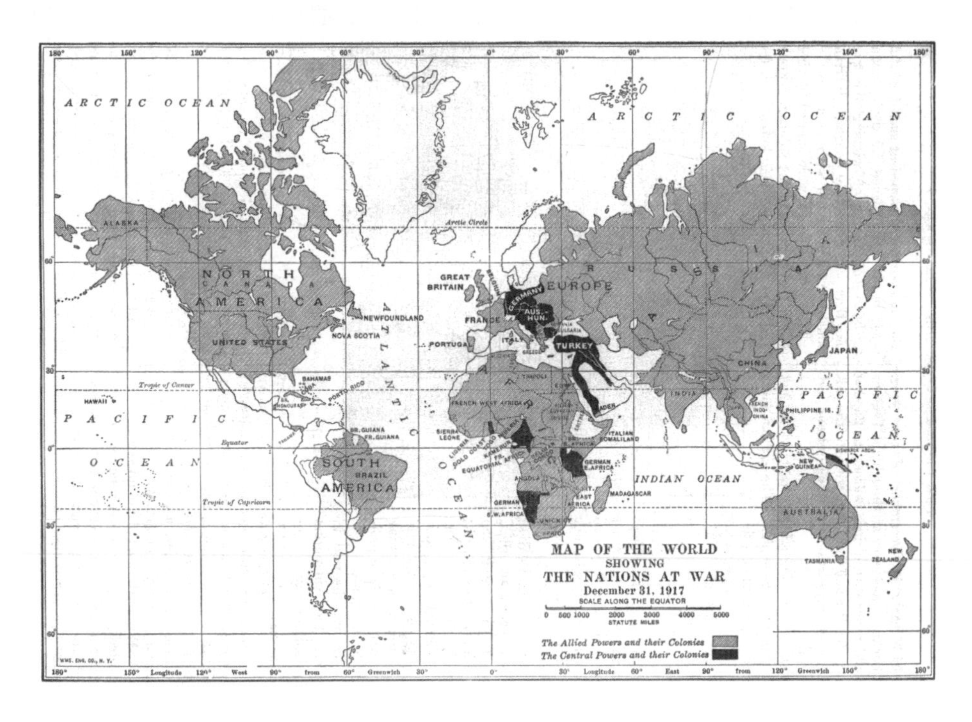

[지도 13.2] 전쟁 중인 세계, 1917. McMurry(1919)에서

연합국 선박에 대항하여 U-보트를 출동시키기로 한 독일의 결정은, 바다의 자유에 대한 윌슨의 항의를 일축하고 바다에서 경쟁의 장을 평준화함으로써 연합국에 대한 독일의 기회를 향상시켰으나, 윌슨으로 하여금, 예전처럼 중립의 변형이 아니라, 참전이 불가피하다는 것을 인식하게 만들었다.24 윌슨은 1916년 선거운동 과정

23 Tuchman(1985)은 전보가 윌슨의 참전 결정에 결정적 영향을 미쳤다고 결론지었으나, Boghardt(2012)는 전보의 원천, 도청 그리고 미국 대중으로의 확산 과정을 면밀히 분석하여, 참전에 찬성하는 사람들의 목소리만 크게 했으나, 참전에 반대한 사람들에게는 거의 영향을 주지 못한 것으로 분석한다.

24 침머만의 전보 이전에 이미 참전 열차는 출발하고 있었다는 것이 역사적 컨센서스이다. Hamilton and Herwig(2004, p. 220), Stevenson(2004), Strachan(2013) 그리고 Tooze(2014).

에서 중립이 용납될 수 없게 될 수 있음을 인정했으나,[25] 루시타니아가 침몰한 뒤에도 여전히 그는 "너무 고귀해서 싸울 수 없다(too proud to fight)"고 주장했다.[26] 1914년부터 그가 열심히 보존해 온 미국의 피와 물자를 1917년 투입하기로 하면 평화회의에서 미국이 강력한 중재자의 역할을 맡기 전에 그것을 낭비할 수 있었다. 특히 연합국 편에 선다면 그가 과거에 공정성을 지향하며 했던 모든 제스처를 약화시킬 수도 있었다. 새로운 힘의 밸런스의 중재자가 되기로 그토록 헌신한, 그래서 미국의 파워-정치적 우위가 세계에 드러나도록 하는 데 전념한 사람이 왜 그림 13.2에서처럼 전쟁 중인 세상을 향해 명백히 친-연합국적인 그림을 그려내며, 궁극적으로 독일에 전쟁을 선포하기로 결정했는가?

부분적인 대답은 쉽다: 그가 적어도 암묵적으로, 독일이 U-보트에 대한 제한을 지속하지 않는다면 전쟁이 발발할 것이라고 위협했었다. 윌슨은 확장된 해전을 저지하기 위해 중립을 포기할 가치가 있는 것으로 보았다. 미국 참전의 퍼즐을 풀기 위해서는 두 가지 질문에 대답해야 한다: 왜 무제한 잠수함 작전이 윌슨을 도발하기에 충분했는지 그리고 이를 알면서 왜 독일이 영국 제도 주위에 전쟁 지역을 선언했는지 답해야 한다.

13.2 미국의 개입에 대한 설명

미국의 개입은 전쟁의 발발보다 역사적 주목을 덜 받았을 뿐만 아니라 그 설명조차 아주 불만족스러워 보인다. 한 가지 설명은 매파 대중과 (항상 싸우자고 덤비는 테디 루즈벨트 같은) 경쟁 정치인들의 압력이 너무 과해서 윌슨이 저항할 수 없다는 것이 입증되었다는 것이다. 그러나 그 대통령은 정책 수립, 특히 전쟁과 평화 문제에 있어

25 Neiberg(2016, p. 207).

26 루시타니아 침몰 이후, 윌슨은 중립의 문제에 대해 소위 "too proud to fight" 연설에서 "한 국가가 너무나 옳기 때문에 자신이 옳다는 것을 다른 사람에게 힘으로 확신시킬 필요가 없는 일이 있다"고 주장했다. 수사적 움직임이다.

서는 완고하게 독립적이었다. 또 다른 유명한 주장은, 이 전쟁과 레닌의 유명한 반론 이후의 모든 전쟁에서, "큰 비즈니스"는 시장 개척의 한 부분으로 전쟁을 원한다는 것이다. 그러한 논리가 윌슨의 전쟁 연설 이후 상원에 등장했지만, 미국 경제계는 다른 참전 국가들과 마찬가지로 전쟁을 피하기를 원했다.[27] 연합국이 1917년 봄까지 미국에 천문학적 빚을 지고 있었지만, 그것은 그 자체로 투자에 수반되는 위험을 최소화하기 위해, 훨씬 더 빠른 미국의 개입을 예측하고 있었다. 그리고 만약 전쟁이 좋은 비즈니스였다면, 미국이 더 빨리 개입했을 것이다. 또 하나의 그럴듯한 이야기는, 무제한 잠수함 작전을 재개하기로 한 독일의 결정이, 침머만의 전보 유출과 결합하여, 미국 대중과 의회 그리고 윌슨 자신에게 결정적인 역할을 했다는 것이 입증되었다는 것이다.[28] U－보트 작전이 확대된 후 전쟁 연설까지 몇 달간 윌슨의 비밀스러운 사고방식에 대한 문헌적 증거가 거의 없지만, 독일의 도발에 근거한 모든 설명은 독일이 미국을 전쟁에 끌어들일 위험이 있음을 알면서 왜 이러한 조치를 취했는지에 대한 의문을 제기한다. 무제한 잠수함 작전이 분명히 윌슨의 계산에 중요하지만, 왜 독일이 먼저 그러한 결정을 내렸는지에 관해 설명하지 않고 미국의 개입을 단지 U－보트전으로 돌릴 수는 없다. 전략을 전략으로 설명하는 것은 불합리한 추론이다.

퍼즐 13.1 왜 미국은 수년간의 중립 후인 1917년 대전에 참전했는가?

퍼즐 13.2 왜 독일은 그것이 미국을 전쟁으로 끌어들일 것이 확실함에도, 무제한 잠수함 작전을 재개했는가?

이 장에서 어려운 문제는 왜 독일이 U－보트 이외에는 다른 대안이 없다고 믿게 되었는지 설명하는 것이다. 이는 이상하게 영국을 전쟁에 끌어들일 위험에도 불구하고 벨기에를 침공하기로 한 결정을 연상시킨다(6장 참조). 초기 정복에서 잃은 것이 거의 없고, 루마니아에 대해 신속하고 압도적인 승리를 거두고, 차르의 몰락이 임박

27 Hamilton and Herwig(2004, pp. 221－222).

28 Hamilton and Herwig(2004, pp. 213, 221－223).

했다는 것을 감지했음에도 불구하고, 독일이 1917년 U-보트전을 전개한 이유를 알기 위해서 우리는 미국이 아니라 전쟁에서 독일의 주요 상대인 연합국을 바라볼 필요가 있다. 1916년 말까지 연합국과 동맹국 모두 미국의 연합국 편으로 개입이 다소 불가피하고, 아주 사소하고 예측할 수 없는 도발만 있어도 가능하다고 믿었다. 이러한 문맥에서, 강력한 중립의 위치에서 유럽 권력의 종말과 팍스 아메리카나 시작을 중재하고 감독하려는 윌슨의 열망이 좌절될 수밖에 없었다.[29] 다른 열강들이 완전히 소진돼 버린 후에 윌슨이 주도권을 잡고 싶어 했다는 것은 분명했지만, 그의 계획의 목표는 자체의 디자인이 있었다: 미국의 개입을 독일과 연합국이 당연히 그럴 것이라고 받아들이는, 필연적 결론으로 만드는 디자인.

13.2.1 퍼즐 풀기

그림 13.2와 13.3은 완전정보하의 전개형 게임을 보여준다. 우리는 이 게임을 통해 연합국과 동맹국이 어떻게 미국의 개입을 예상하고 촉진하는 행동을 취하는지에 관한 일관된 전략적 이야기를 맞추어 갈 수 있다. 모형의 핵심은 독일의 무제한 또는 제한적 잠수함 작전 사이의 선택과 그리고 연이은 미국의 연합국 쪽으로의 참전 또는 중립 고수 사이의 선택이다. 그런데 두 번째 모형에는 독일의 선택에 앞서 얼마나 많은 부채를 월스트리트에 질 것인지에 대한 연합국의 선택이 있다. 겉보기에 미지근한 지원을 보내는 윌슨의 미국과 얼마나 강한 재정적 운명의 관계를 맺을 것인지 결정하는 것이다. 독일은 영국을 전쟁에서 몰아내는 도박에 U-보트를 사용하면 미국과의 전쟁을 촉발시킬 수 있다는 것을 알고 있다. 그러나 두 번째 모형에서 연합국은 윌슨이 중립에 대한 맹약을 유지하는 것을 더욱 어렵게 만들어, 궁극적으로 독일이 북대서양에서 대혼란을 일으키는 것을 억제하는 그의 능력을 약화시킴으로써, 미국의 의사결정에 영향을 미칠 수 있는 기회를 제공한다. 윌슨이 해전의 확대를 억제할 수 있는지 여부가, 참전하겠다는 그의 위협(서식스 서약을 이어가는 것)에 대한 신뢰성이 아니라, 독일이 U-보트를 계속 묶어 둔다면 참전하지 *않겠다*는 대응 약속의 신

29 윌슨의 세계질서에 관한 비전은 확실히 반유럽이고 부분적으로 반제국주의이며, 확실히 인종주의였다. Tooze(2014, 2장, 4장).

뢰성에 달려 있다.

전쟁의 궁극적인 결과에 대한 미국과 독일의 선호가 그림 13.2에 나타나 있다. 우선 독일 엘리트들은, 1914년 9월 *9월계획*에 의해 계획된 것과 유사한 영토 획득을 포함하여, 승리의 전리품이 파멸적인 전쟁 비용을 충당할 수 없다면 그들의 시대가 얼마 남지 않았다고 믿는다.[30] 1916년 12월 해군 참모총장 헤닝 폰 홀첸도르프가 뭔가 바뀌지 않는다면 독일의 최선의 희망은 소진된 평화이고, 이는 독일 엘리트들에게 완전한 군사적 패배만큼 재앙이 될 것이라고 주장하는 보고서를 제출했다. 그는 영국의 "기아 봉쇄(starvation blockade)"에 비난의 화살을 돌렸고, 독일이 1916–1917년 식량 부족으로 "순무 겨울(turnip winter)"에 직면하면서 그의 통제력을 강화시켰다.[31] 그는 독일의 생존 가능성을 보전하려면 영국을 전쟁에서 제압해야만 하고, 그것은 영국을 주요 힘의 원천으로부터 차단해야만 가능하다고 추론했다. 그 힘의 원천은 제국, 무역 그리고 그 후원자 미국이다. 영국의 힘은 제국에 달려 있으며, 제국으로부터 군인과 노동자, 전략적 위치, 막대한 전후 부채를 갚을 재정적 잠재력을 끌어낸다.[32] 원칙적으로, 영국을 덜 위대하게 만드는 것은 우아하고 유혹적인 해결책이다. 그것이 안 된다면, 독일 지도자들은 확실한 군사적 승리를 확보해야만 탈출할 수 있는 나락을 응시해야만 한다. 1917년의 독일 엘리트들에게 그것은 승리 아니면 파멸이었다.

대서양 건너 미국 또한 독일의 승리 가능성에 근심이 많다. 윌슨의 중립주의는 훌륭한 수사학적 장식으로 묻힐 수 있으나, 즉 지금까지 강자가 지배했던 세계에서 법치주의와 소국의 권리를 외치며 빛날 수 있으나, 그것은 전쟁의 끝에 그가 선호하는 합의를 달성하는 데 중요한 수단이기도 하다. 1915년 초 윌슨은 국무장관 로버트 랜싱에게 참전이, 전후 세계에 대한 그의 비전의 초석인, 독일을 패배시키고 연합국의 식민지 제국주의 세력을 억제하는 것을 모두 의미한다면 그 가치를 인정할 수 있다고 확인해 주었다.[33] 윌슨의 이상적인 최종 게임에는 카이저 아래의 유럽 헤게

30 Goemans(2000, pp. 106–115), Stevenson(2011, 1장) 그리고 Herwig(2014, 8장).

31 Herwig(2014, p. 309).

32 Gerwarth and Manela(2015).

33 Stevenson(2004, p. 255).

모니를 방지하는 것이 포함되지만, 그 후에 그는 궁극적인 연합국 파트너들과 헤어질 결심을 하고 있었다:

> 그가 만들고 싶었던 세상은 세계 문명의 선두에 있는 미국의 예외적인 위치가 유럽 열강들의 묘비에 새겨지는 그러한 세상이었다.[34]

윌슨은 종종 이상주의자로 불렸으나, 이는 주로 국제연맹(League of Nations, 14장 참조)을 통한 전후 집단안보에 대한 그의 계획이 무산되었기 때문이다. 그가 1월 의회에서 연설할 때, 그의 *이상적인* 결론은 군사적 승자가 없는 소진의 평화였다. 그렇게 되면, 남아 있는 유일한 열강의 지도자로서 백지위임(carte blanche)을 받아 미국의 재력에 의해 유지되는 새로운 글로벌 질서의 조건을 강제할 수 있을 것이다. 우리가 11장에서 본 것처럼, 예방 전쟁에서 종종 그 목표가 전체성을 향해 변화되기도 한다. 그리고 전쟁이 시작된 이래로 윌슨의 절친인 에드워드 하우스 대령이 독일의 승리는 윌슨에게 그런 역할이 맡겨지는 것을 막는다는 것을 그에게 상기시켜왔다.[35] 사실이다. 윌슨은 영국과 프랑스가 월스트리트에 엄청난 빚을 지고 영국의 봉쇄가 그의 뜻에 의해 지속된다는 것을 감안하여, 연합국에 대해 엄청난 영향력을 행사하지만, 그가 계속해서 영향력을 행사할 수 없는 유일한 결과는 베를린의 정치 계급이 용인할 수 있는 유일한 결과, 즉 독일의 승리이기도 하다. 미국의 군사력과 경제력이 상승함에 따라 그리고 독일의 승리를 받아들일 수 없다는 대중의 공감대가 커지면서,[36] 1917년 초 전쟁에서 유리한 결과를 보장할 수 있는 윌슨의 능력은 크게 상승한 반면, 같은 일을 할 수 있는 독일의 힘은 약해지고 있었으니, 이제 너무나 친숙한 전략적 긴장이 고조되고 있었다.

그림 13.2는 서식스호의 침몰(1916년 3월)부터 1916년 말과 1917년 초의 겨울 기간을 커버한다. 이 기간에 독일은 무제한 잠수함 작전과 제한적 잠수함 작전 사이에서 선택해야 한다. 무제한 잠수함 작전을 선택하면 전체 영국 제도 주변에 전쟁 지역을

34 Tooze(2014, p. 54).

35 Meyer(1916, p. 37). 그는 실제 대령이 아니었다. 그는 군대에 복무한 일이 없다.

36 Neiberg(2016, p. 212).

선포하고 인근의 모든 종류의 배를 겨냥하고, 제한적 잠수함 작전을 선포하면 서식스 서약을 준수한다. 독일의 선택을 관찰한 후, 미국은 독일에 대항해 참전할 것인지 아니면 중립을 고수할 것인지 여부를 선택한다. 우리는 연합국에 대항해 참전하는 옵션을 거부함으로써 미국의 선택 집합을 제한했는데, 이는 우리가 알고 있는 것과 다른 참전국들이 *믿었던* 미국의 이해관계와 일관성이 유지된다. 동맹국 편에 선다는 것이 논리적으로 가능하지만, 관련 당사자들은 그것이 중립이나 연합국 측에 서는 것보다 미국에 덜 매력적이라고 믿었다. 1914년 이후의 공통 추측은 미국이 동맹국에 가입한다는 아이디어에 어떠한 신빙성도 부여하지 않았으므로, 이 장에서 우리는 그러한 가능성을 생략한다.

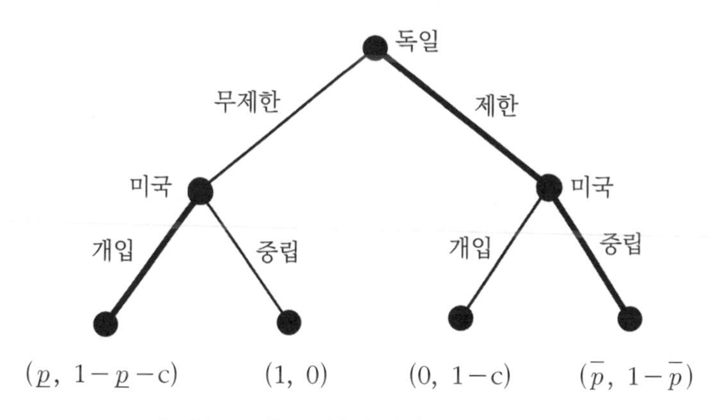

[그림 13.2] 독일의 전략과 미국의 개입

게임의 결과를 정의하면서, 우리는 봉쇄가 어떤 식으로든 무너지지 않으면 영국군의 손에 패배할 것이라는 홀첸도르프 제독의 예언을 진지하게 받아들인다. 전쟁의 결과는, 그들이 의사결정을 할 때 세상의 참인 상태(the true state of the world)를 알지 못한다는 점에서, 확률적으로 일어난다. 독일이나 연합군이 이기지만, 세상의 참인 상태는 불확실하기 때문에 기대보수를 계산해야 한다. 먼저, 만약 독일이 U－보트전을 펼치고 윌슨이 미국의 중립을 유지하면, 독일이 영국의 항복을 강제하고 승리를 보장할 수 있다고 가정하자. 그러나 U－보트가 출동하지 않고 미국이 참전하면, 새로운 달러, 드레드노트, 미군을 통해 연합국의 전쟁 노력을 강화시켜, 독일이 확실히 패한다고 하자. 이 두 극단 사이에 다른 두 결과가 있다. 만약 잠수함전이 제한되고 미국이 중립을 유지하면, 독일이 확률 $\bar{p}$로 이기고 확률 $(1-\bar{p})$로 진다. 만약 독일이 무제한 잠수함 작전을 펼치고 이에 대응하여 미국이 개입하면, 독일의 승리 확률이 $\underline{p}$인데, 이는 잠수함전이 제한되고 미국이 중립을 유지할 때의 승리 확률 $\bar{p}$보다 낮다. 결과에 따른 독일의 승리 확률을 순서를 매기면, $1>\bar{p}>\underline{p}$이다. 독일의 크루저 규칙(cruiser rules) 준수 여부에 달린 미국의 참전 결정이 독일의 승패에 영향을 미친다.[37]

보수를 구체화하면, 독일이 승리하면 1, 패배하면 0의 보수를 받는다고 가정하자. 마찬가지로, 윌슨의 최악의 결과는 독일의 승리이기 때문에, 미국은 독일이 승리할 경우 0, 독일이 패배할 경우 1의 보수를 받는다. 독일은 이미 전쟁 중이기 때문에, 관련 비용이 매몰비용(sunk cost)이라고 가정한다. 그러나 미국의 경우, 참전은 상당한 금액의 새로운 비용을 수반한다. 성장하고 있는 해군을 파병하는 것부터, 새로 건조된 드레드노트를 진수하고, 멕시코에 부분적으로 배치된 100,000명의 병력을 넘어서 군대를 양성하고, 생산적인 투자에서 자원을 전용하는 것까지. 따라서 우리는 미국이 참전을 위해 지불해야 하는 비용을 변수 $c>0$로 나타낸다. 우리가 이전 장들에서 전쟁은 비용이 든다고 가정했고, 그것을 전체 파이가 줄어드는 것으로 나타냈었다. 그러나 이번에는 미국이 드디어 열강 정치라는 게임에 참여하기 위해 지불해야 할 초기 비용에 대해 생각해 보는 것이 유용하다: 미국이 참전하는 모든 결과에 대해, 미국은 c를 지불한다. 이러한 보수가 그림 13.2에 나타나 있다.

정리 13.1이 이 게임의 부분게임 완전균형을 묘사하고 있다(균형에서의 행동이 그림 13.2에서 굵은 선으로 표시되어 있다). 만약 우리가 독일이 왜 미국의 개입이라는 고통 아래 U-보트를 항구에 계속 묶어 두어야 하는지 설명해야 한다면, 이 균형의 존재를 증명해야 한다. (제한; 개입|무제한, 중립|제한)의 전략 조합에서, 독일은 불성실한 영국의 봉쇄 비용을 치르면서 그들의 잠수함을 묶어놓는 반면, 미국은 독일이 크루저 규칙을 어길 때에만 참전하고 그렇지 않으면 중립을 유지한다. 이 균형에서 미국은 성공적으로 독일의 U-보트전을 억제한다. 이 결과는 부분적으로 대응하여 개입하겠다는 미국의 의지에 의존하지만, 독일이 서식스 서약의 규칙을 플레이하면 중립

37 Goemans(2000).

을 유지하며 참전하지 않겠다는 의지에도 의존한다. 억제력이란 무조건 싸우겠다는 맹약이 아니라, 의지(resolve)와 자제(restraint) 모두에 달려 있는 것이다. 이러한 억제균형(deterrence equilibrium)의 존재를 증명한 후에, 우리는 연합국의 전략이 억제력의 붕괴에 어떻게 기여하는지 물어볼 것이다.

> **정리 13.1** $\overline{p} \leq c \leq 1-\underline{p}$ 그리고 $\overline{p} \leq 1-\underline{p}$일 때,
> 전략프로필 (제한; 개입|무제한, 중립|제한)이 부분게임 완전균형이다.

증명 전략 조합 (제한; 개입|무제한, 중립|제한)이 부분게임 완전균형이 되기 위해서는, 각 경기자에 대하여 다음이 만족되어야 한다:

$$u_A(\textit{개입}\,|\,\text{무제한}) \geq u_A(\textit{중립}\,|\,\text{무제한}) \text{ 그리고}$$
$$u_A(\textit{중립}\,|\,\text{제한}) \geq u_A(\textit{개입}\,|\,\text{제한}),$$
$$u_G(\text{제한}) \geq u_G(\text{무제한}).$$
$$1-\underline{p}-c \geq 0 \Leftrightarrow c \leq 1-\underline{p}$$

일 때, 첫 번째 부등식이 만족되고,

$$1-\overline{p} \geq 1-c \Leftrightarrow c \geq \overline{p}$$

일 때, 두 번째 부등식이 만족된다. 즉, $\overline{p} \leq c \leq 1-\underline{p}$일 때, 미국은 독일이 무제한 잠수함 작전을 선택할 때에만 개입하겠다고 위협할 수 있다. 그리고 이 부등식이 만족되기 위해 $\overline{p} \leq 1-\underline{p}$가 요구된다. 그리고 정의에 의해, $\overline{p} \geq \underline{p}$이면 세 번째 부등식이 만족된다. 어느 누구도 모든 부분게임에서 이익이 되는 이탈을 가지지 아니하므로, $\overline{p} \leq c \leq 1-\underline{p}$ 그리고 $\overline{p} \leq 1-\underline{p}$일 때, (제한; 개입|무제한, 중립|제한)이 부분게임 완전균형이다. □

무엇이 1917년까지 무제한 잠수함 작전의 억제를 유지시켰을까? 동적 게임에서 위협의 신빙성을 고려하는 부분게임 완전균형의 논리가 해법을 제시한다. 첫 번째, 독일은 서식스 서약을 준수함으로써 미국을 전쟁에서 떼어놓을 수 있다고 믿어야 하고, 현재의 봉쇄 하의 소모전이 U-보트 작전을 감행하고 미국을 전쟁으로 끌어들이는 것보다 더 낫다고 믿어야 한다. 1916년까지 참전국의 극심한 소모로 인해 1914년 당시의 열강들은 명목상으로만 남아있게 되었으므로, 후자는 사실이다. 만약

미국이 참전한다면, 미국이 결과를 정할 수 있다. 만약 독일이 U－보트로 하여금 크루저 규칙을 준수하게 하여 미국을 전쟁에서 떼어놓을 수 있다면 독일이 확률 $\bar{p}$로 이기지만, 무제한 잠수함 작전과 미국의 개입은 낮은 확률 $\underline{p}$의 승리 가능성을 주므로, 독일은 제한적인 잠수함 작전을 선택한다. 두 번째, U－보트 사용을 자제하고자 하는 의지가 U－보트가 크루저 규칙을 준수하면 미국이 중립을 지키겠다는 전략에 달려 있다. 만약 윌슨이 참전하지 않겠다고 약속할 수 없다면, 독일은 연합국의 공급 라인을 차단함으로써 잃을 것이 없고 이득만 남게 된다. 우리의 균형은 제한된 U－보트 전투하에서의 독일의 승리 가능성($\bar{p}$)이 너무 높지 않은 한, 독일의 잠수함 전투가 제한적으로 유지된다면 미국은 전쟁에서 벗어나 있을 수 있음을 보여준다. 그렇지 않다면, 미국은 독일의 전략에 관계없이 참전한다. 거의 1916년 내내 그러한 것이 안전한 시도처럼 보였다. 연합국의 솜(Somme) 공세는 베르됭(Verdun)에서 독일군을 퇴각시키는 데 도움이 되었고 브루실로프(Brusilov) 공세는 동맹국을 동쪽으로 밀어냈기 때문이다. 하지만 독일의 전망만으로는 충분하지 않다. 미국의 참전 비용이 독일이 크루저 규칙을 준수할 때는 윌슨을 제지할 수 있을 만큼 높아야 하지만, 독일이 무제한 잠수함 작전을 감행해 승리에 다가갈 때 윌슨의 손을 강제할 수 있을 만큼 낮아야 한다. 즉,

$$\bar{p} \leq c \leq 1 - \underline{p}$$

달리 표현하면, 미국은 필요한 경우 개입할 수 있어야 하지만, 독일이 무슨 짓을 하든 참전할 만큼 참전이 매력적일 수는 없는 것이다. 그래서 독일은 자신의 승리 가능성이 그렇게 높지 않을 수 있다고 확신하고("합리적인 회의론")[38] U－보트에 대한 제한을 유지할 수 있지만, 미국이 전쟁에서 배제될 수 있다면 승리 가능성은 더 높아진다. 그러나 1916년에서 1917년으로 넘어가면서, 상황이 바뀌었다.

우리가 4장에서처럼 억제력을 생각할 때, 우리는 계산의 특정 부분, 즉 싸우겠다는 위협의 신뢰성에 초점을 맞춘다.[39] 현대식 개념의 억제 이론은 냉전시대에 개발되었다. 당시 학자들과 정책 입안자들의 주된 관심사는 다른 사람들을 대신하여 싸

38 Harrison(2016, p. 140).

39 Schelling(1966), Nalebuff(1991) 그리고 Fearon(2002).

우기 위해 어떻게 신빙성 있는 위협을 가할 수 있는가, 특히 그 다른 사람들이 다른 대륙에 있을 수 있고 그들을 방어하는 것이 핵무기의 교환을 의미할 수 있는 경우 어떻게 할 것인가의 문제였다.[40] 서울이나 런던을 오스틴이나 시카고로 바꾸는 것은 어려운 제안이었고, 이로 인해 제3차 세계대전의 위험을 무릅쓸 수 있다는 위협의 신빙성을 높이는 방법을 찾는 것이 더욱 중요해졌다. 그러나 독일의 해군 전략을 제한하려 한 윌슨의 시도처럼, 어떤 경우에는 싸울 것이라는 위협에는 의문의 여지가 없다: 너무 많은 미국인이 독일 어뢰에 맞아 죽으면 분명히 참전을 꺼려하던 윌슨을 전쟁에 참여하게끔 만들 것이다. 1917년에 중요한 것은 독일이 크루저 규칙을 준수하고 영국의 끔찍한 봉쇄를 용납하는 한 싸우지 *않겠다*는 미국의 약속이었다. 상대방의 요구를 준수하면 처벌을 면할 수 있다는 기본적인 확신이 없으면, 억제 위협의 대상은 더 이상 잃을 것이 없다고 판단하고 상대방이 원하지 않는 바로 그 일을 할 수도 있다.[41]

그림 13.3은 우리 이야기에서 제3의 주요 경기자, 연합국을 추가하여 확장한 게임을 보여준다. 연합국은 전쟁에서의 전망을 미국의 궁극적인 개입과 얼마나 긴밀하게 연계시킬 것인지 선택해야 한다. 평상시의 군대가 플랑드르 들판으로 사라지고 무기 생산과 징병 증가로 인해 자금이 고갈되기 시작하면서, 연합국은 해외에서 자금을 끌어와야 했으며, 그 자금의 출처는 일반적으로 연합국을 지지하는 미국 재계였다. 미국의 자금력과 농업 생산이 영국과 프랑스의 전쟁 노력에 아주 중요했지만, 그 의존의 대가로 부채가 증가하고 있었으며 급기야 1916년 12월에는 지급불능을 위협했다. 연합국의 차입은 미국 경제에 도움이 되었지만, 윌슨은 그다지 기뻐하지 않았으며 월스트리트에서 연합국의 차입 능력을 줄이려는 시도를 고려하고 있었다. 그러나 1916년 말까지 충분히 많은 미국의 자금이 연합국의 생존과 연계되어 있었으므로, 영국 총리 데이비드 로이드 조지는 "영국이 미국에 더 많이 빌리고 더 많이 구매할수록, 윌슨이 연합국의 운명과 그의 조국을 분리하는 것이 더 어려워질 것"이라고 믿었다.[42] 연합국의 부채가 증가함에 따라 영국과 프랑스를 파산시키는 것이 세계

40 Schelling(1966).

41 Kydd and McManus(2017).

42 Tooze(2014, p. 49).

정치를 재편할 기회만큼 자국 경제의 건강에도 신경을 써야 하는 미국 대통령에게 점점 더 위험 요소가 되고 있었다. 더군다나, 연합국의 채무를 독일이 모를 수가 없었다. 1916년 말, 거의 모든 참전국은 대서양을 횡단하는 금융 거래 관계가 미국의 전쟁 참여 결정과 직결될 것이라고 예측하고 있었다.

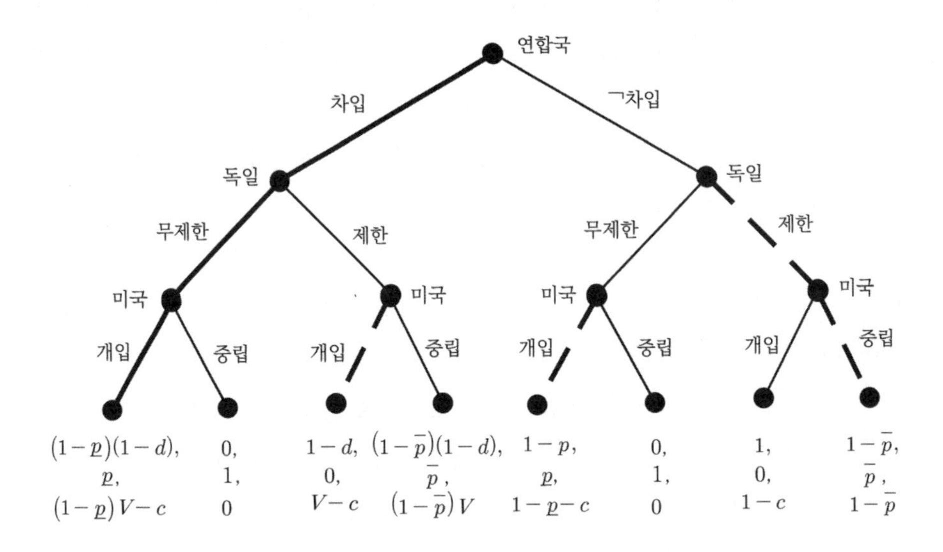

[그림 13.3] 연합국 차입, 독일의 전략 그리고 미국의 개입

연합국의 부채와 이에 대한 공통 추측을 이용하여, 우리의 첫 번째 모형을 단순하게 확장한 게임이 그림 13.3에 있다. 연합국도 미국처럼 독일의 승리를 막고 싶으므로, 독일이 승리하면 0 그렇지 않으면 1의 보수를 얻는다. 그러나 독일이 잠수함을 어떻게 사용할 것인지 선택하기 전에, 연합국은 미국의 민간 대부자들로부터 차입을 할 것인지 그러지 않을 것인지 결정해야 한다. 만약 연합국이 월스트리트에서 차입을 하지 않으면, 세상은 연합국의 전략을 고려하지 않는 그림 13.2와 비슷하다. 그러나 만약 연합국이 차입을 하면 부채 d를 발생시키고, 이 자금은 전쟁 노력을 위해 쓰이고 전쟁에서 승리한 경우 되갚을 필요가 있다.[43] 또한 상당한 금액의 차입은 미

43 군사적 패배를 겪는 국가는 전쟁 부채를 부인할 수 있고 실제로 종종 그런 일이 발생한다. Slantchev (2012).

국의 인센티브를 재조정하는데, 연합국의 붕괴에 따른 패배(즉, 독일의 승리)로 인해 경제에 파탄을 초래할 수 있다.

특히, 우리는 연합국의 차입 여부에 관계없이 군사적 전망을 동일하게 유지한다. 이것은 확실히 현실의 왜곡이다. 전쟁 노력에 투입된 모든 달러가 연합국의 승리에 기여하지만, 우리는 연합국 부채가 미국의 행동에 미치는 영향을 분리하고 싶기 때문에 그렇게 한다. 우리는 차입의 효과 중 하나를 제거하는 꼼수를 쓰는데, 그것이 유용하다. 만약 우리 모형에서 미국이 참전하면, 그것은 결국 독일의 유럽 지배를 막기 위해 윌슨의 손을 강제한다는 로이드 조지의 논리에 의한 참전이 될 수 있고, 그것이 차입의 유일한 논리가 될 수 있다. 연합국의 보수를 먼저 나열하면, 독일이 패배하는 경우 1의 보수를 얻고 그렇지 않으면 0의 보수를 얻는다. 그러나 차입이 일어나고 전쟁에서 이기는 모든 경우에 우리는 d를 부채로 차감한다. 마지막으로, 만약 연합국이 차입하면, 독일이 패배할 경우 미국이 1의 보수를 받는 것이 아니고 $V>1$의 보수를 받는다. 연합국이 지고 있는 채무로 인해 독일의 승리를 저지한 것이 더 귀중하다. 윌슨이 마음을 바꾸었기 때문도 아니고 군사적 밸런스가 바뀌었기 때문도 아니다. 연합국이 자신의 운명을 겉보기에 중립적인 미국 경제의 건전성과 같이 하는 방향으로 결정하면서, 중립에 대한 윌슨의 주장의 신빙성이 점점 낮아졌기 때문이다.[44] 따라서 승리는 더 귀중한 것이다. 특히 독일은 윌슨이, 영국의 봉쇄에 대해서는 용납하면서도, 해양법에 대한 독특한 해석에 충실할 것을 지속적으로 요구하는 것을 보았다(10장 참조).

우리의 확장된 모형이 약간 복잡해 보이지만, 역진 귀납의 논리를 염두에 두고 문제를 풀면 그렇게 어렵지 않다. 우리는 먼저 우리가 설명하고 싶은 선택들의 집합 {연합국의 차입, 독일의 무제한 잠수함 작전, 미국의 개입}을 살펴보고, 이러한 행동들로 구성된 균형이 존재하는지 그리고 어떤 조건하에서 이러한 균형이 존재하는지 알아본다. 전략이 게임의 모든 가능한 경우에 대해 행동을 대응시키는 것이라는 것을 기억하라(정의 2.5). 그래서 경기자들은 그들이 다른 대안들 대신에 하나의 행동을 선택할 때 그들이 무엇을 피하고자 하는지 안다. 편리하게도, 독일과 미국의 게임이

44 Strachan(2013, p. 228)과 Tooze(2014, p. 40).

더 큰 게임의 적절한 부분게임(정의 11.4)이기 때문에, 우리는 연합국이 ¬차입을 선택했을 때 독일과 미국의 게임이 그림 13.2의 게임과 같다는 것을 알 수 있다: 연합국을 구해야 한다는 추가적인 인센티브 없이, 윌슨은 독일이 U-보트를 출동시키면 개입하고 U-보트전을 제한하면 중립을 유지하겠다고 신빙성 있게 위협할 수 있다. 이는 그림 13.3의 세 경기자 게임의 어떠한 부분게임 완전균형이라도 차입이 없는 부분게임에서의 전략 조합 (제한; 개입|무제한, 중립|제한)을 포함해야 함을 의미한다. 이 결과를 얻었으므로, 우리가 찾고자 하는 균형 (차입; 무제한|차입, 제한|¬차입; 개입|무제한|차입, 개입|제한|차입, 개입|무제한|¬차입, 중립|제한|¬차입)의 나머지 부분을 찾아야 한다. 이 균형을 말로 설명하면, 연합국은 미국으로부터 차입하고, 독일은 만약 연합국이 차입하면 무제한 잠수함 작전을 펼치고 차입하지 않으면 제한적 잠수함 작전을 편다. 미국은 연합국이 차입하지 않고 독일이 U-보트전을 제한할 때에만 참전하지 않겠다고 계획한다. 그러나 연합국의 운명이 막대한 차입으로 미국 경제의 운명과 묶여 있다면, 미국은 독일의 선택과 관계없이 연합국을 구하기 위해 참전한다.

> **정리 13.1** $d \leq 1-\dfrac{1-\bar{p}}{1-\underline{p}}$, $\bar{p} < 1-\underline{p}$ 그리고 $\bar{p} \leq c \leq \min\{\bar{p}V, 1-\underline{p}\}$일 때
> 전략프로필 (차입; 무제한|차입, 제한|¬차입; 개입|무제한|차입, 개입|제한|차입, 개입|무제한|¬차입, 중립|제한|¬차입)이 부분게임 완전균형이다.

증명 전략 조합 (차입; 무제한|차입, 제한|¬차입; 개입|무제한|차입, 개입|제한|차입, 개입|무제한|¬차입, 중립|제한|¬차입)이 부분게임 완전균형이 되기 위해서는, 연합국의 ¬차입 선택 이후의 부분게임에서 u_A(개입|무제한|¬차입) $\geq u_A$(중립|무제한|¬차입), u_A(중립|제한|¬차입) $\geq u_A$(개입|제한|¬차입) 그리고 u_G(제한|¬차입) $\geq u_G$(무제한|¬차입)이 만족되어야 한다. 이 부분게임은 그림 13.2의 게임과 동일하므로, 정리 13.1에 의해, $\bar{p} \leq c \leq 1-\underline{p}$과 $\bar{p} \leq 1-\underline{p}$일 때, 이상의 부등식들이 만족된다.

다음으로, 연합국이 차입을 선택한 후의 부분게임에서 u_A(개입|무제한|차입) $\geq u_A$(중립|무제한|차입), u_A(개입|제한|차입) $\geq u_A$(중립|제한|차

입) 그리고 u_G(무제한|차입) $\ge u_G$(제한|차입)이 만족되어야 한다. 첫 번째 부등식은 $(1-\underline{p})V - c \ge 0 \Leftrightarrow c \le (1-\underline{p})V$일 때 그리고 두 번째 부등식은 $V - c \ge (1-\bar{p})V \Leftrightarrow c \le \bar{p}V$일 때 성립한다.

$\neg$차입의 부분게임에서 균형이 $\bar{p} < 1-\underline{p}$을 요구하는데, 이는 $\bar{p}V < (1-\underline{p})V$와 동일하다. 여기서 c는 $\bar{p}V$보다 작고 $(1-\underline{p})V$보다도 작으므로, $c \le \bar{p}V$이 구속하는 조건이다. $\bar{p}V > \underline{p}$이지만 $1-\underline{p}$보다 크거나 작을 수 있으므로, 우리는 c에 대한 조건을

$$\bar{p} \le c \le \min\{\bar{p}V,\ 1-\underline{p}\}$$

으로 나타낸다. 마지막으로 이 세 번째 부등식은 $\underline{p} \ge 0$일 때 만족되므로 사실이다.

차입과 $\neg$차입 이후의 결과를 바탕으로, 우리는 u_E(차입) $\ge u_E$($\neg$차입)을 보여야 한다. 이 부등식은

$$(1-\underline{p})(1-d) \ge 1-\bar{p} \Leftrightarrow d \le 1 - \frac{1-\bar{p}}{1-\underline{p}}$$

일 때, 만족된다.

어느 누구도 모든 부분게임에서 이익이 되는 이탈을 가지지 아니하므로, $d \le 1 - \frac{1-\bar{p}}{1-\underline{p}}$, $\bar{p} < 1-\underline{p}$ 그리고 $\bar{p} \le c \le \min\{\bar{p}V,\ 1-\underline{p}\}$일 때, 전략 프로필 (차입; 무제한|차입, 제한|$\neg$차입; 개입|무제한|차입, 개입|제한|차입, 개입|무제한|$\neg$차입, 중립|제한|$\neg$차입)이 부분게임 완전균형이다. □

그림 13.3에서 굵은 선(실선, 점선 포함)이 모든 부분게임에서의 균형 전략을 나타내고, 굵은 실선이 균형 경로를 나타내고, 굵은 점선이 균형-밖-경로를 나타낸다. 연합국의 차입, 독일의 무제한 잠수함 작전 그리고 미국의 참전이 균형 경로 위에서 나타나는 행동들이며, 이 조합이 이 장을 시작하면서 제기한 질문에 답한다. 첫째, 왜 미국이 참전했는가, 둘째, 왜 독일이 미국의 참전을 부를 것이 뻔한 행동을 선택했는가? 우리의 모형은 독일의 전쟁 전망이 좋아지면 미국이 *전쟁에 참여하지 않겠다*고 신빙성 있게 맹약할 수 없기 때문에 억제력이 무너짐을 보여준다. 그림 13.2의 2-경기자 모형과 달리, 미국은 독일의 행동에 관계없이 독일과의 전쟁에 참여할 수

밖에 없으며, 이는 금지된 행동이 취해지면 싸우겠다는 신빙성 없는 맹약만큼이나 확실히 억제력을 약화시킨다. 실제로, 1916년 말까지, 독일은 미국을 사실상 연합국의 멤버로 보았다.[45] 공해에서 무엇을 하든 미국이 개입할 것 같아지자, 동맹국에 맞서 전세를 뒤집을 만큼 충분히 많은 미군 병력이 상륙하기 전에, 독일 지도자들은 영국 제도 둘레에 전쟁 지역을 선포하고, 영국의 전쟁 노력을 지속시키는 물자를 수송하는 어떤 종류의 배든 모두 침몰시키는 작전을 펼치게 된다.

우리의 모형에서 독일의 선택을 지지하는 조건들을 살펴보면 이러한 도박이 이해가 된다: 만약 윌슨이 어떤 식으로든 참전하게 되면, 아무 저항도 없이 그런 일이 발생하도록 허용하면 전쟁에서 승리할 가능성이 사라지지만, 만약 U-보트전을 전개해서 최소한 미국만이라도 막을 수 있다면 독일의 정예 부대는 생존을 위한 전투 기회(p)를 갖게 된다. 미국의 불가피한 개입으로 인해 연합국의 힘이 증가함에 따라, 독일의 지도자들은 도박을 하게 된다. 그렇게 하지 않으면 확실한 재앙이 초래될 것이기 때문이다. 1914년 여름 이미 낮지만 급속도로 낮아지고 있는 승률에 직면했던 것처럼, 독일은 1917년 잠재적인 재난을 수용하여 다가오는 참사를 막기로 결정했다. 쇠퇴하는 국가로 하여금, 그 지도자가 피하고 싶어 하는, 재앙만 불러오는 행동을 취하게 하는 합리적 비관주의의 또 다른 암울한 사례이다. 영국에 승리하기 위한 새로운 시도는 특히 미국의 자제라는 믿을 수 없는 약속에 의존해서는 안 된다는 자신의 관점을 드러내며, 루덴도르프는 1917년 초 "나는 미국에 대해서는 전혀 신경 쓰지 않는다"고 말했다.[46] 이는 힌덴부르크의 미국 참전의 불가피성과 일관성이 있다. "미국이 군사적으로 얼마나 위험한 존재인지 상관없이, 잠수함이 동맹국을 살리는 유일한 방법인 것처럼 보였다. 그것들의 무제한적 사용은 선택 사항이 아니라 불가피한 것으로 받아들이게 되었다."[47]

그러나 국내와 전선 모두에서 사기에 금이 가고 전년도의 대규모 동원으로 경제가 과열되기 시작했는데, 왜 1916-1917년의 겨울 연합국의 힘은 증가세에 있었는가? 그 답은 정리 13.2에서 볼 수 있는 것처럼, 연합국이 국내 차입 능력이 부족할

45 Neiberg(2016).

46 Herwig(2014, p. 311).

47 Meyer(1916, p. 152).

때 어떻게 전쟁 노력에 드는 자금을 조달하는가에 달려 있다: 미국으로부터의 차입. 연합국은 윌슨이 비용이 더 저렴하고 미국의 참전이 평화협상에 큰 영향을 미칠 수 있는 마지막 단계에 참전하기를 원한다는 것을 알고 있다. 그러나 연합국으로서는 다른 열강 연합과 생존을 위한 사투를 벌이고 있는 상황에서 그 결과를 기다릴 인센티브가 거의 없다. 연합국이 달러를 빌려 미국 곡물을 구매하면서, 전쟁 결과에 대한 윌슨의 관점을 바꾸었다. 독일을 물리치는 가치가 1에서 V로 증가했다. 그리고 이것이, 독일이 잠수함 전략에 제한을 유지하더라도, 윌슨으로 하여금 잠재적으로 파산한 연합국을 구하기 위해 기꺼이 전쟁에 참여하게 만든다.

좀 더 자세히 알아보기 위해, 연합국이 차입한 경우의 부분게임에서 미국의 전략을 검토해보자. 우리는 독일이 무제한 잠수함 작전을 펼치면, 연합국이 미국에 많은 자금을 차입하지 않더라도 윌슨이 참전할 것이라는 것을 알고 있다. 그러므로 결정적으로 중요한 것은 독일이 계속해서 크루저 규칙을 존중하고 서식스 서약의 규정을 준수할 경우의 미국의 개입 의지이다. 만약 연합국이 차입하지 않으면, 미국은 $1-c \geq 1-\bar{p}$일 때 개입하지만, 만약 연합국이 차입하면 $V-c \geq (1-\bar{p})V$일 때 개입한다. 그리고 이 부등식들을 c에 대해 풀면, 첫 번째 경우 $c \leq \bar{p}$일 때 미국이 개입하고, 두 번째의 경우 $c \leq \bar{p}V$일 때 개입한다. 첫 번째 조건이 만족되지 않더라도 두 번째 조건이 만족될 수 있다. 그러므로 연합국의 차입은 독일이 크루저 규칙을 준수한다 하더라도 윌슨의 중립 약속을 훼손시킬 수 있다. 광범위한 차입은 미국이 다른 경우보다 더 빨리 연합국을 구해야 하는 동기를 제공하며, 윌슨조차 무시하기 어려울 정도로 점점 더 커지는 이해관계의 수렴을 독일이 관찰할 수 있기 때문에, 미국의 억제력은 공허해질 것이다. 영국 제도 주변의 수송에 무슨 일이 일어나든, 미군 병사들(doughboys)이 결국 압도적인 숫자로 밀려올 것이다. 독일이 미국의 연합국 쪽으로의 참전을 당연하게 여기면서, 윌슨은 4월 참전만이 자신의 목표를 달성할 수 있다고 믿게 된다. 연합국과 동맹국 양측 모두 승리를 위해 전력을 전부 동원하는 상황에서 그는 연합국이 무너지도록 놔두거나 연합국이 승리하게 하는 대신 평화협상에서 자신의 레버리지를 잃는 선택에 직면한다.[48]

---

48 Stevenson(2004, pp. 255, 261).

우리는 아래에서 윌슨의 계산에 대해 상세하게 살펴본다. 그리고 균형에 대한 우리의 논의를 완료하기 위해, 연합국의 차입을 지지하는 조건이 역사적 기록을 볼 때 타당한지 여부를 물어봐야 한다. 부채는 전후에 갚아야 하므로, 한 국가의 미래를 외국 대부자들에게 맡긴다는 것이 사소한 문제가 아니다. 그렇지만, 연합국의 미국으로부터의 차입은 독일의 패배에 대한 미국의 지분을 증가시켜 미국을 전쟁에 끌어들이는 추가적인 이득이 있다. 만약 연합국이 차입하지 않으면 윌슨에게 빚은 없지만, 연합국이 크루저 규칙을 준수하는 독일을 물리칠 가능성이 $1-\bar{p}$가 된다. 만약 차입을 하면, 차입이 미국의 개입을 담보하므로 승리 가능성이 $1-\underline{p}$로 증가한다. 윌슨의 손을 강요하는 것이 천문학적 수준의 부채로 이어지지 않는 한, 심지어 윌슨과 같은 중립주의자가 이끄는 국가로부터, 그렇게 많은 돈을 빌리는 것이 의미가 있다. 미국으로부터 차입함으로써, 연합국은 권력 분배에 있어 전향적이고 거의 결정적인 변화를 가져왔다. 그러나 2, 4, 6장에서 봤듯이, 앞으로 쇠퇴할 전망의 국가가 가만히 보고만 있을 수는 없을 것이다. 신중한 미국으로부터 그렇게 많이 차입하는 것이 위험할 수도 있지만, "런던과 파리가 미국을 전쟁 노력에 더 많이 얽히게 한다면 윌슨의 손을 강제할 수 있을 것이다. 그러나 실제로 그것을 현실로 만든 것은 그러한 논리에 대한 독일의 예측이었다."[49] 사실 부채에 의한 미국과 연합국의 이해의 수렴이 미국의 억제력을 약화시켰고, 독일로 하여금 윌슨이 억제하려고 했던 바로 그 절차로 몰아넣었다: 바다에서의 전면전.

13.2.2 왜 "동맹"이 아니라 "관련국"으로?

마침내 미국이 참전했을 때, 미국은 연합국의 일원이 되기를 거부하고 관련국(Associated Power)으로 참전했다. 동맹국과 별도의 개별적인 평화협정을 맺지 않겠다고 약속하는 런던선언에 서명을 거부함으로써 연합국의 멤버가 되는 것을 거부했다.[50] 그리고 1917년 4월 6일 하원이 선전포고를 통과시켰을 때, 그 선전포고는 동

49 Tooze(2014, p. 58).

50 이 런던선언은 10장에서 논의한, 해양법 존중과 관련된 런던선언과 다르다.

맹국이 아니라 독일에 대해서만 이루어졌다. 사실, 미국은 12월까지 오스트리아-헝가리에 대해서는 전쟁을 선포하지 않았고, 그것조차 오스트리아-헝가리의 외교 관계 단절에 대한 대응으로 이루어졌다. 오스만 제국에 대해서는 전쟁을 선포한 적이 없다. 군사적 측면에서는, 미군 장군들이 연합국 지휘 체계로부터의 독립성을 강조하며 유럽에 도착했다. 심지어 서부전선이 독일의 1918년 봄 공세로 인해 거의 무너질 지경에 이르렀을 때에도, 연합국 사령관 아래서의 "통합"을 피하려고 했다.[51] 그런데 왜? 글로벌 힘의 밸런스가 위태롭고, 프랑스군과 영국군의 사기가 붕괴 징후를 보이고, 독일 잠수함들이 바다에 돌아다니고, 러시아가 혁명으로 동요되며 혼돈 직전인 상황에서, 독일의 승리를 막는 데 공통의 이해관계를 가진 한 국가(미국)가 자신이 구하려고 하는 바로 그 국가들(연합국)에 대한 맹약을 제한하기 위해 그렇게 열심히 그리고 그렇게 눈에 띄게, 노력할 수 있는가?

미국의 개입에 대한 우리의 이야기, 특히 전쟁 결과에 대한 윌슨의 선호가 이 질문에 대해 어느 정도 답을 줄 수 있다. 만약 전쟁에 대해 윌슨이 가장 선호하는 결과가 어느 쪽도 상대방에게 승자의 평화를 강요할 수 없는 경우라면, 그러나 양측은 타협적인 평화를 추구할 의사가 없음을 입증했다면, 연합국 편으로 전적으로 헌신한다는 것이 그러한 가혹한(즉, 윌슨이 선호하지 않는) 해결을 촉진시키는 것을 의미한다. 독일이 승리하게 내버려 둘 수도 없지만, 미군의 무조건적인 협력으로 확보된 연합국의 완전한 승리도 마찬가지로 바람직하지 않을 수 있다. 독일이 승리해서는 안 되지만, 유럽으로 몰려갈 준비가 되어 있는 미군 때문에 지금은 대담해진 연합국이 승리해서도 안 된다. 이 문제에 대한 윌슨의 해법은 그림 13.3의 게임에서 그의 선택을 이끈 것과 동일한 요인에 의존한다: 미국의 무기와 자금에 대한 연합국의 상당한 의존. 이것이 윌슨으로 하여금 전쟁에 참여하도록 만들었지만, 이것이 또한 그가 연합국의 전쟁 목표와 거리를 두는 것을 가능하게 했으며, 1918년 그의 유명한 14개 조항(Fourteen Points) 연설의 경우 특히 그러했다. 오직 미국만이 전쟁의 밸런스를 바꿀 수 있었으므로, 윌슨은 자유의지를 유지하며 평화협상을 강요하기 위해 새로운 파트

51 Stevenson(2011, p. 43).

너들을 자제시킬 수 있었다.[52] 예를 들어, 런던선언에 서명하면, 연합국의 수뇌부를 거치면서 유럽에 평화를 강요하려는 윌슨의 선택이 제한될 것이다. 그리고 동맹국의 다른 멤버 국가들에 대한 전쟁 선포를 거부함으로써 미군이 배치될 수 있는 장소를 제한하였다. 그것은 전후 평화협상에서 미국의 위치에 초점을 맞춘 대담한 전략이었고, 확실히 프랑스, 영국, 이탈리아 그리고 러시아 파트너의 마음을 얻을 수 있는 전략은 아니었다. 이를 통해, 윌슨은 최악의 결과, 자신이 유일하게 막을 수 있다고 믿었던, 열강 전쟁의 순환을 영속시키는 영국-프랑스 승전국의 평화를 촉진하는 결과를 피할 수 있었다.

대전에서의 많은 사건들과 마찬가지로, 미국이 참전하는 방식이 일반적인 국제정치의 패턴과 달리 좀 더 특별했다. 9장에서 이탈리아와 삼국동맹에 관한 논의에서 보았듯이, 국가들은 위험에 대한 노출을 제한하기 위해 서로에 대한 맹약의 조건을 신중하게 선택한다. 모두가 선택의 시간과 선택의 장소에서 무력에 의지할 수 있는 능력을 보존하기 위해, 면책 조항, 배제 그리고 직접적 조치보다는 협의에 의한 결정에 대한 맹약 등을 추가할 수 있다.[53] 개입은 윌슨에게 최선의 결과가 아니었다. 그러나 그는 군대와 자금을 지렛대로 이용하여 연합국에 대한 미국의 맹약을 교묘하게 구조화하여 비용을 완화하려고 노력했다. 14장에서 보겠지만, 연합국을 구하기도 하고 제지하기도 해야 하는 딜레마에 대한 윌슨의 해법은 별로 좋은 성과를 거두지 못한 책략이었다.

13.3 전쟁 금융

우리가 전쟁의 비용과 낭비에 대해 이야기할 때, 특히 제1차 세계대전처럼 피비린내 나는 소모적인 투쟁의 경우, 인적 그리고 물질적 차원에 한정하는 경향이 있다.

52 Sondhaus(2011, p. 315).
53 Mattes(2012)와 Chiba, Johnson, and Leeds(2015).

그러나 비용은 거기서 멈추지 않는다. 전쟁에는 피와 돈이 요구된다. 파괴에 사용된 모든 달러는 생산적인 투자와 소비에 사용되지 못한 달러이다. 군인들이 전선을 지키고 싸우려면 급여, 의복, 음식, 무기가 필요하고, 곡식을 재배하고 전쟁 노력을 지원하는 총, 폭탄, 비행기, 전함, 군복 그리고 군화를 생산하는 노동자들도 보상받아야 한다. 처음부터 끝까지 전쟁은 돈이 엄청나게 많이 든다. 특히 국가의 생존이 걸린 문제이거나 열강의 지위라는 제국주의적 덫에 집착하는 경우는 더욱 그렇다. 참전국들은 전쟁에 대해 (자발적 또는 강제적) 세금, (국내 또는 국외) 차입, 통화 발행 그리고 심지어 강탈로 지불할 수 있다.[54] 12장의 러-일 전쟁에 관한 논의에서 보았듯이, 전쟁 비용을 지불할 수 있는 능력이 어쩌면 전투에서 이기는 능력보다 더 중요할 수 있다. 금융적 연계는 미국이 제1차 세계대전에 참전한 시기뿐만 아니라 어느 편으로 참전하는지도 결정했지만, 전쟁 준비, 발발, 지속기간 그리고 결과에까지 영향을 미친다.

전쟁 자금 공급에 관한 결정은 종종 (오늘 당장 인기가 없는) 세금과 (이자와 함께 되갚아야 하는, 그래서 내일 인기가 없을) 차입 사이의 선택의 문제로 단순화된다.[55] 차입 그 자체의 비용을 예측해보면, 값싼 신용에 대한 접근이 어려운 국가는 전쟁을 수행하기 어려워,[56] 적에게 고통스러운 양보를 하거나 다른 국가들에 요구할 수 있는 기회를 포기한다. 국가들은 종종 무기를 직접 구매하거나 생산하는 것보다 더 저렴하게 가용 군사력을 강화할 수 있는 동맹을 체결함으로써 이러한 약점을 보완하려고 한다.[57] 외화시장에서 쉽게 채권을 발행할 수 있고 신용이 좋은 국가들은 상대적으로 더 쉽게 군사적 분쟁을 개시할 수 있다.[58] 국가가 군대를 유지하기 위해 신용을 빌려 무장한다면, 부채 서비스의 예상 비용이 전쟁에 이르게 할 수도 있다. 싸움이 국가가 채권자에게 상환하는 데 필요한 것을 확보하는 유일한 방법이 될 수 있기 때문이다.[59] 전쟁이라는 긴급 상황으로 인해 19세기에 중앙은행이 널리 창설되었고, 이는 국가가

54 Zielinski(2016).

55 전쟁이 산업적 노력이 되었기 때문에, 강탈로 충분하지 않다.

56 Shea and Poast(2018).

57 Allen and DiGiuseppe(2013).

58 DiGiuseppe(2015).

59 Slantchev(2012).

전쟁 중 차입 비용을 줄이는 데 도움이 되었다.[60] 그러나 값싼 신용을 확보할 수 있는 능력이 있다 하더라도 국가는 상대방의 부상을 막으려는 적국에 의해 예방적 갈등의 표적이 될 수 있다.[61] 저렴하게 무장할 수 있는 자유는 잃어버린 힘을 회복하지 않겠다는 맹약을 믿을 수 없게 만들 수 있기 때문이다. 1914년 세르비아와 러시아에 이런 일이 있었는데, 그 이전 몇 년 동안 값싼 프랑스 신용으로 무장할 수 있었던 능력이 오스트리아와 독일로 하여금 예방적 두려움을 불러일으키게 했고, 궁극적으로 제1차 세계대전의 발발로 이어지게 되었다(4장).[62]

어떻게 국가가 전쟁 자금을 조달하는지는 전쟁의 지속 기간과 결과에도 영향을 미친다. 신용으로 전쟁을 벌이는 것은 평화협상에서 국가의 최소 요구를 극적으로 증가시킬 수 있으며, 총체적인 군사적 결과에 이르지 않고서는 합의에 도달하기가 더욱 어려워진다.[63] 반면, 신용에 대한 접근이 줄어드는 경우(1905년 일본과 같은) 일부 국가는 다른 때 같았으면 비웃었을 만한 합의를 받아들여야만 할 수도 있다. 사실, 1916년 말과 1917년 초 윌슨이 월스트리트에 지시를 내리고 "승리 없는 평화"에 대해 이야기했을 때, 영국은 거의 파산 지경이었으나 독일이 이를 알지 못했고,[64] 로이드 조지는 미국을 연합국과 더 가깝게 묶으려는 그의 계획이 성과를 거둘지 아니면 동맹국과 굴욕적인 평화협상을 맺도록 강요할지 궁금해했다. 참으로, 비싼 차입 비용은 초라한 전쟁 성과와 연결된다.[65] 현대 민주주의 국가의 전쟁 성공률이 높은 이유 중 하나는 일반적으로 신용 조건이 더 좋다는 점에 기인한다. 그리고 이러한 신용 조건은 채무를 불이행하고 국가의 평판을 훼손한 지도자를 처벌할 수 있는 대중들에 의해 지탱되는 것이다.[66] 특히 대중들이 재정적 결과에 영향을 주지 않는 전쟁을 선호할 때, 부채가 세금보다 더 매력적인 전쟁 자금 조달 수단이 될 수 있다. 그러나 차입 자금으로 싸우겠다는 유혹이 위험이 없는 것은 아니다. 군사력 증강과 적자 지

---

60 Poast(2015).
61 Shea(2016).
62 Chapman, McDonald, and Moser(2015).
63 Slantchev(2012).
64 Meyer(1916, p. 166).
65 Shea(2016).
66 Schultz and Weingast(2003).

출로 자금을 조달한 전쟁은 제2차 세계대전 이후 미국 경제의 호황과 불황의 순환에 기여했다. 가장 최근에 대부분의 자금을 차입을 통해 조달한 2003년 이라크 전쟁이 있었고, 연이어 2008년 미국에서 시작되어 전 세계적으로 큰 경기침체를 초래한 금융위기가 있었다.[67]

13.4 국가 지도자와 국제정치

내각과 카이저, 장관, 군인들이 전쟁과 평화에 대한 결정을 두고 논쟁을 벌이던 다른 참전국들과 달리, 미국의 제1차 세계대전 참전은 한 개인 우드로 윌슨의 선호에 달려 있었다. 미국의 정치 시스템은 대통령에게 외교정책에 대한 폭넓은 자유를 제공하며, 윌슨은 자신의 내각에 있는 윌리엄 제닝스 브라이언과 같은 엄격한 중립주의자뿐만 아니라 테디 루즈벨트와 같은 야당의 개입주의자와 대립하는 독특한 인물이었다. 또한 그는 전쟁 기간 동안 그의 개인적인 동기를 파악할 수 있는 기록을 희박하게 남긴 고독한 사람이었다. 만약 윌슨이 대통령이 아니었다면, 미국은 다른 조건에 그리고 훨씬 더 빨리 참전했을 수 있었고, 확실히 더 친-연합국인 대통령이 파리평화회의에서 다른 접근법을 취했을 것이다.[68] 로이드 조지와 카이저와 비교해 보더라도, 윌슨은 전쟁 기간 내내 자국의 전략에 막대한 영향을 미친 것으로 보인다. 이것이 중요한 의문을 제기한다: 국제 시스템이나 국내정치에서의 위치와 관계없이, 개별 지도자가 어느 정도까지 국가의 선호, 외교정책, 전쟁과 평화의 패턴에 영향을 미치는가? 누가 국가를 이끄는지가 중요한가? 아니면 누가 국가라는 배를 조종하든 미국의 (또는 중국의, 콩고의, 이집트의) 외교정책은 기본적으로 동일한가?

지도자들은 시스템과 제도의 제약하에서 의사결정을 한다. 이러한 제약이 리더십의 잇단 교체에도 불구하고 국가의 외교정책의 연속성을 유지시켜 주지만, 전쟁과

67 Drezner(2014)와 Oatley(2015).

68 Hamilton and Herwig(2004, 11장).

평화에 대한 궁극적인 결정은 종종 대통령, 수상, 참모총장 또는 독재자의 어깨에 달려있다.[69] 정치과학자들이 발견하기를, 정치체제를 무시하거나 파괴하려는 지도자가 권력을 유지하지 못한다는 의미에서 정치가 "정상적으로" 작동하는 경우에도, 개별 지도자들이 한 국가의 외교정책에 심대한 영향을 미친다. 이러한 진전은 국가 지도자들에 대한 두 가지를 인식하는 것으로 요약된다. 첫째, 그들은 일반적으로 공직에 머물기 위해 열심히 노력하는데, 이는 공익과 충돌할 수 있는 사익을 창출한다. 둘째, 그들은 힘을 사용하려는 의지 또는 선호에 있어서 전임자 및 후임자들과 근본적으로 다를 수 있다. 우드로 윌슨은 자국의 외교정책에 영향을 끼친 이례적인 인물일 수 있지만, 그 방면에서 유일한 경우는 아니다. 국가 지도자들은 그들의 선호나 정치적 전망의 차이를 통해 비인격적인 국제 시스템에서 정치의 성쇠에 중요한 역할을 한다.

대부분의 지도자들이 공직을 유지하기 위해 열심히 하지만, 그들이 공직에 머무르는 전망과 떠나는 결과가 상당히 다르다. 소수의 측근이나 장군만 만족시키면 되는 독재자는 유효한 경쟁에 맞서 재선에 도전해야 하는 민주주의 지도자보다 일반적으로 더 오랫동안 권력을 유지하지만, 민주주의 지도자들은 상대적으로 임기 후 운명이 수월하다는 이점이 있다. 민주주의 지도자들의 퇴임 후 순회 강연은 직위를 잃은 독재자들이 맞는 유배, 감옥, 죽음과 거리가 멀다.[70] 일반적으로, 직책을 잃을 위험이 있는 지도자는 안정을 갖춘 지도자보다 갈등을 일으키려는 의지가 약하고 국제위기의 표적이 될 가능성도 적다.[71] 이러한 패턴은 직책이 불안정한 지도자가 해임된 후 자신의 안전에 대해 두려워하지 않는 한 유지된다. 이로 인해 해임 이후를 두려워하는 지도자들은 안전한 은퇴를 기대할 수 있는 지도자들보다 상대방을 매수하거나 약화시키기에 충분한 전리품을 확보하기 위해 더 많이 더 오랜 전쟁을 벌이기도 한다.[72] 불안정한 정치적 위치에 있는 지도자들이 독특하게 국제 분쟁을 위해 군사적 연합을 구축할 가능성이 있지만, 그 역량을 입증하고 권력 장악을 공고히 할 수 있는 국제적 승리를 확보하려는 그러한 열망이 그들의 선택 능력을 악화시키고,

69 Horowitz, Stam, and Ellis(2015, 3장).
70 Goemans(2000, 2008).
71 Chiozza and Goemans(2003-2004).
72 Goemans(2000)와 Chiozza and Goemans(2011).

더 안전한 지도자들이라면 쉽게 피할 수 있는 문제적 파트너와 호전적인 연합을 만들어내는 결과를 만들기도 한다.[73] 정치적으로 불안한 지도자들은 안정된 지도자들보다 인권 조약에 의해 국내 인구에 대한 억압을 단념할 가능성이 적다.[74] 모든 지도자들이 동일한 압박에 제약되지는 않지만, 일부는 임기 제한에 직면할 수 있고 다른 일부는 자신이 물려받은 외교정책 혼란에 대해 책임을 지지 않을 수 있기 때문에, 그들에게 국가의 손실을 줄이고 열세에 있거나 교착된 갈등을 종식시킬 수 있는 자유를 부여하기도 한다.[75]

정치적 안정성을 제외하면, 특히 군사적 힘의 사용에 관한 바람직함과 적절성에 대한 선호에서 지도자들이 개인적으로 다르다. 예를 들어, 미국 대통령이 외부로부터의 위협이 특정 국가의 국내 정치체제에서 나온다고 믿는지 아니면 국제 시스템의 구조에서 나온다고 믿는지에 따라, 그들이 포괄적인 개입을 선택할지 아니면 제한적인 개입을 선택할지 영향을 미친다.[76] 국가를 이끄는 반군 지도자가 무력에 의지할 가능성이 매우 높고, 참전 용사 출신이 전투에 참여하지 않은 군복무자보다 덜 호전적인 것으로 보이며, 적어도 남성과 여성 국가 원수 사이에는 갈등 참여율에 있어 체계적 차이가 없는 것으로 보인다.[77] 그들의 배경이 무엇이든 간에 지도자는 일반적으로 자신의 결의(resolve)에 대한 사적 정보를 가지고 취임하며, 새로운 지도자의 부상은 기존의 지도자로 하여금 결의에 대한 평판을 쌓고 반대자들이 그 평판을 시험하도록 하는 인센티브를 만든다("교체함정(turnover trap)"). 이것이 사이클을 형성하는데, 새로운 지도자가 확고한 평판을 가진 장기 재임 지도자보다 위기를 전쟁으로 확장시킬 가능성이 더 높다.[78] 새로운 지도자는 경제 제재의 표적이 되고,[79] 군비경쟁에 연루되기 쉽다.[80] 리더십의 교체는 동맹 간 맹약의 재구성을 예고할 수 있지만,

73 Wordford and Ritter(2016).
74 Conrad and Ritter(2013).
75 Croco(2005).
76 Saunders(2011).
77 Horowitz, Stam, and Ellis(2015).
78 Wolford(2007)
79 Spaniel and Smith(2015).
80 Rider(2013).

새로운 지도자가 권력을 잡은 새로운 주요 국내 연합을 대표하는 경우에만 가능하다.[81] 또한 국가 채무를 불이행하거나 무역 관계에 해를 끼친 지도자가 국가의 명성 회복을 열망하는 새로운 지도자로 교체될 때 좋은 관계를 회복할 수도 있다.[82] 마지막으로, 예측된 리더십 교체가 맹약의 문제를 만들 수도 있는데, 매파 지도자의 집권이 예측된 경우, 적국으로 하여금 현재의 비둘기파 지도자를 공격하도록 유도할 수 있다. 덜 협조적인 매파가 집권하기 전에 전쟁에서 그들이 할 수 있는 것을 장악하기를 희망하기 때문이다.[83]

그들의 행동의 자유가 절대적이지 아닐 수 있지만, 국가적 지도자들은 국제 시스템에서 전쟁, 평화, 외교의 여러 패턴을 이해하는 데 아주 중요한 것으로 입증되었다. 윌슨, 카이저 그리고 레닌 모두가 제1차 세계대전 이야기에서 비중이 커 보이지만, 그 이야기를 위한 비정상적인 인물들이 아니다. 정치과학은 누가 이끄는지가 중요하다는 것을 보여주었지만, 언제 그리고 어떻게 지도자가 가장 중요한지도 보여준다. 다음 장에서 보겠지만, 1918년 윌슨이 브레스트 부두에 처음 발을 디뎠을 때, 새로운 세계질서에 대한 그의 비전에 사로잡힌 대륙이 열광적인 박수를 보냈지만, 윌슨의 선호는 그가 예상했던 것과는 다른 방법으로, 훨씬 덜 바라던 방식으로, 특히 파리에서의 마지막 평화회담 협상에 영향을 미쳤다.

13.5 결론

우리는 수년간 중립을 지킨 미국이 왜 1917년 4월 제1차 세계전쟁에 참전했는지 묻는 것으로 이 장을 시작했다. 만약 그것이 독일의 힘을 억누르려는 연합국의 목표를 공유하는 단순한 문제였다면, 미국은 더 빨리 합류했을 것이다. 다른 열강들이

81 Leeds, Mattes, and Vogel(2009).

82 McGillivray and Smith(2008).

83 Wolford(2012, 2018).

소모돼 버린 후 미국의 비교할 수 없는 재정력을 바탕으로 팍스 아메리카나를 건설하려던 우드로 윌슨의 희망은 실행 불가능하다는 것이 입증되었다. 그가 행동을 통제하려 했던 바로 그 참전국들이 참전에 대한 윌슨의 인센티브에 영향을 미칠 수 있었기 때문이다. 이 장 첫머리의 인용구가 알려주듯이, 윌슨은 자국의 해상무역을 보장하는 국제 시스템의 기능을 보존하는 것 외에는 아무것도 원하지 않았다. 전쟁이 격화되면서, 그러한 희망은 영국의 해상 봉쇄를 돌파하려는 독일의 야망과 충돌했고, 1916년 후반 이후 윌슨은 더 이상 이를 막을 수 없었다. 원칙적으로 억제력을 강화해야 했던 해군력의 성장을 제외하면, 서식스 서약 이후 미국에는 변화가 거의 없었다. 이 퍼즐을 풀기 위해, 우리는 부분게임 완전균형의 논리를 가지고 한 쌍의 전개형 게임을 분석했다. 이를 통해, 미국의 억제력이 무너진 이유가 독일이 윌슨의 싸우고자 하는 의지를 의심했기 때문이 아니라, 연합국과 미국의 재정적 유대가 더욱 강화됨에 따라 윌슨이 더 이상 싸우지 않겠다고 신빙성 있게 맹약할 수 없다고 독일이 믿었기 때문이었다는 것을 확인할 수 있었다. 그래서 미국의 개입을 기다리는 대신, 독일은 대규모 미군 병력이 유럽에 도착하기 전에 무제한 잠수함 작전을 신속하게 결행한다. 그것은 전쟁을 시작한 주사위 굴림과 같은 확실한 도박이었지만, 독일의 지도자들은 알면서 이를 결정했다. 1월 17일 힌덴부르크는 독일 최고 사령부의 태도를 요약했다: "어쩔 수 없다. 우리는 미국과의 전쟁을 예상하고 모든 준비를 마쳤다. 상황이 더 나빠질 수는 없다."

우리는 지금 독일의 도박이 통하지 않았다는 것을 알고 있다. 영국이 호송 시스템을 채택하고 새로운 대잠수함 전술을 개발함에 따라, 연합국 선박을 침몰시키는 등 초기의 극적인 성공은 계속적으로 이어질 수 없었다. 그리고 마침내 독일의 "군국주의"를 분쇄하고 연합국이 무덤에서 춤추는 것을 제지하는 것을 목표로, 이백만의 미군 부대가 유럽에 상륙했다. 1917년 초에는 상황이 동맹국에게 나쁘게 돌아가는지 명확하지 않았다. U-보트는 수많은 적 선박을 대서양 바닥으로 침몰시키고 있었고, 러시아는 혁명의 위기에 처해 있었고, 독일은 여전히 벨기에와 프랑스 영토에서 지휘권을 유지하고 있었다. 연합국은 볼셰비키 혁명 이후 (러시아가 전쟁에서 빠지고 독일이 탐내던 동부 제국이 독일에 넘어가면서) 동부전선이 붕괴됨에 따라, 서부전선의 소모적인 교착상태에서 벗어나기를 희망하면서 1917년에 새로운 공세를 시작했다. 그리고 양측은 적어도 1919년이나 1920년까지 전쟁이 계속될 것이라고 이야기했다. 그러다가 1918년 중반에 이르자, 독일의 전략적 우위는 과거의 일이 되어버렸고, 동맹국은 와해되었고, 독일 영토에 처음으로 위협을 가한 연합군의 급속한 진격으로 인해 독일군이 휘청거리고 있었다. 1918년 11월이 되자, 동쪽에서 독일이 얻은 이득은 없던 것이 되었고, 베르사유에서 굴욕적인 강화를 맺을 수밖에 없었다. 독일의 영토는 그대로 유지되었지만, 카이저는 네덜란드로 추방되고 독일의 군사적, 경제적 잠재력은 족쇄에 갇히게 되었다. 다음 장에서는 독일이 어떻게 몇 달 만에, 끝나지 않을 것 같던 전쟁에서 눈 깜짝할 사이에, 동부에서의 승리에서 거의 완전한 패배에 이를 수 있었는지 추적할 것이다.

14

시작의 끝: 승리, 패배 그리고 평화

시작의 끝: 승리, 패배 그리고 평화

해머가 우리 손에서 미끄러져 빠져나간 순간 우리 자신이 해머 밑에 있다는 사실을 알게 되었다.

파울 폰 힌덴부르크,
내 인생에서, 제2권

싸움은 끝까지 가야 한다: 녹아웃 시킬 때까지.

데이비드 로이드 조지

우리의 마지막 퍼즐은 현대에 가장 중요한 질문 중의 하나이다:

왜 제1차 세계대전이 1918년 11월에 끝났는가?

대전은 우리가 이름만으로 예상했던 폭발적인 굉음이 아니라 흐느낌으로 끝이 났다.[1] 수년간의 잔인한 싸움, 절망적인 도박 그리고 구식 힘의 밸런스 교체에 대해 점점 커져가는 레토릭 이후 우리는 "절대전"을 기대하게 되었다. 그러나 1918년 10월 4일 독일이 휴전을 요청했다. 독일군이 새롭게 탈바꿈한 소비에트–러시아에 대

1 세계사적 흐느낌, 그럼에도 불구하고 흐느낌.

해 승리를 거두고, 자국의 영토는 정복당하지 않은 채 그대로 남아 있고, 이중 군주국은 마침내 7월 위기를 촉발한 세르비아의 위협을 분쇄했음에도 말이다. 유럽의 헤게모니에 도전한 독일의 시도를 분쇄할 뿐만 아니라 또 다른 시도를 꿈꿀 수 있는 능력조차 없애 버리겠다고 다짐했던 상대국들은 여전히 건재한 독일 육군과 유럽의 중심에서 확고부동하게 통일된 체제를 유지하고 있는 독일 정치체제와의 휴전을 승인했다. (세르비아와 러시아의 맹약의 문제가 있었던) 1914년보다 나은 전략적 위치임에도 왜 독일은 백기를 들었는가? 그리고 동부전선에서 승리한 이후 독일의 야망이 사라지기는커녕 잠재적으로 더 강화된 상태에서, 왜 연합국은 1918년의 운명적인 휴전을 승인했는가?

군사적 연합 *사이의* 경쟁만큼이나 군사적 연합 *내부의* 경쟁 관계에 의존하는 이 퍼즐의 해답은 우리에게 다음을 가르쳐 줄 것이다:

- 왜 전쟁을 끝내면서 전쟁을 시작할 때보다 더 많은 협상 문제를 풀어야 하는가.
- 제1차 세계대전이 "절대전"이 될 수도 있었음에도 왜 그러지 못했는가.
- 어떻게 국내 정치제도가 외교정책에 영향을 미치는가.
- 왜 어떤 평화 합의는 지속되는 반면, 어떤 것들은 *깨지기* 쉬운가.

어떻게 제1차 세계대전이 끝났는지 설명하기 위해서는 (우리가 11장과 12장에서 배웠던) 기존의 두 전쟁종료모형을 이용할 필요가 있다. 세르비아와 오스트리아-헝가리뿐만 아니라 러시아와 독일 사이의 힘의 이동 문제로 시작된 전쟁이 다른 국가들에게, 특히 영국과 프랑스에게, 맹약의 문제를 만들어 냈다. 또한, 지옥같이 느린 소모전의 전개, 사회의 꾸준한 동원 그리고 새로운 참전국의 지속적인 추가 등의 전쟁방식이 어느 쪽이 궁극적으로 다른 쪽을 능가하게 될 것인지에 대한 정보의 문제도 불러일으켰다. 그래서 전쟁을 끝내는 데에는 정보의 문제와 맹약의 문제를 모두 풀어야 한다. 이 장의 논의를 통해 우리는 전투를 통해 독일이 끝까지 싸우더라도 더 이상 승리할 가망이 없다는 사실을 깨닫게 되자 전쟁이 먼저 끝났고 두 번째로 독일이, 민주화를 이행하고 프로이센 군사 엘리트들의 권력을 무너뜨려, 윌슨의 요구에 응함으로써 자국이 처한 맹약의 문제를 해결했음을 보게 될 것이다. 그러나 이러한 해법이 완벽하지 않았음을 우리는 알고 있다. 그럼에도 연합국이 11월에 휴전을 승인한 것은 너무 많은 미군이 지상에 배치되기 전에 합의에 도달하는 것이 그러한 위험을 감수할 만큼 가치가 있다고 생각했기 때문이다: 미군이 너무 많이 참전하게 되면, 평화협상에서 우드로 윌슨이 너무 많은 통제권을 가질 위험이 있었다. 우리는 왜 미국의 전쟁 목표에 정치 개혁에 대한 요구가 포함되었는지, 그리고 전쟁, 특히 다자간 전쟁 이후에 명백히 군사적 성공을 거두었음에도 불구하고 평화 정착이 그토록 어려운 이유가 무엇인지에 대한 논의로 이 장을 마무리한다.

14장 핵심 용어

- 휴전

14.1 흐느낌으로 끝나다

왜 대전이 1918년 11월에 끝났는가? 왜 그토록 많은 사람들이 바랬던 1916년이 아니고, 그리고 똑같은 사람들이 그렇게 될까 두려워했던 1920년이 아니었는가? 늘 변함없이, 우리는 언제나 표면적으로 명백해 보이는 답을 생각해 낼 수 있다. 불가리아, 오스만 제국 그리고 합스부르크 가문이 이미 연합국과 거래를 마친 후에, 독일이 최종적인 평화조약의 협상을 허용하기 위해 전투 종료를 의미하는 **휴전**(armistice)을 요청했고 받아들여졌다.[2]

2 1953년 휴전으로 끝난 한국전쟁이 최종적인 조약없이 끝난 전쟁의 대표적인 예이다. Stueck(1995, 2004), Fazal(2013) 그리고 Wada(2013).

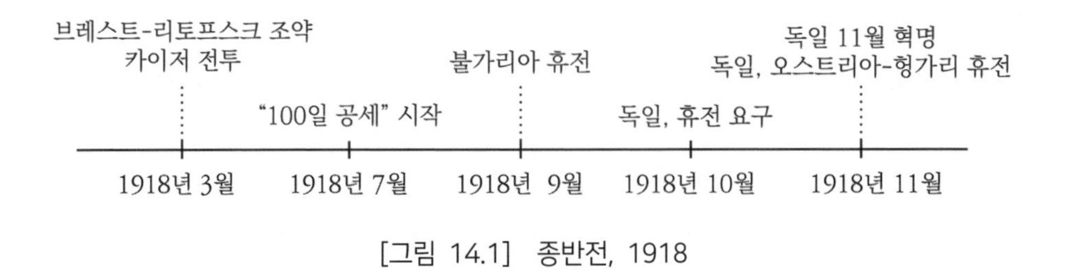

[그림 14.1] 종반전, 1918

정의 14.1 **휴전**(armistice)은 적대적 행위를 멈추는 공식적 합의이다. 종종 공식적으로 전쟁을 끝내는 조약으로 이어진다.

개념적으로 휴전(armistice)은 비공식적으로 그리고 지역적으로 싸움을 정지하는 합의인 정전(ceasefire)과 전쟁을 끝내고 전후 정치의 새로운 규칙을 규정하는 공식적인

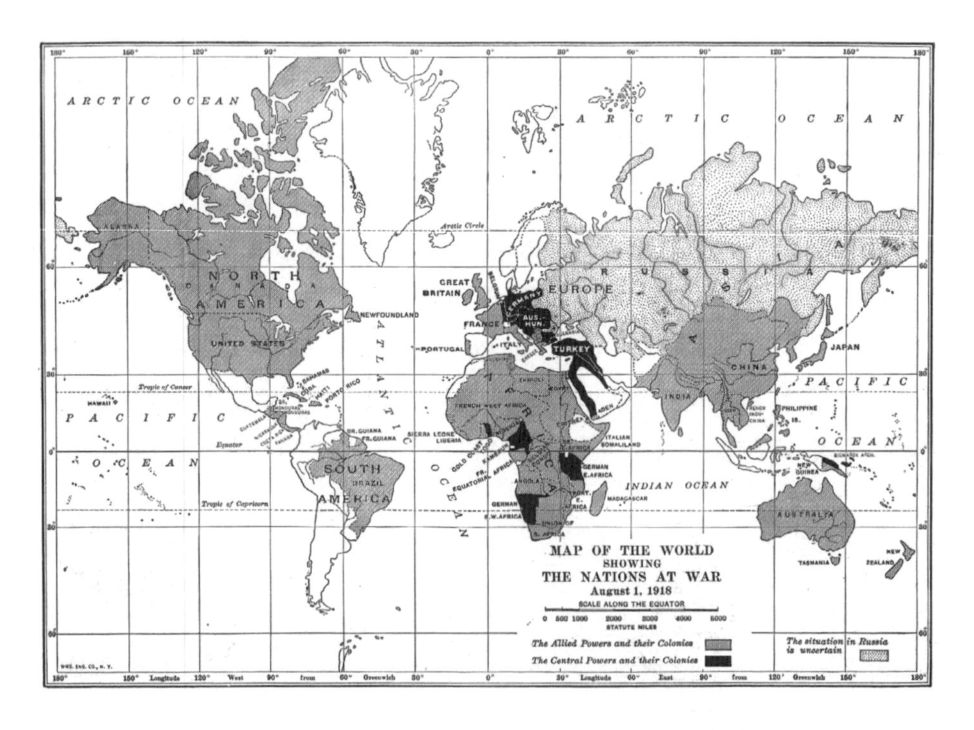

[지도 14.1] 전쟁 중인 세계, 1918. McMurry(1919)에서

합의인 평화조약(peace treaty) 사이에 위치하는 개념이다. 휴전이 싸움을 끝낸다는 의미인 반면, 평화조약은 전후 정치와 힘의 밸런스 등의 까다로운 문제까지 다룬다는 점에서 차이가 있다.

그런데 1918년 가을 독일은 왜 자국을 연합국의 자비에 내맡기게 되었는가? 봄에 러시아를 물리친 후 치욕적인 브레스트-리토프스크(Brest-Litovsk) 조약에 사인하게 하여, 이제 동맹국의 지배하에 들어오게 된 러시아의 토지와 인구, 생산을 박탈했다. 지도 14.1이 1918년 8월 현재 상황을 "불확실"하게 묘사하지만, 베를린과 상트페테르부르크에서는 무슨 일이 일어났는지에 대해서는 의심의 여지가 없다: 독일은 오랜 슬라브 라이벌에게 승자의 평화를 강요했다.[3] 결과적으로, 이제 수십 만의 독일군이 서쪽으로 향할 수 있게 되었다. 세르비아와 루마니아가 격파되면서 발칸과 콘스탄티노플까지 게르만 지배를 담보할 수 있었고, 이중 군주국은 (독일의 도움이 전혀 없이) 카포레토(Caporetto)전투에서 이탈리아 육군을 격파했다. 독일과 오스트리아 모두 자신들을 1914년에 전쟁으로 이끌었던 맹약의 문제를 해결한 것이다. 그러나 11월 11일, 독일의 지도자들이 자국의 땅을 온전히 보전하고 있으면서도 요청한 휴전으로 인해 총성이 멈추어 버렸다. 그리고 가브릴로 프린치프의 저격이 전쟁으로 몰아넣은 지 5년 후인 1919년 6월 28일, 독일은 베르사유 조약에 서명하며, 영토를 양도하고, 막대한 배상금을 지불하고, 악명높은 전쟁범죄 조항을 받아들였다(4장 참조). 동부전선에서 승리하고 서부전선에서 패배하지 않았음에도, 제국은 악명높게 가혹한 평화조약으로 가는 길을 선택했다.[4] 그런데 왜 독일은 모든 것을 포기해 버렸을까? 애초에 전쟁으로 이끌었던 그것들이 손에 닿을 수 있을 뿐만 아니라 마침내 독일의 손에 안전하게 들어왔음에도, 왜 계속 싸우지 않았을까?

몇 개월 전으로 돌아가면(그림 14.1 참조), "카이저 전투(Kaiserschlacht)"로 불리는 독일의 대규모 춘계 공세가 신생 동유럽 주둔에서 풀려난 54개 사단에 의해 강화되었다. 루덴도르프는 1917년 이래로 서부전선을 지배해 온 방어 전략을 폐기하는 계획을 세웠다. 지친 연합국 군대를 상대로 최대한 많은 사단을 투입하여 전선을 뚫고 벨기

3 러시아가 전쟁에서 빠지자, 이 지도가 앞 장의 지도 13.2와 상당히 달라 보인다.
4 Herwig(2014, p. 246).

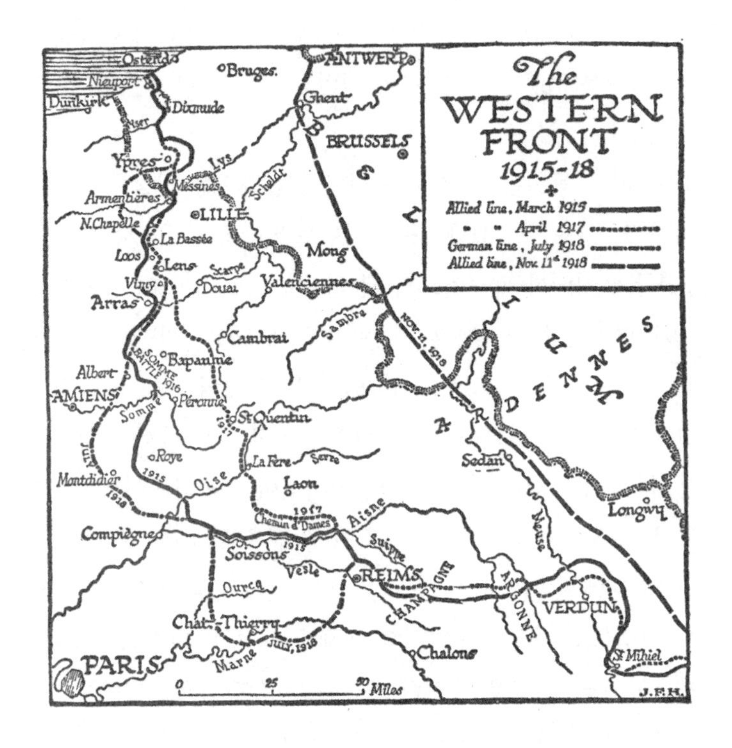

[지도 14.2] 서부전선, 1915-1918. Wells(1922)에서

에 접점에서 영국군과 프랑스군 사이를 가르거나 파리로 곧장 진군하기를 희망했다.[5] 3월 미하엘 작전(Operation Michael)을 시작으로 하는 전투는 전쟁 초기를 연상시켰다. 지도 14.2는 독일의 중화기가 파리를 사정권 내에 두고 있음을 보여준다. 비록 연합국의 전선이 압력에 휘어졌지만, 마치 1915년 고를리체-타르노프 공세(8장)에서 처참한 패배를 겪은 러시아 군대처럼, 그 전선은 끊어지지 않은 채로 남아 있었다. 기동전이 회복되면서 사상자 비율이 다시 한번 엄청나게 높아져, 1916년 베르됭에서 9개월 동안 기록한 사망자 수를 단 2주 만에 앞질렀다.[6] 루덴도르프는 아군이 먼저 붕괴되기 전에 소모전의 교착상태를 일련의 공세로 돌파하는 도박을 걸었다. 파리 시민들을 밤잠 이루지 못하게 할 만큼 큰 돌파구를 만들었지만 그가 원하는

5 Stevenson(2011). 루덴도르프는 자주 즉흥적으로 그의 계획에 변화를 주었고, 이로 인해 종종 비난받았다.
6 Stevenson(2011)과 Kershaw(2015, 2장).

결정을 내릴 수 없었다. 그 돌파구를 만드는 데 자원을 너무 많이 소모해 버렸기 때문이다. 그는 더 이상 군대 뒤에 숨을 수 없었다.[7]

루덴도르프의 마지막 주사위 굴림에서 결정이 나왔다: 다만 그것은 그가 원하는 것이 아니었다. 프랑스에 매달 20만 명의 미군이 상륙하면서, 소모전에서 영국과 프랑스가 결국 독일을 압도했다. 물자는 소진되어 가고 전쟁이 정부가 설명하던 것처럼 방어적이지 않다는 사실을 깨닫고 병력의 사기가 붕괴되면서, 자랑스러운 독일의 전쟁 기계는 퇴각할 수밖에 없었다. 그 여파로 연합군과 미국 파트너는 10월까지 독일의 마지막 전방 방어선－자랑스러운 힌덴부르크 방어선－을 돌파하며, 빼앗겼던 프랑스와 벨기에의 많은 영토를 회복했다. 그 과정에서 카이저 전투(Kaiserschlacht)를 끝내버린 7월의 제2차 마른(Marne)전투를 시작으로 아미앵(Amiens)의 "100일 전투", 5차 이프르(Ypres), 2차 솜(Somme), 모이제－아르곤느(Meuse－Argonne) 그리고 캉브레(Cambrai)전투까지, 미국의 드레드노트로 한층 강화된 해상 봉쇄의 지원을 받자, 연합국의 물질적 그리고 수적 우세가 마침내 완벽하게 드러나게 되었다. 훗날 제2차 세계대전에서 중요한 역할을 맡을 장교인 더글라스 맥아더, 조지 마샬, 조지 패튼 그리고 해리 트루만이 모두 이 전쟁의 막바지에 서부전선에서의 작전을 보았고, 그들의 사령관 존 퍼싱은 적어도 1919년까지는 전쟁에서 승리할 수 있다고 믿었다.[8] 미국의 신식 드레드노트, 달러 그리고 미군 병사들의 지원을 받아, 이제는 연합국이 독일 자체의 생존에 심각한 위협이 될 수 있었다.

1918년 가을, 벨기에 영토를 제외하고 프랑스의 대부분이 회복되었을 때(지도 14.2 참조), (1914년 동프로이센에 대한 러시아의 침입 이후 처음인) 침입 위협은 여전히 위협이었다.[9] 독일군은 공격적인 전쟁 수행이 불가능해졌으나, 짧은 전선에서 그리고 자국 영토 위에서 자국 영토를 위해 싸우는 방어 전쟁이 불가능할 정도는 아니었다.[10] 방어 전쟁은 적은 수의 군대가 필요했고, 브레스트－리토프스크로 세워진 동유럽 제국으로부터 새로운 물자를 끌어올 수도 있었다. 폴란드와 발트해 연안 국가들은 독일

---

7 Goemans(2000, 9장).

8 Stevenson(2011, p. 43).

9 당시 독일 대중에 미친 심리학적 영향에 대해 Watson(2014) 참조.

10 Strachan(2013, p. 295).

의 속국이 되었고, 우크라이나는 러시아로부터 분리되어 윌슨과 볼셰비키가 설파한 민족자결주의를 가장하여 명목상 독립을 승인받았다.[11] 독일을 전쟁에 끌어들였던, 부상하는 러시아의 힘이 수반했던 맹약의 문제는 이렇게 요란한 방식으로 해결되었다. 더 남쪽에서, 세르비아가 무너지면서, 합스부르크 군대를 처음 진군하게 만들었던 맹약의 문제가 해결되었다. 이탈리아는 더 이상 이중 군주국의 서쪽 측면에 위협이 되지 못했다. 그리고 오스만 제국은 이제 다르다넬스 제도에 대한 러시아의 위협이 한동안 잠잠해질 것이라는 사실을 알고 안심할 수 있었다.

그러나 그것이 모두 동맹국에 햇빛과 빛이 되지는 않았다. 독일의 무제한 잠수함 작전은 해군의 기대에 미치지 못했고, 호송 시스템, 농산물 부족을 처리하는 예상치 못한 영국의 능력, 빌린 프랑스 장비와 부족한 훈련에도 불구하고 전투에 돌진하려는 미군의 의지에 직면하여 비틀거렸다.[12] 연합국이 1915년부터 진을 치고 있던 그리스 항구 테살로니키 북쪽에 있는 불가리아의 요충지가 1918년 9월에 붕괴되었고, 독일군이 서부전선으로 빠지면서 허약해진 합스부르크 제국의 하복부를 위협했다. 그럼에도 불구하고, 발칸 반도를 통과하는 전투는 산악 지형과 현재 단축되고 있는 합스부르크 방어선으로 인해 연합국의 속도가 느려질 것이라고 예상되었다.[13] 영국군이 메소포타미아와 레반트를 통과해 진군하자 오스만 제국은 영토를 잃기 시작했다. 정치적 야망을 지닌 현지민들의 도움을 받아 아라비아 사막과 문명의 요람인 강변 지역을 가로질러 진군하는 것은 제국의 터키 심장부에서 전쟁을 벌이는 것과는 거리가 멀었다. 개방된 영토를 가로지르는 연합국의 급속한 진군에도 불구하고, 동맹국을 무찌르는 것은 합리적으로 볼 때 시간이 많이 걸리고 엄청난 비용이 들 것으로 여겨졌다.

만약 독일의 휴전 요구가 퍼즐처럼 보인다면, 영국과 프랑스 같은 다른 파트너들을 전쟁으로 이끌었던 맹약의 문제를 심각하게 고려하면, 그것을 허가하고자 하는 연합국의 의지 역시 퍼즐처럼 보인다. 우리는 11장에서 일부 예방 전쟁은 절대전을 일으키지 않으면 해결하기 어려울 수 있다고 배웠는데, 연합국 지도자들은 이 사실

11 Tooze(2014).

12 Strachan(2013)과 Sondhaus(2014).

13 Stevenson(2011, pp. 142–148).

을 잘 알고 있었던 것처럼 보인다. 영국 외무장관 에드워드 그레이는, 윌슨의 친구이자 특사인 에드워드 하우스와의 논의에서, 영국의 전쟁 목표는 벨기에 수복과 "군국주의 종식"이라고 밝힌 바 있다. 이는 바로 호엔촐레른(Hohenzollern)과 합스부르크(Hapsburg) 집권 가문의 통치를 끝내겠다는 의미였다.[14] 새로운 힘의 밸런스를 이루려면 독일의 완전한 군사적 패배가 필요하다는 인식이 당연한 것처럼 보였다. 특히 연합국이 겉으로는 무한해 보이는 미국의 경제력과 군사력을 활용할 수 있게 되면 더욱 그렇다. 적어도 '30년 전쟁' 이래로 유럽을 괴롭혀왔던 독일 문제에 대해 어떻게, 최소한 독일을 무장 해제하고 분할할 수 있을 정도로 독일에 승리하는 것과 동떨어진, 다른 만족스러운 답을 얻을 수 있었을까? 만약 현재의 대전에 이어 제2차 포에니 전쟁을 공개적으로 이야기한 사람들인[15] 카이저와 그의 장군들이 세계대전 이후에도 여전히 통치한다면, 그들은 다시 포위에서 벗어나려고 시도하지 않겠는가?[16] 휴전, 특히 독일의 정치적 계급이 여전히 건재하는 와중에 전쟁에 지친 유럽을 성급한 평화조약으로 유혹할 수 있는 휴전 협정은 분명 일시적인 해결책만을 약속할 것이며, 독일에게 휴식과 회복을 허용하고 연합국에 불행의 씨를 뿌릴 수 있는 공간을 제공할 것이다. 그리고 독일은 더 유리한 조건에서 전쟁을 재개할 것이다. 왜 파리, 런던 그리고 워싱턴의 눈에 가장 믿을 수 없는 존재들인 카이저, 힌덴부르크, 루덴도르프에게 기회를 주는가?

14.2 종전에 대한 설명

우리의 전쟁이론은 참전국들이 일단 합의를 가로막았던 협상의 문제, 맹약의 문제(11장) 또는 정보의 문제(12장)가 해결되면 싸움을 멈춘다고 가정한다. 그러나 전쟁은

14 Meyer(1916, p. 69).
15 Strachan(2013, 8-10장).
16 독일이 1939년 다시 전쟁을 일으켰을 때, 카이저와 그의 장군들의 책임은 아니었다. 그러나 그 장군들은 전후 독일 대중의 분노를 유발시키기 위해 많은 일을 했다.

가끔 혼란스럽고 예측 불허이며, 어떤 경우에는 추가적인 참전국, 이슈 그리고 협상의 문제가 포함되며 확장된다. 싸움이 현장의 사실을 바꾸고, 참전국 내부에서 정부가 서거나 무너지고, 여태까지 믿을 수 있었던 파트너가 전쟁에서 빠지고, 새로운 참전국이 편을 정하여 그 자체의 목적을 추구할 때, 종전은 그것이 시작되었을 때보다 더 많은 협상 문제들을 풀 것을 요구한다. 한국전쟁이 아주 유용한 예를 제공한다. 한국전쟁은 이전의 소련과 미국의 점령지로 나누어진 한반도에 대한 지배권을 두고 1950년 시작되었는데, 곧 UN의 지원을 받는 미군을 끌어들였고, 이어 오랜 내전에서 승리를 거둔 중공군이 뒤따라 참전했다. 그래서 한국전쟁은 단지 한국에 관한 싸움이 아니라 지역적 힘의 계층제에서의 순위 싸움으로 끝났다. 전쟁이 원인이 된 남과 북의 맹약의 문제를 해결하는 것만으로는 불충분했을 것이다. 1953년 당시 전쟁을 끝내기 위해서는, 열강들이 개입하여 전쟁을 지속할 경우에 발생 가능한 결과에 대한 불확실성뿐만 아니라 양측이 더 유리한 조건으로 전쟁을 재개하기 위해 정전(ceasefire)을 사용할 수 있다는 두려움도 해결해야 했다.[17]

대전도 전쟁을 끝내려는 국가들에게 유사한 문제들을 제기했다. 발칸반도에서 세르비아의 야망과 오스트리아의 쇠퇴에 대한 전쟁으로 시작되어 빠르게 유럽의 전쟁으로, 그 다음에는 글로벌 힘의 밸런스에 대한 전쟁으로 확대되었다. 러시아와 세르비아의 질문에 대답하는 것만으로는 1918년의 확장된 참전국 집단들 사이에 자기구속적인 협상을 가능하게 하는 데 충분하지 않았다. 따라서 만약 우리가 제1차 세계대전이 왜 1918년 가을에 끝났는지를 설명하려 한다면, 우리는 독일이 휴전을 요청하고 연합국이 이를 승인하기로 결정하기까지 몇 달 동안 어떤 협상 문제들이 활발하게 진행되고 있었는지 확인해야 한다.

퍼즐 14.1 왜 독일이 1918년 휴전을 요청했고, 왜 연합국은 이를 승인했는가?

다음에 우리는 제1차 세계대전의 종료가 순차적으로 먼저 정보의 문제 그리고 나서 맹약의 문제에 대한 해결을 통해 이루어졌음을 보일 것이다. 12장의 모형이 암시

---

17 한국전쟁의 종료에 관해 Reiter(2009) 참조.

하는 것과 같이, 4년간의 전투에서 드러나며 누적된 정보가 궁극적으로 *정보의 문제*를 해결했지만, 맹약의 문제가 남아있었다. 그러나 독일 지도자들은 거의 확실한 패배를 예상하자마자, 연합국과 미군이 문제를 해결하기 전에, 자신들의 *맹약의 문제*를 스스로 해결하기 위한 조치들을 취했다. 승리가 더 이상 불가능하다는 것을 마지막으로 인정하고, 독일 지도부는 스스로를 해임하고, 윌슨이 10월 내내 협상과 연계시킨, 민주화 과정을 시작했다. 이를 통해 싸움을 멈추겠다는 독일의 맹약을 믿을 수 있게 만들었다. 궁극적으로, 독일의 야망의 근원과 이에 종속된 힘의 밸런스에 대한 위협에 대한 믿음이 연합국이 "절대전"으로 가지 않고 협상하려는 의지에 영향을 미쳤다.[18]

14.2.1 퍼즐 풀기

1918년의 휴전으로 가는 길은 다음의 단순한 질문에 녹아있는 정보의 문제를 해결하면서 시작된다: 어느 연합이 이 잔인한 소모전에서 상대를 능가할 것인가? 그러나 맹약의 문제가 있는 경우, 끝까지 싸울 경우 어떤 결과가 나올 것이라는 합의만으로 전쟁을 끝내기에 충분하지 않을 수 있고,[19] 그래서 독일이 궁극적인 승리가 불가능하다는 것을 믿게 되는 순간, 우리는 두 번째 질문을 던져야만 한다: 왜 연합국이 1918년에 싸움을 끝내겠다는 독일의 약속을 받아들였는가? 12장의 모형을 직접적으로 응용하여 첫 번째 질문에 대해서 답할 수 있어 새로운 모형을 적을 필요가 없지만, 두 번째 질문을 위해서는 새로운 게임이 필요하다.

정보의 문제부터 시작하자. 어느 쪽도 자신이 얼마나 버틸 수 있는지에 대해 인정할 인센티브를 가지지 못한다. 그렇게 하면 자신의 약점을 노출시킬 수 있기 때문에, 세상의 참인 상태를 알기 위해서는 싸우는 옵션만이 남는다. 동맹국은 인구가 적고 바다에 대한 접근이 제한되어 있지만, 그들은 내부 전선에서 싸우고 대부분의 전쟁 동안 독일군은 자신들이 잃은 것보다 더 많은 연합국 병사들을 죽였다. 연합국은 인

18 Saunders(2011).

19 Wolford, Reiter, and Carrubba(2011).

구와 부 등의 명목상 우세가 있지만, 그들은 해상 공급에 의존하는데 이 병참 공급 라인을 독일 영토까지 확장할 경우 물류 부담을 가중시킬 것이다. 소모전이 기동전에 비해 상대적으로 사상자 수를 감소시켰지만(8장 참조), 그것은 또한 어떤 전쟁에서 끝까지 싸웠을 경우의 결과에 대한 정보를 감소시켰다. 그리고 대중들과 군대가 전쟁에 지쳐가면서, 소모전은 전쟁터에서보다 먼저 자국 내 전선에 균열이 갈 가능성을 높였다.[20] 만약 싸움이 "절대전"에서 어느 쪽이 최후에 승리할 것이라는 정보를 명확히 전달할 수 있다면, 갈등을 끝내는 하나의 장애물은 넘은 것이다. 그러나 소모전의 특성과 봄을 기점으로 서부전선에서 갑작스럽게 독일의 전투 능력이 증가한 점을 고려하면, 어느 한쪽의 우세를 증명하기 위해서는 더 많은 싸움이 요구되었다.

1918년 말까지 소모전에서 서서히 벗어나면서 독일 최고 사령부는 몇 가지 불편한 진실을 깨닫게 되었다. 잠수함 작전이 충분히 많은 배를 침몰시키지 못하고 있기 때문에 그리고 미군들이 프랑스 장비를 가지고 훈련도 거의 없이 전선에 바로 투입되고 있었기 때문에, 미국의 힘이 예상보다 훨씬 일찍 효과를 나타낼 것이다. 독일의 인적 자원은 카이저 전투의 아귀 속으로 빨려 들어가 거의 소진되었고, 불가리아가 9월 29일 휴전 협정에 서명함에 따라,[21] 군사적으로나 정치적으로 점점 더 독일에 의존하고 있는 이중 군주국에 치명적인 타격을 주었고 동시에 독일의 연합에 금이 가기 시작했다.[22] 마침내 승리가 불가능함을 확인한 독일군은 싸움의 의지도 잃었다. 점점 더 절박해지는 1918년 전투에 참가하기 위해 기차에서 내린 예비군들은 환멸에 빠진 병사들로부터 "파업 파괴자(strikebreakers)"로 조롱당했고, 자살행위나 다름없는 마지막 출격 명령이 킬(Kiel)의 해군 기지에 내려지자 수병들은 반란을 일으키며 전투를 거부하고 혁명을 촉구했다. 마찬가지로, 전쟁에서 이길 수 없다는 진실이 독일 전역으로 퍼지게 되자, 거리 시위자들과 노동 쟁의로 도시 중심가가 마비되었다. 루덴도르프는 이 최악의 뉴스를 인정할 수밖에 없었고, 10월 초에 요청된 휴전

20 Weisiger(2016).

21 Grayzel(2013, p. 164).

22 이러한 의존성이 궁극적으로 1917년 오스트리아 평화 타진과 독일의 그림자가 짧아지자, 휴전에 대한 열망에 이르게 한다.

의 필요성을 받아들였다. 전쟁은 우리가 12장에서 본 전쟁종료모형의 2기와 아주 닮았다. 전쟁의 궁극적인 결과에 대한 불확실성이 해결되었고, 만약 그것이 협상의 유일한 마찰 요인이었다면 우리는 평화를 기대할 수 있었다. 그런데 매일매일 더 강해지고 있는 연합국이 왜, 독일을 물리치겠다는 총력전의 위협이 한층 더 신빙성을 얻어가는 와중에, 휴전을 받아들이는가? 이 부분을 위해 새로운 모형이 필요하다.

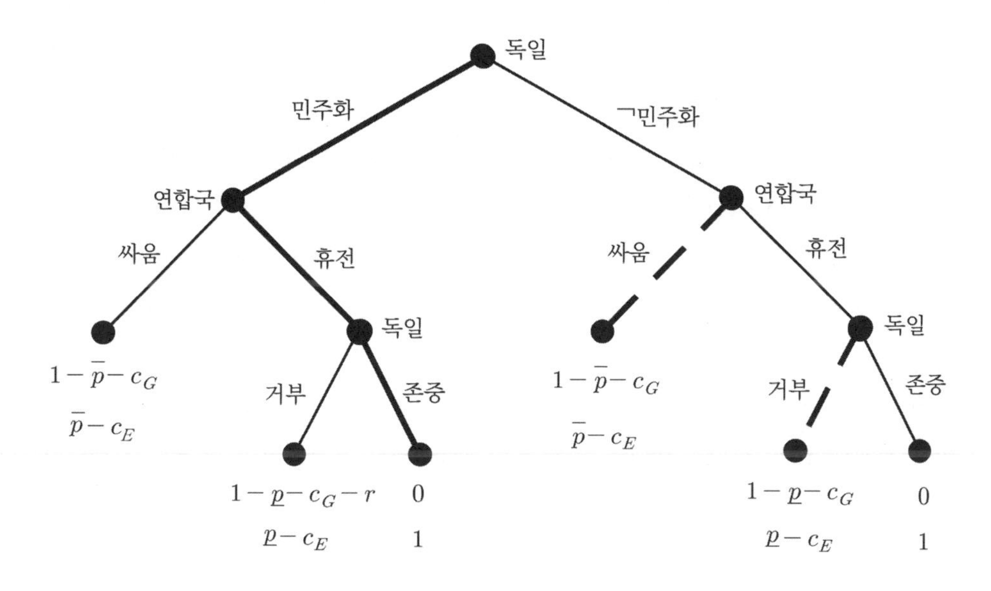

[그림 14.2] 독일 정치제도와 종전

그림 14.2는 전쟁의 종료를 정의하는 핵심적인 움직임을 순서대로 나타내고 있다. 연합국과 미국이 마지막 한 차례의 협상 문제에 직면해 있다: 유럽의 힘의 밸런스를 무너뜨리려는 시도를 다시는 하지 않겠다는 독일의 의심스러운 맹약을 두고 벌이는 협상 문제. 우리는 독일이 휴전을 요청하지만 그렇게 하는 조건을 독일 스스로 선택해야 한다고 가정한다.

연합국은 프로이센의 군국주의를 끝내라고 외치고 윌슨은 군사 정부가 아니라 대중적인 정부와 협상할 것이라고 점점 더 강하게 주장하고 있는 상황에서,[23] 독일의

---

23 Meyer(1916, p. 69)와 Goemans(2000, 9장).

첫 번째 움직임은 민주화와 1916년 이래의 힌덴부르크－루덴도르프 군사독재(ㄱ민주화)를 유지하는 것 사이의 선택이다. 독일의 선택을 관찰한 후, 연합국과 미국은 끝까지 싸우는 것과 휴전을 승인하는 것 사이에서 선택한다. 끝까지 싸우는 것은 우리가 11장과 12장에서 고려했던 "절대전"을 의미하고, 싸우지 않고 휴전을 승인하면 독일에게 휴전을 존중할 것인지 거부할 것인지 선택할 기회를 준다. 독일이 마지막에 거부한다는 것은 시간을 벌고 회복하여 더 좋은 조건에서 전쟁을 재개하기 위해 연합국을 이용한다는 의미이다. 즉, 거부는 조만간 전쟁을 재개하여 끝까지 싸운다는 것을 의미하고, 휴전의 존중은 적어도 수년간의 평화를 의미한다. 이러한 전개형 표현이 우리로 하여금 쉽고 직관적으로 맹약의 문제를 포착할 수 있게 해준다. 마지막에 움직이는 쪽이 독일이기 때문에, 우리가 올바른 해의 개념을 선택하는 한, 연합국이 휴전을 승인할 경우 독일은 자신에게 가장 유리한 선택을 하지 않겠다고 미리 약속할 수 없다. 그러나 11장에서의 맹약의 문제에 대한 처리와 대조적으로, 독일은 게임의 시작 부분에 합의를 거부하고 싶은 욕망에 대항하여 자신의 손을 묶는 옵션을 가진다: 적들이 유럽을 지배하려 한다고 믿는 군사정부를, 독일의 정치, 경제, 사회가 패배로 인한 혼란에 빠지기 전에, 평화 확보에 더 열심인 민간 정부로 교체하는 옵션.

다음으로, 경기자들은 게임의 결과에 대해 어떻게 순위를 매기는가? 게임은 여섯 개의 종착 마디가 있지만, 단지 세 가지 방식으로 끝날 수 있다. 첫 번째, 독일의 민주화 여부와 상관없이 연합국이 전쟁을 계속할 수 있다. 전쟁에서 이기면 1의 보수를 얻고 지면 0의 보수를 얻는데, 이 경우 연합국이 끝까지의 싸움에서 이길 확률이 $\bar{p} \in (0,1)$이고 질 확률이 $1-\bar{p}$이다. 독일은 연합국이 이길 경우 0, 연합국이 패할 경우 1의 보수를 얻는다. 전쟁을 계속할 경우 양측은 전쟁을 계속하는 것에 대해 비용을 지불한다(각각 c_E, c_G). 이전 장들에서 기대효용을 다루는 방식을 따라, 독일과 연합국의 보수가 각각 $1-\bar{p}-c_G$, $\bar{p}-c_E$이다. 만약 독일이 휴전을 거부해서 전쟁이 계속된다면, 보수가 비슷해 보이지만 두 가지 변화가 있다. 첫째, 연합국의 승리 가능성이 $\bar{p}$에서 $\underline{p}$로 떨어지고, 두 번째, 민주화 이후에 독일이 연합국의 휴전을 거부하면 추가적인 비용 $r>0$이 수반된다. 이 비용은 휴전을 지지하는 민주주의 정당과 사회민주주의 정당이 포함된 독일 의회가 새로운 전쟁에 동의하도록 설득하는 것이 어렵다는 것을 나타낸다. 마지막으로, 독일이 휴전 조건을 존중할 수 있는데, 이 경우에는 파이를 "절대전"의 결과와 유사하게 분배한다: 독일이 0 그리고 연합국이 1의 보수를 받게 된다. 연합국이 특정 확률로 이긴다는 것에 양측이 모두 동의하지만, 만약 독일에게 숨 쉴 틈을 주고 휴전을 거부할 수 있는 기회를 준다면 그 확률은 낮아질 것이다. 그리고 민주주의 정당을 정치과정에 도입하는 것은 독일이 전쟁을 다시 시작하는 것을 더 비용이 많이 드는 행동으로 만들 것이다.

우리가 전쟁의 종료를 설명하고자 한다면, 이 모형에 대한 해는 몇 가지 사실을 설명해야 한다. 첫 번째, 독일은 "위로부터의 혁명" 속에서 민주화에 착수하여, 먼저 민간인 막스 폰 바덴 왕자를 수상으로 임명한 다음, 카이저를 퇴위시키고 군대를 제국의회 통제에 종속시킨다. 두 번째, 그러한 확신이 없다면, 연합국은 전쟁을 계속한다고 위협해야만 한다. 세 번째, 연합국은 독일의 민주화에 대해 휴전을 승인해야 하지만, 힌덴부르크와 루덴도르프가 여전히 통제권을 유지한다면 이를 거부해야 한다. 정리 14.1은 그러한 균형을 묘사하고 있는데, 그림 14.2에서 굵은 선으로 표시되어 있다(균형 경로에서는 굵은 실선, 균형-밖-경로에서는 굵은 점선).

정리 14.1 $\underline{p} \leq 1 - c_G \leq \bar{p}$ 그리고 $r \geq 1 - \underline{p} - c_G$일 때, 전략프로필 (민주화, 존중|민주화, 거부|¬민주화; 휴전|민주화, 싸움|¬민주화)이 부분게임 완전균형이다.

증명 전략 조합 (민주화, 존중|민주화, 거부|¬민주화; 휴전|민주화, 싸움|¬민주화)이 부분게임 완전균형이 되기 위해서는, 먼저 독일에 대하여 다음이 만족되어야 한다:

$$u_G(\text{민주화}) \geq u_G(\neg\text{민주화}),$$
$$u_G(\text{존중}|\text{민주화}) \geq u_G(\text{거부}|\text{민주화}), \text{ 그리고}$$
$$u_G(\text{거부}|\neg\text{민주화}) \geq u_G(\text{존중}|\neg\text{민주화}).$$

그리고 연합국에 대하여 다음이 만족되어야 한다.

$$u_E(\text{휴전}|\text{민주화}) \geq u_E(\text{싸움}|\text{민주화}), \text{ 그리고}$$

$$u_E(\text{싸움}|\neg\text{민주화}) \geq u_E(\text{휴전}|\neg\text{민주화}).$$

독일에 대하여,

$$0 \geq 1 - \overline{p} - c_G \Leftrightarrow \overline{p} \geq 1 - c_G$$

일 때, 첫 번째 부등식이 만족되고,

$$0 \geq 1 - \underline{p} - c_G - r \Leftrightarrow r \geq 1 - \underline{p} - c_G$$

일 때, 두 번째 부등식이 만족되고,

$$1 - \underline{p} - c_G \geq 0 \Leftrightarrow \underline{p} \leq 1 - c_G$$

일 때, 세 번째 부등식이 만족된다. 그리고 연합국에 대하여, $1 \geq \overline{p} - c_E$ 그리고 $\overline{p} - c_E \geq \underline{p} - c_E$이 참이기 때문에, 두 부등식이 만족된다. 어느 누구도 모든 부분게임에서 이익이 되는 이탈을 가지지 아니하므로, $\underline{p} \leq 1 - c_G \leq \overline{p}$ 그리고 $r \geq 1 - \underline{p} - c_G$일 때, 전략프로필 (민주화, 존중|민주화, 거부|¬민주화; 휴전|민주화, 싸움|¬민주화)이 부분게임 완전균형이다. □

어떤 추론이 이러한 균형을 지지하는가? 첫째, 연합국은 군부가 건재하는 한 휴전에 대한 독일의 어떠한 맹약도 심각하게 받아들이지 않으므로, 독일이 민주화되지 않는다면 휴전을 승인하기보다는 계속해서 싸울 것이다. 독일이 군사적으로 재정비하고 국경을 강화할 수 있도록 잠시 휴식을 허용하는 것은 연합국이 우위를 유지하는 동안 단순히 싸우는 것보다 덜 매력적이다. 그래서 독일이 ¬민주화를 선택할 때 휴전을 거부하는 것이 말이 된다. 그러나 민주화된 독일은 휴전을 존중할 것이므로, 연합국의 우세를 반영하는 합의를 도출한다. 대안이 여전히 가장 비용이 많이 들고 위험한 싸움일 때, 거의 확실한 것을 테이블 위에 남겨두는 것은 말이 되지 않는다. 독일의 입장에서, 민주화는 휴전을 거부하는 것을 더 어렵게 하고, 만약 그것이 거부를 충분히 어렵게 만든다면, 즉 $r \geq 1 - \underline{p} - c_G$라면, 민주화는 연합국이 끝까지 싸움을 추구하도록 자극할 거부의 유혹에 맞서 독일 자신의 손을 묶을 수 있다. 따라서 이 부분게임 완전균형의 첫 번째 움직임에서, 독일은 민주화를 선택하여 합의에 맹약을 하고, 연합국이 전쟁에서 승리하는 경우 최악의 결과 $0 - c_G$의 위험을 감수하는 대신 0의 보수를 받는다. 정리 14.1은 연합국이 끝까지의 싸움에서 승리할 가능성이 충분히 높은 경우에만, 즉 $\overline{p} \geq 1 - c_G$일 경우에만 이 부분게임 완전균형이 존재함을 보여준다. 이 조건이 독일이 손실을 줄이도록 설득시키는 것이다. 만약 독일이 휴식을 취할 기회를 가진다면 연합국의 승리 가능성이 충분히 줄어들 것이며(즉, $p \leq 1 - c_G$), 이는 독일이 민주화하지 않으면 싸우겠다는 위협을 신빙성 있게 만든다. 독일이 군사정부를 유지하는 경우 휴전에 대해 맹약할 수 없다는 점이 맹약의 문제를 야기한다: 독일이 군부의 지배를 깨뜨림으로써 이 문제를 먼저 해결하지 않으면, 연합국은 *끝까지* 싸움으로써 이 문제를 해결할 것이다.

이 균형이 연합국의 우세와 이에 대한 양측의 동의에 기초함을 마음에 새겨 두자. 예를 들어, 독일이 연합국의 인구학적, 재정적 우월이 군사적 우세로 전환하는 데 필요한 결의(resolve)와 짝을 이룰 것인지에 대해 약간의 의심을 품고 있다고 가정하자. 그러한 경우, 민주화의 옵션이 휴전을 위반한 후 한 번 더 주사위를 던지는 것보다 덜 매력적으로 보일 수 있다. 그러나 1918년 말까지, 불가리아의 붕괴와 오스트리아의 신속한 휴전에 대한 욕망으로 인해, 연합국과 *끝까지*의 싸움에서 승리할 수 있을지에 대해 남아 있던 독일의 환상이 무참히 깨졌다. 1918년 가을 지도부에게 자신들의 맹약의 문제를 해결해야 할 필요성을 확신시키려면, 정보의 문제를 해결하여 독일에게 승리가 불가능하다는 것을 확신시킬 필요가 있었다.[24] 그렇지만 이 분석은 독일의 민주화가 힘의 밸런스를 회복시킬 것이라는 점에 연합국이 동의하는 경우에만 유효하다. 그렇지 않다면 연합국은 계속 싸울 수도 있다. 그런데 수년간의 피와 수고 끝에, 왜 연합국은 독일을 통일된 상태로 유지하고, 그 땅을 정복하지도 않고, 독일이 *실제로는* 패배하지 않았다는 생각을 가지게 만드는 합의에 동의하는가? 절대전에서 승리하는 것이 매우 현실적인 가능성임에도 불구하고, 왜 독일이 스스로 맹약의 문제를 해결할 것이라고 신뢰하는가?

---

24 Goemans(2000, pp. 284-290).

14.2.2 "녹아웃"에 무슨 일이 생겼나?

이 장의 서두에 있는 로이드 조지의 인용구는 아주 명확하다: "싸움은 끝까지 가야 한다: 녹아웃 시킬 때까지."[25] 맹약의 문제는 예방 전쟁의 목표를 절대전으로 밀고 갈 수 있고, 1871년 독일 통일을 계기로 제기된 문제－누가 유럽을 지배할 것인가－의 해결이 매우 유사한 사례로 보인다.[26] 그러나 위에서 보았듯이 그리고 독일 민족주의자들이 양대 대전 사이의 기간에 강조했듯이, 전쟁은 끝까지 가지 않고 끝났다. 그 모든 파괴와 모든 스트레스에도 불구하고, 갈등은 클라우제비츠의 이상적인 "절대전"이 없이 끝났다. 독일의 영토는 정복당하지 않았고, 비록 그 해군이 스카파 플로우(Scapa Flow)에 억류되고 재무장에 엄격한 제한이 가해지기는 했지만, 독일은 여전히 원칙적으로 스스로를 방어할 수 있었다. 독일은 완전히 무장 해제 당하지 않았고, 특히 배상 측면에서 가혹한 것이었지만, 베르사유 조약은 또한 다른 열강들이 통일된 게르만 국가의 정당성을 인정한 최초의 기록이 되었다.[27] 1945년이 되어서야 영국, 미국, 러시아 군대는 난파된 독일의 꼭대기에 앉아 유럽 전쟁을 끝내고, 독일의 문제에 대해 분할과 군축이라는 간단하지만 거친 결정으로 답할 수 있었다. 왜 특히 포슈가 베르사유 조약을 "20년 동안의 휴전"이라고 조롱했을 때, 연합국은 베를린을 압박하지 않았을까?[28]

이 장의 모형은 무엇이 1918년에 연합국과 그 관련국 미국을 하나로 묶었는지에 초점을 맞추었다: 독일의 "위로부터의 혁명"을 휴전 협정을 거부하는 사태에 대한 충분한 보험으로 받아들이려는 의지가 있었다. 그러나 전쟁의 원인으로 진단된 군국주의로 자유롭게 복귀할 수 있는 게르만 주권국가를 그대로 두는 것은 맹약의 문제에 대한 최선의 해결책이 아니었다.[29] 그리고 왜 독일의 적국들이 완전한 무장 해제(즉, 보복주의에 대한 철통같은 방어)가 결여된 어떤 것을 기꺼이 받아들이게 되었는지 물

---

25 Meyer(1916, p. 153).

26 맹약의 문제에 대한 해법으로서의 "절대전"에 관해, Wolford, Reiter, and Carrubba(2011).

27 Tooze(2014, 14장).

28 1939년 나치의 폴란드 침입을 휴전의 끝이라고 본다면, 예측은 정확했다. 그러나 포슈는 예언가가 아니었다.

29 Werner(1999)와 Lo, Hashimoto, and Reiter(2008).

어볼 필요가 있다.

퍼즐 14.2 왜 대전의 승자들은 끝까지의 싸움을 추구하지 않았는가?

우리 이야기는 지금까지 두 개의 잠정적 해답을 제시한다. 첫 번째는 11장의 논리를 따라서, 보다 완벽한 해결을 추구하는 데 드는 비용이 엄청날 때 맹약의 문제에 대한 불완전한 해결책이 전쟁 종료를 촉진할 수 있다. 그러나 독일군은 항복, 후퇴, 탈영 등의 과정을 거치며 와해되었고, 연합국과 미군이 봄철에 얻은 독일의 성과를 빼앗아 가버렸다. 전쟁 비용이 맹약의 문제에 대한 차선책을 받아들이는 강력한 이유가 될 수 있지만, 반격을 점점 더 꺼리는 군대와 싸우는 데 드는 비용은 독일의 제국주의적 야망 때문에 지불할 가능성이 있는 돈을 생각하면 그렇게 벅차지 않을 것이다. 전쟁을 독일 안으로 끌고 갈 수도 있었지만, 연합국은 휴전을 승인했다. 그러지 않았다면, 최소한 독자적인 라인강 유역과 바이에른 주를 떼어낼 수 있었고, 그리하여 힘들게 얻은 프로이센의 지배력을 줄일 수 있었다.

두 번째로, 참전국이 최종적인 평화회담에서 이익을 얻기 위해 스스로를 기동하는 이전 장들의 이야기와 비슷하게, 독일을 전쟁으로 끌고 가는 이득이 무엇이더라도, 그렇게 하면 최종적인 평화협상에서 프랑스와 영국의 영향력이 극적으로 줄어들 것이다.[30] 점점 더 많은 미군이 프랑스에 상륙하고, 독일 육군을 밀어내는 데 더 큰 역할을 맡고, 전략에 있어서 그에 상응하는 더 큰 발언권을 요구하면서, 연합국의 전쟁 목표가 힘의 밸런스를 재편하려는 윌슨의 혁명적 비전에 더욱 확고하게 종속되었을 것이다. 윌슨은 제국들에게서 승자의 지위를 박탈하고, 글로벌 계층제에서 그들의 자리를 새롭고 비교할 수 없는 미국의 금융 및 군사력으로 대체하려 하였다.[31] 영국이 평화회담에서 자신의 자리를 확보하기 위해 1914년 프랑스 방어에 기여한 것처럼(7장), 영국과 프랑스는 평화조약을 논의할 시간이 왔을 때 미국에 완전히 종속되지 않기 위해 로이드 조지가 예언한 녹아웃에 못 미치지만 전쟁을 끝내기를 열

30 이것이 작은 일이 아니다. 영국은 1914년 후퇴의 욕망이 강했을 때에도 영군들로 하여금 전선을 지키게 했다.

31 13장에 있는 윌슨의 야망을 기억하라.

망했다.[32] 만약 영국군과 프랑스군이 대륙에 온전히 남아있었다면 그리고 그들이 벨기에와 프랑스를 구하는 데 가장 중요한 역할을 했다고 합리적으로 주장할 수 있었다면, 그들은 자신들의 제국을 유지하고, 글로벌 계층제에서 자신들의 지위를 유지하고, 전쟁 전리품에 대한 지분을 확보할 가능성이 더 높았을 것이다. 그러나 그렇게 전쟁을 끝내는 것은, 전쟁을 절대전으로 만드는 녹아웃의 일격을 포기하고, 민주화를 독일 외교정책의 야망에 대한 해결책으로 받아들이려는 윌슨의 의지를 따르고, 한 세대 후에 또 다른 기회(제2차 세계대전)가 주어졌을 때 독일로 달려가는 것을 의미했다.[33]

14.3 민주주의와 전쟁

민주주의 독일에 의한 맹약만을 신뢰하겠다고 윌슨이 선언했을 때, 그는 그 이후로 미국의 외교정책과 전쟁의 원인에 대한 연구에 활력을 불어넣는 아이디어를 냈다. 임마누엘 칸트를 따라, 윌슨은 독재자나 군주의 변덕과 질투에 사로잡힌 정부보다 대중의 정부가 평화에 대해 더 신뢰할 만한 맹약을 한다는 개념에 동의했다.[34] 그렇게 되면, 전쟁을 일으키기 위해서 대중의 지지가 필요한 대중 동원의 시대에는 민주주의가 독재보다 더 평화로워야 한다. 정말로 민주주의는, 독재정권에 맞서 싸울 의지가 뚜렷해 보이는데도 불구하고, 지난 200여 년 동안 서로에 대한 전쟁을 거의 만들지 않았다.[35] 이를 두고 잭 레비(Jack Levy)가 "국제관계의 경험적 법칙에 가장 가까운" 패턴이라고 유명하게 말한 바 있다.[36] 또한 민주주의는 전쟁에서 싸우더라

32 Goemans(2000), Strachan(2013).

33 유럽에서의 제2차 세계대전에 관해 Tooze(2006), Hastings(2010, 2012) 그리고 Kershaw(2012) 참조.

34 칸트는 물론, 공화국 연합 사이의 영원한 평화는 수 세기에 걸친 전쟁이 끝난 후에야 이루어질 것이라고 믿었다. Wagner(2007).

35 1999년 명목상 민주주의인 인도와 파키스탄 사이의 카길(Kargil)전쟁이 애매한 경우 중 하나이다. Sarkees and Wayman(2010).

36 Levy(1988, p. 62).

도 이기는 경향이 있고,[37] 전쟁이 너무 오래 끌지 않는 한 값싸게 전쟁을 치루는 경향이 있고,[38] 그들의 연합에 대한 책임을 준수하는 경향이 있다.[39] 미국 대통령 빌 클린턴과 조지 W. 부시는 이러한 규칙성을 해외 민주주의 증진의 근거로 삼았고, 부시는 명시적으로 2003년 이라크 전쟁을 이끌었다. 학자들은 "민주주의적 평화"의 존재에 대해 동의하지만, 그것은 한동안 설명이 필요한 경험적 사실이었다.

민주주의적 평화에 대한 초기 설명들은, 민주주의 국가 내부에 널리 퍼져 있는 평화로운 정치적 경쟁 규범의 외부화(externalization)가 국가들 사이에 평화를 가져온다고 주장하는 윌슨 계통이었다.[40] 그렇지만 이는 자신에게 적합할 때 약자를 상대로 정복과 예속의 전쟁을 벌이려는 강력한 민주주의 국가의 의지와 맞지 않는다.[41] 다른 설명들은 민주주의적 제도의 역할에 초점을 맞춘다. 어떤 사람들은 민주주의 시스템에서 광범위한 지지를 얻기 어렵기 때문에 이것이 전쟁을 극단적으로 값비싸게 만든다고 주장한다.[42] 그러나 이것은 또한 민주주의가 단지 상호 간의 평화가 아니라 전반적으로 평화로워야 함을 예견한다.[43] 두 번째 제도적 주장은 시민들이 전쟁에 패한 지도자를 투표소에서 쉽게 처벌할 수 있다는 점에 초점을 맞추는데,[44] 이는 민주주의 국가들이 이길 수 있는 전쟁에만 싸우는 경향이 있는 이유와 서로 싸우지 않는 이유를 설명한다. 달리 표현하면, 민주주의적 평화는 상호 억제(mutual deterrence)에 의존한다. 그러나 이 설명은 우리가 알고 있는 민주주의적 평화가 제1차 세계대전 이후의 현상이라는 사실을 설명하지 못한다. 1919년 이전에는 실제로 민주주의 국가들끼리 더 많이 군사적 분쟁을 일으켰었다.[45]

더 최근의 연구는 민주주의적 평화가 민주주의 그 자체와는 관계가 적고 국제 시

---

37 Reiter and Stam(2002).

38 Bennett and Stam(1998).

39 Leeds(1999, 2003a).

40 Dixon(1993)과 Mitchell(2002).

41 Bueno de Mesquita et al.(1999, p. 792).

42 Maoz and Russett(1993).

43 Bueno de Mesquita et al.(1999, p. 792).

44 Fearon(1994), Schultz(1998), Reiter and Stam(2002), Bueno de Mesquita et al.(2003) 그리고 Debs and Goemans(2010).

45 McDonald(2015, p. 574).

스템의 계층 구조와 더 많은 관계가 있다고 주장한다. 민주주의 국가들에 의해 주도된 연합이 두 대전에서 승리했고, 그 후 많은 국가들이 생겨났는데, 다수가 민주주의 국가였다. 그리고 그 나라들이 계층적 안보 속으로 편입되고 민주주의 열강인 영국, 미국과 경제적 관계를 맺게 되었다. 그래서 잠재적인 미래 전쟁에서 같은 편에서 함께 싸우도록 대오가 갖춰진 것으로, 이 신생 민주주의 국가들과 그들의 열강 후원자 사이의 평화는 새로운 힘의 밸런스의 디자인적 특성이라는 것이다. NATO와 같은 조직들이, 국가가 영토 분쟁을 해결하기 위해 동맹에 가입하려 할 때, 대부분 민주주의 회원국을 요구한 것이 그 예이다. 미국의 동맹국들은 민주주의적인 경향이 있었고,[46] 민주주의 열강에 대한 공통된 종속 덕분에, 국제적 분쟁에서 함께 싸우고 서로 싸우지 않는 경향이 있었다.[47] 통계학적 용어를 빌리면, 민주주의와 평화 사이의 관계는 허구적(spurious)이다: 민주주의와 평화는 모두 민주주의 열강이 이끄는 광범위한 위계질서의 존재 안에서 공통된 명분을 공유한다.[48] 민주주의가 평화의 원인이 아니고, 평화가 민주주의의 원인도 아니다. 이 개념들은 둘 다 제3의, 이면의 요인, 이 경우 주요 대전의 결과 조성된 민주적인 평화 지대에 영향을 받는다. 그런데 만약 미국의 헤게모니가 없었다면, 20세기에 민주주의 국가들이 영토, 부, 권력, 권리, 특권을 두고 서로 전쟁을 벌이는 것을 막을 수 있는 방법이 거의 없을 수 있었다. 결국, 민주주의는 원칙적으로 전쟁이 대중적이어야 함을 요구할 뿐, 다른 민주주의 국가에 맞서 전쟁을 벌여서는 안 된다는 것을 요구하지 않는다.[49]

만약 민주주의 제도 그 자체가 국가 간의 평화를 촉진할 수 있다면, (미국이 2003년 이라크에 시도한 것처럼) 무력을 사용하더라도, 민주주의를 확산시키는 것이 평화의 대의를 더욱 진전시킬 것이다. 1945년 이후 일본과 독일에 민주주의를 강요함으로써 이전 군국주의였던 열강들이 이전의 적들과 지속적인 평화를 이루었다. 그러나 이러한 사례가 다른 맥락에서도 적용되는지 여부는 왜 민주국가가 1919년 이후 서로 싸우지 않았는지에 달려 있다. 만약 민주주의와 평화 모두 두 대전에서 민주주의 국가

46 Gibler and Wolford(2006).

47 McDonald(2015).

48 Gibler(2012).

49 Wagner(2007, 6장).

들의 승리하고 힘의 밸런스를 재구축한 산물이었다면, 우리는 경쟁 국가에서 단지 민주적 정치를 채택하는 것만으로도 평화가 이루어질 것이라는 점에 회의적이어야 한다. 오히려 우리는 현재의 민주주의가 지배하는 세계질서의 유지와 잠재적인 미국의 쇠퇴에 직면하여 그 질서가 지속될지 여부에 눈을 돌려야 한다.

14.4 평화의 정치학

제1차 세계대전은 항구적인 평화를 위해 협상하고 유지하는 과정이 얼마나 어려운지 극적으로 보여준다. 전쟁의 확장은, 러시아가 내전으로 정신이 분산된 상황에서도 그러한 것처럼, 합의의 지분을 주장하는 사람들만큼이나 바람직한 합의에 대한 많은 비전이 존재하게 했다. 독일은 "위로부터의 혁명"으로 엄청난 배상금을 피할 수 있기를 바랐는데, 특히 윌슨이 자신의 싸움은 독일 국민이 아니라 독일 지도자들과의 싸움이라고 주장했기 때문에 더욱 그렇다. 프랑스는 최소한 알자스－로렌을 회복하고, 최대한 라인강 유역을 점령하고 현재의 시리아와 레바논 지역에서 제국의 권리를 주장하기를 원했다. 영국은 벨기에 수복, 중동지역에서 자국의 입지 공고화 그리고 영국 해군의 지배력 유지를 추구했다. 이탈리아는 트렌티노(Trentino)와 달마티아(Dalmatia), 특히 항구 도시 피우메(Fiume)를 원했고, 일본은 산둥에서의 우선권 인정과 최종 조약에서 인종 평등 조항을 원했다.[50] 미국은 독일에 대해 관대한 조건을 원했는데, 배상금 조항이 유럽 대륙에서 가장 유망한 성장 엔진을 망가뜨리지 않기를 바랐다. 그리고 옛 유럽 제국의 붕괴와 평화 유지를 위한 국제기구의 창설에 다른 열강들이 동의해 주기를 바랐다. 국제연맹(League of Nations)은 우드로 윌슨의 자랑스러운 비전의 상징이었다.

회원들끼리의 분쟁은 중재에 회부하고 군사적 공격에 맞서 단결해야 하는 연맹은 전후 지배세력인 미국이 가입을 거부하자 일찍부터 흔들렸다. 미국 상원이 베르사유

50 Neiberg(2017, 4장).

조약의 비준을 거부한 것이 1930년대 일본, 이탈리아, 독일의 침략에 직면하여 조약이 실패한 원인으로 종종 지목된다. 그러나 이 설명은 증상과 질병을 혼동한 것이다. 모든 국가들에게 침략에 맞서 협조하도록 요구함으로써, 연맹은 거의 풀리지 않는 집단적 행동 문제(collective action problem, 정의 7.1)에 기반을 두고 있었다. 어느 누구도 기강을 바로잡지 않는데, 누가 왜 자발적으로 지구 반대편에 있는 피해자의 방어를 위해 뛰어들겠는가? 연맹에 대한 미국 의회의 반대는 미국 주권에 대해 경계하는 고립주의적 보호와 산둥에 대한 일본의 권리 부여에 대한 이상주의적 환멸에서 비롯되었다. 고립주의적 보호는 침략행위를 막으려는 다른 국가의 의지에 무임승차하려는 인센티브와 일치하며, 산둥에 대한 일본의 권리 부여는 명목상 민족자결에 영감을 받은 조약을 통해 중국 영토를 일본의 순응과 효과적으로 거래한 것이다.[51] 그러나 미국이 베르사유 조약을 승인했다 하더라도 윌슨의 비전의 핵심에 있는 집단적 행동 문제는 여전히 남아 있었을 것이며, 이를 통해 전후 평화의 두 가지 도전을 부각시켰다: 불만족스러운 이전의 적국들이 전쟁으로 복귀하는 것을 저지해야 하며, 이전 파트너들 또한 승리의 조건에 대한 도전들을 어떻게 저지할 것인지 동의해야 한다. 달리 표현하면, 전후의 안정적인 평화는 이전에 전쟁을 벌였던 진영들 사이뿐만 아니라 그 진영들 내부에서 자기구속적인 합의의 구축이 요구된다는 것이다. 새로운 힘의 밸런스를 공유하고 방어해야 하는 이전 파트너들 사이에서도 자기구속적인 합의를 구축해야 한다.

지난 20여 년 동안 정치과학에서는 항구적인 평화의 원천에 대한 연구가 폭발적으로 증가했다.[52] 전쟁이 비용이 많이 들고, 더 오래 지속되고, 더 파괴적일 때 이전의 적들 사이에 그리고 이전 파트너들 사이에 더 오랜 기간의 평화가 있었다. 승전국이 패배한 정부를 보다 유연한 정권으로 대체시켰을 때, 이전의 적들 사이의 평화도 더 오래 지속되었다. 또한, 평화는 최종적인 군사적 승리 이전에 전쟁이 중단되는 경우에도, 일반적으로 전장의 결과가 명확하게 나온 이후에 더 지속된다. 왜냐하면 일관된 전투 흐름은 끝까지 싸울 경우의 예상 결과에 대한 정보를 공개하기 때문이

51 일본은 독일의 태평양 식민지들로 주워 담았다. 이것이 필리핀과의 통신선을 위협했다.

52 Werner(1999), Fortna(2003), Werner and Yuen(2005) 그리고 Wolford(2017).

다. 제3자가 기회주의적 배신에 대비하여 합의를 보증함으로써 평화를 보장할 수 있으며, 강대국들은 전쟁 발생 시 철회할 수 있는 원조를 제공함으로써 지속적인 평화 정착에 도움을 줄 수 있다. 반면, 전쟁이 제3자의 압력에 의해 끝나면, 특히 싸움이 전쟁의 결과에 대한 충분한 정보를 드러내기 전에 중단된 경우, 일반적으로 빨리 싸움이 재개될 환경이 조성된다. 마지막으로, 1930년대 이탈리아와 독일의 도발에 맞서 연합국이 실패했던 것처럼, 승리한 연합이 분열되고 보복주의 도전자에 맞서 자신들의 이익을 방어하지 못할 때 합의 또한 깨지기 쉽다. 제2차 발칸전쟁 후 누가 마케도니아를 지배할 것인가를 두고 세르비아와 불가리아가 분열했던 것처럼, 승리한 연합 자체가 전후 분배 문제로 찢어질 수 있다. 참으로, 승리한 대규모 연합은 승리 후에 내부의 전쟁으로 무너지는 경향이 높은 반면, 열강을 중심으로 닻을 내릴 수 있는 연합은, 다른 연합이었다면 전쟁으로 몰아넣었을 권력 분배의 작은 변화를 더 잘 헤쳐나가는 것으로 입증되었다. 마지막으로, 승리한 연합이 깨질 것 같고 합의를 방어하는 데 협조하지 못할 것 같을 때, 그들의 이전의 적들이 그들의 패배를 역전시키기 위해 더 전쟁을 일으키는 경향이 있다.

그러면 제1차 세계대전이 생산한 합의의 내구성에 대해서 무엇을 말할 수 있는가? 승자들은 물론 새롭고 내구적인 힘의 밸런스(정의 6.1)를 확립하고자 했지만, 그러한 희망은 환상으로 판명되었다. 1940년에 프랑스를 단 5주 만에 정복할 것이라고 전격전을 예고한 작전의 일환으로, 압도적인 공중 엄호 하에 1939년 독일 탱크가 폴란드로 진격하면서 베르사유의 합의가 무너지는 것을 쉽게 볼 수 있었다.[53] 승리 후 힘의 밸런스를 재확립하려는 연합국의 시도는 훨씬 더 깨지기 쉬웠다. 포슈가 예언한 "20년의 휴전"이기는커녕, 프랑스가 오스만 제국이 1918년 10월 휴전에 서명했음에도 1919년 오스만과 전쟁을 벌였고, 러시아와 폴란드는 1920년 새로운 국경을 확립하기 위해 전쟁을 벌이면서, 그 합의는 2년도 지속되지 못했다.[54] 유라시아의 반대편 끝에서는, 대전 중에는 두 국가가 명목상 연대하여 독일에 대해 전쟁을 선포했음에도 불구하고, 일본이 1931년 만주를 점령하고 1937년 중국 본토를 침공했다.[55] 이에

53 May(2000).

54 Sarkees and Wayman(2010).

55 중－일 경쟁, 중국 내전 그리고 두 대전의 관계에 대해서 Paine(2012)을 참조하라.

더하여, 일본은 1930년대에 소련을 상대로 두 차례 전쟁을 벌였는데, 이는 베르사유에서 확립된 힘의 밸런스가 거의 안정적이지 않다는 또 다른 신호였다.[56] 그리고 전쟁 후 자신의 몫에 만족하지 못한 이탈리아는 1930년대 중반 아비시니아(Abyssinia)에서 잔혹한 정복전쟁을 벌였다. 왜 그 합의가 그토록 깨지기 쉬웠는가?

오스만 제국이 1923년까지 평화조약에 서명하지 않았기 때문에 제1차 세계대전의 연장선으로 볼 수 있는 1919년의 프랑스–오스만 전쟁을 제외하고, 제1차 세계대전 합의의 붕괴는 집단적 억제력의 실패로 읽힌다. 일본이 1894년에 시작된 지배권 확립 과정을 계속하면서 연맹은 1930년대 내내 중국을 방어하는 데 실패했고, 이탈리아가 아비시니아에서 잔혹한 정복 전쟁을 벌이는 동안 그 멤버들은 방관하고 있었고, 명목상 독일의 보복주의에 반대한 영국–프랑스 연합은 (베르사유 조약에 의해 금지된) 나치의 라인란트 재무장과 오스트리아와 체코슬로바키아의 합병을 허용했다. 패자와 승자 모두 인류 역사상 가장 참혹한 전쟁을 종식시킨 합의를 거칠게 다루고 있었다. 대전에서 승리한 연합은 왜 그들이 평화를 정착시키기 위한 사업을 시작했을 때 바랐던 것처럼 더 영속적인 질서를 구축하여 승리를 이어가는 데 실패했는가? 두 가지 답변이 가능하다. 첫째, 미국이 역사상 가장 강력한 국가로서 전쟁을 끝냈지만, 미국은 자신이 기여해 만든 힘의 밸런스 유지에 전념하기를 거부했다. 미국은 재정적, 경제적 영향력만으로 자국의 군사적 투입이 필요 없게 되기를 바랐다.[57] 독일을 저지해야 했던 승리한 연합은 전쟁의 최종 조약의 잉크가 마르기도 전에 산산조각이 났다. 미국 의회는 연합국 부채의 전액 상환을 요구했고, 이는 영국과 프랑스가 가혹한 배상금을 요구하도록 부추겼을 뿐이고 결과적으로 독일의 취약한 전후 민주주의를 훼손시켰다. 이로 인해, 나치즘과 복수, 인종적 증오 정치의 길을 닦아 세상을 야만적인 세계대전으로 더욱 깊이 끌어들였다. 두 번째는, 베르사유 조약에 의해 창조된 힘의 밸런스가 그 장단점을 떠나, 차르 제국의 잿더미에서 소비에트 러시아의 부상을 수용하는 것이 어려운 것으로 판명되었다는 점에서 불완전했다. 노동자 혁명이라는 미명하에 옛 제국의 영토를 회복하고 강제 산업화에 힘입어 급속도로

---

56 Goldman(2013, p. 17).

57 Tooze(2014).

성장하는 데 전념하며, 스탈린의 소련은 1905년 이후 차르 러시아보다 훨씬 더 빠르게 성장할 준비가 되어 있었다. 임박한 강대국의 포위를 돌파하기 위한 또 다른 예방전쟁에 대한 열망에 맞춰 동유럽 제국에 나치의 환상을 가져 왔다. 만약 미국이 전후에 자신의 지렛대를 다르게 사용했더라면 그리고 소련이 새로운 힘의 밸런스를 만드는 데 참여할 수 있었다면, 대전의 승자들이 더 오래 지속될 수 있는 합의를 만들 수 있었을 것이다.

14.5 결론

1918년 독일은 러시아를 물리치고 서쪽으로 향했으며, 그리고 나서 놀라울 정도로 빠른 시간에 항복했다. 우리는 이 장에서 10월에 벌어진 당황스러운 휴전 요청 그리고 이에 대한 연합국의 의아스러운 승인 의지를 이해하기 위해서는 1918년까지 전쟁을 지속시킨 쌍둥이 협상 문제에 대한 이해가 필요함을 보였다: (1) 어느 연합이 다른 쪽을 능가할 것인지에 대해 (약해졌지만) 남아있는 불확실성, (2) 독일군 지도자들이 대륙의 헤게모니에 대한 꿈을 접겠다는 맹약에 대한 신뢰성. 독일은 1918년 춘계 공세에서 생사를 가르는 주사위를 다시 던졌고, 이는 예비군과 전투 의지를 모조리 불태워버릴 위험이 있었다. 이에 대해 독일 외교관 쿠르트 리츨러는 카이저가 "빌헬름 대제 또는 마지막 빌헬름"이 될 준비가 되어 있다고 빈정거렸었다.[58] U-보트 작전에 타격받지 않고 밀려오는 미군에 의해 강화된 연합국이 동맹국을 능가한다는 것이 증명된 후, 독일은 평화를 요청했다. 그러나 현재의 군국주의 지도부 하에서의 평화에 대한 맹약이 신뢰를 줄 수 없었기에, "위로부터의 혁명"으로 민간인 정부가 구성될 때까지 평화는 불가능했다. 민주주의를 향한 이 11시간의 움직임이 독일의 야망에 대한 불완전한 해결책일 수도 있었지만, 점점 더 커져가는 미국의 영향력을 경계하는 연합국으로서는 독일로 하여금 전쟁 속으로 더 깊이 들어가지 않도록

58 Herwig(2014, p. 312)에서 인용.

하는 것만으로도 충분했다.

베르사유 조약과 부속 조약들-트리아농, 세브르, 로잔, 뇌이, 생제르맹-에 의해 구체화된 합의가 20년 후 더 크고, 더 유혈적이고, 더 잔인한 전쟁으로 무너졌다는 것은 모두가 아는 사실이다. 우리는 안정적인 평화의 원천에 대해 약간 알고 있지만, 베르사유 합의의 실패에 관한 이야기는 전쟁 그 자체뿐만 아니라 정치학의 연구에 많은 함의를 제공한다. 윌슨의 민족자결주의부터 프랑스, 영국, 일본 제국주의의 생존과 확장 그리고 굴욕을 당한 독일 국민들 사이에 음모론에 대한 분노와 민감성을 키워준 전쟁범죄 조항과 가혹한 배상금에 이르기까지, 양대 대전 사이의 기간에 그 이전에 발생한 세계사적 재난에 대한 우리의 견해를 왜곡하는 것과 같은 종류의 사후 인식이 넘쳐났다. 전쟁은 서부와 중부 유럽에서 끝났지만, 그것은 러시아, 합스부르크 그리고 오스만 제국의 폭력적인 해체부터 아프리카와 아시아에서 연합국의 식민 민족들의 독립 요구까지 전 세계적으로 계속되는 폭력을 낳았다.[59] 1942년 제2차 엘 알라메인(El Alamein)전투에서 거둔 연합군의 승리를 제2차 세계대전의 "시작의 끝"이라고 부른 처칠이 옳았을 수도 있지만, 제1차 세계대전이 제1차 세계대전과 그것이 낳은 제2차 세계대전의 종식을 가져다준 조건들을 두고 오늘날까지 씨름하고 있는 진정한 글로벌 힘의 밸런스로 특징지워지는, 근대의 시작의 끝(the end of the beginning of the modern era)을 대표한다는 주장도 똑같이 설득력이 있다.

59 Gerwarth and Manela(2015)와 Gerwarth(2016).

THE POLITICS OF THE FIRST WORLD WAR

15

결론: 역사 그리고 현재

결론: 역사 그리고 현재

모두가 강물을 뒤돌아 보는 비평가이다.
이 마을에는 모든 배가 물이 새고 있다.

에디 베더,
펄 잼의 “Getaway”

세계대전에 관한 한 작은 일이란 없다. 이 책에서 다루는 전쟁 정치의 좁은 단면조차 그것을 분명히 하고 있다. 또한 우리의 접근법은 정치를 이해하려고 할 때 신중하고, 명확하고, “실시간으로” 생각하는 것의 가치를 명확히 보여주고 있다. 만약 이 책이 우리에게 무엇인가를 보여줬다면, 그것은 바로 우리가 특히 전쟁과 평화의 정치, 동맹과 국제법, 외교와 군사전략에 관해 무언가를 배우려고 할 때, 쉬운 설명이 항상 최선의 설명은 아니라는 것이다. 그리고 여러분이 여기까지 따라 왔다면, 여러분 또한 게임이론이라는 도구가 어떻게 현대 역사에서 가장 중대한 갈등의 얽히고설킨 매듭을 푸는 데 도움이 되고 국제정치가 어떻게 작동하는지에 대한 실질적인 통찰력을 얻는 데 얼마나 도움이 되는지 보았을 것이다. 우리는 국제 시스템에 관한 몇 개의 가정으로 시작하여, 그 단위와 조직 원리 그리고 변화의 수단에 대해 설명했고, 그리고 나서 정치과학의 최신 기법을 이용하여 어떻게 제1차 세계대전처럼 특별한 사건조차 보다 일반적인 정치 현상의 구체적인 예제의 모음으로 이해될 수 있는지를 보였다. 게임이론은 그것이 요구하는 결론에 대한 엄격성뿐만 아니라 가능한 한 우리 자신들에게 이야기 속 인물들의 머릿속으로 들어가 사고하도록 강요했기 때문에 가치가 있다. 전쟁을 지지할 것인지 여부를 결정하는 프랑스와 독일의 사회주의자들, 전쟁을 벌이려 하는 변덕스러운 카이저와 야심적인 장군들 그리고 전쟁만이 항구적인 평화를 이룰 수 있다고 확신하는 책을 좋아하는 대통령들까지. 뒤늦게 이루어지는 사후적 판단의 렌즈를 벗어 던짐으로써, 우리는 대전에 관해 지속되고 있는 몇 가지 수수께끼에 대해 유용한 해결책을 제시할 수 있었고, 그 과정에서 1914－1918년의 세계가 현재 우리 자신들이 살고 있는 세계와 크게 다르지 않다는 사실을 확인할 수 있었다. 그리고 우리가 그들과 유사한 인센티브에 직면한다면, 우리도 100년 전에 세상을 혼란에 빠뜨린 것에 대해 대중들의 기억이 비난했던 바로 그 결정을 내릴 수도 있음을 이해할 수 있었다. 이 장 서두의 인용구에서 에디 베더(Eddie Vedder)가 잘 표현한 것처럼, 비평가가 되기는 쉽지만, 전쟁의 정치에 대해 우리가 종종 동원하는 수월하고 이기적인 설명이 우리 시대와 우리 머릿속에서 일어나는 동일한 과정을 보지 못하게 가로막을 수 있다.

15.1 현대의 국제관계

우리의 마지막 임무는 제1차 세계대전에서 현시대의 국제정치에 관해 무엇을 배울 수 있는지 살펴보는 것이다. 만약 우리가 게임이론의 방법론과 국제정치에 관한 방대한 지식을 응용하지 않고 전쟁만 따로 공부했더라면, 역사상 가장 큰 특이점 중 하나를 국제 시스템의 일상적인 정치와 연관시키려는 시도에서 우리는 형편없는 비유로 어려움을 겪었을 것이다. 그러나 우리가 본 것처럼, 크든 작든 모든 전쟁이 너무나 독특해서 그것으로부터 일반적인 교훈을 얻기가 어렵다는 단순한 주장을 부인하기 어렵다. 제1차 세계대전은 촘촘하고 전략적으로 상호 연결된 국제 시스템의 산물이었으며, 그 기본 특징은 그 이후로도 상당히 일관되게 유지되고 있다: 국제 시스템은 법적으로 무정부상태이며, 사실상의 계층제가 있으며, 영토국가로 구성되며, 열강 정치에 의해 다양한 방법으로 지배된다. 비록 열강들의 이름, 위치, 규모가 바뀌었지만, 지금처럼 1914년 당시에도 오랜 기간 동안 열강들의 평화를 구가하고 있었다. 이 책을 쓰는 시점(2019년)에 제2차 세계대전이 끝난 지 70년 이상이 지났다. 그 시간은 오랜 평화와 전쟁을 극복할 수 있는 인류의 능력에 대한 적지 않은 희망으로 이어진 기간이었다. 그러나 제1차 세계대전이 100여 년의 열강 평화의 시대를 이어 발생했다는 사실에서, 1945년이 오래전이라는 단순한 사실 그 자체로 많은 위안이 되어서는 안 된다. 만연된 평화를 보고 그것이 계속 이어지기를 바라기보다는, 제1차 세계대전의 이야기는 우리에게 다른 곳, 즉 1945년 이후 열강의 평화를 유지해 온 힘의 밸런스에 어떠한 (잠재적) 변화가 있는지 살펴보라고 말한다.

오스트리아-세르비아 전쟁이 확장하여 제1차 세계대전으로 비화되었는데, 이는 발칸 반도에 대한 러시아의 야망과 1905년 이후 러시아의 성장을 저지하려 한 독일의 욕망이 상호작용하여 유럽의 힘의 밸런스를 뒤흔들었기 때문이다. 1914년 이전의 힘의 밸런스는 여러 번의 러시아-오스만 전쟁, 독일 통일, 러시아에 대한 일본의 승리 그리고 발칸에서의 오스트리아의 확장을 견뎌냈지만, 러시아의 재무장 계획("Grand Programme")은 독일이 영구적으로 포위될 수도 있는 힘의 이동의 전조였다. 그리고 4장에서 7월 위기가 어떻게 예방적 동기를 활성화하여 처음에는 러시아를, 그 다음에는 독일을 전쟁으로 몰아넣었는지 보여주었다. 힘의 밸런스는 1914년에 무너졌다. 경쟁하는 열강 연합 사이에 힘이 이동하고 있었고, 한쪽이 다른 쪽을 용납할 수 없을 정도로 추월할 준비가 되어 있었다. 그리고 우리는 동일한 논리를 사용하여 오늘날의 힘의 밸런스를 추측할 수 있다. 어떤 국가는 1914년 이전의 차르 러시아처럼 부상하고 어떤 국가는 1991년 소련처럼 쇠퇴하면서 멤버 구성에는 변화가 없더라도 연합 사이의 밸런스에 변화가 있다. 전면전에서 누가 누구의 편에 설 것인지에 대한 공유된 기대에 기초하는 힘의 밸런스는 또한 새로운 열강의 부상으로 인해 혼란을 겪을 수도 있으며, 20세기 초의 미국과 21세기의 인도처럼, 특히 미래의 일반 전쟁에서 이들의 동맹이 문제가 될 때 더욱 그렇다. 마치 20세기 초처럼 21세기 초에도 불안정한 힘의 밸런스가 현상 유지에 전념하는 연합과 덜 조직적이지만 현재 상태의 국제질서에 불만을 품고 있는 연합 사이의 평화를 유지하고 있다. 미국이 이끄는 오늘날의 현상유지 연합은 영국, 프랑스, 제2차 세계대전의 승전국 그리고 대전에서 적국이었던 독일과 일본을 포함한다. 비록 마지막 두 국가는 다른 파트너들만큼 중무장하지 않았지만, 그것은 사실상 하루 아침에 바뀔 수도 있다－이는 반현상유지 연합의 두 리더 국가로 추정되고, 가장 유력한 지역적 라이벌인 러시아와 중국의 지도자들에게는 잊혀지지 않을 사실이다. 동맹에 대한 미국의 맹약이 흔들린다면, 그래서 독일이나 일본의 재무장이 촉발된다면, 러시아나 중국이 다시 한번 중심 권력의 붕괴를 겪는다면, 그래서 러시아와 중국이 군사비 지출을 극적으로 증가시킨다면, 불확실한 성향을 지닌 새로운 강대국이 열강 대열에 합류한다면, 현재의 힘의 밸런스에 균열이 나는 것을 볼 수 있을 것이다.

다가오는 수십 년 동안 새로운 열강이 뜨고 질 것이기 때문에, 그들은 1914－1918년의 의사결정자들이 직면했던 똑같은 딜레마에 봉착할 수 있다. 초강대국은 어떻게 두려움을 가진 제3자에게 자신의 목표가 그렇게 공격적이지 않다는 점을 확신시킬 수 있으며, 다른 국가들은 어떻게 그러한 판단을 내릴 수 있겠는가? 우리가 6장에서 봤던 것처럼 국제법과 제도들이 이러한 과정에 영향을 미칠 수 있다. 국제법이 강제력을 가지고 유효하기 때문이 아니라 기대를 조정하는 데 도움이 되기 때문이다. 어떻게 참전국들이 갈등의 범위와 정도를 제한할 수 있으며, 왜 승자가 패자를 무장해제시키지 않은 상태로 싸움을 멈추는가? 10, 11, 12장은 확장된 전쟁 또는 절대전의 결과에 대한 믿음이 두 프로세스 모두에 영향을 미치며, 당면한 문제와 심지어 전장의 지리적 위치까지 전쟁의 기간과 범위에 영향을 미칠 수 있음을 보여주었다. 어떻게 열강들이 그들의 친구와 동맹에 대한 공격을 억제할 수 있는가? 5장과 13장은 억제력이 싸우겠다는 신빙성 있는 위협뿐만 아니라 억제 위협의 대상이 협력하는 경우에는 싸우지 않겠다는 신빙성 있는 약속에도 달려 있음을 보여주었다. 주저하며 꺼려하는 파트너의 군사적 협력을 얻으려면 무엇이 필요한가? 7장은 멤버들이 집합적 상품을 제공하려는 이기적인 동기를 가질 때 연합이 가장 잘 작동한다는 것을 보여주고, 9장은 파트너의 연합 가입 의지가 제공되는 조건의 질과 신뢰성에 달려 있음을 보여준다. 마지막으로, 얼마나 오랫동안 전쟁이 지속되고 그리고 전쟁이 어떻게 끝나는가? 11, 12 그리고 14장은 싸움이 어떻게 전쟁으로 이끈 원인이었던 협상 문제를 해결하는지 보여주고, 8장은 왜 국가가 의도적으로, 하나의 전투에서는 생명을 구하지만 결정적으로 전쟁을 연장시켜 군인과 민간인 모두에게 그 전략이 쓸모 없다는 것을 확신시키게 되는 소모전략을 선택하는지 설명했다.

15.2 세계대전과 정치과학

우리는 제1차 세계대전을 단지 하나의 사건이 아니라 국제정치를 규정하는 정치 권력들과 그들 사이의 전략적 문제들의 산물로 보는 이 책의 독특한 접근법 덕분에 앞에서 배운 바와 같은 판단을 할 수 있다. 자신의 시대가 고유하고 독특하여, 과거가 현대의 문제에 대해 통찰력을 거의 제공하지 않는다고 가정하고 싶은 유혹도 있다. 그러나 적어도 우리는 어떤 일이 일어날 때마다 그리고 누가 관여되든 정치는 정치라는 것을 보았다. 전쟁에 대한 이러한 해설이 접목된 게임이론 입문 과정이 이를 분명하게 보여주었다. 우리는 제1차 세계대전의 역사 그리고 좀 더 자세히 보면 매우 보편적인 역사에 직접 적용할 수 있는 간단한 은유와 사고 실험을 통해 수학적 추상화를 다루어 보았다. 정당한 무정부상태와 사실상의 계층제 사이의 긴장, 군사적 연합과 동맹 조약, 조정, 집합적 행동 그리고 신뢰할 수 있는 의사소통의 어려움이 오늘날과 마찬가지로 1914년에 똑같이 작용했었다. 이전 장들에서 우리가 분석한 모형에는 역사적으로 우발적인 것이 하나도 없고 그것이 그 모형들의 강점이다: 특정 전쟁의 정치를 본질적인 부분만 남기고 덜 중요한 부분을 제거함으로써, 우리는 정치에 대한 게임이론적 분석에 의해 생성된 풍부한 지식 체계의 맥락에서 전쟁을 재구성할 수 있다.

제1차 세계대전의 역사는 우리의 현재를 두 가지 방법으로 정의한다. 첫 번째, 대전의 유산이 우리가 살고 있는 현재의 국제 시스템을 계속해서 정의하고 있다. 미국의 경제적 그리고 군사적 우위는 단순히 인정된 것은 아니지만, 전쟁의 여파로 탄생했다. 그 패망으로 1940년대부터 아프리카와 아시아에서 그리고 1990년대부터 동유럽에서 내전을 촉발시킨 유럽의 제국들은 1917년부터 종말적인 쇠퇴를 시작했다. 전후 오스만 제국의 분할은 우리에게 밸푸어 선언(Balfour Declaration)과 수십 년간의 아랍－이스라엘의 적대감을 안겨주었고, 제1차 세계대전은 제정 러시아의 땅을 빼앗았고, 러시아는 제2차 세계대전에서 그 땅을 되찾았으나 다시 1990년에 잃었으며, 21세기가 되어서도 그 땅의 독립을 무마하기 위해 노력하고 있다. 그리고 힘의 밸런스를 성문화하는 국제기구라는 아이디어는 아무리 국제연맹(League of Nations)이 비효율적이었다 하더라도, 국제연합(United Nations)이라는 형태로 현재까지 존속하고 있다. 특히 나폴레옹의 최종 패배 이후 100여 년 동안 유럽의 평화를 지켜낸 열강 협력의 논리를 재현하는 유엔 안전보장이사회를 주목해야 한다.[1] 볼셰비키가 낡은 힘의 밸런스를 더 급진적으로 거부한 이후에 설파된 윌슨의 14개 조항은 윌슨 자신도 너무 극단적이라고 여겼던 민족자결에 대한 아이디어를 대중화함으로써 전 세계 여론을 자극했다. 마지막으로, 전쟁에 참여한 일반 대중들에 대한 전쟁의 요구가 서양의 현대 자유민주주의와 중국 및 인도 민족주의를 정의한 것으로 평가될 수 있다－미래에 성장할 두 세력은 힘의 밸런스 속으로 그들 자신들을 수용하라고 요구할 것이다.

두 번째, 우리가 계속해서 세계대전으로부터 배우기 때문에, 그것은 여전히 우리의 현재의 일부로 남아 있다. 대전은 전쟁의 원인, 동맹의 특성과 효과성, 군비경쟁의 낭비와 위험, 군사 기술 변화의 함의, 국제법의 효율성 등 수십 년간의 정치학 연구에 영감을 주었다. 그것은 모든 주장에 대한 예제는 물론 모든 반대론자에 대한 반례도 제공할 수 있을 만큼 범위가 넓다. 그러나 일화(anecdote)의 복수형이 데이터(data)가 아니다. 이 책에서 우리는 이후 수십 년 동안 정치과학 연구를 통해 수집된 지혜를 활용하였는데, 이를 통해 제1차 세계대전을 국제관계에 활력을 불어넣는 전략적 딜레마와 정치적 과정의 산물로서 더 명확하게 이해할 수 있었다. 세계대전의

1 안보리와 그것의 힘의 밸런스를 보전하는 역할에 대해 Voeten(2001, 2005)과 Chapman(2011) 참조.

유산이 피로 얼룩졌을 수 있지만, 그 교훈은 우리가 그것으로부터 배울 수만 있다면 계몽적이다. 그러기 위해서는 이 위대한 역사적 드라마의 주인공들을 칭찬이나 비난의 대상이 아니라 이해하고 합리화하고 설명해야 할 대상으로 생각해야 한다. 특히 21세기 초 국제 시스템이 다시 변화와 불안정의 시대로 진입함에 따라, 우리는 과거 약 100년 전에 유사한 문제를 어떻게 처리했는지, 어떻게 처리에 실패했는지에 대해 공부할 필요가 있다. 제1차 세계대전이 현재에 대한 가장 편안하거나 만족스러운 비유가 아닐 수도 있지만 여전히 가장 적절한 것으로 판명될 수 있다.

참고문헌

Abbenhuis, Maartje. 2014. *An Age of Neutrals: Great Power Politics, 1815-1914*. Cambridge: Cambridge University Press.

Abramson, Scott F. and David B. Carter. 2016. "The Historical Origins of Territorial Disputes." *American Political Science Review* 110(4): 675-698.

Allen, Michael A. and Matthew DiGiuseppe. 2013. "Tightening the Belt: Sovereign Debt and Alliance Formation." *International Studies Quarterly* 57(4): 647-659.

Altfeld, Michael D. and Bruce Bueno de Mesquita. 1979. "Choosing Sides in Wars." *International Studies Quarterly* 23(1): 87-112.

Antonenko, Oksana. 2008. "A War with No Winners." *Survival* 50(5): 23-36.

Arena, Philip. 2015. "Crisis Bargaining, Domestic Opposition, and Tragic Wars." *Journal of Theoretical Politics* 27(1): 108-131.

Arena, Philip and Anna Pechenkina. 2016. "External Subsidies and Lasting Peace." *Journal of Conflict Resolution* 60(7): 1278-1311.

Atkinson, Rick. 1993. *Crusade: The Untold Story of the Persian Gulf War*. New York, NY: Houghton Mifflin.

Axelrod, Robert. 1984. *The Evolution of Cooperation*. New York, NY: Basic Books.

Barthas, Louis. 2014. *Poilu: The World War I Notebooks of Corporal Louis Barthas, Barrelmaker 1914-1918*. New Haven, CT: Yale University Press.

Bennett, D. Scott and Allan C. Stam. 1996. "The Duration of Interstate Wars, 1816-1985." *American Political Science Review* 90(2): 239-257.

______, 1998. "The Declining Advantages of Democracy: A Combined Model of War Outcomes and Duration." *Journal of Conflict Resolution* 42(3): 344-366.

______, 2006. "Predicting the Length of the 2003 US—Iraq War." *Foreign Policy Analysis* 2(2): 101-116.

Benson, Brett V. 2012. *Constructing International Security: Alliances, Deterrence, and Moral Hazard*. Cambridge, UK: Cambridge University Press.

Blainey, Geoffrey. 1988. *The Causes of War*. New York, NY: Free Press.

Bobroff, Ronald P. 2014. "War Accepted but Unsought: Russia's Growing Militancy and the July Crisis, 1914." *In The Outbreak of the First World War: Structure, Politics, and Decision−Making*, ed. Jack S. Levy and John A. Vasquez. Cambridge, UK: Cambridge University Press, pp. 227-251.

Boghardt, Thomas. 2012. *The Zimmermann Telegram: Intelligence, Diplomacy, and America's Entry into World War I*. Annapolis, MD: Naval Institute Press.

Braumoeller, Bear F. 2012. *The Great Powers and the International System: Systemic Theory in Empirical Perspective*. New York, NY: Cambridge University Press.

Bueno de Mesquita, Bruce, James D. Morrow, Randolph M. Siverson, and Alastair Smith. 1999. "An Institutional Explanation for the Democratic Peace." *American Political Science Review* 93(4): 791-807.

Bueno de Mesquita, Bruce, Alastair Smith, Randolph M. Siverson, and James D. Morrow. 2003. *The Logic of Political Survival*. Cambridge, MA: MIT Press.

Bull, Hedley. 1977. *The Anarchical Society: A Study of Order in World Politics*. New York, NY: Columbia University Press.

Bush, George H.W. and Brent Scowcroft. 1998. *A World Transformed*. New York, NY: Knopf.

Buttar, Prit. 2014. *Collision of Empires: The War on the Eastern Front in 1914*. New York, NY: Osprey.

Carr, Edward Hallett. 1964. *The Twenty Years' Crisis: An Introduction to the Study of International Relations*. 2nd ed. New York, NY: Harper Torchbooks.

Carter, David B. and H. E. Goemans. 2011. "The Making of the Territorial Order: New Borders and the Emergence of Interstate Conflict." *International Organization* 65(2): 275-309.

Carter, Jeff and Glenn Palmer. 2016. "Regime Type and Interstate War Finance." *Foreign Policy Analysis* 12(4): 695-719.

Chapman, Terrence L. 2011. Securing Approval: Domestic Politics and *Multilateral Authorization for War*. Chicago, IL: University of Chicago Press.

Chapman, Terrence L. and Dan Reiter. 2004. "The United Nations Security Council and the Rally 'Round the Flag Effect." *Journal of Conflict Resolution* 48(6): 886-909.

Chapman, Terrence L., Patrick J. McDonald, and Scott Moser. 2015. "The Domestic Politics of Strategic Retrenchment, Power Shifts, and Preventive War." *International Studies Quarterly* 59(1): 133-144.

Chiba, Daina, Jesse C. Johnson, and Brett Ashley Leeds. 2015. "Careful Commitments:

Democratic States and Alliance Design." *Journal of Politics* 77(4): 968–982.

Chiozza, Giacomo and Hein E. Goemans. 2003. "Peace through Insecurity: Tenure and International Conflict." *Journal of Conflict Resolution* 47(4): 443–467.

______, 2004. "International Conflict and the Tenure of Leaders: Is War Still Ex Post Inefficient?" *American Journal of Political Science* 48(3): 604–619.

______, 2011. *Leaders and International Conflict.* Cambridge, MA: Cambridge University Press.

Cho, In–Koo and David M. Kreps. 1987. "Signaling Games and Stable Equilibria." *Quarterly Journal of Economics* 102(2): 179–221.

Christensen, Thomas J. and Jack Snyder. 1990. "Chain Gangs and Passed Bucks: Predicting Alliance Patterns in Multipolarity." *International Organization* 44(2): 137–138.

Clark, Christopher. 2012. *The Sleepwalkers: How Europe Went to War in 1914.* New York, NY: HarperCollins.

Clark, Wesley K. 2001. *Waging Modern War.* New York, NY: PublicAffairs.

Clarke, Kevin A. and David M. Primo. 2012. *A Model Discipline: Political Science and the Logic of Representations.* New York, NY: Oxford University Press.

Clausewitz, Carl von. 1976. *On War*, ed. and trans. Peter Paret. Princeton, NJ: Princeton University Press.

Coe, Andrew J. and Jane Vaynman. 2015. "Collusion and the Nuclear Nonproliferation Regime." *Journal of Politics* 77(4): 983–997.

Coggins, Bridget. 2011. "Friends in High Places: International Politics and the Emergence of States from Secessionism." *International Organization* 65(3): 433–467.

Cohen, Dara Kay. 2013. "Explaining Rape during Civil War: Cross–National Evidence (1980–2009)." *American Political Science Review* 107(3): 461–477.

Colaresi, Michael. 2004. "When Doves Cry: International Rivalry, Unreciprocated Cooperation, and Leadership Turnover." *American Journal of Political Science* 48(3): 555–570.

______, 2005. *Scare Tactics: The Politics of International Rivalry.* Syracuse, NY: Syracuse University Press.

Colaresi, Michael, Karen Rasler, and William R. Thompson. 2007. *Strategic Rivalries in World Politics: Position, Space, and Conflict Escalation.* New York, NY: Cambridge University Press.

Connaughton, Richard. 2003. *Rising Sun and Tumbling Bear: Russia's War with Japan*. London, UK: Cassell.

Conrad, Courtenay R. and Emily Hencken Ritter. 2013. "Treaties, Tenure, and Torture: The Conflicting Domestic Effects of International Law." *Journal of Politics* 75(2): 397-409.

Copeland, Dale C. 2014. "International Relations Theory and the Three Great Puzzles of the First World War." *In The Outbreak of the First World War: Structure, Politics, and Decision-Making*, ed. Jack S. Levy and John A. Vasquez. Cambridge, UK: Cambridge University Press, pp. 167-198.

Croco, Sarah E. 2005. "The Decider's Dilemma: Leader Culpability, War Outcomes, and Domestic Punishment." *American Political Science Review* 3: 457-477.

Cunningham, David E. and Douglas Lemke. 2013. "Combining Civil and Interstate Wars." *International Organization* 67(3): 609-627.

Danneman, Nathan and Emily Hencken Ritter. 2014. "Contagious Rebellion and Preemptive Repression." *Journal of Conflict Resolution* 58(2): 254-279.

Davenport, Christian. 2007. *State Repression and the Domestic Democratic Peace*. Cambridge, UK: Cambridge University Press.

Davies, Graeme A. M. and Robert Johns. 2016. "The Domestic Consequences of International Overcooperation: An Experimental Study of Microfoundations." *Conflict Management and Peace Science* 33(4): 343-360.

Debs, Alexandre and H. E. Goemans. 2010. "Regime Type, the Fate of Leaders, and War." *American Political Science Review* 104(3): 430-445.

Dennett, Daniel C. 1991. *Consciousness Explained*. New York, NY: Little, Brown.

Diehl, Paul F. and Gary Goertz. 2000. *War and Peace in International Rivalry*. Ann Arbor, MI: University of Michigan Press.

DiGiuseppe,Matthew. 2015. "The Fiscal Autonomy of Deciders: Creditworthiness and Conflict Initiation." *Foreign Policy Analysis* 11(3): 317-338.

Dixon, William J. 1993. "Democracy and the Management of International Conflict." *Journal of Conflict Resolution* 37(1): 42-68.

Downs, George W. and David M. Rocke. 1994. "Conflict, Agency, and Gambling for Resurrection: The Principal-Agent Problem Goes to War." American *Journal of Political Science* 38(2): 362-380.

Doyle, Michael W. 1986. "Liberalism and World Politics." *American Political Science Review* 80(4): 1151-1169.

Drezner, Daniel W. 2014. *The System Worked: How the World Stopped Another Great*

Depression. New York, NY: Oxford University Press.

Easton, David. 1985. "Political Science in the United States: Past and Present." *International Political Science Review* 6(1): 133-152.

Evans, Richard J. 2016. *The Pursuit of Power: Europe 1815-1914*. New York, NY: Viking.

Farrar, Lancelot L. 1973. *The Short-War Illusion: German Policy, Strategy and Domestic Affairs, August-December 1914*. Santa Barbara, CA: ABC-Clio.

Fazal, Tanisha M. 2007. *State Death: The Politics and Geography of Conquest, Annexation*, and Occupation. Princeton, NJ: Princeton University Press.

______, 2012. "Why States No Longer Declare War." *Security Studies* 21(4): 557-593.

______, 2013. "The Demise of Peace Treaties in Interstate War." *International Organization* 67(4): 695-724.

Fearon, James D. 1994. "Domestic Political Audiences and the Escalation of International Disputes." *American Political Science Review* 88(3): 577-592.

______, 1995. "Rationalist Explanations for War." *International Organization* 49(3): 379-414.

______, 1997. "Signaling Foreign Policy Interests: Tying Hands versus Sinking Costs." *Journal of Conflict Resolution* 41(1): 68-90.

______, 2002. "Selection Effects and Deterrence." *International Interactions* 28(1): 5-29.

______, 2004. "Why Do Some Civil Wars Last So Much Longer Than Others?" *Journal of Peace Research* 41(3): 275-301.

Ferguson, Niall. 1999. *The Pity of War: Explaining World War I*. New York, NY: Basic Books.

Filson, Darren and SuzanneWerner. 2002. "A Bargaining Model of War and Peace: Anticipating the Onset, Duration, and Outcome of War." *American Journal of Political Science* 46(2): 819-837.

______, 2004. "Bargaining and Fighting: The Impact of Regime Type on War Onset, Duration, and Outcomes." *American Journal of Political Science* 48(2): 296-313.

Fischer, Fritz. 1967. *Germany's Ams in the First World War*. New York, NY: W. W. Norton.

Fordham, Benjamin O. 2011. "WhoWants to be a Major Power?" *Journal of Peace Research* 48(5): 587-603.

Fortna, Virginia Page. 2003. "Scraps of Paper? Agreements and the Durability of Peace." *International Organization* 57(2): 337-372.

Frank, Richard B. 2001. *Downfall: The End of the Imperial Japanese Empire*. New York, NY: Penguin.

Freedman, Lawrence. 2005. *The Official History of the Falklands Campaign, Volume II: War and Diplomacy*. London, UK: Routledge.

Freedman, Lawrence and Efraim Karsh. 1991. "How Kuwait Was Won: Strategy in the Gulf War." *International Security* 16(2): 5-41.

Fromkin, David. 2004. *Europe's Last Summer: Who Started the Great War in 1914?* New York, NY: Vintage.

Frum, David. 2015. "Requiem for American Exceptionalism." Available at www.theatlantic.com/politics/archive/2015/03/requiem-for-american-exceptionalism/388381/.

Fudenberg, Drew and Jean Tirole. 1991. *Game Theory*. Cambridge, MA: MIT Press.

Fuhrmann, Matthew and Yonatan Lupu. 2016. "Do Arms Control Treaties Work? Assessing the Effectivenes of the Nuclear Nonproliferation Treaty." *International Studies Quarterly* 60(3): 530-539.

Fuhrmann, Matthew and Todd S. Sechser. 2014. "Signaling Alliance Commitments: Hand-Tying and Sunk Costs in Extended Nuclear Deterrence." *American Journal of Political Science* 58(4): 919-935.

Gaddis, John Lewis. 1986. "The Long Peace: Elements of Stability in the Postwar International System." *International Security* 10(4): 99-142.

Gamson, William A. 1961. "A Theory of Coalition Formation." American *Sociological Review* 26(3): 373-382.

Gartner, Scott Sigmund. 1997. *Strategic Assessment in War*. New Haven, CT: Yale University Press.

Gartner, Scott Sigmund and Randolph M. Siverson. 1996. "War Expanson and War Outcome." *Journal of Conflict Resolution* 40(1): 4-15.

Gartzke, Erik and Yonatan Lupu. 2012. "Trading on Preconceptions: Why World War I Was Not a Failure of Economic Interdependence." *International Security* 36(4): 115-150.

George, Alexander L. and Richard Smoke. 1974. *Deterrence in American Foreign Policy: Theory and Practice*. New York, NY: Columbia University Press.

Gerwarth, Robert. 2016. *The Vanquished: Why the FirstWorldWar Failed to End*. New York, NY: Farrar, Straus, and Giroux.

Gerwarth, Robert and Erez Manela, eds. 2015. *Empires at War: 1911-1923*. New York, NY: Oxford University Press.

Ghobarah, Hazem Adam, Paul Huth, and Bruce Russett. 2003. "Civil Wars Kill and Maim People - Long after the Shooting Stops." *American Political Science Review* 97(2): 189-202.

Gibler, Douglas M. 2008. "The Costs of Reneging: Reputation and Alliance Formation." *Journal of Conflict Resolution* 52(3): 426-454.

______, 2012. *The Territorial Peace: Borders, State Development, and International Conflict*. Cambridge, UK: Cambridge University Press.

Gibler, Douglas M. and Scott Wolford. 2006. "Alliances, Then Democracy: An Examination of the Relationship between Regime Type and Alliance Formation." *Journal of Conflict Resolution* 50(1): 129-153.

Gibler, Douglas M., Toby J. Rider, and Marc L. Hutchison. 2005. "Taking Arms against a Sea of Troubles: Conventional Arms Races during Periods of Rivalry." *Journal of Peace Research* 42(2): 131-147.

Gilderhus, Mark T. 1977. *Diplomacy and Revolution: US-Mexican Relations under Wilson and Carranza*. Tucson, AZ: University of Arizona Press.

Gilpin, Robert. 1981. *War and Change in World Politics*. New York, NY: Cambridge University Press.

Gleditsch, Kristian Skrede. 2002. *All International Politics Is Local: The Diffusion of Conflict, Integration, and Democratization*. Ann Arbor, MI: University of Michigan Press.

Gleditsch, Kristian Skrede, Idean Salehyan, and Kenneth A. Schultz. 2008. "Fighting at Home, Fighting Abroad: How Civil Wars Lead to International Disputes." *Journal of Conflict Resolution* 52(4): 479-506.

Glenny, Misha. 2012. *The Balkans: Nationalism, War, and the Great Powers 1804-2011*. New York, NY: Penguin.

Goemans, H. E. 2000. *War and Punishment: The Causes of War Termination and the First World War*. Princeton, NJ: Princeton University Press.

______, 2008. "Which Way Out? The Manner and Consequences of Losing Office." *Journal of Conflict Resolution* 53(6): 771-794.

Goertz, Gary and Paul F. Diehl. 1993. "Enduring Rivalries: Theoretical Constructs and Empirical Patterns." *International Studies Quarterly* 37(2): 147-171.

Goldman, Stuart D. 2013. *Nomonhan, 1939: The Red Army's Victory That Shaped World War II*. Annapolis, MD: Naval Institute Press.

Grayzel, Susan R. 2013. *The First World War: A Brief History with Documents*. Boston, MA: Bedford/St. Martin's.

Gulick, Edward Vose. 1967. *Europe's Classical Balance of Power*. New York, NY: W. W. Norton.

Hall, Richard C. 2000. *The Balkan Wars, 1912–1913: Preude to the First World War*. London, UK: Routledge.

Hamilton, Richard F. and Holger H. Herwig. 2004. *Decisions for War, 1914–1917*. New York, NY: Cambridge University Press.

Hardin, Russell. 1982. *Collective Action. Baltimore*, MD: RFF Press.

Harrison, Mark. 2016. "Myths of the Great War." *In Economic History of Warfare and State Formation*, ed. Jari Eloranta, Eric Golson, Andrei Markevich, and Nikolaus Wolf. New York, NY: Springer, pp. 135–158.

Harsanyi, John C. 1967. "Games with Incomplete Information Played by Bayesian Players, I." *Management Science* 14(3): 159–183.

Hastings, Max. 2010. *Winston's War: Churchill, 1940–1945*. New York, NY: Knopf.

______, 2012. *Inferno: The World at War*, 1939–1945. New York, NY: Vintage. 2013. *Catastrophe 1914: Europe Goes to War*. New York, NY: Knopf.

Healy, Kieran. 2017. "Fuck Nuance." *Sociological Theory* 35(2): 118–127.

Herwig, Holger H. 1990. "Disjointed Allies: Coalition Warfare in Berlin and Vienna, 1914." *Journal of Military History* 54(3): 265–280.

______, 2014. *The FirstWorldWar: Germany and Austria–Hungary 1914–1918*. 2nd ed. New York, NY: Bloomsbury Academic.

Hindenburg, Paul von. 1921. *Out of My Life*. Vol. 2. New York, NY: Harper.

Horne, Charles F., ed. 1923. *Source Records of the Great War*. Vol. 4. New York, NY: National Alumni.

Horowitz,Michael C., Allan C. Stam, and CaliM. Ellis. 2015. *Why Leaders Fight*. New York, NY: Cambridge University Press.

Hotta, Eri. 2014. *Japan 1941: Countdown to Infamy*. New York, NY: Vintage.

Hughes, Daniel, ed. 1995. *Moltke on the Art of War: SelectedWritings*. New York, NY: Presidio Press.

Hull, Isabel V. 2014. *A Scrap of Paper: Breaking and Making International Law during the Great War*. Ithaca, NY: Cornell University Press.

Huth, Paul K. 1988. *Extended Deterrence and the Prevention of War*. New Haven, CT: Yale University Press.

1997. "Reputations and Deterrence." *Security Studies* 7(1): 72–99.

Iqbal, Zaryab and Christopher Zorn. 2010. "Violent Conflict and the Spread of HIV/AIDS in Africa." *Journal of Politics* 72(1): 149–162.

Jeffery, Keith. 2016. *1916: A Global History*. New York, NY: Bloomsbury USA.

Jervis, Robert. 1970. *The Logic of Images in International Relations*. Princeton, NJ: Princeton University Press.

______, 1978. "Cooperation under the Security Dilemma." *World Politics* 30(2): 167–214.

______, 1997. *System Effects: Complexity in Political and Social Life*. Princeton, NJ: Princeton University Press.

Johnson, Jesse C. 2015. "The Cost of Security: Foreign Policy Concessions and Military Alliances." *Journal of Peace Research* 52(5): 665–679.

Jones, Howard. 2010. Blue and Gray Diplomacy: *A History of Union and Confederate Foreign Relations*. Chapel Hill, NC: University of North Carolina Press.

Kadera, Kelly M., Mark J. C. Crescenzi, and Megan L. Shannon. 2003. "Democratic Survival, Peace, and War in the International System." *American Journal of Political Science* 47(2): 234–247.

Kang, David C. 2010. *East Asia before the West: Five Centuries of Trade and Tribute*. New York, NY: Columbia University Press.

Keegan, John. 2000. *The First World War*. New York, NY: Vintage.

______, 2005. *The Iraq War*. New York, NY: Vintage.

Kennan, George F. 1984. *American Diplomacy*. Expanded edition. Chicago, IL: University of Chicago Press.

Kennedy, Paul. 1980. *The Rise of Anglo-German Antagonism, 1860–1914*. London, UK: George Allen and Unwin.

Keohane, Robert O. 1984. *After Hegemony: Cooperation and Discord in the World Political Economy*. Princeton, NJ: Princeton University Press.

Keohane, Robert O. and Joseph S. Nye. 1977. *Power and Interdependence*. Boston, MA: Little, Brown.

Kershaw, Ian. 2012. *The End: The Defiance and Destruction of Hitler's Germany, 1944–1945*. New York, NY: Penguin.

______, 2015. *To Hell and Back: Europe, 1914–1949*. New York, NY: Viking.

Kertzer, Joshua D. 2016. *Resolve in International Politics*. Princeton, NJ: Princeton University Press.

Knock, Thomas J. 1995. *To End All Wars: Woodrow Wilson and the Quest for a New World Order*. Princeton, NJ: Princeton University Press.

Kreps, David M. 1990. *A Course in Microeconomic Theory*. Princeton, NJ: Princeton University Press.

Kreps, Sarah E. 2011. *Coalitions of Convenience: United States Military Interventions after the Cold War*. New York, NY: Oxford University Press.

Kunz, Diane B. 1991. *The Economic Diplomacy of the Suez Crisis*. Chapel Hill, NC: University of North Carolina Press.

Kydd, Andrew H. 2000. "Arms Races and Arms Control: Modeling the Hawk Perspective." *American Journal of Political Science* 44(2): 228-244.

______, 2005. *Trust and Mistrust in International Relations*. Princeton, NJ: Princeton University Press.

Kydd, Andrew H. and Roseanne W. McManus. 2017. "Threats and Assurances in Crisis Bargaining." *Journal of Conflict Resolution* 61(2): 325-348.

Lai, Brian and Clayton Thyne. 2007. "The Effect of Civil War on Education, 1980-97." *Journal of Peace Research* 44(3): 277-292.

Lake, David A. 2009. *Hierarchy in International Relations*. Ithaca, NY: Cornell University Press.

Langlois, Catherine C. and Jean-Pierre P. Langlois. 2009. "Does Attrition Behavior Help Explain the Duration of Interstate Wars? A Game Theoretic and Empirical Analysis." *International Studies Quarterly* 53(4): 1051-1073.

Lawrence, Mark Atwood. 2010. *The Vietnam War: A Concise International History*. New York, NY: Oxford University Press.

Leeds, Brett Ashley. 1999. "Domestic Political Institutions, Credible Commitments, and International Institutions." *American Journal of Political Science* 43(4): 979-1002.

______, 2003a. "Alliance Reliability in Times of War: Explaining State Decisions to Violate Treaties." *International Organization* 57(4): 801-827.

______, 2003b. "Do Alliances Deter Aggression? The Influence of Military Alliances on the Initiation of Militarized Interstate Disputes." *American Journal of Political Science* 47(3): 427-439.

Leeds, Brett Ashley and Burcu Savun. 2007. "Terminating Alliances: Why Do States Abrogate Agreements?" *Journal of Politics* 69(4): 1118-1132.

Leeds, Brett Ashley, Andrew G. Long, and Sara McLaughlin Mitchell. 2000. "Reevaluating Alliance Reliability: Specific Threats, Specific Promises." *Journal of Conflict Resolution* 44(5): 686-699.

Leeds, Brett Ashley, Michaela Mattes, and Jeremy S. Vogel. 2009. "Interests, Institutions, and the Reliability of International Commitments." American *Journal of Political Science* 53(2): 461-476.

Lemke, Douglas. 2002. *Regions of War and Peace*. Cambridge, MA: Cambridge University Press.

Leonhard, Jörn. 2018. *Pandora's Box: A History of the First World War*, trans. by Patrick Camiller. Cambridge, MA: The Belknap Press of Harvard University Press.

Leventoglu, Bahar and Branislav Slantchev. 2007. "The Armed Peace: A Punctuated Equilibrium Theory of War." *American Journal of Political Science* 51(4): 755-771.

Levy, Jack S. 1988. "Domestic Politics and War." *Journal of Interdisciplinary History* 18(4): 653-673.

______, 1990-1991. "Preferences, Constraints, and Choices in July 1914." *International Security* 15(3): 151-186.

______, 2014. "The Sources of Preventive Logic in German Decision-Making in 1914." *In The Outbreak of the First World War: Structure, Politics, and Decision Making*, ed. Jack S. Levy and John A. Vasquez. Cambridge, UK: Cambridge University Press, pp. 139-166.

______, 2015. "Correspondence: Everyone's Favored Year for War - or Not?" *International Security* 39(4): 208-217.

Levy, Jack S. and William Mulligan. 2017. "Shifting Power, Preventive Logic, and the Response of the Target: Germany, Russia, and the First World War." *Journal of Strategic Studies* 40(5): 731-769.

Lieber, Kier A. 2000. "Grasping the Technological Peace: The Offense-Defense Balance and International Security." *International Security* 25(1): 71-104.

______, 2007. "The New History of World War I and What It Means for International Relations Theory." *International Security* 32(2): 155-191.

Lo, Nigel, Barry Hashimoto, and Dan Reiter. 2008. "Ensuring Peace: Foreign-Imposed Regime Change and Postwar Peace Duration, 1914-2001." *International Organization* 62(4): 717-736.

Long, Andrew G. and Brett Ashley Leeds. 2006. "Trading for Security: Military Alliances and Economic Agreements." *Journal of Peace Research* 43(4): 433-451.

Manela, Erez. 2009. *The Wilsonian Moment: Self-Determination and the Origins of Anticolonial Nationalism*. Oxford, UK: Oxford University Press.

Maoz, Zeev and Bruce M. Russett. 1993. "Normative and Structural Causes of the Democratic Peace." *American Political Science Review* 87(3): 624-638.

Mattes, Michaela. 2012. "Democratic Reliabiity, Precommitment of Successor Governments, and the Choice of Alliance Commitment." *International Organization* 66(1): 153-172.

May, Ernest R. 2000. *Strange Victory: Hitler's Conquest of France*. New York, NY: Hill and Wang.

McCarty, Nolan and Adam Meirowitz. 2007. P*olitical Game Theory: An Introduction*. New York, NY: Cambridge University Press.

McDonald, Patrick J. 2004. "Peace through Trade or Free Trade?" *Journal of Conflict Resolution* 48(4): 547-572.

______, 2009. *The Invisible Hand of Peace: Capitalism, the War Machine, and International Relations Theory*. New York, NY: Cambridge University Press.

______, 2015. "Great Powers, Hierarchy, and Endogenous Regimes: Rethinking the Domestic Causes of Peace." *International Organization* 69(3): 557-588.

McGillivray, Fiona and Alastair Smith. 2008. *Punishing the Prince: A Theory of Interstate Relations, Political Institutions, and Leader Change*. Princeton, NJ: Princeton University Press.

McMeekin, Sean. 2013. *July 1914: Countdown to War*. New York, NY: Basic Books.

______, 2015. *The Ottoman Endgame: War, Revolution, and the Making of the Modern Middle East*, 1908-1923. New York, NY: Penguin.

McMillan, Margaret. 2014. *The War that Ended Peace: How Europe Abandoned Peace for the First World War*. London, UK: Profile Books.

McMurry, Frank M. 1919. *The Geography of the Great War*. New York, NY: Macmillan.

Mearsheimer, John J. 1983. *Conventional Deterrence*. Ithaca, NY: Cornell University Press.

______, 1994-1995. "The False Promise of International Institutions." *International Security* 19(3): 5-49.

______, 2001. *The Tragedy of Great Power Politics*. New York, NY: W. W. Norton.

Meirowitz, Adam and Anne E. Sartori. 2008. "Strategic Uncertainty as a Cause of War." *Quarterly Journal of Political Science* 3(4): 327-352.

Meyer, G. J. 1916. *The World Remade: America in World War I*. New York, NY: Bantam.

Miller, Gina Lei and Emily Hencken Ritter. 2014. "Emigrants and the Onset of Civil

War." *Journal of Peace Research* 51(1): 51-64.

Mitchell, David, Robert Webb, James Bachman, Mark Evans, and Toby Davies, writers. 2006. "That Mitchell and Webb Look." *That Mitchell and Webb Look*, season 1, episode 6. BBC Two. October 19.

Mitchell, Sara McLaughlin. 2002. "A Kantian System? Democracy and Third-Party Conflict Resolution." *American Journal of Political Science* 46(4): 749-759.

Mombauer, Annika. 2001. *Helmuth von Moltke and the Origins of the First World War*. Cambridge, UK: Cambridge University Press.

______, 2013. *The Origins of the First World War: Diplomatic and Military Documents*. New York, NY: Manchester University Press.

Morey, Daniel S. 2016. "Military Coalitions and the Outcome of Interstate Wars." *Foreign Policy Analysis* 12(4): 533-551.

Morgenthau, Hans Joachim. 1967. *Politics among Nations*. 4th ed. New York, NY: Knopf.

Morrow, James D. 1989. "A Twist of Truth: A Reexamination of the Effects of Arms Races on the Occurrence of War." *Journal of Conflict Resolution* 33(3): 500-529.

______, 1991. "Alliances and Asymmetry: An Alternative to the Capability Aggregation Model of Alliances." *American Journal of Political Science* 35(4): 904-933.

______, 1994. *Game Theory for Political Scientists*. Princeton, NJ: Princeton University Press.

______, 2000. "Alliances: Why Write Them Down?" *Annual Review of Political Science* 3: 63-83.

______, 2014. *Order within Anarchy: The Laws of War as an International Institution*. New York, NY: Cambridge University Press.

Mulligan, William. 2014. "Restraints on Preventive War before 1914." *In The Outbreak of the First World War: Structure, Politics, and Decision-Making*, ed. Jack S. Levy and John A. Vasquez. Cambridge, UK: Cambridge University Press, pp. 115-138.

Myerson, Roger B. 1991. *Game Theory: Analysis of Conflict*. Cambridge, MA: Harvard University Press.

Nalebuff, Barry. 1991. "Rational Deterrence in an Imperfect World." *World Politics* 43(3): 315-335.

Nash, John. 1950. "Equilibrium Points in n-Person Games." *Proceedings of the National Academy of Sciences* 36(1): 48-49.

______, 1951. "Non−cooperative Games." *The Annals of Mathematics* 54(2): 286-295.

Neiberg, Michael S. 2016. *The Path to War: How the First World War Created Modern America*. New York, NY: Oxford University Press.

______, 2017. *The Treaty of Versailles: A Concise History*. New York, NY: Oxford University Press.

Oatley, Thomas. 2015. *A Political Economy of American Hegemony: Buildups, Booms, and Busts*. New York, NY: Cambridge University Press.

Olson, Mancur. 1965. *The Logic of Collective Action: Public Goods and the Theory of Groups*. Cambridge, MA: Harvard University Press.

Olson, Mancur and Richard Zeckhauser. 1966. "An Economic Theory of Alliances." *Review of Economics and Statistics* 48(3): 266-279.

Organski, A. F. K. and Jacek Kugler. 1980. *The War Ledger*. Chicago, IL: University of Chicago Press.

Orwell, George. 1953. *Such, Such Were the Joys*. New York, NY: Harcourt, Brace.

Ostrom, Elinor. 2015. *Governing the Commons: The Evolution of Institutions for Collective Action*. Canto classics ed. Cambridge, UK: Cambridge University Press.

Otte, T. G. 2014. "A 'Formidable Factor in European Politics': Views of Russia in 1914." *In The Outbreak of the First World War: Structure, Politics, and Decision−Making*, ed. Jack S. Levy and John A. Vasquez. Cambridge, UK: Cambridge University Press, pp. 87-113.

Owsiak, Andrew P. and Toby J. Rider. 2013. "Clearing the Hurdle: Border Settlement and Rivalry Termination." *Journal of Politics* 75(3): 757-772.

Paine, S. C. M. 2003. *The Sino−Japanese War of 1894-1895: Perceptions, Power, and Primacy*. Cambridge, UK: Cambridge University Press.

______, 2012. *The Wars for Asia, 1911-1949*. New York, NY: Cambridge University Press.

______, 2017. *The Japanese Empire: Grand Strategy from the Meiji Restoration to the Pacific War*. Cambridge, UK: Cambridge University Press.

Palmer, Glenn, Vito D'Orazio, Michael Kenwick, and Matthew Lane. 2015. "The MID4 Dataset, 2002-2010: Procedures, Coding Rules and Description." *Conflict Management and Peace Science* 32(2): 222-242.

Papayoanou, Paul A. 1997. "Intra−alliance Bargaining and US Bosnia Policy." *Journal of Conflict Resolution* 41(1): 91-116.

Partem, Michael Greenfield. 1983. "The Buffer System in International Relations." *Journal of Conflict Resolution* 27(1): 3-26.

Payne, Stanley G. 2011. *Civil War in Europe, 1905-1949*. New York, NY: Cambridge University Press.

Phillips, Julianne and Scott Wolford. N.d. "Intra-coalition Bargains and the Duration of Peace." Typescript, University of Texas at Austin.

Philpott, William. 1995. "Britain and France Go to War: Anglo-French Relations on the Western Front 1914-1918." *War in History* 2(1): 43-64.

______, 1996. *Anglo-French Relations and Strategy on the Western Front*, 1914-1918. London, UK: Palgrave Macmillan.

______, 2009. *Three Armies on the Somme: The First Battle of the Twentieth Century*. New York, NY: Vintage.

______, 2014. *War of Attrition: Fighting the First World War*. New York, NY: The Overlook Press.

Platt, Stephen R. 2012. *Autumn in the Heavenly Kingdom: China, The West, and the Epic Story of the Taiping Civil War*. New York, NY: Penguin Random House.

Plokhy, S. M. 2010. *Yalta: The Price of Peace*. New York, NY: Penguin.

______, 2014. *The Last Empire: The Final Days of the Soviet Union*. New York, NY: Basic Books.

Plümper, Thomas and Eric Neumayer. 2006. "The Unequal Burden of War: The Effect of Armed Conflict on the Gender Gap in Life Expectancy." *International Organization* 60(3): 723-754.

Poast, Paul. 2012. "Does Issue Linkage Work? Evidence from European Alliance Negotiations, 1860 to 1945." *International Organization* 66(2): 277-310.

______, 2015. "Central Banks at War." *International Organization* 69(1): 63-95.

Powell, Robert. 1999. *In the Shadow of Power*. Princeton, NJ: Princeton University Press.

______, 2003. "Nuclear Deterrence Theory, Nuclear Proliferation, and National Missile Defense." *International Security* 27(4): 86-118.

______, 2004a. "Bargaining and Learning While Fighting." *American Journal of Political Science* 48(2): 344-361.

______, 2004b. "The Inefficient Use of Power: Costly Conflict with Complete Information." *American Political Science Review* 98(2): 231-241.

______, 2006. "War as a Commitment Problem." *International Organization* 60(1): 169-203.

______, 2012. "Persistent Fighting and Shifting Power." *American Journal of Political Science* 56(3): 620–637.

Pressman, Jeremy. 2008. *Warring Friends: Alliance Restraint in International Politics.* Ithaca, NY: Cornell University Press.

Prost, Antoine. 2014. "The Dead." *In The Cambridge History of the First World War*, ed. Jay Winter. Vol. 3. Cambridge, UK: Cambridge University Press, pp. 561–591.

Ramsay, Kristopher W. 2008. "Settling in on the Field: Battlefield Events and War Termination." *Journal of Conflict Resolution* 52(6): 850–879.

Rasler, Karen and William R. Thompson. 2014. "Strategic Rivalries and Complex Causality in 1914." *In The Outbreak of the First World War: Structure, Politics, and Decision–Making*, ed. Jack S. Levy and John A. Vasquez. Cambridge, UK: Cambridge University Press, pp. 65–86.

Razoux, Pierre. 2015. *The Iran–Iraq War.* Cambridge, MA: The Belknap Press of Harvard University Press.

Reed, William, David H. Clark, Timothy Nordstrom, and Wonjae Hwang. 2008. "War, Power, and Bargaining." *Journal of Politics* 70(4): 1203–1216.

Reinhardt, Eric. 2001. "Adjudication without Enforcement in GATT Disputes." *Journal of Conflict Resolution* 45(2): 174–195.

Reiter, Dan. 2001. "Why NATO Enlargement Does Not Spread Democracy." *International Security* 25(4): 41–67.

______, 2009. *How Wars End.* Princeton, NJ: Princeton University Press.

Reiter, Dan and Allan C. Stam. 2002. *Democracies at War.* Princeton, NJ: Princeton University Press.

Renshon, Jonathan. 2017. *Fighting for Status: Hierarchy and Conflict in World Politics.* Princeton, NJ: Princeton University Press.

Reynolds, Francis J., Allen L. Churchill, and Francis Trevelyan Miller, eds. 1916. *The Story of the Great War: History of the European War from Official Sources.* 8 vols. New York, NY: P. F. Collier.

Ricks, Thomas E. 2006. *Fiasco: The American Military Adventure in Iraq.* New York, NY: Penguin.

Rider, Toby J. 2009. "Understanding Arms Race Onset: Rivalry, Threat, and Territorial Competition." *Journal of Politics* 71(2): 693–703.

______, 2013. "Uncertainty, Salient Stakes, and the Causes of Conventional Arms Races." *International Studies Quarterly* 57(3): 580–591.

Rider, Toby J. and Andrew P. Owsiak. 2015. "Border Settlement, Commitment Problems, and the Causes of Contiguous Rivalry." *Journal of Peace Research* 52(4): 508-521.

Rider, Toby J., Michael G. Findley, and Paul F. Diehl. 2011. "Just Part of the Game? Arms Races, Rivalry, and War." *Journal of Peace Research* 48(1): 85-100.

Riker, William H. 1962. *The Theory of Political Coalitions.* New Haven, CT: Yale University Press.

Ritter, Emily Hencken. 2014. "Policy Disputes, Political Survival, and the Onset and Severity of State Repression." *Journal of Conflict Resolution* 58(2): 254-279.

Rosecrance, Richard N. 2002. "War and Peace." *World Politics* 55(1): 137-166.

Russell, Bertrand. 1996. *Power.* London, UK: Routledge Classics.

Russett, Bruce M. 1963. "The Calculus of Deterrence." *Journal of Conflict Resolution* 7(2): 97-109.

Russett, Bruce M. and John Oneal. 2001. *Triangulating Peace.* New York, NY: W. W. Norton.

Saideman, Stephen M. and David P. Auerswald. 2014. NATO in Afghanistan: *Fighting Together, Fighting Alone.* Princeton, NJ: Princeton University Press.

Sandos, James A. 1981. "Pancho Villa and American Security: Woodrow Wilson's Mexican Diplomacy Reconsidered." *Journal of Latin American Studies* 13(2): 293-311.

Sarkees, Meredith Reid and Frank Wayman. 2010. *Resort to War: 1816-2007.* Washington, DC: CQ Press.

Sarotte, Mary Elise. 2009. *1989: The Struggle to Create Post-Cold War Europe.* Princeton, NJ: Princeton University Press.

Saunders, Elizabeth N. 2011. *Leaders at War: How Presidents Shape Military Interventions.* Ithaca, NY: Cornell University Press.

Saunders, Elizabeth N. and Scott Wolford. N.d. "Elites, Voters, and Democracies at War." Typescript, Georgetown University and University of Texas at Austin.

Schelling, Thomas C. 1960. *The Strategy of Conflict.* Cambridge, MA: Harvard University Press.

______, 1966. *Arms and Influence.* New Haven, CT: Yale University Press.

______, 1978. *Micromotives and Macrobehavior.* New York, NY: W. W. Norton.

Schroeder, Paul W. 1989. "The Nineteenth Century System: Balance of Power or Political Equilribium?" *Review of International Studies* 15(2): 135-153.

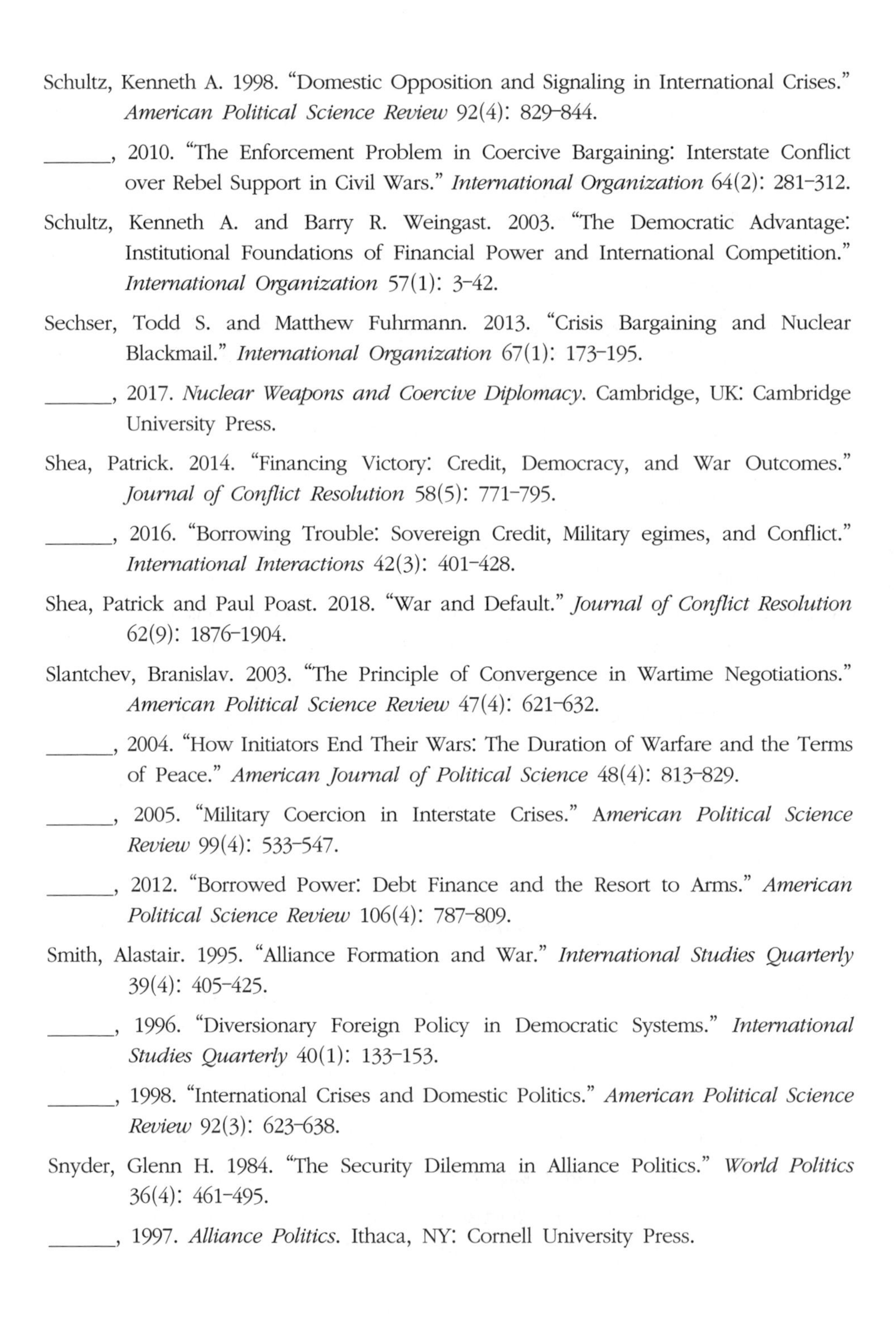

Schultz, Kenneth A. 1998. “Domestic Opposition and Signaling in International Crises.” *American Political Science Review* 92(4): 829–844.

______, 2010. “The Enforcement Problem in Coercive Bargaining: Interstate Conflict over Rebel Support in Civil Wars.” *International Organization* 64(2): 281–312.

Schultz, Kenneth A. and Barry R. Weingast. 2003. “The Democratic Advantage: Institutional Foundations of Financial Power and International Competition.” *International Organization* 57(1): 3–42.

Sechser, Todd S. and Matthew Fuhrmann. 2013. “Crisis Bargaining and Nuclear Blackmail.” *International Organization* 67(1): 173–195.

______, 2017. *Nuclear Weapons and Coercive Diplomacy*. Cambridge, UK: Cambridge University Press.

Shea, Patrick. 2014. “Financing Victory: Credit, Democracy, and War Outcomes.” *Journal of Conflict Resolution* 58(5): 771–795.

______, 2016. “Borrowing Trouble: Sovereign Credit, Military egimes, and Conflict.” *International Interactions* 42(3): 401–428.

Shea, Patrick and Paul Poast. 2018. “War and Default.” *Journal of Conflict Resolution* 62(9): 1876–1904.

Slantchev, Branislav. 2003. “The Principle of Convergence in Wartime Negotiations.” *American Political Science Review* 47(4): 621–632.

______, 2004. “How Initiators End Their Wars: The Duration of Warfare and the Terms of Peace.” *American Journal of Political Science* 48(4): 813–829.

______, 2005. “Military Coercion in Interstate Crises.” *American Political Science Review* 99(4): 533–547.

______, 2012. “Borrowed Power: Debt Finance and the Resort to Arms.” *American Political Science Review* 106(4): 787–809.

Smith, Alastair. 1995. “Alliance Formation and War.” *International Studies Quarterly* 39(4): 405–425.

______, 1996. “Diversionary Foreign Policy in Democratic Systems.” *International Studies Quarterly* 40(1): 133–153.

______, 1998. “International Crises and Domestic Politics.” *American Political Science Review* 92(3): 623–638.

Snyder, Glenn H. 1984. “The Security Dilemma in Alliance Politics.” *World Politics* 36(4): 461–495.

______, 1997. *Alliance Politics*. Ithaca, NY: Cornell University Press.

______, 2014. "Better Now Than Later: The Paradox of 1914 as Everyone's Favored Year for War." *International Security 39*(1): 79-104.

______, 2015. "Correspondence: Everyone's Favored Year for War - or Not?" *International Security* 39(4): 208-217.

Snyder, Jack and Kier A. Lieber. 2008. "Defensive Realism and the 'New' History of World War I." *International Security* 33(1): 174-194.

Snyder, Timothy. 2010. *Bloodlands: Europe between Hitler and Stalin.* New York, NY: Basic Books.

Sondhaus, Lawrence. 2011. *World War One: The Global Revolution.* New York, NY: Cambridge University Press.

______, 2014. *The Great War at Sea.* Cambridge, UK: Cambridge University Press.

Spaniel, Wiliam and Bradley C. Smith. 2015. "Sanctions, Uncertainty, and Leader Tenure." *International Studies Quarterly* 59(4): 735-749.

Spence, Michael. 1973. "Job Market Signaling." *Quarterly Journal of Economics* 87(3): 355-374.

Sperber, Jonathan. 2013. *Karl Marx: A Ninetheenth-Century Life.* New York, NY: Liverlight.

Starr, Harvey. 1972. *War Coalitions: The Distributions of Payoffs and Losses.* Lexington, MA: Lexington Books.

Steinberg, Jonathan. 1966. "The Copenhagen Complex." *Journal of Contemporary History* 1(3): 23-46.

Stevenson, David. 1988. T*he First World War and International Politics.* New York, NY: Oxford University Press.

______, 1996. *Armaments and the Coming of War.* New York, NY: Oxford University Press.

______, 1997. "Militarization and Diplomacy in Europe before 1914." *International Security* 22(1): 125-161.

______, 2004. *Cataclysm: The First World War as Political Tragedy.* New York, NY: Basic Books.

______, 2011. *With Our Backs to the Wall: Victory and Defeat in 1918.* Cambridge, MA: The Belknap Press of Harvard University Press.

______, 2012. "The First World War and European Integration." *The International History Review* 34(4): 841-863.

Stoessinger, John G. 1993. *Why Nations Go to War.* 6th ed. New York, NY: St. Martin's

Press.

Strachan, Hew. 2007. *Clausewitz's On War: A Biography*. New York, NY: Grove. 2013. *The First World War*. New York, NY: Penguin.

______, 2014. "The Origins of the First World War." *International Affairs* 90(2): 429-439.

Streich, Philip and Jack S. Levy. 2016. "Information, Commitment, and the Russo–Japanese War of 1904-1905." *Foreign Policy Analysis* 12(4): 489-511.

Stueck, William. 1995. *The Korean War: An International History*. Princeton, NJ: Princeton University Press.

______, 2004. *Rethinking the Korean War*. Princeton, NJ: Princeton University Press.

Tago, Atsushi. 2007. "Why Do States Join US–Led Military Coalitions? The Compulsion of the Coalition's Missions and Legitimacy." *International Relations of the Asia–Pacific* 7(2): 179-202.

Tammen, Ronald L., Jacek Kugler, Douglas Lemke, Allan C. Slam, Carole Alsharabati, Mark Andrew Abdollahian, Brian Efird, and A. F. K. Organski. 2000. Power Transitions: *Strategies for the 21st Century*. New York, NY: Chatham House.

Tannenwald, Nina. 1999. "The Nuclear Taboo: The United States and the Normative Basis of Nuclear Non–use." *International Organization* 53(3): 433-468.

______, 2005. "Stigmatizing the Bomb: Origins of the Nuclear Taboo." *International Security* 29(4): 5-49.

Tareke, Gebru. 2000. "The Ethiopia–Somalia War of 1977 Revisited." *The International Journal of African Historical Studies* 33(3): 635-667.

Taylor, A. J. P. 1969. *War by Time–Table: How the First World War Began*. New York, NY: American Heritage.

Thompson, William R. 2001. "Identifying Rivals and Rivalries in World Politics." *International Studies Quarterly* 45(4): 557-586.

Thompson, William R. and David R. Dreyer. 2012. *Handbook of International Rivalries: 1494-2010*. Washington, DC: Congressional Quarterly Press.

Tooze, Adam. 2006. *The Wages of Destruction: The Making and Breaking of the Nazi Economy*. New York, NY: Penguin.

______, 2014. *The Deluge: The Great War, America, and the Remaking of the Global Order*, 1916-1931. New York, NY: Viking.

Tuchman, Barbara W. 1962. *The Guns of August*. New York, NY: Macmillan.

______, 1985. *The Zimmermann Telegram*. New York, NY: Random House.

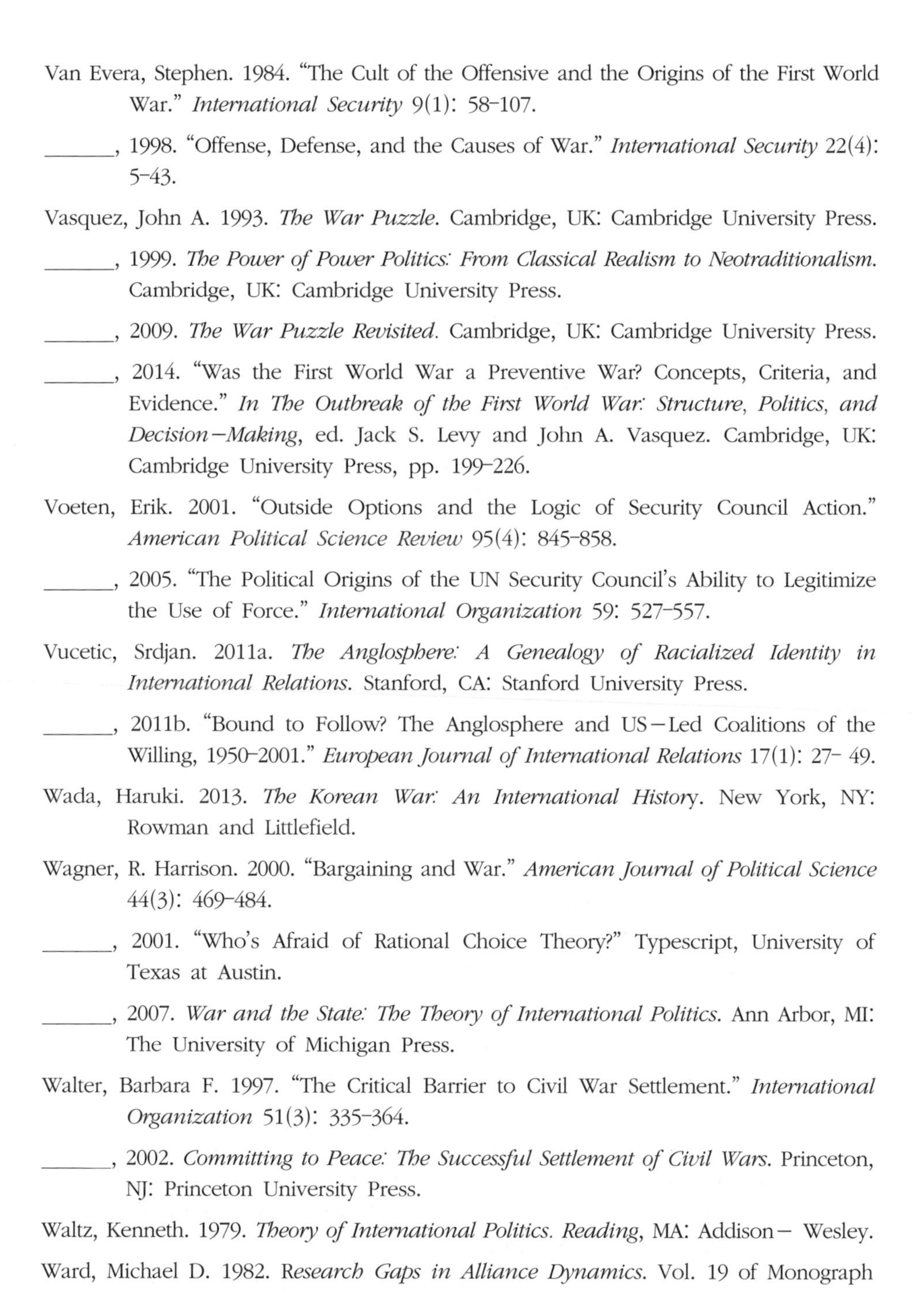

Van Evera, Stephen. 1984. "The Cult of the Offensive and the Origins of the First World War." *International Security* 9(1): 58-107.

______, 1998. "Offense, Defense, and the Causes of War." *International Security* 22(4): 5-43.

Vasquez, John A. 1993. *The War Puzzle*. Cambridge, UK: Cambridge University Press.

______, 1999. *The Power of Power Politics: From Classical Realism to Neotraditionalism.* Cambridge, UK: Cambridge University Press.

______, 2009. *The War Puzzle Revisited.* Cambridge, UK: Cambridge University Press.

______, 2014. "Was the First World War a Preventive War? Concepts, Criteria, and Evidence." *In The Outbreak of the First World War: Structure, Politics, and Decision-Making*, ed. Jack S. Levy and John A. Vasquez. Cambridge, UK: Cambridge University Press, pp. 199-226.

Voeten, Erik. 2001. "Outside Options and the Logic of Security Council Action." *American Political Science Review* 95(4): 845-858.

______, 2005. "The Political Origins of the UN Security Council's Ability to Legitimize the Use of Force." *International Organization* 59: 527-557.

Vucetic, Srdjan. 2011a. *The Anglosphere: A Genealogy of Racialized Identity in International Relations*. Stanford, CA: Stanford University Press.

______, 2011b. "Bound to Follow? The Anglosphere and US-Led Coalitions of the Willing, 1950-2001." *European Journal of International Relations* 17(1): 27- 49.

Wada, Haruki. 2013. *The Korean War: An International History*. New York, NY: Rowman and Littlefield.

Wagner, R. Harrison. 2000. "Bargaining and War." *American Journal of Political Science* 44(3): 469-484.

______, 2001. "Who's Afraid of Rational Choice Theory?" Typescript, University of Texas at Austin.

______, 2007. *War and the State: The Theory of International Politics*. Ann Arbor, MI: The University of Michigan Press.

Walter, Barbara F. 1997. "The Critical Barrier to Civil War Settlement." *International Organization* 51(3): 335-364.

______, 2002. *Committing to Peace: The Successful Settlement of Civil Wars*. Princeton, NJ: Princeton University Press.

Waltz, Kenneth. 1979. *Theory of International Politics. Reading*, MA: Addison- Wesley.

Ward, Michael D. 1982. *Research Gaps in Alliance Dynamics*. Vol. 19 of Monograph

Series in World Affairs. Denver, CO: Graduate School of International Studies, University of Denver.

Watson, Alexander. 2014. *Ring of Steel: Germany and Austria-Hungary in World War I.* New York, NY: Basic Books.

Watson, Joel. 2013. *Strategy: An Introduction to Game Theory.* 3rd ed. New York, NY: W. W. Norton.

Weeks, Jessica L. 2008. "Autocratic Audience Costs: Regime Type and Signaling Resolve." *International Organization* 62(1): 35-64.

Weisiger, Alex. 2013. *Logics of War: Explanations for Limited and Unlimited Conflicts.* Ithaca, NY: Cornell University Press.

______, 2016. "Learning from the Battlefield: Information, Domestic Politics, and Interstate War Duration." *International Organization* 70(2): 347-375.

Weitsman, Patricia A. 2003. "Alliance Cohesion and Coalition Warfare: The Central Powers and Triple Entente." *Security Studies* 12(3): 79-113.

______, 2004. *Dangerous Alliances: Proponents of Peace, Weapons of War.* Stanford, CA: Stanford University Press.

Wells, H. G. 1922. *The Outline of History: Being a Plain History of Life and Mankind.* Vol. 4. 4th ed. New York, NY: Macmillan.

Wendt, Alexander. 1992. "Anarchy Is What States Make of It: The Social Construction of Power Politics." *International Organization* 46(2): 391-425.

Werner, Suzanne. 1999. "The Precarious Nature of Peace: Resolving the Issues, Enforcing the Settlement, and Renegotiating the Terms." *American Journal of Political Science* 43(3): 912-934.

______, 2000. "Deterring Intervention: The Stakes of War and Third-Party Involvement." *American Journal of Political Science* 44(4): 720-732.

Werner, Suzanne and Amy Yuen. 2005. "Making and Keeping Peace." *International Organization* 59(2): 261-292.

Wilkenfeld, Jonathan and Michael Brecher. 2010. *International Crisis Behavior Project.* Vol. 10. ICPSR Study #9286. Available at www.icb.umd.edu/data/icb%20version%2010%20release%20memo.pdf.

Williamson, Samuel R., Jr. 2014. "July 1914 Revisited and Revised: The Erosion of the German Paradigm." *In The Outbreak of the First World War: Structure, olitics,* and Decision-Making, ed. Jack S. Levy and John A. Vasquez. Cambridge, UK: Cambridge University Press, pp. 30-64.

Winter, Jay, ed. 2014. *The Cambridge History of the First World War.* Cambridge, UK:

Cambridge University Press.

Wittman, Donald. 1979. "How a War Ends: A Rational Model Approach." *Journal of Conflict Resolution* 23(4): 743-763.

Wolford, Scott. 2007. "The Turnover Trap: New Leaders, Reputation, and International Conflict." *American Journal of Political Science* 51(4): 772-788.

______, 2012. "Incumbents, Successors, and Crisis Bargaining: Leadership Turnover as a Commitment Problem." *Journal of Peace Research* 49(4): 517-530.

______, 2015. *The Politics of Military Coalitions*. New York, NY: Cambridge University Press.

______, 2017. "The Problem of Shared Victory: War-Winning Coalitions and Postwar Peace." *Journal of Politics* 79(2): 702-716.

______, 2018. "Wars of Succession." *International Interactions* 44(1): 173-187.

Wolford, Scott and Emily Hencken Ritter. 2016. "National Leaders, Political Security, and the Formation of Military Coalitions." *International Studies Quarterly* 60(3): 540-551.

Wolford, Scott, Dan Reiter, and Clifford J. Carrubba. 2011. "Information, Commitment, and War." *Journal of Conflict Resolution* 55(4): 556-579.

Wu, Cathy Xuanxuan and Scott Wolford. Forthcoming. "Leaders, States, and Reputations." *Journal of Conflict Resolution*.

Wylie, Neville, ed. 2002. *European Neutrals and Non-belligerents during the Second World War*. Cambridge, UK: Cambridge University Press.

Xu, Guoqi. 2017. *Asia and the Great War: A Shared History*. New York, NY: Oxford University Press.

Yuen, Amy. 2009. "Target Concessions in the Shadow of Intervention." *Journal of Conflict Resolution* 53(5): 727-744.

Zagare, Frank C. 2011. *The Games of July: Explaining the Great War*. Ann Arbor, MI: University of Michigan Press.

Zielinski, Rosella Cappella. 2016. *How States Pay for Wars*. Ithaca, NY: Cornell University Press.

Zinnes, Dina A. 1980. "Three Puzzles in Search of a Researcher: Presidential Address." *International Studies Quarterly* 24(3): 315-342.

Zuber, Terence. 1999. "The Schlieffen Plan Reconsidered." *War in History* 6(3): 262-305.

사항색인

역자 약력

이 용 주

University of Pittsburgh 경제학 박사(2007)
삼성금융연구소 수석연구원(2007~2012)
영남대학교 경제금융학부 교수(2012~현재)
홈페이지: https://sites.google.com/site/masan0612

John Duffy, Andreas Blume, Utku Ünver, Esther Gal-Or, Ted Temzelides, 김용관, 백경환 그리고 박인욱 교수님으로부터 게임이론을 배웠으며, Games and Economic Behavior(2012, 2023), Economic Theory(2013), Journal of Economic Psychology(2021), B.E. Journal of Economic Analysis & Policy(2019), Korean Economic Review(2011, 2012, 2014) 등에 관련 논문을 출판하였다.

제1차 세계대전과 게임이론

초판발행 2024년 3월 3일

지은이 Scott Wolford
옮긴이 이용주
펴낸이 안종만 · 안상준

편 집 사윤지
기획/마케팅 장규식
표지디자인 BEN STORY
제 작 고철민 · 조영환

펴낸곳 (주) 박영사
서울특별시 금천구 가산디지털2로 53, 210호(가산동, 한라시그마밸리)
등록 1959. 3. 11. 제300-1959-1호(倫)
전 화 02)733-6771
f a x 02)736-4818
e-mail pys@pybook.co.kr
homepage www.pybook.co.kr
ISBN 979-11-303-1940-7 93340

정 가 34,000원